Hans-Joachim Musielak
Grundkurs ZPO

D1704073

[handschriftliche Widmung]

Herrn Heinrich
mit herzlichem Dank

H. J. Musielak

GRUNDKURS ZPO

Eine Darstellung zur Vermittlung von Grundlagenwissen
im Zivilprozeßrecht (Erkenntnisverfahren und
Zwangsvollstreckung) mit Fällen und Fragen zur Lern- und
Verständniskontrolle sowie mit Übungsklausuren

von

Dr. iur. Hans-Joachim Musielak

o. Professor an der Universität Passau

3., neubearbeitete Auflage

C. H. BECK'SCHE VERLAGSBUCHHANDLUNG
MÜNCHEN 1995

Die Deutsche Bibliothek – CIP-Einheitsaufnahme

Musielak, Hans-Joachim:
Grundkurs ZPO : eine Darstellung zur Vermittlung von
Grundlagenwissen im Zivilprozessrecht (Erkenntnisverfahren und Zwangsvollstreckung) mit Fällen und Fragen
zur Lern- und Verständniskontrolle sowie mit Übungsklausuren / von Hans-Joachim Musielak. – 3., neubearb.
Aufl. – München : Beck, 1995
    ISBN 3-406-40166-X

ISBN 3 406 40166 X

© 1995 Beck'sche Verlagsbuchhandlung (Oscar Beck), München
Satz und Druck: Georg Appl, Wemding
Gedruckt auf säurefreiem Papier, hergestellt aus chlorfrei gebleichtem Zellstoff.

Vorwort zur 3. Auflage

Seit dem Erscheinen der Vorauflage sind eine Reihe wichtiger Änderungen des Zivilprozeßrechts vollzogen worden. Diese Rechtsänderungen ließen eine eingehende Überarbeitung erforderlich sein, um den Grundkurs ZPO wieder auf den neuesten Stand zu bringen. Selbstverständlich wurden dabei auch die Zitate von Schrifttum und Rechtsprechung aktualisiert und ergänzt.

Für wertvolle Hilfe bei der Arbeit an der 3. Auflage schulde ich besonderen Dank Herrn Wissenschaftlichen Assistenten Dr. Christian Heinrich. Auch diesmal hat meine Sekretärin, Frau Elisabeth Gottschaller, das Manuskript umsichtig und zuverlässig betreut. Dafür danke ich herzlich.

Passau, im Juni 1995   *Hans-Joachim Musielak*

Aus dem Vorwort zur 1. Auflage

Unter dem Begriff des Zivilprozeßrechts werden die Rechtsregeln zusammengefaßt, die von den Zivilgerichten und den anderen Organen der Zivilrechtspflege bei Erfüllung der ihnen übertragenen Aufgaben (mit Ausnahme der freiwilligen Gerichtsbarkeit) zu beachten und anzuwenden sind. Diese Aufgaben bestehen in der Feststellung und Durchsetzung der Rechte des einzelnen. Die Feststellung, ob das mit der Klage verfolgte Recht besteht, geschieht im Erkenntnisverfahren. Im Vollstreckungsverfahren wird das festgestellte Recht im Wege der Zwangsvollstreckung gegenüber dem nicht freiwillig leistenden Schuldner verwirklicht. Beide Verfahren werden im vorliegenden Buch erörtert; es umfaßt also den Stoff, der üblicherweise in den Vorlesungen Zivilprozeßrecht (Erkenntnisverfahren) und Zwangsvollstreckungsrecht behandelt wird.

Der Titel „Grundkurs ZPO" wurde von mir gewählt, um deutlich zu machen, daß in dieser Schrift nach Inhalt und didaktischem Konzept der gleiche Weg eingeschlagen wird, wie in meinem „Grundkurs BGB". Es soll das unverzichtbare Grundlagenwissen vermittelt werden, das im Referendarexamen und zu Beginn der Referendarzeit beherrscht werden muß. Bei der Darstellung einzelner Rechtsfragen wird immer wieder der Bezug zur Fallbearbeitung hergestellt, deren Technik besondere Beachtung findet. Die ständig eingefügten Beispielsfälle sollen dem mit dem Buch Arbeitenden das Verstehen erleichtern und gleichzeitig die praktische Bedeutung der einzelnen Rechtsprobleme aufzeigen. Fälle und Fragen sowie Übungsklausuren sind zu bearbeiten, um die Methode der Lösung zivilprozeßrechtlicher Fälle zu üben und mit Hilfe der gegebenen Lösungshinweise eine Lern- und Verständniskontrolle durchführen zu können.

Inhaltsverzeichnis

§ 1 Zur Methode der
Lösung zivilprozeßrechtlicher Fälle

§ 2 Der Beginn eines Zivilprozesses

§ 3 Das weitere Verfahren

§ 4 Das Parteiverhalten im Prozeß

§ 5 Weitere Möglichkeiten für die Prozeßführung der Partei

§ 6 Tatsachenvortrag und Beweis

§ 7 Die gerichtliche Entscheidung

Abkürzungsverzeichnis

aA (AA)	andere(r) Ansicht
aaO	am angegebenen Ort
abl.	ablehnend
Abs.	Absatz
Abschn.	Abschnitt
aE	am Ende
AG	Amtsgericht, Aktiengesellschaft
AGB	allgemeine Geschäftsbedingungen
AGBG, AGB-Gesetz	Gesetz zur Regelung des Rechts der allgemeinen Geschäftsbedingungen
AK-ZPO/Bearb. . . .	Kommentar zur Zivilprozeßordnung (Reihe Alternativ-Kommentare), Gesamtherausgeber: Wassermann, 1987
AktG	Aktiengesetz
allg.M. (Allg.M.) . . .	allgemeine Meinung
Alt.	Alternative
AnfG	Gesetz, betreffend die Anfechtung von Rechtshandlungen eines Schuldners außerhalb des Konkursverfahrens (Anfechtungsgesetz)
Anh.	Anhang
Anl.	Anlage
Anm.	Anmerkung
AP	Nachschlagewerk des Bundesarbeitsgerichts, bis 1954: Arbeitsrechtliche Praxis (Entscheidungssammlung)
ArbGG	Arbeitsgerichtsgesetz
Arens/Lüke	Arens, Peter/Lüke, Wolfgang, Zivilprozeßrecht, 6. Aufl., 1994
arg.	Argument
Art.	Artikel
Aufl.	Auflage
BAG	Bundesarbeitsgericht
Baumann/Brehm . . .	Baumann, Jürgen/Brehm, Wolfgang, Zwangsvollstrekkungsrecht, 2. Aufl., 1982
Baumbach/Lauterbach/Hartmann . .	Zivilprozeßordnung, begründet von Adolf Baumbach, fortgeführt von Wolfgang Lauterbach, nunmehr verfaßt von Jan Albers und Peter Hartmann, 53. Aufl., 1995
Baumgärtel/Prütting, Einführung	Baumgärtel, Gottfried/Prütting, Hanns, Einführung in das Zivilprozeßrecht, 8. Aufl., 1994
Baumgärtel, Zivilprozeßrechtsfall	Baumgärtel, Gottfried, Der Zivilprozeßrechtsfall, 7. Aufl., 1987
Baur/Grunsky	Baur, Fritz/Grunsky, Wolfgang, Zivilprozeßrecht, 8. Aufl., 1994
Baur/Stürner	Baur, Fritz/Stürner, Rolf, Zwangsvollstreckungs-, Konkurs- und Vergleichsrecht, 12. Aufl., 1990

GKG	Gerichtskostengesetz
GmbH	Gesellschaft mit beschränkter Haftung
GmbHG	Gesetz betreffend die Gesellschaften mit beschränkter Haftung
Grundz	Grundzüge
GVG	Gerichtsverfassungsgesetz
GVGA	Geschäftsanweisung für Gerichtsvollzieher
HaustürWG	Gesetz über den Widerruf von Haustürgeschäften und ähnlichen Geschäften
HGB	Handelsgesetzbuch
hL (HL)	herrschende Lehre
hM (HM)	herrschende Meinung
HS	Halbsatz
iSd., iSv.	im Sinne des, von
iVm.	in Verbindung mit
JA	Juristische Arbeitsblätter (Zeitschrift)
Jauernig	Jauernig, Othmar, Zivilprozeßrecht, 24. Aufl., 1993
Jauernig ZVR	Jauernig, Othmar, Zwangsvollstreckungs- und Konkursrecht, 19. Aufl., 1990
JR	Juristische Rundschau (Zeitschrift)
JurA	Juristische Analysen (Zeitschrift)
Jura	Juristische Ausbildung (Zeitschrift)
JurBüro	Das Juristische Büro (Zeitschrift)
JuS	Juristische Schulung (Zeitschrift)
JZ	Juristenzeitung (Zeitschrift)
Kap.	Kapitel
Kinder- und Jugendhilfegesetz . .	Gesetz zur Neuordnung des Kinder- und Jugendhilferechts
KG	Kammergericht, Kommanditgesellschaft
KO	Konkursordnung
LAG	Landesarbeitsgericht
LG	Landgericht
LM	Nachschlagewerk des BGH, begründet von Lindenmaier und Möhring (Paragraphen ohne Gesetzesangaben sind solche der ZPO)
LS	Leitsatz
m. (abl., krit., zust.)	mit (ablehnender, kritischer, zustimmender) Anmerkung
Anm. v.	von
m. (weit.) Nachw. . . .	mit (weiteren) Nachweisen
m. weit. Beispielen . .	mit weiteren Beispielen
MDR	Monatsschrift für Deutsches Recht (Zeitschrift)
MK/Bearbeiter	Münchener Kommentar zur Zivilprozeßordnung mit Gerichtsverfassungsgesetz und Nebengesetzen, herausgegeben von Gerhard Lüke und Alfred Walchshöfer, Bd. 1: §§ 1–354, Bd. 2: §§ 355–802, Bd. 3: §§ 803–1048, EGZPO, GVG, EGGVG, Internationales Zivilprozeßrecht, 1992
MünchKomm/ Bearbeiter	Münchener Kommentar zum Bürgerlichen Gesetzbuch, Bd. 1, Allgemeiner Teil, Redakteur: Franz Jürgen Säcker, 3. Aufl., 1993; Bd. 2, Schuldrecht Allgemeiner Teil, Redakteur: Helmut Heinrichs, 3. Aufl., 1994; Bd. 3,1 Schuldrecht Besonderer Teil (§§ 433–651), Redakteur: Helmut

ständ.Rspr.	ständige Rechtsprechung
Stein/Jonas/Bearbeiter	Stein, Friedrich/Jonas, Martin, Kommentar zur Zivil-
	prozeßordnung, 20. Aufl., 1977 ff., fortgeführt von Wolf-
	gang Grunsky, Dieter Leipold, Wolfgang Münzberg, Peter
	Schlosser, Ekkehard Schumann; 21. Aufl. im Erscheinen,
	bearbeitet von Reinhard Bork, Wolfgang Brehm, Wolf-
	gang Grunsky, Dieter Leipold, Wolfgang Münzberg, Her-
	bert Roth, Peter Schlosser, Ekkehard Schumann, Bd. 1:
	§§ 1–90, 1993; Bd. 2: §§ 91–252, 1994; Bd. 5/1: §§ 511–
	591, 1994; Bd. 5/2: §§ 592–703 d, 1993; Bd. 6: §§ 704–
	863, 1995; Bd. 7/2: §§ 946–1048, 1994
StGB	Strafgesetzbuch
StPO	Strafprozeßordnung
str.	streitig
Thomas/Putzo	Thomas, Heinz/Putzo, Hans, Zivilprozeßordnung,
	19. Aufl., 1995
u.	unten
UWG	Gesetz gegen den unlauteren Wettbewerb
VerbrKrG	Verbraucherkreditgesetz
VerglO	Vergleichsordnung
VersR	Zeitschrift für Versicherungsrecht
vgl.	vergleiche
VwGO	Verwaltungsgerichtsordnung
VwVfG	Verwaltungsverfahrensgesetz
Warn.	Warneyer, Otto, Jahrbuch der Entscheidungen auf dem
	Gebiet des Zivil-, Handels- und Prozeßrechts
Wieser	Wieser, Eberhard, Grundzüge des Zivilprozeßrechts, 1986
WM	Zeitschrift für Wirtschafts- und Bankrecht, Wertpapier-
	Mitteilungen (Zeitschrift)
WRP	Wettbewerb in Recht und Praxis (Zeitschrift)
z. B.	zum Beispiel
z. T.	zum Teil
Zeiss	Zeiss, Walter, Zivilprozeßrecht, 8. Aufl., 1993
Zimmermann	Zimmermann, Walter, Zivilprozeßordnung, 3. Aufl., 1993
Zimmermann Fallrep. .	Zimmermann, Walter, ZPO-Fallrepetitorium für Studium
	und Vorbereitungsdienst, 1992
Zöller/Bearbeiter . . .	Zöller, Richard, Zivilprozeßordnung, 19. Aufl., 1995
ZPO	Zivilprozeßordnung
ZRP	Zeitschrift für Rechtspolitik
ZVG	Gesetz über die Zwangsversteigerung und die Zwangs-
	verwaltung
ZZP	Zeitschrift für Zivilprozeß

Einige Hinweise für die Arbeit mit diesem Buch*

1. Dieser Grundkurs ist in erster Linie für Studierende bestimmt, die sich erstmals mit dem Zivilprozeßrecht befassen und keine Vorkenntnisse besitzen. Hierauf ist bei der Darstellung der einzelnen Fragen stets Rücksicht genommen worden. Dennoch wird es vorkommen, daß der mit diesem Buch Arbeitende trotz intensiven Nachdenkens (das selbstverständlich stets unverzichtbar ist) **das eine oder andere nicht recht versteht**. In einem solchen Fall sollte die sich stellende Frage schriftlich festgehalten und die Arbeit fortgesetzt werden. Nach dem ersten Durcharbeiten der Schrift sind dann die offengebliebenen Fragen erneut aufzugreifen. Sie werden dann regelmäßig ohne weiteres zu beantworten sein. Entsprechendes gilt für Begriffe, die im Text zunächst ohne nähere Erläuterung verwendet werden und die Verständigungsschwierigkeiten bereiten.

2. Die **Fälle und Fragen**, die (ab § 2) jedem Paragraphen angefügt sind, erfüllen eine wichtige Funktion im didaktischen Konzept dieser Schrift. Sie dienen der Wiederholung der wichtigsten Punkte sowie der Verständnis- und Lernkontrolle. Dieser Zweck kann selbstverständlich nur erreicht werden, wenn alle Fälle und Fragen schriftlich beantwortet werden, um erst dann das selbst Erarbeitete mit den Lösungshinweisen zu vergleichen. Es ist offensichtlich, daß für diese Arbeitsweise Energie und Selbstdisziplin aufgewendet werden müssen. Wer aber meint, er könne den dafür erforderlichen Aufwand sparen, sich z.B. mit einer „gedanklichen Befassung" begnügen, der täuscht und schadet sich selbst.

3. Das gleiche gilt für die **Übungsklausuren**. Sie sind nur mit Hilfe des Gesetzestextes in der jeweils angegebenen Zeit schriftlich zu bearbeiten. Erst dann darf die eigene Lösung mit dem Lösungsvorschlag verglichen werden, wobei es nicht darauf ankommt, daß eine möglichst weitgehende Übereinstimmung festgestellt werden kann. Entscheidend ist vielmehr, daß die Kernfragen des Falles richtig erkannt werden.

4. Der **Gesetzestext** ist das unverzichtbare Handwerkszeug des Juristen. Mit ihm muß er arbeiten. Deshalb ist es zwingend geboten, stets die bei Darstellung einzelner Fragen im Text angegebenen Rechtsvorschriften genau zu lesen. Auch hierfür ist Selbstdisziplin erforderlich. Es ist viel bequemer, sich darauf zu verlassen, daß man die zitierte Vorschrift

---

* Auch wer die entsprechenden Hinweise genau kennt, die im GK BGB gegeben worden sind, sollte sich die Zeit nehmen, die folgenden Ausführungen sorgfältig zu lesen. Wenn auch manches übereinstimmt, gibt es doch wichtige Abweichungen, die beachtet werden sollten.

kennt. Lesen Sie sie dennoch! Sie werden sehr oft feststellen, daß Sie dabei wichtige Erkenntnisse gewinnen, die sonst verlorengehen.

5. Mit diesem Buch muß gearbeitet werden. Das bloße „Durchlesen" bringt keinen Erfolg. Empfehlenswert ist, nach dem **Durcharbeiten** einzelner Problembereiche zu versuchen, mit eigenen Worten schriftlich die wichtigsten Punkte darzustellen und dann diese Ausarbeitung mit den Ausführungen im Buch zu vergleichen. Die Diskussion mit anderen Studierenden über einzelne Fragen in selbst geschaffenen Arbeitsgruppen ist ein weiteres bewährtes Mittel, um die geistige Auseinandersetzung mit juristischen Problemen anzuregen, die mündliche Ausdrucksfähigkeit im Rechtsgespräch zu fördern und der eigenen (selbständigen) Arbeit, die durch nichts zu ersetzen ist, neue Impulse zu geben.

6. Die Schrift muß mehrmals durchgearbeitet werden, wobei es sich empfiehlt, in jedem Fall den Stoff nach einem zeitlichen Abstand von mehreren Monaten noch ein weiteres Mal zu repetieren. Bei dieser **Wiederholung** kann auch der Einstieg über eine Bearbeitung der Fälle und Fragen gewählt werden, um auf diesem Weg Lücken in den Kenntnissen zu ermitteln und zu schließen.

7. Nehmen Sie sich die **erforderliche Zeit** für die Arbeit mit dieser Schrift! Denken Sie gründlich über die Ausführungen im Buch nach, insbesondere auch über mitgeteilte Lösungsvorschläge, und versuchen Sie, Querverbindungen zu parallelen Fragen und angrenzenden Problemen herzustellen. So empfehlenswert eine Leistungskontrolle auch hinsichtlich des jeweils bewältigten Quantums erscheint, so darf sie doch nicht dadurch pervertiert werden, daß man Bücher „frißt" und stolz verkündet, man habe wieder hundert Seiten am Tag geschafft. Zehn Seiten, richtig durchgearbeitet und inhaltlich erfaßt, sind demgegenüber viel mehr.

8. Diese Schrift weicht aus didaktischen Gründen häufig von dem üblichen Aufbau entsprechender Lehrbücher ab. Um das **Auffinden bestimmter Punkte** zu erleichtern, sind ein ausführliches Stichwortverzeichnis und ein Paragraphenregister erstellt worden. Werden aber im Text bestimmte Fragen nur angesprochen, jedoch nicht behandelt, sondern ihre Erörterung mit dem Hinweis „dazu später" oder „Einzelheiten später" hinausgeschoben, dann sollte dies hingenommen und nicht die entsprechenden Ausführungen vorher gesucht und gelesen werden.

9. Der **engzeilig gedruckte Text** enthält häufig ergänzende und vertiefende Ausführungen. Wer sich lediglich einen ersten Überblick über das Zivilprozeßrecht, beispielsweise als Vorbereitung für entsprechende Vorlesungen, verschaffen will, kann deshalb diesen Text zunächst auch

auslassen. Auf jeden Fall muß jedoch vor Beginn des Referendarexamens das Durcharbeiten des zunächst Übergangenen nachgeholt werden.

10. Die Schrift eignet sich auch zur Auffrischung der Kenntnisse im Zivilprozeßrecht während der Referendarzeit und – zusammen mit Werken, die Einzelfragen eingehender und umfassender darstellen – zur Vorbereitung auf das Zweite Juristische Staatsexamen. Auch hierbei kann mit den Fällen und Fragen begonnen werden, um festzustellen, wo sich Lücken in den Kenntnissen finden, um diese dann mit Hilfe der entsprechenden Ausführungen in der Schrift zu schließen.

§ 1 Zur Methode der Lösung zivilprozeßrechtlicher Fälle

I. Die Unterschiede gegenüber der Lösung materiellrechtlicher Fälle des Zivilrechts

Die Unterschiede in der Methode zur Lösung von Fällen des Zivil- **1** prozeßrechts und solchen des materiellen Zivilrechts fallen wesentlich geringer aus als man zunächst erwartet; die Gemeinsamkeiten sind erheblich größer. In beiden Bereichen geht es darum, Rechtsfragen zu klären, die sich aufgrund eines Lebenssachverhalts stellen, der als „Fall" zu bearbeiten ist. Viele Regeln, die bei der Lösung materiellrechtlicher Fälle anzuwenden sind, müssen auch bei Bearbeitung zivilprozeßrechtlicher Sachverhalte beachtet werden. Dies gilt einmal für das zwingende Gebot, den rechtlich zu beurteilenden **Sachverhalt** genau zu erfassen (vgl. GK BGB RdNr. 10).

Eine Besonderheit kann sich bei zivilprozeßrechtlichen Sachverhalten dadurch ergeben, daß wesentliche Punkte des Sachverhalts nicht feststehen, sondern zwischen den Parteien streitig sind. Es kann deshalb zur Aufgabe des Bearbeiters gehören, entweder aufgrund einer von ihm vorzunehmenden Würdigung von Beweisen den einer Entscheidung zugrunde zu legenden Sachverhalt zunächst festzustellen oder aber wegen nicht klärbarer Zweifel eine Beweislastentscheidung zu treffen.

Beispiel: Der Kläger verlangt Herausgabe eines Gemäldes. Der Beklagte beruft sich darauf, daß ihm die Herausgabe unmöglich sei, weil er das Gemälde veräußert habe. Zum Beweis dieser Behauptung legt er eine Kauf- und Übereignungsurkunde vor. Der Kläger äußert Zweifel, ob es sich um ein ernstgemeintes Veräußerungsgeschäft gehandelt habe, da der Beklagte mit dem Erwerber befreundet sei. Trotz Erschöpfung aller Aufklärungsmöglichkeiten bleibt der Sachverhalt in diesem Punkt ungewiß.

Bei dieser in einer bayerischen Examensklausur enthaltenen Fragestellung muß der Bearbeiter zunächst dazu Stellung nehmen, ob die Tatsache, daß der Beklagte mit dem Erwerber des Gemäldes befreundet ist, den Schluß rechtfertigt, daß die von beiden getroffenen Vereinbarungen nicht ernstlich gewollt und deshalb nach § 117 Abs. 1 BGB nichtig seien. Es geht hierbei also um die Bewertung von Tatsachen, wie sie im Rahmen des § 286 Abs. 1[1] vorgenommen werden muß. Da offensichtlich die Feststellung einer Freundschaft zwischen zwei Vertragsschließenden nicht ausreicht, um ein Scheingeschäft annehmen zu können, kommt es darauf an, wie der Richter zu entscheiden hat, wenn nicht zu klärende Zweifel an den Voraussetzungen des § 117 Abs. 1 BGB bestehen bleiben. Es muß also eine Beweislastentscheidung getroffen werden und der Bearbeiter hat darzulegen, wie die Beweislast zwischen den Parteien in diesem Fall verteilt ist.

---

[1] Wenn hier und im folgenden Vorschriften ohne nähere Bezeichnung zitiert werden, handelt es sich stets um solche der ZPO.

2   Der genauen Erfassung des Sachverhalts als erstem Arbeitsschritt schließt sich auch bei einem zivilprozeßrechtlichen Fall notwendigerweise die Überlegung an, welche Fragen interessieren und einer rechtlichen Bewertung bedürfen. Man kann dies durchaus auch als **Konkretisierung der Fallfrage** bezeichnen, wenn man nur berücksichtigt, daß es beim Zivilprozeßrechtsfall um die Beurteilung der Prozeßlage geht und nicht – wie bei einer Anspruchsklausur des materiellen Rechts – um die Feststellung, was die Beteiligten voneinander zu fordern haben; die Ordnung in Anspruchsverhältnisse und die darauf bezogene Frage, wer von wem aufgrund welcher Rechtsvorschrift was verlangen kann (vgl. GK BGB RdNr. 12, 22), ist also dem Bearbeiter nicht aufgegeben. Welche Fragen bei einer zivilprozeßrechtlichen Klausur zu erörtern sind, hängt davon ab, in welchem Stadium sich das Verfahren befindet und von welchem Standpunkt aus die Beurteilung vorzunehmen ist, ob dem Bearbeiter die einem Rechtsanwalt vor Beginn eines Zivilprozesses zufallende Prüfung übertragen ist, wie das Verfahren am besten, d. h. am erfolgversprechendsten, zu beginnen ist und was in dieser Phase berücksichtigt werden muß, oder ob die Entscheidung des Richters über prozessuale Fragen zu treffen ist, die sich im Laufe eines Rechtsstreits stellen.

Was im einzelnen zu erörtern ist, muß dem **Bearbeitungsvermerk** entnommen werden. Die in ihm enthaltenen Fallfragen begrenzen die durchzuführende Prüfung. Es stellt einen groben Fehler dar, wenn der Bearbeiter auch Punkte behandelt, auf die es zur Beantwortung der Fallfragen nicht ankommt. Nicht selten wird der Bearbeitungsvermerk bei Zivilprozeßrechtsfällen präzis gefaßt und dadurch eine weitere Konkretisierung von Fallfragen überflüssig gemacht. Dies geschieht nicht nur deshalb, weil der Aufgabensteller nur die Behandlung bestimmter Punkte wünscht, sondern auch deshalb, weil nicht selten zivilprozeßrechtliche Sachverhalte im Interesse besserer Anschaulichkeit Tatsachen mitteilen, auf die es für die Entscheidung nicht ankommt.[2] Bei allgemein gehaltenen Aufgabenstellungen muß der Bearbeiter in gleicher Weise wie bei materiellrechtlichen Fällen des Zivilrechts die Fallfrage konkretisieren und feststellen, zu welchen Einzelpunkten eine rechtliche Stellungnahme erforderlich ist.

3   Kein Unterschied besteht in der Methode der Lösung von BGB-Fällen und Zivilprozeßrechtsfällen hinsichtlich der folgenden Arbeitsschritte (vgl. dazu GK BGB RdNr. 9 ff.). Auch bei einem Zivilprozeßrechtsfall beginnt die Arbeit an der gutachtlichen Stellungnahme mit der Sammlung erster Gedanken zur Lösung und mit dem Aufsuchen der dafür erheblichen Rechtsvorschriften. In gleicher Weise wie bei der BGB-Klausur (vgl. GK BGB RdNr. 14) empfiehlt sich die Verwendung eines Merkzettels, in dem der Bearbeiter alle die Gedanken festhält, die ihm bei der ersten Lektüre spontan einfallen oder die ihm bei weiteren Überlegungen kommen. Bei der rechtlichen Bewertung des Falles müs-

---

[2] Hierauf verweist *Schumann* RdNr. 40, der deshalb empfiehlt, vor einer Lektüre des Aufgabentextes zunächst den Bearbeitungsvermerk zu lesen.

sen die Vorschriften des Verfahrensrechts herangezogen werden, die für die Entscheidung bedeutsam sind. Auch sie wird der Bearbeiter zunächst auf seinem Merkzettel notieren.

Das Auffinden der entscheidungserheblichen Rechtsvorschriften setzt Rechtskenntnisse voraus. Dies gilt für alle Rechtsgebiete. Die für das Zivilprozeßrecht notwendigen Kenntnisse sollen durch die vorliegende Schrift vermittelt werden. Schon an dieser Stelle soll jedoch die dringende Empfehlung ausgesprochen werden, sich mit dem Aufbau der ZPO vertraut zu machen, um im Zweifelsfall zumindest zu wissen, in welchem Buch und in welchem Abschnitt des Gesetzes in Betracht zu ziehende Vorschriften zu finden sind. Auch muß bekannt sein, welche für die Lösung bedeutsamen Regelungen in anderen Gesetzen enthalten sind, beispielsweise im GVG, im RPflG und im ZVG.

Die Anfertigung einer Lösungsskizze und schließlich die Ausformu- 4 lierung der Fallösung sind weitere Arbeitsschritte, die bei der Bearbeitung eines jeden Rechtsfalles zu gehen sind. Deshalb ergeben sich insoweit keine Besonderheiten für eine Zivilprozeßrechtsklausur.

Regelmäßig wird der Bearbeiter eines Zivilprozeßrechtsfalls im Ersten Juristischen Staatsexamen ein Gutachten anzufertigen haben, also den ihm aus der BGB-Klausur geläufigen Gutachtenstil anwenden, der von der Frage zur Antwort führt. Jedoch gilt in gleicher Weise auch für den Zivilprozeßrechtsfall die Regel, daß der Gutachtenstil nicht zu übertreiben ist. Einfach zu Beurteilendes und Unproblematisches ist (wenn es überhaupt mitgeteilt werden muß) im Urteilsstil zu erledigen, also in Form einer allenfalls kurz begründeten Feststellung.[3]

II. Die verschiedenen Klausurarten

Es war schon oben (RdNr. 2) darauf hingewiesen worden, daß die 5 vom Bearbeiter eines Zivilprozeßrechtsfalles vorzunehmende Untersuchung davon abhängt, aus welcher Sicht die sich stellenden Rechtsfragen zu entscheiden sind. Wird dem Bearbeiter aufgegeben, die Untersuchung vom Standpunkt eines mit dem Fall befaßten Rechtsanwalts durchzuführen – man kann diesen Klausurtyp als „**Anwaltsklausur**" bezeichnen –, dann muß anders vorgegangen werden, als wenn eine richterliche Arbeitsweise im Rahmen einer sog. „**Richterklausur**" verlangt wird. In der Mehrzahl der Fälle werden im Ersten Juristischen Staatsexamen keine auf Fragen des Zivilprozeßrechts beschränkten Aufgaben gestellt, sondern die prozessualen Probleme mit solchen des materiellen Rechts vermengt. Der **Aufbau** solcher **gemischten Klausuren** fällt bei einer Anwaltsklausur anders aus als bei einer Richterklausur. Wird in einem Bearbeitungsvermerk als Aufgabe bezeichnet, in einem Gutachten die Auskunft eines Rechtsanwalts zu materiellrechtlichen und prozeßrechtlichen Fragen vorzubereiten, dann

---

[3] Vgl. *Diederichsen*, Die BGB-Klausur, 8. Aufl. 1994, S. 193.

werden regelmäßig zunächst die Probleme des materiellen Rechts zu behandeln sein, ehe auf die prozessualen einzugehen ist. Denn auch in der Praxis wird der Rechtsanwalt als erstes die Erfolgsaussichten einer Klage aufgrund des materiellen Rechts beurteilen, bevor er sich der Frage zuwendet, wie die Klage nach dem Verfahrensrecht erhoben werden muß. Wenn in einem solchen Fall der Bearbeiter zunächst die Zulässigkeit einer (zu erhebenden) Klage prüft, dann stellt er damit gleichsam die Dinge auf den Kopf, weil über die Erhebung einer Klage erst zu entscheiden ist, wenn ihre Erfolgsaussicht feststeht. Dennoch wird immer wieder in Examensklausuren auf diese (verfehlte) Weise verfahren, weil der Bearbeiter nicht zwischen der Anwalts- und der Richterklausur unterscheidet und der irrigen Annahme ist, daß auch bei Anwaltsklausuren zunächst die Zulässigkeit einer Klage vor ihrer Begründetheit geprüft werden müßte.

Beispiel: Volz verkauft Kunz ein mit einem Mietshaus bebautes Grundstück. Im notariellen Kaufvertrag unterwirft sich der Käufer wegen des Kaufpreises der sofortigen Zwangsvollstreckung in sein gesamtes Vermögen. Als in der Folgezeit Kunz feststellt, daß die Mieteinnahmen nicht 14 000 DM jährlich betragen, wie dies von Volz beziffert wurde, sondern nur 10 000 DM, verweigert er die Zahlung des Kaufpreises. Daraufhin droht ihm Volz, einen Gerichtsvollzieher mit der Vollstreckung zu beauftragen. Kunz sucht den Rechtsanwalt Dr. Klug auf und fragt, wie er sich am besten zu verhalten habe. Auch möchte er gerne wissen, ob ihn Volz erfolgreich verklagen könne. In einem Gutachten soll die Auskunft des Rechtsanwalts vorbereitet werden.

Es wäre hier aufbaumäßig verfehlt, wenn mit den prozessualen Fragen begonnen und untersucht würde, ob Volz aus der notariellen Urkunde vollstrecken könne, welche Verteidigungsmöglichkeiten dagegen Kunz zustehen und ob Volz trotz der Unterwerfungserklärung in der notariellen Urkunde gegen Kunz Klage auf Zahlung des Kaufpreises erheben dürfe. Zwar sind dies alles prozessuale Fragen, die einer Klärung bedürfen, doch zunächst ist zu erörtern, ob Kunz gegen Volz Gegenansprüche wegen der geringeren Mieteinnahmen geltend machen kann (vgl. dazu GK BGB Fall 155, S. 304, 475 f.). Erst wenn dies geklärt ist, erscheint es sinnvoll, in einem zweiten Schritt zu überlegen, wie die materiellen Rechte der Beteiligten prozessual durchgesetzt werden können.

6   Muß dagegen in einer Klausur zu der Frage Stellung genommen werden, wie das Gericht einen Rechtsstreit entscheidet, dann muß stets berücksichtigt werden, daß es zu einer Entscheidung in der Sache nur kommen kann, wenn die Zulässigkeit einer Sachentscheidung feststeht. Aus diesem Grunde haben Probleme der Zulässigkeit Vorrang vor solchen des materiellen Rechts.

Ist in dem oben (RdNr. 5) mitgeteilten Beispielsfall von Rechtsanwalt Schnell im Namen und Auftrag des Volz Klage auf Zahlung des Kaufpreises erhoben worden und wird dem Bearbeiter aufgegeben, gutachtlich dazu Stellung zu nehmen, welche Entscheidung das Gericht treffen wird, dann müssen zunächst die sich hier ergebenden prozessualen Fragen abgehandelt werden, weil der Richter überhaupt nicht

mehr über die materiellrechtlichen Probleme zu befinden hat, wenn er feststellen muß, daß die Klage des Volz etwa deshalb unzulässig ist, weil ihm ein Rechtsschutzinteresse wegen der Unterwerfungserklärung in der notariellen Urkunde abgesprochen werden muß. Wie diese Frage zu entscheiden ist, soll hier zunächst offenbleiben.

Einen weiteren Klausurentyp bildet der sog. **Rechtsmittelfall**, bei 7 dem die Erfolgsaussichten eines Rechtsbehelfs gegen eine gerichtliche Entscheidung beurteilt werden müssen. Auch diese Beurteilung kann aus der Sicht eines Rechtsanwalts oder eines Richters vorgenommen werden. Hierbei wird es sich auch bei einer Anwaltsklausur regelmäßig empfehlen, zunächst die Zulässigkeit eines Rechtsbehelfs, also prozeßrechtliche Fragen, zu behandeln, weil nur bei einer positiven Antwort die Erfolgsaussicht des Rechtsbehelfs Bedeutung erhält. Bei der Anwaltsklausur und bei der Richterklausur sind die zu bewertenden Sachverhalte jeweils nur aus der Sicht eines der am Verfahren Beteiligten zu erörtern; es kann jedoch durchaus auch zur Aufgabe des Bearbeiters gemacht werden, die Betrachtungsweisen beider miteinander zu verbinden. Wird von dem Bearbeiter verlangt, eine **Stellungnahme zur Rechtslage** abzugeben, dann ist nicht nur die zu erlassende Entscheidung des Gerichts darzustellen, sondern auch dazu Stellung zu nehmen, welche verfahrensrechtlichen Möglichkeiten den Parteien (und damit den sie vertretenden Rechtsanwälten) zur Verfügung stehen.[4]

Das Gericht hat bei einer Klage von Amts wegen zu prüfen, ob es für die Entscheidung örtlich und sachlich zuständig ist. Gelangt das Gericht zu einem negativen Ergebnis, dann ist der Kläger (der ihn vertretende Anwalt) auf die fehlende Zuständigkeit hinzuweisen (§ 139 Abs. 2). Aus der Sicht des Klägers muß entschieden werden, wie er sich am besten verhält (vgl. § 281). Schließlich ist noch kurz darauf einzugehen, wie das Gericht zu entscheiden hat, wenn ein Verweisungsantrag des Klägers gestellt wird oder wenn ein solcher Antrag unterbleibt (vgl. u. RdNr. 51).

Aus diesen Hinweisen ergibt sich auch, daß der Bearbeiter die mög- 8 liche **Entwicklung einer Prozeßrechtslage** berücksichtigen muß, wie sie sich aufgrund möglicher Handlungen der Beteiligten vollziehen kann. Denn der Prozeß schreitet – wie bereits der Begriff verdeutlicht (vgl. u. RdNr. 136) – fort, und die nach dem Prozeßrecht möglichen Veränderungen müssen in die Betrachtung mit einbezogen werden. Der Antrag einer Partei kann – wie im oben angeführten Beispiel – eine neue Prozeßrechtslage schaffen, die eine Reaktion des Gerichts zur Folge hat, wie umgekehrt die Entscheidung des Gerichts die Parteien zu neuen Anträgen veranlassen kann. Ebenso ist zu beachten, daß sich auch Rechtsfolgen aufgrund eines Untätigbleibens einer Partei ergeben können, so beispielsweise die Begründung der Zuständigkeit eines zunächst unzuständigen Gerichts durch eine rügelose Verhandlung zur Hauptsache (§ 39) oder die Heilung von Verfahrensmängeln durch Un-

---

[4] Vgl. *Schumann* RdNr. 24.

terlassung rechtzeitiger Rüge (vgl. § 295). Gibt der Bearbeitungsvermerk (wie bei der Frage nach der Rechtslage) auf, umfassend zu allen Rechtsproblemen Stellung zu nehmen, dann muß der Bearbeiter auch die aufgrund eines möglichen Parteiverhaltens oder einer in Betracht zu ziehenden Gerichtstätigkeit eintretende Prozeßsituation berücksichtigen, also die weitere Prozeßentwicklung vorausschauend beschreiben.[5] Insoweit ergibt sich durchaus ein wichtiger Unterschied zu der Erörterung von Fällen des materiellen Zivilrechts, bei denen regelmäßig ein feststehender und sich nicht verändernder Sachverhalt zu bewerten ist.[5]

III. Weitere Hinweise

9   Durch die vorstehenden Ausführungen ist nur bezweckt, allgemeine Hinweise zur Methode der Lösung zivilprozeßrechtlicher Fälle zu geben. Auf Fragen der Klausurtechnik, die sich bei speziellen Problemen des Zivilprozeßrechts stellen können, wird bei Erörterung dieser Probleme eingegangen werden. Darüber hinaus sei empfehlend auf die Schrift von Ekkehard Schumann, Die ZPO-Klausur, verwiesen, in der sich wertvolle Hinweise für die Bearbeitung der Hauptprobleme des Zivilprozeßrechts finden.[6]

---

[5] Vgl. *Schumann* RdNr. 35 ff.
[6] Lesenswert auch *Bäumgärtel,* Der Zivilprozeßrechtsfall, 7. Aufl. 1987.

§ 2 Der Beginn eines Zivilprozesses

I. Einleitende Erwägungen

Es gehört zu den wichtigsten Aufgaben der Zivilrechtspflege festzu- **10** stellen, ob das einzelne durch Klage geltend gemachte (private) Recht besteht. Die Entstehung des Rechts vollzieht sich außerhalb des Prozesses dadurch, daß der Tatbestand einer Norm des materiellen Zivilrechts verwirklicht wird, die dieses Recht begründet. Dementsprechend hat der Richter bei Entscheidung eines Rechtsstreites aufgrund der Vorschriften des materiellen Zivilrechts zu klären, ob das vom Kläger geltend gemachte Recht durch Verwirklichung des Tatbestandes einer rechtsbegründenden Norm entstanden ist und nicht danach durch Verwirklichung des Tatbestandes einer rechtsvernichtenden Norm wieder aufgehoben wurde.

> **Beispiel:** A und B schließen einen Kaufvertrag über einen Fernsehapparat. Aufgrund des Vertrages entsteht das Recht des B, Übergabe und Übereignung des Apparates von A zu fordern (§ 433 Abs. 1 S. 1 BGB), und das Recht des A, Zahlung des vereinbarten Kaufpreises von B zu verlangen (§ 433 Abs. 2 BGB). Durch die Übergabe und Übereignung des Apparates und die Zahlung des Kaufpreises erlöschen diese Rechte wieder (§ 362 Abs. 1 BGB, bei dem es sich also um eine rechtsvernichtende Norm handelt). Im Streitfall hat der Richter aufgrund der genannten Vorschriften festzustellen, ob und welche Rechte zwischen den Beteiligten noch bestehen.

Ob der einzelne ein bestimmtes Recht innehat, entscheidet sich also **11** nach dem materiellen Zivilrecht. Wird aber das dem einzelnen zustehende Recht von anderen verletzt, dann darf regelmäßig der Berechtigte nicht sein Recht in die eigene Hand – oder genauer: in die eigene Faust – nehmen und zwangsweise seinen Anspruch verwirklichen. Denn Selbsthilfe ist nur in den engen Grenzen zulässig, die § 229 BGB setzt, also dann, wenn obrigkeitliche Hilfe nicht rechtzeitig zu erlangen ist und ohne sofortiges Eingreifen die Gefahr besteht, daß die Verwirklichung des Anspruchs vereitelt oder wesentlich erschwert wird. In allen anderen Fällen ist der Berechtigte auf staatliche Hilfe für die Durchsetzung seines Rechts angewiesen. Als Ausgleich für das Verbot der Selbsthilfe besteht die Verpflichtung des Staates, dem einzelnen bei der Durchsetzung seines Rechts zu helfen. Der Staatsbürger hat einen grundgesetzlich verbürgten Anspruch gegen den Staat, daß die zuständigen staatlichen Organe, insbesondere die Gerichte, ihm Rechtsschutz gewähren. Dieser Anspruch wird Justizanspruch oder **Justizgewährungsanspruch** genannt.

Daß bei Nichterfüllung des Justizgewährungsanspruches der einzelne in seinen Grundrechten verletzt wird und diese Verletzung mit der Verfassungsbeschwerde beim Bundesverfassungsgericht geltend machen kann, ist unstreitig. Gestritten wird dagegen über die Frage, aus welcher Norm des Verfassungsrechts der Justizgewährungsanspruch abzuleiten ist.[1] In Betracht kommen der Anspruch auf den gesetzlichen Richter (Art. 101 Abs. 1 S. 2 GG), der Anspruch auf rechtliches Gehör (Art. 103 Abs. 1 GG) oder das dem Grundgesetz immanente Rechtsstaatsprinzip. Da es sich lediglich um eine theoretische Meinungsverschiedenheit handelt, kann eine Stellungnahme dazu unterbleiben.

12   Der Kläger wird von seinem Justizanspruch Gebrauch machen und das Gericht um Rechtsschutz ersuchen, wenn er zur Durchsetzung eines ihm (vermeintlich) zustehenden Rechts staatliche Hilfe benötigt, regelmäßig also dann, wenn ein anderer seinem Rechtsanspruch freiwillig nicht genügt. Ob das vom Kläger behauptete Recht in Wirklichkeit existiert, muß – wie bereits erwähnt – vom Richter festgestellt werden; dies geschieht in einem förmlichen Verfahren, dem Zivilprozeß. Die an einem solchen Prozeß Beteiligten stehen sich in unterschiedlichen Positionen gegenüber, die sie den einzelnen Prozeß und die einzelne Prozeßsituation auch unterschiedlich sehen lassen. Deshalb soll der Beginn eines Zivilprozesses im folgenden auch von den unterschiedlichen Standpunkten der Beteiligten aus betrachtet werden.

II. Die Sicht der Parteien

a) Allgemeines

13   Der Kläger nimmt gegenüber dem Beklagten ein Recht für sich in Anspruch, zu dessen Durchsetzung er richterlicher Hilfe bedarf. Die Notwendigkeit einer richterlichen Mitwirkung bei der Rechtsdurchsetzung kann sich entweder dadurch ergeben, daß der Beklagte dem vom Kläger geltend gemachten Recht die Anerkennung verweigert, oder aber dadurch, daß der Kläger eine **Rechtsgestaltung** begehrt, die **durch Richterspruch** vorgenommen werden muß.

Im Regelfall kann der Inhaber eines Gestaltungsrechts dieses Recht selbst ausüben und dadurch die materielle Rechtslage entsprechend dem Gestaltungsrecht verändern, beispielsweise durch Anfechtung wegen Irrtums (§ 119 Abs. 1 BGB) eine Willenserklärung rückwirkend nichtig werden lassen (§ 142 Abs. 1 BGB). Es gibt jedoch auch Fälle, in denen bei Gestaltungsrechten die Rechtsgestaltung dem Richter vorbehalten wird und deshalb der Berechtigte vom Gericht die Umgestaltung der Rechtslage zu verlangen hat. So kann beispielsweise eine Ehe nur durch gerichtliches Urteil auf Antrag eines oder beider Ehegatten geschieden werden (§ 1564 Abs. 1 S. 1 BGB). Der Vorbehalt richterlicher Gestaltung wird durch das öffentliche Interesse an dem Familienstand und seinem sicheren Nachweis begründet. Auf das richterliche Gestaltungsurteil wird später noch eingegangen werden.

---

[1] Vgl. dazu *Bethge* NJW 1991, 2391, 2393 f.; *Rosenberg/Schwab/Gottwald* § 3 I.

Bevor jemand das Gericht um Rechtsschutz bittet und Klage erhebt, **14** wird er regelmäßig die Erfolgsaussichten seiner Klage und das Kostenrisiko, das er damit eingeht, festzustellen versuchen. Beide Fragen sind eng miteinander verknüpft, weil grundsätzlich der in einem Rechtsstreit Unterlegene die dadurch entstandenen Kosten zu tragen hat (§ 91). Diese Kosten können erheblich sein.[2] Um die Erfolgsaussicht einer Klage beurteilen zu können, muß die Rechtslage geprüft werden. In den meisten Fällen wird deshalb die Beauftragung eines Rechtsanwalts mit der Vorbereitung des Rechtsstreits geboten sein. Soll die Klage vor einem Gericht erhoben werden, bei dem Anwaltszwang besteht (vgl. § 78 und u. RdNr. 21), dann muß in jedem Fall ein Rechtsanwalt eingeschaltet werden. Ein Rechtsanwalt kann für seine Tätigkeit ein Entgelt beanspruchen (Einzelheiten dazu u. RdNr. 23). Verfügt jemand nicht über die erforderlichen Mittel für eine außergerichtliche Rechtsberatung oder für die Führung eines Zivilprozesses, dann kann er unter bestimmten Voraussetzungen eine Beratungshilfe und eine Prozeßkostenhilfe erhalten. Zu beiden Möglichkeiten sollen im folgenden einige Erläuterungen gegeben werden.

Einschub: Beratungs- und Prozeßkostenhilfe

Voraussetzungen und Umfang der Beratungshilfe sind im Beratungs- **15** hilfegesetz (BerHG) (Schönfelder Nr. 98b) geregelt. Danach kann jeder **Hilfe** für die Wahrnehmung von Rechten **außerhalb eines gerichtlichen Verfahrens** erhalten, wenn er

– die erforderlichen Mittel nach seinen persönlichen und wirtschaftlichen Verhältnissen nicht aufbringen kann,
– nicht andere Möglichkeiten für eine Hilfe zur Verfügung stehen, deren Inanspruchnahme dem Rechtsuchenden zuzumuten ist,
– und die Wahrnehmung der Rechte nicht mutwillig ist (§ 1 Abs. 1 BerHG).

§ 1 Abs. 2 BerHG bestimmt, daß vom Fehlen der erforderlichen Mittel auszugehen ist, wenn dem Rechtsuchenden Prozeßkostenhilfe ohne einen eigenen Beitrag zu den Kosten zu gewähren wäre (vgl. dazu u. RdNr. 16). Die Beratungshilfe besteht in der Beratung und, soweit erforderlich, in der Vertretung des Rechtsuchenden (§ 2 Abs. 1 BerHG). Der Rechtsuchende hat einen Antrag auf Beratungshilfe beim Amtsgericht zu stellen. Soweit nicht das Amtsgericht selbst beispielsweise durch eine sofortige Auskunft Beratungshilfe leisten kann, stellt es dem Rechtsuchenden einen Berechtigungsschein für Beratungshilfe aus, wenn die Voraussetzungen für die Gewährung von Beratungshilfe gegeben sind (§ 3 Abs. 2, § 6 Abs. 1 BerHG). Der

---

[2] Vgl. dazu *Schreiber* Jura 1991, 617, 620, der die Kosten eines durch drei Instanzen geführten Rechtsstreits mit einem Streitwert von 45.000,– DM auf insgesamt ca. 33.000,– DM beziffert. Da inzwischen Gerichts- und Anwaltsgebühren erhöht worden sind, fällt dieser Betrag jetzt noch höher aus.

Rechtsuchende kann sich dann mit dem Berechtigungsschein zu einem Rechtsanwalt seiner Wahl begeben, der das Entgelt für die Beratung aus der Staatskasse erhält. Als Eigenbeteiligung sind 20,– DM vorgesehen, die der Rechtsanwalt von dem Rechtsuchenden beanspruchen kann; allerdings kann diese Gebühr vom Anwalt auch erlassen werden (§ 8 Abs. 1 BerHG). Hat sich der Rechtsuchende unmittelbar an einen Rechtsanwalt gewandt, dann kann ihm noch nachträglich auf seinen Antrag Beratungshilfe gewährt werden (§ 4 Abs. 2 S. 4, § 7 BerHG).

16   Die **Prozeßkostenhilfe** ist in der ZPO geregelt, und zwar in den §§ 114 bis 127 a. Sie ist nach § 114 davon abhängig, daß
– die Kosten der Prozeßführung nach den persönlichen und wirtschaftlichen Verhältnissen nicht oder nur zum Teil oder nur in Raten aufgebracht werden können
– und die beabsichtigte Rechtsverfolgung oder Rechtsverteidigung hinreichende Aussicht auf Erfolg bietet und nicht mutwillig erscheint.

Die Frage, ob eine Partei die Prozeßkosten ganz oder zum Teil selbst aufzubringen vermag, beurteilt sich nach ihren Vermögens- und Einkommensverhältnissen. Das Gesetz bestimmt, daß die Partei zur Abdeckung der Prozeßkosten ihr Einkommen einzusetzen hat (§ 115 Abs. 1 S. 1). Zum Einkommen gehören alle Einkünfte in Geld oder in Geldeswert (§ 115 Abs. 1 S. 2). Jedoch sind davon eine Reihe von Beträgen abzuziehen und nur nach dem verbleibenden monatlichen Einkommen zu berechnen, ob und in welcher Höhe eine Partei die Prozeßkosten selbst tragen muß (vgl. § 115 Abs. 1 S. 3). Die insoweit anzustellenden Berechnungen sind recht kompliziert und lassen sich hier nicht in allen Einzelheiten darstellen. Ganz allgemein läßt sich nur sagen, daß von dem Bruttoeinkommen des Antragstellers Steuern, Pflichtbeiträge zur Sozialversicherung einschließlich der Arbeitslosenversicherung, die für eine freiwillige Mitgliedschaft in den gesetzlichen Kranken- und Rentenversicherung zu entrichtenden Beiträge, Beiträge zur privaten Kranken- und Unfallversicherung und die mit der Erzielung des Einkommens verbundenen notwendigen Ausgaben wie Fahrtkosten zur Arbeitsstätte, Aufwendungen für Arbeitsmaterial und Arbeitskleidung abzuziehen sind. Auch ist zu berücksichtigen, ob der Antragsteller seinem Ehegatten und anderen Familienangehörigen Unterhalt zu leisten hat. Insoweit werden pauschalierte Beträge zugrunde gelegt, die auf jährlich vom Bundesjustizministerium zu bestimmende Sätze zurückgehen. Der danach sich ergebende Unterhaltsfreibetrag vermindert sich um ein eigenes Einkommen der unterhaltsberechtigten Person. Schließlich sind Kosten der Unterkunft und Heizung, soweit sie nicht in einem auffälligen Mißverhältnis zu den Lebensverhältnissen der Partei stehen, vom Bruttoeinkommen abzurechnen. Auch können Beträge abgesetzt werden, soweit dies mit Rücksicht auf besondere Belastung des Antragstellers angemessen ist. Der sich nach diesen Abzügen ergebende Teil des monatlichen Einkommens bildet dann die Grundlage für die Entscheidung des Gerichts, in welcher Höhe der Antragsteller Monatsraten zur Deckung der Prozeßkosten zu leisten hat. In § 115 Abs. 1 S. 4 findet sich eine Tabelle, in der das einzusetzende Einkommen der Höhe der einzelnen vom Antragsteller zu zahlenden Monatsraten gegenübergestellt wird. Prozeßkostenhilfe wird nicht bewilligt, wenn die Kosten der Prozeßführung der Partei vier Monatsraten und die aus dem Vermögen aufzubringenden Teilbeträge voraussichtlich nicht übersteigen (§ 115 Abs. 3). Daß auch die Partei ihr Vermögen einsetzen muß, soweit dies zumutbar ist, wird ausdrücklich in § 115 Abs. 2 angeordnet. Dabei verweist diese Vorschrift auf § 88 des Bundessozialhilfegesetzes. Daraus ergibt sich, daß ein angemessenes Hausgrundstück, das von dem Antragsteller be-

wohnt wird, ein angemessener Hausrat sowie Gegenstände, die zur Aufnahme oder Fortsetzung der Berufsausbildung oder Erwerbstätigkeit unentbehrlich sind, nicht als verwertbares Vermögen gelten.

Neben fehlenden oder nicht ausreichenden finanziellen Mitteln tritt **17** als weitere Voraussetzung für die Gewährung von Prozeßkostenhilfe hinzu, daß die Rechtsverfolgung oder Rechtsverteidigung **Erfolgsaussicht** bietet und ihr Mutwilligkeit fehlt (vgl. § 114).

Die Erfolgsaussicht ist aufgrund einer Untersuchung der Rechtslage und der tatsächlichen Voraussetzungen zu beurteilen, die aufgrund der glaubhaft zu machenden Angaben des Antragstellers (§ 118 Abs. 2 S. 1) und der Stellungnahme des Gegners (§ 118 Abs. 1) von dem Vorsitzenden oder einem von ihm beauftragten Mitglied des Gerichts vorzunehmen ist (§ 118 Abs. 3). Die Anforderungen an die Erfolgsprognose dürfen dabei nicht überspannt werden.[3] Ergibt die Erfolgsprüfung, daß der Kläger nur mit einem Teil des von ihm geltend gemachten Anspruchs Erfolg haben wird, dann ist die Prozeßkostenhilfe entsprechend zu beschränken.

Als **mutwillig** ist eine Prozeßführung anzusehen, wenn sie nicht von sachlichen Erwägungen getragen wird; dies ist dann anzunehmen, wenn eine verständige und ausreichend bemittelte Partei in einem gleichliegenden Fall von dem Prozeß absehen würde.[4]

Der **Antrag auf Bewilligung** von Prozeßkostenhilfe ist bei dem Prozeßgericht zu stellen, d. h. bei demjenigen Gericht, bei dem der Rechtsstreit schwebt oder anhängig gemacht werden soll (§ 117 Abs. 1). Für die Erklärung der Partei über ihre persönlichen und wirtschaftlichen Verhältnisse (§ 117 Abs. 2 S. 1) ist ein Vordruck zu benutzen (vgl. Prozeßkostenhilfevordruckverordnung vom 17. 10. 1994 – BGBl. I S. 3001 – auch zu Ausnahmen). Die Erklärung und die Belege·dürfen dem Gegner nur mit Zustimmung der Partei zugänglich gemacht werden (§ 117 Abs. 2 S. 2). Durch diese Vorschrift soll das Persönlichkeitsrecht des Antragstellers geschützt werden. Das Gericht kann Erhebungen anstellen und insbesondere die Vorlage von Urkunden anordnen und Auskünfte einholen. Zeugen und Sachverständige sollen grundsätzlich nicht vernommen werden, es sei denn, daß auf andere Weise nicht zu klären ist, ob die Rechtsverfolgung oder Rechtsverteidigung hinreichende Aussicht auf Erfolg bietet und nicht mutwillig erscheint (§ 118 Abs. 2 S. 3).

Die **Entscheidung** über den Antrag auf Gewährung von Prozeßkostenhilfe wird ohne mündliche Verhandlung durch Beschluß vorgenommen (§ 127 Abs. 1 S. 1). Wird Prozeßkostenhilfe bewilligt, dann hat das Gericht die zu zahlenden Monatsraten und die aus dem Vermögen des Antragstellers zu zahlenden Beträge festzusetzen (§ 120 Abs. 1 S. 1). Ist eine Vertretung durch Anwälte gesetzlich vorgeschrieben, dann wird der Partei ein zur Vertretung bereiter Rechtsanwalt ihrer Wahl beigeordnet (§ 121 Abs. 1); in anderen Fällen hat das Gericht der Partei einen Anwalt ihrer Wahl beizuordnen, wenn die Vertretung durch einen Rechtsanwalt etwa wegen der Schwierigkeiten des Sachverhalts oder wegen der Hilflosigkeit der Partei erforderlich erscheint oder der Gegner durch einen Rechtsanwalt vertreten ist (§ 121 Abs. 2). Die Partei, der Prozeßkostenhilfe bewilligt wird, ist von der Zahlung der Gerichtskosten und der Anwaltsvergütung befreit (vgl. § 122 Abs. 1). Dagegen schließt die Bewilligung der Prozeßkostenhilfe nicht die Verpflichtung aus, die dem Gegner entstandenen Kosten nach §§ 91, 103 zu erstatten, wenn der Prozeß verloren geht (§ 123; zu dieser Kostenerstattungspflicht der unterliegenden Partei Einzelheiten später).

---

[3] Vgl. BVerfGE 81, 347, 357 = NJW 1991, 413; BVerfG NJW 1992, 889.
[4] *Baumbach / Lauterbach / Hartmann* § 114 RdNr. 107 m. weit. Nachw.

18   Wie die vorstehenden Ausführungen ergeben, muß also niemand wegen fehlender finanzieller Mittel auf den Rechtsrat eines Rechtsanwalts und auf dessen Unterstützung bei Führung eines Rechtsstreits verzichten. Hinzu kommt, daß heute in nicht unerheblichem Umfang Rechtsschutzversicherungen das finanzielle Risiko von Prozessen wesentlich mindern oder sogar beseitigen. Daß dadurch die Neigung zur Austragung von Rechtsstreitigkeiten auch in Fällen gefördert wird, in denen ein Rechtsstreit besser unterbliebe, sei nur am Rande bemerkt. Entschließt sich eine Partei dennoch, den Rechtsstreit selbst zu führen, was nur in einem erstinstanzlichen Verfahren vor dem Amtsgericht möglich ist (zu den auch insoweit geltenden Ausnahmen Einzelheiten später), dann kann sie nach § 496 die Klage, die Klageerwiderung sowie sonstige Anträge und Erklärungen mündlich zu Protokoll der Geschäftsstelle eines jeden Amtsgerichts (§ 129 a Abs. 1) anbringen.

In **Verfahren vor den Amtsgerichten** sind aufgrund der §§ 495 a bis 510 b einige Besonderheiten zu beachten. Grundsätzlich gilt auch für dieses Verfahren das sonst anzuwendende Recht (§ 495). Da jedoch die Parteien auch ohne anwaltlichen Beistand ihren Prozeß vor dem Amtsgericht führen können, hat der Gesetzgeber durch verschiedene Regelungen diesem Umstand Rechnung getragen und insbesondere die Pflichten des Richters erweitert, die Parteien über bestimmte Rechtsfolgen zu belehren, die sich im Laufe des Verfahrens ergeben können. Auf diese Weise wird in gewissem Maße erreicht, daß der rechtskundige Rat eines Rechtsanwalts durch die Beratung und Fürsorge des Gerichts ersetzt wird. Auf Einzelheiten wird später eingegangen werden.

b) Beispielsfall

19   Nachdem zunächst recht allgemein Punkte behandelt worden sind, die für jede Partei beachtenswert erscheinen, wenn sie in einen Rechtsstreit verwickelt wird, soll im folgenden anhand eines konkreten Beispielsfalles die Vorbereitung und der Beginn eines Rechtsstreits dargestellt werden.

Der in Passau wohnende Eich beauftragt den Bauunternehmer Fleißig aus Deggendorf, auf seinem (des Eichs) Grundstück eine Garage zu errichten. Während der Bauarbeiten beschädigt eine Planierraupe den Zaun des Grundstücks. Eich verlangt von Fleißig für die Beschädigung 1.600,– DM. Dieser weigert sich zu zahlen, weil Eich selbst an der Beschädigung schuld sei, denn er habe den Fahrer der Planierraupe eingewiesen und durch falsche Hinweise bewirkt, daß die Planierraupe gegen den Zaun gefahren sei. Außerdem sei der Zaun alt und erneuerungsbedürftig gewesen; deshalb sei durch die Beschädigung Eich überhaupt kein Schaden entstanden.

20   Wie so oft bildet auch hier ein recht alltäglicher Vorgang den Grund für eine Streitigkeit, die zum Gegenstand eines Zivilprozesses werden kann. Nachdem sich die Beteiligten schriftlich oder mündlich ausgetauscht haben und ihre gegensätzlichen Standpunkte kennen, wird jeder von ihnen zu überlegen haben, ob er es auf einen Rechtsstreit ankom-

men lassen will. Wenn Eich die Argumente des Fleißig nicht für zutreffend hält, wird er voraussichtlich von dessen Werklohnforderung einen Betrag als Schadensersatz für seinen Zaun abziehen, also gegen die Werklohnforderung mit einem Schadensersatzanspruch aufrechnen. Wenn Fleißig dies für unberechtigt hält, wird er den vollen Werklohn fordern und möglicherweise Klage erheben, wenn Eich freiwillig nicht zahlt. Auch ein juristischer Laie wird diese mögliche Entwicklung voraussehen können und sich darauf einstellen, also insbesondere vorher die Beratung durch einen Rechtsanwalt suchen.

III. Die Sicht des Rechtsanwaltes

a) Stellung und Aufgaben eines Rechtsanwalts

Der Rechtsanwalt erfüllt eine wichtige Aufgabe im Rahmen der **21** Rechtspflege durch Beratung seiner Mandanten und ihrer Vertretung insbesondere vor den Gerichten. Die **Rechtsstellung** des Rechtsanwalts ist **in der Bundesrechtsanwaltsordnung geregelt**. Nach § 1 BRAO ist der Rechtsanwalt als ein unabhängiges Organ der Rechtspflege anzusehen, der einen freien Beruf, kein Gewerbe, ausübt (§ 2 BRAO). Der Rechtsanwalt ist der berufene unabhängige Berater und Vertreter in allen Rechtsangelegenheiten (§ 3 Abs. 1 BRAO), und sein Recht, in Rechtsangelegenheiten aller Art vor Gerichten, Schiedsgerichten oder Behörden aufzutreten, kann nur durch ein Bundesgesetz beschränkt werden (§ 3 Abs. 2 BRAO).

Die Zulassung zur Rechtsanwaltschaft wird auf Antrag erteilt und ist davon abhängig, daß der Bewerber die Befähigung zum Richteramt besitzt (§ 4 BRAO), also ein rechtswissenschaftliches Studium an einer Universität mit der Ersten Staatsprüfung und einen anschließenden Vorbereitungsdienst mit der Zweiten Staatsprüfung abgeschlossen hat (§ 5 Abs. 1 DRiG). Die Gründe, aus denen die Zulassung zur Rechtsanwaltschaft versagt werden kann, sind abschließend in § 7 BRAO aufgeführt (vgl. § 6 Abs. 2 BRAO). Für Rechtsanwälte gilt das Prinzip der Lokalisierung;[5] dies bedeutet, daß jeder Rechtsanwalt nur bei einem bestimmten Gericht der ordentlichen Gerichtsbarkeit zugelassen wird (§ 18 Abs. 1 BRAO), das er frei wählen darf. An dem Ort des Gerichts, bei dem der Rechtsanwalt zugelassen ist, muß er eine Kanzlei einrichten (§ 27 Abs. 1 S. 1 BRAO). Die erste Zulassung beim Gericht wird zugleich mit der Zulassung zur Rechtsanwaltschaft erteilt (§ 18 Abs. 2 BRAO). Auch die Zulassung bei einem Gericht wird auf Antrag ausgesprochen und der Antrag kann nur aus einem in § 20 BRAO genannten Grund versagt werden. Eine Zulassung an mehreren Gerichten (sog. Simultanzulassung) ist unter bestimmten im Gesetz genannten Voraussetzungen zulässig (vgl. §§ 23, 24, 226, 227 BRAO). Mit der Zulassung zur Rechtsanwaltschaft wird das Recht erworben, vor allen Gerichten und Be-

---

[5] Das Lokalisierungsprinzip wird abgeschafft werden, und zwar im Jahr 2000 in den alten Bundesländern und im Jahr 2005 in den neuen Bundesländern, vgl. *Kleine Cosack* NJW 1995, 2249, 2250 f.

hörden als Beistand oder Vertreter einer Partei aufzutreten, allerdings mit einer wichtigen Einschränkung im Anwaltsprozeß, in dem nach § 78 die Vertretung einer Partei nur einem Rechtsanwalt übertragen werden darf, der bei dem Prozeßgericht (dem Gericht, bei dem der Rechtsstreit anhängig ist) zugelassen ist.

Anwaltszwang besteht vor den Landgerichten und vor allen Gerichten des höheren Rechtszuges, also vor allen Oberlandesgerichten und dem Bundesgerichtshof (§ 78 Abs. 1). Nach Maßgabe des § 78 Abs. 2 müssen sich die Parteien auch in Familiensachen, die von den Familiengerichten, Abteilungen der Amtsgerichte (§ 23 b GVG), verhandelt werden, von einem bei dem Gericht zugelassenen Rechtsanwalt vertreten lassen.

Üben Rechtsanwälte gemeinsam ihren Beruf aus, dann kann dies in verschiedenen Organisationsformen geschehen. Schließen sich die Rechtsanwälte in einer (einfachen) Sozietät zusammen, dann handelt es sich um eine BGB-Gesellschaft (§§ 705 ff. BGB). Die Rechtsanwaltssozietät kann aber auch die Rechtsform einer Partnerschaftsgesellschaft erhalten und muß dann in das Partnerschaftsregister eingetragen werden (§ 7 PartGG). Bei der Partnerschaftsgesellschaft handelt es sich um eine rechtsfähige Personengesellschaft. Streitig ist, ob der Zusammenschluß von Rechtsanwälten zur gemeinsamen Berufsausübung auch in einer GmbH zulässig ist.[6]

22 Die besondere Stellung des Rechtsanwalts innerhalb der Rechtspflege legt ihm auch spezifische **Pflichten** auf, deren Verletzung ihn nicht nur nach dem Zivilrecht schadensersatzpflichtig machen, sondern auch anwaltsgerichtliche Maßnahmen auslösen kann (vgl. §§ 113 ff. BRAO).

Allgemein hat der Rechtsanwalt die Pflicht, seinen Beruf gewissenhaft auszuüben und sich innerhalb und außerhalb des Berufs der Achtung und des Vertrauens würdig zu erweisen, die die Stellung des Rechtsanwalts erfordert (§ 43 BRAO). Der Rechtsanwalt darf keine Bindungen eingehen, die seine berufliche Unabhängigkeit gefährden (§ 43a Abs. 1 BRAO). Er ist zur Verschwiegenheit über alles verpflichtet, was ihm in Ausübung seines Berufes bekannt geworden ist (§ 43a Abs. 2 BRAO). Werbung ist einem Rechtsanwalt nur erlaubt, soweit sie über die berufliche Tätigkeit in Form und Inhalt sachlich unterrichtet und nicht auf die Erteilung eines Auftrages im Einzelfall gerichtet ist (§ 43b BRAO). Der Rechtsanwalt kann verpflichtet sein, unter bestimmten Voraussetzungen die Vertretung in gerichtlichen Verfahren zu übernehmen (vgl. § 48 BRAO) oder seine Berufstätigkeit zu versagen, beispielsweise wenn er eine andere Partei in derselben Rechtssache bereits im entgegengesetzten Interesse beraten oder vertreten hat (§ 43a Abs. 4; zu weiteren Versagungsgründen vgl. § 45 BRAO). Der Rechtsanwalt hat Handakten zu führen und sie für eine gewisse Dauer aufzubewahren (vgl. § 50 BRAO) und muß für eine Vertretung sorgen, wenn er länger als eine Woche seinen Beruf nicht ausüben kann oder von seiner Kanzlei abwesend ist (vgl. § 53 BRAO). Neben diesen in der Bundesrechtsanwaltsordnung geregelten Pflichten treffen den Rechtsanwalt noch Vertragspflichten, die sich aufgrund der zwischen ihm und seinem Mandanten bestehenden Rechtsbeziehungen ergeben.

Der **zwischen** dem **Rechtsanwalt und** seinem **Mandanten geschlossene Vertrag,** der eine Rechtsberatung, Besorgung einer Rechtsangelegenheit oder die Prozeßführung zum Gegenstand hat, ist regelmäßig ein Dienstvertrag, der auf eine Geschäftsbesorgung gerichtet ist (§§ 611, 675 BGB). Übernimmt der Anwalt die Aufgabe, ein Rechtsgutachten zu erstatten oder einen Vertrag zu entwerfen, dann kann es sich auch um einen auf eine Geschäftsbesorgung gerichteten Werkvertrag

---

[6] Bejaht vom BayObLG NJW 1995, 199; kritisch dazu *Taupitz* NJW 1995, 369; vgl. auch *Boin* NJW 1995, 371.

(§§ 631, 675 BGB) handeln.[7] Für den Rechtsanwalt ergeben sich aus dem Vertrag mannigfaltige Pflichten.[8] Insbesondere hat er seinen Mandanten erschöpfend zu beraten, ihm die Aussichten und Gefahren eines Prozesses sorgfältig und realistisch darzustellen und ihn vor allen vermeidbaren Nachteilen zu bewahren. Nach ständ. Rspr. umfaßt die Belehrungspflicht des Anwalts auch Ansprüche, die gegen ihn selbst bestehen; auf sie und auf eine eventuell drohende Verjährung muß er seinen Mandanten hinweisen. Schadensersatzansprüche gegen den Rechtsanwalt verjähren in drei Jahren von dem Zeitpunkt an, in dem der Anspruch entstanden ist, spätestens jedoch in drei Jahren nach der Beendigung des Auftrags (§ 51 BRAO).

Der Rechtsanwalt erhält eine **Vergütung**, die sich nach der Bundes- **23** gebührenordnung für Rechtsanwälte bemißt (vgl. § 1 BRAGO). Bei bürgerlichen Rechtsstreitigkeiten sind folgende Gebühren zu unterscheiden:

- Die Prozeßgebühr (§ 31 Abs. 1 Nr. 1 BRAGO), die der Rechtsanwalt „für das Betreiben des Geschäfts einschließlich der Information" seines Mandanten erhält und durch die jede Tätigkeit des Rechtsanwalts als Prozeßbevollmächtigter abgegolten wird, für die nach der BRAGO keine besondere Gebühr vorgesehen ist,
- die Verhandlungsgebühr (§ 31 Abs. 1 Nr. 2 BRAGO), die anfällt, wenn vor Gericht mündlich verhandelt wird,
- die Beweisgebühr für die Vertretung im Beweisaufnahmeverfahren oder bei der Anhörung oder Vernehmung einer Partei in Ehesachen nach § 613 (§ 31 Abs. 1 Nr. 3 BRAGO),
- die Erörterungsgebühr für die Erörterung der Sache auch im Rahmen eines Versuchs zur gütlichen Beilegung, sofern nicht eine Verhandlungsgebühr anfällt, die denselben Gegenstand betrifft und im selben Rechtszug entsteht (§ 31 Abs. 1 Nr. 4, Abs. 2 BRAGO),
- die Vergleichsgebühr (§ 23 BRAGO) für die Mitwirkung an einem Vergleich.

Die Gebühr ist abhängig vom Wert des Gegenstandes der anwaltlichen Tätigkeit (§ 7 Abs. 1 BRAGO). Der Rechtsanwalt kann mit seinem Mandanten vereinbaren, daß ihm eine höhere als die gesetzliche Vergütung für seine Tätigkeit gezahlt wird; allerdings werden an Form und Inhalt dieser Vereinbarung bestimmte Anforderungen gestellt (vgl. § 3 Abs. 1 BRAGO). Die Absprache, daß der Rechtsanwalt nur im Erfolgsfalle ein Entgelt für seine Tätigkeit erhalten soll (sog. Erfolgshonorar), oder daß er einen Teil des erstrittenen Betrages als Honorar bekommt (quota litis), ist unzulässig (§ 49 b Abs. 2 BRAO).

b) Beispiel anwaltlicher Tätigkeit im Einzelfall

Nehmen wir an, daß Eich in dem Beispielsfall (RdNr. 19) den **24** Rechtsanwalt Kundig in Passau aufsucht und ihm den Streit mit Fleißig berichtet. Kundig wird sich dann eingehend von Eich darüber informieren lassen, wie es zu der Beschädigung des Zaunes kam und in welchem Zustand sich der Zaun im Zeitpunkt der Beschädigung befunden hat. Ergibt die Darstellung des Eich, daß dessen Forderung gerechtfertigt erscheint, dann wird er ihm wohl zu einer Aufrechnung raten. Dabei

---

[7] *MünchKomm/Söllner* § 611 RdNr. 88; *MünchKomm/Seiler*, § 675 RdNr. 6.
[8] *MünchKomm/Seiler* (Fn. 7) RdNr. 8 ff. m. weit. Nachw.

muß er allerdings auch die Auswirkungen berücksichtigen, die sich aus einer solchen Aufrechnungserklärung für den zu erwartenden Rechtsstreit mit Fleißig ergeben. Hierbei wird er insbesondere daran denken, welches Gericht für die Entscheidung des Rechtsstreits zuständig ist und ob sich Unterschiede ergeben, wenn Eich von einer Aufrechnung gegen die Werklohnforderung des Fleißig absieht und Ersatz seines Schadens von Fleißig verlangt. In Betracht kommt entweder das Amtsgericht Passau, wo Eich wohnt und wo der Schaden eingetreten ist, oder das Amtsgericht Deggendorf, weil Fleißig in Deggendorf seinen Betrieb und seinen Wohnsitz hat.

25   **Zuständigkeit** bedeutet die Berechtigung und Verpflichtung, eine bestimmte Aufgabe wahrzunehmen. Das für einen Rechtsstreit zuständige Gericht ist also berufen, diesen Rechtsstreit durchzuführen und zu entscheiden. Nicht nur der Richter hat bei jedem Prozeß zu prüfen, ob er für ihn zuständig ist, sondern auch derjenige, der Rechtsschutz erbittet, kann Nachteile erleiden, wenn er sich an ein unzuständiges Gericht wendet. Muß eine Klage wegen Unzuständigkeit des angegangenen Gerichts abgewiesen werden, dann hat der Kläger die Kosten des Rechtsstreits als unterlegene Partei zu tragen (§ 91). Klagt ein Rechtsanwalt vor einem unzuständigen Gericht und entsteht dadurch der von ihm vertretenen Partei Schaden, dann macht sich der Anwalt wegen Verletzung der ihm nach dem Anwaltsvertrag obliegenden Pflichten schadensersatzpflichtig. Der Rechtsanwalt muß also sorgfältig und zutreffend die Frage entscheiden, vor welches Gericht die Klage seines Mandanten gehört.

Einschub: Zuständigkeit der Gerichte

1. Die Rechtswegzuständigkeit

26   Zu beachten ist zunächst, daß es **verschiedene Gerichtszweige** gibt, deren Zuständigkeit auf einzelne Gebiete des Rechts bezogen ist (vgl. Art. 95 Abs. 1 GG). Es sind dies die ordentliche Gerichtsbarkeit (= Zivil- und Strafgerichtsbarkeit), die Verwaltungsgerichtsbarkeit, die Finanzgerichtsbarkeit, die Arbeitsgerichtsbarkeit und die Sozialgerichtsbarkeit. Diese fünf Gerichtszweige sind einander gleichrangig. Dagegen nimmt die Verfassungsgerichtsbarkeit eine besondere Position ein, die sich aus ihrer Aufgabe erklärt, für die Beachtung der Verfassung Sorge zu tragen. Dies geschieht im Bund durch das Bundesverfassungsgericht (vgl. Art. 93 GG), in den Ländern durch die Landesverfassungsgerichte.

Bei der **Rechtswegzuständigkeit**, also der Zuständigkeit zwischen den verschiedenen Gerichtszweigen, handelt es sich um eine ausschließliche Zuständigkeit, d. h. um eine Zuständigkeitsregelung, die für die Parteien bindend ist und abweichende Vereinbarungen nicht zuläßt (vgl. auch u. RdNr. 42).

Für die **Abgrenzung der Zivilgerichtsbarkeit** von den anderen   **27**
Gerichtsbarkeiten stellt § 13 GVG den Grundsatz auf, daß alle bürgerlichen Rechtsstreitigkeiten vor die Zivilgerichte gehören. Ergänzt wird
diese Vorschrift durch eine Reihe anderer Normen, die ausdrücklich die
Zuständigkeit der Zivilgerichte begründen.

> So haben die Zivilgerichte nach Art. 14 Abs. 3 S. 4, Art. 15 S. 2 GG über die Höhe
> der Entschädigung bei Enteignungen und nach Art. 34 S. 3 GG über den Anspruch
> auf Schadensersatz wegen Amtspflichtverletzung zu entscheiden. § 40 Abs. 2 VwGO
> bestimmt, daß für vermögensrechtliche Ansprüche aus Aufopferung und aus öffent
> lich-rechtlicher Verwahrung sowie für Schadensersatzansprüche aus der Verletzung
> öffentlich-rechtlicher Pflichten, die nicht auf einem öffentlich-rechtlichen Vertrag
> beruhen, der Zivilrechtsweg gegeben ist.

Soweit nicht ausdrückliche gesetzliche Zuweisungen zu beachten   **28**
sind, kommt es also darauf an, ob es sich bei einer Streitigkeit um eine
bürgerlich-rechtliche handelt. Diese Frage ist nach der Natur des
Rechtsverhältnisses, aus dem der Klageanspruch hergeleitet wird, zu
entscheiden.[9] Im Einzelfall kann die Zuordnung des Rechtsverhältnisses
zu einem Rechtsgebiet erhebliche Schwierigkeiten bereiten, wie die
folgenden Beispielsfälle zeigen:

> Empfindlich bewohnt in der Gemeinde Kleindorf ein Einfamilienhaus. An sein
> Grundstück grenzt eine der Gemeinde gehörende Grünfläche, auf der nach dem
> Bebauungsplan ein Spielplatz eingerichtet werden soll. Als die Gemeinde mit ent
> sprechenden Vorbereitungsarbeiten beginnt, erhebt Empfindlich vor dem Landge
> richt Klage auf Unterlassung mit der Begründung, er werde in der Benutzung seines
> Grundstücks durch den zu erwartenden Lärm des Kinderspielplatzes erheblich be
> einträchtigt.
> Vor dem Haus des Empfindlich befindet sich die Endhaltestelle einer von der
> Stark-AG betriebenen Omnibuslinie. Empfindlich klagt vor dem Landgericht gegen
> die Stark-AG auf Beseitigung der Haltestelle, weil er durch die Geräusche und
> Abgase der an- und abfahrenden Busse sowie das Verhalten der Fahrgäste erheblich
> gestört werde. Die Stark-AG wendet ein, sie dürfe ihre Fahrpläne nur mit behörd
> licher Genehmigung ändern und deshalb nicht eigenmächtig die Haltestelle entfallen
> lassen.
> Die B-GmbH schuldet der AOK Sozialversicherungsbeiträge in Höhe von
> 10.000,– DM. Bürg, der Geschäftsführer der GmbH, verbürgt sich selbstschuldne
> risch für diesen Betrag. Die AOK erhebt vor dem Landgericht Klage auf Zahlung
> gegen Bürg. Dieser wendet ein, er sei von der AOK arglistig getäuscht worden und
> ficht deshalb seine Bürgschaftserklärung an.
> Die Gemeinde Kleindorf ist Eigentümerin einer Festhalle, die sie regelmäßig für
> Veranstaltungen politischer Parteien vermietet. Die X-Partei beabsichtigt, in der
> Festhalle ihren Bundeskongreß zu veranstalten. Deshalb wendet sie sich an die Ge
> meinde mit dem Wunsch, einen entsprechenden Mietvertrag zu schließen. Die Ge
> meinde lehnt ab, weil sie wegen angekündigter Gegendemonstrationen mit Aus
> schreitungen rechnet. Die X-Partei klagt vor dem Landgericht mit dem Ziel, die
> Gemeinde zum Abschluß eines Mietvertrages zu verpflichten.

---

[9] GemS–OGB (= Gemeinsamer Senat der obersten Gerichtshöfe des Bundes – zu
diesem Gericht vgl. u. RdNr. 459) BGHZ 97, 312, 313 f. = NJW 1986, 2359;
BGHZ 106, 134, 135 = NJW 1989, 303, jeweils m. weit. Nachw.

29   In allen Fällen stellt sich die Frage, ob es sich um eine bürgerlich-rechtliche Streitigkeit handelt und deshalb der vom Kläger eingeschlagene Zivilrechtsweg gegeben ist. Im Fall der Klage gegen die Errichtung des Kinderspielplatzes macht der Kläger einen Anspruch aus § 1004 Abs. 1 iVm. § 906 BGB geltend, also einen zivilrechtlichen Anspruch. Dies ist jedoch nicht entscheidend, weil für die Rechtswegzuständigkeit nicht die vom Kläger vorgenommene rechtliche Qualifizierung seines Anspruchs maßgebend ist, sondern sein Tatsachenvortrag, der vom Gericht rechtlich zu bewerten ist und aus dem das Gericht die in Betracht kommende Rechtsfolge selbst abzuleiten hat.[10]

Nach hM ist über die Rechtswegzuständigkeit aufgrund des Sachvortrages des Klägers zu entscheiden und die Einwendungen des Beklagten sind unberücksichtigt zu lassen.[11] Begründet wird diese Auffassung damit, daß die Grundlage der vorzunehmenden Abgrenzung zwischen den einzelnen Rechtswegen der Streitgegenstand (zu diesem Begriff Einzelheiten später) bildet, der allein vom Kläger bestimmt wird. Das Gericht hat bei dieser Prüfung den Tatsachenvortrag des Klägers als richtig zu unterstellen und darüber zu befinden, welchem Rechtsgebiet das Rechtsverhältnis zugeordnet werden muß, aus dem der Kläger die von ihm begehrte Rechtsfolge ableitet. Erst wenn über die Begründetheit der Klage zu entscheiden ist, muß das Gericht prüfen, ob der Tatsachenvortrag des Klägers zutrifft. Eine Ausnahme gilt jedoch für die negative Feststellungsklage (vgl. u. RdNr. 58); bei ihr, die sich dagegen richtet, daß der Beklagte eine bestimmte Rechtsposition nicht innehat, muß auch der Vortrag des Beklagten herangezogen werden, um zu klären, welche Natur das von ihm beanspruchte Recht aufweist.[12]

30   Aus dem Sachvortrag des Klägers ergibt sich im **Spielplatzfall,** daß die Gemeinde Kleindorf das ihr gehörende Grundstück für öffentliche Zwecke nutzen will. Der Kinderspielplatz ist im maßgeblichen Bebauungsplan vorgesehen; seine Errichtung geschieht im Vollzug dieser Planung und stellt eine schlicht-hoheitliche Tätigkeit der Gemeinde dar. Da somit der Eingriff in das Eigentum des Empfindlich in seiner Rechtsqualität dem öffentlichen Recht zuzurechnen ist, muß sich der Kläger auch der im öffentlichen Recht zur Verfügung stehenden Abwehr- und Beseitigungsansprüche bedienen und kann nicht auf das Privatrecht ausweichen.[13] Für seine Abwehrklage ist also nicht der Zivilrechtsweg, sondern der Verwaltungsrechtsweg gegeben, weil der vom Kläger erhobene Abwehranspruch dem öffentlichen Recht angehört.[14]

---

[10] Vgl. BGHZ 106, 134, 135 f. = NJW 1989, 303; GemS-OGB NJW 1990, 1527; *MK/Wolf* § 13 GVG RdNr. 11, jeweils m. weit. Nachw.
[11] GemS-OGB (Fn. 10); BGHZ 17, 320; 90, 189; *MK/Wolf* (Fn. 10) RdNr. 13; *Zöller/Gummer* § 13 GVG RdNr. 11; differenzierend *Stein/Jonas/Schumann* Einl. RdNr. 404 f.: bei lückenhaften Tatsachenbehauptungen des Klägers kann auf Darstellung des Beklagten zurückgegriffen werden; aA *Jauernig* § 3 II 3 b: auch Gegenvorbringen des Beklagten ist zu berücksichtigen, soweit es sich auf den vom Kläger vorgetragenen Tatbestand bezieht.
[12] GemS-OGB BGHZ 102, 280, 284 = NJW 1988, 2995.
[13] BVerwG NJW 1974, 817.
[14] So BGH NJW 1976, 570, in seiner Entscheidung des Spielplatzfalles.

Bei der Klage des Empfindlich auf Aufhebung der **Bushaltestelle** 31 muß berücksichtigt werden, daß die Beklagte eine Aufgabe der öffentlichen Daseinsvorsorge erfüllt. Dies geschieht jedoch in privatrechtlicher Form, denn die Beklagte ist eine Aktiengesellschaft, die nicht staatliche Hoheitsgewalt ausüben kann. Daran ändert auch nichts die Notwendigkeit einer behördlichen Genehmigung für eine Fahrplanänderung und Aufhebung einer Haltestelle. Der vom Kläger abzuwehrende Eingriff in sein Eigentum durch die von der Buslinie ausgehenden Emissionen ist somit seinem Charakter nach zivilrechtlicher Natur und deshalb ist auch der Zivilrechtsweg gegeben.[15] Im **Bürgschaftsfall** kommt es darauf an, ob die Rechtsnatur der Ansprüche der AOK gegen die B-GmbH, bei denen es sich zweifelsfrei um öffentlich-rechtliche handelt, auf die Bürgschaft „durchschlägt" und dieser auch eine öffentlich-rechtliche Natur verleiht. Dies hat das KG[16] bejaht, während der BGH[17] den Zivilrechtsweg für gegeben hält, weil eine Bürgschaft auch dann dem Privatrecht zuzurechnen sei, wenn sie eine öffentlich-rechtliche Forderung sichert. Im **Festhallen-Fall** begehrt die Klägerin den Abschluß eines privatrechtlichen Vertrages. Dies könnte für eine bürgerlich-rechtliche Streitigkeit sprechen. Jedoch geht es hier um die Überlassung einer öffentlichen Einrichtung, denn die Festhalle wird von der Gemeinde als Versammlungsstätte politischen Parteien zur Verfügung gestellt und dient damit öffentlichen Zwecken. Hinsichtlich der Vergabe öffentlicher Einrichtungen bestehen für die Gemeinde spezifische Pflichten, die sich aus dem öffentlichen Recht ergeben. Die klagende Partei macht also geltend, daß aufgrund dieser öffentlich-rechtlichen Pflichten die Gemeinde ihr die Festhalle zur Verfügung zu stellen hat. Dies weist die Streitigkeit als eine öffentlich-rechtliche aus, für die nach § 40 Abs. 1 VwGO der Verwaltungsrechtsweg gegeben ist.[18] Denn es kommt auf die Beurteilung dieser öffentlich-rechtlichen Pflichten durch das Gericht an. Dagegen ist nicht entscheidend, daß Kläger und Beklagter als politische Partei und als Gemeinde in ihrer Rechtsstellung dem öffentlichen Recht zuzurechnen sind. Denn auch wenn auf einer oder sogar auf beiden Seiten Institutionen des öffentlichen Rechts stehen, können zwischen ihnen privatrechtliche Beziehungen hergestellt werden.

Beispiel: Die Gemeinde A verkauft der Gemeinde B ein Schneeräumfahrzeug. Es kommt dann ein (privatrechtlicher) Kaufvertrag zustande und die sich hieraus ergebenden Streitigkeiten sind bürgerlich-rechtlicher Natur. Dafür ist maßgebend, daß es sich bei einem Kauf dem Gegenstand nach um ein privates Rechtsgeschäft handelt. Ist dagegen der Gegenstand des Vertrages öffentlich-rechtlicher Natur, dann handelt es sich um einen öffentlich-rechtlichen Vertrag (vgl. § 54 VwVfG),

---

[15] BGH NJW 1984, 1242.
[16] NVwZ 1983, 572.
[17] NJW 1984, 1622; vgl. auch GemS-OGB (Fn. 12) S. 283.
[18] OVG Lüneburg NJW 1985, 2347.

so daß sich hieraus ergebende Streitigkeiten vor den Verwaltungsgerichten auszutragen sind. So ist beispielsweise entsprechend seinem Gegenstand ein Vertrag über die Zahlung von Erschließungsbeiträgen als öffentlich-rechtlich anzusehen.

32 Die Natur eines Rechtsverhältnisses muß also nach dem Gegenstand beurteilt werden, auf den es sich bezieht. Wie die vorstehenden Beispielsfälle zeigen, ist jedoch nicht immer einfach festzustellen, welchem Rechtsgebiet der Gegenstand eines Rechtsverhältnisses zuzuordnen ist. Bei der Abgrenzung des öffentlichen vom privaten Recht werden verschiedene Kriterien herangezogen, deren Brauchbarkeit und Zuverlässigkeit umstritten sind.[19] Einen maßgebenden Anhaltspunkt liefert die Erwägung, ob der zu beurteilende Sachverhalt Rechtssätzen unterworfen ist, die für jedermann gelten (Indiz für Privatrecht) oder ob sie einem Sonderrecht angehören, durch das im Interesse der Erfüllung öffentlicher Aufgaben das allgemeine Recht verdrängt und abgeändert wird (sog. Sonderrechtstheorie).

33 Nur wenn der Rechtsweg zulässig ist, darf das Gericht in der Sache entscheiden. Es handelt sich deshalb bei der Rechtswegzuständigkeit um eine Prozeßvoraussetzung (= Sachurteilsvoraussetzung; zu diesen Begriffen vgl. u. RdNr. 98), die vom Gericht von Amts wegen, also auch ohne einen entsprechenden Hinweis der Parteien, zu prüfen ist (vgl. aber § 17 a Abs. 5 GVG). Jedes Gericht entscheidet über die Zulässigkeit seines eigenen Rechtsweges endgültig und mit Bindungswirkung für die anderen Zweige der Gerichtsbarkeit (§ 17 a Abs. 1 GVG, **Grundsatz der Kompetenzautonomie**).

34 Das Gericht kann vorab, d. h. vor einer Entscheidung über die Hauptsache,[20] durch Beschluß auch ohne mündliche Verhandlung die Zulässigkeit des Rechtswegs feststellen. Es muß dies tun, wenn eine Partei die Zulässigkeit des Rechtswegs (zu Unrecht) rügt (vgl. § 17 a Abs. 3, 4 S. 1 GVG). Gegen diesen Beschluß kann sofortige Beschwerde eingelegt werden (§ 17 a Abs. 4 S. 3 GVG; zu diesem Rechtsmittel Einzelheiten später).

35 Nach § 17 Abs. 2 GVG entscheidet das Gericht des zuständigen Rechtsweges den Rechtsstreit unter allen in Betracht kommenden rechtlichen Gesichtspunkten. Das bedeutet, daß auch die Zuständigkeit des Gerichts begründet ist, wenn der Antrag des Klägers auf verschiedene Anspruchsgrundlagen gestützt werden kann, die unterschiedlichen Rechtswegen zuzuordnen sind. Nur für eine dieser Anspruchsgrundlagen muß das Gericht die Zulässigkeit des beschrittenen Rechtswegs bejahen, wobei es nicht darauf ankommt, daß auch die Verurteilung des Beklagten auf diese Anspruchsgrundlage gestützt wird.[21] Macht aller-

---

[19] Vgl. *MK/Wolf* § 13 GVG RdNr. 6 ff. m. Nachw.
[20] *Kissel* NJW 1991, 945, 948.
[21] BGH NJW 1991, 1686; *MK/Wolf* § 17 GVG RdNr. 12.

dings der Kläger mehrere prozessuale Ansprüche im Wege der kumulativen Klagenhäufung (§ 260; vgl. u. RdNr. 170) geltend, dann kann das angerufene Gericht die Rechtswegzuständigkeit für einen oder mehrere annehmen, für andere dagegen verneinen und insoweit an das zuständige Gericht verweisen.[22]

Gelangt das angerufene Zivilgericht zu dem Ergebnis, daß der eingeschlagene Rechtsweg unzulässig ist, dann hat das Gericht nach Anhörung der Parteien von Amts wegen dies durch Beschluß auszusprechen und den Rechtsstreit an das zuständige Gericht zu verweisen (§ 17 a Abs. 2 S. 1 GVG). Auch dieser Beschluß ist mit der sofortigen Beschwerde anfechtbar (§ 17 a Abs. 4 S. 3 GVG). Der **Verweisungsbeschluß** ist für das Gericht, an das verwiesen wird, hinsichtlich des Rechtswegs bindend (§ 17 a Abs. 2 S. 3 GVG); dies bedeutet, daß es die Entscheidung über den Rechtsweg hinnehmen muß, auch wenn es dazu eine andere Auffassung vertritt als das verweisende Gericht. Der Grundsatz der Kompetenzautonomie wird folglich durch den **Grundsatz der Priorität** eingeschränkt, denn das Gericht, das zuerst über den Rechtsweg entscheidet, befindet verbindlich, daß der Rechtsweg bei dem Gericht zulässig ist, an das es den Rechtsstreit verweist.[23] **36**

Der Rechtsstreit wird nach Eintritt der Rechtskraft (zu diesem Begriff Einzelheiten später) des Verweisungsbeschlusses mit Eingang der Akten bei dem Adressatgericht, also bei dem Gericht, an das verwiesen wird, so anhängig, als ob er bei ihm von Anfang an geführt worden wäre (§ 17 b Abs. 1 GVG). Insbesondere wird der Kläger hinsichtlich von Fristen so gestellt, als habe er die Klage nicht bei dem unzuständigen Gericht, sondern bei dem Adressatgericht erhoben.[24] **37**

Die durch die Klageerhebung bewirkte Unterbrechung der Verjährung (§ 209 Abs. 1 BGB) tritt auch dann ein, wenn der Gläubiger zunächst vor einem unzuständigen Gericht klagt und die Verweisung an das zuständige Gericht erst in einem Zeitpunkt vollzogen wird, in dem ohne Klageerhebung der Anspruch verjährt wäre.

Die **Gerichte der ordentlichen Gerichtsbarkeit** sind die Amtsgerichte, Landgerichte und die Oberlandesgerichte sowie der Bundesgerichtshof mit Sitz in Karlsruhe (§ 12 GVG). Bei dem Instanzenzug ist in Zivilsachen zwischen dem kleinen und dem großen Rechtszug zu unterscheiden. Während beim kleinen Rechtszug das Amtsgericht als erstinstanzliches Gericht zuständig ist, ist beim großen Rechtszug die Zuständigkeit des Landgerichts als erste Instanz begründet. Besonderheiten gelten für den Rechtszug in Kindschafts- und Familiensachen. Die verschiedenen Regelungen ergeben sich aus dem Schaubild auf S. 22. **38**

---

[22] BGH (Fn. 21).
[23] *MK/Wolf* § 17 a GVG RdNr. 6 f.
[24] *Kissel* (Fn. 18) S. 950.

39   **Instanzenordnung in Zivilsachen**

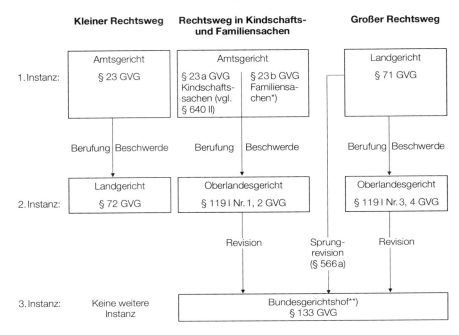

*) Familiensachen werden durch besondere Abteilungen der Amtsgerichte entschieden, die die Bezeichnung „Familiengericht" tragen (§ 23 b S. 1 GVG).

) In Bayern besteht das **Bayerische Oberste Landesgericht, das als dritte Instanz
   anstelle des BGH in bürgerlichen Rechtsstreitigkeiten entscheidet, in denen für
   die Entscheidung kein Bundesrecht in Betracht kommt oder in denen eine wesentliche Rechtsnorm angewendet wird, die in Landesgesetzen enthalten ist (§ 8
   EGGVG). Unter den in § 7 Abs. 2 EGZPO genannten Voraussetzungen ist eine
   Revision beim BayObLG einzulegen, das dann darüber entscheidet, ob es selbst
   oder der BGH zuständig ist.

2. Die sachliche Zuständigkeit

40   In dem Beispielsfall (RdNr. 19), der die Erörterung gerichtlicher Zuständigkeiten veranlaßte, ergeben sich hinsichtlich der Rechtswegzuständigkeit keine Zweifel. Überlegt muß dagegen werden, vor welchem
ordentlichen Gericht ein möglicher Rechtsstreit zwischen Eich und
Fleißig ausgetragen wird. Diese Frage betrifft die sachliche und die örtliche Zuständigkeit. Bei der sachlichen Zuständigkeit geht es darum,
welches Gericht innerhalb derselben Gerichtsbarkeit in erster Instanz
einen Rechtsstreit zu entscheiden hat, also ob das Amtsgericht oder das
Landgericht (vgl. o. RdNr. 38 f.) zuständig ist; dies ist für Zivilsachen in
§ 23, § 23 a GVG und § 71 GVG bestimmt.

Für die Abgrenzung zwischen der Zuständigkeit des Amtsgerichts **41** und des Landgerichts kommt es einmal darauf an, ob die Streitigkeit ohne Rücksicht auf den Wert des Streitgegenstandes einem dieser Gerichte nach § 23 Nr. 2, § 23 a GVG oder § 71 Abs. 2 GVG zugewiesen ist. Ist dies nicht der Fall, muß auf die Höhe des Streitwerts gesehen werden. Nach § 23 Nr. 1 GVG ist bis zu einem Wert von 10.000,– DM einschließlich die Zuständigkeit des Amtsgerichts, bei höheren Streitwerten die Zuständigkeit des Landgerichts begründet (§ 71 Abs. 1 GVG).

3. Die örtliche Zuständigkeit

Jedes Gericht ist für ein bestimmtes räumliches Gebiet zuständig. Es **42** liegt auf der Hand, daß die Entscheidung der einzelnen bürgerlichen Rechtsstreitigkeit dem sachlich zuständigen Gericht zu übertragen ist, zu dessen Bezirk der Streit in irgendeiner Beziehung steht. Welche Gesichtspunkte dabei maßgeblich sind, ergibt sich in erster Linie aus den §§ 12 ff., die durch spezialgesetzliche Bestimmungen ergänzt werden. Bei dieser Regelung der örtlichen Zuständigkeit wird zwischen den allgemeinen und den besonderen Gerichtsständen unterschieden. Von einem „allgemeinen Gerichtsstand" spricht man, wenn in ihm grundsätzlich alle Ansprüche geltend gemacht werden können, während der „besondere Gerichtsstand" auf bestimmte Ansprüche beschränkt bleibt.

Eine Beschreibung des Begriffs „allgemeiner Gerichtsstand" enthält § 12. Danach bezeichnet dieser Begriff die örtliche Zuständigkeit desjenigen Gerichts, bei dem alle Klagen gegen einen Beklagten anhängig gemacht werden können, sofern nicht ein ausschließlicher Gerichtsstand begründet ist. Eine **ausschließliche Zuständigkeit** geht anderen (nicht ausschließlichen) Zuständigkeiten vor und schließt eine Vereinbarung der Parteien über die Zuständigkeit aus (vgl. dazu u. RdNr. 48 f.). Die gesetzlich festgelegten Gerichtsstände begründen nur dann eine Ausschließlichkeit, wenn dies ausdrücklich bestimmt wird. Als Beispiele ausschließlicher Gerichtsstände in örtlicher Beziehung seien genannt: § 24 (dinglicher Gerichtsstand), § 7 Haustür WG für Klagen aus Geschäften, die unter § 1 dieses Gesetzes fallen (mit der Möglichkeit abweichender Vereinbarung in bestimmten Fällen); eine ausschließliche Zuständigkeit in örtlicher und sachlicher Hinsicht ergibt sich beispielsweise aus § 29 a (für Wohnraummietsachen), aus § 689 Abs. 2 (für das Mahnverfahren) und aus § 802 (für die Zwangsvollstreckung).

Der **allgemeine Gerichtsstand** einer Person wird durch den Wohn- **43** sitz bestimmt (§ 13). Aus § 12 iVm. § 13 ergibt sich also, daß Klagen gegen eine Person grundsätzlich bei dem (sachlich zuständigen) Gericht zu erheben sind, in dessen Gerichtsbezirk der Beklagte seinen Wohnsitz hat. Der Begriff des Wohnsitzes wird durch die §§ 7 bis 11 BGB erläutert. Danach kommt es für die Begründung eines Wohnsitzes darauf an, daß sich eine Person an einem Ort ständig niederläßt (§ 7 Abs. 1 BGB), also dort den räumlichen Mittelpunkt ihrer Lebensverhältnisse wählt. Soweit eine Person keinen Wohnsitz hat, tritt an dessen Stelle der Aufenthaltsort (vgl. § 16).

Die in der ZPO getroffene Regelung des allgemeinen Gerichtsstands begünstigt den Beklagten. Denn der Kläger muß seine Klage vor einem Gericht anbringen, das in räumlicher Nähe zum Wohnsitz oder Aufenthaltsort des Beklagten liegt. Diese Begünstigung wird dadurch gerechtfertigt, daß der Beklagte als Angegriffener in einen Rechtsstreit hineingezogen wird und der Kläger dadurch einen Vorteil innehat, daß er Zeitpunkt und Art des Klageangriffs bestimmen kann.[25]

Gleiche Erwägungen sprechen auch dafür, den allgemeinen Gerichtsstand einer juristischen Person durch ihren Sitz zu bestimmen (§ 17 Abs. 1) und für den allgemeinen Gerichtsstand des Fiskus, d. h. des Staates in seinen Anstalten, Körperschaften und Stiftungen, soweit er am Privatrechtsverkehr teilnimmt,[26] den Sitz der Behörde maßgebend sein zu lassen, die den Fiskus in dem Rechtsstreit zu vertreten hat.

44 Die strikte Durchführung des Grundsatzes, daß stets dort Klage zu erheben ist, wo der Beklagte ansässig ist, kann jedoch unzweckmäßig sein, wenn beispielsweise der Streit der Parteien auf einen Gegenstand gerichtet ist, der sich woanders befindet und davon ausgegangen werden muß, daß das Gericht am Ort dieses Gegenstandes den Rechtsstreit einfacher und kostengünstiger zu entscheiden vermag. Viele der in den §§ 20 ff. enthaltenen **besonderen Gerichtsstände** lassen sich durch diese Erwägungen rechtfertigen. Exemplarisch soll auf den besonderen **Gerichtsstand der unerlaubten Handlung** (§ 32) eingegangen werden, der ebenfalls auf dem Gedanken der Sachnähe beruht; dort, wo die Handlung vorgenommen worden ist, die den Kläger zu dem Prozeß veranlaßte, kann die Sachaufklärung und Beweiserhebung am besten durchgeführt werden.

Beispiel: Wund aus Hannover wird bei einer Radtour in der Nähe von Bückeburg von dem aus München stammenden Rasch mit dem PKW von der Straße gedrängt. Er kommt dabei zu Fall und wird verletzt, so daß er ärztliche Hilfe in Anspruch nehmen muß. Außerdem wird sein Fahrrad beschädigt. Rasch weigert sich, Wund den entstandenen Schaden zu ersetzen und ein gefordertes Schmerzensgeld zu bezahlen. Er trägt vor, er sei durch einen anderen nicht identifizierten Verkehrsteilnehmer, der mit seinem Fahrzeug infolge eines Überholvorgangs auf seine Straßenseite geraten sei, zur Vermeidung eines Frontalzusammenstoßes gezwungen worden, nach rechts auszuweichen.

Will Wund gegen Rasch Klage erheben, dann wird er dies schon deshalb nicht in München tun, wo Rasch seinen allgemeinen Gerichtsstand hat (§§ 12, 13), weil dieser Ort wesentlich weiter von Hannover entfernt liegt als Bückeburg. Hinzu kommt noch, daß zur Aufklärung des Unfallhergangs eine Ortsbesichtigung durch das Gericht erforderlich werden kann, die zwar auch einem Mitglied des Prozeßgerichts oder einem Gericht am Ort übertragen werden kann (§ 372 Abs. 2), die jedoch, wenn möglich, durch alle Mitglieder des entscheidenden Gerichts wegen der besseren Orientierung durchgeführt werden sollte. Dies alles spricht dafür, die Klage – je nach Streitwert – beim Amtsgericht oder Landgericht in Bückeburg zu erheben. Dies ermöglicht § 32, soweit Wund seine Klage auf die §§ 823 ff. BGB stützt. Macht er Ansprüche aus dem Straßenverkehrsgesetz geltend, dann ist dafür nach § 20 StVG ebenfalls der Gerichtsstand des Tatorts gegeben.

---

[25] *Zöller/Vollkommer* § 12 RdNr. 2.
[26] Vgl. *Stein/Jonas/Schumann* § 17 RdNr. 1.

Tritt also – wie in dem Beispielsfall – neben den allgemeinen Gerichtsstand noch ein besonderer, dann kann der Kläger wählen, vor welchem Gericht er seine Klage erheben will (§ 35). Dieses **Wahlrecht** steht ihm immer dann zu, wenn besondere Gerichtsstände mit dem allgemeinen Gerichtsstand und auch untereinander konkurrieren. Nur ein ausschließlicher Gerichtsstand geht – wie ausgeführt (o. RdNr. 42) – anderen nicht ausschließlichen vor. Unter verschiedenen ausschließlichen Gerichtsständen kann der Kläger wiederum frei wählen.

Die Zuständigkeit nach § 32 betrifft nicht Klagen, durch die Ansprü- **45** che aus Verletzungen eines Vertrages oder vertragsähnlicher Rechtsbeziehungen (pFV, c.i.c.) geltend gemacht werden. Erhebt jedoch der Kläger aufgrund desselben Sachverhalts sowohl Ansprüche wegen unerlaubter Handlung als auch wegen Verletzung einer vertragsmäßigen oder vertragsähnlichen Pflicht, dann hat das Gericht, dessen Zuständigkeit durch § 32 begründet wird, die vertraglichen und vertragsähnlichen Ansprüche ebenfalls zu prüfen. Die bisher gegen einen Gerichtsstand des Sachzusammenhangs auch für die vertraglichen und vertragsähnlichen Ansprüche bestehenden Bedenken sind seit Änderung des § 17 GVG nicht mehr aufrechtzuerhalten. Die in § 17 Abs. 2 ausgesprochene Gesamtzuständigkeit (vgl. o. RdNr. 35) umfaßt auch die örtliche Zuständigkeit, weil die Gründe für die Neuregelung in gleicher Weise auch darauf zutreffen.[27]

Ein wichtiger besonderer **Gerichtsstand** ist der des **Erfüllungsortes** **46** (§ 29). Dieser Gerichtsstand gilt für jede Art von Klagen, die auf einen schuldrechtlichen Vertrag gestützt werden, also für das klageweise Geltendmachen von Ansprüchen auf die vertraglich vereinbarte Leistung, auf Schadensersatz wegen Nichterfüllung oder Schlechterfüllung,[28] wegen Ansprüchen aus Rücktritt oder Wandlung, aber nach hM auch für Schadensersatzansprüche, die auf culpa in contrahendo gestützt werden[29] oder die sich aus § 122 oder § 179 BGB ergeben;[30] gleiches gilt für eine Klage, die auf Feststellung des Bestehens oder Nichtbestehens eines Vertrages gerichtet ist. Nach § 29 Abs. 1 kommt es auf den Ort an, an dem die streitige Verpflichtung zu erfüllen ist; dies ist also für jede vertragliche Verpflichtung gesondert zu prüfen. Der Erfüllungsort ist nach §§ 269, 270 BGB zu bestimmen, wobei Ansprüche auf Schadensersatz wegen Nicht- oder Schlechterfüllung an dem Ort zu erfüllen sind, an dem die geschuldete Leistung erbracht werden muß, weil die Pflicht

---

[27] *Zöller/Vollkommer* Einl. RdNr. 85, § 12 RdNr. 21, § 32 RdNr. 20; *MK/Lüke* vor § 253 RdNr. 39; *Rosenberg/Schwab/Gottwald* § 36 VI 2; *Zeiss* RdNr. 91; aA *Thomas/Putzo* vor § 12 RdNr. 81, § 32 RdNr. 6.
[28] BGH NJW 1974, 410, 411 (zur pFV); *Zöller/Vollkommer* § 29 RdNr. 20.
[29] Ganz hM im Schrifttum; *Stein/Jonas/Schumann* § 29 RdNr. 14 a m. vielen Nachw.; aA LG Arnsberg NJW 1985, 1172; LG Kiel NJW 1989, 841: keine Anwendung des § 29, weil für c.i.c. kein Vertragsverhältnis existiere.
[30] *Zöller/Vollkommer* § 29 RdNr. 20.

zum Schadensersatz das Surrogat für die ursprüngliche Verpflichtung bildet.[31]

Beispiel: Volz aus München verkauft Kunz aus Regensburg eine gebrauchte Maschine, die sich bei Volz befindet und von Kunz abtransportiert wird. Wegen von Kunz behaupteter Mängel der Maschine mindert dieser den vereinbarten Kaufpreis um 10.000,– DM. Volz ist damit nicht einverstanden und will Klage auf Zahlung des Restkaufpreises in Höhe von 10.000,– DM erheben. Welches Gericht ist örtlich zuständig?

Da Kunz in Regensburg wohnt, ist sein allgemeiner Gerichtsstand dort (§§ 12, 13). Ob sich ein abweichender Gerichtsstand nach § 29 ergibt, hängt davon ab, wo Kunz den Anspruch des Volz auf Zahlung des Kaufpreises nach § 433 Abs. 2 BGB zu erfüllen hat. Nach § 269 Abs. 1 BGB muß grundsätzlich die Leistung an dem Ort erbracht werden, an dem der Schuldner seinen Wohnsitz hat. Daß nach § 270 Abs. 1 BGB der Schuldner im Zweifel Geld auf seine Gefahr und Kosten dem Gläubiger an dessen Wohnsitz zu übermitteln hat, es sich also bei der Geldschuld regelmäßig um eine sog. qualifizierte Schickschuld handelt (vgl. GK BGB RdNr. 423), ändert nichts an der Regelung des Erfüllungsortes (§ 270 Abs. 4 BGB). Dies bedeutet also, daß Volz auch nach § 29 seine Klage beim Landgericht Regensburg erheben muß.

47   Neben den §§ 269, 270 BGB sind gesetzliche Sondervorschriften über den Erfüllungsort zu beachten, wie beispielsweise § 697 BGB, der den Ort für die Rückgabe einer hinterlegten Sache bestimmt. Nach § 269 BGB ist also zunächst einmal maßgeblich, ob ein Erfüllungsort durch Gesetz oder durch **Parteivereinbarung** bestimmt ist. Bei Parteivereinbarungen ist jedoch die Vorschrift des § 29 Abs. 2 zu beachten. Danach kann eine Vereinbarung über den Erfüllungsort die gerichtliche Zuständigkeit nur begründen, wenn die Vertragsparteien (Voll-)Kaufleute sind. Die hM mißt zwar Erfüllungsortvereinbarungen von Nichtkaufleuten volle bürgerlich-rechtliche Wirkungen zu, lehnt es aber ab, daß sich hieraus Folgerungen für die gerichtliche Zuständigkeit ergeben.[32]

Beispiel: Der Angestellte A verkauft dem Lehrer L seinen PKW. In dem schriftlichen Kaufvertrag wird vereinbart, daß A, der in Passau wohnt, das Fahrzeug zum Wohnort des L in München bringen soll. Wenn A dieser Verpflichtung nicht nachkommt und L aus § 433 Abs. 1 S. 1 BGB Klage auf Übergabe und Übereignung des PKW erhebt, dann muß nach hM diese Klage in Passau anhängig gemacht werden, weil die Vereinbarung der Parteien, daß A seine Pflichten aus dem Kaufvertrag in München zu erfüllen hat (Bringschuld) wegen § 29 Abs. 2 nicht bewirken kann, daß auch der Gerichtsstand in München begründet wird, denn bei den Parteien handelt es sich nicht um Vollkaufleute.

Die Entscheidung fällt anders aus, wenn man sich der Ansicht anschließt, die Vorschrift des § 29 Abs. 2 solle nur verhindern, daß materiellrechtlich nicht gewollte Erfüllungsortvereinbarungen zur Zuständigkeit eines Gerichts führen; sonst könnte nämlich mit Hilfe solcher Absprachen das grundsätzliche Verbot einer Gerichtsstandsvereinbarung (vgl. § 38 und u. RdNr. 48) umgangen werden. Weil nach dieser

---

[31] *Stein/Jonas/Schumann* § 29 RdNr. 17 m. weit. Nachw.
[32] *MK/Patzina* § 29 RdNr. 64; *Zöller/Vollkommer* § 29 RdNr. 30; *Thomas/Putzo* § 29 RdNr. 10; *Palandt/Heinrichs,* 54. Aufl. 1995, § 269 BGB RdNr. 3.

Auffassung[33] eine materiellrechtlich wirksame Erfüllungsortvereinbarung den Gerichtsstand gemäß § 29 Abs. 1 begründet, könnte L auch in München klagen, da dort der vereinbarte und gewollte Erfüllungsort für die Verpflichtungen des A liegt.

Die ZPO läßt eine Vereinbarung der Parteien über die örtliche und **48** sachliche Zuständigkeit nur in engen Grenzen zu. Die in § 38 und § 40 Abs. 1 getroffene Regelung ergibt ein **Verbot der Gerichtsstandsvereinbarung** mit Ausnahmen. Zugelassen wird eine solche Vereinbarung, wenn die sie schließenden Personen Vollkaufleute sind oder wenn es sich bei ihnen um juristische Personen des öffentlichen Rechts (Körperschaften, Anstalten und Stiftungen des öffentlichen Rechts) oder öffentlich-rechtliche Sondervermögen handelt. Andere Personen können nur unter den in § 38 Abs. 2 und 3 genannten Voraussetzungen wirksame Gerichtsstandsvereinbarungen treffen. In allen Fällen des § 38 muß sich die Vereinbarung auf ein bestimmtes Rechtsverhältnis und die sich daraus ergebenden Rechtsstreitigkeiten beziehen (§ 40 Abs. 1). Danach ist es also zulässig, daß zwei Vertragspartner vereinbaren, für alle Streitigkeiten, die sich aus dem zwischen ihnen geschlossenen Vertrag ergeben, solle ein bestimmtes Gericht zuständig sein; dagegen fehlt es an der notwendigen Bestimmtheit, wenn sie darüber hinaus auch vereinbaren, daß für alle anderen Streitigkeiten, die zwischen ihnen in Zukunft entstehen (also unabhängig von dem konkreten Vertrag), dieses Gericht zuständig sein soll.[34] Durch § 40 Abs. 2 wird eine Gerichtsstandsvereinbarung ausgeschlossen, wenn sie nicht einen vermögensrechtlichen Anspruch betrifft oder wenn für die Klage ein ausschließlicher Gerichtsstand (vgl. o. RdNr. 42) begründet ist.

Vermögensrechtlich sind ohne Rücksicht auf ihren Ursprung stets solche Ansprüche, die auf Geld oder Geldwert gerichtet sind. Darüber hinaus ist ein Anspruch dann als vermögensrechtlich zu werten, wenn er auf einer vermögensrechtlichen Beziehung beruht, d. h. aus einem Rechtsverhältnis hergeleitet wird, das auf Gewinnung von Geld oder geldwerten Gegenständen abzielt. Macht der Kläger beispielsweise einen Anspruch zum Schutz seiner Ehre oder seines Persönlichkeitsrechts geltend, z. B. einen Widerrufs- oder Unterlassungsanspruch, dann handelt es sich um eine nichtvermögensrechtliche Streitigkeit. Verlangt dagegen der Kläger wegen einer solchen Verletzung Schmerzensgeld (vgl. GK BGB RdNr. 661), dann geht sein Anspruch auf Geld, ist also vermögensrechtlicher Natur.

Danach bezieht sich die **Prüfung einer wirksamen Zuständigkeitsvereinbarung** auf folgende Fragen:
(1) Sind die Voraussetzungen des § 38 Abs. 1 oder des § 38 Abs. 2 oder des § 38 Abs. 3 Nr. 1 oder Nr. 2 erfüllt?
(2) Betrifft die Vereinbarung ein bestimmtes Rechtsverhältnis (§ 40 Abs. 1)?
(3) Handelt es sich um eine vermögensrechtliche Streitigkeit (§ 40 Abs. 2 S. 1 Alt. 1)?
(4) Ist für die Klage keine ausschließliche Zuständigkeit begründet (§ 40 Abs. 2 S. 1 Alt. 2)?

---

[33] *Stein/Jonas/Schumann* § 29 RdNr. 23 a, 23 b; *MK/Patzina* § 29 RdNr. 60; offengelassen vom OLG Nürnberg NJW 1985, 1296, 1298.
[34] *MK/Patzina* § 40 RdNr. 5.

49   Die Vereinbarung eines Gerichtsstands (sog. Prorogation) ist ein **Vertrag über prozeßrechtliche Beziehungen,** dessen Zulässigkeit und Wirkung sich nach Prozeßrecht beurteilen, während das Zustandekommen sich nach bürgerlichem Recht richtet.[35] Dies bedeutet, daß die Regeln des BGB über Geschäftsfähigkeit, Vertretung, Willensmängel und den Vertragsschluß gelten.[36] Dabei ist zu berücksichtigen, daß in § 38 Abs. 2 S. 2 und Abs. 3 die Zulässigkeit von der Beachtung der Schriftform abhängig gemacht wird.

   Da in der Frage, welches Recht auf die Prorogation anzuwenden ist, weitgehend Übereinstimmung besteht, handelt es sich in erster Linie um ein theoretisches Problem, ob die Gerichtsstandsvereinbarung als ein materiellrechtliches Rechtsgeschäft oder ein prozeßrechtlicher Vertrag aufzufassen ist. Als prozeßrechtliche Verträge – auch **Prozeßverträge** genannt – werden solche Vereinbarungen gewertet, deren unmittelbare Hauptwirkung auf prozessualem Gebiet liegt.[37] Der wesentlichste Unterschied zwischen materiellrechtlichen und prozeßrechtlichen Verträgen besteht darin, daß für Prozeßverträge in erster Linie das Prozeßrecht gilt. Da jedoch das Prozeßrecht die Prozeßverträge nur sehr unvollkommen und dann bezogen auf bestimmte Vereinbarungen regelt, muß ergänzend auf das bürgerliche Recht zurückgegriffen werden. Dies bedeutet also, wer in der Gerichtsstandsvereinbarung ein materiellrechtliches Rechtsgeschäft sieht, wendet das Recht des BGB unmittelbar an, während derjenige, der darin einen Prozeßvertrag erblickt, die Vorschriften des BGB nur entsprechend heranzieht. Im praktischen Ergebnis führt dies durchweg nicht zu Differenzierungen. Zu beachten ist jedoch, daß die Gültigkeit von Prozeßverträgen, die während eines anhängigen Rechtsstreits geschlossen werden, von der Erfüllung der Prozeßhandlungsvoraussetzungen (vgl. dazu u. RdNr. 141) abhängt, daß also insbesondere bei Anwaltszwang (vgl. o. RdNr. 21) die Parteien dabei durch ihren Prozeßbevollmächtigten vertreten werden müssen.
   Die Zulässigkeit von Prozeßverträgen ist im Grundsatz zu bejahen und findet nur dort eine Grenze, wo zwingende Prozeßvorschriften entgegenstehen. Soweit ein bestimmtes Verhalten der Parteien im Rechtsstreit in ihrem Belieben steht, können sie sich auch wirksam durch einen Prozeßvertrag zur Vornahme oder Unterlassung verpflichten,[38] beispielsweise zur Rücknahme einer Klage (dazu Einzelheiten später).

50   Die örtliche und sachliche Zuständigkeit eines Gerichts kann ferner dadurch begründet werden, daß der Beklagte zur Hauptsache mündlich verhandelt, ohne die Unzuständigkeit des Gerichts geltend zu machen (§ 39 S. 1). Zur Hauptsache wird verhandelt, wenn die Parteien ihre Anträge und Erklärungen auf die Streitsache selbst richten, also nicht nur Fragen des Verfahrens erörtern. Neben dem **rügelosen Verhandeln** des Beklagten zur Hauptsache sind jedoch noch weitere Voraussetzungen zu beachten, von denen die Begründung der Zuständigkeit abhängt. In Verfahren vor den Amtsgerichten muß der Beklagte vor Verhandlung

---

[35] BGHZ 59, 23, 26 f. = NJW 1972, 1622; BGH NJW 1986, 1438, 1439.
[36] Vgl. *Stein/Jonas/Bork* § 38 RdNr. 47 ff.; *Rosenberg/Schwab/Gottwald* § 37 I 1; § 66 IV.
[37] *Rosenberg/Schwab/Gottwald* § 66 I.
[38] Vgl. *Teubner* MDR 1988, 720, 721 f.

zur Hauptsache durch das Gericht auf die sachliche oder örtliche Unzuständigkeit und auf die Folgen einer rügelosen Einlassung zur Hauptsache hingewiesen werden (§ 39 S. 2 iVm. § 504). Außerdem muß es
sich um einen vermögensrechtlichen Anspruch handeln und für die
Klage darf kein ausschließlicher Gerichtsstand begründet sein (§ 40
Abs. 2 S. 2 iVm. S. 1).

Eine Zuständigkeitsbegründung durch ein rügeloses Einlassen des Beklagten
hängt somit von einer positiven Antwort auf folgende Fragen ab:
(1) Handelt es sich um eine vermögensrechtliche Streitigkeit (§ 40 Abs. 2)?
(2) Handelt es sich um einen Rechtsstreit, für den keine ausschließliche Zuständigkeit bestimmt ist (§ 40 Abs. 2)?
(3) Hat der Beklagte rügelos zur Hauptsache verhandelt (§ 39 S. 1)?
(4) Ist der Beklagte im amtsgerichtlichen Verfahren nach § 504 belehrt worden
(§ 39 S. 2)?

Ist ein Gericht (sachlich oder örtlich) unzuständig, dann fehlt eine **51**
Sachurteilsvoraussetzung – dies sind die Voraussetzungen, die erfüllt sein
müssen, damit das Gericht in der Sache entscheiden darf (dazu Einzelheiten später) – und das Gericht hat, ohne auf die Begründetheit der
Klage einzugehen, durch ein sog. **Prozeßurteil** die Klage als unzulässig
abzuweisen.

Diese Bezeichnung erklärt sich dadurch, daß in einer derartigen gerichtlichen
Entscheidung nur über prozessuale Fragen befunden wird. Im Gegensatz dazu enthält ein sog. **Sachurteil** eine gerichtliche Erkenntnis über den (sachlichen) Streitgegenstand. Mit der Rechtskraft des Prozeßurteils steht (lediglich) fest, daß die Klage
aus dem angegebenen Grund (hier also wegen fehlender sachlicher oder örtlicher
Zuständigkeit) unzulässig ist. Eine Entscheidung über die Begründetheit des vom
Kläger geltend gemachten Rechts ist noch nicht ergangen und kann nachgeholt
werden, wenn beispielsweise der Kläger erneut Klage vor dem zuständigen Gericht
erhebt. Die hM verlangt, daß das Gericht nur dann über die Begründetheit einer
Klage befindet, wenn es vorher die Zulässigkeit festgestellt hat. Auf diese Frage wird
später noch eingegangen werden.
Will der Kläger ein Prozeßurteil wegen der fehlenden Zuständigkeit vermeiden,
dann muß er die Verweisung des Rechtsstreits an das zuständige Gericht beantragen
(§ 281 Abs. 1). Dieser Antrag kann vor dem Urkundsbeamten der Geschäftsstelle
(vgl. u. RdNr. 66) abgegeben werden, und die Entscheidung kann ohne mündliche
Verhandlung ergehen (§ 281 Abs. 2). Diese Regelung bewirkt, daß eine sonst notwendige Vertretung durch einen Rechtsanwalt (vgl. § 78) nur erforderlich wird,
wenn eine mündliche Verhandlung stattfindet. Das Gericht stellt seine Unzuständigkeit durch (unanfechtbaren) Beschluß fest und verweist den Rechtsstreit an das zuständige Gericht. Mit Eingang der Akten wird der Rechtsstreit bei dem im Beschluß bezeichneten Gericht anhängig (§ 281 Abs. 2 S. 4). Dies bedeutet, daß keine
Unterbrechung des Rechtsstreits entsteht, also alle Fristen gewahrt bleiben und auch
alle noch im Prozeß vorgenommenen Handlungen der Parteien vom zuständigen
Gericht zu beachten sind und fortwirken.
Die Verweisung bindet grundsätzlich das Gericht, an das verwiesen wurde, auch
wenn sie fehlerhaft ist[39] (Ausnahme: bei willkürlicher, da ohne jede gesetzliche

---

[39] BGH NJW-RR 1992, 902.

Grundlage getroffene Entscheidung,[40] ebenso bei fehlender Begründung[41]).Verweist dennoch das gebundene Gericht weiter oder zurück, dann ist dieser Zuständigkeitsstreit nach § 36 Nr. 6 durch das im Rechtszug nächst höhere Gericht zu entscheiden.[42]

4. Die funktionelle Zuständigkeit

52 Neben der sachlichen und örtlichen Zuständigkeit gibt es noch die funktionelle. Wie bereits durch diesen Begriff angedeutet wird, handelt es sich dabei um eine Abgrenzung nach der zu erfüllenden Aufgabe. Die Frage nach der funktionellen Zuständigkeit bezieht sich also darauf, welches Rechtspflegeorgan berufen ist, eine bestimmte Aufgabe zu verrichten.

Bei der funktionellen Zuständigkeit geht es also darum, ob beispielsweise der Vorsitzende oder das gesamte Richterkollegium, ob der Rechtspfleger oder der Urkundsbeamte der Geschäftsstelle, ob der beauftragte oder ersuchte Richter (zu diesen Begriffen vgl. u. RdNr. 69 aE) tätig zu werden hat. Ebenso betrifft auch die Aufgabenverteilung zwischen Prozeßgericht und Vollstreckungsgericht sowie zwischen den Gerichten der verschiedenen Instanzen die funktionelle Zuständigkeit. Die funktionelle Zuständigkeit ist stets ausschließlich und muß von Amts wegen beachtet werden. Die Parteien können sie nicht durch Vereinbarungen verändern.

53 Grund für die Erörterung der Zuständigkeitsregelung war die im Rahmen des oben (RdNr. 19, 24) gebrachten Beispielsfalls von Rechtsanwalt Kundig zu klärende Frage, welches Gericht für die Entscheidung des Rechtsstreits zwischen Eich und Fleißig berufen ist. Diese Frage ist jetzt aufgrund der bisher gewonnenen Erkenntnisse zu beantworten.

Die Feststellung der sachlichen Zuständigkeit bereitet keine Schwierigkeiten. Da die Höhe der Klageforderung weit unter der Wertgrenze des § 23 Nr. 1 GVG bleibt, ist die Zuständigkeit des Amtsgerichts begründet.
Für die örtliche Zuständigkeit gilt folgendes: Erklärt Eich die Aufrechnung mit seiner Schadensersatzforderung gegen einen Teil der Werklohnforderung des Fleißig, dann muß dieser, wenn er die Aufrechnung nicht gelten lassen will, Klage auf den von ihm beanspruchten (restlichen) Werklohn erheben. Der allgemeine Gerichtsstand des Eich ist Passau, da er dort wohnt (§§ 12, 13). Zu erwägen ist, ob sich aus § 29 Abs. 1 ein abweichender Gerichtsstand ergibt. Es muß also die Frage entschieden werden, an welchem Ort die Werklohnforderung zu erfüllen ist. Grundsätzlich ist der Erfüllungsort bei einer Geldforderung der Wohnsitz des Schuldners (vgl. o. RdNr. 46). Eine Besonderheit gilt jedoch bei Bauverträgen. Nach hM soll der Erfüllungsort für die beiderseitigen Verpflichtungen aus einem Bauwerkvertrag

---

[40] BGH NJW-RR 1990, 708; 1992, 383; BGH NJW 1993, 1273; BayObLG NJW-RR 1994, 891, 892; vgl. dazu und zu weiteren Ausnahmen auch *Frank* NJW 1993, 2417; *Zöller/Greger* § 281 RdNr. 17; *Baumbach/Lauterbach/Hartmann* § 281 RdNr. 33 ff.

[41] KG MDR 1993, 176.

[42] BGHZ 71, 15, 17 = NJW 1978, 888 m. weit. Nachw.; *Zöller/Greger* (Fn. 40); vgl. auch *Wagner/Schartel* JuS 1988, 465 (zum Zuständigkeitsstreit zwischen ordentlichen und Arbeitsgerichten).

regelmäßig der Ort des Bauwerkes sein.[43] Begründet wird diese Auffassung damit, daß der Schwerpunkt des Bauvertrages wegen der besonderen Ortsbezogenheit der vertragstypischen Werkleistung eindeutig am Ort des Bauwerkes liege und daß es auch dem wohlverstandenen Interesse beider Vertragsparteien entspreche, ihre Auseinandersetzung dort zu führen, wo aufgrund der räumlichen Nähe zum Bauwerk eine Beweisaufnahme regelmäßig wesentlich einfacher und kostengünstiger durchgeführt werden könne als an dem auswärtigen Wohnsitz des Auftraggebers. Jedoch führt hier diese Auffassung nicht zu einem anderen Ergebnis als sonst bei Geldforderungen, weil Eich am Ort des Bauwerks wohnt. Will also Fleißig seine Restwerklohnforderung einklagen, muß er dies in jedem Fall beim Amtsgericht Passau tun. Kann dagegen Eich nicht aufrechnen (etwa weil er schon die Werklohnforderung des Fleißig voll erfüllt hat) und muß er deshalb seine Schadensersatzforderung durch Klage gegen Fleißig durchzusetzen versuchen, dann kann er seine Klage ebenfalls vor dem Amtsgericht Passau erheben, soweit er seine Forderung aus dem Deliktsrecht ableitet (§ 32), da die Beschädigung des Zaunes in Passau geschah. Der besondere Gerichtsstand der unerlaubten Handlung gilt jedoch nicht, wenn (nur) Ansprüche wegen positiver Forderungsverletzung geltend gemacht werden (vgl. aber o. RdNr. 45). Insoweit würde dann allerdings wiederum der besondere Gerichtsstand des Erfüllungsortes von Eich gewählt werden können, der für alle Streitigkeiten aus dem Vertragsverhältnis, also auch für Klagen auf Schadensersatz wegen Nichterfüllung oder Schlechterfüllung von Haupt- und Nebenpflichten einschließlich wegen positiver Forderungsverletzung gilt (vgl. o. RdNr. 46). Da – wie oben ausgeführt – bei einem Bauvertrag regelmäßig der Ort des Bauwerkes als Erfüllungsort anzusehen ist, könnte Eich auch dann in Passau klagen, soweit Schadensersatzansprüche auf vertragliche Grundlage gestützt würden.

c) Die Abfassung einer Klageschrift

Bei der Prüfung der Frage, welches Gericht für einen in Betracht zu **54** ziehenden Rechtsstreit sachlich und örtlich zuständig ist, handelt es sich nur um eine der Maßnahmen, die ein Rechtsanwalt im Vorfeld eines Prozesses durchzuführen hat. Vorher wird er zunächst einmal den Streitstoff rechtlich bewerten, um seinen Mandanten sachgerecht beraten zu können. Dabei wird er insbesondere auch zu erwägen haben, welche Partei in einem Prozeß welche Tatsachen beweisen muß, um erfolgreich zu sein, und ob es gelingen wird, einen notwendigen Beweis zu führen. Wenn aufgrund dieser Erwägungen nach Beratung mit dem Mandanten die Entscheidung getroffen worden ist, den Rechtsstreit zu beginnen, dann hat der Rechtsanwalt die Klageschrift vorzubereiten, durch deren Zustellung an den Beklagten die Klage förmlich erhoben wird (vgl. § 253 Abs. 1 iVm. §§ 270, 271). Welche **Förmlichkeiten** bei der Abfassung **der Klageschrift** zu beachten sind, ergibt sich aus § 253 Abs. 2 und 3 sowie aus §§ 129 ff., auf die in § 253 Abs. 4 ausdrücklich verwiesen wird. Dabei muß zwischen den zwingend vorgeschriebenen Anforderungen unterschieden werden, ohne deren Beachtung die Klage nicht ordnungsgemäß erhoben wird, und solchen Erfordernissen, die zwar be-

---

[43] BGH NJW 1986, 935; *MK/Patzina* § 29 RdNr. 22, jeweils m. weit. Nachw.

achtet werden sollen, deren Fehlen jedoch die Klage nicht unzulässig macht.

55 Als selbstverständlich ist die in § 253 Abs. 2 Nr. 1 enthaltene Vorschrift anzusehen, daß die **Parteien** in der Klageschrift bezeichnet werden müssen. Denn nur wenn feststeht, wer Kläger und wer Beklagter ist, läßt sich ein Rechtsstreit durchführen. Dabei sind jedoch die Angaben in der Klageschrift auslegungsfähig. Läßt die Klageschrift erkennen, wer als Kläger auftritt und wer verklagt ist, dann schadet eine unrichtige Bezeichnung nicht; vielmehr kann sie mit ex-tunc-Wirkung korrigiert werden (vgl. dazu u. RdNr. 188).

Die Muß-Vorschrift des § 253 Abs. 2 Nr. 1 wird durch die Soll-Vorschrift des § 130 Nr. 1 ergänzt, wonach die Parteien und ihre gesetzlichen Vertreter nach Namen, Stand oder Gewerbe, Wohnort und Parteistellung bezeichnet werden sollen. Erforderlich sind Angaben, die eine ausreichende Individualisierung ermöglichen. Im Regelfall ist zu verlangen, daß ladungsfähige Anschriften, die eine Zustellung von Schriftstücken ohne weiteres zulassen, genannt werden.[44]

56 Ebenso selbstverständlich ist es, daß in der Klageschrift anzugeben ist, welches **Gericht** Adressat sein soll (vgl. § 253 Abs. 2 Nr. 1). Hierbei genügt es jedoch, das örtlich und sachlich zuständige Gericht als solches zu nennen; es muß nicht notwendigerweise auch die Abteilung oder Kammer bezeichnet werden, die innerhalb des Gerichts (funktionell) zuständig ist.

Eine Besonderheit ergibt sich für die **Kammer für Handelssachen.** Nach § 96 Abs. 1 GVG muß in der Klageschrift vom Kläger beantragt werden, daß der Rechtsstreit vor der Kammer für Handelssachen verhandelt wird. Ein solcher Antrag ist auch in der Adressierung an die Kammer für Handelssachen zu sehen. Wird ein solcher Antrag in der Klageschrift nicht gestellt, dann entscheidet die Zivilkammer, wenn nicht auf Antrag des Beklagten, der nur vor Verhandlung des Antragstellers zur Sache zulässig ist (§ 101 Abs. 1 GVG), der Rechtsstreit an die Kammer für Handelssachen verwiesen wird (§ 98 Abs. 1 GVG). Die Zuständigkeit der Kammer für Handelssachen besteht lediglich für Handelssachen (§ 94 GVG). Was eine Handelssache ist, ergibt sich aus § 95 GVG. Die Kammer für Handelssachen entscheidet in der Besetzung mit einem Berufsrichter als Vorsitzenden und zwei ehrenamtlichen Richtern als Beisitzern (§ 105 GVG); die ehrenamtlichen Richter werden auf Vorschlag der Industrie- und Handelskammer ernannt (§ 108 GVG). Durch die Beteiligung von Laienrichtern soll deren besondere Sachkunde bei der Entscheidung des Rechtsstreits nutzbar gemacht werden.

57 Nach § 253 Abs. 2 Nr. 2 bedarf es auch der bestimmten **Angabe des Gegenstandes und des Grundes des erhobenen Anspruchs**. Der Begriff des Anspruchs ist hier nicht im Sinne des § 194 Abs. 1 BGB zu verstehen, sondern als das vom Kläger mit seiner Klage geltend gemachte Recht. Der Grund des erhobenen Anspruchs ist der tatsächliche Vorgang, aus dem der Kläger sein Recht ableitet. Welche Anforderungen insoweit zu stellen sind, ist Gegenstand eines Theorienstreites:

---

[44] BGH NJW 1988, 2114; *Nierwetberg* NJW 1988, 2095; *Kleffmann* NJW 1989, 1142.

Die **Individualisierungstheorie** in ihrer ursprünglichen Form hielt es für ausreichend, daß der Kläger das Rechtsverhältnis, das die Voraussetzung für die begehrte Rechtsfolge bildet, mit rechtlichen Begriffen bezeichnet (z. B. Werkvertrag, Kauf). Diese Auffassung wird heute nicht mehr vertreten. Die sog. verbesserte Individualisierungstheorie fordert die Angabe von Tatsachen, die das Rechtsverhältnis so genau beschreiben, daß es von anderen unterschieden werden kann.[45] Demgegenüber verlangt die sog. **Substantiierungstheorie** in ihrer reinen Form die substantiierte (= mit Tatsachen belegte) Angabe des anspruchsbegründenden Tatbestandes, also die Angabe aller Tatsachen, die rechtlich geeignet und erforderlich sind, den Schluß auf die Begründetheit des Klageantrages zu rechtfertigen.[46] Wird der Grund des Anspruchs vom Kläger nicht mit der geforderten Genauigkeit beschrieben, dann ist die Klage nicht ordnungsgemäß erhoben worden und muß gegebenenfalls als unzulässig abgewiesen werden (vgl. aber auch u. RdNr. 63).

Im Interesse des Beklagten, der seine Verteidigung gegen die Klage vorbereiten können muß, ist es nicht als genügend anzusehen, daß lediglich den erhobenen Anspruch individualisierende rechtliche Angaben vom Kläger gemacht werden, wie dies die alte Individualisierungstheorie für ausreichend ansah. Vielmehr hat er in der Klageschrift vollständig darzulegen, aus welchem Tatsachenkomplex er die behauptete Rechtsfolge herleitet.[47] Nicht verlangt darf aber werden, daß der Kläger alle Tatsachen bereits in der Klageschrift mitteilt, die erforderlich sind, um den Tatbestand eines Rechtssatzes zu verwirklichen, aus dem sich als Rechtsfolge das von ihm begehrte Recht ergibt. Denn die Angabe aller klagebegründenden Tatsachen gehört zur Schlüssigkeit der Klage (zum Begriff vgl. u. RdNr. 156), deren Fehlen nicht zur Abweisung wegen Unzulässigkeit, sondern wegen Unbegründetheit der Klage führt. Trägt der Kläger vor, er verlange Rückzahlung eines dem Beklagten vor drei Jahren gewährten Darlehens, ohne etwas über die Fälligkeit des Rückzahlungsanspruches zu sagen (vgl. § 609 BGB), dann fehlen zwar klagebegründende Tatsachen, die noch vorgetragen werden müssen, wenn der Kläger Erfolg haben soll, seine Klage ist aber deshalb nicht unzulässig. Entscheidend ist vielmehr, daß der Beklagte aus der Klageschrift ersehen kann, welcher Anspruch gegen ihn geltend gemacht und auf welchen Sachverhalt dieser Anspruch gestützt wird. Diese Auffassung entspricht der verbesserten Individualisierungstheorie, wobei allerdings die Unterschiede zu der Substantiierungstheorie in der modifizierten Form, wie sie heute vertreten wird, kaum noch feststellbar sind.[48]

Nicht notwendig ist es, daß der Kläger **rechtlich argumentiert** und die Rechtsvorschrift nennt, aus der sich die von ihm geltend gemachte Rechtsfolge ableitet. Denn das (innerstaatliche) Recht hat das Gericht zu kennen. Diese „Arbeitsteilung" zwischen Gericht und Parteien wird durch die häufig zitierten Rechtsregeln „iura novit curia" (= das Recht ist dem Gericht bekannt) und „da mihi factum, dabo tibi ius" (= gib mir den Sachverhalt, und ich werde dir das Recht geben) zum Ausdruck gebracht. Daß dennoch in der Praxis sehr häufig die Parteien rechtliche Ausführungen mitteilen, beruht auf der nicht unbegründeten Ansicht, daß sich das Gericht durch überzeugende rechtliche Ausführungen beeindrucken läßt.

---

[45] *MK/Lüke* § 253 RdNr. 76; *Jauernig* § 37 II 4.

[46] RG JW 1901, 483.

[47] *Stein/Jonas/Schumann* § 253 RdNr. 128 f.

[48] *MK/Lüke* § 253 RdNr. 78 f., der von der Substantiierungstheorie ausgeht, verlangt zwar, daß der Tatsachenkomplex angegeben wird, „der nach Ansicht des Klägers geeignet ist, seinen Anspruch rechtlich zu begründen", stellt aber entscheidend auf die Individualität des Lebenssachverhalts ab, den der Kläger zum Gegenstand des Prozesses machen will, und läßt es genügen, daß der Vortrag des Klägers insoweit hinreichende Angaben enthält.

58   Die Klageschrift muß ferner einen **Antrag** enthalten, der bestimmt gefaßt werden muß (§ 253 Abs. 2 Nr. 2). Die Notwendigkeit, einen bestimmten Antrag zu stellen, ergibt sich einmal daraus, daß das Gericht an diesen Antrag gebunden wird und dem Kläger nicht mehr zusprechen darf, als er beantragt (§ 308 Abs. 1 S. 1). Aber auch der Beklagte muß dem Klageantrag entnehmen können, welches Recht der Kläger ihm gegenüber geltend macht, um zu entscheiden, ob und wie er sich verteidigen soll.[49] Dementsprechend muß eine Leistungsklage so genau angeben, was der Kläger vom Beklagten beansprucht, daß eine dem Antrag entsprechende Verurteilung des Beklagten ohne weiteres möglich ist und bei einer zwangsweisen Durchsetzung des Richterspruchs keinerlei Zweifel auftreten können, worauf die Vollstreckung gerichtet ist. Der Klageantrag bei einer Leistungsklage muß also einen vollstreckungsfähigen Inhalt haben.

Entsprechend dem vom Kläger verfolgten Rechtsschutzziel wird zwischen drei **Klagearten** unterschieden, der Leistungsklage, der Feststellungsklage und der Gestaltungsklage. Mit der **Leistungsklage** will der Kläger erreichen, daß der Beklagte zur Erfüllung eines Anspruchs, also zu einem Tun oder Unterlassen verurteilt wird. Auch Klagen auf Duldung der Zwangsvollstreckung in bestimmte Vermögensgegenstände (vgl. §§ 737, 743, 745 Abs. 2, 748 Abs. 3) sowie Klagen, die auf Befriedigung des Klägers aus einem Pfandrecht oder einer Hypothek gerichtet sind (vgl. z. B. § 1147, § 1204 Abs. 1 BGB), sind Leistungsklagen. Grundsätzlich können nur fällig gewordene Ansprüche durchgesetzt werden. Ausnahmsweise kann jedoch aufgrund der besonderen Voraussetzungen, die die §§ 257 bis 259 nennen, Klage auf künftige Leistung erhoben werden.

Feststellungsklagen (vgl. § 256) unterscheiden sich von Leistungsklagen darin, daß der Kläger nicht die Befriedigung aufgrund eines von ihm behaupteten Anspruchs begehrt, sondern die Feststellung, daß zwischen den Parteien ein Rechtsverhältnis besteht (sog. positive Feststellungsklage) oder nicht besteht (sog. negative Feststellungsklage). Gegenstand einer Feststellungsklage kann auch ein Rechtsverhältnis zwischen einer Partei und einem Dritten sein, wenn dieses Rechtsverhältnis zugleich auch für die Rechtsbeziehungen der Parteien untereinander von Bedeutung ist.[50] Es müssen also rechtlich geregelte Beziehungen zwischen Personen oder zu einer Sache den Gegenstand des Rechtsstreits bilden; nur ausnahmsweise kann die Feststellungsklage auch eine Tatsache zum Inhalt haben, und zwar die Echtheit oder Unechtheit einer Urkunde, wie dies ausdrücklich in § 256 Abs. 1 vorgesehen ist.

Der Kläger muß ein rechtliches Interesse daran haben, daß das Rechtsverhältnis oder die Echtheit oder Unechtheit der Urkunde durch richterliche Entscheidung alsbald festgestellt werde. Ein solches Interesse ist regelmäßig zu verneinen, wenn der Kläger dasselbe Ziel durch eine Leistungsklage erreichen kann. Denn die Verurteilung des Beklagten zu einer Leistung enthält zugleich auch inzidenter die Feststellung, daß dem Kläger ein entsprechendes Recht zusteht. Allein die Feststellung dieses Rechts ermöglicht jedoch dem Kläger noch nicht, zwangsweise sein Recht durchzusetzen, weil hierfür eine entsprechende durch Urteil ausgesprochene Verpflichtung des Beklagten erforderlich ist. Deshalb müßte der Kläger nach einem Feststellungsurteil erneut auf Leistung klagen, wenn der Beklagte nicht freiwillig dem Feststellungsurteil nachkommt. Dieser aufwendige Weg mehrerer Klagen läßt

---

[49] BGH NJW 1983, 1056.
[50] BGH NJW 1993, 2539, 2540 m. weit. Nachw.

sich durch sofortige Leistungsklage vermeiden; dazu ist deshalb der Kläger verpflichtet, wenn ihm dies möglich ist. Es wäre aber falsch, daraus den Schluß zu ziehen, daß die Feststellungsklage gegenüber der Leistungsklage subsidiär ist. Die Zulässigkeit einer Feststellungsklage ist nämlich trotz der Möglichkeit, eine Leistungsklage zu erheben, dann zu bejahen, wenn die Durchführung des Feststellungsverfahrens unter dem Gesichtspunkt der Prozeßwirtschaftlichkeit zu einer sinnvollen und sachgemäßen Erledigung der aufgetretenen Streitpunkte führt.[51] Dies wird insbesondere angenommen, wenn vom Beklagten erwartet werden kann, daß er auch ohne Vollstreckungsdruck der festgestellten Verpflichtung nachkommen wird; diese Erwartung besteht, wenn es sich bei dem Beklagten um eine Behörde handelt.[52]

Gestaltungsklagen[53] betreffen Fälle, in denen der Vollzug eines Gestaltungsrechts von einem Richterspruch abhängig gemacht wird (vgl. o. RdNr. 13). Hierzu zählen die Scheidung der Ehe durch gerichtliches Urteil auf Antrag eines oder beider Ehegatten (§ 1564 BGB), die Klage auf Aufhebung der Ehe (§ 37 Abs. 1 EheG), die Ehenichtigkeitsklage (§§ 23, 24 EheG), die Klage auf Anfechtung der Ehelichkeit eines Kindes (§§ 1594 ff. BGB) sowie auch die Bestimmung einer Leistung nach § 315 Abs. 3 S. 2 und § 319 Abs. 1 S. 2 BGB.

Von der Forderung, daß der Kläger in der Klageschrift einen bestimmten Antrag zu stellen hat, müssen Ausnahmen zugelassen werden, weil diese Forderung nicht stets erfüllt werden kann. Eine dieser Ausnahmen betrifft die sog. **Stufenklage** (vgl. § 254). Zur vereinfachten Durchsetzung eines dem Kläger nach Höhe oder Gegenstand unbekannten Anspruchs wird ihm gestattet, die Klage auf Rechnungslegung oder auf Vorlegung eines Vermögensverzeichnisses oder auf Abgabe einer eidesstattlichen Versicherung mit der Klage auf Herausgabe desjenigen zu verbinden, was der Beklagte aus dem zugrundeliegenden Rechtsverhältnis schuldet. Da jedoch der Kläger erst nach Rechnungslegung, nach Vorlage des Vermögensverzeichnisses oder Abgabe der eidesstattlichen Versicherung weiß, in welchem Umfang der Beklagte zur Herausgabe verpflichtet ist, kann er zunächst von der bestimmten Angabe der Leistung, die er beansprucht, absehen und diese Angabe nachholen, wenn der Beklagte die von ihm begehrten Informationen gegeben hat.

Beispiel: Bertold übernimmt es, für Karla die von ihr geerbte Briefmarkensammlung zu veräußern. Bertold soll für seine Bemühungen einen bestimmten Teil des Erlöses erhalten. Bei der Abrechnung kommt es zum Streit. Karla ist der Meinung, daß Bertold die von ihm erzielten Kaufpreise zu niedrig angegeben und den Karla gebührenden Erlös nicht in vollem Umfange abgeführt habe. Aufgrund des zwischen beiden bestehenden entgeltlichen Geschäftsbesorgungsvertrages hat Karla einen Anspruch auf Rechenschaftsablegung (§ 666 iVm. § 675 BGB). Besteht Grund zur Annahme, daß die in der Rechnung enthaltenen Angaben – wie hier über Einnahmen – nicht mit der erforderlichen Sorgfalt gemacht worden sind, dann kann Karla verlangen, daß Bertold an Eides Statt versichert, die Einnahmen nach bestem Wissen so vollständig angegeben zu haben, als er dazu imstande sei

59

---

[51] BGH NJW 1984, 1118, 1119 m. weit. Nachw.; vgl. auch *Pawlowski* MDR 1988, 630; *Henke* JA 1987, 465.
[52] BGH (Fn. 42); *Zöller/Greger* § 256 RdNr. 8.
[53] Vgl. dazu *Henke* JA 1987, 590.

(§ 259 Abs. 2 BGB). Ergibt diese Abrechnung, daß Bertold Gelder nicht abgeführt hat, dann kann Karla nach § 667 iVm. § 675 BGB ihre Herausgabe fordern. Diese verschiedenen Ansprüche kann Karla in einer Klage zusammenfassen. Das Gericht wird dann stufenweise über diese Ansprüche entscheiden. In der ersten Stufe lautet der Klageantrag auf Rechnungslegung. Sind die Voraussetzungen des § 259 Abs. 2 BGB erfüllt, dann kann in einer zweiten Stufe die Abgabe der eidesstattlichen Versicherung durch den Beklagten beantragt werden. Ergibt die möglicherweise mit einer eidesstattlichen Versicherung verbundene Rechnungslegung, daß Bertold Karla noch etwas schuldet, dann kann sie in der dritten Stufe ihren Leistungsantrag konkretisieren und einen bestimmten Betrag von Bertold fordern. In jeder Stufe muß über den darin geltend gemachten Anspruch durch ein gesondertes Urteil entschieden werden, wobei zunächst die vorhergehende Stufe durch Urteil abgeschlossen sein muß, bevor in der folgenden Stufe aufgrund eines entsprechenden Antrags des Klägers verhandelt wird.

60   Die Rechtsprechung läßt auch noch in anderen Fällen einen **unbezifferten Zahlungsantrag** zu. Soll die Höhe einer Geldforderung erst durch eine Beweisaufnahme oder durch eine gerichtliche Schätzung nach § 287 ermittelt werden oder steht dem Kläger ein Anspruch auf „billige" Entschädigung in Geld zu wie beim Schmerzensgeldanspruch nach § 847 BGB, dann sieht es die Rechtsprechung für ausreichend an, wenn die zahlenmäßige Feststellung der Klageforderung dem Gericht überlassen wird, sofern nur dem Richter zugleich die tatsächlichen Grundlagen mitgeteilt werden, die ihm die Feststellung der Höhe des gerechtfertigten Klageanspruchs ermöglichen.[54]

Die neuere Rechtsprechung des BGH[55] verlangt jedoch außerdem vom Kläger, daß er die von ihm begehrte **Größenordnung** bezeichnen muß, um dem Erfordernis der Bestimmtheit zu genügen. Enthält die Klageschrift insoweit keine Angaben und ergänzt der Kläger auf einen entsprechenden Hinweis des Gerichts nach § 139 sein Vorbringen nicht, dann ist die Klage als unzulässig abzuweisen. Großzügigkeit in diesem Punkte und eine „wohlwollende" Auslegung des Klagevorbringens[56] müssen im Interesse des Beklagten abgelehnt werden, der zumindest imstande sein muß, die Größenordnung der gegen ihn gerichteten Forderung zu erkennen, um sich dagegen verteidigen zu können.

61   Neben dem in § 253 Abs. 2 Nr. 2 vorgeschriebenen bestimmten Antrag des Klägers und der Angabe des Grundes des erhobenen Anspruchs kommt der weiteren Forderung nach **Angabe des Gegenstandes** des Anspruchs keine Bedeutung zu. Denn der Gegenstand im Sinne von „Streitgegenstand" (zu diesem Begriff Einzelheiten später) wird bereits

[54] BGH NJW 1967, 1420, 1421 unter Hinweis auf die ständige Rspr. des RG.
[55] BGH NJW 1982, 340; 1984, 1807, 1809; vgl. auch *Dunz* NJW 1984, 1734, 1736; *Wurm* JA 1989, 65, 68; *Butzer* MDR 1992, 539, jeweils m. weit. Nachw.
[56] Der BGH (vgl. die in Fn. 55 zitierten Entscheidungen) empfiehlt dagegen eine großzügige Betrachtung und will es genügen lassen, daß die Größenordnung dem vom Kläger selbst angegebenen Streitwert entnommen werden kann oder daß der Kläger die Streitwertfestsetzung des erstinstanzlichen Gerichts bei der Berufung hinnimmt und damit zu erkennen gibt, daß er sich ihr anschließt; vgl. auch *Wurm* (Fn. 55) S. 69.

ausreichend durch den Antrag des Klägers und die Angabe des Anspruchsgrundes beschrieben.

Da häufig die sachliche Zuständigkeit vom **Wert des Streitgegen-** 62 **standes** abhängt (vgl. o. RdNr. 41), soll der Kläger nach § 253 Abs. 3 in der Klageschrift diesen Wert angeben, wenn er nicht die Zahlung einer bestimmten Geldsumme vom Beklagten verlangt oder wenn nicht die Zuständigkeit unabhängig vom Streitwert bestimmt ist. Hierbei handelt es sich aber um eine Sollvorschrift, deren Nichtbeachtung die Zulässigkeit der Klage nicht berührt. Das gleiche gilt für die ebenfalls durch § 253 Abs. 3 dem Kläger aufgegebene Stellungnahme zu einer nach § 348 vorzunehmenden Übertragung des Rechtsstreits auf den Einzelrichter und für die nach § 253 Abs. 4 zu beachtenden allgemeinen Vorschriften über die vorbereitenden Schriftsätze, wie z. B. die nach § 131 Abs. 1 vorgeschriebene Beifügung von Urkunden, auf die in der Klageschrift Bezug genommen wird. Unverzichtbar ist jedoch die eigenhändige Unterschrift des Anwalts in Anwaltsprozessen, in anderen Prozessen die des Klägers, unter die Klageschrift, obwohl § 130 Nr. 6 nur eine Sollvorschrift enthält. Die ganz hM verlangt aber für bestimmende Schriftsätze, zu denen die Klageschrift zählt, daß sie eigenhändig unterschrieben werden müssen.

Es ist zwischen **vorbereitenden Schriftsätzen,** die lediglich der Ankündigung eines Vortrages in der mündlichen Verhandlung dienen, und **bestimmenden Schriftsätzen** zu unterscheiden, die eine Parteierklärung enthalten, sie nicht nur in Aussicht stellen. Ein nicht unterschriebener bestimmender Schriftsatz ist unvollendet und deshalb nicht wirksam.[57] Dieser Mangel kann jedoch gemäß § 295 Abs. 1 geheilt werden.

Eine Ausnahme von dem Gebot der eigenhändigen Unterschrift unter die Klageschrift wird von der Praxis im Hinblick auf die moderne Nachrichtentechnik gemacht. Wird die Klage durch Telegramm, Telebrief oder Fernschreiben eingelegt, dann genügt es, daß die Identität des Absenders feststeht; auf eine eigenhändige Unterschrift wird verzichtet.[58] Bei Übermittlung von Kopien, wie dies bei Telefax geschieht, muß jedoch die Kopievorlage unterschrieben werden.[59]

Außerdem wird es auch für ausreichend angesehen, daß sich die Absicht der Klageerhebung aus einem der nicht unterzeichneten Klageschrift beigefügten Begleitschreiben ergibt, das unterschrieben worden ist.[60]

Es war bereits darauf hingewiesen worden, daß eine Klageschrift, die 63 nicht den zwingend vorgeschriebenen Inhalt aufweist, also nicht Parteien und Gericht bezeichnet, nicht den Grund des erhobenen Anspruchs

---

[57] BGHZ 65, 46, 47 = NJW 1975, 1704 (für die Klageschrift); BGH NJW 1980, 291 (für die Berufungsbegründungsschrift); BGHZ 92, 251, 254 = NJW 1985, 328; aA *Schilken* RdNr. 214.

[58] Vgl. BVerfG NJW 1987, 2067; BGH NJW 1982, 1470; 1983, 1498; 1986, 2646, 2647; *MK/Peters* § 129 RdNr. 16.

[59] BGH NJW 1990, 188 = JuS 1990, 419.

[60] *MK/Peters* (Fn. 58) RdNr. 13; *MK/Lüke* § 253 RdNr. 158; ablehnend BGHZ 92, 254f. (Fn. 57) für anwaltliche Schriftsätze.

bestimmt genug angibt, nicht einen bestimmten Antrag enthält und nicht die Unterschrift des Anwalts im Anwaltsprozeß, in anderen Prozessen die Unterschrift der Partei aufweist, **keine ordnungsgemäße Klageerhebung** bewirkt. Deshalb schafft eine solche Klageschrift auch keine ausreichende Grundlage für ein weiteres Tätigwerden des Gerichts (vgl. dazu u. RdNr. 68). Jedoch hat der Richter den Kläger auf die Mängel der Klageschrift hinzuweisen. Beseitigt dieser die Mängel und liegt dann dem Gericht eine ordnungsgemäße Klageschrift vor, dann handelt es sich um eine wirksame Klageerhebung – allerdings erst vom Zeitpunkt der Mängelbeseitigung an; dies kann bedeutsam für die Unterbrechung der Verjährung sein.[61] Kommt es trotz einer nicht ordnungsgemäß erhobenen Klage zu einer mündlichen Verhandlung, dann können Mängel der Klageschrift durch rügelose Einlassung nach § 295 Abs. 1 geheilt werden.[62]

64   Im folgenden soll das **Muster einer ordnungsgemäßen Klageschrift** wiedergegeben werden, wobei als Grundlage der oben (RdNr. 19) wiedergegebene Beispielsfall dienen soll. Wenn in diesem Fall Eich mit seiner Schadensersatzforderung gegen die Werklohnforderung des Fleißig aufrechnet und Fleißig damit nicht einverstanden ist, weil er meint, er sei zur Zahlung von Schadensersatz nicht verpflichtet, dann wird er den Restbetrag von 1.600,– DM an Werklohnforderung gegen Eich einklagen. Die Erhebung der Klage kann durch folgende Klageschrift geschehen:

Rechtsanwalt   94032 Passau, den 15. März 1994
Dr. Hans-Jürgen Weise   Ludwigstraße 5

An das
Amtsgericht Passau
Schustergasse 4

94032 Passau[63]

In Sachen

des Maurermeisters Friedrich Fleißig, Lusenstraße 95, 94469 Deggendorf,
Klägers,
Prozeßbevollmächtigter: Rechtsanwalt Dr. H.-J. Weise, Passau,
gegen

---

[61] BGHZ 22, 254 = NJW 1957, 263; BGH NJW 1972, 1373, 1374; *Arens/Lüke* RdNr. 148.

[62] Ob dies auch für die erforderliche Angabe von Gegenstand und Grund des erhobenen Anspruchs und für den bestimmten Antrag gilt, ist allerdings streitig; vgl. dazu *MK/Lüke* § 253 RdNr. 181 f., m. Nachw.

[63] Die Bezeichnung des Gerichts, an das die Klageschrift gerichtet wird, muß angegeben werden (vgl. § 253 Abs. 2 Nr. 1); jedoch ist es nicht erforderlich, auch die zuständige Abteilung zu nennen (vgl. o. RdNr. 56), denn die Weiterleitung der Klage an den zuständigen Richter ist Sache des Gerichts (vgl. dazu u. RdNr. 65 ff.).

den Oberstudienrat Erich Eich, Abteistraße 47, 94034 Passau,
Beklagten[64]
erhebe ich Klage mit dem Antrag:[65]

Der Beklagte wird verurteilt, an den Kläger 1.600,– DM, zuzüglich 10 % Zinsen seit
dem 20. 02. 1994 zu zahlen.[66]

Begründung:[67]
Die Parteien schlossen am 15. Juni 1992 schriftlich einen Vertrag über die Errich-
tung einer Garage auf dem Grundstück des Beklagten in der Abteistraße 47, Passau.
Der Kläger sollte für seine Arbeiten einen Festpreis von 12.700,– DM erhalten.
    Beweis: Beigefügte Kopie des Vertrages vom 15. Juni 1992.[68]
Die Garage wurde vom Kläger vertragsgemäß errichtet und vom Beklagten in Anwesenheit des beim Kläger beschäftigten Maurergesellen Emil Emsig abgenommen.
    Beweis: Zeugnis des Emil Emsig, Donaustraße 24, 94526 Metten
Der Beklagte hat bisher nur 11.100,– DM gezahlt und weigert sich, den Restbetrag
von 1.600,– DM zu begleichen. Er beruft sich auf eine von ihm erklärte Aufrechnung mit einer Schadensersatzforderung, die er gegen den Kläger aufgrund folgenden Ereignisses erworben haben will:
Nach Fertigstellung des Garagenbaus wurde das umliegende Grundstück vereinba-
rungsgemäß wieder vom Kläger eingeebnet. Dies geschah durch eine Planierraupe,
die von dem beim Kläger beschäftigten Stephan Stetig gefahren wurde. Der Beklagte
wandte sich während dieser Arbeiten an Stetig mit dem Hinweis, das Erdreich zwischen Garage und Zaun sei teilweise nicht richtig planiert worden. Stetig wies darauf
hin, daß er wegen der am Zaun befindlichen Hecke nicht nahe genug heranfahren
könne, ohne die Hecke zu beschädigen. Der Beklagte erwiderte, dies mache nichts,
die Hecke wachse wieder nach, er werde Stetig einweisen. Als Stetig dem Wunsch des
Beklagten nachkam und an die Hecke heranfuhr, geriet er infolge falscher Handzei-
chen des Beklagten zu nahe an den Zaun und beschädigte ihn auf einigen Metern.
    Beweis: Zeugnis des Stephan Stetig, Hoferweg 18, 94447 Plattling

---

[64] Die Parteien sind mit Namen, Stand oder Gewerbe, Wohnort und Parteistellung zu nennen (§ 253 Abs. 2 Nr. 1, Abs. 4 iVm. § 130 Nr. 1). Die gewählte Anordnung entspricht dem Urteilskopf (Rubrum, vgl. u. RdNr. 420); sie ist zwar nicht
vorgeschrieben, wird aber von vielen Rechtsanwälten praktiziert.
[65] Der Antrag muß bestimmt genug gestellt werden (§ 253 Abs. 2 Nr. 2; vgl. o.
RdNr. 58). Überflüssig ist dagegen auch zu beantragen, dem Beklagten die Kosten
des Rechtsstreits aufzuerlegen, weil diese Entscheidung von Amts wegen ohne Antrag zu treffen ist (§ 308 Abs. 2; vgl. u. RdNr. 421); das gleiche gilt für den Antrag
auf vorläufige Vollstreckbarkeitserklärung (§ 708 Nr. 11; vgl. u. RdNr. 507).
[66] Die Zinsen werden als Verzugsschaden geltend gemacht (vgl. GK BGB
RdNr. 397). Dieser Verzugsschaden muß begründet werden. Auf rechtliche Ausführungen kann verzichtet werden, iura novit curia (vgl. o. RdNr. 57 aE). Sie sind
jedoch in der Praxis üblich. Überzeugende rechtliche Ausführungen sind in rechtlich schwierigen Fällen empfehlenswert. Da die rechtlichen Fragen hier einfach
sind, erübrigen sich entsprechende Darlegungen.
[67] Durch die Klagebegründung wird der zwingenden Vorschrift des § 253 Abs. 2
Nr. 2 nach bestimmter Angabe des Gegenstandes und Grundes des erhobenen Anspruchs genügt (vgl. o. RdNr. 57, 61).
[68] Zwar müssen nur streitige Tatsachen bewiesen werden (vgl. u. RdNr. 353). jedoch kann der Kläger im Interesse der Prozeßbeschleunigung bereits in der Klageschrift Beweis antreten, obwohl in diesem Zeitpunkt noch offen ist, was der Beklagte bestreitet (vgl. auch § 253 Abs. 4 iVm. § 130 Nr. 5). Der Urkundenbeweis
wird durch die Vorlegung der Urkunde angetreten (§ 420).

Den dadurch entstandenen Schaden, der wesentlich niedriger ausfällt als 1.600,–
DM, weil der Zaun alt und erneuerungsbedürftig ist.

Beweis: Sachverständigengutachten,[69]

hat der Beklagte aufgrund seines Verhaltens allein zu vertreten.

Der Beklagte hat durch Schreiben vom 20. Februar 1994 definitiv erklärt, er zahle
den Rest der Werklohnforderung wegen der von ihm erklärten Aufrechnung nicht;
er ist damit spätestens seit diesem Tag im Verzug. Der Kläger nimmt ständig Bank-
kredite in Anspruch, für die mindestens ein Zinssatz von 10% zu zahlen ist.[70]

Beweis: Bescheinigung der Bank (wird nachgereicht).

gez. Dr. Weise[71]
Rechtsanwalt

IV. Die Sicht des Richters

a) Der Geschäftsbetrieb der Zivilgerichte

65   Klageschriften wie auch andere Schriftsätze, die an das Gericht gerichtet sind, gelangen zunächst zur **Briefannahmestelle** und erhalten
dort einen Eingangsstempel, durch den der Tag des Eingangs und die
Zahl der Anlagen festgehalten werden;[72] das genaue Eingangsdatum
kann insbesondere wichtig werden, wenn durch Klageerhebung eine
Frist gewahrt oder die Verjährung unterbrochen werden soll.

Die Verjährung wird nach § 209 Abs. 1 BGB durch Erhebung der Klage unterbrochen, und die Erhebung der Klage geschieht durch Zustellung der Klageschrift
an den Beklagten (§ 253 Abs. 1). Nach § 270 Abs. 3 wird jedoch die Wirkung der
Zustellung auf den Zeitpunkt der Einreichung der Klageschrift beim Gericht zurückbezogen, wenn die Zustellung demnächst, d. h. in angemessener Frist, erfolgt.[73]
Die Zustellung ist nach § 271 Abs. 1 unverzüglich von Amts wegen (§ 270 Abs. 1)
durch das Gericht zu besorgen.

66   Von der Briefannahmestelle gelangen dann die eingegangenen
Schriftstücke zur **Geschäftsstelle des Gerichts.** Eine Geschäftsstelle
muß bei jedem Gericht eingerichtet und mit der erforderlichen Zahl
von Urkundsbeamten besetzt werden (§ 153 Abs. 1 GVG).

---

[69] Den Beweis, ob und welcher Schaden entstanden ist, muß der Geschädigte
führen, also hier der Beklagte (vgl. u. RdNr. 410 ff.). Daß hier der Kläger einen entsprechenden Beweis antritt, ist also überflüssig, aber auch unschädlich, zumal ein
solcher Beweis auch von Amts wegen erhoben werden kann (vgl. u. RdNr. 381).

[70] Vgl. dazu o. Fn. 66.

[71] Die Klageschrift muß unterschrieben sein (vgl. o. RdNr. 62).

[72] Zum Geschäftsbetrieb der Zivilgerichte vom Eingang der Sache bis zur Akten-
vorlage an den Richter eingehend *Pukall* RdNr. 1 ff.

[73] Vgl. BGH NJW 1993, 2811, 2812. Das Gericht weist darauf hin, daß eine längere Frist dann als angemessen zu werten ist, wenn die Partei oder ihr Bevollmächtigter unter Berücksichtigung der Gesamtsituation alles Zumutbare für die alsbal-
dige Zustellung getan hat.

Wer Urkundsbeamter der Geschäftsstelle sein kann, ergibt sich aus § 153 Abs. 2 bis 5 GVG und den dazu erlassenen Vorschriften. Der **Urkundsbeamte der Geschäftsstelle** ist Organ der Rechtspflege. Die Vorschriften über die Ausschließung und Ablehnung von Richtern (§§ 41, 42) gelten entsprechend auch für ihn (§ 49). Zu den Aufgaben des Urkundsbeamten der Geschäftsstelle gehören neben der Entgegennahme der für das Gericht bestimmten Schriftstücke insbesondere die Protokollführung (§§ 159, 163), die Erteilung von Ausfertigungen und Abschriften (§ 299 Abs. 1, § 317 Abs. 3, § 724 Abs. 2), die Beurkundung der Urteilsverkündung (§ 315 Abs. 3), die Erteilung von Rechtskraft- und Notfristzeugnissen (§ 706), die Bewirkung der Zustellungen, die von Amts wegen vorzunehmen sind (§ 209),[74] die Beglaubigung der bei der Zustellung zu übergebenden Abschriften (§ 210) sowie die Akten- und Registerführung.[75]

Nach § 65 Abs. 1 S. 1 GKG soll die Klage erst nach Zahlung der er- **67** forderlichen **Gebühr** für das Verfahren im allgemeinen zugestellt werden. Dies gilt nur insoweit nicht, wie dem Kläger Prozeßkostenhilfe bewilligt worden ist (§ 122 Abs. 1; vgl. o. RdNr. 17). Den vom Kläger zu zahlenden **Gerichtskostenvorschuß** fordert der Kostenbeamte beim Kläger ein, wenn nicht bereits – wie bei einer Vertretung durch Rechtsanwälte üblich – bei Einreichung der Klageschrift gezahlt wurde.

Die Höhe des vom Kläger zu entrichtenden Betrages richtet sich nach dem GKG. Nach § 11 Abs. 1 GKG iVm. Nr. 1201 Kostenverzeichnis (Anl. 1 zum GKG) fällt bei einem Rechtsstreit im Regelfall eine dreifache Gebühr für das gesamte Verfahren an. Die Gebühren richten sich nach dem Wert des Streitgegenstandes, sog. Streitwert (§ 11 Abs. 2 GKG). Die Berechnung des Streitwertes wird nach § 12 Abs. 1 GKG unter Beachtung der §§ 3 bis 9 ZPO vorgenommen.

b) Die Vorbereitung des Haupttermins

Gelangt die Klageschrift nach ihrem Eingang bei der Briefannahme- **68** stelle und ihrer büromäßigen Bearbeitung durch die Geschäftsstelle zum Richter, dann muß dieser noch vor Zustellung der Klageschrift an den Beklagten (vgl. § 271 Abs. 1) eine Entscheidung darüber treffen, welches Verfahren zur **Vorbereitung des Haupttermins** gewählt werden soll (vgl. § 272 Abs. 2 und u. RdNr. 69 ff.), weil davon abhängt, ob dem Beklagten zusammen mit der Klageschrift eine Ladung zur mündlichen Verhandlung zugestellt werden muß (vgl. § 274 Abs. 2) oder ob mit der Zustellung der Klage der Beklagte aufzufordern ist, innerhalb bestimmter Fristen seine Verteidigungsbereitschaft anzuzeigen und auf die Klage zu erwidern (vgl. § 276 Abs. 1). Von einer Zustellung der Klageschrift an den Beklagten und von einer Vorbereitung des Haupttermins wird der Richter nur dann absehen, wenn die Klageschrift der-

---

[74] Bei den Zustellungen, die im Parteibetrieb vorgenommen werden, vermittelt der Urkundsbeamte der Geschäftsstelle den Auftrag an den Gerichtsvollzieher (vgl. §§ 166 ff.).
[75] Zu diesen und weiteren Aufgaben vgl. *Pukall* RdNr. 14; *Rosenberg/Schwab/Gottwald* § 26 I 2.

artige Mängel aufweist, daß eine Terminbestimmung nicht in Betracht kommen kann.

Dies ist jedoch nicht schon dann der Fall, wenn die Klageschrift nicht allen zwingenden Anforderungen (vgl. dazu o. RdNr. 54 ff.) genügt. Denn der Kläger kann nachträglich fehlende Angaben noch ergänzen und dadurch den Mangel beseitigen. Dies gilt beispielsweise, wenn in der Klageschrift der Antrag nicht bestimmt genug gefaßt ist (vgl. o. RdNr. 58) oder wenn der Grund des Anspruchs nicht genau genug angegeben wird (vgl. o. RdNr. 57).[76] Außerdem ist auch eine Heilung solcher Mängel nach § 295 Abs. 1 möglich (vgl. o. RdNr. 63).[77] Die vom Kläger vorgenommene Behebung eines Mangels wirkt jedoch ebenso wie die Heilung nach § 295 Abs. 1 ex nunc, also von dem Zeitpunkt an, in dem der Mangel beseitigt wird oder die Voraussetzungen des § 295 Abs. 1 erfüllt werden.[78] Weist die Klageschrift einen beleidigenden Inhalt auf oder ist sie in einer fremden Sprache abgefaßt (vgl. § 184 GVG), dann ist von ihrer Zustellung an den Kläger und von einer Vorbereitung des Haupttermins abzusehen; das gleiche gilt, wenn die Klageschrift nicht unterschrieben wurde (vgl. o. RdNr. 62).[79] Wird dennoch das Verfahren begonnen, dann kann jedoch eine Heilung des Mangels der Unterschrift nach § 295 Abs. 1 eintreten.[80] In jedem Fall hat der Richter nach § 139 Abs. 1 den Kläger auf behebbare Mängel der Klageschrift hinzuweisen und ihm Gelegenheit zu ihrer Beseitigung zu geben.

69   Eine zu lange **Dauer eines Prozesses** ist ein Ärgernis; sie muß vermieden werden. Andererseits ist aber der Richter verpflichtet, sorgfältig die Entscheidungsgrundlagen zu prüfen, um zu einem richtigen Urteil zu gelangen. Durch die Forderung nach Prozeßbeschleunigung und sorgfältiger Arbeit des Richters entsteht ein Spannungsverhältnis, das die Tätigkeit des Richters prägt und das durch die scheinbar gegensätzlichen Rechtsregeln „iustitiae dilatio est quaedam negatio" (Verzögerung der Rechtsgewährung ist wie ihre Verweigerung) und „in iudicando criminosa est celeritas" (Eile beim Richten ist verbrecherisch)[81] anschaulich beschrieben wird. Es kann deshalb der Richter nicht verpflichtet werden, einen Rechtsstreit schnell zu entscheiden, sondern nur so rasch, wie ihm dies aufgrund der Besonderheiten des Einzelfalles möglich ist. Wenn im § 272 Abs. 1 bestimmt wird, daß der Rechtsstreit in der Regel in einem umfassend vorbereiteten Termin zur mündlichen Verhandlung, dem Haupttermin, zu erledigen ist, dann wird damit ein Ziel formuliert, dessen Erreichen nicht allein im Vermögen des Richters liegt, sondern das auch vom Umfang und der Kompliziertheit des Prozeßstoffes und von dem Verhalten der Parteien abhängt. Nicht zu über-

---

[76] *Baumgärtel/Prütting* Einführung S. 4; einschränkender BGH NJW 1972, 1373, 1374.
[77] BGHZ 22, 254 = NJW 1957, 263; *Zöller/Greger* § 253 RdNr. 22, § 295 RdNr. 6; aA *Thomas/Putzo* § 253 RdNr. 20.
[78] BGH (Fn. 77); *Baumbach/Lauterbach/Hartmann* § 295 RdNr. 5.
[79] Vgl. *Zöller/Stöber* § 216 RdNr. 12; *Zöller/Greger* § 271 RdNr. 4, 6, m. Nachw.
[80] BGHZ 65, 46, 47 = NJW 1975, 1704 m. weit. Nachw.
[81] Vgl. *Liebs*, Lateinische Rechtsregeln und Rechtssprichwörter, 5. Aufl. 1991, J 77, 193.

sehen ist auch die erhebliche Arbeitsbelastung fast aller Richter, die einer zügigen Durchführung des einzelnen Prozesses entgegensteht. Auf jeden Fall hat jedoch der Richter durch sorgfältige und umfassende Vorbereitung das Verfahren zu beschleunigen. Hierfür werden ihm vom Gesetz (§ 272 Abs. 2) alternativ zwei Wege genannt, die Bestimmung eines frühen ersten Termins zur mündlichen Verhandlung (§ 275) oder das schriftliche Vorverfahren (§ 276).

Die Entscheidung darüber wird nach § 272 Abs. 2 dem „**Vorsitzenden**" überlassen. Hierzu sind einige Ausführungen erforderlich, die den bisher als generelle Bezeichnung verwendeten Begriff „**Richter**" erläutern und konkretisieren:
In der Zivilgerichtsbarkeit sind mit Ausnahme der Beisitzer in der Kammer für Handelssachen (vgl. o. RdNr. 56) nur Berufsrichter tätig, deren Ausbildung (vgl. §§ 5 ff. DRiG) und Rechtsstellung (vgl. §§ 8 ff. DRiG) gesetzlich geregelt sind. Besonders hervorzuheben ist die dem Richter grundgesetzlich (vgl. Art 97 GG) garantierte **Unabhängigkeit,** die im Deutschen Richtergesetz ausgestaltet wird (vgl. §§ 25 ff. DRiG). Durch die Freistellung von Weisungen bei der Rechtsprechung sowie durch Unabsetzbarkeit und Unversetzbarkeit (vgl. §§ 30 ff. DRiG) wird diese Unabhängigkeit gesichert.
Der Richter am Amtsgericht ist in Zivilsachen stets ein Einzelrichter (§ 22 Abs. 1, 4 GVG). An einem Amtsgericht können mehrere Spruchabteilungen, jeweils besetzt durch einen Einzelrichter, tätig sein, deren Zuständigkeit durch einen vor Beginn des Geschäftsjahres für dessen Dauer aufzustellenden Geschäftsverteilungsplan festzulegen ist (vgl. § 21 e GVG). Bei Landgerichten werden Zivilkammern gebildet (§ 60 GVG), die im Regelfall mit drei Mitgliedern besetzt sind (§ 75 GVG). Einer von diesen Richtern bekleidet die Stelle des Vorsitzenden Richters (§ 21 f GVG). Ist eine Kammer für Handelssachen gebildet worden (§ 93 GVG), dann entscheidet sie in der Besetzung mit einem Berufsrichter als Vorsitzenden und zwei ehrenamtlichen (Laien-)Richtern (vgl. o. RdNr. 56). Die für Zivilsachen zuständigen Spruchkörper beim Oberlandesgericht führen die Bezeichnung Zivilsenate (§ 116 Abs. 1 GVG); sie entscheiden ebenfalls in der Besetzung von drei Mitgliedern mit Einschluß des Vorsitzenden (§ 122 Abs. 1 GVG). Auch beim Bundesgerichtshof gibt es Zivilsenate, die jedoch in der Besetzung von fünf Mitgliedern entscheiden (§ 130 Abs. 1, § 139 Abs. 1 GVG).
Bei einem Richterkollegium, also wenn einem Spruchkörper mehrere Richter angehören, sind die Aufgaben unter den einzelnen Richtern verteilt. Der **Vorsitzende,** der in seiner Funktion als Richter ein gleichberechtigtes Mitglied innerhalb des Kollegiums ist und regelmäßig ein gleiches Stimmrecht wie die übrigen Richter besitzt (Ausnahme § 320 Abs. 4 S. 3: Bei Entscheidung über einen Antrag auf Berichtigung des Tatbestandes eines Urteils gibt bei Stimmengleichheit die Stimme des Vorsitzenden den Ausschlag), hat eine Reihe ihm durch Gesetz übertragener Aufgaben zu erfüllen. Dazu gehören die Geschäftsverteilung innerhalb des Spruchkörpers (§ 21 g GVG), die Aufrechterhaltung der Ordnung in der Sitzung (§ 176 GVG), die Eröffnung, Leitung und Schließung der mündlichen Verhandlung sowie die Verkündung der Urteile und Beschlüsse des Gerichts (§ 136), die Bestimmung von Terminen (§ 216), die Leitung der Beratung innerhalb des Spruchkörpers (§ 194 Abs. 1 GVG); ferner hat er – wie ausgeführt – nach § 272 Abs. 2 über die Art des Vorverfahrens zu entscheiden und vorbereitende Maßnahmen für den Termin zur mündlichen Verhandlung entweder selbst zu treffen oder durch ein von ihm bestimmtes Mitglied des Prozeßgerichts treffen zu lassen.
Üblicherweise wird einem Mitglied des Kollegiums, dem sog. **Berichterstatter,** aufgegeben, die vom Spruchkörper zu erlassenden Entscheidungen gutachtlich vor-

zubereiten und einen Entscheidungsvorschlag vorzutragen sowie entsprechend dem Ergebnis der Abstimmung im Kollegium (vgl. dazu §§ 193 ff. GVG) den Text der Entscheidung zu entwerfen.[82]

Die Zivilkammer 1. Instanz soll den Rechtsstreit einem ihrer Mitglieder als **Einzelrichter** zur Entscheidung übertragen, wenn die Voraussetzungen des § 348 erfüllt sind. Dieser Einzelrichter, bei dem es sich auch um den Vorsitzenden handeln kann (vgl. § 21 g Abs. 3 S. 2 GVG), tritt dann an die Stelle der Kammer und hat mit gleichen Kompetenzen wie diese den Prozeß zu führen. Auch in der Berufungsinstanz kann ein Einzelrichter an Stelle des Kollegiums tätig werden, jedoch regelmäßig nur zur Vorbereitung der Entscheidung (vgl. § 524).

Mit der Durchführung einer Beweisaufnahme und mit einem Güteversuch kann ein Mitglied des Kollegiums, regelmäßig der Berichterstatter, als sog. **beauftragter Richter,** oder der Richter eines anderen Gerichts im Rahmen der Rechtshilfe (vgl. §§ 156 ff. GVG) als **ersuchter Richter** betraut werden (vgl. § 279 Abs. 1 S. 2, § 361, § 362, § 372 Abs. 2, § 375 Abs. 1, § 434).

70 Ob der Vorsitzende (beim Amtsgericht der Einzelrichter) im Einzelfall den frühen ersten Termin oder das schriftliche **Vorverfahren** wählt, hängt in gewissem Maße auch von seinem persönlichen Arbeitsstil ab, in erster Linie aber von den Besonderheiten des zur Entscheidung gestellten Rechtsstreits. Einfache und eilige Sachen und solche, bei denen ein Güteversuch (vgl. § 279 und u. RdNr. 245) in Betracht kommt, eignen sich für einen frühen ersten Termin; dagegen werden solche Rechtsstreitigkeiten, die eine umfassende Vorbereitung wegen des schwierigen und umfangreichen Prozeßstoffs notwendig werden lassen, besser dem schriftlichen Vorverfahren überlassen. Die Frage, ob eine einmal getroffene Wahl verbindlich ist oder ob ein Wechsel der Verfahrensart zulässig bleibt, ist streitig.[83]

71 Der **frühe erste Termin** ist, wie jeder andere Termin auch, unverzüglich zu bestimmen (§ 216 Abs. 2). Er soll möglichst frühzeitig anberaumt werden, jedoch ist die Einlassungsfrist zu beachten, die mit Ausnahme von Meß- und Marktsachen (vgl. § 30) mindestens zwei Wochen beträgt (§ 274 Abs. 3). Soll der frühe erste Termin die ihm vom Gesetzgeber zugewiesene Funktion erfüllen, dann muß auch er angemessen vorbereitet werden. Als eine Möglichkeit dieser Vorbereitung nennt § 275 Abs. 1 S. 1 eine dem Beklagten zu setzende Frist zur schriftlichen Klageerwiderung. Wird von einer solchen Fristsetzung abgesehen, dann ist der Beklagte aufzufordern, etwa vorzubringende Verteidigungsmittel unverzüglich dem Gericht in einem Schriftsatz mitzuteilen. Dieser Schriftsatz ist ebenso wie die Klageerwiderung durch einen Rechtsanwalt zu verfassen (§ 275 Abs. 1 S. 2, § 277 Abs. 2), wenn Anwaltszwang besteht (vgl. o. RdNr. 14, 21). Auch kann der Vorsitzende oder ein von ihm bestimmtes Mitglied des Prozeßgerichts zur Vorberei-

---

[82] *Jauernig* § 7 IV.
[83] Vgl. *MK/Prütting* § 272 RdNr. 12 ff., m. Nachw. zu den unterschiedlichen Ansichten.

tung des frühen ersten Termins die in § 273 Abs. 2 genannten Maßnahmen vornehmen. In diesem Stadium des Verfahrens kann bereits ein Beweisbeschluß erlassen und ausgeführt werden (vgl. § 358a und u. RdNr. 365).

Wird kein früher erster Termin zur mündlichen Verhandlung bestimmt, also das **schriftliche Vorverfahren** gewählt, dann muß der Beklagte mit der Zustellung der Klage aufgefordert werden, binnen einer Notfrist (zu diesem Begriff Einzelheiten später) von zwei Wochen nach Zustellung der Klageschrift dem Gericht schriftlich anzuzeigen, ob er sich gegen die Klage verteidigen will (§ 276 Abs. 1 S. 1). Die Erklärung, der Klage entgegentreten zu wollen, muß im Anwaltsprozeß durch einen Rechtsanwalt abgegeben werden (§ 276 Abs. 2). Zugleich hat der Vorsitzende[84] dem Beklagten eine Frist von mindestens zwei weiteren Wochen zur schriftlichen Klageerwiderung zu setzen (§ 276 Abs. 1 S. 2). Der Beklagte ist darüber zu belehren, welche **Folgen** es hat, **wenn** er die Erklärung seiner **Verteidigungsbereitschaft** und seine **Klageerwiderung nicht fristgemäß** oder im Anwaltsprozeß nicht durch einen Rechtsanwalt bei Gericht einreicht (§ 276 Abs. 2, § 277 Abs. 2). **72**

Bei nicht rechtzeitiger Anzeige der Verteidigungsbereitschaft wird auf Antrag des Klägers nach § 331 Abs. 3 ein Versäumnisurteil im schriftlichen Verfahren erlassen, wenn die sonstigen Voraussetzungen für ein Versäumnisurteil gegen den Beklagten erfüllt sind (vgl. dazu u. RdNr. 157). Der Antrag des Klägers kann bereits in der Klageschrift gestellt werden (§ 331 Abs. 3 S. 2). Ob ein nachträglich gestellter Antrag vor Erlaß des schriftlichen Versäumnisurteils dem Beklagten zugestellt werden muß, ist streitig.[85] Durch die Möglichkeit, gegenüber einem nicht verteidigungsbereiten Beklagten ohne mündliche Verhandlung ein Versäumnisurteil zu erlassen, wird ein rascher und einfacher Weg für den Kläger eröffnet, eine vollstreckungsfähige Entscheidung zu erhalten, wenn zwischen den Parteien kein Streit über die Berechtigung der klägerischen Forderung besteht und der Beklagte nur aus anderen Gründen, insbesondere wegen fehlender finanzieller Mittel, seine Verpflichtung nicht erfüllt.

Reicht der Beklagte (im Anwaltsprozeß durch einen Rechtsanwalt) nicht innerhalb der ihm dafür gesetzten Frist (§ 275 Abs. 1 S. 1 für den frühen ersten Termin, § 276 Abs. 1 S. 2 für das schriftliche Vorverfahren) seine Klageerwiderung bei Gericht ein, dann wird er mit einem späteren Vortrag nur zugelassen, wenn dies nach der freien Überzeugung des Gerichts die Erledigung des Rechtsstreites nicht verzögert oder wenn die Partei die Verspätung genügend entschuldigt (zur Zurückweisung verspäteten Vorbringens Einzelheiten später).

Die Tätigkeit des Gerichts zu Beginn eines Rechtsstreits, insbesondere die Vorbereitung des Haupttermins, läßt sich in der Übersicht auf S. 46 darstellen. **73**

---

[84] Ob der Vorsitzende diese Aufgabe einem Mitglied des Kollegiums übertragen darf, ist streitig; offengelassen von BGH NJW 1991, 2773, 2774, m. weit. Nachw., ebenso BGH NJW 1991, 2774, 2775.

[85] Bejahend OLG München MDR 1980, 235; verneinend *Thomas/Putzo* § 331 RdNr. 2; *Stein/Jonas/Leipold* § 276 RdNr. 32.

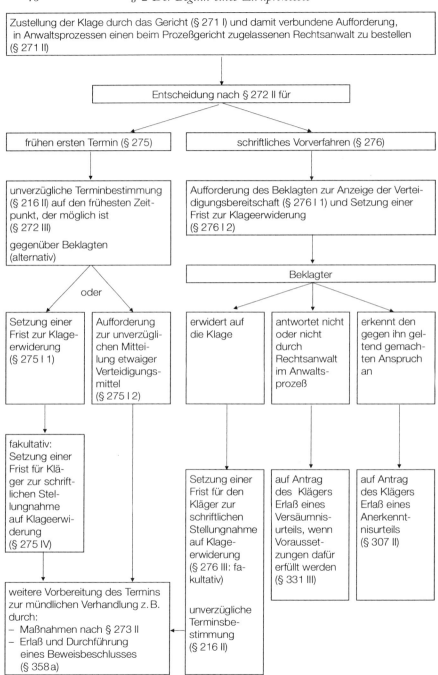

Zustellung der Klage durch das Gericht (§ 271 I) und damit verbundene Aufforderung, in Anwaltsprozessen einen beim Prozeßgericht zugelassenen Rechtsanwalt zu bestellen (§ 271 II)

Entscheidung nach § 272 II für

frühen ersten Termin (§ 275) — schriftliches Vorverfahren (§ 276)

unverzügliche Terminbestimmung (§ 216 II) auf den frühesten Zeitpunkt, der möglich ist (§ 272 III)

gegenüber Beklagten (alternativ)

Aufforderung des Beklagten zur Anzeige der Verteidigungsbereitschaft (§ 276 I 1) und Setzung einer Frist zur Klageerwiderung (§ 276 I 2)

Beklagter

oder

Setzung einer Frist zur Klageerwiderung (§ 275 I 1)

Aufforderung zur unverzüglichen Mitteilung etwaiger Verteidigungsmittel (§ 275 I 2)

erwidert auf die Klage

antwortet nicht oder nicht durch Rechtsanwalt im Anwaltsprozeß

erkennt den gegen ihn geltend gemachten Anspruch an

fakultativ: Setzung einer Frist für Kläger zur schriftlichen Stellungnahme auf Klageerwiderung (§ 275 IV)

Setzung einer Frist für den Kläger zur schriftlichen Stellungnahme auf Klageerwiderung (§ 276 III: fakultativ)

unverzügliche Terminsbestimmung (§ 216 II)

auf Antrag des Klägers Erlaß eines Versäumnisurteils, wenn Voraussetzungen dafür erfüllt werden (§ 331 III)

auf Antrag des Klägers Erlaß eines Anerkenntnisurteils (§ 307 II)

weitere Vorbereitung des Termins zur mündlichen Verhandlung z. B. durch:
– Maßnahmen nach § 273 II
– Erlaß und Durchführung eines Beweisbeschlusses (§ 358 a)

c) Beispiel richterlicher Tätigkeit im Einzelfall

Wiederum an dem oben (RdNr. 19) wiedergegebenen Beispielsfall **74** soll konkret dargelegt werden, was der Richter nach Eingang der Klageschrift unternimmt und wie er den Termin zur mündlichen Verhandlung vorbereitet. Nachdem der (zuständige) Richter am Amtsgericht festgestellt hat, ob die Gebühr für das Verfahren entrichtet (vgl. o. RdNr. 67) oder ob Prozeßkostenhilfe beantragt worden ist (vgl. o. RdNr. 16 f.) und ob die Klageschrift den zwingend vorgeschriebenen Inhalt aufweist (vgl. o. RdNr. 54 ff.), hat er zu entscheiden, auf welche Weise der Haupttermin vorbereitet werden soll, ob das schriftliche Vorverfahren oder der frühe erste Termin zu wählen ist (vgl. o. RdNr. 68). Allerdings ergibt sich hier wegen des Streitwerts nach § 495 a noch eine weitere Möglichkeit, nämlich die **Bestimmung des Verfahrens nach billigem Ermessen.**[86] Übersteigt der Streitwert eines Rechtsstreits – wie im Beispielsfall – nicht 1.200,– DM, dann kann der Richter **im amtsgerichtlichen Verfahren** von dem sonst vorgeschriebenen Verfahren abweichen, soweit es sich dabei nicht um unverzichtbare Prozeßregeln (z. B. Beachtung des Anspruchs auf rechtliches Gehör, Erfüllung der Prozeßvoraussetzungen – Einzelheiten zu beiden später) handelt. So kann beispielsweise von der nach § 272 Abs. 2 vorgeschriebenen förmlichen Vorbereitung des Haupttermins Abstand genommen, auf eine mündliche Verhandlung verzichtet (wenn sie nicht von einer Partei beantragt wird, vgl. § 495 a Abs. 1 S. 2) und auch die Beweisaufnahme nach Ermessen des Richters gestaltet werden.[87]

Der Richter kann jedoch auch von den möglichen Erleichterungen, die ihm § 495 a gestattet, absehen und das Verfahren streng nach den Vorschriften der ZPO durchführen. Für die folgende Betrachtung soll davon ausgegangen und angenommen werden, daß sich der Richter für die Anberaumung eines frühen ersten Termins entscheidet. Wenn die arbeitsmäßige Belastung nicht eine spätere Terminierung notwendig sein läßt, wird der Richter bei der Festlegung des Zeitpunkts für diesen Termin zu berücksichtigen haben, welche vorbereitenden Maßnahmen dafür durchgeführt werden müssen und welche Zeit sie in Anspruch nehmen. Soll der Beklagte auf die Klage erwidern, dann ist ihm hierfür mindestens eine Frist von zwei Wochen seit Zustellung der Klageschrift (§ 277 Abs. 3) zu gewähren. Auch wenn der Beklagte nur aufgefordert wird, seine vorzubringende Verteidigungsmittel dem Gericht mitzuteilen (§ 275 Abs. 1 S. 2), muß nach § 274 Abs. 3 S. 1 mindestens ein Zeitraum von zwei Wochen zwischen der Zustellung der Klageschrift und dem Termin zur mündlichen Verhandlung liegen (vgl. o. RdNr. 71). Soll der Kläger zu der Klageerwiderung schriftlich Stellung nehmen (§ 275 Abs. 4), dann ist ihm auch für seine

---

[86] Vgl. *Bergerfurth* NJW 1991, 961; *Baumbach / Lauterbach / Hartmann* § 495 a RdNr. 10 ff.; einschränkender *MK/Deubner* § 495 a RdNr. 13: nur Vorschriften, die zur Ermittlung des entscheidungserheblichen Sachverhalts dienen, stehen zur Disposition.

[87] *Bergerfurth* (Fn. 86) S. 963.

Stellungnahme mindestens eine Frist von zwei Wochen einzuräumen (§ 277 Abs. 4 iVm. Abs. 3). Bei Beachtung dieser Fristen und der Zeitdauer für die büromäßige Erledigung durch das Gericht sowie der Zustellung der die Fristsetzungen enthaltenden Verfügungen des Gerichts (vgl. § 329 Abs. 2 S. 2) kann der Richter den frühen ersten Termin nicht früher als nach sechs bis acht Wochen, gerechnet vom Datum der Terminsbestimmung, anberaumen.[88]

Der gerade verwendete Begriff der **Verfügung** bedarf noch einiger Erläuterungen. Die Entscheidungen des Gerichts ergehen entweder in der Form des Urteils, des Beschlusses oder der Verfügung (zur Unterscheidung zwischen Beschluß und Urteil Einzelheiten später). Verfügungen heißen solche Entscheidungen des Vorsitzenden, des ersuchten und des beauftragten Richters (vgl. o. RdNr. 69), die einen technischen Inhalt haben, d. h. die Prozeßleitung betreffen, wie beispielsweise Terminsbestimmungen, oder eine rein gerichtsinterne Bedeutung aufweisen, wie die Anordnung einer Wiedervorlage der Akten.

Schließlich ist noch auf folgendes hinzuweisen: Der hier behandelte Beispielsfall ist im **amtsgerichtlichen Verfahren** zu entscheiden. Die oben zitierten Vorschriften sind jedoch dem ersten Abschnitt des zweiten Buches der ZPO, also der Regelung des Verfahrens vor den Landgerichten im ersten Rechtszug entnommen. Die Anwendung dieser Vorschriften im amtsgerichtlichen Verfahren ist jedoch geboten, weil die Vorschriften über das Verfahren vor den Landgerichten auch für das Verfahren vor den Amtsgerichten gelten, soweit sich nicht Abweichungen aus den §§ 495 a bis 510 b oder aus der Verfassung der Amtsgerichte ergeben (§ 495).

75   Enthält die Klageerwiderung des Beklagten keine neuen Gesichtspunkte, dann dreht sich im Beispielsfall (RdNr. 19) letztlich der Streit der Parteien um die Fragen, ob der Beklagte selbst die Beschädigung des Zaunes zu vertreten hat, so daß ihm keine aufrechenbare Schadensersatzforderung gegen den Kläger zusteht, und – für den Fall, daß die Beschädigung auf ein dem Kläger nach § 278 S. 1 BGB zurechenbares schuldhaftes Verhalten seines Arbeitnehmers zurückzuführen ist – wie hoch der dem Beklagten entstandene Schaden ausfällt. Der Richter wird also den Fahrer der Planierraupe als Zeugen zum frühen ersten Termin laden (§ 273 Abs. 2 Nr. 4). Auch der Beklagte war bei der Beschädigung des Zaunes anwesend und kann etwas über den Hergang bekunden; deshalb erscheint es empfehlenswert, sein persönliches Erscheinen in der mündlichen Verhandlung anzuordnen (§ 273 Abs. 2 Nr. 3 iVm. § 141). Da jedoch bei dem zur Entscheidung stehenden Sachverhalt eine gütliche Einigung der Parteien nicht ausgeschlossen erscheint, wird der Richter auch das persönliche Erscheinen des Klägers anordnen, um dessen Bereitschaft zur gütlichen Beilegung des Rechtsstreits feststellen zu können (§ 279). Da die Folgen eines Ausbleibens der Partei von dem Zweck abhängen, der mit dieser Anordnung verfolgt wird (vgl. u. RdNr. 146), muß in der Anordnung des persönlichen Erscheinens angegeben werden, weshalb sie ausgesprochen wird.[89] Von der Einnahme eines Augenscheins unter möglicher Beteiligung eines Sachverständigen, um den Unfallhergang besser beurteilen und den einge-

---

[88] *Baumbach / Lauterbach / Hartmann* § 275 RdNr. 5 f.; *Pukall* RdNr. 35 a.
[89] *Pukall* RdNr. 41 b; *Stein / Jonas / Leipold* § 141 RdNr. 17 a m. weit. Nachw.

tretenen Schaden ermitteln zu können (vgl. § 287 Abs. 1), wird der Richter (zunächst) aus Zeit- und Kostengründen absehen, weil der frühe erste Termin durchaus ergeben kann, daß derartige Maßnahmen überflüssig sind.

Fälle und Fragen

1. Arm bekommt mit seinem Nachbarn Reich Streit über einen auf der Grenze ihrer Grundstücke stehenden Baum, den Reich fällen und Arm erhalten will. Arm fragt, ob es eine Stelle gibt, die ihm unentgeltlich Auskunft über seine Rechte geben könnte. Was antworten Sie Arm?

2. Arm möchte ferner wissen, ob er damit rechnen muß, erhebliche finanzielle Lasten tragen zu müssen, wenn Reich aufgrund des Streits gegen ihn Klage erhebt.

3. Was bedeutet Anwaltszwang und wo besteht er?

4. Welche Gerichtszweige gibt es und wie sind sie aufgebaut?

5. Beschreiben Sie bitte den Instanzenzug in Zivilsachen!

6. Die beiden Gesellschafter Karl und Bertold streiten über die ihnen nach dem Gesellschaftsvertrag zustehenden Rechte. Da sie eine rasche und verbindliche Entscheidung ihrer Streitfrage wünschen, vereinbaren sie, daß Karl gegen Bertold Klage beim örtlichen Oberlandesgericht erhebt. Dies geschieht dann. Wie wird das Gericht entscheiden?

7. Welche Arten von Zuständigkeiten gibt es?

8. Empfindlich bewohnt ein Eigenheim, das neben der katholischen Pfarrkirche liegt. Jeden Morgen um sechs Uhr werden die Kirchenglocken geläutet. Da sich Empfindlich durch dieses frühmorgendliche Geläut gestört fühlt, will er Klage gegen die Kirchengemeinde mit dem Antrag erheben, sie zu verpflichten, nicht vor acht Uhr morgens die Glocken zu läuten. Empfindlich fragt, welches Gericht für seine Klage zuständig sei. Geben Sie ihm bitte eine Antwort!

9. Klar erhebt Klage beim Landgericht Passau. Das Gericht ist der Auffassung, daß die betreffende Klage in die Zuständigkeit des Verwaltungsgerichts falle. Was hat das Gericht zu tun?

10. Erläutern Sie bitte das Verhältnis, das zwischen dem allgemeinen, dem besonderen und dem ausschließlichen Gerichtsstand besteht!

11. Der in Augsburg wohnende Häusler bietet sein in München gelegenes Haus Kunz aus Köln zum Kauf an. Zu einem Vertrag kommt es jedoch nicht. Daraufhin erhebt Kunz Klage beim Amtsgericht München und macht einen Ersatzanspruch aus c. i. c. wegen eines Schadens geltend, den er infolge eines Unfalls bei der Besichtigung des Hauses erlitten hat. Ist das Gericht örtlich zuständig?

12. Die X-GmbH aus München und die Y-AG aus Nürnberg vereinbaren, daß für Streitigkeiten aus einem zwischen ihnen geschlossenen Kooperationsvertrag das Landgericht Nürnberg zuständig sein soll. Außerdem kommen sie überein, daß auch für alle Streitigkeiten, die sich aus künftigen Geschäftsbeziehungen zwischen ihnen ergeben, dieses Gericht entscheiden soll. Sind diese Vereinbarungen zulässig?

13. Welchen Anforderungen muß eine Klageschrift genügen, damit durch sie eine Klage ordnungsgemäß erhoben wird?

14. Wann entscheidet die Kammer für Handelssachen einen Rechtsstreit?

15. Kann eine Klage auf Leistung bereits vor Fälligkeit des zugrundeliegenden Anspruchs erhoben werden?

16. Von welchen besonderen Voraussetzungen ist die Zulässigkeit einer Feststellungsklage abhängig?

17. Die Kaufpreisforderung des K gegen B verjährt am 01.10. K reicht an diesem Tag eine Klageschrift bei dem örtlich und sachlich zuständigen Gericht ein. Die Klageschrift wird B am 06.10. zugestellt. B beruft sich auf Verjährung. Mit Recht?

18. Wie sind die Zivilgerichte gegliedert und besetzt?

19. Beschreiben Sie bitte Stellung und Aufgaben des Vorsitzenden Richters!

20. Was ist der beauftragte Richter, was der ersuchte Richter?

21. Wie wird der Haupttermin vorbereitet?

§ 3 Das weitere Verfahren

I. Gestaltung und Ablauf des Termins zur mündlichen Verhandlung

a) Eröffnung

Der frühe erste Termin und der Haupttermin unterscheiden sich in **76** ihrem äußeren Verlauf nicht wesentlich voneinander. Die Vorschrift des § 278, die ausdrücklich den Ablauf eines Haupttermins beschreibt, ist entsprechend auch auf den frühen ersten Termin anwendbar,[1] für den eine entsprechende Regelung fehlt. Jeder Termin beginnt mit dem **Aufruf der Sache** (§ 220 Abs. 1). Dies bedeutet, daß die (erschienenen) Parteien und ihre Prozeßvertreter sowie die sonstigen Beteiligten vom Gericht effektiv in die Lage versetzt werden müssen, den Termin auch „wahrzunehmen".[2]

Wie dies im Einzelfall zu geschehen hat, hängt von den jeweiligen Umständen ab. Warten die am Verfahren beteiligten Personen vor dem Sitzungsraum, dann müssen sie deutlich vernehmbar zur Verhandlung gerufen werden. Dies kann mittels einer Lautsprecheranlage geschehen oder durch eine vom Vorsitzenden beauftragte Person, beispielsweise einen Justizwachtmeister. Wenn daraufhin die Beteiligten den Sitzungsraum betreten, muß noch einmal die Sache vom Vorsitzenden aufgerufen werden; damit ist dann die mündliche Verhandlung eröffnet (vgl. § 136 Abs. 1).[3] Im Protokoll ist zu vermerken, welche Prozeßbeteiligten in welcher Eigenschaft (zum Beispiel als Parteien, Prozeßbevollmächtigte oder Zeugen) erschienen sind (§ 160 Abs. 1 Nr. 4).

Einschub: Das Protokoll

Über die mündliche Verhandlung und über jede Beweisaufnahme ist **77** ein Protokoll aufzunehmen (§ 159 Abs. 1 S. 1). Die **Protokollführung** ist eine Aufgabe des Urkundsbeamten der Geschäftsstelle (vgl. o. RdNr. 66); allerdings kann der Vorsitzende davon absehen, einen Urkundsbeamten der Geschäftsstelle zur Protokollführung heranzuziehen und selbst die Protokollierung übernehmen (§ 159 Abs. 1 S. 2). Wird – wie heute üblich – eine vorläufige Aufzeichnung mit Hilfe eines Diktiergerätes oder eines anderen Tonträgers, in einer gebräuchlichen Kurzschrift oder unter Einsatz automatischer Datenverarbeitung gefertigt

---

[1] *Zöller / Greger* § 278 RdNr. 1 m. weit. Nachw.
[2] BVerfG NJW 1977, 1443.
[3] Vgl. *Pukall* RdNr. 109; *Baumbach / Lauterbach / Hartmann* § 220 RdNr. 2 ff.

(vgl. § 160a Abs. 1), dann muß das Protokoll unverzüglich nach der Sitzung hergestellt werden. Dies gilt nicht für Aussagen von Zeugen, Sachverständigen und Parteien sowie für das Ergebnis einer Augenscheinseinnahme, die auf einem Tonaufnahmegerät vorläufig aufgezeichnet worden sind; hier genügt im Protokoll zunächst ein entsprechender Vermerk über die vorläufige Aufzeichnung (§ 160a Abs. 2). Unter den in § 161 Abs. 1 genannten Voraussetzungen kann sogar von einer Aufzeichnung gänzlich abgesehen werden.

Was **in das Protokoll aufzunehmen** ist, wird in § 160 im einzelnen genannt. Danach hat das Protokoll neben der Bezeichnung des Rechtsstreits Ort und Tag der Verhandlung, die Namen der Beteiligten und die wesentlichen Vorgänge der Verhandlung anzugeben. Außerdem haben alle Beteiligten das Recht, erhebliche Vorgänge und Äußerungen in das Protokoll aufnehmen zu lassen (vgl. § 160 Abs. 4). Dem Protokoll können auch Anlagen beigefügt werden, die dann im Protokoll als Bestandteile zu bezeichnen und ihm beizuheften sind (vgl. § 160 Abs. 5). Bestimmte im Protokoll getroffene Feststellungen müssen den Beteiligten zur **Genehmigung** vorgelesen oder bei einer vorläufigen Aufzeichnung durch Tonaufnahmegerät vorgespielt werden (vgl. § 162). Das Protokoll ist von dem Vorsitzenden und bei Führung durch den Urkundsbeamten der Geschäftsstelle von diesem zu unterschreiben (§ 163 Abs. 1 S. 1).

78   Die besondere Bedeutung des Protokolls ergibt sich aus seiner **Beweiskraft**. Nach § 165 kann die Beachtung der für die mündliche Verhandlung vorgeschriebenen Förmlichkeiten, d. h. der Regeln über den äußeren Hergang, wie z. B. die nach § 162 vorgeschriebene Verlesung und Genehmigung von Protokollangaben, der Aufruf zur Sache, der Ausschluß der Öffentlichkeit (vgl. u. RdNr. 96), nur durch das Protokoll bewiesen werden. Sind entsprechende tatsächliche Feststellungen im Protokoll getroffen worden, dann können sie nur dadurch widerlegt werden, daß ihre Fälschung nachgewiesen wird. Vorbehalten bleibt allerdings die Berichtigung des Protokolls von Amts wegen oder auf Antrag, wenn die Unrichtigkeit des Protokolls festgestellt wird (vgl. § 164, auch zur Anhörung der Beteiligten und zum Verfahren).

b) Einführung in den Sach- und Streitstand

79   Nachdem die Sache aufgerufen und festgestellt worden ist, wer erschienen ist, hat das Gericht – bei Kollegialgerichten entweder der Vorsitzende oder der Berichterstatter (vgl. o. RdNr. 69) – in den Sach- und Streitstand einzuführen (§ 278 Abs. 1; diese Vorschrift gilt nicht nur für den Haupttermin, vgl. o. RdNr. 76). Sinn dieser Vorschrift ist es, die Parteien und ihre Prozeßbevollmächtigten bereits bei Beginn der mündlichen Verhandlung erkennen zu lassen, wie das Gericht aufgrund der bisherigen Vorbereitung des Prozesses die zur Entscheidung stehende Sache in tatsächlicher und rechtlicher Sicht beurteilt. Sind die **Parteien** persönlich anwesend, dann sollte das Gericht ihnen regelmäßig Gele-

genheit zur **Stellungnahme** geben (vgl. § 278 Abs. 1 S. 2). Häufig wird in diesem Stadium des Verfahrens der Richter eine Gelegenheit finden, mit den Parteien über die Möglichkeit einer gütlichen Beilegung des Rechtsstreits zu sprechen (vgl. § 279 und u. RdNr. 245). Bestehen gegen die Zulässigkeit der Klage Bedenken, dann werden das Gericht oder der Beklagte darauf hinweisen; gegebenenfalls wird es zu einer abgesonderten Verhandlung über die Zulässigkeit der Klage kommen (vgl. § 280 und u. RdNr. 119). Im amtsgerichtlichen Verfahren ist die Vorschrift des § 504 zu beachten, wonach der Beklagte vor der Verhandlung zur Hauptsache auf eine sachliche oder örtliche Unzuständigkeit des Gerichts und auf die Folgen einer rügelosen Einlassung (vgl. § 39 und o. RdNr. 50) hinzuweisen ist.

c) Streitige Verhandlung und Beweisaufnahme

Bestehen keine Zweifel gegen die Zulässigkeit der Klage oder sind sie   **80** ausgeräumt worden, dann werden die **Sachanträge** der Parteien gestellt und damit die eigentliche streitige Verhandlung begonnen (§ 137 Abs. 1).[4]

Die Sachanträge (Gegensatz: Prozeßanträge, die nur das Verfahren betreffen, wie z. B. der Antrag auf Anberaumung eines Termins oder auf Verweisung des Rechtsstreits an ein anderes Gericht oder der Beweisantrag) sind aus den vorbereitenden Schriftsätzen (vgl. zum Begriff o. RdNr. 62) oder aus einer dem Protokoll als Anlage beizufügenden Schrift zu verlesen; die Verlesung kann auch dadurch ersetzt werden, daß die Parteien auf die Schriftsätze Bezug nehmen, die die Anträge enthalten (§ 297 Abs. 2). Schließlich kann der Vorsitzende auch gestatten, daß ein Antrag, der weder verlesen noch durch Bezugnahme auf eine Schrift gestellt wird, mündlich zu Protokoll erklärt wird (§ 297 Abs. 1 S. 3).

Der Vorsitzende, der die mündliche Verhandlung leitet (§ 136 Abs. 1)   **81** und dabei u. a. den Parteien das Wort erteilen und entziehen kann (§ 136 Abs. 2), hat für eine **erschöpfende Erörterung der Sache** zu sorgen (§ 136 Abs. 3) und dahin zu wirken, daß die Parteien sich über alle erheblichen Tatsachen vollständig erklären (§ 139 Abs. 1). Der Vortrag der Parteien ist nach § 137 Abs. 2 in freier Rede zu halten. In der Praxis, insbesondere der unteren Gerichte, wird jedoch diese Vorschrift recht selten befolgt; vielmehr ist eine Bezugnahme auf Schriftsätze üblich (vgl. § 137 Abs. 3).

---

[4] Der Wortlaut des § 137 Abs. 1 legt die Annahme nahe, daß die Antragstellung der nach § 278 Abs. 1 vorzunehmenden Erörterung der Sach- und Rechtslage vorzugehen hat; die hM sieht dies jedoch zu Recht anders (vgl. AK-ZPO/*Menne* § 278 RdNr. 5; *Baumbach/Lauterbach/Hartmann* § 278 RdNr. 2 m. Nachw. auch zur Gegenauffassung), weil die Stellung sachdienlicher Anträge, auf die das Gericht hinzuwirken hat (vgl. § 139 Abs. 1), wesentlich durch eine vorher stattgefundene Erörterung der Sach- und Rechtslage gefördert wird.

82   Wird eine **Beweisaufnahme** durchgeführt (vgl. dazu u. RdNr. 367), dann soll sie unmittelbar der streitigen Verhandlung folgen (§ 278 Abs. 2 S. 1). Im Anschluß an die Beweisaufnahme ist der **Sach- und Streitstand**, wie er sich dann ergibt, **erneut mit den Parteien zu erörtern** (§ 278 Abs. 2 S. 2). Insbesondere haben die Parteien dann die Möglichkeit, sich mit der Beweisaufnahme auseinanderzusetzen, zu ihren Ergebnissen Stellung zu nehmen sowie Gegenbeweise und Beweiseinreden (zu diesen Begriffen Einzelheiten später) vorzubringen. Erkennt das Gericht im Laufe des Prozesses, daß eine Partei einen rechtlichen Gesichtspunkt, auf den das Gericht seine Entscheidung nicht nur bezüglich einer Nebenforderung stützen will, übersehen oder für unerheblich gehalten hat, dann muß der Partei Gelegenheit zur Äußerung dazu gegeben werden (§ 278 Abs. 3).[5]

d) Entscheidung

83   Der weitere Fortgang des Verfahrens richtet sich danach, ob der **Rechtsstreit entscheidungsreif** ist. Ist dies der Fall, dann wird die mündliche Verhandlung vom Vorsitzenden geschlossen (§ 136 Abs. 4) und das Urteil noch in demselben Termin oder in einem sofort anzuberaumenden Verkündungstermin verkündet, der nur dann über drei Wochen hinaus angesetzt werden darf, wenn wichtige Gründe, insbesondere der Umfang oder die Schwierigkeit der Sache, dies erfordern (§ 310 Abs. 1). Bei Kollegialgerichten ist über den Inhalt der Entscheidung zu beraten und abzustimmen (vgl. §§ 192 ff. GVG).

Obwohl der frühe erste Termin zur Vorbereitung des ihm folgenden Haupttermins gedacht ist, muß bei Entscheidungsreife auch in ihm die mündliche Verhandlung geschlossen und ein Urteil erlassen werden (vgl. § 300 Abs. 1). Ein Rechtsstreit ist zur Entscheidung reif, sobald das Gericht darüber zu befinden vermag, ob der Klage stattzugeben ist oder ob sie als unzulässig oder als unbegründet abgewiesen werden muß. Dies setzt voraus, daß der entscheidungserhebliche Tatsachenstoff hinreichend geklärt worden ist, um darauf das Urteil zu stützen.

84   Ist der **Rechtsstreit** noch **nicht zur Entscheidung reif**, dann muß die mündliche Verhandlung fortgesetzt werden. Hat ein früher erster Termin stattgefunden, dann hat das Gericht sofort den Haupttermin zu bestimmen.[6] Ist eine Vertagung des Haupttermins notwendig, dann muß ein neuer Termin möglichst kurzfristig anberaumt werden (§ 278 Abs. 4).

---

[5] Vgl. BGH NJW 1987, 781.
[6] *Pukall* RdNr. 251 weist darauf hin, daß ausnahmsweise auch eine Vertagung des frühen ersten Termins, also seine Fortsetzung an einem anderen Tag, in Betracht kommen kann, z. B. wenn sich eine Partei aus von ihr nicht zu vertretenden Gründen nicht hinreichend vorbereiten konnte.

War die mündliche Verhandlung bereits geschlossen und erkennt das Gericht, daß nach dem bisherigen Sachantrag der Parteien bestimmte entscheidungserhebliche Punkte aufklärungsbedürftig geblieben sind oder gebotene richterliche Hinweise (vgl. § 139, § 278 Abs. 3) unterlassen wurden, dann kann es die Verhandlung wiedereröffnen (§ 156). Trägt eine Partei erst nach dem Schluß der mündlichen Verhandlung neue erhebliche Tatsachen vor, dann ist dies regelmäßig unbeachtlich (vgl. § 296 a) und wird das Gericht nicht veranlassen, eine Wiedereröffnung anzuordnen.

Der äußere Ablauf der mündlichen Verhandlung stellt sich danach **85** wie folgt dar:

Eröffnungs-phase*)	Einführungs-phase*)	Verhandlungs-phase*)	Beweis-phase*)	Entscheidungs-phase*)
Aufruf der Sache (§ 220 I) Eröffnung der mündlichen Verhandlung (§ 136 I) Feststellung der Erschienenen (§ 160 I Nr. 4)	Einführung in den Sach- und Streit-stand (§ 278 I 1) Anhörung der Parteien (§ 278 I 2) evtl.: Verhand-lung über die Zulässigkeit der Klage (§ 280 I)	Stellung der Sachanträge (§ 137 I, § 297) Vorträge der Parteien (§ 137 II, III)	evtl.: Beweis-aufnahme und Verhandlung darüber (§ 278 II, § 285 I)	Schluß der mündlichen Verhandlung (§ 136 IV) Beratung und Abstimmung über die zu tref-fende Entschei-dung durch das (Kollegial-) Gericht; Verkün-dung des Urteils (§ 300 I, § 310)

★) Es handelt sich um nicht gebräuchliche Begriffe, die nur der besseren Orientierung dienen sollen.

II. Verfahrensgrundsätze

Der äußere Ablauf eines Zivilprozesses und das Verhalten von Gericht **86** und Parteien in ihm werden durch eine Reihe von Rechtsgrundsätzen bestimmt, die als Verfahrensgrundsätze (Prozeßmaximen) bezeichnet werden.[7] Auch wenn es sich durchweg dabei um Regelungen von prinzipieller Bedeutung für das zivilprozessuale Verfahrensrecht handelt, sind sie doch von unterschiedlichem Gewicht und reichen von stets zu beachtenden Verfassungsgrundsätzen bis zu Verfahrensmaximen, die nur in bestimmten Verfahrensarten gelten. Im folgenden sollen die Verfahrensgrundsätze näher betrachtet werden.

---

[7] Der Begriff der Verfahrensgrundsätze wird nicht durchweg im selben Sinn aufgefaßt, sondern ihm z. T. ein weiterer, z. T. auch engerer Inhalt gegeben (vgl. *Stein/Jonas/Leipold* vor § 128 RdNr. 3); *MK/Lüke* Einl. RdNr. 165.

a) Der Anspruch auf rechtliches Gehör

87   Der Anspruch auf rechtliches Gehör als ein verfahrensrechtliches Grundprinzip hat Verfassungsrang (Art. 103 Abs. 1 GG) und verpflichtet das Gericht, den Parteien zu ermöglichen, den von ihnen eingenommenen Standpunkt in ausreichender und sachgerechter Weise im Prozeß darzulegen. Hierzu gehört es, den Parteien das Recht einzuräumen, ihre Anträge zu stellen, Tatsachen zu behaupten und dafür Beweise anzubieten sowie jeweils von dem Vortrag der Gegenpartei so rechtzeitig zu erfahren, daß dazu Stellung genommen werden kann. Werden Tatsachen vom Gericht ermittelt, dann muß es den Parteien davon Mitteilung machen und sie hören.[8] Das Recht auf rechtliches Gehör wird in der ZPO nicht ausdrücklich genannt, sondern als selbstverständliche Grundregel jedes rechtsstaatlichen Verfahrens vorausgesetzt und in einer Reihe von Vorschriften konkretisiert (vgl. z. B. § 99 Abs. 2 S. 2, § 118 Abs. 1 S. 1, § 136 Abs. 3, § 139, § 225 Abs. 2, § 278 Abs. 3). Eine Verletzung des Anspruchs auf rechtliches Gehör stellt einen Verfahrensmangel dar, der durch Rechtsmittel geltend zu machen ist und nicht etwa zur Nichtigkeit der Entscheidung führt. Die in der Versagung rechtlichen Gehörs liegende Grundrechtsverletzung kann nach Erschöpfung des Rechtswegs[9] mit der Verfassungsbeschwerde beim Bundesverfassungsgericht (Art. 93 Abs. 1 Nr. 4a GG, § 13 Nr. 8a, §§ 90 ff. BVerfGG) gerügt werden.

Hat die Verfassungsbeschwerde Erfolg, dann wird die angegriffene Entscheidung aufgehoben und die Sache an das zuständige Zivilgericht zurückverwiesen (§ 95 Abs. 2 BVerfGG). Damit wird also der gleiche Erfolg erreicht wie mit einer Anfechtung des Urteils im Rechtsmittelverfahren. Es kann deshalb nicht verwundern, daß die Verfassungsbeschwerde wegen Verletzung des rechtlichen Gehörs nicht selten dazu benutzt wird, um Fehler der Zivilgerichte in Entscheidungen zu korrigieren, gegen die ein Rechtsmittel nach der ZPO nicht statthaft ist. Diese als „Pannenhilfe" bezeichnete Judikatur des Bundesverfassungsgerichts[10] führt dazu, diesem Gericht die Funktion eines Revisionsgerichts in Fällen zu übertragen, die ohne echte verfassungsrechtliche Relevanz sind. Um einer solchen Tendenz nach Möglichkeit entgegenzuwirken und nicht das Bundesverfassungsgericht mit Fehlern zu befassen, die besser im Rahmen einer Selbstkontrolle durch die Zivilgerichte behoben werden, ist in extensiver Auslegung der ZPO ein Rechtsmittel zuzulassen, um den Anspruch auf rechtliches Gehör durchzusetzen. Das Bundesverfassungsgericht hat zu Recht darauf hingewiesen, daß das System der Verfassungsgerichtsbarkeit auf Dauer nur funktionsfähig bleiben könne, wenn die Gerichte durch eine am Gesamtsystem des Rechtsschutzes und des Subsidiaritätsprinzips orientierte Handhabung des Verfahrensrechts etwaige Verstöße gegen Verfahrensgrundrechte selbst beseitigten. Die Ver-

---

[8] Vgl. BVerfG NJW 1994, 1210; *Rosenberg/Schwab/Gottwald* § 85 III m. weit. Nachw.

[9] Dazu gehört auch die Wiederaufnahme des Verfahrens (vgl. dazu RdNr. 480 ff.); so BVerfG NJW 1992, 1030.

[10] *Schumann* NJW 1985, 1134, unter Hinweis auf BVerfGE 42, 243, 248.

weisung auf die Verfassungsbeschwerde könne nur dort als gerechtfertigt angesehen werden, wo keine rechtlich vertretbare Möglichkeit bestehe, eine Verletzung des Art. 103 Abs. 1 GG zu korrigieren und andernfalls eine Grundrechtsverletzung sanktionslos bliebe.[11] So ist entsprechend dieser Forderung beispielsweise die Verletzung des Anspruchs auf Gewährung rechtlichen Gehörs als ein neuer selbständiger Beschwerdegrund im Sinne des § 568 Abs. 2 S. 2 anzusehen (vgl. dazu auch u. RdNr. 460)[12] und in solchen Fällen die Berufung gegen Urteile im schriftlichen Verfahren in Analogie zu § 513 Abs. 2 zuzulassen, auch wenn die Berufungssumme des § 511 a nicht erreicht wird (vgl. dazu u. RdNr. 440).[13]

b) Der Anspruch auf ein faires Verfahren

Das Bundesverfassungsgericht leitet aus dem Rechtsstaatsprinzip als **88** einem allgemeinen Prozeßgrundrecht den Anspruch auf ein faires Verfahren ab,[14] der den Richter verpflichtet, das Verfahren so zu gestalten, wie die Parteien des Zivilprozesses es von ihm erwarten können. Im einzelnen bedeutet dies, daß der Richter sich nicht widersprüchlich verhalten darf, daß es ihm verwehrt ist, aus eigenen oder ihm zurechenbaren Fehlern oder Versäumnissen Verfahrensnachteile für die Parteien abzuleiten und daß er ganz allgemein verpflichtet ist, gegenüber den Verfahrensbeteiligten und ihrer konkreten Situation Rücksicht zu üben.[15] So ist es beispielsweise als ein Verstoß gegen das Gebot einer fairen Verfahrensführung angesehen worden, daß entgegen einer jahrelang geübten Praxis das Gericht eine unleserliche Unterschrift nicht mehr als ordnungsgemäß ansah und deshalb eine Berufung als unzulässig verwarf.[16]

Der gegen das Gericht bestehende Anspruch auf ein faires Verfahren kommt auch in dem **Grundsatz von Treu und Glauben** zum Ausdruck, der im Zivilprozeß ebenfalls gilt und der nicht nur das Gericht, sondern auch die Parteien zu einer redlichen Prozeßführung und zu einem fairen Umgang miteinander verpflichtet.[17] In den folgenden Ausführungen wird sich noch häufiger Gelegenheit bieten, auf dieses Prinzip und seine Wirkungen im Zivilprozeß einzugehen.

Objektivität und Neutralität des Richters gegenüber den Parteien stellen unabdingbare Voraussetzungen für ein faires Verfahren dar. Schon dem Verdacht einer Parteilichkeit des Richters muß entgegengewirkt werden. Aus diesem Grunde hat der Gesetzgeber einen Richter von der Ausübung des Richteramtes ausgeschlossen, wenn zwischen ihm oder bestimmten ihm nahestehenden Personen Beziehungen zum Gegenstand des Rechtsstreits existieren, die seine Neutralität in Frage stellen (vgl. § 41). Ergibt sich darüber hinaus ein Grund, der geeignet ist, Mißtrauen gegen

---

[11] BVerfGE 49, 252 = NJW 1979, 538.
[12] BVerfG (Fn. 11); KG NJW-RR 1987, 446 m. weit. Nachw.
[13] BVerfGE 60, 96 = NJW 1982, 1454; OLG Schleswig NJW 1988, 67, jeweils m. weit. Nachw.; aA BGH VersR 1990, 104 (§ 513 Abs. 2 insoweit nicht analogiefähig).
[14] BVerfG NJW 1991, 3140 m. weit. Nachw.
[15] BVerfGE 78, 123, 126 = NJW 1988, 2787 m. weit. Nachw.
[16] BVerfG (Fn. 15) S. 126.
[17] Vgl. dazu *Stein/Jonas/Schumann* Einl. RdNr. 242 ff.

die Unparteilichkeit eines Richters zu rechtfertigen, dann kann jede Partei ihn wegen **Besorgnis der Befangenheit** ablehnen (vgl. § 42). Der Richter kann auch
selbst dem Gericht, das zur Entscheidung über die Ablehnung berufen ist (vgl. § 45),
Tatsachen mitteilen, aus denen sich ein Ausschließungsgrund oder die Besorgnis der
Befangenheit ergeben kann (vgl. § 48). Das Verfahren der Ablehnung ist in den
§§ 44 bis 46 geregelt.

c) Der Dispositionsgrundsatz

89   Inhalt des Dispositionsgrundsatzes ist das Recht der Parteien, über
den Rechtsstreit als ganzen zu verfügen, ihn durch Initiative des Klägers
in Gang zu setzen, den Streitgegenstand zu bestimmen (dazu Einzelheiten später), den Rechtsstreit durch Anträge voranzutreiben und ihn auch
vorzeitig, d. h. ohne Urteil, zu beenden. Im einzelnen bedeutet dies, daß
ein Zivilprozeß nur auf Antrag beginnt, daß die Anträge der Parteien dafür maßgebend sind, worüber das Gericht zu entscheiden hat (§ 308
Abs. 1) und daß die Parteien ohne ein Urteil in der Hauptsache den
Rechtsstreit durch Klagerücknahme (vgl. § 269), durch Erledigungserklärung oder durch einen Prozeßvergleich beenden können. Schließlich
können die Parteien durch Verzicht (vgl. § 306) und durch Anerkenntnis
(vgl. § 307) ohne Prüfung des Streitstoffes durch das Gericht eine Sachentscheidung (vgl. u. RdNr. 209, 215) herbeiführen. Auch das Recht der
Parteien, entsprechend der gesetzlichen Regelung die Überprüfung einer ungünstigen Entscheidung durch das nächsthöhere Gericht vornehmen zu lassen, ist Ausfluß der Dispositionsmaxime.

90   Das dem Dispositionsgrundsatz entgegengesetzte Prinzip ist der **Of-
fizialgrundsatz** (Offizialmaxime), nach dem das Verfahren von Amts wegen eröffnet und beendet wird; die Offizialmaxime gilt im Zivilprozeß
nicht.

Einschränkungen der Dispositionsmaxime ergeben sich in Verfahren, in denen
über Ansprüche entschieden wird, die nicht dem Verfügungsrecht der Parteien unterliegen. In Ehesachen (vgl. § 606 Abs. 1) finden nach § 617 die Vorschriften über
die Wirkung eines Anerkenntnisses keine Anwendung, d. h., es ist ein Anerkenntnisurteil nach § 307 ausgeschlossen; auch kann in diesem Verfahren kein Vergleich in
der Hauptsache geschlossen werden (vgl. dazu u. RdNr. 248). Gleiches gilt in Kindschaftssachen (§ 640). Entscheidungen über die Kosten (§ 308 Abs. 2), über die Fortsetzung eines Mietverhältnisses (§ 308a), über die vorläufige Vollstreckbarkeit
(§§ 708, 709) und über die Frist zur Räumung von Wohnraum (§ 721 Abs. 1) sind
nicht von Anträgen der Parteien abhängig.

d) Verhandlungsgrundsatz und Untersuchungsgrundsatz

91   Gilt für die Stoffsammlung, d. h. die Beschaffung der tatsächlichen
Grundlagen der gerichtlichen Entscheidung, der Verhandlungsgrundsatz
(Verhandlungsmaxime, Beibringungsgrundsatz), dann fällt den Parteien

die Aufgabe zu, die Tatsachen, über die das Gericht entscheiden soll, vorzutragen und, soweit erforderlich, zu beweisen. Bei Geltung des Untersuchungsgrundsatzes (Untersuchungsmaxime, Inquisitionsmaxime, Amtsermittlungsgrundsatz) hat dagegen das Gericht für die Beschaffung und den Beweis der entscheidungserheblichen Tatsachen zu sorgen. Im Zivilprozeß findet regelmäßig der Verhandlungsgrundsatz Anwendung, während der Untersuchungsgrundsatz eine Ausnahme darstellt. Denn der Zivilprozeß wird durch das Prinzip der Parteifreiheit und der Parteiverantwortung beherrscht, auf das sowohl Dispositionsgrundsatz als auch Verhandlungsgrundsatz zurückzuführen sind und das üblicherweise mit dem Satz umschrieben wird, daß die Parteien die Herren des Verfahrens seien. Nur in Fällen, in denen ein öffentliches Interesse an einer umfassenden und richtigen Aufklärung der tatsächlichen Grundlagen einer gerichtlichen Entscheidung besteht, wie in Kindschaftssachen (vgl. aber § 640 d) und mit gewissen Einschränkungen in Ehesachen (vgl. §§ 616, 617), gilt der Untersuchungsgrundsatz.

Wenn auch der Verhandlungsgrundsatz die Beschaffung des entschei- **92** dungserheblichen Tatsachenstoffes allein den Parteien überträgt, so ist doch nicht zu übersehen, daß auch das Gericht einen nicht unerheblichen Einfluß auf die Beibringung der Tatsachen ausübt. Dieser richterliche Einfluß ergibt sich aus folgenden Regelungen:

– Das Gericht hat in jeder Lage des Verfahrens darauf hinzuwirken, daß sich die Parteien vollständig erklären (§ 273 Abs. 1), insbesondere einen ungenügenden Tatsachenvortrag ergänzen (§ 139 Abs. 1). In der mündlichen Verhandlung hat der Vorsitzende dafür Sorge zu tragen, daß die Sache erschöpfend erörtert wird (§ 136 Abs. 3; vgl. auch o. RdNr. 81); er hat die insoweit erforderlichen Fragen den Parteien zu stellen oder den übrigen Mitgliedern des Gerichts solche Fragen zu gestatten (§ 139 Abs. 1, 3).[18]

§ 139 schränkt den Verhandlungsgrundsatz nicht ein, sondern ergänzt ihn durch die richterliche Pflicht, auf Unklarheiten, Widersprüche und Lücken in der Sachverhaltsdarstellung der Parteien hinzuweisen. Es bleibt aber Sache der Parteien, aus solchen Hinweisen Folgerungen zu ziehen und ihren Vortrag entsprechend zu korrigieren. Die richterliche Frage- und Hinweispflicht[19] besteht unabhängig davon, ob die Parteien anwaltlich vertreten sind.[20] Allerdings wird dieser Pflicht gegenüber juristischen Laien größere Bedeutung zukommen, weil sie eher der Hilfe des Richters bedürfen. Der Richter muß aber stets bemüht sein, bei seinen Fragen und Hinweisen die gebotene Unparteilichkeit und Neu-

---

[18] Vgl. *Zöller/Greger* § 139 RdNr. 5.

[19] Zu Recht weisen *Stein/Jonas/Leipold* § 139 RdNr. 5 a darauf hin, daß der im Zusammenhang mit § 139 verwendete Begriff der richterlichen Aufklärungspflicht zum Mißverständnis Anlaß geben könnte, der Richter habe den Sachverhalt aufzuklären. Es empfiehlt sich deshalb, von einer richterlichen Frage- und Hinweispflicht zu sprechen, weil dies besser verdeutlicht, was gemeint ist.

[20] BGH NJW-RR 1993, 569.

tralität zu wahren, um sich nicht dem Verdacht der Befangenheit auszusetzen. Dabei ist jedoch nicht zu verkennen, daß aufgrund des kontradiktorischen Verhältnisses der Parteien zueinander die einer Partei gewährte Hilfe notwendigerweise der anderen nachteilig sein muß. Dies allein kann den Richter nicht davon abhalten, seine Frage- und Hinweispflicht zu erfüllen.[21] Entscheidend ist vielmehr, daß sich aus dem Vortrag der Parteien ein begründeter Anlaß für Hinweise oder Fragen ergeben muß.[22]

– Die Parteien müssen sich bei ihrem Tatsachenvortrag an die Wahrheit halten und dürfen nicht bewußt Falsches vortragen (vgl. § 138 Abs. 1). Erkennt das Gericht, daß eine Partei lügt, dann darf es grundsätzlich dieses Vorbringen nicht berücksichtigen (zur Bindung an ein vorsätzlich falsch abgegebenes Geständnis vgl. u. RdNr. 355).

§ 138 Abs. 1 verbietet die Lüge, also den von der Partei als unwahr erkannten Tatsachenvortrag. Dagegen ist nicht zu fordern, daß die Partei von der Richtigkeit ihrer Behauptungen überzeugt ist. Der BGH verlangt allerdings, daß die Partei greifbare Anhaltspunkte für die Richtigkeit der vorgetragenen Tatsachen haben muß und hält es für unzulässig, daß Behauptungen „ins Blaue hinein" aufgestellt werden.[23]

– Bei der Erhebung von Beweisen, der Beschaffung und Benutzung von Beweismitteln, um die Richtigkeit streitiger Parteibehauptungen festzustellen, ist das Gericht weitgehend von entsprechenden Anträgen der Parteien freigestellt, kann also von Amts wegen Beweise erheben (Einzelheiten dazu später).

93 Gibt das Gesetz dem Gericht auf, bestimmte Punkte wie beispielsweise die Partei- und Prozeßfähigkeit (vgl. § 56 Abs. 1) von Amts wegen zu prüfen, dann bedeutet dies nicht, daß insoweit der Verhandlungsgrundsatz aufgehoben wird. Vielmehr bleibt die Beschaffung auch der von Amts wegen zu prüfenden Tatsachen den Parteien überlassen.[24] Das Gericht wird jedoch durch entsprechende Hinweise die Parteien veranlassen, Zweifel hinsichtlich der von Amts wegen zu berücksichtigenden Punkte auszuräumen (vgl. 139 Abs. 2). Bleiben Zweifel bestehen, dann führt die dann zu treffende Beweislastentscheidung regelmäßig dazu, die ungeklärten Tatsachen als nicht geschehen der Entscheidung zugrunde zu legen (zur Beweislast Einzelheiten später).

---

[21] Vgl. OLG Düsseldorf NJW 1993, 2542.

[22] Auf die Grenzen richterlicher Frage- und Hinweispflicht kann hier nicht im einzelnen eingegangen werden. Vgl. dazu *Stein/Jonas/Leipold* § 139 RdNr. 6 ff.; *MK/Peters* § 139 RdNr. 17 ff., jeweils mit zahlreichen Nachw.

[23] BGH NJW 1986, 246, 247 m. weit. Nachw. Großzügiger allerdings BGH NJW-RR 1988, 1529: Auch nur vermutete Tatsachen, über die eine Partei kein zuverlässiges Wissen besitzt, können von ihr behauptet und unter Beweis gestellt werden.

[24] Vgl. BGH NJW 1982, 1467, 1468; BGH WM 1989, 834, 836; *Schreiber* JA 1989, 86, 88; *Rosenberg/Schwab/Gottwald* § 78 V 2.

e) Grundsatz der Mündlichkeit und Schriftlichkeit

Ein Gerichtsverfahren läßt sich sinnvoll und praktikabel nur gestalten, **94** wenn die Prinzipien der Mündlichkeit und der Schriftlichkeit miteinander verbunden und die Vorteile beider nutzbar gemacht werden. Wenn in § 128 Abs. 1 bestimmt wird, daß die Parteien über den Rechtsstreit vor dem erkennenden Gericht mündlich zu verhandeln haben, dann beruht dieser Grundsatz auf der Erkenntnis, daß sich durch Rede und Gegenrede vieles besser und schneller klären läßt als durch den Austausch von Schriftsätzen. Andererseits ist es insbesondere zur Beschleunigung des Verfahrens geboten, Gericht und Parteien bereits vor der mündlichen Verhandlung mit dem Streitstoff bekanntzumachen, damit sie sich darauf einstellen können. Demgemäß wird in den §§ 129 ff. vorgeschrieben, daß die mündliche Verhandlung durch Schriftsätze vorbereitet wird. Darüberhinaus ist es unverzichtbar, einzelne Prozeßhandlungen (zu diesem Begriff Einzelheiten später) nach ihrem Inhalt und dem Zeitpunkt ihrer Vornahme genau festzuhalten, weil durch sie das Verfahren in wesentlichen Punkten gestaltet wird. Diesem Zweck dient beispielsweise die Anordnung der Schriftlichkeit für die Erhebung der Klage (vgl. § 253), die Einlegung von Rechtsmitteln (vgl. §§ 518, 553, 569 Abs. 2) und ihrer Begründung (vgl. §§ 519, 554). Auch in anderen Regelungen der ZPO finden sich **Kombinationen des Mündlichkeits- und des Schriftlichkeitsprinzips,** wobei bald das eine, bald das andere stärker betont wird.

Als Beispiel hierfür sei auf die Vorbereitung des Haupttermins hingewiesen, für die in § 272 Abs. 2 entweder die Bestimmung des frühen ersten Termins zur mündlichen Verhandlung oder das schriftliche Vorverfahren zur Wahl gestellt wird (vgl. o. RdNr. 68 f.). Schließlich ist noch zu berücksichtigen, daß auch in der mündlichen Verhandlung vieles durch Bezugnahme auf Schriftsätze erledigt werden kann (s. § 137 Abs. 3, § 297 Abs. 2; vgl. auch o. RdNr. 81). Es gilt also für den Zivilprozeß eine Kombination von Mündlichkeit und Schriftlichkeit, die sich dahingehend beschreiben läßt, daß grundsätzlich das Gericht eine Entscheidung nur aufgrund mündlicher Verhandlung treffen darf und daß Gegenstand der mündlichen Verhandlung sein muß, was zur Grundlage der gerichtlichen Entscheidung gemacht wird, daß aber eine Reihe von Ausnahmen zugunsten der Schriftlichkeit gelten; neben den bereits genannten sei noch auf das Versäumnisurteil nach § 331 Abs. 3 (vgl. dazu u. RdNr. 157) und auf das Anerkenntnisurteil nach § 307 Abs. 2 (vgl. dazu u. RdNr. 206) sowie auf die Entscheidung nach Lage der Akten (§§ 251 a, 331 a; vgl. dazu u. RdNr. 162, 167) verwiesen.[25]

Weitere Ausnahmen von der Regel, daß eine Entscheidung vom Gericht nicht ohne mündliche Verhandlung getroffen werden darf, enthalten die Vorschriften des § 128 Abs. 2 und 3. Mit Zustimmung der Parteien kann das Gericht nach § 128 Abs. 2 **auf** eine **mündliche Verhandlung verzichten.** Die Zustimmung ist gegenüber dem Gericht zu erklären und setzt kein Einvernehmen zwischen den Parteien voraus, weil es sich nicht um einen Vertrag, sondern um jeweils einseitige Erklärun-

---

[25] Vgl. *Stein/Jonas/Leipold* § 128 RdNr. 14 ff. (auch zu weiteren Ausnahmen).

gen handelt. Die Zustimmung bezieht sich auf eine konkrete Entscheidung, und zwar auf die von dem Gericht als nächste zu treffende, bei der es sich entweder um eine Endentscheidung oder um eine sie vorbereitende Entscheidung, z. B. um einen Beweisbeschluß, handeln muß.[26] Das Einverständnis der Parteien kann also nicht auf folgende Entscheidungen oder auf alle in der Instanz zu treffenden Entscheidungen erstreckt werden. Ob das Gericht von dem Einverständnis der Parteien Gebrauch macht und ohne mündliche Verhandlung entscheidet, steht in seinem pflichtgemäßen Ermessen. Hierbei wird das Gericht zu berücksichtigen haben, ob ein Verzicht auf die mündliche Verhandlung das Verfahren abkürzt und vereinfacht.[27] Selbstverständliche Voraussetzung für die Anordnung des schriftlichen Verfahrens ist es, daß der Rechtsstreit noch nicht zur Entscheidung reif ist; ist er es, dann muß ein Endurteil ergehen (§ 300 Abs. 1) und darf nicht das schriftliche Verfahren angeordnet werden.[28] Die Entscheidung des Gerichts im schriftlichen Verfahren ist auf den Akteninhalt zu stützen, wobei auch das Vorbringen in einer früheren mündlichen Verhandlung beachtet werden muß.

Auch ohne das Einverständnis der Parteien kann das Gericht von Amts wegen nach § 128 Abs. 3 das **schriftliche Verfahren** anordnen, wenn folgende Voraussetzungen erfüllt werden:
– Vermögensrechtliche Streitigkeit (vgl. o. RdNr. 48)
– Wert des Streitgegenstandes nicht über 1500,– DM
– Kein Anwaltszwang (vgl. o. RdNr. 21)
– Unzumutbarkeit des Erscheinens einer Partei vor Gericht
Als Grund für die Unzumutbarkeit vor Gericht zu erscheinen wird im Gesetz eine große Entfernung genannt; daneben kommen insbesondere Krankheit oder Gebrechlichkeit einer Partei in Betracht. Ordnet das Gericht das schriftliche Verfahren an, dann wickelt sich – anders als in den Fällen des § 128 Abs. 2 – das gesamte Verfahren schriftlich ab, wenn nicht die Anordnung aus den in § 128 Abs. 3 S. 4 genannten Gründen wieder aufgehoben wird.

f) Grundsatz der Unmittelbarkeit

95   Der Grundsatz der Unmittelbarkeit des Verfahrens bedeutet, daß die Verhandlung des gesamten Rechtsstreits vor demselben Gericht stattfinden muß und daß dieses Gericht dann auch die Entscheidung zu treffen hat. Dieser Grundsatz kommt in verschiedenen Vorschriften der ZPO zum Ausdruck, und zwar
– in § 128 Abs. 1, wenn dort bestimmt wird, daß die Parteien den Rechtsstreit „vor dem erkennenden Gericht" zu verhandeln haben
– in § 309, wenn dort angeordnet wird, daß das Urteil nur von den Richtern gefällt werden darf, die an der für das Urteil maßgeblichen mündlichen Verhandlung teilgenommen haben (vgl. dazu u. RdNr. 424)
– in § 355 Abs. 1 S. 1, wenn dort vorgeschrieben wird, daß die Beweisaufnahme vor dem Prozeßgericht stattfinden muß.

---

[26] BGHZ 17, 118, 123 = NJW 1955, 988.
[27] *Leipold* (Fn. 24) RdNr. 58.
[28] BGH NJW 1992, 2146, 2147.

Ausnahmen vom Grundsatz der Unmittelbarkeit müssen insbesondere bei der Beweisaufnahme aus praktischen Gründen zugelassen werden; in § 355 Abs. 1 S. 2 wird ausdrücklich darauf hingewiesen. So kann die Beweisaufnahme einem beauftragten oder ersuchten Richter übertragen werden (vgl. dazu o. RdNr. 69 aE und u. RdNr. 367).

g) Grundsatz der Öffentlichkeit

Der Grundsatz der Öffentlichkeit dient der Transparenz richterlicher **96** Tätigkeit als Grundlage für das Vertrauen in eine unabhängige und neutrale Rechtspflege. Die Öffentlichkeit ist schon aus praktischen Gründen eng mit der Mündlichkeit verknüpft und bezieht sich auf Phasen des Verfahrens, für die Mündlichkeit vorgeschrieben ist, nämlich auf die Verhandlung vor dem erkennenden Gericht einschließlich der Verkündung der Urteile und Beschlüsse (§ 169 S. 1 GVG).

Da andererseits ein berechtigtes Interesse der Parteien anzuerkennen ist, bestimmte Angelegenheiten nicht zur Kenntnis Dritter zu bringen, muß der **Öffentlichkeitsgrundsatz eingeschränkt** werden. Dies geschieht dadurch, daß einmal bestimmte Verhandlungen ganz oder in Teilen unter Ausschluß der Öffentlichkeit stattzufinden haben, wie dies in § 170 GVG für die meisten Familien- und Kindschaftssachen vorgeschrieben ist; zum anderen kann das Gericht beschließen, daß eine Verhandlung nicht öffentlich durchgeführt wird, wenn Gründe zutreffen, die in den §§ 171 b ff. GVG genannt werden. Neben dem Interesse der Parteien oder Zeugen an einer Geheimhaltung kann auch das Interesse des Staates die öffentliche Verhandlung verhindern (vgl. § 172 Nr. 1 GVG). Wenn auch die Verkündung des Urteils in jedem Fall öffentlich vorgenommen werden soll (§ 173 Abs. 1 GVG), kann unter den in § 173 Abs. 2 GVG genannten Voraussetzungen für die Verkündung der Urteilsgründe die Öffentlichkeit ausgeschlossen werden.

Man spricht von der „**Parteiöffentlichkeit**", wenn es um das Recht der Parteien geht, an jeder Beweisaufnahme im Rahmen ihres Rechtsstreits teilzunehmen, auch wenn sie nicht öffentlich stattfindet (§ 357 Abs. 1), die Prozeßakten einzusehen und sich aus ihnen durch die Geschäftsstelle Ausfertigungen, Auszüge und Abschriften erteilen zu lassen (§ 299 Abs. 1) und darüber hinaus sich durch das Gericht über alle Vorgänge des Prozeßverfahrens unterrichten zu lassen, die erkennbar wesentliche Tatsachen für sie enthalten.[29] Die Parteiöffentlichkeit leitet sich aus dem Anspruch auf rechtliches Gehör ab (o. RdNr. 87) und darf deshalb auch nicht wegen des Interesses der Gegenpartei, bestimmte Informationen, wie z. B. Betriebs- und Geschäftsgeheimnisse, nicht offenbaren zu müssen, eingeschränkt werden.[30]

h) Folgen einer Verletzung von Verfahrensgrundsätzen

Grundsätzlich verhindern auch schwerste Verfahrensfehler nicht die **97** Wirksamkeit eines Urteils. Dies gilt nur dann nicht, wenn das Gericht unter Mißachtung des Dispositionsgrundsatzes eine Entscheidung er-

---

[29] Vgl. BGH NJW 1961, 363.
[30] *Kürschner* NJW 1992, 1804; *Prütting / Weth* NJW 1993, 576; aA *A. Stadler* NJW 1989, 1202, jeweils m. weit. Nachw.

läßt, obwohl keine Klage erhoben oder eine einmal erhobene Klage wirksam zurückgenommen wurde; eine solche Entscheidung ist unwirksam.[31] In anderen Fällen muß dagegen die betroffene Partei die Verletzung von Verfahrensgrundsätzen mit den jeweils in Betracht kommenden Rechtsmitteln geltend machen.

Der Erfolg des Rechtsmittels hängt davon ab, ob die angefochtene Entscheidung auf dem Verfahrensfehler, den die Verletzung von Verfahrensgrundsätzen darstellt, beruht. Allerdings bilden einzelne Verstöße gegen Verfahrensgrundsätze absolute Revisionsgründe, bei denen stets davon ausgegangen werden muß, daß die Entscheidung durch die Verletzung des Gesetzes beeinflußt worden ist (vgl. § 551 und u. RdNr. 456). Dies gilt nach § 551 Nr. 6 bei Verletzung von Vorschriften über die Öffentlichkeit des Verfahrens. Hat entgegen § 309 das Urteil ein Richter gefällt, der nicht an der dem Urteil zugrundeliegenden Verhandlung teilgenommen hat, dann bedeutet diese Verletzung des Unmittelbarkeitsgrundsatzes ebenfalls einen absoluten Revisionsgrund nach § 551 Nr. 1. Werden im erstinstanzlichen Verfahren Verfahrensgrundsätze nicht eingehalten, dann leidet das Verfahren an einem wesentlichen Mangel iSv. § 539. Soweit Verfahrensgrundsätze verfassungsrechtlich fundiert sind, wie der Anspruch auf rechtliches Gehör (vgl. o. RdNr. 87) und der Anspruch auf ein faires Verfahren (vgl. o. RdNr. 88), können Verstöße gegen sie auch eine Verfassungsbeschwerde begründen.

III. Die Zulässigkeit der Klage

98   Es war bereits (o. RdNr. 79) darauf hingewiesen worden, daß Bedenken, die gegen die Zulässigkeit der Klage bei Gericht oder Beklagtem bestehen, zu Beginn der mündlichen Verhandlung zu erörtern sind. Denn nur wenn eine Klage zulässig ist, hat der Richter darüber zu entscheiden, ob das durch sie geltend gemachte Recht besteht, ob sie also begründet ist.[32] Stellt der Richter fest, daß es Gründe gibt, die die erhobene Klage unzulässig machen, dann hat er (nachdem er zuvor dem Kläger, soweit dies Erfolg verspricht, Gelegenheit zur Beseitigung dieser Gründe gegeben hat) die Klage durch ein sog. Prozeßurteil abzuweisen; zu einem Urteil in der Sache, zu einem sog. Sachurteil, kommt es dann überhaupt nicht (vgl. auch o. RdNr. 51). Die Voraussetzungen, die erfüllt werden müssen, damit eine Entscheidung in der Sache zulässig ist, werden plastisch **Sachurteilsvoraussetzungen** genannt; die häufig synonym verwendete Bezeichnung **Prozeßvoraussetzungen** kann – wörtlich verstanden – die Annahme nahelegen, daß es von ihnen abhängt, ob es überhaupt zu einem Prozeß kommt.

---

[31] LG Tübingen JZ 1982, 474; LAG Frankfurt BB 1982, 1924, 1925; *Zöller/Vollkommer* vor § 300 RdNr. 18; aA *Blomeyer* § 81 III 2 a.

[32] Auf die Frage, ob von dieser Reihenfolge aus praktischen Gründen abgewichen werden darf, etwa wenn die Unbegründetheit der Klage feststeht, die Entscheidung über ihre Zulässigkeit jedoch erhebliche Schwierigkeiten bereitet, wird später eingegangen werden.

Deshalb wird vorgeschlagen, zwischen Prozeßvoraussetzungen im eigentlichen Sinn und Sachentscheidungsvoraussetzungen zu unterscheiden.[33] Als Prozeßvoraussetzungen sollen nur die Anforderungen bezeichnet werden, von denen es abhängt, ob es überhaupt zu einem Prozeß kommt, ob die Klage zugestellt und der Termin zur mündlichen Verhandlung anberaumt wird, wie die ordnungsgemäße Klageerhebung (vgl. o. RdNr. 63) oder die deutsche Gerichtsbarkeit (vgl. u. RdNr. 100). Sachentscheidungsvoraussetzungen – dieser Begriff soll dem der Sachurteilsvoraussetzungen[34] vorgezogen werden, weil nicht nur bei Urteilen, sondern auch bei Beschlüssen eine entsprechende Zulässigkeitsprüfung vorzunehmen sei – sind dafür maßgebend, ob eine Entscheidung in der Sache ergeht. Da sich jedoch dieser durchaus überzeugende Vorschlag bisher nicht durchsetzen konnte, werden im folgenden im Interesse eines einheitlichen Sprachgebrauchs die üblichen Begriffe Prozeßvoraussetzungen und Sachurteilsvoraussetzungen verwendet und synonym gebraucht.

Zur besseren Übersichtlichkeit werden die Prozeßvoraussetzungen **99** (Sachurteilsvoraussetzungen) in vier Gruppen eingeteilt, und zwar danach, ob sie das Gericht, die Parteien, den Streitgegenstand oder ein besonderes Verfahren betreffen.

Zu den Prozeßvoraussetzungen, die das Gericht betreffen, sind die deutsche Gerichtsbarkeit, die Zulässigkeit des Zivilrechtswegs sowie die internationale, örtliche, sachliche und funktionelle Zuständigkeit zu rechnen. Zu den Prozeßvoraussetzungen, die die Parteien betreffen, gehören Parteifähigkeit, Prozeßfähigkeit (oder bei deren Fehlen: gesetzliche Vertretung) und Prozeßführungsbefugnis. Schließlich bilden Klagbarkeit des geltend gemachten Rechts, Ordnungsmäßigkeit der Klageerhebung, fehlende Rechtshängigkeit, fehlende rechtskräftige Entscheidung und das Rechtsschutzbedürfnis die Prozeßvoraussetzungen, die den Streitgegenstand betreffen. Auf die Sachurteilsvoraussetzungen, die bei besonderen Verfahren zusätzlich erfüllt werden müssen, wird eingegangen werden, wenn diese Verfahrensarten dargestellt werden.

Zu den genannten Prozeßvoraussetzungen ist erläuternd folgendes anzumerken:

a) Die Prozeßvoraussetzungen, die das Gericht betreffen

1. Deutsche Gerichtsbarkeit

Die deutsche Gerichtsbarkeit erfaßt grundsätzlich alle Personen – **100** unabhängig von ihrer Staatsangehörigkeit –, die sich innerhalb der Grenzen der Bundesrepublik Deutschland befinden. In Ausnahme von diesem Grundsatz sind bestimmte Personengruppen (vgl. §§ 18, 19 und 20 Abs. 1 GVG) sowie ausländische Staaten, soweit sie in hoheitlicher Funktion tätig werden, zwischenstaatliche Organisationen und deren Mitglieder (z. B. UN, Europarat) und Angehörige ausländischer Streit-

---

[33] *Schreiber* Übungen S. 15 f.; ähnlich *Schilken* RdNr. 256, der zwischen Sachentscheidungsvoraussetzungen im engeren Sinn, die erfüllt werden müssen, damit ein Prozeß zustande kommt, und solchen im weiteren Sinn unterscheidet. Die Abgrenzung der verschiedenen Gruppen fällt allerdings nicht einheitlich aus.

[34] *Stein/Jonas/Schumann* Einl. RdNr. 312; *Schreiber* (Fn. 33); *Schilken* RdNr. 254 f.

kräfte nach dem NATO-Truppenstatut (vgl. § 20 Abs. 2 GVG)[35] von der deutschen Gerichtsbarkeit befreit.

101 Wird eine Klage gegen einen anderen erhoben, der der deutschen Gerichtsbarkeit nicht untersteht, und ist mit großer Wahrscheinlichkeit zu erwarten, daß er sich auch nicht freiwillig der deutschen Gerichtsbarkeit unterwirft, dann hat das Gericht von der Zustellung der Klageschrift und einer Terminsbestimmung abzusehen.[36] Wird erst während eines (bereits begonnenen) Rechtsstreits die fehlende deutsche Gerichtsbarkeit festgestellt, dann ist die Klage als unzulässig abzuweisen.

2. Zulässigkeit des Rechtswegs und Zuständigkeiten

102 Die **Zulässigkeit des Zivilrechtswegs** (Rechtswegzuständigkeit) ist bereits oben (RdNr. 26 ff.) behandelt worden; hierauf wird verwiesen. **Die internationale Zuständigkeit** spielt in Prozessen mit Auslandsberührung eine Rolle.

> **Beispiel:** Eine deutsche Firma exportiert Waren in das Ausland oder bezieht Waren aus dem Ausland. Über die Frage der vertragsmäßigen Abwicklung kommt es zu einem Streit, der gerichtlich entschieden werden soll. Ist das deutsche oder das ausländische Gericht für die Entscheidung des Rechtsstreits zuständig?

Grundsätzlich richtet sich die **internationale Zuständigkeit** nach den Regeln über die örtliche Zuständigkeit (vgl. o. RdNr. 42 ff.). Jedoch müssen Sonderregelungen beachtet werden, die sich in deutschen Gesetzen für bestimmte Bereiche befinden, wie für Ehesachen in § 606 a und für Kindschaftssachen in § 640 a, oder die in völkerrechtlichen Verträgen getroffen worden sind.[37] Die übrigen Prozeßvoraussetzungen, die das Gericht betreffen, sind bereits behandelt worden (zur **örtlichen Zuständigkeit** vgl. o. RdNr. 42 ff., zur **sachlichen Zuständigkeit** vgl. o. RdNr. 40 f. und zur **funktionellen Zuständigkeit** vgl. o. RdNr. 52).

b) Die Prozeßvoraussetzungen, die die Partei betreffen

1. Parteifähigkeit

103 Für die Parteifähigkeit, die Fähigkeit, als Partei in einem Prozeß aufzutreten, stellt § 50 Abs. 1 den Grundsatz auf, daß derjenige parteifähig ist, der rechtsfähig ist. Das heißt, daß natürliche Personen, also Menschen

---

[35] Die Aufzählung ist nur beispielhaft; eingehender: *Rosenberg/Schwab/Gottwald* § 19 I m. weit. Nachw.; vgl. auch *Baumbach/Lauterbach/Albers* § 20 GVG RdNr. 2 ff.; *Zöller/Gummer* § 20 GVG RdNr. 3 ff.

[36] OLG München NJW 1975, 2144, 2145; *Jauernig* § 38 II 4 d.

[37] Ein wichtiges Beispiel bietet das EWG-Übereinkommen vom 27.09.1968; vgl. dazu *Rosenberg/Schwab/Gottwald* § 20 VI; *Zöller/Geimer* Anh. I; *Coester-Waltjen* Jura 1989, 611.

(vgl. § 1 BGB), und juristische Personen die Parteifähigkeit besitzen. Darüber hinaus sind als parteifähig anzusehen:

- Die OHG und die KG, die unter ihrer Firma vor Gericht klagen und verklagt werden können (§ 124 Abs. 1, § 161 Abs. 2 HGB).

Mit der hM ist es jedoch abzulehnen, auch der BGB-Gesellschaft Parteifähigkeit zuzuerkennen, wie dies wegen ihrer angeblichen „Strukturgleichheit" mit der OHG im Schrifttum empfohlen wird.[38] Eine solche Gleichsetzung kann nicht mehr als zulässige Rechtsfortbildung angesehen werden.[39]

- Die Gewerkschaften und Arbeitgeberverbände, deren Parteifähigkeit für das arbeitsgerichtliche Verfahren sich aus § 10 ArbGG ergibt, werden auch im Zivilprozeß wegen der ihnen nach der Verfassung zukommenden Sonderstellung als parteifähig anerkannt;[40] dies soll jedoch nach hM nicht für die aktive Parteifähigkeit von Unterorganisationen wie Landesverbänden und Bezirksverwaltungen gelten;[41] deren passive Parteifähigkeit (dazu sogleich) beurteilt sich nach § 50 Abs. 2. Politische Parteien können nach § 3 Parteiengesetz unter ihrem Namen klagen und verklagt werden. Die Untergliederungen wie Bezirks-, Kreis- und Ortsverbände, die keine rechtsfähigen Vereine sind, sind zumindest nicht aktiv parteifähig;[42] sie können jedoch unter die Regelung des § 50 Abs. 2 fallen.[43]
- Nicht rechtsfähigen Vereinen ist durch § 50 Abs. 2 eine beschränkte Parteifähigkeit zuerkannt worden. Sie sind **passiv parteifähig**, können also verklagt werden und in der Rolle des Beklagten alle Prozeßhandlungen vornehmen, die im Rahmen der Verteidigung gegen die Klage liegen. Da jedoch der nicht rechtsfähige Verein, soweit seine Parteifähigkeit reicht, die Stellung eines rechtsfähigen Vereins erlangt,[44] kann er auch auf Wiederaufnahme des Verfahrens klagen (§ 578; dazu Einzelheiten später) und Widerklage erheben.

2. Prozeßfähigkeit

Prozeßfähigkeit bedeutet die Fähigkeit, einen Rechtsstreit selbst zu **104** führen oder durch einen selbst bestellten Vertreter führen zu lassen. § 52 stellt die Prozeßfähigkeit der Fähigkeit gleich, sich durch Verträge ver-

---

[38] Zur hM vgl. BGHZ 80, 222, 227 = NJW 1981, 1953; *Baumbach/Lauterbach/ Hartmann* § 50 RdNr. 12, jeweils m. weit. Nachw.; zur Gegenauffassung: *Lindacher* JuS 1982, 592 f.; *Kornblum* ZZP 91 (1978), 347.
[39] *Jauernig* § 19 II 1.
[40] Vgl. BGHZ 50, 325 = NJW 1968, 1830; BGH NJW 1990, 186.
[41] Vgl. *Zöller/Vollkommer* § 50 RdNr. 22 m. weit. Nachw. auch zu Ausnahmen. Die passive Parteifähigkeit gewerkschaftlicher Unterorganisationen behandelt OLG Düsseldorf NJW-RR 1986, 1506.
[42] *Baumbach/Lauterbach/Hartmann* § 50 RdNr. 15 m. weit. Nachw.; aA *Kainz* NJW 1985, 2616.
[43] *Jauernig* § 19 II 4.
[44] *Rosenberg/Schwab/Gottwald* § 43 II 2 c.

pflichten zu können. Somit sind prozeßfähig alle diejenigen, die eine unbeschränkte Geschäftsfähigkeit besitzen, und diejenigen, die innerhalb eines bestimmten Bereichs (vgl. §§ 112, 113 BGB; dazu GK BGB RdNr. 277) die unbeschränkte Geschäftsfähigkeit erhalten haben, für diesen Bereich. Dagegen gibt es im Zivilprozeß nicht die durch §§ 106 ff. BGB geschaffene Möglichkeit, daß beschränkt Geschäftsfähige unter bestimmten Voraussetzungen, beispielsweise mit Einwilligung ihres gesetzlichen Vertreters, Rechtsakte wirksam vornehmen können.[45]

Für die prozeßunfähige Partei muß ihr gesetzlicher Vertreter handeln (vgl. § 51 Abs. 1). Gesetzlicher Vertreter ist derjenige, dessen Vertretungsmacht sich entweder unmittelbar aus dem Gesetz ableitet oder nach Maßgabe einer gesetzlichen Regelung auf staatlicher Anordnung beruht. So sind gesetzliche Vertreter ihrer Kinder die Eltern, soweit ihnen das Sorgerecht zusteht (§§ 1626 Abs. 1, 1629 Abs. 1 BGB); gesetzlicher Vertreter von Minderjährigen, die unter Vormundschaft stehen, ist der für sie bestellte Vormund (vgl. §§ 1773, 1774, 1793 BGB); auch der Betreuer eines Volljährigen (vgl. § 1896 BGB) hat in seinem Aufgabenkreis die Stellung eines gesetzlichen Vertreters (§ 1902 BGB); schließlich sind die gesetzlichen Vertreter juristischer Personen die zu ihrer Vertretung berufenen Organe, wie die Geschäftsführer bei der GmbH (§ 35 GmbHG) und der Vorstand der Aktiengesellschaft (§ 78 AktG).

Fehlt der prozeßunfähigen Partei ein gesetzlicher Vertreter, dann ist die Prozeßführung zunächst bis zur Bestellung eines gesetzlichen Vertreters nicht möglich; unter den in § 57 genannten Voraussetzungen kann jedoch der Vorsitzende des Prozeßgerichts einstweilen einen besonderen Vertreter bestellen, wenn eine nicht prozeßfähige Partei verklagt werden soll.

3. Prozeßführungsbefugnis

105   Als Prozeßführungsbefugnis wird das Recht bezeichnet, über das durch Klage geltend gemachte Recht im eigenen Namen als Kläger oder Beklagter einen Rechtsstreit zu führen.[46] Diese Befugnis steht regelmäßig demjenigen zu, der als Kläger behauptet, Träger des geltend gemachten Rechts zu sein, oder dem als Beklagtem gegenüber das behauptete Recht geltend gemacht wird. Wird die Prozeßführungsbefugnis auf den Kläger bezogen, dann kann man sie auch als Klagebefugnis bezeichnen. Jedoch ist der Begriff „Klagebefugnis" im Zivilprozeßrecht – anders als im Verwaltungsprozeßrecht – nicht üblich; er sollte deshalb hier vermieden werden. Nicht zu verwechseln mit der Prozeßführungsbefugnis ist die Sachlegitimation. Die **Sachlegitimation** betrifft die Frage, ob dem Kläger nach dem materiellen Recht das von ihm geltend gemachte subjektive Recht zusteht (sog. Aktivlegitimation) und ob es sich gegen den Beklagten richtet (sog. Passivlegitimation).[47] Fehlen Aktiv- oder Passivlegitimation, dann ist die Klage als

---

[45] In bestimmten Rechtsstreitigkeiten sind jedoch beschränkt Geschäftsfähige prozeßfähig, so in Ehesachen (vgl. § 607 Abs. 1) und in manchen Kindschaftssachen (vgl. § 640 b).

[46] Vgl. *Rosenberg / Schwab / Gottwald* § 46 I 1.

[47] *Schilken* RdNr. 76.

unbegründet abzuweisen, während die fehlende Prozeßführungsbefugnis die Klage unzulässig macht. In der weitaus größten Zahl der Fälle ergeben sich hinsichtlich der Prozeßführungsbefugnis keinerlei Zweifel, und sie spielt deshalb keine Rolle. Nur in Fällen, in denen der Kläger nicht vorgibt, Träger des geltend gemachten Rechts zu sein, sondern ein fremdes Recht im eigenen Namen im Prozeß durchsetzen will, kommt es darauf an, ob er zur Führung eines solchen Prozesses über ein fremdes Recht befugt ist. Ist dies der Fall, dann spricht man von einer **Prozeßstandschaft**. Fehlt es dagegen an einer solchen Berechtigung, dann ist die Klage als unzulässig abzuweisen, weil grundsätzlich niemand fremde Rechte im Prozeß ohne eine besondere Befugnis dazu geltend machen darf.

> **Beispiel:** Sanft hat Schuld für drei Monate 1.000,– DM geliehen. Nach einem halben Jahr hat Schuld das Geld noch nicht zurückgezahlt. Keck, ein Freund des Sanft, meint, Sanft solle gegen Schuld gerichtlich vorgehen. Da dieser jedoch Mühe und Ärger eines Prozesses scheut, erhebt Keck im eigenen Namen Klage gegen Schuld. Trägt Keck vor, daß Gläubiger der von ihm geltend gemachten Forderung Sanft ist, dann fehlt ihm die Prozeßführungsbefugnis und die Klage wird als unzulässig abgewiesen. Behauptet Keck dagegen, Sanft habe ihm die Forderung abgetreten, dann ist er prozeßführungsbefugt, da er ein eigenes Recht geltend macht. Stellt sich im Prozeß heraus, daß als eine wirksame Abtretung der Forderung nicht gegeben hat, dann wird die Klage ebenfalls abgewiesen, aber dann als unbegründet, weil Keck nicht Inhaber des behaupteten Rechts ist und ihm deshalb die Sachlegitimation (Aktivlegitimation) fehlt.

Für die Prozeßstandschaft, also die Befugnis, fremde Rechte im eigenen Namen im Prozeß geltend zu machen, muß es eine Rechtfertigung geben. So wird z. B. durch § 1422 BGB dem allein verwaltungsberechtigten Ehegatten bei der Gütergemeinschaft eine Prozeßführungsbefugnis eingeräumt.[48] Eine solche Befugnis steht aufgrund der ihnen übertragenen Aufgaben und damit verbundenen Rechte auch den Parteien kraft Amtes zu. **106**

> **Parteien kraft Amtes** sind der Konkursverwalter (§ 6 KO), der Nachlaßverwalter (§§ 1984, 1985 BGB), der Testamentsvollstrecker (§§ 2212, 2213 BGB) und der Zwangsverwalter (§ 152 ZVG). In einem in ihren Aufgabenbereich fallenden Rechtsstreit besitzen diese Personen die Prozeßführungsbefugnis und führen den Prozeß über ein fremdes, von ihnen verwaltetes Vermögen.[49]

Es gibt nicht nur eine Prozeßführungsbefugnis für Rechte Dritter aufgrund einer gesetzlichen Regelung (sog. **gesetzliche Prozeßstandschaft**), sondern auch aufgrund einer entsprechenden Ermächtigung des Rechtsträgers (sog. **gewillkürte Prozeßstandschaft**). Sie ist jedoch nur in engen Grenzen zuzulassen, weil es bei dem Grundsatz bleiben muß, daß der Rechtsträger selbst die gerichtliche Rechtsverfolgung zu **107**

---

[48] Vgl. *MünchKomm/Kanzleiter* § 1422 RdNr. 26.
[49] Vgl. *Rosenberg/Schwab/Gottwald* § 40 II; *MK/Lindacher* Vor § 50 RdNr. 29 ff., 44.

betreiben hat. Die hM läßt eine gewillkürte Prozeßstandschaft zu, wenn ein schutzwürdiges Interesse an der Geltendmachung des fremden Rechts im eigenen Namen zu bejahen ist.[50] Dies ist der Fall, wenn durch die Entscheidung des Prozesses die eigene Rechtslage des Prozeßführenden beeinflußt wird.[51]

Ein schutzwürdiges Interesse an einer gewillkürten Prozeßstandschaft ist in der Rechtsprechung bejaht worden, wenn der Veräußerer eines als lastenfrei verkauften Grundstücks nach Übereignung einen Berichtigungsanspruch wegen einer zu Unrecht im Grundbuch eingetragenen Belastung nach § 894 BGB im eigenen Namen geltend macht,[52] wenn der Geschädigte zur Klage auf Ersatz seines Schadens durch denjenigen ermächtigt wird, der einen entsprechenden Anspruch im Rahmen einer Liquidation des Drittschadens verfolgen könnte,[53] oder wenn bei einer Sicherungsabtretung der Zedent die abgetretene Forderung im eigenen Namen einklagt.[54] In dem obigen Beispielsfall (RdNr. 105) könnte Keck auch nicht mit Ermächtigung seines Freundes Sanft dessen Forderung im eigenen Namen im Prozeß geltend machen, weil ein rechtliches Interesse des Ermächtigten an der Prozeßführung im eigenen Namen nicht anzuerkennen wäre.

c) Die Prozeßvoraussetzungen, die den Streitgegenstand betreffen

1. Klagbarkeit des geltend gemachten Rechts

108 Nach hM[55] gehört auch die Klagbarkeit des vom Kläger geltend gemachten Anspruchs zu den Prozeßvoraussetzungen. Allerdings spielt diese Voraussetzung praktisch kaum eine Rolle, weil es Ansprüche, die zwar bestehen, aber nicht gerichtlich durchgesetzt werden können, nur selten gibt. Als unklagbar wird z.B. der Anspruch eines Verlobten auf Eingehung der Ehe (§ 1297 Abs. 1 BGB) und beim Bestimmungskauf der Anspruch des Verkäufers auf Vornahme der Bestimmung durch den Käufer (§ 375 HGB) angesehen. Außerdem wird es von der hM für zulässig gehalten, durch Parteivereinbarung die Klagbarkeit eines Anspruches auszuschließen, soweit den Parteien freisteht, den Anspruch durch Vertrag aufzuheben.[56]

[50] Ständ. Rspr., vgl. nur BGHZ 96, 151, 152 = NJW 1986, 850; BGH NJW 1989, 1932, 1933; BGH NJW-RR 1992, 431; *Brehm* Jura 1987, 600, 603; *MK/Lindacher* vor § 50 RdNr. 55 ff., jeweils m. weit Nachw.
[51] KG FamRZ 1982, 427.
[52] BGH WM 1966, 1224.
[53] BGHZ 25, 250 = NJW 1957, 1838.
[54] BGH BB 1967, 227; zu weiteren Beispielen vgl. *Zöller/Vollkommer* vor § 50 RdNr. 49.
[55] BGH NJW 1980, 520; *Rosenberg/Schwab/Gottwald* § 92 III, § 96 II 3 a; *Baumbach/Lauterbach/Hartmann* Grundz. § 253 RdNr. 25 ff., 32; *Schellhammer* RdNr. 137; *Zöller/Greger* vor § 253 RdNr. 19; aA *Jauernig* § 33 IV 3.
[56] BGH NJW 1982, 2072, 2073; 1984, 669, 670; *Baumbach/Lauterbach/Hartmann* (Fn. 55) RdNr. 26; *Zöller/Greger* (Fn. 55); *Schellhammer* RdNr. 138; kritisch *Prütting* ZZP 99 (1986), 93, 96 ff., jeweils m. weit. Nachw.

Hinsichtlich bestimmter Ansprüche wird darüber gestritten, ob ihnen die Klagbarkeit fehlt. So besteht beispielsweise eine Meinungsverschiedenheit darüber, was es bedeutet, wenn durch § 1001 BGB der Anspruch des Besitzers auf Verwendungen nur geltend gemacht werden kann, wenn der Eigentümer die Sache wiedererlangt oder die Verwendung genehmigt. Während manche darin den Ausschluß der gerichtlichen Geltendmachung erblicken, meinen andere, daß die Entstehung des Anspruchs aufschiebend bedingt sei oder daß dem Anspruch nur die Fälligkeit fehle.[57] Von der Entscheidung dieses Meinungsstreits hängt es ab, ob eine dennoch erhobene Klage als unzulässig (bei fehlender Klagbarkeit) oder als unbegründet (wegen Fehlens des Anspruchs vor Bedingungseintritt oder wegen fehlender Fälligkeit) abzuweisen ist. Naturalobligationen (vgl. dazu GK BGB RdNr. 145) fehlt nicht die Klagbarkeit, sondern die Durchsetzbarkeit; werden sie gerichtlich geltend gemacht, dann ist die Klage als unbegründet, nicht als unzulässig abzuweisen.[58]

2. Ordnungsmäßige Klageerhebung

Wird die Klage nicht ordnungsgemäß erhoben, d. h. entspricht die **109** Klageschrift nicht den zu stellenden Anforderungen (vgl. dazu o. RdNr. 54 ff.), handelt es sich aber nicht um einen Mangel, der einer Zustellung und Anberaumung eines Termins entgegensteht (vgl. o. RdNr. 68), dann kommt es darauf an, ob der Mangel geheilt wird (§ 295 Abs. 1). Geschieht dies nicht, dann darf eine Entscheidung in der Sache nicht ergehen, sondern die Klage ist als unzulässig abzuweisen.[59]

3. Fehlende Rechtshängigkeit

Eine (negative) Prozeßvoraussetzung bildet das **Fehlen der Rechts-** **110** **hängigkeit**. Wird in derselben „Streitsache" zwischen denselben Parteien bereits vor einem Gericht ein Rechtsstreit geführt, dann darf nicht zugelassen werden, daß vor einem anderen Gericht eine dieser Parteien erneut Klage erhebt. Abgesehen von dem unnötigen Aufwand an Zeit und Kosten, den parallele Prozesse verursachen, muß verhindert werden, daß in derselben „Streitsache" einander widersprechende Entscheidungen von verschiedenen Gerichten gefällt werden. § 261 Abs. 3 Nr. 1 bestimmt dementsprechend, daß während der Dauer der Rechtshängigkeit die „Streitsache" von keiner Partei anderweitig anhängig gemacht werden darf. Stellt das Gericht fest, daß diesem Verbot zuwider gehandelt worden ist, dann hat es von Amts wegen die Klage im zweiten Prozeß durch Prozeßurteil als unzulässig abzuweisen. Auf eine Rüge der Parteien kommt es dafür ebensowenig an, wie auf ein Einverständnis des Beklagten, den Rechtsstreit auch im zweiten Prozeß zu führen. § 295 Abs. 1 ist nicht anwendbar.[60]

---

[57] Vgl. dazu *MünchKomm/Medicus* § 1001 RdNr. 17 m. Nachw.
[58] *MK/Lüke* vor § 253 RdNr. 9.
[59] *Stein/Jonas/Schumann* Einl. RdNr. 314; *Jauernig* § 33 IV 3 d.
[60] *Stein/Jonas/Schumann* § 261 RdNr. 52.

Die Rechtshängigkeit tritt mit Erhebung der Klage ein (§ 261 Abs. 1). Die Klage wird nicht schon mit Einreichung der Klageschrift bei Gericht erhoben, sondern erst in dem Zeitpunkt, in dem die Klageschrift dem Beklagten zugestellt wird (vgl. § 253 Abs. 1 iVm. § 270, § 271 Abs. 1). Hat der Kläger die Klage nach Einreichung der Klageschrift bei Gericht, aber vor ihrer Zustellung zurückgenommen, dann wird keine Rechtshängigkeit begründet.

111 Da die Sperrfunktion der Rechtshängigkeit nur eine doppelte Entscheidung in derselben „Rechtssache" verhindern will, sind die **subjektiven und sachlichen Grenzen** entsprechend diesem Zweck zu bestimmen. Die Rechtshängigkeit muß sich auf die Personen erstrecken, denen gegenüber die Rechtskraft (zu diesem Begriff Einzelheiten später) der gerichtlichen Entscheidung des ersten Prozesses wirkt. Dies sind zum einen die Parteien des ersten Prozesses, wobei es nicht darauf ankommen kann, ob sie ihre Parteirolle im zweiten Prozeß getauscht haben, also der Kläger des ersten Prozesses Beklagter des zweiten wird. Außerdem müssen von der Rechtshängigkeitssperre auch die Personen erfaßt werden, für und gegen die das rechtskräftige Urteil des ersten Prozesses ebenfalls wirkt[61] (vgl. §§ 325 ff., auch hierzu Einzelheiten später). In sachlicher Hinsicht muß es dieselbe „Streitsache" sein, die in den parallelen Prozessen zur Entscheidung des Gerichts gestellt wird. Die Abgrenzung der „Streitsache" kann Schwierigkeiten bereiten.

Beispielsfall: K erhebt gegen B Klage auf Duldung der Zwangsvollstreckung in das Grundstück des B und beruft sich auf eine ihm von B an dem Grundstück bestellte Hypothek (vgl. § 1147 BGB). B bestreitet die Wirksamkeit der Hypothekenbestellung und wendet ein, er habe seine zur Bestellung der Hypothek abgegebene Willenserklärung (vgl. § 873 Abs. 1 BGB) wegen arglistiger Täuschung des K angefochten (§ 123 Abs. 1 BGB). K bestreitet nachdrücklich, B arglistig bei der Hypothekenbestellung getäuscht zu haben. Bevor über die Klage des K entschieden worden ist, erhebt B seinerseits Klage gegen K auf Bewilligung der Löschung der Hypothek im Grundbuch (§ 894 BGB) und trägt vor, infolge der von ihm erklärten Anfechtung seiner bei Hypothekenbestellung abgegebenen Willenserklärung sei dieses Recht rückwirkend (vgl. § 142 Abs. 1 BGB) weggefallen und deshalb das Grundbuch, das die Hypothek ausweist, falsch. K müsse deshalb die Grundbuchberichtigung bewilligen.

Hier stellt sich die Frage, ob beide Prozesse dieselbe „Streitsache" betreffen, so daß die Klage des B gegen K auf Grundbuchberichtigung als unzulässig abzuweisen wäre. Diese Frage wäre zu bejahen, wenn beide Klagen sich auf denselben Streitgegenstand beziehen. Denn es besteht Einvernehmen darüber, daß es sich dann um dieselbe „Streitsache" handelt, wenn der Streitgegenstand identisch ist. Dies läßt erforderlich sein, sich mit dem Streitgegenstand näher zu befassen, bei dem es sich um einen tragenden Begriff des Zivilprozeßrechts handelt, der nicht nur bei der Rechtshängigkeit, sondern auch noch bei vielen anderen Rechtsinstituten des Zivilprozeßrechts eine Rolle spielt. Bevor dies getan wird, soll jedoch zunächst die Erörterung der sich im Zusammenhang mit der Rechtshängigkeit und anderer Prozeßvoraussetzungen ergebenden Fragen abgeschlossen werden.

---

[61] *MK/Lüke* § 261 RdNr. 52.

Die Sperre für eine zweite Klage in derselben „Rechtssache" ist nicht **112** die einzige Wirkung der Rechtshängigkeit. Eine weitere ist in § 261 Abs. 3 Nr. 2 beschrieben: Veränderungen, die sich nach Eintritt der Rechtshängigkeit ergeben, haben keinen Einfluß auf die Zulässigkeit des Rechtswegs und die Zuständigkeit des Prozeßgerichts.

Für die **Fortdauer der Zuständigkeit** des mit einem Rechtsstreit befaßten Gerichts (perpetuatio fori) sprechen insbesondere prozeßökonomische Gründe. Gäbe es die Vorschrift nicht, dann müßte beispielsweise bei gesetzlichen Zuständigkeitsänderungen, bei nachträglichen Parteivereinbarungen oder bei Änderung des Wohnsitzes des Beklagten, wenn dadurch die örtliche Zuständigkeit des Gerichts begründet worden ist (vgl. §§ 12, 13), die Sache an das nunmehr zuständig werdende Gericht abgegeben werden, das sich wiederum neu einarbeiten müßte.

Eine **Ausnahme** von der Regel der perpetuatio fori enthält § 506 für das **amtsgerichtliche Verfahren**. Wird während eines Rechtsstreits vor einem Amtsgericht eine Widerklage oder eine Zwischenfeststellungsklage (§ 256 Abs. 2) erhoben oder der Klageantrag erweitert (§ 264 Nr. 2, 3) und dadurch die Zuständigkeit des Landgerichts begründet, dann hat sich auf Antrag einer Partei das (sachlich zunächst zuständige) Amtsgericht durch Beschluß für unzuständig zu erklären und den Rechtsstreit an das zuständige Landgericht zu verweisen. Durch diese Regelung soll verhindert werden, daß die amtsgerichtliche Zuständigkeit dadurch erschlichen wird, daß erst nach Klageerhebung die eine Zuständigkeit des Landgerichts begründenden Voraussetzungen geschaffen werden.[62]

Eine weitere Wirkung der Rechtshängigkeit besteht darin, daß nach **113** ihrem Eintritt eine **Änderung der Klage** nur zulässig ist, wenn der Beklagte einwilligt oder das Gericht sie für sachdienlich hält (§ 263). Hier soll dieser Hinweis zunächst genügen; auf die Klageänderung und die damit zusammenhängenden Fragen wird später eingegangen werden.

Neben den prozessualen **Wirkungen** der Rechtshängigkeit (Sperre **114** für einen weiteren Prozeß in derselben Streitsache, Fortdauer der Zuständigkeit, Einschränkung der Klageänderung) gibt es auch solche **im materiellen Recht** (vgl. § 262). Als wichtigste sind zu nennen:
- Unterbrechung der Verjährung (§ 209 Abs. 1, § 211 BGB)
- Unterbrechung der Ersitzung (§ 941 BGB)
- Unterbrechung von Ausschlußfristen (z. B. nach § 801 Abs. 1 S. 3, § 864 Abs. 1, § 977 S. 2, § 1002 Abs. 1 BGB)
- Entstehung eines Anspruchs auf sog. Prozeßzinsen (§ 291 BGB)
- Haftungsverschärfung (zum Beispiel in den Fällen des § 292, § 818 Abs. 4, § 989, § 2023 BGB)
- Übertragbarkeit des Anspruchs auf Ersatz immateriellen Schadens nach § 1300 Abs. 2 BGB

Diese Wirkungen treten nur für den Streitgegenstand ein. Macht der Kläger lediglich einen Teil seiner Forderung geltend, dann wird z. B. durch die Klageerhebung die Verjährung auch nur für diesen Teil der Forderung unterbrochen.[63]

---

[62] *Zöller/Herget* § 506 RdNr. 1.
[63] BGH NJW 1988, 965, 966 m. weit. Nachw.

4. Fehlende rechtskräftige Entscheidung

115   Eine weitere (negative) Prozeßvoraussetzung besteht im Fehlen einer rechtskräftigen Entscheidung über den Streitgegenstand. Soweit die (materielle) Rechtskraft reicht, darf die Sache nicht noch einmal zum Gegenstand eines zweiten Prozesses und einer weiteren gerichtlichen Entscheidung gemacht werden (Einzelheiten zur Rechtskraft später).

5. Rechtsschutzbedürfnis

116   Ein Rechtsschutzbedürfnis (Rechtsschutzinteresse, rechtliches Interesse) wird ausdrücklich nur für die Feststellungsklage (als sog. Feststellungsinteresse; vgl. § 256 Abs. 1; o. RdNr. 58) und für die Klage auf künftige Leistung (in § 259 mit der Wendung umschrieben: „wenn. . . die Besorgnis gerechtfertigt ist, daß der Schuldner sich der rechtzeitigen Leistung entziehen werde") verlangt. Aber auch bei allen anderen Klagen muß es einen triftigen Grund dafür geben, daß der Kläger wegen des von ihm geltend gemachten Rechts das Gericht anruft. Allerdings wird regelmäßig bei Leistungsklagen das Rechtsschutzbedürfnis ohne weiteres zu bejahen sein, weil es hinreichend durch die (für die Zulässigkeitsprüfung als richtig zu unterstellende) Behauptung des Klägers dargetan wird, ihm stehe der durch seine Klage geltend gemachte Anspruch gegen den Beklagten zu.[64] Bei Gestaltungsklagen (vgl. o. RdNr. 58) folgt das Rechtsschutzbedürfnis bereits daraus, daß die begehrte Rechtsänderung nur durch Richterspruch herbeigeführt werden kann. Es ist also regelmäßig vom Kläger bei Leistungs- und Gestaltungsklagen nicht zu verlangen, daß er sein Rechtsschutzinteresse begründet. Nur wenn ausnahmsweise konkrete Anhaltspunkte dafür gegeben sind, daß der Kläger zur Durchsetzung seiner Rechte das Urteil nicht benötigt, weil er auf andere Weise einfacher sein Rechtsschutzziel erreichen kann, muß auf die Frage nach dem Rechtsschutzbedürfnis eingegangen werden.

So ist eine Leistungsklage wegen fehlenden Rechtsschutzbedürfnisses als unzulässig abzuweisen, wenn der Kläger für den Anspruch bereits einen Titel erhalten hat, z. B. in Form eines Prozeßvergleichs (vgl. § 794 Abs. 1 Nr. 1) oder einer vollstreckbaren Urkunde (§ 794 Abs. 1 Nr. 5). Allerdings macht die Rechtsprechung insoweit eine entscheidende Einschränkung: Besteht Streit über die Gültigkeit oder den Inhalt des Titels, so daß der Kläger damit rechnen muß, daß der Beklagte mit der Vollstreckungsabwehrklage nach § 767 (vgl. dazu u. RdNr. 581 ff.) gegen eine Vollstreckung aus dem Titel vorgehen wird, dann soll der Titel die Zulässigkeit der Klage nicht ausschließen.[65]
Für die **klausurmäßige Bearbeitung** ist hieraus die Folgerung zu ziehen, daß auf das Rechtsschutzbedürfnis im Regelfall nicht besonders einzugehen ist; etwas anderes

---

[64] BGH NJW 1987, 3138, 3139.
[65] BGH MDR 1958, 215; BGH NJW 1961, 1116; RGZ 110, 118; OLG Hamm NJW 1976, 246.

gilt nur für die Feststellungsklage, für die Klage auf künftige Leistung und für Sachverhalte, die ausnahmsweise eine entsprechende Prüfung aufgrund von Besonderheiten notwendig sein lassen.

d) Die Prüfung der Zulässigkeit durch das Gericht

1. Prozeßvoraussetzungen

Die **Prozeßvoraussetzungen** (Sachurteilsvoraussetzungen) hat das **117**
Gericht **von Amts wegen** zu **prüfen.** Dies wird zwar im Gesetz ausdrücklich nur für einige Prozeßvoraussetzungen angeordnet (vgl. § 56
Abs. 1), gilt aber auch darüber hinaus für alle anderen Sachurteilsvoraussetzungen. Diese allgemein vertretene Auffassung wird damit gerechtfertigt, daß die Einhaltung der Prozeßvoraussetzungen regelmäßig im
öffentlichen Interesse geboten sei.[66]

Allerdings wäre es dann folgerichtig, dem Gericht die Verpflichtung aufzuerlegen,
die für die Sachurteilsvoraussetzungen bedeutsamen Tatsachen von Amts wegen zu
ermitteln, also insoweit den Untersuchungsgrundsatz gelten zu lassen. Diesen Schritt
hat aber der Gesetzgeber nicht getan, wie die Regelung des § 56 Abs. 1 für die dort
genannten wichtigen Prozeßvoraussetzungen zeigt. Die Berücksichtigung „von
Amts wegen", der sog. **Grundsatz der Amtsprüfung,** ist nämlich nicht gleichbe-
deutend mit dem Untersuchungsgrundsatz. Der entscheidende Unterschied besteht
darin, daß sich die von Amts wegen vorzunehmende Prüfung darauf beschränkt, den
dem Gericht vorliegenden oder offenkundigen Prozeßstoff zu bewerten, die Beibringung der Tatsachen aber den Parteien zu überlassen (vgl. o. RdNr. 93). Daraus
folgt, daß das Gericht von der Erfüllung der Prozeßvoraussetzungen auszugehen hat,
wenn sich insoweit aufgrund des ihm vorliegenden Tatsachenstoffs keine Zweifel ergeben; Nachforschungen hat das Gericht dann nicht anzustellen. Nur wenn Zweifel
bestehen, muß sich das Gericht um ihre Klärung bemühen und Beweise erheben.
Ein Nichtbestreiten oder ein Zugestehen von Tatsachen durch die Parteien beseitigt
die Beweisnotwendigkeit jedoch nur in Fällen, in denen ein öffentliches Interesse an
der Einhaltung der Zulässigkeitsvoraussetzungen zu verneinen ist, so daß die Parteien
darauf verzichten können. Dies ist beispielsweise für die Prozeßvoraussetzung der
Zuständigkeit des Gerichts der Fall, soweit durch rügeloses Einlassen des Beklagten
eine Zuständigkeit begründet werden kann (vgl. § 39 und o. RdNr. 50).

Nach hM ist das Gericht bei der von Amts wegen vorzunehmenden Prüfung nicht
auf die ausdrücklich im Gesetz geregelten Beweismittel beschränkt, sondern darf
auch andere Erkenntnisquellen nutzen (sog. **Freibeweis;** dazu Einzelheiten später).
Gelingt es nicht, bestehende Zweifel hinsichtlich von Sachurteilsvoraussetzungen
auszuräumen, dann muß eine Beweislastentscheidung getroffen werden (zu dem
Problem der Beweislast ebenfalls Einzelheiten später), die regelmäßig darin besteht,
die zweifelhafte Sachurteilsvoraussetzung als nicht existent zu behandeln, so daß eine
Sachentscheidung nicht ergehen darf.[67]

---

[66] *MK/Musielak* § 300 RdNr. 6.
[67] *Jauernig* § 25 X unter Hinweis auf BGHZ 86, 184, 189 = NJW 1983, 997 (zu
Zweifeln an der Prozeßfähigkeit). Es ist deshalb nicht erforderlich, das Gericht
zu berechtigen, die für eine Unzulässigkeit sprechende Tatsache selbst in den
Rechtsstreit einzuführen (so aber *Stein/Jonas/Leipold* vor § 128 RdNr. 97 m. weit.
Nachw.).

2. Prozeßhindernisse

118 Von den (unverzichtbaren) Prozeßvoraussetzungen sind Zulässig-
keitsvoraussetzungen zu unterscheiden, die lediglich im Interesse einer
Partei liegen, der es deshalb überlassen wird, ihre Nichtbeachtung zu rü-
gen (sog. Prozeßhindernisse). Prozeßhindernisse sind:
– Die Einrede der Schiedsgerichtsklausel nach § 1027a (Vereinbarung der
  Parteien, daß die Entscheidung des Rechtsstreits durch ein Schieds-
  gericht getroffen werden soll (§ 1025 Abs. 1; vgl. dazu u. RdNr. 488).
– Die Einrede fehlender Kostenerstattung aus einem Prozeß, den der
  Kläger durch Klagerücknahme beendet hat, wenn die Klage erneut
  erhoben wird (§ 269 Abs. 4).
– Die Einrede mangelnder Sicherheit wegen der Prozeßkosten bei Klage eines Ausländers unter den in § 110 genannten Voraussetzungen.
Die Zulässigkeitsrügen (prozeßhindernde Einreden) müssen in Verfahren der ersten Instanz vor Verhandlung zur Hauptsache oder innerhalb
einer durch das Gericht gesetzten Frist zur Klageerwiderung (vgl. o.
RdNr. 71 f.) erhoben werden (§ 282 Abs. 3). Werden sie verspätet geltend
gemacht, dann sind sie nur zuzulassen, wenn der Beklagte die Verspätung
genügend entschuldigt (§ 296 Abs. 3; dazu Einzelheiten später).

3. Abgesonderte Verhandlung

119 Über Fragen nach der Erfüllung von Prozeßvoraussetzungen und
nach dem Bestehen von Prozeßhindernissen kann aufgrund einer
(durch unanfechtbaren Beschluß zu treffenden) Anordnung des Gerichts abgesondert verhandelt werden (§ 280 Abs. 1). Wird festgestellt,
daß die Klage unzulässig ist, weil eine Prozeßvoraussetzung fehlt oder
ein Prozeßhindernis besteht, dann ist die Klage durch Prozeßurteil als
unzulässig abzuweisen (absolutio ab instantia = Abweisung der Klage
aus formellen Gründen). Kommt dagegen das Gericht zu dem Ergebnis,
daß die Klage zulässig ist, dann ist bei einer abgesonderten Verhandlung
dies durch ein Zwischenurteil auszusprechen (vgl. aber zur Entscheidung über die Zulässigkeit des Rechtswegs o. RdNr. 33 f.).[68] Dieses
Zwischenurteil kann wie ein Endurteil angefochten werden (zur Anfechtung von Urteilen Einzelheiten später). Das Gericht kann jedoch
nach Erlaß des Zwischenurteils auf Antrag einer Partei anordnen, daß
zur Hauptsache verhandelt wird (vgl. § 280 Abs. 2). Ist über die Zulässigkeit der Klage nicht abgesondert verhandelt worden, dann kann
ebenfalls das Gericht die Zulässigkeit der Klage in einem Zwischenurteil feststellen, muß dies jedoch nicht tun, sondern kann ebenso im Endurteil, in dem über die Sache entschieden wird, darlegen, daß die Zulässigkeitsvoraussetzungen erfüllt sind.

---

[68] *Baumbach/Lauterbach/Hartmann* § 280 RdNr. 7; *Thomas/Putzo* § 280 RdNr. 5.

4. Reihenfolge der Prüfung

Ob bei der Prüfung der Zulässigkeitsvoraussetzungen aus Rechts- **120** gründen vom Richter – und dementsprechend vom Verfasser einer „Richterklausur" (zum Begriff vgl. o. RdNr. 5) bei einer **klausurmäßigen Bearbeitung** – eine bestimmte Reihenfolge eingehalten werden muß, ist streitig. Der Auffassung, daß die verschiedene Bedeutung der Zulässigkeitsnormen die Beachtung einer bestimmten Rangfolge erforderlich sein ließe,[69] steht die Meinung gegenüber, daß alle Prozeßvoraussetzungen gleichrangig seien, so daß Zweckmäßigkeitsgesichtspunkte entscheiden sollten und die Voraussetzung zuerst geprüft werden könnte, die sich am leichtesten und schnellsten feststellen ließe.[70] Die Befürworter einer Reihenfolge der Prüfung streiten dann wiederum darüber, welchen Prozeßvoraussetzungen Vorrang zukommt.[71] Ein starres Prüfungsschema ist abzulehnen. Steht fest, daß die Klage wegen Fehlens einer Zulässigkeitsvoraussetzung unzulässig ist, dann ist von einer zeit- und arbeitsaufwendigen Prüfung anderer Prozeßvoraussetzungen abzusehen. Bei einer klausurmäßigen Bearbeitung stellt sich allerdings die Sachlage etwas anders dar. Denn hierbei wird von dem Bearbeiter erwartet, daß er ein umfassendes, die sich ergebenden Rechtsfragen erschöpfendes Gutachten erstattet. Folglich darf man sich dann nicht damit zufrieden geben, das Fehlen einer Prozeßvoraussetzung festzustellen, wenn sich auch Zweifel hinsichtlich anderer ergeben; diese Zweifel müssen geklärt werden.[72] Jedoch muß dringend davor gewarnt werden, auch auf solche Sachurteilsvoraussetzungen einzugehen, deren Bestehen nicht fraglich ist.

Immer wieder werden im Referendarexamen, wenn die Aufgabe gestellt wird, sich zu den Erfolgsaussichten einer Klage zu äußern und die Entscheidung des Gerichts gutachtlich vorzubereiten, sämtliche Sachurteilsvoraussetzungen schematisch und geistlos heruntergebetet, auch wenn der Sachverhalt nicht den geringsten Hinweis enthält, daß insoweit Zweifel bestehen können. Wer beispielsweise in einem Prozeß ohne jede Auslandsberührung feststellt, daß die internationale Zuständigkeit des Gerichts gegeben sei, oder wer ohne jeden Grund die Parteifähigkeit oder das Rechtsschutzbedürfnis erörtert, zeigt damit, daß er nicht in der Lage ist, ein Klausurproblem mit der richtigen Schwerpunktbildung zu bearbeiten.

Bei der Prüfung der Zulässigkeitsvoraussetzungen kann in folgender **121** **Reihenfolge** vorgegangen werden,[73] wobei der Verfasser einer Richter-

---

[69] *Rosenberg/Schwab/Gottwald* § 96 V 5; *Blomeyer* § 39 III.

[70] *Harms* ZZP 83 (1970), 167; *Thomas/Putzo* vor § 253 RdNr. 14; *AK-ZPO/Ackermann* vor § 253 RdNr. 5.

[71] Vgl. die Nachw. bei. *Stein/Jonas/Schumann* Einl. RdNr. 325 Fn. 17.

[72] *Schumann* RdNr. 224 empfiehlt hierbei die Anwendung der sog. „dramatischen Lösungsmethode", bei der zunächst (erörterungsbedürftige) Sachurteilsvoraussetzungen behandelt werden, deren Erfüllung festgestellt werden kann, ehe man zur Prüfung derjenigen übergeht, deren Fehlen bejaht werden muß.

[73] Es wird hier weitgehend den Vorschlägen von *Schumann* RdNr. 224 gefolgt.

klausur zwar kurz und routinemäßig das gesamte Prüfungsschema durchgehen sollte, stets aber in die Formulierung der Lösung – wie ausgeführt – nur das übernehmen darf, was zweifelhaft erscheint und deshalb der Erwähnung wert ist:

(1) Ordnungsmäßigkeit der Klageerhebung
(2) Deutsche Gerichtsbarkeit
(3) Zulässigkeit des Rechtswegs
(4) Internationale, sachliche, örtliche und funktionelle Zuständigkeit
(5) Parteifähigkeit
(6) Prozeßfähigkeit, gesetzliche Vertretung
(7) Prozeßführungsbefugnis
(8) Klagbarkeit des geltend gemachten Rechts
(9) Fehlende Rechtshängigkeit
(10) Fehlende rechtskräftige Entscheidung
(11) Rechtsschutzbedürfnis
(12) Prozeßhindernisse (Einrede der Schiedsgerichtsklausel, Einrede der fehlenden Kostenerstattung des Vorprozesses, Einrede der mangelnden Sicherheit durch Ausländer)
(13) Erfüllung besonderer Prozeßvoraussetzungen (dazu Einzelheiten später).

122   Ein weiterer Meinungsstreit wird um die Frage geführt, ob in Fällen, in denen die Prüfung der Sachurteilsvoraussetzungen schwierig und zeitraubend ausfällt, aber mit Sicherheit feststeht, daß die Klage nicht begründet ist, aus **prozeßökonomischen Gründen** von einer Feststellung der Sachurteilsvoraussetzungen abgesehen und die Klage als unbegründet abgewiesen werden darf. Eine Mindermeinung hält die Erfüllung aller Sachurteilsvoraussetzungen nur für erforderlich, wenn ein der Klage stattgebendes Urteil erlassen werden soll, während bei einer Klageabweisung es gleichgültig sei, ob sie aus prozessualen oder materiellrechtlichen Gründen ausgesprochen werde.[74]

> **Beispiel:** Grantig klagt gegen seinen Nachbarn Nächst mit dem Antrag, daß dieser es unterlassen solle, seine Kinder tagsüber in seinem Garten, der an das Grundstück des Grantig grenzt, spielen zu lassen, weil Grantig durch den Lärm der spielenden Kinder gestört werde. Der Richter hat Anlaß zu der Annahme, daß sich Grantig in einem Querulantenwahn befindet, der ihn unfähig sein läßt, den Prozeß zu führen (vgl. zu einer derartigen partiellen Geschäftsunfähigkeit, die auch zu einer Prozeßunfähigkeit führt, GK BGB RdNr. 259). Muß nun zur Klärung dieser Frage ein Sachverständigengutachten eingeholt werden, obwohl offensichtlich die Klage unbegründet ist, weil es sich entweder um eine unwe-

---

Über die Reihenfolge, insbesondere auch in der Frage, ob die Prozeßvoraussetzungen, die die Parteien betreffen, vor denen, die das Gericht betreffen, zu erörtern sind, besteht kein Einvernehmen.

[74] *Rimmelspacher*, Zur Prüfung von Amts wegen, 1966, S. 109 ff., 201 ff.; *Grunsky* ZZP 80 (1967), 55.

sentliche oder ortsübliche Beeinträchtigung handelt (vgl. § 906 BGB)? Wären die formellen und materiellen Gründe für die Abweisung der Klage völlig gleichwertig, dann müßte diese Frage verneint werden; der Richter könnte dann die Prozeßfähigkeit des Grantig dahinstehen lassen und die Klage als unbegründet abweisen.

Die weitaus herrschende Auffassung[75] verlangt dagegen, daß auch ein **123** klageabweisendes Sachurteil nur ergehen darf, wenn die Zulässigkeitsvoraussetzungen erfüllt sind, und daß das Gericht Zweifel an Sachurteilsvoraussetzungen nicht ungeklärt lassen darf, wenn eine Klage durch Sachurteil abgewiesen werden soll. Im Grundsatz ist der hM zuzustimmen. Jedoch können andererseits auch Ausnahmen zugelassen werden, wenn der Zweck der Sachurteilsvoraussetzung nicht entgegensteht. Im Beispielsfall der Klage des Querulanten darf seine Prozeßfähigkeit schon deshalb nicht dahingestellt bleiben, weil ein klageabweisendes Sachurteil nicht gegen einen Prozeßunfähigen ergehen darf; die Sachurteilsvoraussetzung der Prozeßfähigkeit will dies gerade verhindern.[76] Bei Sachurteilsvoraussetzungen, die wie die Klagbarkeit des geltend gemachten Rechts und wie das Rechtsschutzbedürfnis verhindern sollen, daß die Gerichte unnötig mit der Verhandlung und Entscheidung von Rechtsstreitigkeiten belastet werden, die also bezwecken, die Arbeitsbelastung der Gerichte zu mindern (sog. **Rechtsschutzvoraussetzungen**), wäre es nicht zu rechtfertigen, um des Prinzips willen einen höheren Aufwand an Zeit und Arbeitkraft zur Feststellung dieser Prozeßvoraussetzungen zu fordern, wenn feststeht, daß die Klage unbegründet ist. In derartigen Fällen kann die Erfüllung der Sachurteilsvoraussetzungen dahinstehen, wenn die Klage einfacher aus Sachgründen abzuweisen ist.[77]

Ebenso soll bei Unbegründetheit der Klage und Unklarheit, ob die Sachurteilsvoraussetzung des Fehlens einer rechtskräftigen Entscheidung erfüllt ist, eine Sachabweisung zulässig sein.[78] Darüber hinaus wird entgegen der hM im Schrifttum die Ansicht vertreten, daß stets eine Klage als unbegründet abgewiesen werden dürfte, wenn durch das Offenlassen von Sachurteilsvoraussetzungen Rechtsschutzbelange nicht beeinträchtigt werden.[79]

---

[75] BGH MDR 1976, 136 = ZZP 89 (1976), 330, 331 m. zust. Anm. v. *Greger; Rosenberg / Schwab / Gottwald* § 96 V 6; *MK / Lüke* vor § 253 RdNr. 18; *Stein / Jonas / Schumann* Einl. RdNr. 327 ff. (m. Einschränkungen).

[76] *Schlosser* RdNr. 302.

[77] BGH LM § 256 ZPO Nr. 46; BGH WM 1978, 935 (zum Feststellungsinteresse); *Stein / Jonas / Schumann* Einl. RdNr. 333; *Schlosser* RdNr. 302 f.

[78] *Stein / Jonas / Schumann* Einl. RdNr. 327.; aA *MK / Lüke* vor § 253 RdNr. 18.

[79] *Schlosser* RdNr. 303; vgl. auch OLG Köln NJW 1974, 1515 (m. Anm. v. *Gottwald* NJW 1974, 2241): keine Prüfung der Zulässigkeit eines Rechtsmittels, wenn die Abweisung als unbegründet gleiche Auswirkungen hat; ebenso KG NJW 1976, 2353.

Anhang: Der Streitgegenstand

a) Die Auffassung des historischen Gesetzgebers

124   Bei dem Streitgegenstand handelt es sich um einen zentralen Begriff
des Zivilprozesses, von dessen Klärung nicht nur die Beantwortung der
im oben (RdNr. 111) angeführten Beispielsfall aufgeworfenen Frage abhängt, ob beide Prozesse dieselbe „Streitsache" betreffen, sondern der
auch noch in verschiedenen anderen Bereichen Bedeutung erlangt. Dies
näher darzulegen, wird später noch Gelegenheit sein. Zunächst sollen
der Inhalt des Begriffes „Streitgegenstand" erläutert und der insoweit
geführte Meinungsstreit dargestellt werden.

125   Der historische Gesetzgeber verstand als Gegenstand des Rechtsstreits den vom Kläger geltend gemachten materiellrechtlichen Anspruch im Sinne der Definition des § 194 Abs. 1 BGB, hielt diesen Begriff für hinreichend geklärt und nahm deshalb davon Abstand, ihn
näher zu erläutern.[80] Die Begriffe „Anspruch" (vgl. z. B. § 253 Abs. 2
Nr. 2, § 260, § 306, § 307, § 322 Abs. 1) und „Streitgegenstand" (vgl. z. B.
§§ 59, 81, 83 Abs. 1) wurden dementsprechend synonym gebraucht. Die
vom historischen Gesetzgeber der ZPO gewollte Gleichsetzung des
materiellrechtlichen Anspruchs mit dem Streitgegenstand ist jedoch
nicht durchführbar. Dies zeigt sich nicht nur bei der Feststellungsklage
und der Gestaltungsklage, mit denen kein Anspruch im Sinne des § 194
Abs. 1 BGB geltend gemacht wird, sondern im besonderen auch bei der
materiellen Anspruchskonkurrenz.

> **Beispiel:** K klagt gegen B, der bei Reparaturarbeiten im Hause des K einen
> wertvollen antiken Tisch beschädigt hat, auf Schadensersatz und leitet den von
> ihm geltend gemachten Anspruch aus positiver Forderungsverletzung und aus
> § 823 Abs. 1 BGB her. Materiellrechtlich handelt es sich um zwei Ansprüche,
> aber nur um einen Streitgegenstand und um einen „Anspruch" im prozeßrecht-
> lichen Sinn. Wollte man anders entscheiden, dann müßte man zulassen, daß der
> Kläger, der zunächst seine Klage auf § 823 Abs. 1 BGB stützte und damit abge-
> wiesen wurde, erneut Klage erheben dürfte, wenn er sich im zweiten Prozeß auf
> positive Forderungsverletzung beriefe. Denn gäbe es zwei Streitgegenstände und
> zwei Ansprüche im zivilprozeßrechtlichen Sinne, dann stände die materielle
> Rechtskraft des ersten Urteils einer erneuten Klage nicht entgegen (vgl. § 322
> Abs. 1). Die Wirkungen der Rechtskraft werden später dargestellt; hier soll der
> Hinweis genügen, daß derselbe Streitgegenstand, über den durch rechtskräftiges
> Urteil entschieden worden ist, nicht noch einmal zum Gegenstand eines erneu-
> ten Prozesses zwischen denselben Parteien gemacht werden kann. Die einmal
> entschiedene Sache (res iudicata) verhindert einen neuen Prozeß in derselben
> Sache.

---

[80] Vgl. *Stein / Jonas / Schumann* Einl. RdNr. 265 m. weit. Nachw.; *Schwab* JuS 1965,
81 f.

b) Neuere Lehren

1. Materiellrechtliche Theorien

Dennoch wird auch heute noch versucht, in modifizierter Form den **126** materiellrechtlichen Begriff des Anspruchs für die Bestimmung des Streit-gegenstandes nutzbar zu machen. Die Befürworter materiellrechtlicher Theorien des Streitgegenstandes stimmen trotz Unterschieden in Einzel-heiten der Begründung[81] darin überein, daß der Begriff des materiell-rechtlichen Anspruchs nicht in der Bedeutung der sich aus der einzelnen Anspruchsnorm ergebenden Rechtsfolge verstanden werden kann, sondern daß es sich um ein und denselben Anspruch handelt, wenn ein Lebenssachverhalt den Tatbestand mehrerer Anspruchsnormen verwirk-licht, deren Rechtsfolgen gleich sind. In dem oben (RdNr. 125) gebrach-ten Beispiel der Schadensersatzklage wird nach dieser Auffassung ein ma-teriellrechtlicher Anspruch geltend gemacht, der nur mehrfach begründet wird,[82] und zwar einmal durch § 823 Abs. 1 BGB, zum anderen durch pFV. Zu einem gleichen Ergebnis gelangt man, wenn man die Abgrenzung des Anspruchs im Prozeß danach vornimmt, daß er ein Verfügungsobjekt im zessionsrechtlichen Sinn zum Inhalt hat.[83] Tritt der Kläger im Beispielsfall des Schadensersatzprozesses den von ihm geltend gemachten Anspruch ab, dann überträgt er nur einen Anspruch mit verschiedenen rechtlichen Begründungen; es handelt sich also danach um einen (materiellrecht-lichen) Anspruch, der den Streitgegenstand im Prozeß bildet.

Wenn auch das Bemühen der Vertreter materiellrechtlicher Streitgegenstands-theorien Anerkennung verdient, die Begriffe des Anspruchs im Sinne des materiel-len Rechts und des Prozeßrechts zu harmonisieren, vermögen doch die vorgeschla-genen Lösungen nicht zu überzeugen. Der Haupteinwand ergibt sich daraus, daß im materiellen Recht die hM die Selbständigkeit der einzelnen Ansprüche bejaht, die als Rechtsfolgen aus den (miteinander konkurrierenden) Anspruchsnormen entste-hen, also die vorgeschlagene Zusammenfassung derartiger Einzelansprüche zu einem einheitlichen, im Prozeß den Streitgegenstand bildenden Anspruch gerade ablehnt. Denn gegen eine solche Zusammenfassung zu einem einheitlichen (materiellen) Anspruchsbegriff und für die Selbständigkeit konkurrierender Einzel-ansprüche im Sinne des § 194 Abs. 1 BGB spricht insbesondere, daß nach dem ma-teriellen Recht die Verjährungsfristen unterschiedlich geregelt sind, beispielsweise der Anspruch aus dem Deliktsrecht in einem anderen Zeitraum verjährt als der An-spruch aus positiver Forderungsverletzung.[84]

---

[81] Auf die verschiedenen Varianten, in denen heute materiellrechtliche Streit-gegenstandstheorien vertreten werden, kann hier nicht eingegangen werden. Es wird insoweit auf die lesenswerten Ausführungen von *Stein/Jonas/Schumann* Einl. RdNr. 277–282 a verwiesen.

[82] *Larenz*, Allgemeiner Teil des deutschen Bürgerlichen Rechts, 7. Aufl. 1989, § 14 IV; *Fikentscher*, Schuldrecht, 8. Aufl. 1992, RdNr. 1195.

[83] *Henckel*, Parteilehre und Streitgegenstand, 1961, S. 270 ff.

[84] *Rosenberg/Schwab/Gottwald* § 95 III 4.

127　　Ist aber der materiellrechtliche Anspruchsbegriff nicht geeignet, um auf seiner Grundlage eine befriedigende Abgrenzung des Streitgegenstandes zu erreichen, dann bleibt nur, einen **eigenständigen prozessualen Anspruch** zu entwickeln. Diesen Weg geht die hM im Prozeßrecht. Sie sieht dabei auf den Antrag des Klägers, mit dem er das Ziel seiner Klage zu bezeichnen hat (vgl. o. RdNr. 58). Ein Meinungsstreit wird jedoch darüber geführt, ob der Streitgegenstand allein vom Klageantrag hinreichend bestimmt werden kann (so die Theorie vom eingliedrigen Streitgegenstandsbegriff) oder ob noch zusätzlich auf den vom Kläger zur Begründung seines Antrags vorgetragenen Tatsachenstoff zurückgegriffen werden muß (so die Theorie vom zweigliedrigen Streitgegenstandsbegriff). Dieser Meinungsstreit soll am folgenden Beispielsfall näher erläutert werden:

> Der Kläger beantragt die Verurteilung des Beklagten zur Zahlung von 10.000,– DM und beruft sich zur Begründung einmal auf einen mit dem Beklagten abgeschlossenen Kaufvertrag, der diesen zur Zahlung des verlangten Betrages verpflichte, zum anderen auf einen Wechsel, den der Beklagte erfüllungshalber für die Kaufpreisforderung in der Form des eigenen Wechsels gegeben hätte. Es stellt sich hier die Frage, ob der Kläger zwei prozessuale Ansprüche geltend macht, so daß es sich um zwei Streitgegenstände und damit auch um eine objektive Klagenhäufung im Sinne des § 260 handelt.

2. Theorie vom eingliedrigen Streitgegenstandsbegriff

128　　Die Theorie vom eingliedrigen Streitgegenstandsbegriff,[85] die auf den Antrag des Klägers und auf das von ihm erstrebte Ziel seiner Klage abstellt, nimmt in dem Beispielsfall nur einen Streitgegenstand an, und zwar das Zahlungsbegehren des Klägers in Höhe von 10.000,– DM; allerdings kann sie den Vortrag des Klägers dabei nicht ignorieren. Denn der Antrag des Klägers, der Beklagte solle verurteilt werden, an ihn 10.000,– DM zu zahlen, ist für sich genommen nicht geeignet, den Streitgegenstand des Prozesses genau genug zu bestimmen. Wenn beispielsweise der Kläger noch eine weitere Forderung in Höhe von 10.000,– DM aus Darlehen gegen den Beklagten hätte, muß es ihm unbenommen sein, diese Darlehensforderung in einem weiteren Prozeß gegen den Beklagten geltend zu machen. Das Zahlungsbegehren in Höhe von 10.000,– DM wäre in beiden Prozessen identisch, dennoch handelt es sich offensichtlich um verschiedene Streitgegenstände. Wird durch den Klageantrag selbst nicht ausreichend der Streitgegenstand abgegrenzt, dann muß auf die Begründung des Klägers ergänzend zurückgegriffen werden, die er für seinen Antrag gibt. Die Theorie vom eingliedrigen Streitgegenstand sieht jedoch hierin lediglich eine Auslegungshilfe des Antrags und lehnt es entgegen der Theorie

---

[85] *Rosenberg/Schwab*, 14. Aufl. 1986, § 96 III 3, IV. In der von *Gottwald* bearbeiteten 15. Auflage (§ 95 III 3) wird diese Auffassung jedoch weitgehend aufgegeben.

vom zweigliedrigen Streitgegenstandsbegriff ab, dem vom Kläger zur Begründung seines Antrages vorgetragenen Lebenssachverhalt die Funktion eines gleichwertigen Bestandteils des Streitgegenstandes zuzuerkennen.

3. Theorie vom zweigliedrigen Streitgegenstandsbegriff

Bestimmen Antrag des Klägers und der von ihm zur Begründung **129** vorgetragene Tatsachenkomplex (Lebenssachverhalt) den Streitgegenstand, dann handelt es sich um zwei Streitgegenstände, wenn der Kläger zwar nur einen Antrag stellt, ihn aber durch zwei verschiedene Lebenssachverhalte begründet. Denn die von der Theorie vom zweigliedrigen Streitgegenstand anerkannte Gleichwertigkeit des Lebenssachverhalts neben dem Klageantrag für die Bestimmung des Streitgegenstandes bewirkt, daß unterschiedliche Lebenssachverhalte auch zu unterschiedlichen Streitgegenständen führen.

Allerdings ergibt sich dann die Notwendigkeit einer **Abgrenzung des Lebenssachverhalts** und einer Entscheidung der Frage, wann es sich um einen einheitlichen Lebenssachverhalt und wann es sich um verschiedene handelt. So kann durchaus der Abschluß eines Kaufvertrages und die im Zusammenhang damit stehende Wechselhingabe als einheitlicher Lebenssachverhalt aufgefaßt werden; nimmt man dies an, dann gelangte auch die Lehre vom zweigliedrigen Streitgegenstandsbegriff in dem obigen Beispielsfall zu dem Ergebnis, daß der Kläger nur einen prozessualen Anspruch geltend macht, daß also nur ein Streitgegenstand besteht.

Bei der Frage, nach welchen Kriterien der vom Kläger zur Begründung seines Antrags vorgetragene Lebenssachverhalt abzugrenzen ist, kann darauf abgestellt werden, welche Tatsachen der Kläger vorzutragen hat, um den Grund des erhobenen Anspruchs iSv. § 253 Abs. 2 Nr. 2 hinreichend zu bezeichnen. Dies ist der Tatsachenkomplex, aus dem der Kläger die von ihm geltend gemachte Rechtsfolge ableitet (vgl. o. RdNr. 57). Im obigen Beispielsfall könnte der Kläger, um dieser Forderung zu genügen, alternativ entweder auf den Kaufvertrag abstellen oder auf die Wechselhingabe. Es wäre nicht erforderlich, umfassend alle Tatsachen anzugeben. Folglich können Kaufvertrag und Wechselhingabe nicht zu einem einheitlichen Lebenssachverhalt zusammengefaßt werden, sondern sind als zwei eigenständige, gesondert zu bewertende Tatsachenkomplexe anzusehen. Allerdings muß berücksichtigt werden, daß bei dieser Abgrenzung (stillschweigend) auf den Tatbestand der in Betracht kommenden Anspruchsnormen des materiellen Rechts Bezug genommen wird. Denn es genügt deshalb allein der Vortrag des Kaufvertrages oder der Wechselhingabe, weil nach dem materiellen Recht Kaufpreisforderung und Wechselforderung selbständige Ansprüche sind und durch ihre Eigenständigkeit eine Zäsur zwischen den zugrundeliegenden Sachverhalten bewirkt wird.[86] Wenig überzeugend ist dagegen der Versuch, die Abgrenzung des Lebenssachverhalts aufgrund einer „natürlichen Betrachtungsweise" vorzunehmen und darauf zu sehen, ob bestimmte Vorgänge inhaltlich zusammengehören. Auf der Grundlage dieser Auffassung könnte man zwar zu dem Ergebnis gelangen, daß ein erfüllungshalber hingegebener Wechsel und der das Kausalgeschäft bildende Kauf einen Lebenssachverhalt darstellen, es erscheine aber nicht ausgeschlossen, dies zumindest dann anders zu entscheiden, wenn Kauf und Wechselhingabe zeitlich weit auseinanderfielen.[87] Die Flexibilität einer

---

[86] So zutreffend *Jauernig* § 37 III, VIII.
[87] Vgl. *Jauernig* § 37 III 2; *Arens/Lüke* RdNr. 163.

„natürlichen Betrachtungsweise" in diesem Punkte müßte also mit einer erheblichen Rechtsunsicherheit erkauft werden.

Überwiegend nehmen die Vertreter der im Schrifttum herrschenden Theorie vom zweigliedrigen Streitgegenstand im Kauf-Wechsel-Fall zwei Streitgegenstände an.[88] Dies führt dazu, daß der Kläger, der zunächst seinen Zahlungsanspruch lediglich auf Kaufvertrag stützt, eine zweite Klage erheben könnte, bei der er Zahlung aufgrund der Wechselverbindlichkeit fordert, ohne daß der zweiten Klage die Rechtshängigkeit der ersten entgegenstünde. Anders ist dagegen auf der Grundlage der Theorie vom eingliedrigen Streitgegenstandsbegriff zu entscheiden: Streitgegenstand ist danach das Begehren des Klägers, den Beklagten zur Zahlung von 10.000,– DM zu verurteilen, wobei der vom Kläger vorgetragene Sachverhalt lediglich diesen Antrag näher erläutert, ihn aber nicht verändert, so daß in beiden Prozessen derselbe prozessuale Anspruch geltend gemacht wird, auch wenn er einmal nur auf Kaufvertrag, zum anderen nur auf Wechselhingabe gestützt wird.[89]

Daß der Kläger, der seinen Zahlungsanspruch nur auf den Kaufvertrag stützt, nicht in einer zweiten Klage die erfüllungshalber eingegangene Wechselverbindlichkeit des Käufers geltend machen darf (wie dies von der Lehre vom eingliedrigen Streitgegenstand ausgeschlossen wird), kann noch hingenommen werden. Wenn aber das Gericht die Kaufpreisklage mit der Begründung abweist, nach dem Zweck der Wechselhingabe sei der Kläger verpflichtet, zunächst Befriedigung aus dem Wechsel zu suchen,[90] dann muß ihm gestattet sein, später erneut Zahlungsklage zu erheben, wenn der Beklagte seiner Verpflichtung aus dem Wechsel nicht nachkommt. Der Umfang der Rechtskraft des Urteils bestimmt sich aber ebenfalls nach dem Streitgegenstand (vgl. dazu u. RdNr. 471). Bildet jedoch das Zahlungsbegehren des Klägers den Streitgegenstand, dann müßte einer erneuten Zahlungsklage die Rechtskraft des ersten Urteils entgegenstehen, ein unvertretbares Ergebnis, zu dem auch die Lehre vom eingliedrigen Streitgegenstandsbegriff nicht gelangt.[91] Dies zeigt, daß auch nach dieser Lehre für die Bestimmung der Rechtskraft doch auf den zugrundeliegenden Lebenssachverhalt zurückgegriffen werden muß.

4. Theorie vom relativen Streitgegenstandsbegriff

130 Das Beispiel lehrt, daß derselbe Streitgegenstandsbegriff in einem Fall – bei der Rechtshängigkeit – zu einem vertretbaren Ergebnis führt, dagegen in einem anderen Fall – bei der Rechtskraftwirkung – nicht. Dies läßt die Frage aufwerfen, ob es nicht geboten erscheint, den Begriff des Streitgegenstandes entsprechend dem Zweck der jeweiligen prozessualen Regelung, bei dem er eine Rolle spielt, zu bestimmen. Dies würde bedeuten, daß es keinen einheitlichen, für das gesamte Zivilprozeßrecht geltenden Begriff des Streitgegenstandes gebe, sondern daß dieser Be-

---

[88] *Arens/Lüke* RdNr. 163; *Zeiss* RdNr. 308, 314; *Schellhammer* RdNr. 133, 136; *Thomas/Putzo* Einl. II RdNr. 25 ff., 33; weitere Vertreter eines zweigliedrigen Streitgegenstandsbegriffes sind z.B. *Baur/Grunsky* RdNr. 116; *Fleischmann/Rupp* RdNr. 223; *MK/Lüke* vor § 253 RdNr. 32 f. Auch der BGH geht von einem zweigliedrigen Streitgegenstandsbegriff aus, vgl. nur BGH NJW 1981, 2306; 1983, 388, 389; 1993, 2052, 2685.

[89] Vgl. *Rosenberg/Schwab* § 96 III 3 (Fn. 85); anders *Gottwald* in der 15. Aufl. aaO (Fn. 85).

[90] Vgl. *Hueck/Canaris*, Recht der Wertpapiere, 12. Aufl. 1986, § 17 III 1.

[91] Vgl. *Rosenberg/Schwab* § 156 II 1 (Fn. 85).

griff einen **variablen Inhalt** erhielte und einmal eingliedrig und ein andermal zweigliedrig strukturiert wäre. Diese Meinung wird im neueren Schrifttum vertreten, wobei allerdings wiederum die Auffassungen auseinandergehen, ob die Unterschiede im Streitgegenstandsbegriff durch die jeweilige Prozeßlage oder durch die Art der Klage bestimmt werden. Im einzelnen werden folgende Differenzierungen getroffen:

Ein eingliedriger Streitgegenstand, der lediglich durch den Antrag des **131** Klägers konkretisiert wird und der deshalb weiter ausfällt, weil darauf verzichtet wird, durch den zugrundeliegenden Lebenssachverhalt zusätzliche Abgrenzungen vorzunehmen, soll für die Bestimmung der Rechtshängigkeit gelten, weil die aus prozeßökonomischen Gründen zu fordernde Verhinderung paralleler Prozesse durch einen weiten Streitgegenstandsbegriff besser erreicht werden kann.[92] Auch bei der im Rahmen der Klagenhäufung (§ 260) zu entscheidenden Frage, ob der Kläger einen oder mehrere Ansprüche mit seiner Klage geltend macht, und bei der Frage, ob der Kläger seine Klage ändert (§ 263) – zu beiden Fragen Einzelheiten später –, soll ein eingliedriger und damit weiter Streitgegenstandsbegriff maßgebend sein.[93] Dagegen sollen die Grenzen der Rechtskraftwirkung durch einen zweigliedrigen Streitgegenstandsbegriff enger gezogen werden, weil sonst die Tendenz entstände, den Prozeßstoff auszuweiten, wenn die Parteien befürchten müßten, durch die Rechtskraftwirkung des Urteils an einer weiteren Rechtsverfolgung gehindert zu werden.[94]

Im Kaufpreis-Wechsel-Fall ist nach dieser Meinung eine zweite Klage, die sich auf die Wechselverbindlichkeit stützt, so lange ausgeschlossen, bis über die erste Klage, mit der der Kaufpreisanspruch geltend gemacht wird, rechtskräftig entschieden wurde. Danach steht dann der Klage aus dem Wechsel nichts entgegen (vgl. auch o. RdNr. 129).

Nach anderer Auffassung soll der Inhalt des Streitgegenstandes durch **132** die Art der Klage und danach bestimmt werden, ob im Prozeß der **Verhandlungsgrundsatz oder** der **Untersuchungsgrundsatz** (vgl. zu beiden o. RdNr. 91) gilt. In Prozessen mit Untersuchungsgrundsatz soll sich der Streitgegenstand allein nach dem Antrag bestimmen, weil der Sachverhalt vom Gericht zu ermitteln ist. Bei Verfahren mit Verhandlungsmaxime soll dagegen der Streitgegenstand durch Antrag und zugrundeliegenden Lebenssachverhalt festgelegt werden, weil in solchen Verfahren der Kläger die Macht besitzt, den Sachverhalt, aus dem ihm das behauptete Recht zustehen soll, enger zu fassen als in einem Verfahren mit Untersuchungsgrundsatz.[95] Eine Ausnahme wird jedoch für die

---

[92] *Stein/Jonas/Schumann* Einl. RdNr. 292.
[93] *Stein/Jonas/Schumann* Einl. RdNr. 291; *Baumgärtel* JuS 1974, 73, 74.
[94] *Stein/Jonas/Schumann* Einl. RdNr. 294.
[95] *Jauernig* § 37 VIII; aA *MK/Lüke* vor § 253 RdNr. 35 m. Nachw.

Feststellungsklage gemacht, die vielfach bereits durch den Antrag hinreichend individualisiert werde, so daß ein Sachverhalt insoweit überflüssig sei.[96]

c) Folgerungen

133 Trotz des vielfältigen Meinungsspektrums, das hier nur angedeutet werden kann, und des großen dogmatischen Aufwands, der zur Präzisierung des Streitgegenstandsbegriffs betrieben wird, sind im praktischen Ergebnis die Unterschiede der vertretenen Theorien und Ansichten nicht so erheblich, wie dies zunächst den Anschein haben könnte. Vornehmlich in Fällen, in denen der Klageantrag mit verschiedenen Sachverhalten begründet werden kann, die jeweils den Tatbestand miteinander konkurrierender Anspruchsnormen verwirklichen (wie im Beispiel des Kaufpreis-Wechsel-Falles), divergieren die Ergebnisse der einzelnen Theorien. Ganz überwiegend sind dagegen die Resultate gleich, wie im Beispielsfall der Klage auf Duldung der Zwangsvollstreckung in das Grundstück und der Widerklage auf Grundbuchberichtigung (vgl. o. RdNr. 111); nach allen vertretenen Auffassungen liegen in diesem Fall der Klage und der Widerklage unterschiedliche Streitgegenstände zugrunde, weil sich sowohl die Anträge als auch die zu ihrer Begründung dienenden Lebenssachverhalte (soweit es auf sie ankommt) voneinander unterscheiden. Es kann deshalb nicht verwundern, daß die Rechtsprechung recht wenig Notiz von dem Theorienstreit nimmt und ihn sogar für unfruchtbar hält.[97]

134 Bei einer **klausurmäßigen Bearbeitung** wird regelmäßig von dem Verfasser nicht erwartet, daß er sich eingehend zum Begriff des Streitgegenstandes äußert und sich mit den verschiedenen dazu vertretenen Meinungen auseinandersetzt. Vielmehr dürfte es genügen, daß er von einem bestimmten Streitgegenstandsbegriff ausgeht (etwa entsprechend der im Schrifttum herrschenden Theorie vom zweigliedrigen Streitgegenstandsbegriff), der knapp erläutert wird. Ein kurzer Hinweis auf andere Auffassungen reicht in Fällen aus, in denen das Ergebnis gleichbleibt. Nur wenn die einzelnen Theorien zu unterschiedlichen Resultaten gelangen und es für die Entscheidung des Falles gerade auf den Streitgegenstand ankommt, ist eine eingehendere Auseinandersetzung mit dem bestehenden Meinungsstreit angezeigt.

---

[96] *Jauernig* § 37 VIII 3; ebenso *Zöller/Vollkommer* Einl. RdNr. 77 m. weit. Nachw.
[97] BGH Warn. 1970, 46, 48. Der BGH geht jedoch von einem zweigliedrigen Streitgegenstandsbegriff aus (vgl. Fn. 88).

Fälle und Fragen

22. Auf welche Weise läßt sich die Beachtung der für die mündliche Verhandlung vorgeschriebenen Förmlichkeiten beweisen?

23. Was bedeutet der Dispositionsgrundsatz, was der Verhandlungsgrundsatz?

24. In einem Zivilrechtsstreit vor dem Amtsgericht, den beide Parteien ohne anwaltlichen Beistand führen, erkennt der Richter, daß der vom Kläger geltend gemachte Anspruch verjährt ist. Darf der Richter den Beklagten auf die ihm mögliche Einrede der Verjährung hinweisen, wenn offensichtlich dieser nicht erkannt hat, daß ihm die Verjährungseinrede zusteht?

25. Was bedeutet der Grundsatz der Mündlichkeit und wie weit geht er im Zivilprozeß?

26. Beim Amtsgericht Bonn geht eine Klageschrift des Verm ein, in der beantragt wird, den Botschafter Botsch des Staates Transflumen zur Zahlung von 3.500 DM zu verurteilen, die der Botschafter dem Kläger als Mietzins für eine gemietete Privatwohnung schulde. Was wird das Gericht tun?

27. Volz aus Passau verkauft einen Pkw an Kunz aus Wien. Mit der Behauptung, das Fahrzeug sei mangelhaft, verweigert Kunz die Zahlung des Kaufpreises. Volz fragt, vor welchem Gericht er Klage auf Zahlung des Kaufpreises gegen Kunz erheben müsse. Geben Sie bitte Auskunft!

28. Die Gewerkschaft ÖTV klagt gegen den Redakteur einer Zeitschrift auf Unterlassung bestimmter Behauptungen. Ist die Klage zulässig?

29. Volz aus München verkauft Kunz aus Landshut 30 Fernsehapparate. Entsprechend einer zwischen den Vertragspartnern geschlossenen Vereinbarung übergibt Volz die Apparate dem Transportunternehmer Speed, der sie nach Landshut bringen soll. Da die Leute des Speed die Kisten mit den Fernsehern nicht ordnungsgemäß stapeln und befestigen, geht die Hälfte der Fernseher zu Bruch. Volz ermächtigt Kunz, Ansprüche wegen dieses Schadens gegen Speed geltend zu machen. Als Speed einen Schadensersatz verweigert, erhebt Kunz Klage gegen Speed und stützt seinen Anspruch auf den zwischen Volz und Speed geschlossenen Vertrag. Speed wendet ein, daß nur Volz gegen ihn vertragliche Ansprüche durch Klage verfolgen könnte. Ist diese Auffassung richtig?

30. K klagt gegen den Wirtschaftsprüfer W auf Schadensersatz und begründet seinen Anspruch damit, daß W in einem für ihn, K, erstatteten Gutachten falsche Angaben über den Wert eines Unternehmens gemacht hätte, das aufgrund des Gutachtens von K erworben worden sei. W hätte insbesondere nicht mit der erforderlichen Sorgfalt die Verbindlichkeiten des Unternehmens festgestellt. Bevor über diese Klage entschieden ist, erhebt K eine zweite Klage auf Schadensersatz gegen W und trägt vor, er habe jetzt erfahren, daß W vorsätzlich falsche Angaben in seinem Gutachten gemacht hätte; W habe deshalb sittenwidrig gehandelt und sei ihm nach § 826 BGB zum Schadensersatz verpflichtet. Wie wird das Gericht über die zweite Klage entscheiden?

31. Kunz klagt vor dem Amtsgericht gegen Berz auf Zahlung von Schadensersatz in Höhe von 7.500 DM. Während des Rechtsstreits erhöht der Kläger seine Forderung auf 12.000 DM.
    a) Hat dies Auswirkungen auf die Zuständigkeit des Gerichts?
    b) Wie wäre zu entscheiden, wenn Kunz zunächst 12.000 DM vor dem Landgericht einklagt und während des Rechtsstreits seine Forderung auf 7.500 ermäßigt?

32. Was verstehen Sie unter Prozeßhindernissen?

33. Die Parteien streiten über die Prozeßführungsbefugnis des Klägers. Das Gericht kommt zu dem Ergebnis, daß sie besteht. Wie hat das Gericht weiter zu verfahren?

34. Darf der Richter eine Klage als unbegründet abweisen, wenn Zweifel bestehen, ob einzelne Sachurteilsvoraussetzungen erfüllt werden, die Klärung dieser Zweifel aber zeitraubende und kostspielige Prüfungen erforderlich sein läßt, während die Unbegründetheit der Klage feststeht?

§ 4 Das Parteiverhalten im Prozeß

I. Vorbemerkung

a) Der Einfluß der Parteien auf den Gang des Verfahrens

Die bisherigen Ausführungen haben bereits gezeigt, wie sehr der Zivilprozeß in seiner Durchführung und in seiner Entscheidung durch das Verhalten der Parteien bestimmt wird. Denn der Zivilprozeß dient in erster Linie zur Durchsetzung privater Rechte, über die der Inhaber nach dem materiellen Recht verfügungsbefugt ist. Deshalb hat das Prozeßrecht den Parteien auch einen weiten Freiraum gewährt, innerhalb dessen sie den Gang des Verfahrens beeinflussen können.

Der Beginn des Zivilprozesses hängt von dem freiwilligen Entschluß des Klägers ab. Ob streitig zu verhandeln ist, entscheidet sich nach dem Verhalten des Beklagten, der den gegen ihn geltend gemachten Anspruch anerkennen (vgl. § 307) oder der davon absehen kann, sich gegen die Klage zu verteidigen (vgl. § 276 Abs. 1 S. 1; o. RdNr. 72). Der Kläger kann die Klage zurücknehmen (vgl. § 269) und damit das Verfahren beenden; er kann auf den von ihm geltend gemachten Anspruch verzichten (vgl. § 306). Die Parteien können durch Abschluß eines Vergleichs oder durch eine gemeinsame Erklärung, daß sich der Rechtsstreit in der Hauptsache erledigt habe, den Prozeß ohne Urteil zu einem Abschluß bringen. Die Anträge der Parteien legen schließlich den Entscheidungsrahmen für das Gericht fest (vgl. § 308 Abs. 1). Die Parteien des Zivilprozesses haben somit in weitem Umfang das Recht, über den Prozeß zu verfügen; es gilt also im Zivilprozeß der Dispositionsgrundsatz (vgl. o. RdNr. 89). Auch die Beschaffung des Tatsachenstoffes, den das Gericht bei seiner Entscheidung zu berücksichtigen hat, wird im Zivilprozeß regelmäßig den Parteien überlassen. Dieses Prinzip wird als Verhandlungsgrundsatz bezeichnet (vgl. dazu o. RdNr. 91). Soweit dieser Grundsatz gilt, entscheiden die Parteien auch durch ihr Nichtbestreiten über die Notwendigkeit des Beweises, denn nichtbestrittene Tatsachen gelten als zugestanden (§ 138 Abs. 3) und bedürfen keines Beweises (§ 288 Abs. 1). Entsprechend dem Verhandlungsgrundsatz haben die Parteien auch für die zum Beweis erforderlichen Beweismittel zu sorgen.

Dies alles zeigt, daß es ganz wesentlich von den Parteien abhängt, wie der einzelne Rechtsstreit verläuft und entschieden wird. Die verschiedenen in Betracht kommenden Verhaltensweisen der Parteien und die sich daran anknüpfenden Rechtsfolgen sollen im folgenden im einzelnen betrachtet werden.

b) Die Prozeßhandlungen der Parteien

Bereits der Begriff „Prozeß" – er leitet sich ab von dem lateinischen Wort procedere = vorgehen, vorwärtsschreiten – macht deutlich, daß es sich hierbei um einen dynamischen Vorgang handelt, der ein aktives Verhalten verlangt. Der Prozeß muß „betrieben" werden, und zwar nicht nur

allein vom Gericht, sondern auch – bei Geltung des Dispositions- und
Verhandlungsgrundsatzes im besonderen Maße – von den Parteien. Die
Handlungen der am Prozeß Beteiligten, die dazu dienen, das Verfahren zu
beginnen, fortzusetzen und schließlich zu beenden, werden Prozeßhandlungen genannt. Die Prozeßhandlungen des Gerichts unterscheiden sich
schon deswegen ganz wesentlich von denen der Parteien, weil es sich dabei
um Akte eines Staatsorgans handelt und weil deshalb die Voraussetzungen
und Wirkungen andere sind, als sie für die Prozeßhandlungen der Parteien
gelten.

Die **Prozeßhandlungen des Gerichts** lassen sich danach unterscheiden, ob sie
der Streitentscheidung dienen (insoweit ist die wichtigste das Urteil), ob sie den
Prozeßbetrieb betreffen (z. B. Terminbestimmung, Zustellung) oder ob sie die Beschaffung der tatsächlichen Urteilsgrundlagen bezwecken (Beweisaufnahme).[1]
    Auch in der ZPO wird der Begriff der Prozeßhandlung wiederholt verwendet,
ohne ihn näher zu beschreiben. Regelmäßig ist damit Parteiprozeßhandlungen
gemeint (wie z. B. in §§ 54, 67, 81, 230, 249 Abs.2); der Begriff kommt jedoch auch
in einer weiten, die Prozeßhandlungen des Gerichts mitumfassenden Bedeutung
vor (vgl. z. B. § 178; s. auch § 211 Abs. 2 BGB).

137   Die Abgrenzung des Begriffs der Parteiprozeßhandlungen, die im
folgenden betrachtet werden sollen, während die Prozeßhandlungen des
Gerichts hier unberücksichtigt bleiben, wird nicht einheitlich vorgenommen. Häufig findet sich eine Begriffsbeschreibung, die solche Akte
als Prozeßhandlungen bezeichnet, deren Voraussetzungen und Wirkungen vom Prozeßrecht geregelt werden.[2] Da sich jedoch der Aufwand einer genauen Definition der Parteiprozeßhandlung nur deshalb rechtfertigen läßt, weil eine Unterscheidung von den Rechtsgeschäften des
bürgerlichen Rechts vorgenommen werden muß, die dem materiellen
Recht unterstehen und nicht – wie die Parteiprozeßhandlungen – dem
Prozeßrecht, erscheint die vorgeschlagene Begriffsbeschreibung zwar in
der Sache zutreffend, aber für das beschriebene Abgrenzungsproblem
wenig hilfreich.[3] Es ist deshalb vorzuziehen, auf die Wirkungen abzustellen und danach zu fragen, ob sich diese Wirkungen im wesentlichen
auf prozessualem Gebiet ergeben – dann Prozeßhandlung – oder ob
diese Wirkungen im materiellrechtlichen Bereich eintreten – dann
Rechtsgeschäft des bürgerlichen Rechts.[4] Von diesem Standpunkt aus
sind dann auch Handlungen, die der Vorbereitung eines prozeßbezoge-
nen Geschehens dienen, wie die Erteilung einer Prozeßvollmacht (vgl.
§ 80) oder eine Gerichtsstandsvereinbarung (vgl. § 38), zu den Prozeß-

---

[1] Zu diesen und weiteren Prozeßhandlungen des Gerichts vgl. *Rosenberg/Schwab/
Gottwald* § 58.
[2] So oder ähnlich BGHZ 49, 384, 386 = NJW 1968, 1233; *Thomas/Putzo*
Einl. III RdNr. 3; *Baur/Grunsky* RdNr. 93.
[3] So zutreffend *Stein/Jonas/Leipold* vor § 128 RdNr. 163.
[4] So *Rosenberg/Schwab/Gottwald* § 63 II.

handlungen zu rechnen.[5] Prozeßhandlungen können also auch außerhalb eines Prozesses und vor seinem Beginn vollzogen werden; sie setzen folglich nicht voraus, daß bereits ein Prozeßrechtsverhältnis entstanden ist.[6]

Jeder Zivilprozeß begründet ein Rechtsverhältnis zwischen den an ihm Beteiligten, zwischen dem Gericht und den Parteien. Dieses **Prozeßrechtsverhältnis**[7] ist öffentlich-rechtlicher Natur und unterscheidet sich von den privatrechtlichen Beziehungen der Parteien, über die im Rechtsstreit zu entscheiden ist. Das Prozeßrechtsverhältnis wird durch die Klageerhebung zunächst zwischen Kläger und Gericht und durch die Zustellung der Klageschrift an den Beklagten auch zu diesem hergestellt. Es endet, wenn der Rechtsstreit seine Erledigung durch rechtskräftige Entscheidung oder auf andere Weise (dazu später) gefunden hat.

Somit läßt sich der **Begriff der Prozeßhandlung** als ein äußeres auf einem Handlungswillen beruhendes Verhalten einer Partei definieren, das darauf gerichtet ist, einen Erfolg herbeizuführen, dessen Wirkungen im wesentlichen auf prozessualem Gebiet liegen. Dieser Erfolg kann auch von einem Zusammenwirken mehrerer Parteien abhängen, also durch einen sog. Prozeßvertrag (vgl. dazu o. RdNr. 49) herbeizuführen sein. Dagegen ist es kein Begriffsmerkmal, daß dieser Erfolg durch die Prozeßhandlung unmittelbar verursacht wird, daß also durch die Handlung der Partei der Prozeß gestaltet und die prozessuale Rechtsstellung des Gegners unmittelbar berührt wird. Prozeßhandlungen sind vielmehr auch solche Akte der Parteien, die auf einen prozessualen Erfolg zielen, der erst aufgrund eines Tätigwerdens des Gerichts eintritt; hierzu gehören auch Anträge – auch solche, die sich auf das Verfahren beziehen, wie das Gesuch um Aussetzung (vgl. § 248) oder der Antrag auf Verweisung des Rechtsstreits an ein anderes Gericht (vgl. § 281 Abs. 1) – und der Vortrag von Tatsachen (Parteibehauptungen). **138**

1. Arten der Prozeßhandlungen

Dennoch empfiehlt es sich zu berücksichtigen, ob durch die Prozeßhandlung unmittelbar eine prozessuale Rechtswirkung erzeugt wird – man spricht dann üblicherweise von **Bewirkungshandlungen**, weil dadurch unmittelbar ein Erfolg bewirkt wird – oder ob die Prozeßhandlung ein Tätigwerden des Gerichts bezweckt – man spricht dann von **Erwirkungshandlungen**. **139**

Beispiele für Bewirkungshandlungen sind: Klagerücknahme (§ 269), Rücknahme des Einspruchs gegen ein Versäumnisurteil (§ 346), Rücknahme der Berufung (§ 515) und der Revision (§ 515 iVm. § 566), Verzicht auf Berufung (§ 514) und auf

---

[5] *Stein / Jonas / Leipold* vor § 128 RdNr. 160; aA *Zeiss* RdNr. 211 f., jeweils m. Nachw.
[6] *Leipold* (Fn. 5).
[7] Vgl. dazu *Rosenberg / Schwab / Gottwald* § 2.

Revision (§ 514 iVm. § 566), Verzicht (§ 306), Anerkenntnis (§ 307).[8] Erwirkungshandlungen sind Anträge, Behauptungen und Beweisführungen.

140   Die Unterscheidung zwischen verschiedenen Arten von Prozeßhandlungen dient keinem Selbstzweck, sondern soll ihre Bewertung erleichtern. Denn hinsichtlich der Anforderungen, die an sie zu stellen
sind, und der Rechtsfolgen, die sich aus ihnen für den Prozeß ergeben,
bestehen zwischen den verschiedenen Arten Unterschiede, die beachtet
werden müssen; hierauf wird im folgenden noch eingegangen werden.

Bei der Bewertung von Prozeßhandlungen muß auch in der **Terminologie** darauf geachtet werden, daß es sich um Institute des Prozeßrechts handelt und daß es
deshalb verfehlt wäre, Begriffe des materiellen Rechts zu verwenden. Erwirkungshandlungen sind auf ihre Zulässigkeit und Begründetheit zu prüfen. Man spricht also nicht davon, ob der gestellte Antrag „gültig" oder „wirksam" ist. Bei Bewirkungshandlungen wird dagegen nach ihrer Wirksamkeit gefragt,[9] nicht etwa nach ihrer
Zulässigkeit. Die Klagerücknahme iSv. § 269 ist also wirksam oder unwirksam, nicht
zulässig oder unzulässig.

2. Die Prozeßhandlungsvoraussetzungen

141   Die Zulässigkeit von Erwirkungshandlungen und die Wirksamkeit
von Bewirkungshandlungen hängen davon ab, daß die Prozeßhand-
lungsvoraussetzungen erfüllt werden. Dies sind
– Parteifähigkeit
– Prozeßfähigkeit
– Postulationsfähigkeit
– Vollmacht bei der gewillkürten Vertretung
– Vertretungsmacht bei der gesetzlichen Vertretung.

Parteifähigkeit (vgl. dazu o. RdNr. 103) und Prozeßfähigkeit (vgl. dazu o.
RdNr. 104) sind bereits erörtert worden; hierauf wird Bezug genommen. Unter **Postulationsfähigkeit** wird die Fähigkeit verstanden, vor Gericht aufzutreten und Prozeßhandlungen vorzunehmen. Im Parteiprozeß, also in Verfahren ohne Anwaltszwang, ist die prozeßfähige Partei auch postulationsfähig. Dagegen fehlt im
Anwaltsprozeß, also in Verfahren mit Anwaltszwang (vgl. § 78 und o. RdNr. 21 aE),
der Partei die Postulationsfähigkeit. Prozeßhandlungen können folglich von ihr
nicht mit Wirkung für den Rechtsstreit vorgenommen werden. Vielmehr muß für
sie ein beim Prozeßgericht zugelassener Rechtsanwalt als Bevollmächtigter auftreten; nur ihm steht die Postulationsfähigkeit zu. Da die Postulationsfähigkeit nicht
Prozeßvoraussetzung, sondern Prozeßhandlungsvoraussetzung ist, sind die Rechtsfolgen fehlender Postulationsfähigkeit stets auf die Prozeßhandlung zu beziehen, die
von dem Postulationsunfähigen vorgenommen wurde. Hat ein Postulationsunfähi-
ger eine Klage erhoben, im Anwaltsprozeß die nicht durch einen Anwalt vertretene
Partei, dann ist die Klageerhebung als Erwirkungshandlung unzulässig. Der Richter
hat folglich von einer Zustellung der Klage und von einer Vorbereitung des Haupt-

---

[8] Vgl. *Rosenberg/Schwab/Gottwald* § 64 II m. weit. Beispielen.
[9] *Schumann* RdNr. 255; *Baumgärtel* Zivilprozeßrechtsfall S. 14 spricht dagegen von
der „Beachtlichkeit" von Bewirkungshandlungen für die Prozeßentwicklung oder
die richterliche Entscheidung.

termins (vgl. o. RdNr. 68) abzusehen. Ebenso bleiben Bewirkungshandlungen eines Postulationsunfähigen, beispielsweise eine Klagerücknahme, ohne Wirkung.

Handelt für eine Partei ein Vertreter – einerlei ob im Partei- oder im Anwaltsprozeß –, dann muß er die dafür erforderliche Vertretungsmacht besitzen, die entweder auf Gesetz, wie bei den gesetzlichen Vertretern Minderjähriger oder den Organen juristischer Personen beruht (vgl. GK BGB RdNr. 702, 713), oder die durch Vollmacht erteilt werden kann; insoweit besteht kein Unterschied zum materiellen Recht. Die hM sieht in der Erteilung einer **Prozeßvollmacht** eine Prozeßhandlung (vgl. auch o. RdNr. 137),[10] so daß auf sie nicht die Vorschriften des bürgerlichen Rechts über die Vollmacht anzuwenden sind, sondern sie den Regelungen des Prozeßrechts unterliegt. Die Prozeßvollmacht ist hinsichtlich ihres Bestandes von dem ihr zugrundeliegenden Rechtsgeschäft unabhängig; so bleibt beispielsweise die Nichtigkeit des Anwaltsvertrages (vgl. o. RdNr. 22) ohne Einfluß auf die dem Anwalt erteilte Vollmacht. Die Vollmacht kann formfrei erteilt werden (arg. § 89 Abs. 2); wegen ihres Nachweises (vgl. § 80 Abs. 1) bildet jedoch in der Praxis die schriftliche Vollmacht den Regelfall. Die Vollmacht erlischt aufgrund eines (formlos auszusprechenden) Widerrufs. Hieran ändert nichts die Vorschrift des § 87 Abs. 1, in der von einer „Kündigung des Vollmachtvertrags“ die Rede ist. Der Gesetzgeber der ZPO ging von der heute nicht mehr zutreffenden Vorstellung aus, daß die Vollmacht durch einen entsprechenden Vertrag erteilt wird. Zum Schutze der Gegenpartei erlangt jedoch der Widerruf der Vollmacht ihr gegenüber erst Wirksamkeit, wenn ihr das Erlöschen angezeigt wird, im Anwaltsprozeß erst durch die Bestellung eines neuen Anwalts (§ 87 Abs. 1). Der Umfang der Prozeßvollmacht ist in den §§ 81 bis 84 geregelt. Die Prozeßvollmacht, die zu allen den Rechtsstreit betreffenden Prozeßhandlungen ermächtigt (vgl. § 81), ist von einer Bevollmächtigung zu unterscheiden, die nur auf eine oder mehrere Prozeßhandlungen beschränkt wird; sie kann nur für Prozeßhandlungen in Parteiprozessen erteilt werden (vgl. § 83 Abs. 2). Das Gericht hat das Fehlen einer Vollmacht nur dann von Amts wegen zu berücksichtigen, wenn der Bevollmächtigte kein Rechtsanwalt ist (§ 88 Abs. 2); sonst ist eine Rüge des Gegners erforderlich (§ 88 Abs. 1). Ein vollmachtloser Vertreter kann einstweilen zugelassen werden (vgl. § 89).[11]

3. Sonstige Anforderungen

Wie Prozeßhandlungen der Parteien abzugeben sind, ob notwendi- **142** gerweise in der mündlichen Verhandlung und in welcher **Form**, wird häufig durch die Vorschriften der ZPO bestimmt, die sich auf die einzelne Prozeßhandlung beziehen (Beispiel: § 269 Abs. 2 S. 2 bezüglich der Klagerücknahme). Werden Prozeßhandlungen in der Verhandlung vor dem Prozeßgericht oder vor dem ersuchten oder beauftragten Richter vorgenommen, dann hat dies entsprechend dem Grundsatz der Mündlichkeit (vgl. o. RdNr. 94) mündlich zu geschehen und ist im Protokoll zu vermerken (vgl. § 160; dazu o. RdNr. 77). Die außerhalb der mündlichen Verhandlung vorgenommenen Prozeßhandlungen bedürfen regelmäßig der Schriftform. Prozeßhandlungen sind auslegungsfä-

---

[10] BGH ZZP 71 (1958), 473; BGH MDR 1964, 410; *MK/v. Mettenheim* § 80 RdNr. 2.
[11] Vgl. dazu *Rosenberg/Schwab/Gottwald* § 56 III.

hig[12] und können auch umgedeutet werden. [13] Sie dürfen nicht mit einer (außerprozessualen) **Bedingung** verbunden werden, weil die Ungewißheit, die auf diese Weise in den Prozeß hineingetragen wird, im Interesse der Rechtspflege und der Gegenpartei nicht hingenommen werden kann. Etwas anderes gilt nur für innerprozessuale Bedingungen, die mit Erwirkungshandlungen verbunden werden. Die hierdurch erzeugte Ungewißheit ist mit den Interessen des Gerichts und der Gegenpartei vereinbar, weil im Laufe des Rechtsstreits durch das Gericht verbindlich geklärt wird, ob die gesetzte Bedingung eingetreten ist. Allerdings muß in jedem Fall beim Ausbleiben des Ereignisses eine sichere Grundlage für die Entscheidung des Gerichts vorhanden sein; dies läßt eine weitere Erwirkungshandlung erforderlich sein, die anstelle der bedingten gilt.

> **Beispiel:** K klagt gegen B auf Herausgabe eines Pkw und trägt zur Begründung vor, daß der zwischen beiden geschlossene Kaufvertrag und die Übereignung des Pkw nichtig seien. Sollte jedoch das Gericht zu dem Ergebnis kommen, daß die Übereignung wirksam vorgenommen worden wäre, dann beantrage er Rückübereignung des Pkw, weil dann für die Übereignung ein Rechtsgrund fehle. In diesem Fall werden zwei Anträge so miteinander verbunden, daß über den zweiten (Rückübereignung des Pkw) nur entschieden werden soll, wenn der erste (Herausgabe des Pkw) nicht erfolgreich ist. Der zweite Antrag wird nur hilfsweise gestellt und mit der Bedingung verbunden, daß über ihn nur zu entscheiden ist, wenn der Hauptantrag nicht zulässig und begründet ist. Es handelt sich hierbei um eine sog. **eventuelle Klagenhäufung**, die zwei Streitgegenstände umfaßt (vgl. o. RdNr. 126 ff.) und die für zulässig angesehen wird, soweit Haupt- und Eventualanspruch in einem rechtlichen und wirtschaftlichen Zusammenhang stehen[14] (zu weiteren Voraussetzungen einer Klagenhäufung vgl. u. RdNr. 170).

Unter der gleichen Voraussetzung ist es auch zulässig, daß der Hilfsantrag auf einen anderen Tatsachenkomplex als der Hauptantrag gestützt wird. Dann ist auch der zur Begründung des Hilfsantrages dienende Tatsachenvortrag mit einer Bedingung verknüpft und soll vom Gericht nur berücksichtigt werden, wenn das Hauptvorbringen erfolglos bleibt. Dies wäre der Fall, wenn K in dem oben angeführten Beispiel noch einen weiteren Hilfsantrag auf Rückübereignung stellte und ihn damit begründete, daß B sich zu dieser Rückübereignung vertraglich verpflichtet habe. Die Tatsachen, die für ein entsprechendes Rechtsgeschäft sprechen, interessieren dann für die Entscheidung des Rechtsstreits nur, wenn Hauptantrag und erster Hilfsantrag vom Gericht abgewiesen werden.

4. *Rücknahme und Widerruf*

143   Bei der Frage, ob (einseitige) Prozeßhandlungen von der sie vornehmenden Partei nachträglich wieder beseitigt werden können, muß unterschieden werden:

---

[12] Vgl. BGH NJW 1988, 128; 1990, 1118; *Jauernig* § 30 VI 7.
[13] BGH NJW 1987, 1204: Umdeutung eines als „sofortige Beschwerde" eingelegten Rechtsmittels in eine Berufung.
[14] *MK/Lüke* § 260 RdNr. 10, 12; *Rosenberg/Schwab/Gottwald* § 65 IV 3 a, jeweils m. weit. Nachw.

– Erwirkungshandlungen können grundsätzlich zurückgenommen werden, wenn nicht durch sie eine Prozeßsituation geschaffen wird, die im Interesse der Gegenpartei nicht ohne deren Einwilligung wieder aufgehoben werden darf.

So ist beispielsweise die Klage (und die darin liegende Erwirkungshandlung) nur bis zum Beginn der mündlichen Verhandlung des Beklagten zur Hauptsache ohne dessen Einwilligung rücknehmbar (§ 269 Abs. 1), weil von diesem Zeitpunkt an dem Beklagten ein Recht auf Entscheidung über die Klage zuzubilligen ist (vgl. dazu u. RdNr. 219). Gleiches gilt für die Rücknahme von Rechtsmitteln (Einzelheiten später). Dagegen können Anträge auf Beweiserhebung ohne Einschränkung jederzeit wieder zurückgenommen werden, weil die Gegenpartei die Möglichkeit hat, einen gleichen Antrag zu stellen. Auch Tatsachenbehauptungen können widerrufen werden; Einschränkungen ergeben sich allerdings für zugestandene Tatsachen, hierauf wird im Rahmen der Erörterung des Beweisrechts eingegangen werden.

– Bewirkungshandlungen sind grundsätzlich unwiderruflich, sobald der prozessuale Erfolg eingetreten ist, auf den sie zielen.

Eine Ausnahme ist hinsichtlich aller nicht mehr rücknehmbarer Prozeßhandlungen dann zu machen, wenn die Prozeßhandlung von einem Restitutionsgrund iSv. § 580 betroffen ist, aufgrund dessen das Urteil, das auf der Prozeßhandlung beruht, mit der Wiederaufnahmeklage beseitigt werden könnte.[15]

Beispiel: Klag verlangt mit seiner Klage gegen Beck Rückzahlung eines Darlehens, das er dem Erblasser des Beck gewährt haben will. Als Trug als Zeuge erklärt, er wisse genau, daß dieses Darlehen von Klag ausgezahlt und noch nicht getilgt worden sei, erkennt Beck den gegen ihn geltend gemachten Anspruch an (§ 307 Abs. 1). Noch vor Erlaß eines Anerkenntnisurteils stellt sich heraus, daß Trug gelogen hat. In diesem Fall kann Beck sein Anerkenntnis in analoger Anwendung des § 580 Nr. 3 zurücknehmen, wobei allerdings Voraussetzung ist, daß vorher Trug wegen seiner Falschaussage strafgerichtlich verurteilt wurde (vgl. § 581). Das Zivilgericht könnte in diesem Fall die Verhandlung bis zur Erledigung des Strafverfahrens aussetzen (§ 149).[16]

Auf Prozeßhandlungen sind die für (materiellrechtliche) Willens- **144** erklärungen geltenden **Vorschriften über** die **Nichtigkeit oder Anfechtbarkeit** (§§ 116 ff. BGB) auch nicht entsprechend anwendbar. Insbesondere kann eine Partei die von ihr vorgenommene Prozeßhandlung nicht wegen Irrtums nach § 119 BGB oder wegen Täuschung oder Drohung nach § 123 BGB anfechten.[17] Bindende Prozeßhandlungen schaffen Prozeßsituationen, die von der Unsicherheit einer nachträglichen Änderung aufgrund von Anfechtungen im Interesse der Rechtspflege freigehalten werden müssen. Nur soweit Vorschriften der ZPO

---

[15] BGHZ 80, 389 = NJW 1981, 2193, 2194.
[16] Vgl. *Stein/Jonas/Leipold* vor § 128 RdNr. 226; *Stein/Jonas/Roth* § 149 RdNr. 8.
[17] BGH (Fn. 15); BGH NJW-RR 1986, 1327; BGH FamRZ 1993, 694 m. weit. Nachw.; *Zeiss* RdNr. 218; *Jauernig* § 30 VII; *Rosenberg/Schwab/Gottwald* § 65 V 3 m. weit. Nachw.; aA *Arens/Lüke* RdNr. 215.

eingreifen, die eine nachträgliche Beseitigung bindender Prozeßhandlungen zulassen (vgl. o. RdNr. 143), gilt etwas anderes.

145   Im Prozeßrecht ist der **Grundsatz von Treu und Glauben** (vgl. o. RdNr. 88) zu beachten. Verstößt eine Partei mit ihrer Prozeßhandlung gegen diesen Grundsatz, dann hat dies jedoch nicht die Wirkungslosigkeit der Prozeßhandlung zur Folge. Vielmehr muß bei Erwirkungshandlungen das Gericht die treuwidrig vorgenommene Prozeßhandlung zurückweisen. Auch die durch eine Bewirkungshandlung herbeigeführte Verfahrenslage ist trotz der Verletzung des Gebots von Treu und Glauben wirksam und muß mit den vom Prozeßrecht dafür vorgesehenen Mitteln korrigiert werden.

> **Beispiel:** Der Kläger legt gegen ein klageabweisendes Urteil Berufung ein. Daraufhin erklärt der Beklagte ihm wahrheitswidrig, er sei völlig mittellos und leide bittere Not. Der Kläger nimmt seine Berufung zurück. Die Rücknahme der Berufung ist nicht deshalb unwirksam, weil der Beklagte den Kläger getäuscht hat. Wenn jedoch inzwischen die Berufungsfrist (vgl. § 516) abgelaufen ist, dann ist dem Kläger Wiedereinsetzung in den vorigen Stand (vgl. § 233; dazu Einzelheiten später) zu gewähren, ihm also zu ermöglichen, die Berufung noch einzulegen.[18]

Stets muß auch berücksichtigt werden, daß die Anwendung des Grundsatzes von Treu und Glauben auf Sachverhalte begrenzt ist, für die spezielle Regelungen fehlen, um einen sachgerechten Interessenausgleich herbeizuführen. Soweit entsprechende Vorschriften bestehen, dürfen sie nicht mit Billigkeitserwägungen korrigiert werden.[19] Auf die Rechtsfolgen, die sich im Prozeß aufgrund des Gebots von Treu und Glauben ergeben, wird im Rahmen der Erörterung einzelner Prozeßhandlungen noch eingegangen werden.[20]

II. Nichterscheinen und Nichtverhandeln: Das Versäumnisverfahren

146   Die Parteien sind grundsätzlich nicht verpflichtet, an der mündlichen Verhandlung teilzunehmen. Sie können sich, auch in Prozessen, in denen ein Anwaltszwang nicht besteht, durch einen Rechtsanwalt vertreten lassen. Etwas anderes gilt nur, wenn das Gericht das persönliche Erscheinen der Parteien anordnet (vgl. § 141; o. RdNr. 75).

Folgt die Partei der **Anordnung des persönlichen Erscheinens** nicht, dann kann gegen sie Ordnungsgeld in Höhe von fünf bis tausend Deutsche Mark angeordnet

---

[18] *Stein/Jonas/Roth* § 233 RdNr. 35. Ein Widerruf der Erklärung über die Zurücknahme der Berufung (so LG Hannover NJW 1973, 1757) ist schon deshalb nicht zuzulassen.

[19] Beispiel BGH NJW 1978, 426: § 187 S. 2 steht dem Beginn einer Notfrist auch dann entgegen, wenn die formgerechte Zustellung und damit der Beginn der Frist durch das arglistige Verhalten des Adressaten verhindert wird.

[20] Eingehend dazu *Stein/Jonas/Schumann* Einl. RdNr. 242 ff.; *Rosenberg/Schwab/Gottwald* § 65 VII, auch zu einzelnen Fallgruppen.

werden (§ 141 Abs. 3 S. 1 iVm. § 380 Abs. 1 S. 2, Art. 6 Abs. 1 S. 1 EGStGB). Ob von der Festsetzung eines Ordnungsgeldes gegen eine Partei nur zurückhaltend Gebrauch gemacht werden sollte, wird unterschiedlich beurteilt.[20a] Die Festsetzung des Ordnungsgeldes hat zu unterbleiben, wenn sich die Partei für ihr Ausbleiben genügend entschuldigt; geschieht die genügende Entschuldigung nachträglich, dann ist die Festsetzung des Ordnungsgeldes vom Gericht wieder aufzuheben (§ 141 Abs. 3 S. 1 iVm. § 381 Abs. 1). Ein Ordnungsgeld ist auch dann nicht zu verhängen, wenn die Partei zur Verhandlung einen Vertreter entsendet, der zur Aufklärung des Tatbestandes in der Lage und zur Abgabe von Erklärungen ermächtigt ist (§ 141 Abs. 3 S. 2). Anders als beim Zeugen darf gegen eine Partei keine Ordnungshaft festgesetzt werden, wenn das Ordnungsgeld nicht beigetrieben werden kann. Der Partei dürfen nicht entsprechend § 380 Abs. 1 S. 1 die durch ihr Ausbleiben verursachten Kosten auferlegt werden; eine Kostenbelastung ist nur durch Verhängung einer Verzögerungsgebühr nach § 34 GKG oder durch die Kostenentscheidung des Urteils gemäß § 95 möglich.[20b] Unzulässig ist auch eine zwangsweise Vorführung der Partei.[21]

Eine Pflicht zum Erscheinen für die Partei und die Ordnungsgeldsanktion gibt es nicht, wenn der Richter die Parteien zu einem Güteversuch lädt (§ 279 Abs. 2) oder wenn die Vernehmung einer Partei durch Beweisbeschluß (§ 450 Abs. 1) angeordnet wird (vgl. dazu u. RdNr. 391). Deshalb sind in der Anordnung des persönlichen Erscheinens nach § 141 Zweck und Rechtsgrundlage dafür anzugeben und die Partei nach § 141 Abs. 3 S. 3 auch auf die Folgen ihres Ausbleibens hinzuweisen. Fehlen diese Angaben, darf ein Ordnungsgeld nicht verhängt werden.

Unabhängig von der Anordnung des persönlichen Erscheinens kann **147** gegen eine Partei, die weder erscheint noch durch einen Rechtsanwalt vertreten ist, nach Maßgabe der §§ 330 ff. ein Versäumnisurteil ergehen. Hierin zeigt sich, daß auch durch ein Verhalten, das keine Prozeßhandlung darstellt, die Prozeßrechtslage beeinflußt werden kann.

a) Versäumnisurteil gegen den Beklagten – Voraussetzungen

Bei den Voraussetzungen, unter denen ein Versäumnisurteil zu erlas- **148** sen ist, muß nach der gesetzlichen Regelung (§§ 330, 331) zwischen der Säumnis des Klägers und der des Beklagten unterschieden werden. Zunächst zum **Versäumnisurteil gegen den Beklagten**; folgende **Voraussetzungen** müssen dafür erfüllt sein:

(1) Zulässigkeit der Klage
(2) Antrag des Klägers auf Erlaß eines Versäumnisurteils
(3) Bestimmung eines Termins zur mündlichen Verhandlung
(4) Säumnis des Beklagten
(5) Fehlen eines Unzulässigkeitsgrundes
(6) Fehlen eines Vertagungsgrundes
(7) Schlüssigkeit des klägerischen Vorbringens

[20a] Vgl. OLG Köln NJW-RR 1992, 827, für zurückhaltenden Gebrauch; aA OLG München NJW-RR 1992, 827, 828, jeweils m. Nachw.
[20b] OLG Köln FamRZ 1993, 338, 339.
[21] OLG Stuttgart OLGZ 1984, 450; *Zöller/Greger* § 141 RdNr. 11.

Zu diesen Voraussetzungen ist folgendes zu bemerken:

1. Zulässigkeit der Klage

149   Das Versäumnisurteil ist ein Sachurteil und darf deshalb nur ergehen, wenn die **Sachurteilsvoraussetzungen** erfüllt sind (vgl. o. RdNr. 98 f.). Stellt das Gericht fest, daß insoweit Mängel bestehen, dann kommt es darauf an, ob diese Mängel behebbar sind. Sind sie es, dann ist ein Antrag des Klägers auf Erlaß des Versäumnisurteils zurückzuweisen (§ 335 Abs. 1 Nr. 1; vgl. dazu u. RdNr. 153) und dem Kläger Gelegenheit zur Behebung der Mängel und zur Beschaffung der erforderlichen Nachweise durch Vertagung einzuräumen. Handelt es sich dagegen um nicht behebbare Mängel, dann kommt ein Sachurteil nicht in Betracht und die Klage muß durch ein Prozeßurteil als unzulässig abgewiesen werden. Dieses Prozeßurteil ist kein Versäumnisurteil und deshalb durch Berufung, nicht durch Einspruch (§ 338, vgl. dazu u. RdNr. 161 ff.) anfechtbar.

2. Antrag

150   Der Kläger muß in dem Termin zur mündlichen Verhandlung, in dem der Beklagte säumig ist, einen Antrag auf Erlaß eines Versäumnisurteils stellen. Der auf Verurteilung des Beklagten gerichtete Sachantrag genügt dafür nicht, sondern es muß noch zusätzlich ein spezieller Prozeßantrag darauf gerichtet sein, daß die Verurteilung des Beklagten in Form eines Versäumnisurteils ergehen soll.[22]

Das anwaltliche Standesrecht, das einen Rechtsanwalt verpflichtet, von einem Antrag auf Erlaß eines Versäumnisurteils gegen eine von einem Kollegen desselben Landgerichtsbezirks vertretene Partei abzusehen, wenn dies nicht vorher rechtzeitig angedroht worden ist, kann nicht mehr als verbindlich aufgefaßt werden, nachdem das BVerfG in dieser Regelung keine ausreichende Rechtsgrundlage für Einschränkungen der anwaltlichen Berufsausübung gefunden hat und es ablehnte, darin eine unerläßliche Bedingung für eine funktionsfähige Rechtspflege zu erblicken[23] (vgl. auch u. RdNr. 155).

3. Termin zur mündlichen Verhandlung

151   Der Termin, in dem der Beklagte säumig ist, muß zu einer obligatorischen mündlichen Verhandlung des Rechtsstreits vor dem Prozeßgericht bestimmt worden sein. Dies ist nicht der Fall, wenn die Parteien lediglich zu einem Güteversuch (sog. Sühnetermin) geladen werden (§ 279 Abs. 2), wenn ein Termin vor dem beauftragten oder ersuchten Richter (vgl. dazu o. RdNr. 69 aE) angesetzt worden ist oder wenn es sich um ei-

---

[22] *Zöller/Herget* § 331 RdNr. 5; *Baumbach/Lauterbach/Hartmann* § 331 RdNr. 1; *AK-ZPO/Pieper* vor § 330 RdNr. 13; *Münzberg* JuS 1963, 219 f.; aA BGHZ 37, 80, 83 f. = NJW 1962, 1149.
[23] BVerfG NJW 1993, 121, 122.

nen Beweistermin handelt; allerdings ist zu berücksichtigen, daß bei einer Beweisaufnahme vor dem Prozeßgericht nach ihrer Beendigung der Termin zur Fortsetzung der mündlichen Verhandlung bestimmt ist (§ 370) und deshalb dann eine Säumnis möglich wird. Dagegen kann jeder – nicht nur der erste – Termin zur mündlichen Verhandlung zu einer Säumnis führen (vgl. § 332). Selbstverständlich kann auch in dem frühen ersten Termin (vgl. o. RdNr. 69 ff.) ein Versäumnisurteil erlassen werden.

4. *Säumnis*

Säumig ist der Beklagte, wenn er in Verfahren ohne Anwaltszwang **152** nach Aufruf zur Sache (vgl. o. RdNr. 76) bis zum Schluß der mündlichen Verhandlung[24] (vgl. § 220 Abs. 2) nicht erscheint und auch nicht ordnungsgemäß vertreten wird (vgl. §§ 79, 157); für eine nicht prozeßfähige Partei muß ihr gesetzlicher Vertreter handeln (vgl. o. RdNr. 104). Im Anwaltsprozeß ist eine Partei säumig, wenn für sie nicht ein beim Prozeßgericht zugelassener Anwalt als Bevollmächtigter erscheint (vgl. § 78); die persönliche Anwesenheit der Partei ist insoweit unerheblich. Dem Nichterscheinen der Partei oder des Prozeßvertreters steht es gleich, wenn sie nicht verhandeln, d. h. jede Einlassung zur Sache verweigern (§ 333); lediglich der Antrag auf Klageabweisung, ohne zur Sache etwas auszuführen, genügt nicht, um dem Erfordernis der mündlichen Verhandlung zu entsprechen.[25] Ein Fall der Säumnis kann auch dadurch eintreten, daß eine Partei zur Aufrechterhaltung der Ordnung in der Sitzung auf Anordnung des Gerichts aus dem Sitzungszimmer entfernt wird (§ 158 S. 1).

Beispiel: In einem amtsgerichtlichen Verfahren, in dem beide Parteien den Rechtsstreit persönlich führen, unterbricht der Beklagte wiederholt den Vortrag des Klägers und beschimpft ihn als Lügner, Betrüger und Gauner. Daraufhin verwarnt der Vorsitzende den Beklagten und fordert ihn auf, Unterbrechungen des Klägers und jede Beleidigung zu unterlassen. Als der Beklagte dennoch erneut die Ausführung des Klägers erheblich stört, setzt der Richter gegenüber dem Beklagten ein Ordnungsgeld von 500,– DM fest, für den Fall, daß dieses nicht beigetrieben werden kann, für je 100,– DM einen Tag Ordnungshaft. Dies erregt den Beklagten so, daß er in eine wüste Beschimpfung des Richters und des Klägers ausbricht. Daraufhin ordnet der Richter an, daß der Beklagte sofort das Sitzungszimmer zu verlassen habe. Als der Beklagte dieser Aufforderung nicht Folge leistet, läßt ihn der Richter durch einen Justizwachtmeister aus dem Sitzungszimmer hinausbringen. Die Verhandlung wird danach fortgesetzt und auf Antrag des Klägers ein Versäumnisurteil gegen den Beklagten erlassen.

Die Rechtsgrundlagen für die beschriebenen **sitzungspolizeilichen Maßnahmen** des Richters finden sich in §§ 176 ff. GVG. Danach obliegt dem Vorsitzenden

---

[24] Nach Auffassung des BGH ist als Zeitpunkt der Säumnis der Moment des Nichterscheinens oder Nichtverhandelns anzusehen und nicht erst der Schluß der mündlichen Verhandlung; vgl. BGH NJW 1993, 861, 862, m. weit. Nachw.

[25] Vgl. OLG Düsseldorf MDR 1987, 852; *Herpers* DRiZ 1974, 225.

die Aufrechterhaltung der Ordnung in der Sitzung (§ 176 GVG), die durch Maßnahmen gemäß § 177 GVG sichergestellt werden kann. Außerdem können bei
Ungebühr Ordnungsmittel in und außerhalb der Sitzung festgesetzt werden
(vgl. §§ 178, 180 GVG). Aus §§ 176ff. GVG ergibt sich, daß ein Rechtsanwalt als
Bevollmächtigter einer Partei zwar auch der Ordnungsgewalt des Vorsitzenden unterliegt, daß ihm gegenüber aber keine Ordnungsmittel wegen Ungebühr nach
§ 178 GVG verhängt werden dürfen und er auch nicht aus dem Sitzungszimmer
entfernt werden darf; denn Prozeßvertreter sind bei der Aufzählung der Personen,
gegen die solche Maßnahmen festgesetzt werden dürfen, ausgenommen. Ob in Extremfällen, in denen durch Störungen des Prozeßbevollmächtigten eine Weiterverhandlung unmöglich wird, dem Gericht nur bleibt, die Sitzung aufzuheben, oder ob
es ausnahmsweise dann auch einen Rechtsanwalt zwangsweise entfernen darf, ist
streitig.[26]

5. Unzulässigkeitsgründe

153   Ein Versäumnisurteil darf nicht ergehen und ein darauf gerichteter
Antrag ist vom Gericht zurückzuweisen, wenn einer der **in § 335 Abs. 1
genannten Gründe** eingreift. Dazu ist folgendes zu bemerken:

Zu den von Amts wegen zu berücksichtigenden Umständen iSv. Nummer 1 zählen insbesondere die **Prozeßvoraussetzungen**. Bestehen insoweit nicht behebbare
Mängel, dann kommt ein Versäumnisurteil nicht in Betracht, sondern die Klage ist
durch Prozeßurteil abzuweisen (vgl. dazu o. RdNr. 149). Deshalb ist nach § 335 nur
zu verfahren und die in dieser Vorschrift vorgesehene Zurückweisung des Antrages
auf Versäumnisurteil auszusprechen, wenn die Prozeßvoraussetzungen nachträglich
noch erfüllt werden können. In diesem Zusammenhang ist auf die Vorschrift des
§ 331 Abs. 1 S. 2 zu verweisen. Die Geständnisfiktion des § 331 Abs. 1 S. 1 (vgl. dazu u
RdNr. 156) gilt nicht für Behauptungen des Klägers über Gerichtsstandsvereinbarungen nach § 29 Abs. 2, § 38. Insoweit muß feststehen, daß entsprechende zulässige
Vereinbarungen getroffen wurden (vgl. dazu o. RdNr. 48).
Ein Antrag auf Versäumnisurteil ist auch zurückzuweisen, wenn die nichterschienene Partei nicht ordnungsgemäß geladen worden ist (Nummer 2). Die **Ladung**
muß unter Einhaltung der Ladungsfrist (§ 217) der Partei zugestellt worden sein (vgl.
§§ 166ff.). Nur in den Fällen des § 218, also wenn ein Termin in einer verkündeten
Entscheidung bestimmt wird, ist eine Ladung der Partei nicht erforderlich, wenn
nicht das persönliche Erscheinen der Partei angeordnet werden soll (§ 141 Abs. 2).
Der in Nummer 3 genannte Grund für eine Zurückweisung des Antrags auf Erlaß
eines Versäumnisurteils ist nur bei Säumnis des Beklagten zu beachten, weil nur Angriffsmittel rechtzeitig, d. h. unter Beachtung der Frist des § 132 Abs. 1 (mindestens
eine Woche) und beim ersten Termin auch der Einlassungsfrist des § 274 Abs. 3 (mindestens zwei Wochen), vorgebracht werden müssen.[27] Der Gesetzgeber ging bei dieser Regelung davon aus, daß der Beklagte von einem Erscheinen bei der mündlichen
Verhandlung absehen kann, wenn das bisherige Vorbringen des Klägers seinen Klageantrag nicht rechtfertigt und deshalb keine Gefahr besteht, daß der Beklagte verurteilt werden könnte.[28] Wenn der Kläger durch **nachträgliches Vorbringen** seine
Klage schlüssig macht, dann muß dies der Beklagte rechtzeitig erfahren; dies folgt insbesondere aus seinem Anspruch auf rechtliches Gehör (vgl. o. RdNr. 87).

---

[26] Vgl. BGHZ 67, 184, 189 = NJW 1977, 437 (für eine solche Möglichkeit); aA
P. Müller NJW 1979, 22, jeweils m. Nachw.
[27] *Zöller/Herget* § 335 RdNr. 4.
[28] Kritisch gegenüber dieser Annahme *Schlosser* RdNr. 174.

In Ehesachen (zu diesem Begriff vgl. § 606 Abs. 1 S. 1) und in Kind- **154** schaftssachen (zu diesem Begriff vgl. § 640 Abs. 2) ist ein **Versäumnis- urteil gegen den Beklagten unzulässig** (§ 612 Abs. 4, auf den in § 640 Abs. 1 verwiesen wird).

6. Vertagungsgründe

Des weiteren darf ein Versäumnisurteil nicht ergehen und der Termin **155** ist von Amts wegen zu vertagen, wenn das Gericht zu der Auffassung gelangt, daß eine vom Vorsitzenden bestimmte Einlassungs- oder La- dungsfrist zu kurz bemessen wurde oder daß die ausgebliebene Partei ohne ihr Verschulden am Erscheinen verhindert ist (§ 337).

Nicht als ausreichender Entschuldigungsgrund kann es anerkannt werden, daß sich ein Rechtsanwalt auf die kollegiale Übung verläßt, ein Kollege desselben Land- gerichtsbezirks werde nicht ohne vorherige Androhung ein Versäumnisurteil bean- tragen. Dieser auf Standesrecht beruhenden Regelung fehlt heute die erforderliche Rechtsgrundlage (vgl. o. RdNr. 150).[29] Gibt es für das Gericht keine triftigen An- haltspunkte dafür, daß der Rechtsanwalt ohne sein Verschulden am Erscheinen ver- hindert ist (beispielsweise wegen nicht vorhersehbarer Verzögerung eines anderen Gerichtstermins), dann kann eine Vertagung von Amts wegen nicht in Betracht kommen.[30] Auch in Fällen unverschuldeter Hindernisse wird man stets verlangen können, daß die Partei oder ihr Vertreter alle zumutbaren Anstrengungen unter- nimmt, um am Termin teilzunehmen. Bei einer Autopanne kann deshalb erwartet werden, daß eine Taxe benutzt wird oder daß man zumindest das Gericht oder die Gegenpartei telefonisch von einer Verzögerung benachrichtigt.[31]

7. Schlüssigkeit des klägerischen Vorbringens

Die Säumnis des Beklagten hat zur Folge, daß das tatsächliche münd- **156** liche Vorbringen des Klägers als zugestanden anzunehmen ist (§ 331 Abs. 1 S. 1). Dies bedeutet, daß die vom Kläger vorgetragenen Tatsachen nicht des Beweises bedürfen (§ 288 Abs. 1) und deshalb vom Richter dem Urteil als feststehend zugrunde zu legen sind, und zwar unabhän- gig davon, was bereits die Verhandlung in früheren Terminen ergeben hat. Die Geständnisfiktion des § 331 Abs. 1 S. 1 gilt also auch dann, wenn eine bereits durchgeführte Beweisaufnahme die Behauptungen des Klä- gers widerlegte. Ob sich insoweit Grenzen aus der Wahrheitspflicht (vgl. o. RdNr. 92 und u. RdNr. 348) ergeben, wird nicht einheitlich beur- teilt;[32] dies ist zu bejahen, wenn es sich um offenkundig unrichtige Tat- sachenbehauptungen handelt, die der Kläger nur unter Verletzung seiner

---

[29] BGH NJW 1991, 42; *MK/Prütting* § 337 RdNr. 7 ff., 16 f.; *Zöller/Herget* vor § 330 RdNr. 12; aA *Hettinger* NJW 1991, 1161; *Thomas/Putzo* § 337 RdNr. 3.
[30] *Zöller/Herget* vor § 330 RdNr. 12, § 337 RdNr. 3.
[31] BAG AP § 337 ZPO Nr. 3 m. Anm. v. *Schumann*; vgl. auch *AK-ZPO/Pieper* § 337 RdNr. 4.
[32] Bejahend *Henckel* JZ 1992, 645, 649; *MK/Prütting* § 331 RdNr. 19 f.; vernei- nend *Rosenberg/Schwab/Gottwald* § 65 VIII 5.

Wahrheitspflicht vortragen kann. Der Richter hat aufgrund des materiellen Rechts zu prüfen, ob das als zugestanden geltende Vorbringen den Klageantrag rechtfertigt, ob also der Tatsachenvortrag des Klägers den Tatbestand eines Rechtssatzes verwirklicht, aus dem sich die vom Kläger begehrte Rechtsfolge ergibt. Ist dies der Fall, dann ist die **Klage schlüssig** und das beantragte Versäumnisurteil gegen den Beklagten zu erlassen. Gelangt dagegen der Richter bei der Schlüssigkeitsprüfung zu einem negativen Ergebnis, rechtfertigt also der Tatsachenvortrag des Klägers nicht den Klageantrag, dann ist die Klage abzuweisen (§ 331 Abs. 2 HS 2). Bei dem klageabweisenden Urteil handelt es sich nicht um ein Versäumnisurteil, so daß es durch Berufung und nicht durch Einspruch anfechtbar ist.

Bei der Schlüssigkeitsprüfung muß folgendes berücksichtigt werden: Hat der Kläger nachträglich noch Tatsachen vorgetragen, dann kommt es darauf an, ob diese Tatsachen rechtzeitig dem Beklagten mittels Schriftsatzes mitgeteilt worden sind. Ist dies nicht der Fall, dann darf ein Versäumnisurteil nicht ergehen (§ 335 Abs. 1 Nr. 3; vgl. dazu o. RdNr. 153). Jedoch darf ein klageabweisendes Urteil erlassen werden, wenn auch der nachträgliche Tatsachenvortrag an der ursprünglichen Unschlüssigkeit der Klage nichts geändert hat.

Die Urteile, die bei der Unzulässigkeit oder Unschlüssigkeit der Klage ergehen, werden häufig auch als „unechte" Versäumnisurteile bezeichnet. Diese Bezeichnung ist jedoch mißverständlich und sollte vermieden werden, weil die Säumnis der Gegenpartei für diese Entscheidungen keine Rolle spielt.

b) Versäumnisurteil nach § 331 Abs. 3

157   Ein Versäumnisurteil gegen den Beklagten kann auch erlassen werden, wenn er im schriftlichen Vorverfahren nicht rechtzeitig anzeigt, daß er sich gegen die Klage verteidigen will (vgl. § 276 Abs. 1 S. 1, Abs. 2; o. RdNr. 72). In diesem Fall ergeht ein Versäumnisurteil, ohne daß vorher mündlich verhandelt worden ist, so daß von den oben (RdNr. 148) genannten Voraussetzungen alle die entfallen, die im Zusammenhang mit dem Termin zur mündlichen Verhandlung stehen.

Ein **Versäumnisurteil nach § 331 Abs. 3** setzt somit voraus, daß
– die Klage zulässig ist,
– der Kläger einen entsprechenden Antrag stellt, der schon in die Klageschrift aufgenommen werden kann (§ 331 Abs. 3 S. 2),
– der Beklagte entsprechend der in § 276 Abs. 1 S. 1 getroffenen Regelung aufgefordert worden ist, seine Verteidigungsbereitschaft anzuzeigen, und er dabei über die Folgen einer Versäumung der ihm dafür gesetzten Frist belehrt wurde (§ 276 Abs. 2),
– der Beklagte auf diese Aufforderung entweder überhaupt nicht oder nicht wirksam (im Anwaltsprozeß nicht durch einen zugelassenen Rechtsanwalt) geantwortet hat. Geht die Antwort des Beklagten

nach Ablauf der zweiwöchigen Frist des § 276 Abs. 1 S. 1 ein, aber noch bevor das von den Richtern unterschriebene Urteil der Geschäftsstelle übergeben ist, dann ist die Anzeige des Beklagten nach § 331 Abs. 3 HS 2 noch als rechtzeitig zu behandeln,
– die Klage schlüssig ist.

Streitig ist die Frage, was zu geschehen hat, wenn das Gericht zu dem Ergebnis gelangt, daß die Klage nicht zulässig oder begründet ist. Unter Hinweis auf den Zweck des schriftlichen Vorverfahrens wird der Erlaß eines klageabweisenden Prozeß- oder Sachurteils für unzulässig angesehen. Daß im Interesse der Verfahrensbeschleunigung und der Entlastung des Gerichts die Rechtsstreite ausgesondert werden, in denen der Beklagte der Klage nichts entgegensetzen kann oder will und es deshalb auch nicht zu einer streitigen Verhandlung kommt, und daß in derartigen Fällen unter erleichterten Voraussetzungen ein Urteil gegen den nicht verteidigungsbereiten Beklagten ergeht, erscheine sinnvoll.[33] Dem Kläger müsse dagegen Gelegenheit gegeben werden, zu einer unzulässigen oder unschlüssigen Klage Stellung zu nehmen und möglicherweise sein Vorbringen zu ergänzen. Deshalb sei die Klage nicht bereits in dieser Phase des Verfahrens abzuweisen, sondern Termin zur mündlichen Verhandlung anzuberaumen.[34] Die hM[35] will es dagegen genügen lassen, daß der Kläger vom Gericht auf die Bedenken hingewiesen wird, die gegen die Zulässigkeit oder Schlüssigkeit seiner Klage sprechen, und daß ihm Gelegenheit zur Ergänzung des Vorbringens gegeben wird. Ein Termin zur mündlichen Verhandlung sei dafür nicht erforderlich. Nach dieser Ansicht, die eine Vereinfachung des Verfahrens ermöglicht, ohne daß rechtsstaatliche Erwägungen (Anspruch auf rechtliches Gehör) dagegen sprechen, kann also auch im schriftlichen Vorverfahren die Klage als unzulässig oder unbegründet durch kontradiktorisches Urteil abgewiesen werden.

c) Versäumnisurteil gegen den Kläger

Die Voraussetzungen, unter denen gegen den Kläger ein Versäumnis- **158** urteil ergehen kann, stimmen weitgehend mit denjenigen überein, die bei einem Versäumnisurteil gegen den Beklagten erfüllt werden müssen; nur in einem wichtigen Punkt besteht ein Unterschied (vgl. § 330): Das Vorbringen der Parteien zur Sache bleibt unberücksichtigt. Also auch wenn das Verteidigungsvorbringen des Beklagten unerheblich ist und nichts daran ändert, daß der Kläger seinen Antrag in der Klageschrift schlüssig begründet, ergeht gegen ihn ein Versäumnisurteil. Diese unterschiedliche Behandlung von Kläger und Beklagtem erklärt sich dadurch, daß von dem Kläger, der durch seine Klage den Prozeß begonnen hat, er-

---

[33] *Stein/Jonas/Leipold* § 276 RdNr. 1: Filterfunktion des schriftlichen Vorverfahrens.

[34] OLG Nürnberg NJW 1980, 460; OLG Frankfurt NJW 1992, 1178; *Stein/Jonas/Leipold* § 276 RdNr. 34; *Zöller/Herget* § 331 RdNr. 13; *Zimmermann* § 331 RdNr. 29; *Schumann* RdNr. 160, 356; *Grunsky* JZ 1977, 201, 203.

[35] BayVerfGH NJW 1991, 2078; *MK/Prütting* § 331 RdNr. 50; *Rosenberg/Schwab/Gottwald* § 107 IV 2; *Baumbach/Lauterbach/Hartmann* § 331 RdNr. 21; *AK-ZPO/Pieper* § 331 RdNr. 19, jeweils m. weit. Nachw.

wartet werden kann, daß er seine Sache vor Gericht vertritt und zur Verhandlung erscheint. Damit ein Versäumnisurteil gegen den Kläger ergehen darf, muß somit folgenden Anforderungen genügt werden:

(1) Zulässigkeit der Klage
(2) Antrag des Beklagten auf Versäumnisurteil
(3) Bestimmung eines Termins zur mündlichen Verhandlung
(4) Säumnis des Klägers
(5) Fehlen eines Unzulässigkeitsgrundes
(6) Fehlen eines Vertagungsgrundes

159   Da auch das Versäumnisurteil gegen den Kläger ein Sachurteil ist, darf es nur ergehen, wenn die **Sachurteilsvoraussetzungen** erfüllt sind.[36] Ist dies nicht der Fall, dann muß bei behebbaren Mängeln der Antrag auf Erlaß des Versäumnisurteils zurückgewiesen und die Verhandlung vertagt werden; zum neuen Termin ist der Kläger erneut zu laden (§ 335 Abs. 1 Nr. 1, Abs. 2). Handelt es sich um nichtbehebbare Mängel, dann ergeht Klageabweisung durch Prozeßurteil, das kein Versäumnisurteil darstellt, also nicht mit dem Einspruch, sondern mit der Berufung anfechtbar ist. Insoweit besteht kein Unterschied zur Säumnis des Beklagten. Dagegen ergeht auch dann ein Versäumnisurteil, wenn der Vortrag des Klägers nicht schlüssig ist, denn eine **Schlüssigkeitsprüfung** hat – wie ausgeführt – bei einem Versäumnisurteil gegen den Kläger nicht stattzufinden.

Im übrigen gelten weitgehend die Erläuterungen der Voraussetzungen, auf die es für ein Versäumnisurteil gegen den Beklagten ankommt, entsprechend auch für das Versäumnisurteil gegen den Kläger (vgl. o. RdNr. 149 ff.). Auf folgendes ist jedoch noch hinzuweisen:
In Verfahren auf Nichtigkeitserklärung und auf Feststellung des Bestehens oder Nichtbestehens einer Ehe sowie in Verfahren in Kindschaftssachen ist das Versäumnisurteil gegen den nichterschienenen Kläger dahin zu erlassen, daß die **Klage als zurückgenommen gilt** (§§ 635, 638, 640 Abs. 1); eine gleiche Entscheidung ist nach § 881 im Verteilungsverfahren zu treffen, das durchgeführt wird, wenn bei der Zwangsvollstreckung in das bewegliche Vermögen ein Geldbetrag hinterlegt ist, der zur Befriedigung der beteiligten Gläubiger nicht ausreicht (dazu Einzelheiten später). Die (als zurückgenommen geltende) Klage kann vom Kläger erneut erhoben werden (vgl. § 269 Abs. 3, 4 und u. RdNr. 217).

d) Form und Inhalt eines Versäumnisurteils

160   Das Versäumnisurteil ist als solches zu bezeichnen und kann in einer verkürzten **Form** (insbesondere ohne Tatbestand und Entscheidungsgründe) abgefaßt werden, wenn nicht zu erwarten ist, daß es im Ausland

---

[36] BGH NJW-RR 1986, 1041; 1987, 1535; *Jauernig* § 66 III 2; *Rosenberg/Schwab/Gottwald* § 107 III 3 b; *Zöller/Herget* vor § 330 RdNr. 11, § 330 RdNr. 6; aA *Baumbach/Lauterbach/Hartmann* § 330 RdNr. 5.

geltend gemacht werden soll (vgl. § 313b). Es ist in der mündlichen Verhandlung zu verkünden; ergeht es im schriftlichen Vorverfahren nach § 331 Abs. 3, dann wird die Verkündung durch die Zustellung des Urteils ersetzt (§ 310 Abs. 3).

Streitig ist die Frage, welche **Rechtskraftwirkung** ein gegen den Kläger ergehendes Versäumnisurteil hat. Dazu folgendes

Beispiel: K klagt gegen B auf Rückzahlung eines Darlehens von 5.000,– DM. B beruft sich in der Klageerwiderung auf eine mit K getroffene Vereinbarung, nach der das Darlehen erst in einem Jahr zurückerstattet werden soll. Nach erneuter Prüfung dieser Vereinbarung, deren Wortlaut nicht eindeutig ist, gelangt K zu dem Ergebnis, daß für den Rechtsstandpunkt des B gute Gründe sprechen. Deshalb erscheint er nicht zur mündlichen Verhandlung, sondern läßt ein Versäumnisurteil gegen sich ergehen. Nach Ablauf eines Jahres erhebt er erneut Klage gegen B auf Rückzahlung des Darlehens. B meint, die zweite Klage sei unzulässig, da ihr die Rechtskraft des Versäumnisurteils entgegenstünde (vgl. o. RdNr. 115 und u. RdNr. 469).

Wird die Klage wegen mangelnder Fälligkeit des klägerischen Anspruchs durch ein gewöhnliches (kontradiktorisches) Urteil als zur Zeit unbegründet abgewiesen, dann steht die Rechtskraft dieses Urteils einer späteren Klage, mit der dann der fällige Anspruch geltend gemacht wird, nicht entgegen. Bei einem Versäumnisurteil gegen den Kläger beruht die Abweisung der Klage jedoch allein auf dem Umstand seiner Säumnis. Materiellrechtliche Gründe spielen dafür keine Rolle (vgl. o. RdNr. 159). Dies könnte dafür sprechen, daß der Anspruch des Klägers schlechthin durch das Versäumnisurteil aberkannt worden ist. Eine erneute Geltendmachung dieses Anspruchs – gleichgültig aus welchem Grund – wäre dann ausgeschlossen.[37] Andererseits wird die Rechtskraft eines Urteils zeitlich durch den Schluß der mündlichen Verhandlung begrenzt, weil danach eintretende tatsächliche Umstände nicht mehr berücksichtigt werden können. Dementsprechend läßt das Gesetz auch zu, solche nachträglich eintretenden Gründe dem durch das Urteil rechtskräftig festgestellten Anspruch entgegenzusetzen (vgl. § 767 Abs. 2 und u. RdNr. 583). Es gibt keinen überzeugenden Grund, die zeitlichen Grenzen der Rechtskraft bei einem Versäumnisurteil anders zu ziehen. Allerdings ist nicht zu verkennen, daß es wegen des möglichen Fehlens von Tatbestand und Entscheidungsgründen (vgl. § 313b) schwierig sein kann zu ermitteln, welche Tatsachen noch vom Urteil erfaßt worden sind und welche sich als neue nach Schluß der mündlichen Verhandlung ergeben haben. Insoweit nicht klärbare Zweifel müssen deshalb zu Lasten des Klägers gehen, dessen zweite Klage dann als unzulässig abzuweisen ist. Beruft sich aber der Kläger zur Begründung seines Anspruchs erkennbar auf Tatsachen, die erst nach Schluß der mündlichen Verhandlung des ersten Prozesses eingetreten sind, wie hier die Fälligkeit seines Anspruchs, dann darf er an diesem Vorbringen nicht durch die Rechtskraft des ersten Urteils gehindert werden.[38] Folgerichtig muß aber etwas anderes gelten, wenn bereits im Zeitpunkt des Versäumnisurteils die Parteien über Tatsachen stritten, von deren Bestehen auch im zweiten Prozeß der Erfolg der Klage abhängt. Auf solche Tatsachen darf der Kläger zu seinen Gunsten nicht mehr zurückgreifen. Hat sich in dem Beispielsfall der Beklagte im ersten Prozeß nicht nur auf die fehlende Fälligkeit, sondern auch auf den schenkweisen Erlaß der Darlehensforderung berufen, dann muß in einem zweiten Prozeß von dem Erlaß ausgegangen werden, was

---

[37] BGHZ 35, 338, 340 = NJW 1961, 1969.
[38] So *Dietrich* ZZP 84 (1971) 419, 436; *Zeuner* JZ 1962, 497; *Arens/Lüke* RdNr. 374; *Baumbach/Lauterbach/Hartmann* § 330 RdNr. 6.

zur Folge hat, daß das Nichtbestehen des klägerischen Anspruchs rechtskräftig festgestellt wurde und einer zweiten Klage die Rechtskraft des ersten Urteils entgegensteht. Auf die Frage der Fälligkeit des Anspruchs kommt es dann nicht mehr an.

e) Einspruch gegen das Versäumnisurteil

161   Ein Versäumnisurteil kann mit dem Einspruch angefochten werden
(§ 338), der an die Stelle der bei gewöhnlichen (kontradiktorischen)
Urteilen gegebenen Rechtsmittel der Berufung oder der Revision tritt.
Dies gilt selbst dann, wenn das Gericht zu Unrecht ein Versäumnisurteil
erläßt, obwohl überhaupt kein Fall der Säumnis eingetreten war. Der
BGH lehnt es ab, in einem solchen Fall nach dem Grundsatz der Meistbegünstigung (vgl. dazu RdNr. 434) zu verfahren und auch die Berufung oder Revision zuzulassen, weil es sich um einen inhaltlichen Fehler
und nicht um eine in der Form inkorrekte Entscheidung handele.[39] Der
Grundsatz der Meistbegünstigung wird dagegen angewendet, wenn das
den Parteien zugestellte Urteil entgegen § 313b Abs. 1 S. 2 nicht als Versäumnisurteil bezeichnet worden ist.[40] Der (zulässige) Einspruch bewirkt, daß der Prozeß, soweit der Einspruch reicht, in die Lage zurückversetzt wird, in der er sich vor Eintritt der Versäumnis befand (§ 342).

Die Einschränkung „soweit der Einspruch reicht" in § 342 weist darauf hin, daß
das Versäumnisurteil durch den Einspruch auch nur zum Teil angefochten werden
kann; dies ist dann in der Einspruchsschrift anzugeben (§ 340 Abs. 2 S. 2). Geht beispielsweise die das Versäumnisurteil anfechtende Partei davon aus, daß sie in einem
von mehreren Punkten ein für sie günstiges Urteil nicht erreichen wird, dann kann
sie insoweit von der Anfechtung absehen und das Versäumnisurteil in diesem Punkt
rechtskräftig werden lassen. Voraussetzung ist allerdings stets, daß es sich dabei um einen abgrenzbaren Teil handelt (vgl. dazu u. RdNr. 419 zum Teilurteil).

162   Zulässig ist der Einspruch, wenn er statthaft ist, d. h., wenn er für die
Anfechtung der betreffenden Entscheidung überhaupt vorgesehen ist
(vgl. auch u. RdNr. 431), und wenn er in der gesetzlichen Form und
Frist eingelegt wird. Statthaft ist ein Einspruch gegen ein Versäumnisurteil, soweit es sich dabei nicht um ein „technisch zweites" handelt.

Als „**technisch zweites**" Versäumnisurteil wird das in § 345 geregelte bezeichnet. Diese Vorschrift dient dem Zweck, einer Prozeßverschleppung entgegenzuwirken, die sonst leicht durch wiederholte Säumnis und Einsprüche gegen ergehende
Versäumnisurteile erreicht werden könnte. Nach § 345 muß eine Partei, die gegen
ein Versäumnisurteil Einspruch eingelegt hat, zu dem zur mündlichen Verhandlung
über den Einspruch und die Hauptsache bestimmten Termin (§ 341 a) erscheinen
und zur Hauptsache verhandeln. Tut sie dies nicht, dann ergeht ein „technisch zweites" Versäumnisurteil gegen sie, gegen das ein weiterer Einspruch nicht mehr statthaft ist. Dem nach § 341a zur Verhandlung über den Einspruch zu bestimmenden
Termin steht nach § 345 der Termin gleich, auf den nach § 335 Abs. 2 oder nach

---

[39] BGH NJW 1994, 665.
[40] OLG Hamm NJW-RR 1995, 186.

§ 337 die Verhandlung vertagt worden ist, weil aus den in diesen Vorschriften genannten Gründen gegen die nichterschienene Partei ein „technisch zweites" Versäumnisurteil nicht erlassen werden konnte.

§ 345 schließt jedoch nicht aus, daß eine Partei in einem Verfahren wiederholt
säumig ist und gegen sie wiederholt Versäumnisurteile ergehen. Denn erscheint die
säumige Partei in dem nach § 341 a anberaumten oder nach § 335 Abs. 2, § 337 ver-
tagten Termin und verhandelt dort zur Hauptsache, ist dann aber im folgenden Termin wieder säumig, dann handelt es sich bei einem daraufhin erlassenen weiteren
Versäumnisurteil nicht um ein „technisch zweites" iSv. § 345, so daß ein Einspruch
gegen dieses weitere Versäumnisurteil statthaft ist. Die Gegenpartei kann einer derartigen Verschleppung des Prozesses dadurch begegnen, daß sie Antrag auf **Entscheidung nach Lage der Akten** stellt (§ 331 a). Bei dieser Entscheidung hat das
Gericht den gesamten bisher vorgebrachten Tatsachenstoff zu berücksichtigen; insbesondere gilt die Geständnisfiktion des § 331 Abs. 1 S. 1 nicht. Ist danach der
Rechtsstreit zur Endentscheidung reif (vgl. u. RdNr. 423), dann ist dem Antrag auf
Erlaß eines Urteils zu entsprechen (vgl. auch § 300 Abs. 1). Das nach Aktenlage ergehende Urteil ist ein kontradiktorisches und mit dem Rechtsmittel der Berufung
oder der Revision anfechtbar.

Gegen das „technisch zweite" Versäumnisurteil kann **Berufung** mit der Begründung eingelegt werden, daß ein Fall der Säumnis im zweiten Fall nicht gegeben war
und deshalb das (technisch zweite) Versäumnisurteil nicht ergehen durfte (§ 513
Abs. 2). Diese Voraussetzung ist beispielsweise erfüllt, wenn die nichterschienene Partei
nicht oder nicht rechtzeitig zum Termin geladen wurde, wenn ihr die Ladung nicht zugestellt wurde oder wenn ein Aufruf zur Sache unterblieben ist (vgl. o. RdNr. 76).[41]
Dem Fall der fehlenden Säumnis wird die unabwendbare gleichgestellt, wenn also
die Säumnis nicht auf einem Verschulden der nichterschienenen Partei beruht.[42]
Die Partei hat auf der Fahrt zur mündlichen Verhandlung einen Autounfall, so daß
sie nicht am Termin teilnehmen kann. In einem solchen Fall ist sie aber verpflichtet,
das Gericht telefonisch zu unterrichten, wenn ihr dies möglich ist.

Sehr streitig ist die Frage, ob eine Partei ein „technisch zweites" Versäumnisurteil erfolgreich mit der Berufung angreifen darf, weil das erste Versäumnisurteil nicht hätte
ergehen dürfen und dieser Fehler vom Gericht bei Erlaß des zweiten Versäumnisurteils
nicht berücksichtigt wurde.

Beispiel: Der Beklagte ist zum Termin zur mündlichen Verhandlung nicht ordnungsgemäß geladen worden. Entgegen § 335 Abs. 1 Nr. 2 vertagt das Gericht
die Verhandlung nicht, sondern erläßt auf Antrag des Klägers gegen den Beklagten ein Versäumnisurteil. Gegen dieses Versäumnisurteil legt der Beklagte Einspruch ein. Zu dem nach § 341 a anberaumten Termin erscheint der Beklagte
wiederum nicht. Daraufhin erläßt das Gericht ein (technisch zweites) Versäumnisurteil, durch das der Einspruch verworfen wird. Der Beklagte legt Berufung
gegen dieses zweite Versäumnisurteil ein und begründet sie mit dem Verfahrensfehler bei Erlaß des ersten Versäumnisurteils.

Der BGH hat in einer sorgfältig begründeten Entscheidung die Auffassung vertreten, daß die Berufung gegen ein „technisch zweites" Versäumnisurteil nicht darauf gestützt werden könnte, daß bei Erlaß des ersten Versäumnisurteils ein Fall der
Säumnis nicht bestanden habe.[43] Das Gericht weist das von der Gegenauffassung
verwendete Argument zurück, es sei willkürlich, die Zulässigkeit der Berufung von

---

[41] *Baumbach / Lauterbach / Albers* § 513 RdNr. 4.
[42] *MK / Rimmelspacher* § 513 RdNr. 16, 20 ff.
[43] BGHZ 97, 341, 344 = NJW 1986, 2113.

dem eher zufälligen Umstand abhängig zu machen, ob der Richter bei Erlaß des ersten oder des zweiten Versäumnisurteils fehlerhaft verfahren sei. Der BGH meint zu Recht, beide Fälle seien nicht vergleichbar. Die prozessuale Nachlässigkeit einer Partei, die ohne Rücksicht auf die Warnung, die in dem – wenn auch zu Unrecht – gegen sie ergangenen Versäumnisurteil liege, dem darauffolgenden Termin trotz ordnungsgemäßer Ladung erneut und schuldhaft fernbliebe, wiege schwerer als diejenige in dem durch §§ 345, 513 Abs. 2 geregelten Fall. Im übrigen müßten auch die Interessen der Gegenpartei berücksichtigt werden, zu deren Lasten die Aufhebung des zweiten Versäumnisurteils ginge.[44]

Ebenfalls ist streitig, ob vor Erlaß des „technisch zweiten" Versäumnisurteils in den Fällen des § 331 erneut die Schlüssigkeit der Klage geprüft werden muß und ob mit Berufung nach § 513 Abs. 2 geltend gemacht werden kann, das zweite Versäumnisurteil hätte mangels Schlüssigkeit des Klagevorbringens nicht ergehen dürfen.[45] Diese Frage ist zu verneinen. Aus den gleichen Gründen, die gegen eine Berücksichtigung fehlender Säumnis vor Erlaß des ersten Versäumnisurteils bei Entscheidung über die Aufhebung des zweiten Versäumnisurteils sprechen, ist die Prüfung im Falle des Versäumnisurteils nach § 345 darauf zu beschränken, ob die den Einspruch erhebende Partei säumig ist. Ist dies der Fall, dann muß das „technisch zweite" Versäumnisurteil erlassen werden.[46]

Gegen die hier vertretene Meinung spricht auch nicht die Vorschrift des § 700 Abs. 6, nach der im Mahnverfahren vor Erlaß eines „technisch zweiten" Versäumnisurteils zu prüfen ist, ob der Kläger den von ihm geltend gemachten Anspruch schlüssig begründet hat (vgl. u. RdNr. 495). Nach dieser Regelung kann mit der Berufung gegen das zweite Versäumnisurteil gem. § 513 Abs. 2 auch geltend gemacht werden, das Klagebegehren sei im Zeitpunkt der Entscheidung über den Einspruch prozessual unzulässig oder nicht schlüssig gewesen.[47] Das von der Gegenauffassung verwendete Argument, eine unterschiedliche Behandlung des „technisch zweiten" Versäumnisurteils im Mahnverfahren und in sonstigen Fällen sei nicht zu rechtfertigen, ist jedoch nicht stichhaltig. Die Besonderheiten des Mahnverfahrens, insbesondere die vor Erlaß des Mahnbescheides fehlende Schlüssigkeitsprüfung (vgl. RdNr. 492), ergeben ausreichende Gründe für eine unterschiedliche Behandlung der beiden Fallgruppen. Wie die Entstehungsgeschichte des § 700 Abs. 6 deutlich zeigt, waren gerade die Besonderheiten des Mahnverfahrens für diese Regelung maßgebend.[48] § 700 Abs. 6 kann daher im Wege des Umkehrschlusses (vgl. GK BGB RdNr. 73) den hier eingenommenen Standpunkt zusätzlich stützen.

---

[44] Vgl. zu diesem Meinungsstreit auch BAG AP § 513 ZPO Nr. 6; *Baumbach/Lauterbach/Albers* § 513 RdNr. 6; *MK/Rimmelspacher* § 513 RdNr. 18, m. weit. Nachw. (wie BGH); aA OLG Stuttgart MDR 1976, 51; *Vollkommer*, Anm. zu BAG AP § 513 ZPO Nr. 6; JZ 1991, 828, 830 f.; *Orlich* NJW 1980, 1782; weitere Nachw. bei BGH (Fn. 43).

[45] So BAG NJW 1971, 1198; 1974, 1103; *Braun* ZZP 93 (1980) 443, 464 f., 471 f.; *Vollkommer* AP § 513 ZPO Nr. 6; ZZP 94 (1981) 91; JZ 1991, 828; *Rosenberg/Schwab/Gottwald* § 107 VI, § 135 I 2; *Zöller/Gummer* § 513 RdNr. 6.

[46] So auch OLG Düsseldorf MDR 1987, 769; OLG Hamm NJW 1991, 1067; *Jauernig* § 67 II 3; *MK/Rimmelspacher* (Fn. 44); *Baumbach/Lauterbach/Hartmann* § 345 RdNr. 3; *Thomas/Putzo* § 345 RdNr. 3. Nach Auffassung des BAG (JZ 1995, 523 m. abl. Anm. v. *Braun*) soll zwar vor Erlaß eines zweiten Versäumnisurteils die Schlüssigkeit der Klage erneut zu prüfen sein, daraus folge jedoch nicht, daß die Berufung gegen das zweite Versäumnisurteil gem. § 513 Abs. 2 auf die fehlende Schlüssigkeit gestützt werden könne.

[47] BGHZ 112, 367, 372 ff. = NJW 1991, 43.

[48] Eingehend hierzu *MK/Prütting* § 345 RdNr. 15.

Der Einspruch wird durch Einreichung der **Einspruchsschrift** bei **163**
dem Prozeßgericht eingelegt (§ 340 Abs. 1; zum Inhalt der Einspruchsschrift vgl. § 340 Abs. 2, 3). Im amtsgerichtlichen Verfahren kann nach
§ 496 der Einspruch auch durch Erklärung zu Protokoll der Geschäftsstelle eines jeden Amsgerichts (§ 129 a Abs. 1) erhoben werden. Die **Einspruchsfrist** beträgt zwei Wochen und beginnt mit der Zustellung des
Versäumnisurteils (§ 339 Abs. 1). Ist der Einspruch nicht statthaft oder
nicht in der gesetzlichen Form oder Frist eingelegt worden, so ist er als
unzulässig zu verwerfen (§ 341 Abs. 1 S. 2). Diese Entscheidung kann
ohne mündliche Verhandlung durch Beschluß ergehen (§ 341 Abs. 2
S. 1) oder nach mündlicher Verhandlung durch kontradiktorisches Urteil, und zwar auch dann, wenn die den Einspruch erhebende Partei
säumig ist.[49] Gegen das Urteil sind die Rechtsmittel der Berufung oder
der Revision gegeben; der Beschluß ist durch sofortige Beschwerde
anfechtbar, sofern gegen ein Urteil gleichen Inhalts die Berufung stattfinden würde (§ 341 Abs. 2 S. 2; vgl. dazu u. RdNr. 437).

Ist der Einspruch zulässig, so hat das Gericht den Termin zur mündli- **164**
chen Verhandlung über den Einspruch und über die Hauptsache zu bestimmen und den Parteien bekanntzumachen (§ 341 a). Der **zulässige
Einspruch** versetzt den Prozeß in die Lage zurück, in der er sich vor
Eintritt der Versäumnis befunden hat (vgl. § 342 und o. RdNr. 161). Sind
beide Parteien im Termin zur mündlichen Verhandlung erschienen, dann
wird die Verhandlung so lange fortgesetzt, bis der Rechtsstreit zur Entscheidung reif ist und ein Endurteil zu ergehen hat (§ 300 Abs. 1).
Stimmt dieses Urteil inhaltlich mit dem Versäumnisurteil überein, dann
ist in ihm auszusprechen, daß das **Versäumnisurteil aufrechterhalten**
bleibt (§ 343 S. 1). Außerdem muß die Vorschrift des § 709 S. 2 über die
Sicherheitsleistung bei Aufrechterhaltung eines Versäumnisurteils beachtet werden (dazu Einzelheiten später). Da ein Versäumnisurteil die Kosten der säumigen Partei als der unterliegenden auferlegt (§ 91), braucht
nur noch zusätzlich bestimmt zu werden, daß sie auch die weiteren
Kosten des Rechtsstreits nach § 91 zu tragen hat.

Die Urteilsformel könnte also lauten: Das Versäumnisurteil vom 18.10.1994 wird
aufrechterhalten. Der Beklagte hat die weiteren Kosten des Rechtsstreits zu tragen
(folgt Vollstreckbarkeitserklärung).[50]

Gelangt das Gericht aufgrund der weiteren Verhandlung zu dem Er- **165**
gebnis, daß die im **Versäumnisurteil** getroffene Entscheidung inhaltlich
korrigiert werden muß, dann wird das Versäumnisurteil aufgehoben

---

[49] *Zöller/Herget* § 341 RdNr. 9; *Thomas/Putzo* § 341 RdNr. 6; *AK-ZPO/Pieper*
§§ 341, 341 a RdNr. 9; LAG Hamburg NJW 1975, 951, 952; aA *Baumbach/Lauter-
bach/Hartmann* § 341 RdNr. 7: echtes Versäumnisurteil.
[50] Auf die Vollstreckbarkeitserklärung und auf die insoweit zu treffende Anordnung wird hier nicht eingegangen; dazu vgl. *Pukall* RdNr. 140 a – c.

und neu entschieden (§ 343 S. 2). Auch die Kostenentscheidung ist neu zu treffen, wobei nach § 344 die durch die Versäumnis veranlaßten Kosten (mit Ausnahme der durch einen unbegründeten Widerspruch des Gegners entstandenen) der säumigen Partei aufzuerlegen sind, wenn das Versäumnisurteil in gesetzlicher Weise ergangen ist; ungesetzlich ist das Versäumnisurteil, wenn es nicht erlassen werden durfte, weil eine Voraussetzung dafür fehlte.

Die Urteilsformel könnte in diesem Fall folgende Fassung erhalten: Das Versäumnisurteil vom 18.10.1994 wird aufgehoben. Die Klage wird abgewiesen. Der Kläger trägt die Kosten des Rechtsstreits mit Ausnahme der durch die Säumnis im Termin vom 06.09.1994 entstandenen Kosten; diese Kosten trägt der Beklagte (folgt Vollstreckbarkeitserklärung).

Die Verhandlung kann auch ergeben, daß das Versäumnisurteil nur zum Teil aufrechterhalten bleiben kann. In einem solchen Fall kann beispielsweise der Urteilsspruch lauten: Das Versäumnisurteil vom 03. 11. 1994 wird aufrechterhalten, soweit der Beklagte veruteilt worden ist, an den Kläger 2.000 DM nebst vier Prozent Zinsen seit dem 01.06. 1993 zu zahlen. Im übrigen wird das Versäumnisurteil vom 03. 11. 1994 aufgehoben und die Klage abgewiesen. Der Beklagte trägt die Kosten seiner Säumnis. Die übrigen Kosten werden gegeneinander aufgehoben (folgt Vollstreckbarkeitserklärung).

166   Die Entwicklung des Verfahrens nach Einspruch gegen ein Versäumnisurteil kann sich also wie folgt gestalten:

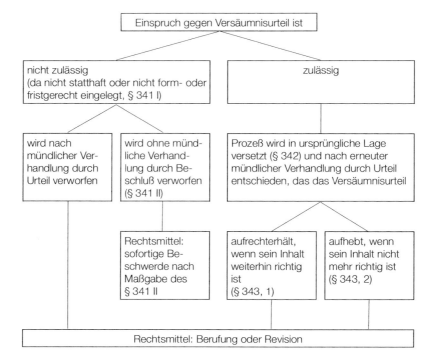

Bei einer **klausurmäßigen Bearbeitung** von Fällen der Säumnis ei- 166a
ner Partei ist danach zu unterscheiden, ob dem Bearbeiter aufgegeben ist,
ein Versäumnisurteil zu erlassen oder ob die Entscheidung des Gerichts
nach Einspruch gegen das Versäumnisurteil getroffen werden soll. Geht
es um den Erlaß eines Versäumnisurteils gegen den Beklagten, dann sind
die dafür zu erfüllenden Voraussetzungen in der oben (RdNr. 148) genannten Reihenfolge zu prüfen; gleiches gilt für ein Versäumnisurteil gegen den Kläger mit der in RdNr. 158 genannten Abweichung. Hat der
Bearbeiter die Entscheidung des Gerichts nach einem Einspruch zu treffen, dann muß zunächst die Zulässigkeit, also Statthaftigkeit sowie Einhaltung von Form und Frist des Einspruchs festgestellt werden (vgl. o.
RdNr. 162f.). Ist die Zulässigkeit zu bejahen (zur Verwerfung eines unzulässigen Einspruchs (vgl. o. RdNr. 163), dann ist zu berücksichtigen,
daß dadurch der Prozeß in die Lage vor Eintritt der Säumnis zurückversetzt wird. Folglich richtet sich die dann zu treffende Entscheidung nach
den gleichen Regeln, wie sie auch sonst gelten, d.h., bei Entscheidungsreife (§ 300 Abs. 1) ist ein Urteil zu erlassen, dessen Inhalt sich nach der
zu prüfenden Zulässigkeit und Begründetheit der Klage richtet.

f) Säumnis beider Parteien

Bisher ist lediglich die Möglichkeit betrachtet worden, daß nur eine 167
Partei zum Termin nicht erscheint. Es kann jedoch auch vorkommen,
daß beide Parteien säumig sind. Nimmt das Gericht in diesem Fall an,
daß zumindest eine Partei ohne ihr Verschulden am Erscheinen verhindert ist, dann wird es den Termin vertagen (§ 227 Abs. 1 S. 2 Nr. 1). Das
Gericht kann aber auch nach § 251a Abs. 1 eine Entscheidung nach Lage der Akten treffen, beispielsweise einen Beweisbeschluß erlassen (vgl.
§§ 358ff.; dazu u. RdNr. 364ff.). Ein Urteil nach Lage der Akten darf
nur ergehen, wenn bereits in einem früheren Termin mündlich verhandelt worden ist. Die in § 251a Abs. 2 für diesen Fall getroffene Regelung
stellt sicher, daß eine ohne ihr Verschulden ausgebliebene Partei die
Fortsetzung des Prozesses erreichen kann. Schließlich kann das Gericht
auch das Ruhen des Verfahrens anordnen (§ 251a Abs. 3; zum Ruhen
des Verfahrens vgl. RdNr. 259).

III. Änderung der Klage

a) Zum Begriff der Klageänderung

Nach Eintritt der Rechtshängigkeit, also nach Erhebung der Klage 168
(vgl. § 261 Abs. 1), d.h. mit Zustellung der Klageschrift (§ 253 Abs. 1;
vgl. o. RdNr. 110), darf nach § 263 eine Klage nur noch geändert wer-

den, wenn der Beklagte einwilligt oder das Gericht dies für sachdienlich erachtet. Änderung der Klage in diesem Sinne bedeutet eine Änderung des Streitgegenstandes. Werden lediglich tatsächliche oder rechtliche Ausführungen ergänzt oder berichtigt, so daß der Streitgegenstand dadurch nicht berührt wird, dann handelt es sich nicht um eine Klageänderung; in § 264 Nr. 1 hat dies der Gesetzgeber ausdrücklich klargestellt. Es liegt auf der Hand, daß sich die Meinungsverschiedenheiten über den Begriff des Streitgegenstandes (vgl. o. RdNr. 126 ff.) bei der Frage auswirken, ob im Einzelfall eine Klageänderung zu bejahen ist.

Die durch § 263 ausgesprochene Beschränkung einer Klageänderung dient dem Interesse des Beklagten. Er soll sich in seiner Verteidigung auf die erhobene Klage einstellen können, ohne daß der Kläger durch Änderung der Klage das Verteidigungsvorbringen leerlaufen lassen kann. Auch ist das Interesse des Beklagten schutzwürdig, daß eine gegen ihn erhobene unbegründete Klage kostenpflichtig abgewiesen und nicht nachträglich durch Änderung erfolgreich wird.[51] Es ist deshalb nur folgerichtig, daß der Gesetzgeber eine Änderung der Klage zuläßt, wenn der Beklagte in sie einwilligt.

Allerdings kann das Verbot einer Klageänderung auch dazu führen, daß der Kläger gezwungen wird, eine neue Klage gegen den Beklagten zu erheben. Dies kann zu einer unwirtschaftlichen Vermehrung von Prozessen führen, die dadurch verhindert werden kann, daß man in dem bereits anhängigen Prozeß eine Änderung des Streitgegenstandes zuläßt. Deshalb ist nicht allein das Interesse des Beklagten, sondern auch die Prozeßökonomie zu beachten (vgl. dazu auch u. RdNr. 176), wenn es um die Entscheidung geht, ob die Änderung einer Klage zugelassen werden soll. Der Gesetzgeber hat dementsprechend in § 263 die rechtliche Möglichkeit geschaffen, daß vom Gericht eine Klageänderung gegen den Willen des Beklagten zugelassen wird, wenn sie sachdienlich ist. Eine Anfechtung dieser Entscheidung ist ausgeschlossen (§ 268).

169   Keine Schwierigkeiten bereitet die Beantwortung der Frage nach einer Klageänderung, wenn der Kläger seinen (ursprünglich gestellten) **Klageantrag ändert**, weil dann nach allen Theorien auch der Streitgegenstand verändert wird. Soweit nicht ein Fall des § 264 Nr. 2 oder 3 gegeben ist (dazu sogleich), muß also einer Änderung des Klageantrages der Beklagte zustimmen oder sie vom Gericht als sachdienlich zugelassen werden. Läßt dagegen der Kläger seinen Antrag unverändert, korrigiert er jedoch den Lebenssachverhalt, auf den dieser Antrag gestützt wird, dann fällt die Entscheidung, ob es sich um eine Klageänderung handelt, nicht mehr so leicht.

Beispiele: Die klagende Bank macht gegen den Beklagten einen Anspruch auf Zahlung von 100.000,– DM aus Wechseln geltend, die auf Rial lauten und im Iran ausgestellt und zahlbar sind. Als die Klägerin während des Rechtsstreits erkennt, daß sie keinen Anspruch auf Zahlung in deutscher Währung hat,[52] verlangt sie die Verurteilung des Beklagten zur Zahlung des entsprechenden Betrages in Rial.

---

[51] *MK/Lüke* § 263 RdNr. 1.
[52] Vgl. BGH NJW 1980, 2017.

Der Kläger beantragt, den Beklagten zur Zahlung von 10.000 DM zu verurteilen, weil ihm aufgrund einer deliktischen Schädigung des Beklagten ein entsprechender Verdienstausfall entstanden sei. Als das Gericht Zweifel daran äußert, ob der Kläger überhaupt einen Verdienstausfall erlitten habe, erklärt der Kläger, er verlange nunmehr den Betrag vom Beklagten als Schmerzensgeld.

Der Kläger, der eine vom Beklagten errichtete Eigentumswohnung erworben hatte, verlangt 5000,– DM als Kostenvorschuß für die Beseitigung von Mängeln der Wohnung. Als ein Sachverständiger die Mängelbeseitigung für unverhältnismäßig aufwendig bezeichnet, macht der Kläger den Betrag als Wertminderung geltend.

In allen drei Fällen stellt sich die Frage, ob der Kläger seine Klage geändert hat. Dies ist im ersten Fall nicht zweifelhaft. Denn der Kläger ändert hier den Klageantrag, wenn er zunächst die Verurteilung des Beklagten zur Zahlung eines Betrages in deutscher Währung, später in Fremdwährung fordert. Deshalb macht es keinen Unterschied, ob man von einem eingliedrigen oder von einem zweigliedrigen Streitgegenstandsbegriff ausgeht; stets handelt es sich bei einer Änderung des Klageantrages um eine Klageänderung.[53] Im zweiten Fall begehrt der Kläger unverändert die Verurteilung des Beklagten zur Zahlung von 10.000,– DM. Man könnte deshalb auf der Grundlage eines eingliedrigen Streitgegenstandes erwägen, ob hier nicht der Antrag des Klägers unverändert bleibt und deshalb eine Klageänderung auszuschließen ist. Jedoch muß berücksichtigt werden, daß der Kläger zunächst einen Schadensersatzanspruch, danach einen Schmerzensgeldanspruch geltend macht. Diese Änderung des Tatsachenvortrages führt auch nach Auffassung der Vertreter eines eingliedrigen Streitgegenstandsbegriffes dazu, daß der Klageantrag und damit auch der Streitgegenstand geändert werden, obwohl der Wortlaut des Antrags nicht korrigiert wird (vgl. o. RdNr. 128).[54] Geht man von einem zweigliedrigen Streitgegenstandsbegriff aus, dann wird man die Änderung des zugrundeliegenden Lebenssachverhalts für maßgebend halten.[55] Im dritten Fall scheint nun der zur Begründung des Klageantrages vorgetragene Lebenssachverhalt im Laufe des Verfahrens geändert worden zu sein, weil zunächst der Betrag unter dem Gesichtspunkt des Kostenvorschusses für die Beseitigung von Mängeln, später unter dem Gesichtspunkt der Minderung gefordert wird. Das OLG München hat jedoch eine Änderung des Lebenssachverhaltes verneint, weil der Kläger durchweg den Klageantrag mit einem Mangel der gekauften Eigentumswohnung begründet habe, für den der Beklagte einstehen müsse.[56] Das Gericht kommt also auch bei Anwendung eines zweigliedrigen Streitgegenstandsbegriffs zu dem Ergebnis, daß die Klage nicht geändert sei. Die bereits oben (RdNr. 129) angedeuteten Schwierigkeiten bei Abgrenzung des Lebenssachverhalts werden hier deutlich. Je weiter der Begriff des Lebenssachverhalts im Rahmen der Lehre vom zweigliedrigen Streitgegenstandsbegriff ausgedehnt wird, desto häufiger wird diese Lehre zu gleichen Ergebnissen gelangen, wie die Theorie vom eingliedrigen Streitgegenstandsbegriff.[57]

Streitig ist, ob die **nachträgliche objektive Klagenhäufung**, die also **170** nicht schon vom Kläger in der Klageschrift vorgenommen worden ist,

---

[53] BGH (Fn. 52) S. 2018.

[54] Vgl. *Rosenberg/Schwab*, 14. Aufl. 1986, § 102 I 2; *Stein/Jonas/Schumann* § 264 RdNr. 28, 32.

[55] Ohne Rücksicht auf den Theorienstreit hat auch RGZ 149, 157, 166 f., diesen Fall als Klageänderung angesehen.

[56] OLG München NJW 1972, 62, 63.

[57] Hierauf verweist *Schumann* (Fn. 54) RdNr. 36, der im übrigen im dritten Beispielsfall ebenfalls eine Klageänderung verneint (aaO RdNr. 34).

als Klageänderung anzusehen ist. Das wird von der hM bejaht und dementsprechend nur zugelassen, wenn der Beklagte einwilligt oder das Gericht sie für sachdienlich erachtet.[58]

Als objektive Klagenhäufung wird bezeichnet, wenn der Kläger verschiedene prozessuale Ansprüche, d. h. also verschiedene Streitgegenstände (vgl. o. RdNr. 125 ff.), in seiner Klage verbindet. Nach § 260 ist dies zulässig
– bei Identität der Parteien, wenn also derselbe Kläger gegen denselben Beklagten die verschiedenen prozessualen Ansprüche geltend macht,
– bei gleicher Prozeßart; dies schließt aus, daß ein Anspruch im Urkunden- und Wechselprozeß (§§ 592 ff.) mit einem im Verfahren in Familiensachen (§§ 606 ff.) zu verfolgenden Anspruch verbunden wird. Hinsichtlich der besonderen Verfahrensarten sind stets die dafür geltenden Regelungen zu beachten, die Sonderbestimmungen für Klageverbindungen enthalten, vgl. z. B. §§ 578 Abs. 2, 610, 633 Abs. 1.
– bei Zuständigkeit des Gerichts für alle Ansprüche, wobei der Wert der verschiedenen Ansprüche nach § 5 zusammenzurechnen ist, wenn von ihm die Zuständigkeit des Gerichts abhängt (vgl. o. RdNr. 39).
– bei Fehlen eines Verbindungsverbots, wie dies beispielsweise in §§ 610 Abs. 2, 633 Abs. 1, 640 c ausgesprochen ist.

Es muß zwischen verschiedenen **Arten** der Klagenhäufung unterschieden werden. Stellt der Kläger seine verschiedenen prozessualen Ansprüche gleichwertig nebeneinander, so spricht man von einer kumulativen Klagenhäufung; dies ist zum Beispiel der Fall, wenn der Kläger Herausgabe einer Sache und Schadensersatz wegen ihrer Beschädigung vom Beklagten begehrt. Macht dagegen der Kläger die verschiedenen Ansprüche alternativ geltend, sog. alternative Klagenhäufung, dann kommt es darauf an, ob dadurch dem Gebot einer bestimmten Antragstellung (§ 253 Abs. 2 Nr. 2; vgl. dazu o. RdNr. 58) genügt wird. Dies ist nur dann der Fall, wenn dem Gericht oder dem Beklagten das Recht einer freien Wahl zwischen verschiedenen Rechtsfolgen zusteht, wie sich dies beispielsweise aus §§ 262 ff. BGB ergeben kann. Schließlich kommt in der Praxis häufig eine sog. eventuelle Klagenhäufung vor. Bei ihr macht der Kläger verschiedene prozessuale Ansprüche in einer bestimmten, das Gericht bindenden Reihenfolge geltend (vgl. dazu o. RdNr. 142).

Ist die Verbindung verschiedener Ansprüche zulässig, dann ist regelmäßig über sie gemeinsam zu verhandeln und zu entscheiden. Das Gericht kann aber anordnen, daß mehrere in einer Klage erhobenen Ansprüche in getrennten Prozessen verhandelt werden (§ 145 Abs. 1). Aus der Selbständigkeit der verschiedenen verbundenen Ansprüche folgt, daß die **Sachurteilsvoraussetzungen** für jeden gesondert geprüft werden müssen.

b) Die Fälle des § 264

171   In § 264 werden verschiedene Fälle genannt, die nicht als Änderung der Klage anzusehen sind, bei denen also nicht die Voraussetzungen des § 263 erfüllt werden müssen. Während es sich bei den in Nummer 1 genannten Sachverhalten nicht um eine Änderung des Streitgegenstandes handelt und

---

[58] BGH NJW 1983, 1841, 1842; 1985, 1841, 1842; BGH NJW-RR 1987, 58; *MK/Lüke* § 263 RdNr. 21 (entsprechende Anwendung); aA *Stein/Jonas/Schumann* § 264 RdNr. 11; *Rosenberg/Schwab/Gottwald* § 99 I 2b, jeweils m. weit. Nachw.

somit auch eine Klageänderung verneint werden muß, der Vorschrift also lediglich ein klarstellender Charakter zukommt (vgl. o. RdNr. 168), betreffen die Nummern 2 und 3 Klageänderungen, die von den Zulässigkeitsanforderungen des § 263 befreit werden. Eine gemeinsame Voraussetzung bildet, daß der Klagegrund (zum Begriff vgl. o. RdNr. 57) unverändert bleibt. Diese Voraussetzung spielt jedoch in der Praxis deshalb keine große Rolle, weil die Gerichte den Lebenssachverhalt, der einer Klage zugrunde liegt, recht weit auslegen (vgl. o. RdNr. 169).

Eine **Beschränkung des Klageantrages** iSv. § 264 Nr. 2 liegt nicht **172** nur in der Herabsetzung des vom Kläger (ursprünglich) geforderten Betrages (z. B. 5000,- DM statt 10.000,- DM), sondern wird auch dann vorgenommen, wenn der Antrag des Klägers hinsichtlich von Handlungen eingeschränkt wird, die der Beklagte ausführen soll. Wird beispielsweise bei einer Leistungsklage zunächst die uneingeschränkte Verurteilung des Beklagten begehrt und danach eine Verurteilung Zug um Zug gegen eine Gegenleistung des Klägers gefordert, dann wird der Klageantrag dadurch beschränkt; gleiches gilt beim Übergang von einem Antrag auf Leistung an den Kläger zu einem Antrag auf Hinterlegung. Man spricht in diesen Fällen von einer qualitativen Beschränkung und unterscheidet sie von der quantitativen, bei der der Klageantrag lediglich mengenmäßig vermindert wird.[59] Als qualitative Beschränkung ist es auch aufzufassen, wenn der Kläger, der zunächst eine Leistungsklage erhoben hat, sein Klagebegehren dahingehend ändert, daß er Feststellung des Bestehens des Rechts fordert, das seinem ursprünglich geltend gemachten Anspruch zugrunde liegt (statt der auf Eigentum gestützten Herausgabeklage verlangt der Kläger nunmehr Feststellung seines Eigentums);[60] denn in der Leistungsklage ist als Minus ein entsprechendes Feststellungsbegehren enthalten (vgl. o. RdNr. 58). Im umgekehrten Fall, bei Übergang von einem Feststellungsantrag auf einen Antrag auf Leistung handelt es sich um eine Klageerweiterung iSv. § 264 Nr. 2.[61]

In einer Beschränkung des Klageantrages kann zugleich auch eine (teilweise) Rücknahme der Klage zu sehen sein. Es fragt sich deshalb, ob aus diesem Grunde unabhängig von der in § 264 Nr. 2 getroffenen Regelung die **Einwilligung des Beklagten nach § 269 Abs. 1** erforderlich wird. Diese Frage ist sehr streitig. Die Vertreter der Auffassung, die eine solche Einwilligung verlangt, weisen darauf hin, daß dem Beklagten durch § 269 das Recht auf Entscheidung über die vom Kläger ursprünglich erhobene Klage gewährt werde und ihm dieses Recht nicht ohne seine Einwilligung entzogen werden dürfte.[62] Gegenüber diesem Argument läßt sich aber ein-

[59] Vgl. *Zöller/Greger* § 264 RdNr. 3.
[60] BGH NJW 1985, 1784 m. weit. Nachw.; *Rosenberg/Schwab/Gottwald* § 101 I 3 b.
[61] BGH NJW 1994, 2896, 2897.
[62] *Stein/Jonas/Schumann* § 264 RdNr. 67; *Baumbach/Lauterbach/Hartmann* § 264 RdNr. 9; *Zöller/Greger* § 264 RdNr. 4 a; *AK-ZPO/Wassermann* § 264 RdNr. 3; *Zeiss* RdNr. 355; *Deubner* NJW 1968, 848.

wenden, daß auch die Regelung über die Klageänderung das Recht des Beklagten auf Entscheidung über den ursprünglich vom Kläger gegen ihn erhobenen prozessualen Anspruch berücksichtigt (vgl. o. RdNr. 168) und dieses Recht durch § 264 modifiziert wird. Deshalb ist § 269 Abs. 1 bei einer Beschränkung des Klageantrages nicht anwendbar, sondern wird durch die speziellere Regelung des § 264 Nr. 2 verdrängt.[63]

173   Ein Klageantrag wird erweitert, wenn der Kläger statt eines zunächst geltend gemachten Teilbetrages die gesamte Schuld oder statt zunächst geforderter Raten die Zahlung der gesamten Summe in einem Betrag verlangt. Auch kann der Kläger neue Ansprüche erheben, die sich aus demselben Verpflichtungsgrund ergeben, wie zum Beispiel die Zahlung von Zinsen oder die Herausgabe von Früchten. Ebenso bedeutet es die **Erweiterung des Klageantrages**, wenn der Kläger die Verurteilung zur Leistung statt der bisher beantragten Feststellung begehrt (vgl. o. RdNr. 172).

174   Nach § 264 Nr. 3 kann der Kläger statt des von ihm ursprünglich geforderten Gegenstandes einen **anderen Gegenstand oder Schadensersatz** verlangen, wenn eine nach Erhebung der Klage eingetretene Veränderung der tatsächlichen Verhältnisse dazu Veranlassung gibt oder wenn dem Kläger nachträglich bekannt wird, daß er bei Klageerhebung diese Verhältnisse falsch eingeschätzt hat. Die Voraussetzungen, unter denen der Kläger wegen einer derartigen Veränderung einen anderen Gegenstand (Surrogat) oder das Interesse (Schadensersatz) fordern kann, ergeben sich aus dem materiellen Recht, z. B. § 281 BGB oder § 325 BGB.

c) Die Regelung der Klageänderung

175   Sind die im § 264 genannten Voraussetzungen nicht erfüllt, dann bedarf es für eine Klageänderung nach § 263 entweder der Einwilligung des Beklagten oder der Zulassung des Gerichts als sachdienlich. Der Begriff der **Einwilligung** ist nicht im Sinne des BGB, also als vorherige Zustimmung (vgl. § 183 S. 1 BGB), zu verstehen, sondern bedeutet das Einverständnis des Beklagten mit der Änderung der Klage, wobei es nicht darauf ankommt, ob dieses Einverständnis schon vor der Klageänderung oder erst danach (wie dies regelmäßig der Fall sein wird) gegeben wurde.

Nach § 267 ist die Einwilligung des Beklagten auch dann anzunehmen, wenn er sich in einer mündlichen Verhandlung auf die abgeänderte Klage einläßt, ohne zu widersprechen. Es kommt für die in § **267** ausgesprochene **unwiderlegbare Vermutung** nicht darauf an, ob sich der Beklagte dieser Wirkung bewußt war und ob er

---

[63] *Walther,* NJW 1994, 423 *Schellhammer* RdNr. 1667; BGH NJW 1990, 2682, läßt diese Frage offen; differenzierend (§ 269 nur auf quantitative, nicht auf qualitative Klagebeschränkung anwendbar): *MK/Lüke* § 264 RdNr. 23; *Rosenberg/ Schwab/Gottwald* § 101 II 3.

überhaupt erkannt hat, daß es sich um eine Klageänderung handelt.[64] Erforderlich ist jedoch, daß der Beklagte sich auf die Klage „einläßt", also sachlich zu ihr Stellung nimmt; lediglich Einwendungen gegen ihre Zulässigkeit sind dagegen für § 267 nicht ausreichend.[65]

Erteilt der Beklagte nicht seine (erforderliche) Einwilligung in eine **176** Änderung der Klage, dann kann das Gericht die Klageänderung als sachdienlich zulassen. Für die Frage nach der **Sachdienlichkeit** ist insbesondere entscheidend, ob die Klageänderung dazu führt, einen zwischen den Parteien bestehenden Streit im Rahmen des anhängigen Prozesses auszuräumen und dadurch einen andernfalls zu erwartenden Rechtsstreit zu vermeiden.[66] Nach Auffassung der Rechtsprechung soll gegen eine Sachdienlichkeit der Klageänderung sprechen, wenn ein völlig neuer Streitstoff zur Beurteilung und zur Entscheidung des Gerichts gestellt wird, ohne daß dafür das Ergebnis der bisherigen Prozeßführung verwertet werden könnte.[67] Eine solche Klageänderung widerspreche Grundsätzen der Prozeßökonomie.

Bei der Auslegung und Anwendung der zivilprozeßrechtlichen Vorschriften darf die **Prozeßökonomie** (Prozeßwirtschaftlichkeit) nicht unbeachtet bleiben. Sind nach der ZPO verschiedene prozessuale Verfahrensweisen möglich, dann ist regelmäßig die zu wählen, mit der einfacher, kostengünstiger und schneller das Ziel erreicht werden kann.[68] Es ist also darauf zu sehen, einen Rechtsstreit mit so wenig Aufwand wie möglich zu führen, soweit dies aus rechtsstaatlichen Gründen möglich ist.[69] Dies gilt also auch für die Entscheidung des Gerichts, ob eine Klageänderung wegen ihrer Sachdienlichkeit zuzulassen ist.

Die Sachdienlichkeit einer Klageänderung ist in jedem Fall zu verneinen, wenn die **geänderte Klage** als **unzulässig** abgewiesen werden **177** muß oder wenn die Klageänderung dazu führt, daß nicht mehr das angerufene Gericht, sondern ein anderes zuständig wird.[70]

Streiten die Parteien über die Zulässigkeit einer Klageänderung, dann **178** entsteht zwischen ihnen ein sog. **Zwischenstreit**, der durch ein Zwischenurteil nach § 303 entschieden werden kann. Ein Zwischenstreit iSv. § 303 erfaßt stets Fragen, bei denen es um den Fortgang des Verfahrens geht, also Vorfragen, die im Prozeß auftreten und geklärt werden

---

[64] *Stein/Jonas/Schumann* § 267 RdNr. 1; aA *MK/Lüke* § 267 RdNr. 10 (für den Fall, daß der Beklagte die Klageänderung nicht als solche erkannt hat und auch nicht erkennen mußte).

[65] BGH NJW 1975, 1228, 1229; *Stein/Jonas/Schumann* (Fn. 64); *Zöller/Greger* § 267 RdNr. 2; aA *Rosenberg/Schwab/Gottwald* § 101 II 2 a.

[66] BGH NJW 1975, 1228, 1229; 1985, 1841, 1842; BGH NJW-RR 1987, 58; 1990, 505, 506; *Jauernig* § 41 III 2.

[67] BGH (Fn. 66); kritisch hierzu *Stein/Jonas/Schumann* § 263 RdNr. 13.

[68] *Stein/Jonas/Schumann* Einl. RdNr. 81 m. weit. Nachw.

[69] *Schlosser* RdNr. 298.

[70] BGH ZZP 95 (1982), 66. Hierbei ist zu berücksichtigen, daß § 261 Abs. 3 Nr. 2 Änderungen des Streitgegenstandes nicht erfaßt (*MK/Lüke* § 261 RdNr. 82).

müssen, bevor über den Streitgegenstand selbst entschieden werden kann. Allerdings ist das Gericht nicht verpflichtet, ein Zwischenurteil zu erlassen; es kann auch in den Gründen des Endurteils über den Zwischenstreit befinden. Die Entscheidung, daß eine Änderung der Klage nicht vollzogen sei oder daß sie zugelassen werde, ist nicht anfechtbar (§ 268). Dagegen kann die Entscheidung, die eine Klageänderung als unzulässig zurückweist oder nicht als sachdienlich zuläßt, mit den gewöhnlichen Rechtsmitteln angefochten werden (vgl. §§ 512, 548).

Ist die Klageänderung unzulässig, dann kommt es darauf an, ob noch über den ursprünglichen Antrag zu verhandeln und zu entscheiden ist. Dies ist zu bejahen, wenn der Kläger seinen ursprünglichen Antrag hilfsweise aufrechterhalten hat. In diesem Fall kann ein Zwischenurteil ergehen. Da jedoch Zwischenurteile nach § 303 selbständig nicht angefochten werden können, ist die Überprüfung der Entscheidung nur durch ein Rechtsmittel gegen das Endurteil zu erreichen.[71] Wird dagegen der ursprüngliche Antrag vom Kläger nicht (hilfsweise) aufrechterhalten, dann ist das neue (unzulässige) Begehren durch ein Prozeßurteil abzuweisen; ein Zwischenurteil kommt dann nicht in Betracht, weil dieses stets voraussetzt, daß eine Vorabentscheidung durch das Gericht zu treffen ist und der Rechtsstreit weitergeführt und durch Endurteil entschieden werden muß.

d) Hinweise für die schriftliche Bearbeitung

179 Bei einer schriftlichen Bearbeitung kann man sich an folgendem Fragenkatalog orientieren:[72]

(1) Wird der Streitgegenstand geändert?

(2) Handelt es sich um einen der Fälle des § 264 Nr. 2 und 3?

(3) Hat der Beklagte ausdrücklich eingewilligt oder ist die Einwilligung nach § 267 anzunehmen?

(4) Ist die Klageänderung als sachdienlich zuzulassen?

Hierbei ist zu prüfen, ob ein völlig neuer Streitstoff zur Entscheidung des Gerichts gestellt wird (vgl. o. RdNr. 176), ob die geänderte Klage zulässig ist und ob die Klageänderung Auswirkungen auf die Zuständigkeit des Gerichts hat (vgl. o. RdNr. 177).

(5) Werden durch die Klageänderung auch Fragen aufgeworfen, die nach anderen Vorschriften (außerhalb der §§ 263 ff.) zu entscheiden sind?

Handelt es sich beispielsweise um eine objektive Klagenhäufung, so daß auch § 260 anzuwenden ist (vgl. o. RdNr. 170)? Ist in der Klageänderung auch eine Klagerücknahme zu sehen, so daß auf den Meinungsstreit über die Anwendung des § 269 einzugehen ist (vgl. o. RdNr. 172)?

---

[71] Vgl. *Baumbach/Lauterbach/Hartmann* § 268 RdNr. 2.
[72] Vgl. auch *Schumann* RdNr. 273 ff., dessen Vorschlägen im wesentlichen (wenn auch mit Abweichungen) gefolgt wird.

IV. Parteiwechsel und Parteibeitritt

a) Überblick

Im Laufe eines Rechtsstreits können sich auch Veränderungen bei **180** den bisherigen Parteien ergeben. So kann eine andere Person an die Stelle des ursprünglichen Klägers oder Beklagten treten; man spricht dann von einem Parteiwechsel. Auch kann es vorkommen, daß neben eine bisherige Partei ein Dritter als Streitgenosse (vgl. §§ 59 ff.; dazu Einzelheiten später) tritt und sich als (neue) Partei am Rechtsstreit beteiligt; man spricht dann von einem Parteibeitritt. Sowohl Parteiwechsel als auch Parteibeitritt können im Gesetz geregelt sein (gesetzliche Parteiänderung) oder auf einer Vereinbarung der Beteiligten beruhen (gewillkürte Parteiänderung).

> **Beispiele:** Geldmann klagt gegen Schuldig auf Rückzahlung eines Darlehens. Während des Rechtsstreits stirbt der Kläger und seine Ehefrau will als einzige Erbin den Rechtsstreit fortsetzen.
>
> Eich klagt gegen Bruno auf Herausgabe eines diesem vermieteten Pkw. Während des Rechtsstreits veräußert Eich den Pkw an Kunz. Kunz möchte anstelle des Eich in den Prozeß gegen Bruno eintreten.
>
> Konz klagt gegen Handel auf Erfüllung eines Vertrages. Im Laufe des Rechtsstreits wird festgestellt, daß Frech, der beim Vertragsschluß als Vertreter des Handel aufgetreten ist, keine Vertretungsmacht besaß. Konz will nun die Klage auf Frech „umstellen".

b) Die verschiedenen Fälle eines Parteiwechsels

1. Gesetzlicher Parteiwechsel

In jedem der oben (RdNr. 180) genannten Fälle soll an die Stelle ei- **181** ner bisherigen Partei eine andere Person treten; es handelt sich also stets um einen Parteiwechsel. Im ersten Fall ist dieser Parteiwechsel in § 239 gesetzlich geregelt. Beim **Tod einer Partei** tritt deren Rechtsnachfolger automatisch an die Stelle des Verstorbenen. Frau Geldmann ist als einzige Erbin Rechtsnachfolgerin ihres Ehemannes (§ 1922 Abs. 1 BGB) und damit (neue) Partei im Rechtsstreit gegen Schuldig (zu weiteren Rechtsfolgen im Falle des Todes einer Partei Einzelheiten später). Im zweiten Beispielsfall geht es um die **Veräußerung des streitbefangenen Gegenstandes**; hierfür trifft § 265 eine Regelung.

> Zunächst ist die Feststellung wichtig, daß die Rechtshängigkeit nicht das Recht ausschließt, die im Streit befangene Sache zu veräußern oder den geltend gemachten Anspruch abzutreten. Geschieht dies, dann verliert aber die veräußernde Partei ihre Sachlegitimation (vgl. dazu RdNr. 105). Fehlt die Sachlegitimation dem Kläger, ist er

beispielsweise nicht Inhaber des Kaufpreisanspruchs, den er gegen den Beklagten im Wege der Klage erhoben hat, dann ist seine Klage unbegründet und muß abgewiesen werden; das gleiche muß geschehen, wenn der Beklagte nicht Träger der Verbindlichkeit ist, die gegen ihn eingeklagt wird. Die Sachlegitimation beurteilt sich also nach dem materiellen Recht und muß folglich im Rahmen der Begründetheit der Klage geprüft werden. Die Veräußerung des streitbefangenen Gegenstandes und der dadurch bewirkte Verlust der Sachlegitimation müßten also bewirken, daß die Klage als unbegründet abgewiesen wird. Dies würde aber regelmäßig dazu führen, daß ein neuer Rechtsstreit vom nunmehr Berechtigten oder gegenüber dem nunmehr Verpflichteten begonnen würde. Der Gesetzgeber hat diese Folge seiner Entscheidung, die Veräußerung des Streitgegenstandes zuzulassen, aus Gründen der Prozeßökonomie (vgl. o. RdNr. 176) dadurch ausgeschlossen, daß er angeordnet hat, die Veräußerung der im Streit befangenen Sache oder die Abtretung des geltend gemachten Anspruchs ohne Einfluß auf den Prozeß bleiben zu lassen (§ 265 Abs. 2 S. 1). Da jedoch die Veräußerung oder Abtretung durch den Kläger nichts daran ändert, daß er nunmehr nicht mehr aktiv legitimiert ist, macht er bei Fortsetzung des Prozesses ein fremdes Recht im eigenen Namen geltend (Fall einer gesetzlichen Prozeßstandschaft; vgl. dazu o. RdNr. 105 f.). Allerdings muß der veränderten materiellen Rechtslage dadurch Rechnung getragen werden, daß der Kläger seinen Antrag dahingehend ändert, daß er nicht mehr Leistung an sich, sondern an den Rechtsnachfolger verlangt; tut er dies nicht, dann muß trotz der Vorschrift des § 265 Abs. 2 S. 1 seine Klage als unbegründet abgewiesen werden.[73] Bei einer Rechtsnachfolge auf der Beklagtenseite kann der Kläger entweder anstelle des ursprünglich von ihm geforderten und durch den Beklagten veräußerten Gegenstandes Schadensersatz verlangen (§ 264 Nr. 3) oder er kann seinen bisherigen Antrag weiter verfolgen und dann gegen den Rechtsnachfolger gemäß §§ 727, 731 vollstrecken (dazu Einzelheiten später).[74]

Im Interesse des Beklagten muß aber sichergestellt sein, daß die **Entscheidung** des Rechtsstreits auch **gegenüber dem Rechtsnachfolger** des Klägers **wirkt**, denn sonst könnte dieser erneut Klage gegen den Beklagten erheben. Dies wird grundsätzlich dadurch ausgeschlossen, daß nach § 325 Abs. 1 das rechtskräftige Urteil auch gegenüber Personen Wirkung hat, die nach dem Eintritt der Rechtshängigkeit Rechtsnachfolger einer Partei geworden sind. § 325 Abs. 2 macht jedoch eine Einschränkung, indem die Vorschriften des bürgerlichen Rechts zugunsten derjenigen, die Rechte von einem Nichtberechtigten herleiten, für entsprechend anwendbar erklärt werden. Der Sinn dieser Regelung ist nicht eindeutig und deshalb umstritten.[75] Während manche meinen, daß die Gutgläubigkeit auf die Rechtshängigkeit zu beziehen ist und folglich die Rechtskraft des Urteils sich nicht auf den Rechtsnachfolger des Berechtigten erstrecke, der in Unkenntnis vom Prozeß die streitbefangene Sache erwerbe, wollen andere § 325 Abs. 2 auf Fälle eines Erwerbs vom Nichtberechtigten beschränken. Für die zweite Auffassung spricht, daß die in § 325 Abs. 2 enthaltene Verweisung die Unterschiede für maßgebend erklärt, die nach materiellem Recht hinsichtlich des Gutglaubenserwerbes gemacht werden. Sollte nur der gute Glaube an die Rechtshängigkeit geschützt werden, dann wäre nicht erklär-

---

[73] Sog. Relevanztheorie, BGH WM 1982, 1313; BGH NJW-RR 1986, 1182; OLG Düsseldorf FamRZ 1981, 697; *MK/Lüke* § 265 RdNr. 83; *AK-ZPO/Wassermann* § 265 RdNr. 5; *Baumbach/Lauterbach/Hartmann* § 265 RdNr. 17 m. weit. Nachw.; aA *Rosenberg/Schwab/Gottwald* § 102 IV 2; vgl. dazu auch *Henckel* JZ 1992, 645, 650.

[74] *Zöller/Greger* § 265 RdNr. 6.

[75] Eingehend dazu *Stein/Jonas/Leipold* § 325 RdNr. 33 ff. m. Nachw.; vgl. auch *Baumbach/Lauterbach/Hartmann* § 325 RdNr. 8 ff.

lich, warum diese Regelung nicht auch in Fällen Geltung haben sollte, in denen nach materiellem Recht (wie z. B. bei der Forderungsabtretung) ein gutgläubiger Erwerb ausgeschlossen ist. § 325 Abs. 2 verlangt also einen doppelten guten Glauben sowohl an die (nicht vorhandene) Berechtigung des Rechtsvorgängers als auch an das Fehlen der Rechtshängigkeit. Die Bedeutung der Vorschrift liegt also darin, daß in Fällen, in denen im Prozeß die Nichtberechtigung des Rechtsvorgängers festgestellt wird, ein (nach materiellem Recht möglicher) Erwerb vom Nichtberechtigten nur in Betracht kommt, wenn der Erwerber (auch) hinsichtlich der Rechtshängigkeit gutgläubig gewesen ist. Der dargestellte Meinungsstreit hat jedoch keine große praktische Bedeutung, weil die Rechtskraft eines Urteils, das die Berechtigung des Rechtsvorgängers feststellt, regelmäßig für den Rechtsnachfolger günstig ist und er sich darauf berufen wird. Daß diese Möglichkeit von § 325 Abs. 2 nicht ausgeschlossen wird, ist offensichtlich.

Bleibt der Ausgang des Rechtsstreits wegen § 325 Abs. 2 für den Rechtsnachfolger des Klägers ohne Wirkung, dann muß es dem Beklagten ermöglicht werden zu verhindern, daß dennoch der Kläger mit seiner Klage Erfolg hat. Demgemäß wird der Beklagte in diesem Fall durch § 265 Abs. 3 berechtigt, dem Kläger seine fehlende Sachlegitimation entgegenzuhalten mit der Folge, daß die Klage abgewiesen werden muß, wenn der Kläger an seinem Begehren festhält. Die Regelung des § 265 Abs. 3 iVm. § 325 Abs. 2 nimmt also dem Kläger die ihm sonst bei einer Veräußerung des Streitgegenstandes zustehende Prozeßführungsbefugnis.

Die Einflußlosigkeit einer Veräußerung des Streitgegenstandes auf den Prozeß hat konsequenterweise zur Folge, daß der **Rechtsnachfolger** weder verpflichtet noch berechtigt ist, anstelle der veräußernden Partei den **Rechtsstreit fortzusetzen**. Ein entsprechendes Recht ergibt sich nur, wenn der Veräußerer und sein Gegner der Übernahme des Prozesses durch den Rechtsnachfolger zustimmen. Daß auch der Veräußerer in den Parteiwechsel einwilligen muß, wird zwar nicht ausdrücklich im § 265 Abs. 2 bestimmt, folgt aber aus der Überlegung, daß eine Partei nicht gegen ihren Willen zum Ausscheiden aus dem Prozeß gezwungen werden kann.

Eine abweichende Regelung gilt nach § 266 Abs. 1 für Prozesse über **dingliche Rechte an Grundstücken** zwischen dem dinglich Berechtigten und dem dinglich Verpflichteten. Wird während des Rechtsstreits das Grundstück veräußert, dann ist der Rechtsnachfolger berechtigt und auf Antrag des Gegners verpflichtet, den Rechtsstreit zu übernehmen. Die Regelung gilt auch für eingetragene Schiffe oder Schiffsbauwerke (vgl. § 266 Abs. 1 S. 2). Auch im Fall des § 266 wird durch Absatz 2 dieser Vorschrift eine Einschränkung für Fälle gemacht, in denen wegen der Gutgläubigkeit des Rechtsnachfolgers das Urteil gegen diesen nicht wirkt (vgl. aber auch § 325 Abs. 3).

2. Gewillkürter Parteiwechsel

Im zweiten Beispielsfall (o. RdNr. 180) kann also Kunz anstelle des **182** Eich den Prozeß fortführen, wenn Eich und Bruno dem Parteiwechsel zustimmen. Im dritten Beispielsfall greifen keine gesetzlichen Vorschriften ein, die ausdrücklich Zulässigkeit und Voraussetzungen des von Konz gewollten Parteiwechsels regeln. Dieser also nicht auf einer gesetzlichen Bestimmung basierende, sondern nur auf den Willen einer oder beider Parteien beruhende Parteiwechsel (deshalb im Gegensatz zum gesetzlichen Parteiwechsel gewillkürter Parteiwechsel genannt) wird zwar grundsätzlich für zulässig angesehen, über seine Rechtsnatur und die daraus abzuleitenden Voraussetzungen wird aber gestritten.

Zum gewillkürten Parteiwechsel werden folgende Auffassungen vertreten:

– Es handelt sich dabei um eine Klageänderung oder zumindest sind die Vorschriften über die Klageänderung entsprechend heranzuziehen (sog. Klageänderungstheorie).
– Es wird die bisherige Klage vom Kläger zurückgenommen und eine neue Klage entweder von dem neu eintretenden Kläger oder gegen den neu eintretenden Beklagten erhoben (sog. Klagerücknahmetheorie oder Klageerhebungstheorie).
– Der gewillkürte Parteiwechsel ist als Rechtsinstitut eigener Art zu begreifen.

183   Die **Rechtsprechung**, insbesondere des BGH, vertritt die Klageänderungstheorie bei Parteiwechseln in erster Instanz;[76] dagegen wird bei einem Wechsel auf der Beklagtenseite in zweiter Instanz eine Anwendung der Regeln über die Klageänderung abgelehnt, also insbesondere eine Zulassung als sachdienlich ohne Einwilligung des bisherigen und des neuen Beklagten grundsätzlich ausgeschlossen.[77] Nur wenn ein schutzwürdiges Interesse des neuen Beklagten an der Weigerung, in den Prozeß einzutreten, nicht erkennbar ist und ihm nach der gesamten Sachlage zugemutet werden kann, einen bereits im Berufungsrechtszug schwebenden Rechtsstreit zu übernehmen, soll seine Weigerung als rechtsmißbräuchlich aufgefaßt und deshalb unbeachtlich sein.[78] Der Klägerwechsel in der zweiten Instanz soll dagegen wieder wie eine Klageänderung behandelt werden.[79] Im Schrifttum wird insbesondere die unterschiedliche Bewertung des Parteiwechsels in erster und zweiter Instanz auf seiten des Beklagten kritisiert und überwiegend der Parteiwechsel als ein eigenständiges Prozeßrechtsinstitut angesehen,[80] während die Klagerücknahmetheorie heute nur noch wenige Befürworter findet.[81]

184   Vor einer Stellungnahme zu diesem Meinungsstreit soll zunächst dargestellt werden, wie sich nach den verschiedenen Auffassungen ein Parteiwechsel zu vollziehen hat:

– Bei einem **Klägerwechsel in erster Instanz** verlangen alle Theorien das Einverständnis des ausscheidenden und des neu eintretenden Klägers. Abgesehen

---

[76] Vgl. BGHZ 40, 185, 187 = NJW 1964, 44; BGHZ 65, 264, 268 = NJW 1976, 239, 240.
[77] Ständige Rspr., vgl. BGHZ 21, 285, 287 = NJW 1956, 1598; BGH NJW 1962, 633, 635; 1974, 750; 1981, 989; 1987, 1946, 1947.
[78] Vgl. BGH NJW 1974, 750; BGH JZ 1986, 107; BGH NJW 1987, 1946, 1947 m. weit. Nachw.
[79] BGHZ 65, 268 (Fn. 76).
[80] *Franz* NJW 1972, 1743; *Kohler* JuS 1993, 315, 316; *Rosenberg/Schwab/Gottwald* § 42 III 2c; *Arens/Lüke* RdNr. 108f.; *Stein/Jonas/Schumann* § 264 RdNr. 100; *Jauernig* § 86 II.
[81] *Hofmann* NJW 1964, 1026, 1027.

von der befürworteten Konstruktion wäre auch jede andere Entscheidung sinnwidrig, weil niemand gegen seinen Willen gezwungen werden kann, als Kläger aus einem Prozeß auszuscheiden oder einen Prozeß zu betreiben. Vollzieht sich der Klägerwechsel nach dem Beginn der mündlichen Verhandlung, dann muß nach der im Schrifttum hM der Beklagte seine Einwilligung mit dem Klägerwechsel erklären; vor diesem Zeitpunkt ist dagegen die Einwilligung des Beklagten nicht erforderlich. Diese Differenzierung wird aus § 269 Abs. 1 abgeleitet, dem zu entnehmen ist, daß der Beklagte nach Beginn der mündlichen Verhandlung berechtigt ist, gegen den bisherigen Kläger eine Sachentscheidung zu fordern.[82] Auf der Grundlage der Klageänderungstheorie läßt sich dagegen diese Einwilligung durch die Zulassung des Klägerwechsels als sachdienlich ersetzen.[83]

Der neu eintretende Kläger muß dem Beklagten einen Schriftsatz mit seiner Eintrittserklärung zustellen lassen,[84] wobei er sich die bisherige Klageschrift durch Bezugnahme zu eigen machen kann.

– Bei einem **Beklagtenwechsel in erster Instanz** wird die Initiative dazu durchweg vom Kläger ausgehen, der feststellt, daß er seine Klage gegen den falschen Beklagten gerichtet hat. Die Frage nach einer Zustimmung des Klägers stellt sich also nicht. Daß nicht etwa am Kläger vorbei ein „Tausch" in der Beklagtenrolle vorgenommen werden kann, ist offensichtlich. Das Erfordernis einer Zustimmung des ausscheidenden Beklagten ergibt sich aus gleichen Erwägungen, wie sie angestellt worden sind, um die Einwilligung des Beklagten beim Klägerwechsel zu begründen.[85] Die Frage, ob auch die Einwilligung des neuen Beklagten in erster Instanz erforderlich ist, wird unterschiedlich beantwortet. Wer die Verwertung des bisherigen Prozeßergebnisses von der Zustimmung des neuen Beklagten abhängig macht (vgl. dazu u. RdNr. 186), kann seine Einwilligung mit der Parteiänderung für entbehrlich halten, weil es nicht von dem Willen des Beklagten abhängt, ob er verklagt wird.[86] Wer dagegen die Regeln der Klageänderung anwendet, muß entweder die Zustimmung des neuen Beklagten oder ihre Ersetzung als sachdienlich verlangen.[87] Dem neuen Beklagten ist ein den Anforderungen des § 253 entsprechender Schriftsatz zuzustellen. Erst damit wird ihm gegenüber die Rechtshängigkeit mit allen ihren prozessualen und materiellrechtlichen Wirkungen begründet (vgl. dazu o. RdNr. 114). Dem ausscheidenden Beklagten sind in entsprechender Anwendung des § 269 Abs. 3 S. 2 vom Kläger die Kosten des Rechtsstreits zu erstatten.

– Ein **Klägerwechsel in der Berufungsinstanz** ist nach hM nach gleichen Regeln zu entscheiden wie in erster Instanz.[88] Nach anderer Auffassung soll neben die Einwilligung der Beteiligten noch in jedem Fall die Zulassung durch das Gericht

---

[82] *Stein/Jonas/Schumann* § 264 RdNr. 112; vgl. auch u. RdNr. 218.

[83] Vgl. BGHZ 16, 317, 321 = NJW 1955, 667; BGH (Fn. 78); ebenso *MK/Lüke* § 263 RdNr. 72; dagegen sieht *Schumann* (Fn. 82) hierin einen schweren Verstoß gegen den Justizgewährungsanspruch (zum Begriff vgl. o. RdNr. 11); vgl. auch u. Fn. 75.

[84] *Baumbach/Lauterbach/Hartmann* § 263 RdNr. 6.

[85] BGH NJW 1981, 989, weist darauf hin, daß der bisherige Beklagte einen Anspruch auf Sachentscheidung habe, weil er sonst Gefahr liefe, erneut vom Kläger verklagt zu werden.

[86] *Rosenberg/Schwab/Gottwald* § 42 III 3b; *Stein/Jonas/Schumann* § 264 RdNr. 111.

[87] BGH NJW 1962, 347; *MK/Lüke* § 263 RdNr. 78.

[88] BGH (Fn. 79); *Baumbach/Lauterbach/Hartmann* § 263 RdNr. 9 m. weit. Nachw.

als sachdienlich treten, weil die Einführung neuer Ansprüche in zweiter Instanz der Parteidisposition entzogen sei.[89]

– Der **Beklagtenwechsel in zweiter Instanz** muß von der Klagerücknahmetheorie ausgeschlossen werden, weil die Erhebung einer neuen Klage in der Berufungsinstanz nicht zulässig ist. Die anderen Theorien lassen einen Beklagtenwechsel in zweiter Instanz mit Einverständnis des ausscheidenden Beklagten und des neu eintretenden zu, wobei eine Weigerung dann unbeachtlich sein soll, wenn sie sich als Rechtsmißbrauch darstellt (vgl. o. RdNr. 183).[90] Die Klageänderungstheorie, die – wie ausgeführt – vom BGH nicht für den Beklagtenwechsel in zweiter Instanz vertreten wird, kann überdies folgerichtig die fehlende Einwilligung durch die Zulassung des Beklagtenwechsels als sachdienlich ersetzen. Bei der Entscheidung über die Sachdienlichkeit einer Parteiänderung darf dann aber nicht das anzuerkennende Interesse des neuen Beklagten übergangen werden, nicht eine Tatsacheninstanz zu verlieren, also eine Instanz, in der – wie in der ersten und zweiten im Gegensatz zur Revisionsinstanz (vgl. u. RdNr. 430) – nicht nur über Rechtsfragen, sondern auch über die tatsächlichen Grundlagen der gerichtlichen Entscheidung verhandelt wird. Dieses Interesse erscheint nur dann nicht schützenswert, wenn aufgrund der Besonderheiten des konkreten Falles ihm zugemutet werden kann, den schwebenden Rechtsstreit in der Berufungsinstanz zu übernehmen. In diesem Fall wird aber auch von denjenigen, die eine Einwilligung des Beklagten fordern, seine Weigerung als rechtsmißbräuchlich gewertet und deshalb übergangen. Im praktischen Ergebnis dürfte sich also auch die Klageänderungstheorie kaum von der im Schrifttum herrschenden und vom BGH vertretenen Ansicht unterscheiden.[91] Als entbehrlich wird man z. B. die Einwilligung des neuen Beklagten dann ansehen können, wenn er bereits auf der Seite des bisherigen Beklagten beispielsweise als dessen Vertreter den Rechtsstreit geführt hat und es deshalb ausgeschlossen werden kann, daß er sich anders gegen die Klage verteidigt hätte, wenn er von vornherein als Beklagter selbst in Anspruch genommen worden wäre.[92]

185   Für die Entscheidung des dritten Beispielsfalls (o. RdNr. 180) kommt es also darauf an, in welcher Phase des Verfahrens der Parteiwechsel auf der Beklagtenseite vollzogen werden soll und welcher Theorie man sich hinsichtlich der Parteiänderung anschließt. Will Konz seine Klage bereits in der ersten Instanz „umstellen", dann ist dafür nach der im Schrifttum herrschenden Meinung nur die Einwilligung des Handel, nicht die des Frech erforderlich. Handel scheidet dann aus dem Rechtsstreit aus, und die ihm dadurch entstandenen Kosten sind ihm von Konz zu ersetzen. Frech wird dann dadurch zum neuen Beklagten, daß ihm vom Gericht ein den Anforderungen des § 253 entsprechender Schriftsatz des Konz zugestellt wird.

In diesem Fall wird Frech sicher wissen wollen, ob er den Prozeß in der Lage zu übernehmen hat, in der er sich zur Zeit seines Eintritts befindet oder ob er die rechtliche Möglichkeit besitzt, die Wiederholung der Verhandlung zu fordern. Dieser Frage, die darauf gerichtet ist, ob eine neu eintretende Partei an die bisherigen

---

[89] *Stein / Jonas / Schumann* § 264 RdNr. 117.
[90] Vgl. die in Fn. 77 und 80 genannten Zitate.
[91] Hierauf weist *Schlosser* RdNr. 268 hin.
[92] So im Fall BGH NJW 1987, 1946.

Prozeßergebnisse gebunden ist, kommt keinesfalls geringere Bedeutung zu als der bisher erörterten Frage, welche Voraussetzungen für einen Parteiwechsel erfüllt werden müssen.

Auch hinsichtlich der **Bindung** einer neu eintretenden Partei an die **186** bisher erzielten **Prozeßergebnisse** bestehen erhebliche Meinungsverschiedenheiten, so daß diese Frage immer noch zu den ungeklärten Problemen des Prozeßrechts gezählt wird.[93] Überwiegend wird angenommen, daß die neue Partei zumindest dann an die bestehende Prozeßlage gebunden ist, wenn sie zustimmt.[94] Sehr kontrovers wird dagegen diskutiert, ob auch eine nicht zustimmende Partei einer derartigen Bindung unterworfen ist. Während dies zumindest für die erste Instanz von manchen bejaht wird,[95] lehnen andere dies ab und wollen nur dann eine Ausnahme zulassen, wenn die neue Partei am bisherigen Prozeßgeschehen beispielsweise als gesetzlicher Vertreter der ausscheidenden Partei oder als Nebenintervenient (vgl. §§ 66 ff., Einzelheiten dazu später) beteiligt war.[96] Zustimmung verdient die Auffassung, die eine Bindung der eintretenden Partei an die bisherige Prozeßlage bei deren Einwilligung bejaht und eine solche Zustimmung nur dann für entbehrlich hält, wenn die neue Partei auch vorher schon die Führung des Prozesses so maßgeblich beeinflußte, daß ihre Weigerung dem Grundsatz von Treu und Glauben widerspricht (zur Geltung dieses Grundsatzes im Prozeßrecht vgl. o. RdNr. 88); dem ist der Fall gleichzustellen, daß es für die neu eintretende Partei keinen anzuerkennenden Grund gibt, das bisherige Prozeßergebnis nicht zu akzeptieren, weil daraus für sie keinerlei änderungsbedürftige Nachteile entstehen.[97]

Bewertet man die Erwägungen und Argumente, die in der Diskus- **187** sion über die Voraussetzungen und Wirkungen eines gewillkürten Parteiwechsels verwendet werden, dann ergibt sich, daß es in erster Linie auf eine interessengerechte Entscheidung dieser Fragen und weniger darauf ankommt, ob es gelingt, diesen Parteiwechsel in eines der in der ZPO geregelten Prozeßrechtsinstitute einzupassen. Deshalb erscheint die Auffassung vorzugswürdig, die den **gewillkürten Parteiwechsel** als

---

[93] So z. B. *Roth* NJW 1988, 2977; *Stein/Jonas/Schumann* § 264 RdNr. 125.

[94] *Roth* (Fn. 93) S. 2981; *Schumann* (Fn. 93); *Zeiss* RdNr. 371.

[95] BGH NJW 1962, 347 (allerdings mit gewissen Einschränkungen); *Baumbach/Lauterbach/Hartmann* § 263 RdNr. 8 (allerdings soll ein neuer Beklagter berechtigt sein, Geständnisse des bisherigen Beklagten zu widerrufen und unter Umständen die Wiederholung einer Beweisaufnahme zu verlangen); ebenso *Jauernig* § 86 II; für Bindung *MK/Lüke* § 263 RdNr. 96.

[96] *Schumann* (Fn. 93); *Roth* (Fn. 93) S. 2981 f., der jedoch eine Bindung ohne Einwilligung des Beklagten bejaht, wenn sich die Rechtskraft der Entscheidung gegen den bisherigen Beklagten auf den neuen Beklagten erstreckt (S. 2980 f.) oder wenn die Prozeßlage im Zeitpunkt des Parteiwechsels für den neuen Beklagten nur vorteilhaft ist (S. 2982).

[97] Im gleichen Sinn BGH NJW-RR 1986, 356; *Roth* NJW 1988, 2977, 2982.

eine durch die ZPO nicht geregelte Frage ansieht, deren Lösung rechts-
fortbildend auf der Grundlage allgemeiner prozessualer Grundsätze unter Berücksichtigung der Interessen der Beteiligten gefunden werden
muß. Die Bewertung des gewillkürten Parteiwechsels als ein **prozeß-
rechtliches Institut eigener Art** befreit von der Notwendigkeit, hierbei
die für eine Klageänderung zu erfüllenden Voraussetzungen aufgrund
der Interessenlage inhaltlich zu verändern und insbesondere den Begriff
der Sachdienlichkeit anders zu interpretieren, um die Gleichstellung des
Parteiwechsels mit einer Klageänderung vollziehen zu können; denn die
objektiven Gründe, die für die Sachdienlichkeit einer Klageänderung
maßgebend sind (vgl. o. RdNr. 176), können für den Parteiwechsel keine Rolle spielen, sondern hierfür erlangen andere Erwägungen, und
zwar in erster Linie auf das Verhalten der betroffenen Partei bezogene,
Bedeutung.[98]

3. Abgrenzung gegenüber einer Berichtigung der Parteibezeichnung

188   Keinen Parteiwechsel stellt es dar, wenn lediglich eine unrichtige
Parteibezeichnung korrigiert wird, dadurch aber die Person der Partei
unverändert bleibt. Denn die Bezeichnung der Parteien in der Klageschrift ist nicht allein für ihre Parteistellung im Prozeß ausschlaggebend;
vielmehr kommt es darauf an, welcher Sinn der von der klagenden Partei in der Klageschrift gewählten Parteibezeichnung bei objektiver
Würdigung des Erklärungsinhalts beizulegen ist.[99] Bei einer objektiv
unrichtigen oder mehrdeutigen Bezeichnung ist grundsätzlich diejenige
Person als Partei anzusehen, die erkennbar durch die Parteibezeichnung
gemeint sein soll.[100]

Beispiel: Eich gibt dem Schlossermeister Emsig telefonisch den Auftrag zur Ausführung einiger Arbeiten in seinem Hause. Nach Fertigstellung dieser Arbeiten
macht Eich einen Schadensersatzanspruch gegen Emsig wegen verschiedener
Mängel der Werkleistung geltend und erhebt gegen „Schlossermeister Ernst Emsig" Klage, als dieser sich weigert, die Forderung des Eich zu erfüllen. Im Prozeß
trägt Emsig vor, er sei überhaupt nicht Vertragspartner des Eich, dies sei vielmehr
die KG Ernst Emsig Metallbau, denn ein Handwerksunternehmen, das er persönlich betreibe, gebe es überhaupt nicht. Daraufhin erklärt Eich, er ändere die
Bezeichnung des Beklagten in „Ernst Emsig Metallbau KG". Emsig verlangt daraufhin Erstattung der ihm bisher durch den Rechtsstreit entstandenen Kosten.
Mit Recht?

Handelt es sich um einen (zulässigen) Parteiwechsel, dann müssen dem bisherigen
Beklagten – nach allgemeiner Meinung unabhängig von der zum Parteiwechsel vertretenen Auffassung – in analoger Anwendung des § 269 Abs. 3 S. 2 die ihm entstandenen Kosten des Rechtsstreits vom Kläger erstattet werden. Es ist folglich die Frage

---

[98] Vgl. *Roth* (Fn. 97) S. 2984; *Schlosser* RdNr. 268.
[99] BGH NJW 1981, 1453, 1454; 1983, 2448; 1987, 1946, 1947; *Rosen-
berg/Schwab/Gottwald* § 41 II 1.
[100] BGH (Fn. 99) m. weit. Nachw.

zu entscheiden, ob Eich zunächst die falsche Partei verklagt hat und deshalb seine Klage gegen eine andere Partei richten mußte, um mit seiner Klage Erfolg zu haben. Eich wollte den Handwerker verklagen, der in seinem Hause Arbeiten verrichtet hatte. Er ging davon aus, daß dies Ernst Emsig persönlich war. Hätte er gewußt, daß sein Vertragspartner die Ernst Emsig Metallbau KG gewesen ist, dann hätte er die Klage gegen die KG gerichtet. Es war also jedem, der den Sachverhalt kannte, erkennbar, daß die Klage gegen den Vertragspartner des Eich gerichtet werden sollte und daß nur die Parteibezeichnung falsch gewählt wurde. Die Auslegung der in der Klageschrift zum Ausdruck gebrachten prozessualen Willenserklärung des Eich (vgl. o. RdNr. 142) ergibt deshalb, daß die Klage gegen die KG als Auftragnehmerin gerichtet sein sollte. Es handelt sich deshalb bei Änderung der Beklagtenbezeichnung lediglich um eine Berichtigung eines Fehlers, nicht um einen Beklagtenwechsel.

Ein solcher Fall, in dem der Kläger eine bestimmte Person verklagen **189** will und sie nur falsch bezeichnet, muß von Sachverhalten unterschieden werden, in denen der Kläger sich in einem Irrtum hinsichtlich der Person des ihm nach materiellem Recht Verpflichteten befindet.

Beispiel: Wund wird nachts auf einer Landstraße als Fußgänger von einem Motorradfahrer angefahren und erheblich verletzt. Wund glaubt in dem Motorradfahrer den in der Nachbarschaft wohnenden Rudi Rasch erkannt zu haben und erhebt gegen diesen Klage auf Schadensersatz. Während des Rechtsstreits stellt sich heraus, daß Rasch als Schädiger nicht in Frage kommt, weil er zur Zeit des Unfalls seinen Urlaub in Italien verbrachte und daß Ralf Raser den Unfall verursachte. In diesem Fall wollte Wund seine Klage gegen Rasch richten, den er für den Schädiger hielt. Rasch ist dementsprechend in dem Rechtsstreit auch der (richtige) Beklagte. Die Klage muß hier als unbegründet abgewiesen werden, weil Rasch dem Wund keinen Schadensersatz schuldet.

Der letzte Beispielsfall läßt deutlich werden, wie der **Begriff der** **190** **Partei** im Zivilprozeß zu verstehen ist. Hierfür kommt es nicht darauf an, wer nach dem materiellen Recht der wirklich Berechtigte und der wahre Verpflichtete ist, sondern wer für sich vom Gericht Rechtsschutz begehrt und gegen wen dieser Rechtsschutz begehrt wird (formeller Parteibegriff).[101] Die Klageschrift muß die Bezeichnung der Parteien enthalten (vgl. o. RdNr. 55); aus ihr ergibt sich also, wer Kläger und wer Beklagter ist. Wird die Klageschrift irrtümlich einer falschen Person zugestellt, dann wird sie dadurch nicht Partei, denn gegen sie begehrt der Kläger keinen Rechtsschutz vom Gericht.

Beispiel: Konz erhebt wegen eines Kaufpreisanspruches Klage gegen den kaufmännischen Angestellten Josef Schmitz, Blumenstraße 4, Köln-Nippes. Im selben Hause wohnt der Sohn des Beklagten, der ebenfalls Josef Schmitz heißt. Ihm wird die Klage zugestellt. Daraufhin begibt sich Josef Schmitz jun. zu einem Rechtsanwalt, der in einem Schriftsatz an das Gericht auf das Versehen hinweist und den Antrag stellt, seinen Mandanten aus dem Rechtsstreit zu entlassen und die entstandenen Kosten dem Kläger aufzuerlegen.

Wenn auch durch die falsche Zustellung Josef Schmitz jun. nicht Partei wird, so muß er doch berechtigt sein, dem Irrtum entgegenzutreten und zu verhindern, daß

---

[101] *Jauernig* § 18 II; *Rosenberg/Schwab/Gottwald* § 40 I 1.

der Rechtsstreit weiter gegen ihn geführt wird. In diesem sog. **Identitätsstreit** ist die Person, der die Klage fälschlicherweise zugestellt wurde, insoweit zugelassen, als dies notwendig ist, um ihre Rechte zu wahren. Das Gericht entscheidet diesen Identitätsstreit durch Beschluß, in dem auch in entsprechender Anwendung des § 91 dem Kläger die notwendigen Kosten aufzuerlegen sind, die dem „Scheinbeklagten" entstanden sind.[102] Beruht die falsche Zustellung auf einem Fehler des Gerichts, dann sind die dadurch entstandenen Gerichtskosten nicht zu erheben (vgl. § 8 GKG). Auch kann dann dem Kläger wegen der Kosten, die er dem Scheinbeklagten erstatten muß (z. B. dessen Rechtsanwaltskosten), ein Regreßanspruch gegen das Gericht zustehen.

c) Der Parteibeitritt

191   Durch einen Parteibeitritt (vgl. o. RdNr. 180) entsteht eine Streitgenossenschaft, so daß die Vorschriften der §§ 59 ff. anzuwenden sind (dazu Einzelheiten sogleich). Wie ein Parteibeitritt zu erreichen ist, wird unterschiedlich beurteilt.[103] Während es die hM zuläßt, daß der neue Kläger durch Erhebung einer Klage gegen den (bisherigen) Beklagten den Beitritt vollzieht und auf der Beklagtenseite der Beitritt durch Erhebung einer neuen Klage des (bisherigen) Klägers gegen den neuen Beklagten vorgenommen wird,[104] lehnt diesen Weg eine Gegenauffassung ab und hält einen Parteibeitritt nur über eine vom Gericht vorzunehmende **Prozeßverbindung** für zulässig.[105]

Nach § 147 kann das Gericht mehrere bei ihm anhängige Prozesse zum Zwecke der gleichzeitigen Verhandlung und Entscheidung miteinander verbinden, wenn die Ansprüche, die den Gegenstand dieser Prozesse bilden, im rechtlichen Zusammenhang stehen, sich also auf ein gemeinsames Rechtsverhältnis zurückführen lassen, oder in einer Klage hätten geltend gemacht werden können, also die Voraussetzungen der §§ 59 ff., 260 erfüllt werden (vgl. dazu u. RdNr. 196 f.). Im Regelfall steht die Anordnung im Ermessen des Gerichts.[106]

Wenn also eine Parteierweiterung (Parteibeitritt) über § 147 geschehen soll, dann muß der bisherige Kläger eine neue Klage gegen den neuen Beklagten erheben oder dies ein neuer Kläger gegen den bisherigen Beklagten tun. Das Gericht hat dann darüber zu entscheiden, ob diese zunächst getrennten Prozesse miteinander verbunden werden. Hinzuweisen ist noch darauf, daß nach dieser Auffassung ein Parteibeitritt in zweiter Instanz nicht möglich ist, weil der neue (zu verbindende) Rechtsstreit stets in erster Instanz beginnen muß.[107]

192   Mit der Begründung, daß eine Klageerhebung durch mehrere Kläger das **Einverständnis aller Kläger** mit diesem Vorgehen voraussetzt, wird

---

[102] *Rosenberg/Schwab/Gottwald* § 41 II 1; *Schilken* RdNr. 83, jeweils m. weit. Nachw.

[103] Zum Beitritt in Fällen des § 856, dem einzigen gesetzlichen Parteibeitritt, vgl. u. RdNr. 550.

[104] Vgl. *Stein/Jonas/Schumann* § 264 RdNr. 131; *Rosenberg/Schwab/Gottwald* § 42 III 3 a; die Rechtsprechung behandelt den Parteibeitritt wie einen Parteiwechsel vgl. dazu u. Fn. 109.

[105] *Jauernig* § 86 III.

[106] Vgl. *Stein/Jonas/Leipold* § 147 RdNr. 11 ff. auch zu den Ausnahmen.

[107] Vgl. *Jauernig* (Fn. 105).

ganz überwiegend verlangt, daß der bisherige Kläger mit einem Beitritt auf seiner Seite einverstanden sein muß.[108] Die Frage, ob auch der bisherige Beklagte beim Klägerbeitritt und der neue Beklagte beim Beklagtenbeitritt zustimmen müssen, ist dagegen streitig. Die Rechtsprechung entscheidet diese Frage wie beim Parteiwechsel (vgl. o. RdNr. 183), also in erster Instanz nach den Regeln des § 263 (Einwilligung oder Sachdienlichkeitserklärung) und verlangt für die zweite Instanz entweder die Zustimmung des Beklagten oder die Feststellung, daß die Verweigerung der Zustimmung rechtsmißbräuchlich ist.[109] Diesem Lösungsvorschlag ist nur zu folgen, soweit er die zweite Instanz betrifft; eine Einwilligung des Beklagten in der ersten Instanz ist dagegen als entbehrlich anzusehen,[110] weil auch bei einer anfänglichen Parteienhäufung der Beklagte nicht einwilligen muß und er bei einer nachträglichen − anders als bei einem Beklagtenbeitritt in zweiter Instanz, bei dem eine Tatsacheninstanz verlorengeht − keine Nachteile erleidet. Insbesondere ergibt sich grundsätzlich keine Bindung der eintretenden Partei an die bisherigen Prozeßergebnisse.[111]

Einschub: Streitgenossenschaft

1. Allgemeines

Es wurde darauf hingewiesen, daß für den Parteibeitritt die Regeln **193** über die Streitgenossenschaft gelten. Im folgenden sollen diese Regeln, die in den §§ 59 bis 63 enthalten sind, genauer betrachtet werden.

Von einer Streitgenossenschaft − auch als subjektive Klagenhäufung bezeichnet − spricht man, wenn auf der Kläger- oder (und) auf der Beklagtenseite mehrere Personen stehen, also mehrere Kläger gegen einen Beklagten (oder mehrere Beklagte) oder ein Kläger gegen mehrere Beklagte vom Gericht Rechtsschutz erbitten. Die Streitgenossenschaft entsteht
− durch Erhebung der Klage, wenn schon die Klageschrift mehrere Kläger oder mehrere Beklagte nennt
− durch nachträglichen Beitritt einer Partei (vgl. o. RdNr. 191)
− durch Verbindung mehrerer Prozesse gemäß § 147 (vgl. o. RdNr. 191)
− durch Parteiwechsel, wenn an die Stelle der bisherigen Partei mehrere Personen treten, wie dies beispielsweise der Fall ist, wenn beim Tode einer Partei das Verfahren durch mehrere Personen als Rechtsnachfolger des Verstorbenen gemäß § 239 aufgenommen wird (vgl. o. RdNr. 181).

---

[108] *Schumann* (Fn. 104) RdNr. 132; *Rosenberg/Schwab/Gottwald* (Fn. 104); aA *Zimmermann* Fallrep. S. 95.
[109] BGHZ 40, 185 = NJW 1964, 44; BGHZ 65, 264 = NJW 1976, 239; anders jedoch BGH NJW 1989, 3225 (Zulassung als sachdienlich).
[110] *Rosenberg/Schwab/Gottwald* (Fn. 104); *Stein/Jonas/Schumann* § 264 RdNr. 132.
[111] *Stein/Jonas/Schumann* § 264 RdNr. 135 f. mit dem Hinweis darauf, daß mit Einwilligung aller Parteien auch eine Übernahme des Prozeßergebnisses durch die neue Partei möglich sei.

194 Die Streitgenossenschaft ändert nichts an der selbständigen Stellung jedes Streitgenossen. Insbesondere wirken die Handlungen des einen Streitgenossen grundsätzlich weder zum Vorteil noch zum Nachteil der anderen (§ 61). **Jeder Streitgenosse** ist durch ein **eigenständiges Prozeßrechtsverhältnis** mit Gericht und Gegenpartei verbunden (vgl. o. RdNr. 137).

Aus der Selbständigkeit jedes Prozeßrechtsverhältnisses folgt, daß auch die Prozeßvoraussetzungen dafür jeweils gesondert geprüft werden müssen. Sollen mehrere Personen, die bei verschiedenen Gerichten ihren allgemeinen Gerichtsstand haben (vgl. o. RdNr. 43), als Streitgenossen im allgemeinen Gerichtsstand verklagt werden und ist für den Rechtsstreit ein gemeinschaftlicher besonderer Gerichtsstand (vgl. o. RdNr. 44) nicht begründet, dann wird nach § 36 Nr. 3 das für den Rechtsstreit zuständige Gericht durch das im Rechtszug nächsthöhere Gericht bestimmt.

195 Für die Zulassung einer Verbindung mehrerer Klagen zu einer gemeinsamen Verhandlung in einem Verfahren sprechen in erster Linie Erwägungen der Prozeßökonomie (vgl. o. RdNr. 176). Denn auf diese Weise läßt sich erreichen, daß nicht mehrfach über gleiche Fragen parallel verhandelt werden muß, sondern daß man sie zusammengefaßt einer Entscheidung zuführen kann. Es gibt jedoch auch Fälle, in denen die Verbindung verschiedener Klagen nicht nur im Interesse einer Verfahrensvereinfachung vorgenommen wird, sondern prozessuale oder materiellrechtliche Gründe eine einheitliche Entscheidung verlangen; diese als notwendige Streitgenossenschaft bezeichneten Fälle sind in § 62 geregelt (Einzelheiten dazu sogleich).

2. Einfache Streitgenossenschaft

196 Wenn bei der einfachen Streitgenossenschaft die Verbindung mehrerer Rechtsstreite in einem Verfahren im Interesse einer Verfahrensvereinfachung zugelassen wird, dann muß sie davon abhängig gemacht werden, daß die gemeinsame Verhandlung zweckmäßig erscheint. Die in §§ 59 und 60 für die einfache Streitgenossenschaft genannten **Voraussetzungen** tragen diesem Gedanken Rechnung. In den beiden Vorschriften werden folgende drei Fälle unterschieden, die jedoch in der Praxis kaum voneinander abgegrenzt und zudem weit ausgelegt werden, um eine gemeinsame Verhandlung dann zu ermöglichen, wenn dafür ein triftiger Grund besteht:[112]

– Rechtsgemeinschaft hinsichtlich des Streitgegenstandes (§ 59 Alt. 1)

Als solche Rechtsgemeinschaft sind anzusehen: Die Gesamtschuldnerschaft (§ 421 BGB), die Gesamtgläubigerschaft (§ 428 BGB), die Bruchteilsgemeinschaft (§ 741 BGB), insbesondere das (ungeteilte) Miteigentum (§ 1008 BGB),

[112] BGH NJW 1975, 1228; *Gottwald* JA 1982, 64, 65; *Lindacher* JuS 1986, 379, 380.

die Gemeinschaft zur gesamten Hand wie die BGB-Gesellschaft (§ 705 BGB) und die Erbengemeinschaft (§ 2032 BGB).[113] Auch Klagen gegen Hauptschuldner und Bürgen oder gegen den Eigentümer des mit einer Hypothek belasteten Grundstücks und den persönlichen Schuldner der durch die Hypothek gesicherten Forderung fallen hierunter.[114]

– Berechtigung oder Verpflichtung aus demselben rechtlichen und tatsächlichen Grund (§ 59 Alt. 2)

Als Beispiele lassen sich anführen: die sich aus einem einheitlichen Vertrag ergebende Gläubigerschaft oder Schuldnerschaft; die Verletzung mehrerer Personen durch eine Handlung, für die der Schädiger nach den Grundsätzen des Deliktsrechts oder der Gefährdungshaftung einzustehen hat. Die Berechtigung oder Verpflichtung muß sich jedoch sowohl aus demselben rechtlichen als auch aus demselben tatsächlichen Grund ergeben; eine Berechtigung oder Verpflichtung lediglich aufgrund derselben Tatsachen reicht nicht aus, wenn verschiedene Rechtsgründe maßgebend sind.[115]

Beispiele: Bei einem von A verursachten Verkehrsunfall werden B, C und D verletzt. B, C und D können gemeinsam als Streitgenossen gegen A Klage erheben, denn A ist aus demselben rechtlichen Grund (§ 823 Abs. 1, 2 BGB, § 7, evtl. § 18 StVG) und aus demselben tatsächlichen Grund verpflichtet.

D stiehlt E einen Ring und veräußert ihn an X, der ihn an Y unter Wert weiterveräußert. Verlangt E von X Herausgabe des Veräußerungserlöses und von D Schadensersatz, dann lassen sich zwar die Verpflichtungen beider bei großzügiger Betrachtung auf denselben tatsächlichen Grund, nicht aber auf denselben rechtlichen Grund zurückführen, weil sich die Haftungsgrundlagen voneinander unterscheiden. Die Voraussetzungen des § 59 Alt. 2 sind also hier nicht erfüllt; zu denken ist allerdings an § 60.

– Gleichartigkeit von Ansprüchen und Verpflichtungen aufgrund eines im wesentlichen gleichartigen tatsächlichen und rechtlichen Grundes (§ 60).

Die Vorschrift wird weit ausgelegt und als eine Zweckmäßigkeitsregel verstanden.[116] Entscheidend ist letztlich, ob die gemeinsame Verhandlung sinnvoll erscheint. So werden als Fälle des § 60 angesehen: Die Unterhaltsklagen der Ehefrau und der ehelichen Kinder gegen den Ehemann und Vater auch nach geschiedener Ehe, die Klage des Vermieters gegen mehrere Mieter aus gleichem Anlaß[117] oder Klagen mehrerer Käufer gegen den Verkäufer beim Kauf gleicher Waren zu übereinstimmenden Bedingungen.[118] Manche rechnen auch die oben unter § 59 subsumierten Fälle einer Klage gegen Hauptschuldner und Bürgen oder von Klagen wegen derselben unerlaubten Handlung hierher; dies zeigt, daß eine genaue Abgrenzung zwischen §§ 59 und 60 nicht möglich, aber auch nicht nötig ist.

Neben den in §§ 59, 60 genannten Voraussetzungen für eine einfache **197** Streitgenossenschaft treten noch die **Erfordernisse** einer gleichen Pro-

---

[113] *Gottwald* (Fn. 112); *MK/Schilken* § 59 RdNr. 8.
[114] *MK/Schilken* (Fn. 113); *Baumbach/Lauterbach/Hartmann* § 59 RdNr. 3.
[115] *Baumbach/Lauterbach/Hartmann* § 59 RdNr. 5.
[116] BGH NJW 1986, 3209 m. weit. Nachw.
[117] *Gottwald* (Fn. 112).
[118] *Stein/Jonas/Bork* § 60 RdNr. 3.

zeßart und des Fehlens eines Verbindungsverbots hinzu, die **aus § 260 abzuleiten** sind (vgl. o. RdNr. 170). Denn diese Vorschrift ist zumindest entsprechend auf die Streitgenossenschaft anzuwenden,[119] weil sowohl bei der aktiven Streitgenossenschaft (mehrere Kläger) als auch bei der passiven Streitgenossenschaft (mehrere Beklagte) stets auch mehrere Ansprüche (entweder von verschiedenen Klägern oder gegen verschiedene Beklagte) geltend gemacht werden, so daß also Klagen gehäuft werden. Sind die Voraussetzungen der §§ 59, 60 und 260 nicht erfüllt, dann darf die Klage nicht als unzulässig abgewiesen werden, weil nur ihre Verbindung mit einer anderen Klage und nicht sie selbst unzulässig ist. Deshalb ist von Amts wegen anzuordnen, daß über die Klagen in getrennten Prozessen zu verhandeln ist (§ 145 Abs. 1).[120]

§ 145 Abs. 1 ermöglicht es dem Gericht in Fällen einer objektiven Klagenhäufung und bei einer Streitgenossenschaft, die **getrennte Verhandlung** auch dann anzuordnen, wenn die Voraussetzungen für eine Verbindung gegeben sind. Nur wenn eine Verbindung der Klagen zwingend vorgeschrieben wird (Beispiel: Scheidungs- und Folgesachen, § 623 Abs. 1 S. 1),[121] ist die Anordnung einer Trennung unzulässig. Grundsätzlich hat das Gericht nach pflichtgemäßem Ermessen darüber zu entscheiden, ob eine Trennung insbesondere im Interesse der Verfahrensvereinfachung und Verfahrensbeschleunigung liegt; nur wenn eine Verbindung unzulässig ist, ist das Gericht verpflichtet, die Trennung zu beschließen. Wird der die Trennung aussprechende Beschluß erlassen, dann entsteht eine Mehrheit von Prozessen, bei denen so zu verfahren ist, als wenn von vornherein gesondert Klage erhoben worden sei. Jedoch bleibt die sachliche Zuständigkeit, die durch eine (zulässige) Klagenhäufung nach § 5 entstanden ist, gemäß § 261 Abs. 3 Nr. 2 bestehen.[122]

3. Notwendige Streitgenossenschaft

aa) Die verschiedenen Fälle

198   Während für die einfache Streitgenossenschaft lediglich Zweckmäßigkeitserwägungen sprechen, gibt es für die notwendige Streitgenossenschaft rechtliche Gründe für eine einheitliche Verhandlung und Entscheidung. Die gesetzliche Regelung der notwendigen Streitgenossenschaft fällt recht lückenhaft aus. § 62 ist als eine Ausnahme von dem in § 61 ausgesprochenen Grundsatz konzipiert, daß die Handlungen eines Streitgenossen dem anderen weder zum Vorteil noch zum Nachteil gereichen. In der Formulierung des Gesetzes kommt zum Ausdruck, daß eine abschließende Beschreibung der notwendigen Streitgenossenschaft nicht beabsichtigt wird, weil mit dem Hinweis auf einen „sonstigen Grund" neben dem Fall, daß „das streitige Rechtsverhältnis allen

---

[119] *MK/Schilken* § 59 RdNr. 10; *Jauernig* § 81 I 3; *Lindacher* JuS 1986, 380; für eine direkte Anwendung des § 260: *Rosenberg/Schwab/Gottwald* § 48 II 2; *Gottwald* JA 1982, 65.

[120] *Schumann* RdNr. 110 (unter c).

[121] Zu weiteren Fällen vgl. *Stein/Jonas/Leipold* § 147 RdNr. 12.

[122] *Rosenberg/Schwab/Gottwald* § 100 III 2.

Streitgenossen gegenüber nur einheitlich festgestellt werden" kann, offengelassen wird, von welchen Voraussetzungen eine notwendige Streitgenossenschaft abhängt. Die erforderliche Präzisierung muß deshalb von der Rechtswissenschaft und Rechtsprechung vorgenommen werden. Danach sind **folgende Fälle einer notwendigen Streitgenossenschaft** zu unterscheiden, die in ihrer Einteilung zwar überwiegend Zustimmung finden,[123] die aber hinsichtlich der Zuordnung einzelner Fälle sehr umstritten sind:[124]

– Die prozeßrechtlich notwendige Streitgenossenschaft

Hierbei handelt es sich um Fälle, in denen sich die Rechtskraft des Urteils bei einer selbständigen Klage eines Streitgenossen, die zulässig ist, auf den anderen Streitgenossen erstreckt. Aus diesem Grunde kann bei gemeinsamer Klage der Streitgenossen der Rechtsstreit ihnen gegenüber nur einheitlich entschieden werden (§ 62 Abs. 1 Alt. 1). Die Erstreckung der Rechtskraft als Voraussetzung einer notwendigen Streitgenossenschaft aus prozessualen Gründen kann allseitig sein, d. h. sowohl bei einem zusprechenden als auch bei einem abweisenden Urteil wirken (Beispiel: Rechtskrafterstreckung eines gegen den Testamentsvollstrecker ergangenen Urteils gegen den Erben; dazu u. RdNr. 474). Die Rechtskraft kann aber auch nur einseitig wirken, d. h. entweder nur bei einem Erfolg der Klage oder bei ihrer Abweisung (Beispiel: Erstreckung der Rechtskraft des Urteils nach § 248 AktG, das auf Klage eines Aktionärs einen Hauptversammlungsbeschluß für nichtig erklärt, für und gegen alle Aktionäre).[125]

– Die materiellrechtlich notwendige Streitgenossenschaft

Es geht hier um Fälle, in denen den Streitgenossen die Prozeßführungsbefugnis über das mit der Klage geltend gemachte Recht nur gemeinsam zusteht, so daß die Klage als unzulässig abgewiesen werden muß, wenn sie nur von einem Streitgenossen erhoben wird, ferner um Klagen gegen mehrere Beklagte, die eine mit der Klage begehrte Leistung nur gemeinsam erbringen können (§ 62 Abs. 1 Alt. 2: „aus einem sonstigen Grunde").

Während bei der notwendigen Streitgenossenschaft aus prozessualen Gründen der einzelne Streitgenosse nicht daran gehindert ist, **selbständig Klage** zu erheben, ist bei der zweiten Fallgruppe, der notwendigen Streitgenossenschaft aus materiellrechtlichen Gründen, eine gemeinschaftliche Prozeßführung erforderlich, weil der einzelne Streitgenosse allein nicht zur Prozeßführung befugt ist und deshalb eine Einzelklage als unzulässig abgewiesen werden müßte. So müssen mehrere Mitglieder einer selbst nicht parteifähigen BGB-Gesellschaft (vgl. o. RdNr. 103) gemeinschaftlich klagen, da das einzelne Mitglied nicht Träger des geltend gemachten Rechts ist und auch keine Prozeßführungsbefugnis für die Gesellschaft besitzt; das gleiche gilt bei Klagen von Mitgliedern eines nicht rechtsfähigen Vereins, der nicht die aktive Parteifähigkeit besitzt (§ 50 Abs. 2; vgl. o. RdNr. 103). Eine gemeinschaftliche Klage ist auch bei mehreren Testamentsvollstreckern erforderlich, die ihr Amt gemeinschaftlich zu führen haben (vgl. § 2224 Abs. 1 BGB).

---

[123] *Gottwald* JA 1982, 64, 67 ff.; *Lindacher* JuS 1986, 379, 381 ff., jeweils m. Nachw.
[124] Dieser Streit betrifft insbesondere die Passivprozesse der Gesamthänder (vgl. *Rosenberg/Schwab/Gottwald* § 49 III 1 b).
[125] Vgl. *Gottwald* (Fn. 123).

Eine Besonderheit ergibt sich in Fällen einer Mitberechtigung, in denen dem einzelnen eine Klagebefugnis eingeräumt wird, wie durch § 2039 BGB jedem Miterben und durch § 1011 BGB jedem Miteigentümer. Klagen in einem solchen Fall mehrere Mitberechtigte, dann handelt es sich nicht um eine notwendige Streitgenossenschaft aus materiellrechtlichen Gründen, weil die Klagebefugnis auch dem einzelnen Streitgenossen zusteht. Die hM nimmt allerdings dann eine notwendige Streitgenossenschaft aus prozeßrechtlichen Gründen an.[126]

199   In **Passivprozessen von Mitberechtigten** besteht eine notwendige Streitgenossenschaft aus materiellrechtlichen Gründen, wenn die mit der Klage begehrte Leistung nur von allen Beklagten gemeinsam erbracht werden kann, so beispielsweise die Klage gegen mehrere Miteigentümer eines Grundstücks auf Auflassung und Eintragungsbewilligung.[127] Bei Erbengemeinschaften und ehelichen Gütergemeinschaften sind die Mitberechtigten nur dann in Passivprozessen notwendige Streitgenossen aus materiellrechtlichem Grunde, wenn es sich um eine sog. gemeinschaftliche Schuld handelt.

Grundsätzlich haften Erben für die gemeinschaftlichen Nachlaßverbindlichkeiten als Gesamtschuldner (§ 2058 BGB); das gleiche gilt für Gesamtgutsverbindlichkeiten bei der ehelichen Gütergemeinschaft, wenn die Ehegatten das Gesamtgut gemeinschaftlich verwalten (vgl. § 1459 Abs. 2 BGB). Dies bedeutet, daß jeder Nachlaßgläubiger eine sog. Gesamtschuldklage erheben kann, mit der er jeden Miterben einzeln verklagt; da die gegen mehrere Gesamtschuldner erhobene Klage nach § 425 BGB auch nicht einheitlich entschieden werden muß, handelt es sich dann auch nicht um eine Streitgenossenschaft nach § 62.[128] Macht beispielsweise ein Nachlaßgläubiger einen Anspruch auf Auflassung geltend, dann kann er mit der Klage gegen den einzelnen Miterben zwar nicht den unmittelbaren Vollzug der Auflassungserklärung erreichen, da insoweit der einzelne Miterbe nicht verfügungsberechtigt ist (§ 2040 Abs. 1 BGB), wohl aber die Abgabe der von dem einzelnen Miterben vorzunehmenden Erklärung als Teil der begehrten Auflassung. Ein solches Vorgehen kann sich selbst dann empfehlen, wenn der Gläubiger in den Nachlaß vollstrecken will. Dazu braucht er zwar einen Titel gegen alle Miterben (§ 747; vgl. dazu u. RdNr. 552), dies muß aber kein einheitlicher Titel sein. Wenn einzelne Miterben freiwillig einen Vollstreckungstitel geschaffen haben, etwa durch eine vollstreckbare Urkunde nach § 794 Abs. 1 Nr. 5 (dazu u. RdNr. 509), so bilden diese gemeinsam mit dem Urteil, das gegenüber den übrigen Miterben ergangen ist, die erforderliche Rechtsgrundlage für eine Vollstreckung.[129] Nur wenn also der Gläubiger mit seiner Klage den unmittelbaren Vollzug der Auflassung eines Grundstücks aus dem ungeteilten Nachlaß erreichen will, er also eine sog. Gesamthandsklage erhebt (vgl. § 2059 Abs. 2 BGB), muß er alle Miterben gemeinschaftlich verklagen, die dann eine notwendige Streitgenossenschaft aus materiellem Grunde bilden.[130] Entsprechendes gilt für die eheliche Gütergemeinschaft.[131]

---

[126] Diese Frage ist aber sehr umstritten; zu Einzelheiten vgl. *Gottwald* (Fn. 123) S. 68; *Lindacher* (Fn. 123) S. 383, jeweils m. weit. Nachw.

[127] Vgl. *Rosenberg/Schwab/Gottwald* § 49 III 1 b.

[128] BGH NJW 1963, 1611, 1612.

[129] Vgl. *MünchKomm/Dütz* § 2059 BGB RdNr. 19.

[130] BGH (Fn. 128); *Dütz* (Fn. 129) RdNr. 21.

[131] Vgl. *Lindacher* (Fn. 123) S. 382.

Bei **Gestaltungsklagen** besteht eine notwendige Streitgenossenschaft 200
aus materiellrechtlichem Grunde, wenn die Gestaltung nur durch Urteil
vollzogen werden kann und das entsprechende Recht von mehreren
oder gegen mehrere geltend gemacht werden muß, wie dies beispielsweise bei der Klage auf Auflösung einer OHG erforderlich ist (§ 133
HGB) ; bei einer solchen Klage müssen auf der Kläger- oder Beklagtenseite alle Gesellschafter beteiligt werden, sofern sie nicht mit der Auflösung einverstanden sind.[132] Bei der Klage auf Ausschließung eines Gesellschafters nach § 140 HGB müssen alle übrigen (nicht
auszuschließenden) Gesellschafter gemeinschaftlich klagen; sie bilden
dann eine notwendige Streitgenossenschaft.[133] Gleiches gilt für Klagen
der Gesellschaft auf Entziehung der Geschäftsführungs- oder Vertretungsbefugnis (§§ 117, 127 HGB).[134]

Bei **Feststellungsklagen** kommt es darauf an, ob sie auf Rechte ge- 201
richtet sind, die nur gemeinschaftlich geltend gemacht werden können.
In diesem Fall sind mehrere Kläger notwendige Streitgenossen aus materiellrechtlichem Grund, so beispielsweise wenn mehrere Gesamthänder auf Feststellung eines der Gesamthandsgemeinschaft zustehenden
absoluten Rechts klagen.[135] Wird eine Feststellungsklage gegen mehrere
Mitberechtigte erhoben, dann wird darüber gestritten, ob sie stets nur als
einfache Streitgenossen anzusehen sind. Dies wird mit der Begründung
bejaht, eine solche Klage verlange stets nur ein Feststellungsinteresse
gegenüber einer Einzelpartei,[136] während nach anderer Ansicht darauf abgestellt werden soll, ob eine Leistungsklage auch nur gegen
einen Mitberechtigten erhoben werden könnte; soweit dies zulässig sei,
müßte einfache Streitgenossenschaft angenommen werden, sonst notwendige.[137]

bb) Wirkungen

Auch für die notwendige Streitgenossenschaft gilt der durch § 61 202
zum Ausdruck gebrachte **Grundsatz der Selbständigkeit** jedes Streitgenossen, aus dem folgt, daß Handlungen und Unterlassungen des einen Streitgenossen die Rechtslage des anderen nicht verändern. Allerdings ergibt sich gegenüber der einfachen Streitgenossenschaft ein
entscheidender Unterschied dadurch, daß bei der notwendigen Streitgenossenschaft der Zwang zur einheitlichen Entscheidung besteht. In

---

[132] Vgl. BGH NJW 1958, 418; *Stein/Jonas/Bork* § 62 RdNr. 15, 16.
[133] Vgl. BGHZ 30, 195, 197 = NJW 1959, 1683; BGHZ 64, 253 = NJW 1975,
1410, jeweils m. weit. Nachw.
[134] Vgl. *Stein/Jonas/Leipold* (Fn. 132) auch zu weiteren Fällen.
[135] *Rosenberg/Schwab/Gottwald* § 49 III 1 a (2).
[136] *Henckel*, Parteilehre und Streitgegenstand im Zivilprozeß, 1961, S. 90, 92.
[137] Vgl. *MK/Schilken* § 62 RdNr. 37 m. weit. Nachw.

Fällen, in denen das prozessuale Verhalten eines Streitgenossen diese gemeinsame Entscheidung beeinflußt, muß es auch in Beziehung zu den anderen Streitgenossen gebracht und der Grundsatz der Selbständigkeit **eingeschränkt** werden. Diesen Gedanken nimmt § 62 Abs. 1 auf und bestimmt in Form einer Fiktion (vgl. dazu GK BGB RdNr. 249), daß bei Versäumung eines Termins oder einer Frist der säumige Streitgenosse als vertreten durch die nicht säumigen anzusehen ist.

Obwohl also Fristen für jeden Streitgenossen gesondert laufen, werden sie durch die rechtzeitige Vornahme einer Prozeßhandlung, beispielsweise die Einlegung eines Rechtsmittels durch einen notwendigen Streitgenossen, auch für alle anderen gewahrt. Ein **Versäumnisurteil** darf nicht ergehen, wenn auch nur ein Streitgenosse im Termin zur mündlichen Verhandlung erscheint. Der Grundsatz der Selbständigkeit der Streitgenossen macht es zwar zulässig, daß sie unterschiedliche Angriffs- und Verteidigungsmittel vorbringen und daß ein Geständnis (vgl. dazu u. RdNr. 354 ff.), ein Anerkenntnis (vgl. dazu u. RdNr. 205 ff.), ein Verzicht (vgl. dazu u. RdNr. 215 ff.) oder eine Klageänderung (vgl. o. RdNr. 168 ff.) für den Erklärenden wirkt, daß aber die Wirkung insoweit eingeschränkt werden muß, als sich daraus Folgerungen für die einheitliche Entscheidung des Rechtsstreits ergeben. Ein Geständnis muß vom Richter frei gewürdigt werden (vgl. § 286 Abs. 1; Einzelheiten dazu später), ein Verzichts- oder Anerkenntnisurteil darf nur ergehen, wenn auch die übrigen Streitgenossen entsprechende Erklärungen abgeben.

Im Falle der Säumnis einzelner Streitgenossen und der dann nach § 62 Abs. 1 bestehenden Vertretung durch die Erschienenen wirken Anerkenntnis, Verzicht und Klageänderungen seitens der verhandelnden Streitgenossen auch für die säumigen.[138] Wird jedoch das Verfahren noch fortgesetzt und findet ein neuer Termin statt, dann kann der früher säumige Streitgenosse durch seinen Widerspruch den Erlaß eines Verzichts- oder Anerkenntnisurteils verhindern.

203   Während die **Klagerücknahme** durch einen Streitgenossen in Fällen der prozeßrechtlich notwendigen Streitgenossenschaft allgemein für zulässig gehalten wird,[139] ist es sehr streitig, ob dies auch für die materiellrechtlich notwendige Streitgenossenschaft gilt. Gegen eine solche Möglichkeit könnte sprechen, daß die Klagerücknahme durch einen (materiellrechtlich notwendigen) Streitgenossen zur Unzulässigkeit der Klage und damit zu ihrer Abweisung führen müßte (vgl. o. RdNr. 198) und daß auf diese Weise das prozessuale Verhalten eines Streitgenossen über die Prozeßführung aller übrigen bestimmen könnte. Dennoch ist der Auffassung, die eine solche Klagerücknahme für unzulässig hält,[140] nicht zuzustimmen. Auch eine im (internen) Verhältnis der Streitgenossen zueinander bestehende Verpflichtung zur Mitwirkung an einem Rechtsstreit kann nicht bewirken, daß der einzelne Streitgenosse einen

---

[138] *Lindacher* JuS 1986, 379, 384; *Rosenberg/Schwab/Gottwald* § 49 IV 3 b; *Thomas/Putzo* § 62 RdNr. 20; aA z. T. *Bork* (Fn. 132) RdNr. 27, 34.

[139] *Lindacher* (Fn. 138); *Rosenberg/Schwab/Gottwald* § 49 IV 1 a; *Jauernig* § 82 IV 3.

[140] *Jauernig* § 82 IV 3; *Baumbach/Lauterbach/Hartmann* § 62 RdNr. 20.

einmal begonnenen Prozeß gegen seinen Willen fortsetzen muß;[141] insoweit besteht kein Unterschied zur Klageerhebung, die regelmäßig auch von einem freiwilligen Entschluß aller (materiellrechtlich notwendigen) Streitgenossen abhängt.

4. *Hinweise für die schriftliche Bearbeitung*

Stellen sich in einer Klausur Fragen der Streitgenossenschaft, dann 204 muß sorgfältig zwischen folgenden Punkten unterschieden werden:
(1) Die Tatsache einer Streitgenossenschaft
(2) Die Zulässigkeit einer Streitgenossenschaft
(3) Die sich aus einer zulässigen Streitgenossenschaft ergebenden Wirkungen für den einzelnen Rechtsstreit.[142]

Stehen auf der Kläger- oder Beklagtenseite mehrere Personen, dann handelt es sich um eine Streitgenossenschaft; diese Tatsache ist unabhängig von der Frage festzustellen, ob diese **Streitgenossenschaft** auch **zulässig** ist. Ist sie es nicht, dann ist nicht etwa die Klage als unzulässig abzuweisen, sondern eine Trennung in verschiedene Prozesse nach § 145 Abs. 1 anzuordnen (vgl. o. RdNr. 197). Streitig ist die Frage, ob diese Anordnung von Amts wegen nur zu treffen ist, wenn den Erfordernissen gleicher Prozeßart oder des Fehlens eines Verbindungsverbotes nicht genügt wird (vgl. o. RdNr. 197) und ob ein Mangel der Voraussetzungen nach §§ 59, 60 durch rügelose Einlassung nach § 295 Abs. 1 geheilt werden kann.[143]

Die **Prozeßvoraussetzungen** (Sachurteilsvoraussetzungen) sind für jeden Streitgenossen gesondert zu prüfen. Ergibt sich dabei, daß die Klage eines Streitgenossen oder gegen einen Streitgenossen unzulässig ist, dann muß unterschieden werden:
– Bei einfacher Streitgenossenschaft ist die (unzulässige) Klage durch (Teil-)Urteil (§ 301) abzuweisen.
– Das gleiche gilt bei der prozeßrechtlich notwendigen Streitgenossenschaft.[144]
– Bei der materiellrechtlich notwendigen Streitgenossenschaft folgt aus der Unzulässigkeit der Klage eines Streitgenossen oder gegen ihn, daß die Klage sämtlicher Streitgenossen oder gegen sie wegen fehlender aktiver oder passiver Prozeßführungsbefugnis als unzulässig abzuweisen ist.[145]

Schließlich ist noch darauf hinzuweisen, daß in einer Klausur der Frage nach der **Abgrenzung** zwischen einfacher und notwendiger Streitgenossenschaft nur dann nachzugehen ist, wenn sich daraus Konsequenzen für die Fallösung ergeben.

---

[141] So auch OLG Rostock NJW-RR 1995, 381, 382; *Lindacher* (Fn. 138); *Gottwald* JA 1982, 64, 70; *MK/Schilken* § 62 RdNr. 49.
[142] Vgl. *Lindacher* JuS 1986, 540, 542; *Schumann* RdNr. 110.
[143] So die hM, vgl. *Stein/Jonas/Bork* vor § 59 RdNr. 9 m. weit. Nachw. auch zur Gegenauffassung.
[144] *Stein/Jonas/Leipold* § 301 RdNr. 10.
[145] *Lindacher* JuS 1986, 383.

V. Anerkenntnis

a) Rechtsnatur und Anwendungsbereich

205   Das prozessuale Anerkenntnis ist die gegenüber dem Prozeßgericht vom Beklagten abgegebene einseitige Erklärung, daß der vom Kläger geltend gemachte (prozessuale) Anspruch bestehe.[146] Damit gibt der Beklagte – gegebenenfalls beschränkt auf Teile des Klageanspruchs (vgl. dazu u. RdNr. 208) – jede Aussicht auf einen prozessualen Sieg auf. Die Gründe hierfür können unterschiedlich sein; neben der erst im Laufe des Rechtsstreits gewonnenen Erkenntnis, daß keine Chance auf einen Erfolg bestehe und deshalb ein weiteres Prozessieren nutzlos erscheine, kann insbesondere die Erwägung eines leistungsbereiten Beklagten, der durch sein Verhalten dem Kläger keine Veranlassung zur Klage gegeben hat, bestimmend sein, Prozeßkosten auf diese Weise zu vermeiden (vgl. § 93).

206   Das Anerkenntnis kann nicht nur in der mündlichen Verhandlung, sondern auch im schriftlichen Vorverfahren (vgl. dazu o. RdNr. 72 f.) erklärt werden (vgl. § 307 Abs. 2). Als eine reine **Prozeßhandlung** (zum Begriff vgl. o. RdNr. 138) unterscheidet sich das prozessuale Anerkenntnis in seinen Voraussetzungen und Wirkungen grundlegend vom privatrechtlichen Anerkenntnis.

Das privatrechtliche Anerkenntnis verlangt einen Vertrag, dessen Gegenstand ein Schuldverhältnis bildet,[147] während das prozessuale Anerkenntnis die Grundlage für ein Anerkenntnisurteil schafft und somit als (einseitiger) Dispositionsakt über prozessuale Rechte eine Bewirkungshandlung (vgl. o. RdNr. 139) darstellt.[148] Wenn der Beklagte zugleich mit dem prozessualen Anerkenntnis, das gegenüber dem Gericht abzugeben ist, auch eine an den Kläger gerichtete materiellrechtliche Erklärung verbindet (Offerte zum Abschluß eines entsprechenden materiellen Vertrages) – was denkbar und zulässig ist –, dann handelt es sich um einen Doppeltatbestand, dessen materiellrechtliche und prozessuale Wirkungen getrennt voneinander beurteilt werden müssen.[149]

207   Da ein Anerkenntnis bewirkt, daß ein ihm entsprechendes Urteil ohne rechtliche oder tatsächliche Prüfung des bisherigen Streitstoffes zu erlassen ist, kann es wirksam nur erklärt werden, soweit die **Parteien dispositionsbefugt** sind. Dementsprechend kann in Ehe- und Kindschaftssachen ein Anerkenntnisurteil nicht ergehen (vgl. §§ 617, 640). Gegenstand eines Anerkenntnisses können auch keine Rechtsfolgen bil-

[146] Vgl. BGHZ 10, 333, 335 = NJW 1953, 1830; BGH NJW 1981, 686; *Rosenberg/Schwab/Gottwald* § 133 IV 1.
[147] Vgl. *MünchKomm/Hüffer* § 781 BGB RdNr. 2 f.
[148] Zu weiteren Unterschieden *Rosenberg/Schwab/Gottwald* § 133 IV 7 c.
[149] *MK/Musielak* § 307 RdNr. 4.

den, die verboten sind oder im Widerspruch zum ordre public (Art. 6 EGBGB) oder zu den guten Sitten (§ 138 BGB) stehen[150] oder die im geltenden Recht nicht vorgesehen sind[151] (Beispiel: Übertragbarer Nießbrauch entgegen §§ 1059, 1059a BGB).

b) Voraussetzungen

Die Wirksamkeit eines Anerkenntnisses ist davon abhängig, daß fol- **208** genden Anforderungen genügt wird:
– Abgabe einer entsprechenden Erklärung durch den Beklagten
– Erfüllung der Prozeßhandlungsvoraussetzungen
– Zulässigkeit des Anerkenntnisses

Zu diesen Voraussetzungen ist folgendes zu bemerken:

– Das Anerkenntnis kann auch konkludent abgegeben werden;[152] es ist nur zu verlangen, daß – gegebenenfalls mit Mitteln der Auslegung – der Wille des Beklagten festgestellt wird, den vom Kläger gegen ihn erhobenen Anspruch für begründet zu erklären und sich diesem Anspruch zu unterwerfen. Der Erklärung des Anerkenntnisses darf keine Bedingung zugefügt werden (zur Unbedingtheit von Prozeßhandlungen vgl. o. RdNr. 142).[153]
Allerdings ist es unschädlich, wenn der Beklagte sein Anerkenntnis „unter Verwahrung gegen die Kosten" ausspricht, weil es sich insoweit nicht um eine echte Bedingung handelt, sondern lediglich um einen Hinweis auf die Kostenvorschrift des § 93, die das Gericht von Amts wegen zu beachten hat. Zulässig ist es auch, ein Anerkenntnis unter dem Vorbehalt der Aufrechnung mit einer nichtkonnexen Gegenforderung oder unter dem Vorbehalt der Rechte im Urkundenprozeß abzugeben, denn dadurch wird die Grundlage für ein Anerkenntnisvorbehaltsurteil nach § 302 (vgl. dazu u. RdNr. 272f.) oder nach § 599 (vgl. dazu u. RdNr. 488) geschaffen.[154]
Wie im § 307 Abs. 2 ausdrücklich klargestellt ist, können auch Teile des Klageanspruchs zum Gegenstand eines Anerkenntnisses gemacht werden. Jedoch müssen hinsichtlich eines solchen Teiles die Voraussetzungen für den Erlaß eines Teilurteils (§ 301) erfüllt werden (vgl. u. RdNr. 419).

– Das Anerkenntnis als Prozeßhandlung ist in seiner Wirksamkeit davon abhängig, daß allen Prozeßhandlungsvoraussetzungen genügt wird (vgl. o. RdNr. 141). Dies bedeutet insbesondere, daß im Anwaltsprozeß das Anerkenntnis stets vom Prozeßbevollmächtigten erklärt werden muß, weil der Partei die dafür erforderliche Postulationsfähigkeit fehlt.

[150] Vgl. BGHZ 10, 333, 335; *Zöller/Vollkommer* vor § 306 RdNr. 10.
[151] *Rosenberg/Schwab/Gottwald* § 133 IV 3b.
[152] *Thomas/Putzo* § 307 RdNr. 3; *Zimmermann* § 307 RdNr. 3.
[153] BGH NJW 1985, 2713, 2716.
[154] HM, vgl. *Schilken* ZZP 90 (1977), 157, 179ff.; *MK/Musielak* § 307 RdNr. 7, jeweils m. weit. Nachw.; aA LG Hannover NJW-RR 1987, 384.

– Wie bereits ausgeführt (vgl. o. RdNr. 207), kann das Anerkenntnis auch nur soweit reichen wie die Dispositionsbefugnis der Parteien. Fehlt sie, ist ein Anerkenntnis unwirksam.

c) Gerichtliche Entscheidung

209   Sind die Voraussetzungen für ein wirksames Anerkenntnis erfüllt, dann hat das Gericht ohne Prüfung des Streitstoffes in tatsächlicher und rechtlicher Hinsicht (vgl. aber o. RdNr. 207) ein Anerkenntnisurteil zu erlassen. Da jedoch das Anerkenntnisurteil ein Sachurteil darstellt, darf es nur ergehen, wenn die Prozeßvoraussetzungen gegeben sind. Dementsprechend hat also das Gericht von Amts wegen festzustellen, ob
– die Prozeßvoraussetzungen verwirklicht sind und
– den Wirksamkeitsanforderungen an ein Anerkenntnis genügt wird.

Eine Ausnahme ist hinsichtlich der Rechtsschutzvoraussetzungen (Klagbarkeit, Rechtsschutzbedürfnis und Feststellungsinteresse bei der Feststellungsklage) zuzulassen. Wegen ihres besonderen Charakters als Voraussetzungen, deren Erfüllung nicht zwingend bei Erlaß eines Sachurteils feststehen muß (vgl. dazu o. RdNr. 123), hat das Gericht sie nicht zu prüfen, wenn der Beklagte nicht ausdrücklich eine Prüfung dadurch verlangt, daß er sein Anerkenntnis von der Erfüllung dieser Voraussetzungen abhängig macht.[155]

Wird ein Anerkenntnis unter dem Vorbehalt erklärt, daß die Prozeßvoraussetzungen verwirklicht sind, dann wird damit nicht eine unzulässige Bedingung (vgl. o. RdNr. 208) ausgesprochen, sondern lediglich eine Selbstverständlichkeit zum Ausdruck gebracht, von der es abhängt, ob überhaupt ein Anerkenntnisurteil ergehen darf. Deshalb ist es nicht zu beanstanden, wenn der Beklagte in erster Linie Klageabweisung für den Fall beantragt, daß eine von Amts wegen zu beachtende Prozeßvoraussetzung nicht erfüllt ist, etwa die Zuständigkeit des Gerichts, und hilfsweise für den Fall, daß die Klage deshalb nicht abgewiesen wird, den geltend gemachten Klageanspruch anerkennt.[156] Ebenso kann der Beklagte einen durch Feststellungsklage geltend gemachten Anspruch unter dem Vorbehalt anerkennen, daß das Rechtsschutzinteresse des Klägers für die Feststellungsklage besteht.[157]

210   In § 307 wird ausdrücklich das Anerkenntnisurteil von einem entsprechenden **Antrag des Klägers** abhängig gemacht. Es ist streitig, ob es sich bei diesem Antrag um einen speziellen Prozeßantrag handelt, der zusätzlich zum Sachantrag des Klägers (vgl. o. RdNr. 58) gestellt werden muß,[158] oder nur um die Wiederholung des ursprünglichen Sachantrags, in der möglicherweise nur die Klarstellung liegt, daß dieser Antrag – der

---

[155] LG Koblenz MDR 1961, 605 (hinsichtlich des Rechtsschutzbedürfnisses), *Münzberg* JuS 1971, 344, 345; *MK/Musielak* § 307 RdNr. 22; aA BGH FamRZ 1974, 246 (hinsichtlich des Feststellungsinteresses).
[156] *Mummenhoff* ZZP 86 (1973), 293, 299 ff.; *Zöller/Vollkommer* § 307 RdNr. 9; aA *Baumbach/Lauterbach/Hartmann* § 307 RdNr. 7.
[157] OLG Karlsruhe WRP 1979, 223.
[158] So *Stein/Jonas/Leipold* § 307 RdNr. 29; *Heyn* NJW 1957, 1140.

durch das Anerkenntnis geschaffenen Prozeßsituation angepaßt – aufrechterhalten bleibt.[159]

Diesem Meinungsstreit kommt Bedeutung für die Frage zu, in welcher Form die Entscheidung des Gerichts zu ergehen hat, wenn der Antrag auf Anerkenntnisurteil zurückgewiesen werden muß, weil ein wirksames Anerkenntnis nicht erklärt wurde. Handelt es sich bei diesem Antrag um den ursprünglichen Sachantrag des Klägers, dann darf er nicht durch Beschluß zurückgewiesen werden,[160] sondern es muß darüber durch Endurteil entschieden werden, wenn nicht das Gericht lediglich die Unwirksamkeit des Anerkenntnisses in einem Zwischenurteil nach § 303[161] feststellt.

Die Rechtsnatur des Antrages auf Erlaß eines Anerkenntnisurteils ist **211** auch für die Frage bedeutsam, was zu geschehen hat, wenn der Kläger trotz des Anerkenntnisses des Beklagten weiterhin ein sog. streitiges Urteil (d. h. aufgrund einer streitigen Verhandlung) verlangt und sich weigert, den Erlaß eines Anerkenntnisurteiles zu beantragen. Nach Meinung des BGH[162] ist dann ein Anerkenntnisurteil zu erlassen, weil dem Kläger ein Rechtsschutzbedürfnis für die Prüfung der rechtlichen Begründetheit seines Anspruchs fehle. Nach anderer Auffassung soll in einem solchen Fall gegen den Kläger ein Versäumnisurteil ergehen[163] oder das Gericht streitig entscheiden.[164] Auch wird die Meinung vertreten, das Gericht habe von einer Erledigung der Hauptsache auszugehen.[165]

Zu diesen Vorschlägen ist folgendes zu bemerken: Der Kläger kann bei einem wirksamen Anerkenntnis des Beklagten das Gericht nicht veranlassen, das Anerkenntnis zu ignorieren und nach rechtlicher und tatsächlicher Prüfung des (anerkannten) Anspruchs streitig zu entscheiden. Dies entspricht der ganz überwiegenden Meinung, wenn auch die Begründungen dafür divergieren.[166] Nicht zu folgen ist der Auffassung, daß in einem solchen Fall ein Versäumnisurteil zu erlassen ist, weil ein derartiges Urteil nur in Betracht kommen kann, wenn der Kläger seinen Antrag auf Verurteilung des Beklagten nicht aufrechterhält und der Beklagte einen Antrag auf Versäumnisurteil stellt. Diese Voraussetzungen werden regelmäßig nicht erfüllt werden. Hält aber der Kläger an seinem Antrag auf Verurteilung des Beklagten fest, dann ist dieser entsprechend seinem Anerkenntnis zu verurteilen, auch wenn der Kläger nicht ausdrücklich ein Anerkenntnisurteil beantragt. Dies folgt aus der in § 307 und § 93 getroffenen Regelung. Der in § 307 ausdrücklich vorausgesetzte Antrag ist dafür keine unabdingbare Voraussetzung, weil es nur darauf ankommt, daß der Kläger die Verurteilung des Beklagten begehrt und dies auch durch das Anerkenntnisurteil erreicht. Das Gericht spricht also dem Kläger nichts anderes zu, als dieser beantragt, so daß insbesondere ein Widerspruch zu der Vorschrift des § 308

[159] So BGHZ 10, 333, 336 = NJW 1953, 1830; OLG Schleswig SchlHA 1966, 14; *Rosenberg/Schwab/Gottwald* § 133 IV 5 b.
[160] So aber *Stein/Jonas/Leipold* § 307 RdNr. 36; *Thomas/Putzo* § 307 RdNr. 10.
[161] *Thomas/Putzo* (Fn. 160); *Stein/Jonas/Leipold* (Fn. 160).
[162] BGH (Fn. 159); zustimmend OLG Stuttgart OLGZ 1968, 287; OLG Schleswig (Fn. 149).
[163] *Knöpfel* ZZP 68 (1955), 450, 458; *Bötticher* JZ 1954, 244.
[164] *Ohr* NJW 1955, 251.
[165] LG Hamburg JW 1938, 2289 m. abl. Anm. v. *Bach.*
[166] Vgl. die in Fn. 162–165 Zitierten.

Abs. 1 nicht besteht.[167] Der in § 307 vorausgesetzte Antrag ist also kein zusätzlich zu stellender Prozeßantrag, sondern der Sachantrag des Klägers, der auf Verurteilung des Beklagten gerichtet ist, wobei nur noch die durch das Anerkenntnis geschaffene prozessuale Rechtslage vom Kläger in seiner wiederholten Antragstellung berücksichtigt wird.[168] Diese „Anpassung" des ursprünglichen Sachantrages ist aber nicht zwingende Voraussetzung für den Erlaß des Anerkenntnisurteils. Der Antrag auf Verurteilung des Beklagten reicht dafür aus.

d) Widerruf und Anfechtung

212   Beruht ein Anerkenntnis auf einem Restitutionsgrund iSv. § 580, der dazu führte, daß ein Urteil, das aufgrund des Anerkenntnisses erlassen würde, mit einer Wiederaufnahmeklage zu beseitigen wäre, dann kann das Anerkenntnis widerrufen werden (vgl. o. RdNr. 143).[169] In einem solchen Fall kann der Widerruf mit der Berufung gegen das ergangene Anerkenntnisurteil geltend gemacht werden. Dagegen ist in anderen Fällen ein Anerkenntnis nicht durch Widerruf zu beseitigen, und zwar auch dann nicht, wenn sich der Beklagte darauf berufen kann, daß er sich bei seiner Erklärung in einem Irrtum befunden habe.

Eine analoge Anwendung des § 290, die für diesen Fall empfohlen wird,[170] ist wegen fehlender Ähnlichkeit beider Tatbestände abzulehnen.[171] Auf die in § 290 vorausgesetzte Unrichtigkeit der einem Anerkenntnis zugrundeliegenden Tatsachen kommt es bei § 307 gerade nicht an. Enthält jedoch das Anerkenntnis offensichtliche Unrichtigkeiten wie Schreibfehler oder Rechenfehler, dann können diese aufgrund des Rechtsgedankens des § 319 vom Beklagten berichtigt werden.[172] Das Anerkenntnis als reine Prozeßhandlung kann auch nicht bei Täuschung oder Irrtum des Anerkennenden in analoger Anwendung der §§ 119, 123 BGB angefochten werden.[173] Die entsprechende Übertragung der Regeln des materiellen Rechts über Willenserklärungen auf Prozeßhandlungen scheitert an den grundsätzlichen Unterschieden, die insoweit zwischen materiellem Recht und Prozeßrecht bestehen (vgl. o. RdNr. 144).

---

[167] Dies meinen aber *Baumbach/Lauterbach/Hartmann* § 307 RdNr. 16; *Bötticher* (Fn. 163).

[168] So auch *Schilken* ZZP 90 (1977), 157, 171 f.

[169] BGHZ 12, 284, 285; BGHZ 80, 389, 394 = NJW 1981, 2193; OLG Hamm FamRZ 1993, 78.

[170] OLG Nürnberg MDR 1963, 419; *Schreiber* JR 1982, 107, 108; *Westermann* JuS 1964, 169, 177 Fn. 34.

[171] BGHZ 80, 394; *Thomas/Putzo* § 307 RdNr. 8; *MK/Musielak* § 307 RdNr. 20 m. weit. Nachw.

[172] OLG Karlsruhe MDR 1974, 588, 589; *Jauernig* § 47 VI.

[173] Ganz hM vgl. nur BGH (Fn. 161); OLG Hamm MDR 1987, 592; *Zöller/Vollkommer* vor § 306 RdNr. 6; aA *Arens/Lüke* RdNr. 235 m. weit. Nachw.

VI. Verzicht

a) Allgemeines

Der Verzicht (vgl. § 306) stellt das prozessuale Gegenstück des in der **213**
Praxis ungleich wichtigeren Anerkenntnisses dar. Viele Fragen, die sich
hinsichtlich des Verzichts ergeben, sind im entsprechenden Sinn
zu entscheiden wie beim Anerkenntnis; es kann deshalb auf vieles
Bezug genommen werden, was zum Anerkenntnis ausgeführt wurde.
Dies gilt beispielsweise für die Rechtsnatur des Verzichts als reine Prozeßhandlung, deren Wirksamkeit allein nach dem Prozeßrecht zu beurteilen ist (vgl. o. RdNr. 206), für die Möglichkeit eines Widerrufs
oder einer Anfechtung, die auch beim Verzicht grundsätzlich ausgeschlossen sind (vgl. o. RdNr. 212), und schließlich auch hinsichtlich der
Wirkung des Verzichts, die in gleicher Weise wie beim Anerkenntnis
darin besteht, daß das Gericht ohne Prüfung des Streitstoffes in tatsächlicher und rechtlicher Hinsicht ein Urteil zu erlassen hat (vgl. o.
RdNr. 209).

Durch den Verzicht erklärt der Kläger, daß der von ihm gegen den **214**
Beklagten geltend gemachte Anspruch nicht bestehe und folglich sein
Antrag unberechtigt, die eigene Rechtsbehauptung somit unrichtig
sei.[174] Der Verzicht kann auch auf Teile des Klageanspruchs beschränkt
werden; dies setzt jedoch in gleicher Weise wie beim Anerkenntnis voraus, daß es sich um selbständige und abtrennbare Teile des Streitgegenstandes handelt, die zum Gegenstand eines Teilurteils gemacht werden
können (vgl. o. RdNr. 208, u. RdNr. 419). Der Kläger kann nur wirksam auf den von ihm geltend gemachten Anspruch verzichten, soweit er
dispositionsbefugt ist. Im Gegensatz zum Anerkenntnis kann ein Verzicht auch in Ehe- und Kindschaftssachen erklärt werden. Der Verzicht
ist als Prozeßhandlung in seiner Wirksamkeit davon abhängig, daß alle
Prozeßhandlungsvoraussetzungen erfüllt sind (vgl. o. RdNr. 141). Er
muß unbedingt erklärt werden (vgl. o. RdNr. 142).

b) Gerichtliche Entscheidung

Das Gericht hat in gleicher Weise wie bei einem Anerkenntnis (vgl. o. **215**
RdNr. 209) zu prüfen, ob der Verzicht wirksam erklärt worden ist, ob
also alle Wirksamkeitsvoraussetzungen erfüllt sind (vgl. o. RdNr. 208).
Wird dies vom Gericht bejaht, dann hat es die Klage durch Verzichtsurteil abzuweisen und dem Kläger als der unterliegenden Partei die Ko-

---

[174] *MK/Musielak* § 306 RdNr. 2.

sten des Rechtsstreits nach § 91 aufzuerlegen. Kommt das Gericht bei seiner Prüfung zu einem negativen Ergebnis, dann kann der Streit der Parteien über die Wirksamkeit des Verzichtes durch ein Zwischenurteil nach § 303 entschieden werden; dagegen ist es nicht zulässig, den Antrag des Beklagten auf Erlaß eines Verzichtsurteils durch Beschluß zurückzuweisen, weil es sich bei diesem Antrag lediglich um die Wiederholung seines Sachantrages handelt, über den durch Endurteil zu entscheiden ist (vgl. o. RdNr. 210 f.).

216 Die Frage, was zu geschehen hat, wenn der Beklagte nach einem Verzicht des Klägers keinen Antrag auf Verzichtsurteil stellt, wird in gleicher Weise wie bei § 307 (vgl. dazu o. RdNr. 211) kontrovers diskutiert. Bei Entscheidung dieser Frage ist zu differenzieren:

– Hält der Beklagte an seinem Antrag auf Klageabweisung fest, dann hat das Gericht ein Verzichtsurteil zu erlassen, auch wenn der Beklagte nicht ausdrücklich ein Verzichtsurteil beantragt,[175] denn ein solcher Antrag bildet keine zwingende Voraussetzung für den Erlaß eines Verzichtsurteils (vgl. zur gleicher Frage beim Anerkenntnis o. RdNr. 211).

– Hält dagegen der Beklagte nicht mehr seinen Antrag auf Klageabweisung aufrecht, dann darf kein Verzichtsurteil erlassen werden,[176] weil in diesem Fall § 306 anders als sonst die Abweisung der Klage von einem entsprechenden Antrag des Beklagten abhängig macht.

Der **Antrag des Beklagten auf Abweisung der Klage** ist im Regelfall keine zwingende Voraussetzung für eine entsprechende Entscheidung des Gerichts, wie sich insbesondere aus § 331 Abs. 2 HS 2 ergibt, wonach bei Säumnis des Beklagten und somit auch ohne einen entsprechenden Antrag von ihm die Klage abzuweisen ist, soweit der Klageantrag durch das als zugestanden geltende Vorbringen des Klägers (vgl. o. RdNr. 156) nicht gerechtfertigt ist. Daß eine Sachentscheidung zugunsten des Beklagten auch ohne seinen Antrag zulässig ist, folgt zwingend aus der kontradiktorischen Stellung der Parteien zueinander. Weil der Kläger mit seinem Antrag nur Erfolg haben kann, wenn und soweit das von ihm geltend gemachte Recht von dem an Gesetz und Recht gebundenen Richter (Art. 20 Abs. 3 GG) festgestellt wird, somit ein weitergehender Antrag abgewiesen werden muß, kann es auch insoweit auf den Antrag des Beklagten nicht ankommen. Etwas anderes gilt nur in Fällen, in denen das Gesetz die Abweisung des Klageantrages aufgrund einer besonderen Konstellation von einem darauf gerichteten Antrag des Beklagten abhängig macht wie im Falle der Säumnis des Klägers (§ 330) oder beim Verzicht des Klägers auf den von ihm geltend gemachten Anspruch (§ 306).

– Haben beide Parteien keine Sachanträge (mehr) gestellt, dann wird das Gericht regelmäßig anstelle der auch möglichen Entscheidung nach Lage der Akten (vgl. § 251 a Abs. 2; o. RdNr. 167) die Anordnung des Ruhens des Verfahrens aussprechen (vgl. § 251 a Abs. 3 iVm.

---

[175] BGHZ 49, 213, 216 f. = NJW 1968, 503; BGHZ 76, 50, 53 = NJW 1980, 838; *Zöller/Vollkommer* vor § 306 RdNr. 13.
[176] *AK-ZPO/Fenge* § 306 RdNr. 16.

§ 251; u. RdNr. 255, 259 f.). Denn wenn der Beklagte auf einen Verzicht des Klägers kein klageabweisendes Urteil beantragt, wollen offenbar beide Parteien den Prozeß nicht mehr weiter betreiben.[177]

Fälle und Fragen

35. Handelt es sich bei der Postulationsfähigkeit um eine Prozeßvoraussetzung?
36. Rechtsanwalt R schließt als Prozeßbevollmächtigter des A einen Prozeßvergleich. A erklärt die Anfechtung der Prozeßvollmacht wegen Irrtums und meint, er sei deshalb an den Vergleich nicht gebunden. Ist diese Auffassung zutreffend?
37. K klagt gegen B auf Schadensersatz in Höhe von 5.000,– DM, weil ihn B arglistig über das Vorhandensein bestimmter Eigenschaften einer ihm verkauften Sache getäuscht habe. Für den Fall, daß die Täuschungshandlung des B nicht vom Gericht festgestellt werden könnte, beantrage er die Verurteilung des B zur Zahlung von 2.000,– DM, weil er dann in dieser Höhe den Kaufpreis mindere. Ist dieses Vorgehen des K zulässig?
38. Können gegen eine Partei Sanktionen verhängt werden, wenn sie nicht zur mündlichen Verhandlung erscheint?
39. Welche sitzungspolizeilichen Befugnisse stehen dem Vorsitzenden Richter zu?
40. Konz erhebt gegen Berz Klage auf Rückzahlung eines Kaufpreises und begründet seine Forderung damit, daß er wegen Irrtums seine Willenserklärung zum Abschluß des Kaufvertrages angefochten habe. Der Richter fordert im schriftlichen Vorverfahren Berz auf, innerhalb von zwei Wochen seine Bereitschaft zur Verteidigung gegen die Klage mitzuteilen (§ 276 Abs. 1 S. 1). Berz antwortet nicht. Was hat der Richter zu tun, wenn er feststellt, daß Konz nicht schlüssig die Wirksamkeit der Irrtumsanfechtung dargetan hat?
41. Kratz erhebt beim Amtsgericht Klage gegen Benno mit dem Antrag, Benno zur Zahlung eines Betrages von 4.800,– DM zu verurteilen, den ihm Benno als Kaufpreis für einen Pkw schulde. Die Klageschrift wird Benno am 05.06. zugestellt und gleichzeitig wird er zur mündlichen Verhandlung am 14.06. geladen. In diesem Termin erscheint niemand für den Beklagten. Auf Antrag des Klägers erläßt das Gericht ein Versäumnisurteil. Dieses Urteil wird Benno am 02.07. zugestellt, der am 12.07. Einspruch gegen das Urteil zu Protokoll der Geschäftsstelle des Gerichts erhebt. Gründe für den Einspruch nennt er dabei nicht. Das Gericht beraumt Termin zur Verhandlung über den Einspruch am 22.07. an. Auch zu diesem Termin erscheint niemand für den Beklagten. Welche Entscheidung hat das Gericht zu treffen?
42. Was ist ein „technisch zweites Versäumnisurteil" und welche Bedeutung hat seine Unterscheidung von anderen Versäumnisurteilen?
43. Wann kann das Gericht nach Lage der Akten entscheiden?
44. K verlangt mit seiner Klage Zahlung von 10.000,– DM von B und begründet sein Klagebegehren damit, daß er 7.000,– DM aus Darlehen und 3.000,– DM als Schadensersatz wegen eines von B verursachten Verkehrsunfalles zu bekommen hat. Kann K beide Ansprüche durch eine Klage geltend machen und muß das Gericht auch über beide Ansprüche gemeinsam verhandeln?
45. K erhebt gegen B Klage und beantragt, diesen zur Herausgabe eines bestimmten ihm gehörenden Gemäldes zu verurteilen. In der mündlichen Verhandlung er-

---

[177] Vgl. OLG Düsseldorf FamRZ 1986, 485, 486.

klärt K, er wolle zur Zeit seinen Herausgabeanspruch nicht durchsetzen, sondern verlange nunmehr Feststellung seines Eigentums am Bild. B wendet sich dagegen, daß K nicht mehr an seinem ursprünglichen Klageantrag festhalten will und verlangt Abweisung der Klage auf Herausgabe. Hat das Gericht über den ursprünglichen Herausgabeanspruch oder über das Feststellungsbegehren des K zu entscheiden?

46. In welcher Form hat das Gericht über den Streit der Parteien zu befinden, den sie über die Zulässigkeit einer Klageänderung führen?

47. Eich hat den ihm gehörenden Pkw an Miez vermietet. Als Miez den Pkw nicht rechtzeitig zurückgibt, erhebt Eich Klage auf Herausgabe gegen ihn. Während des Rechtsstreits veräußert Eich den Pkw an Dieter und ändert seinen Klageantrag auf Herausgabe des Pkw an Dieter. Dieser Änderung widerspricht Miez und verlangt Klageabweisung. Mit Recht? Kommt es darauf an, ob Dieter über den Rechtsstreit vor Übereignung des Pkw informiert worden ist?

48. Kunz klagt gegen die Gelb-KG auf Rückzahlung eines Darlehens. Der Rechtsstreit wird auf seiten der KG von ihrem Geschäftsführer Gelb geführt, der persönlich haftender Gesellschafter der Beklagten ist. In der Berufungsinstanz erkennt Kunz, daß aus dem Darlehen nicht die KG, sondern Gelb persönlich verpflichtet ist. Daraufhin beantragt Kunz, Gelb zur Zahlung der Darlehenssumme zu verurteilen. Ist dies zulässig?

49. Bolt pachtet von der „Kneipen-Wirtschafts-KG", vertreten durch ihren Komplementär Paul Lustig, eine Diskothek. Die Firma „Walter-Paul Lustig KG", vertreten durch ihren Komplementär Paul Lustig, erhebt nach einiger Zeit Klage gegen Bolt und verlangt Räumung und Rückgabe der Diskothek wegen nicht rechtzeitiger Zahlung des Pachtzinses. Die Klage wird abgewiesen. Der Kläger legt Berufung ein. In der Berufungsinstanz tritt auf seiten der Klägerin die „Kneipen-Wirtschafts-KG", vertreten durch ihren Komplementär Paul Lustig, auf. Das Gericht sieht hierin einen Parteiwechsel und läßt ihn zu. Mit Recht?

50. Erläutern Sie bitte den Begriff der Partei im Zivilprozeß!

51. Was bedeutet „Streitgenossenschaft" und welche Arten gibt es?

52. K macht mit seiner Klage Anspruch auf Rückzahlung eines B gewährten Darlehens geltend. Zum Beginn der mündlichen Verhandlung in dem vom Gericht anberaumten frühen ersten Termin erklärt B, er habe nie in Abrede gestellt, daß er zur Rückzahlung des Darlehens verpflichtet sei und sei vom Kläger auch bisher noch nicht zur Zahlung aufgefordert worden. Er erkenne deshalb den Anspruch an. Der Kläger beantragt Verurteilung des Beklagten und weigert sich, trotz eines entsprechenden Hinweises des Gerichts, den Erlaß eines Anerkenntnisurteils zu beantragen. Wie wird das Gericht entscheiden?

§ 5 Weitere Möglichkeiten für die Prozeßführung der Partei

I. Klagerücknahme

a) Begriff und Voraussetzungen

Mit seiner Klage richtet der Kläger ein Gesuch an das Gericht, ihm **217** Rechtsschutz zu gewähren und ihm bei der Durchsetzung seines ihm (vermeintlich) zustehenden Rechts zu helfen (vgl. o. RdNr. 12 f.). Will er diese gerichtliche Hilfe nicht mehr in Anspruch nehmen, dann muß er sein Gesuch um Gewährung von Rechtsschutz zurückziehen. Dies geschieht durch Rücknahme der Klage. Bei der Klagerücknahme äußert sich der Kläger nicht zum Bestand des mit seiner Klage geltend gemachten Rechts. Insbesondere erklärt er nicht, daß dieses Recht nicht existiere; hierin besteht der grundlegende Unterschied zum Klageverzicht (vgl. o. RdNr. 214 f.). Deshalb ist der Kläger nicht daran gehindert, nach einer Klagerücknahme dieses Recht erneut gerichtlich geltend zu machen.

Beispiel: K klagt gegen B auf Rückzahlung eines Darlehens in Höhe von 5.000,– DM. B bestreitet, das Geld von K erhalten zu haben. K beruft sich zum Beweis für die Auszahlung des Darlehensbetrages auf das Zeugnis des Z. Als Z zur mündlichen Verhandlung geladen werden soll, wird festgestellt, daß er seinen Wohnort gewechselt hat und seine neue Anschrift nicht bekannt ist. Da K keine anderen Beweise für die Hingabe des Darlehens hat, er aber die Beweislast trägt (dazu Einzelheiten später), bestehen für ihn keine Aussichten, den Prozeß zu gewinnen. Wenn er in dieser Situation die Klage zurücknimmt, spart er nicht nur Kosten (nämlich die Urteilsgebühr; vgl. o. RdNr. 67), sondern kann erneut Klage auf Rückzahlung des Darlehens gegen B erheben, wenn es ihm gelingt, die neue Anschrift des Z ausfindig zu machen.

Ein Grund für die Klagerücknahme kann also in einer während des **218** Rechtsstreits eintretenden Verschlechterung der Beweislage liegen. Als weiterer Grund für eine Klagerücknahme kommt beispielsweise auch die Vermögenslosigkeit des Beklagten in Betracht, die der Kläger erst nach Erhebung der Klage feststellt und die es ihm ratsam sein läßt, davon abzusehen, „gutes Geld" (nämlich die für die Rechtsverfolgung von ihm aufzuwendenden Kosten) dem „schlechten" (nämlich der nicht einbringlichen Forderung) nachzuwerfen. Der Kläger kann schließlich zur Klagerücknahme durch die Erkenntnis bestimmt werden, daß sein Rechtsstandpunkt falsch ist oder sich bei Gericht nicht durchsetzen läßt.

219   Diesen Interessen des Klägers trägt das Gesetz dadurch Rechnung, daß es ihm grundsätzlich gestattet, die von ihm erhobene Klage wieder zurückzunehmen (vgl. § 269). Allerdings müssen auch die Interessen des Beklagten berücksichtigt werden, der damit rechnen muß, daß die zurückgenommene Klage erneut gegen ihn erhoben wird. Es wäre nicht gerechtfertigt, in das Belieben des Klägers zu stellen, die Klage bei einer ungünstigen Prozeßsituation zurückzunehmen, um sie später unter für ihn besseren Voraussetzungen zu wiederholen. Deshalb hat das Gesetz die Klagerücknahme von der **Einwilligung des Beklagten** abhängig gemacht, ihm also ein Recht auf Entscheidung über den mit der Klage geltend gemachten Anspruch eingeräumt, sofern er sich zu diesem Anspruch in der mündlichen Verhandlung bereits geäußert hat, er also „zur Hauptsache" verhandelte (§ 269 Abs. 1).

Der Begriff der Verhandlung zur Hauptsache ist hier im gleichen Sinn zu verstehen wie in § 39 (vgl. o. RdNr. 50) und bedeutet folglich, daß die Parteien ihre Anträge und Erklärungen auf die Streitsache selbst richten, also nicht nur Fragen des Verfahrens erörtern. Solange also der Beklagte nur die Zulässigkeit der Klage in Frage stellt, kann der Kläger einseitig seine Klage zurücknehmen. Verhandelt der Beklagte aber zur Hauptsache, dann erwirbt er dadurch – wie ausgeführt – ein Recht auf die gerichtliche Entscheidung in der Sache. Dementsprechend wird die Rücknahme der Klage dann von der Einwilligung des Beklagten abhängig gemacht. Allerdings muß diese Einwilligung nach der Antragstellung erklärt werden; eine vorher gegebene Einwilligung ist ohne Bedeutung.[1]

220   Die Rücknahmeerklärung des Klägers und die Einwilligung des Beklagten sind gegenüber dem Gericht abzugeben, und zwar entweder durch Einreichung eines Schriftsatzes oder durch Erklärung in der mündlichen Verhandlung. Dies wird zwar im Gesetz ausdrücklich nur für die Erklärung der Rücknahme bestimmt (§ 269 Abs. 2 S. 2), gilt aber gleichermaßen auch für die Einwilligung. Beide Erklärungen können auch durch schlüssiges Verhalten abgegeben werden.

So kann in der Erklärung des Klägers, den Rechtsstreit nicht mehr weiter betreiben zu wollen, eine Klagerücknahme liegen und der Antrag des Beklagten, dem Kläger die Kosten des Rechtsstreits aufzuerlegen (§ 269 Abs. 3 S. 3), als seine Einwilligung in die Klagerücknahme gewertet werden.[2] Allerdings müssen eindeutige Hinweise für einen entsprechenden Willen der Partei in ihrem Verhalten zu finden sein; Zweifel sind durch Ausübung des richterlichen Fragerechts nach § 139 zu klären. Ein bloßes Nichtverhandeln kann nicht – wie sich aus § 333 ergibt – als Klagerücknahme gewertet werden, sondern kann zum Erlaß eines Versäumnisurteils führen.

221   Klagerücknahme und die dazu erklärte Einwilligung sind **Parteiprozeßhandlungen**. Das bedeutet, daß ihre Wirksamkeit von der Erfüllung der Prozeßhandlungsvoraussetzungen abhängt (vgl. dazu o. RdNr. 141), daß sie bedingungsfeindlich sind (vgl. o. RdNr. 142) und daß eine An-

---

[1] OLG Nürnberg NJW-RR 1994, 1343.
[2] Vgl. *Zöller/Greger* § 269 RdNr. 15.

fechtung nach den Regeln des BGB nicht in Betracht kommen kann (vgl. o. RdNr. 144). Die Klage kann frühestens nach ihrer Zustellung an den Beklagten zurückgenommen werden,[3] wobei es nicht darauf ankommt, daß die Prozeßvoraussetzungen erfüllt werden. Danach ist die Rücknahme der Klage bis zum rechtskräftigen Abschluß in jeder Phase des Verfahrens möglich, also auch noch nach Erlaß eines Urteils, wenn es noch nicht rechtskräftig geworden ist (vgl. dazu u. RdNr. 223). Die Klagerücknahme muß den gesamten Streitgegenstand umfassen; eine nur zum Teil vorgenommene Einschränkung des Klageantrages ist nach § 264 Nr. 2 dem Kläger gestattet und nicht von einer Einwilligung des Beklagten abhängig (vgl. o. RdNr. 172).

Die erforderliche Einwilligung des Beklagten zu einer Klagerück- **222** nahme kann zwar wirksam schon vor Abgabe der Rücknahmeerklärung des Klägers ausgesprochen werden, bindet aber den Beklagten erst, nachdem der Kläger dem Gericht mitgeteilt hat, daß er seine Klage zurücknehme.[4] Verweigert der Beklagte seine Einwilligung zur Klagerücknahme, dann muß der Prozeß fortgesetzt werden. Führt der Kläger den Prozeß nicht weiter und stellt insbesondere keinen Antrag auf Verurteilung des Beklagten, dann muß das Gericht entweder gegen ihn ein Versäumnisurteil erlassen oder nach Lage der Akten entscheiden (vgl. o. RdNr. 167).

b) Wirkungen

Die (wirksame) Klagerücknahme beseitigt die **Rechtshängigkeit** **223** von Anfang an (vgl. § 269 Abs. 3 S. 1) und damit entfallen rückwirkend auch alle Wirkungen der Rechtshängigkeit in prozeßrechtlicher und in materiellrechtlicher Hinsicht (vgl. dazu o. RdNr. 114). In § 269 Abs. 3 S. 1 HS 2 wird ausdrücklich klargestellt, daß ein bereits ergangenes, noch nicht rechtskräftiges **Urteil** wirkungslos wird, ohne daß es seiner ausdrücklichen Aufhebung bedarf. Auf Antrag des Beklagten hat das Gericht die Wirkungslosigkeit des Urteils in einem (deklaratorischen) Beschluß auszusprechen (§ 269 Abs. 3 S. 3). Eine weitere Folge der Klagerücknahme besteht darin, daß der Kläger verpflichtet wird, die **Kosten** des Rechtsstreits zu tragen; auch dies kann in einem Beschluß festgestellt werden (§ 269 Abs. 3 S. 2, 3). Wird dieselbe Klage erneut vom Kläger erhoben (vgl. o. RdNr. 217), dann kann der Beklagte einredeweise geltend machen, daß ihm der Kläger die durch die zurückgenommene Klage entstandenen Kosten noch nicht erstattet hat (vgl. § 269 Abs. 4). Diese Einrede führt zur Abweisung der Klage als unzulässig, wenn der Kläger seiner Pflicht zur Kostenerstattung nicht nachkommt.

---

[3] Vgl. *MK/Lüke* § 269 RdNr. 14; aA OLG Bamberg NJW 1967, 2270.
[4] *Rosenberg/Schwab/Gottwald* § 130 II 2 b.

224 **Streiten** die Parteien **über** die **Wirksamkeit** einer Klagerücknahme, dann gilt folgendes:
– Verneint das Gericht die Wirksamkeit, dann kann es dies entweder in einem Zwischenurteil (§ 303) oder in den Gründen des Endurteils aussprechen, das nach der fortzusetzenden Verhandlung zu ergehen hat.
– Bejaht das Gericht dagegen die Wirksamkeit der Klagerücknahme, dann ist die Form der dann zu erlassenden Entscheidung streitig. Während der BGH[5] durch Beschluß entscheiden will, spricht sich eine Gegenauffassung[6] für eine Entscheidung durch Urteil aus.

c) Klagerücknahmeversprechen

225 Der Kläger kann sich in einer außergerichtlichen Vereinbarung, beispielsweise in einem außergerichtlichen Vergleich, gegenüber dem Beklagten zur Rücknahme der Klage verpflichten. Dadurch wird jedoch nicht automatisch der Rechtsstreit beendet; vielmehr bedarf die eingegangene Verpflichtung der „Umsetzung" im Prozeß durch entsprechende Erklärungen der Parteien.[7] Setzt der Kläger abredewidrig den Rechtsstreit fort, dann kann der Beklagte sich einredeweise auf die vom Kläger eingegangene Verpflichtung berufen; dies führt dann zur Abweisung der Klage als unzulässig.[8]

Dies wird heute nicht mehr ernsthaft bestritten. Streitig ist dagegen, wie die **Einrede des Beklagten** inhaltlich zu werten ist, ob der Beklagte eine prozessuale Arglist des Klägers geltend macht[9] oder ob er sich auf die Verpflichtung des Klägers beruft, also eine exceptio pacti erhebt.[10] Dieser Meinungsstreit hängt damit zusammen, daß unterschiedliche Auffassungen zur Rechtsnatur des Klagerücknahmeversprechens vertreten werden. Wer dieses Klagerücknahmeversprechen als materiellrechtlichen Vertrag ansieht, der muß konsequenterweise eine prozessuale Einrede verneinen.[11] Für die Auffassung des Klagerücknahmeversprechens als Prozeßvertrag spricht jedoch, daß er darauf gerichtet ist, einen Erfolg herbeizuführen, dessen Wirkungen auf prozessualem Gebiet liegen (vgl. o. RdNr. 49).

---

[5] BGH NJW 1978, 1585; ebenso *AK-ZPO/Wassermann* § 269 RdNr. 11; *Thomas/Putzo* § 269 RdNr. 20; *Jauernig* § 42 III.
[6] *Baumbach/Lauterbach/Hartmann* § 269 RdNr. 29; *Stein/Jonas/Schumann* § 269 RdNr. 42 (m. weit. Nachw. zu beiden Auffassungen in Fn. 68).
[7] BGHZ 41, 3, 5 = NJW 1964, 549, 550; *Jauernig* § 42 IV.
[8] Vgl. BGH NJW 1984, 805; *Stein/Jonas/Schumann* § 269 RdNr. 5; *AK-ZPO/Wassermann* § 269 RdNr. 2.
[9] BGH (Fn. 7); BGH NJW-RR 1987, 307; *Baur/Grunsky* RdNr. 143.
[10] *Baumgärtel/Prütting* Einführung S. 43; *Zeiss* RdNr. 198; *Stein/Jonas/Schumann* Einl. RdNr. 251 f.; § 269 RdNr. 5 (Verstoß gegen Treu und Glauben).
[11] Vgl. *Baumgärtel/Prütting* (Fn. 10) mit weit. Nachw.

II. Erledigungserklärung

a) Allgemeines

Im Laufe eines Zivilprozesses können Ereignisse eintreten, die den **226** Streit der Parteien beenden oder ihn zumindest für die Zukunft bedeutungslos machen.

Beispiele: Der Beklagte, der bisher die Auffassung vertreten hat, daß der Kläger keinen Anspruch gegen ihn hat, erkennt während des Prozesses, daß der von ihm bisher eingenommene Rechtsstandpunkt falsch ist oder sich zumindest nicht durchsetzen läßt. Daraufhin erfüllt er den vom Kläger mit der Klage geltend gemachten Anspruch.

Die Parteien, die eine gerichtliche Klärung hinsichtlich der Auslegung eines Gesellschaftsvertrages und der sich daraus für sie ergebenden Rechte suchen, schließen einen außergerichtlichen Vergleich über die streitigen Fragen.

Der Kläger klagt auf Feststellung, daß der Beklagte keine Forderung aus einem Kaufvertrag gegen ihn habe, wie der Beklagte wiederholt behauptet hat. Vor Entscheidung über die Feststellungsklage klagt der Beklagte seinerseits auf Zahlung aus dem Kaufvertrag.

Im ersten Fall ist die Klage durch Erfüllung der vom Kläger geltend gemachten Forderung unbegründet geworden, denn der Anspruch des Klägers ist erloschen (§ 362 Abs. 1 BGB). Würde der Kläger deshalb die Klage zurücknehmen, wofür er im übrigen der Einwilligung des Beklagten bedürfte (§ 269 Abs. 1), dann müßte er die Kosten des Rechtsstreits tragen (§ 269 Abs. 3 S. 2). Dazu wird der Kläger bei dieser Sachlage sicher nicht bereit sein. Im zweiten Beispielsfall ist das klägerische Begehren durch den außergerichtlichen Vergleich gegenstandslos geworden. Nicht selten werden die Parteien in einem solchen Vergleich eine Klagerücknahme durch den Kläger vereinbaren (vgl. o. RdNr. 225). Ist dies jedoch nicht geschehen, dann kann dem Kläger schon wegen der ihn dann treffenden Kostennachteile nicht empfohlen werden, den Rechtsstreit durch Klagerücknahme zu beenden. Im dritten Beispielsfall läßt die Leistungsklage des Beklagten die Feststellungsklage unzulässig werden, weil dadurch das Feststellungsinteresse des Klägers entfällt (vgl. o. RdNr. 58).

In allen drei Fällen stellt sich die Frage, wie sich der Kläger auf die **227** neue Situation einstellen soll, um insbesondere zu vermeiden, daß ihm die bisher entstandenen Kosten des Rechtsstreits auferlegt werden. Eine Lösung dieser Frage bietet die Vorschrift des § 91 a Abs. 1. Danach hat das Gericht über die Kosten unter Berücksichtigung des bisherigen Sach- und Streitstandes nach billigem Ermessen zu entscheiden, wenn beide Parteien den Rechtsstreit in der Hauptsache für erledigt erklären. Allerdings wird in dieser Vorschrift offengelassen, was zu geschehen hat, wenn nur eine Partei die Erledigungserklärung abgibt, die andere dagegen der Erledigung widerspricht, weil sie beispielsweise den Eintritt des Erledigungsereignisses bestreitet. Die Probleme, die mit der einseitigen

Erledigungserklärung zusammenhängen, sollen zunächst noch zurück-
gestellt und erst behandelt werden, wenn die beiderseitige Erledigungserklärung erörtert wurde.

b) Beiderseitige Erledigungserklärung

1. Eintritt des Erledigungsereignisses

228   Erklären die Parteien übereinstimmend dem Gericht, daß der
Rechtsstreit in der Hauptsache seine Erledigung gefunden hat, dann
bringen sie damit ihren Willen zum Ausdruck, das Verfahren ohne Entscheidung in der Hauptsache zu beenden. Aus dem Dispositionsgrundsatz (vgl. o. RdNr. 89) folgt, daß das Gericht an diese Erklärung gebunden ist und insbesondere nicht zu prüfen hat, ob und wann das
Erledigungsereignis eingetreten ist[12] und ob die Klage vorher zulässig
und begründet war.

> **Beispiel**: K fordert von B die Begleichung des Restes einer Werklohnforderung,
> die B wegen angeblicher Mängel des von K hergestellten Werkes verweigert. K
> droht mit Klage, wenn B nicht bis zum 01.06. gezahlt habe. Als das Geld bis zu
> diesem Zeitpunkt nicht bei K eingegangen ist, beauftragt dieser einen Rechtsan-
> walt mit der Klageerhebung. Die Klageschrift wird am 02.06. bei Gericht einge-
> reicht und am 06.06. B zugestellt. In der Zwischenzeit (am 05.06.) wurde jedoch
> der Betrag aufgrund einer Überweisung des Beklagten dem Bankkonto des Klä-
> gers gutgeschrieben.
>
> Im Zeitpunkt der Rechtshängigkeit (§ 261 Abs. 1 iVm. § 253 Abs. 1; vgl. dazu o.
> RdNr. 110) war die mit der Klage geltend gemachte Forderung bereits erloschen
> (§ 362 Abs. 1 BGB). Die Klage war also in diesem Zeitpunkt bereits unbegründet. Da
> vor Rechtshängigkeit ein Rechtsstreit nicht vorhanden ist, der sich in seiner Haupt-
> sache erledigen kann, wäre der Weg einer gemeinsamen Erledigungserklärung iSv.
> § 91a versperrt, wenn das Gericht festzustellen hätte, ob und wann die Erledigung
> eingetreten ist. Es bliebe dann dem Kläger nur die Möglichkeit, seinen Klageantrag
> auf einen Ersatzanspruch wegen der ihm bisher entstandenen und noch entstehenden
> Kosten des Rechtsstreits „umzustellen" (§ 264 Nr. 3), die er aus dem Gesichtspunkt
> des Verzuges vom Beklagten fordern könnte.[13] Aufgrund der gemeinsamen Erledi-
> gungserklärung der Parteien ist jedoch – wie oben ausgeführt – das Gericht von der
> Prüfung des Eintritts des Erledigungsereignisses entbunden. Deshalb macht es auch
> keinen Unterschied, wenn das Erledigungsereignis bereits vor Klageeinreichung ein-
> trat, also im Beispielsfall der geforderte Betrag dem Bankkonto des Klägers schon am
> 01.06. gutgeschrieben worden war.[14] Kommt es aber nur auf die Erklärung der Erle-
> digung an, dann muß es auch unschädlich sein, wenn eine der Parteien sogar aus-

---

[12] BGHZ 21, 298 = NJW 1956, 1517; BGH 83, 12 = NJW 1982, 1598; *Stein/
Jonas/Bork* § 91a RdNr. 10; *Bergerfurth* NJW 1992, 1655; aA *Baumbach/Lauterbach/
Hartmann* § 91a RdNr. 68 ff. m. weit. Nachw.

[13] So *Bruns* RdNr. 147a.

[14] AA *Peters* S. 34; *Hartmann* (Fn. 12); anders auch noch die ältere Rspr. des BGH,
nach der sich die Erledigung nach Einreichung der Klageschrift, wenn auch vor der
Zustellung ereignet haben mußte; vgl. BGHZ 21, 298 (Fn. 12).

drücklich dem Richter erklärt, die Erledigung habe vor Rechtshängigkeit stattgefunden.[15]

Die Erledigungserklärung kann entweder in der mündlichen Verhandlung oder durch Einreichung eines Schriftsatzes – auch im Anwaltsprozeß (§ 78) von der Partei selbst – oder zu Protokoll der Geschäftsstelle (vgl. o. RdNr. 66) abgegeben werden (vgl. § 91 a Abs. 1 S. 1). Nicht erforderlich ist, daß die Parteien die Erledigung ausdrücklich erklären; es genügt, wenn sich aus dem Verhalten der Parteien in der mündlichen Verhandlung eindeutig ein entsprechender Wille vom Gericht erschließen läßt.[15a]   **229**

2. Rechtsnatur der Erledigungserklärung

Im Schrifttum wird über die Rechtsnatur der beiderseitigen Erledigungserklärung gestritten. Folgende Auffassungen werden dazu vertreten: **230**
– Es handelt sich um eine besondere (privilegierte) Art der Klagerücknahme.[16]
– Die beiderseitige Erledigungserklärung stellt eine prozessuale Vereinbarung dar, durch die die Parteien über den Streitgegenstand verfügen und ihn der Entscheidungsbefugnis des Gerichts entziehen.[17]
– In der Erledigungserklärung des Klägers ist ein Klageverzicht und in der entsprechenden Erklärung des Beklagten ein Verzicht auf das klageabweisende Urteil (vgl. § 306) zu sehen.[18]
– Die Erledigungserklärungen der Parteien sind als prozessuale Einverständniserklärungen zu werten, daß der Prozeß ohne Urteil beendet wird.[19]

Die praktische Bedeutung dieses Meinungsstreits ist nicht sehr groß, wenn sich auch bei der Lösung mancher Streitfragen Argumente aus der Rechtsnatur der beiderseitigen Erledigungserklärung ableiten lassen. Denn wer hierin eine besondere Art der Klagerücknahme sieht, muß konsequenterweise auch zulassen, daß nach der beiderseitigen Erledigungserklärung vom Kläger derselbe Anspruch erneut vor Gericht geltend gemacht wird (vgl. dazu o. RdNr. 217). Letztlich gelingt es keiner Theorie, vollständig zu überzeugen. Gegen die Auffassung der beider-   **231**

---

[15] AA *Stein/Jonas/Bork* § 91 a RdNr. 10: keine übereinstimmende Erledigungserklärung.
[15a] BGH NJW-RR 1991, 1211.
[16] *Stein/Jonas/Bork* § 91 a RdNr. 36.
[17] *Habscheid*, Festschr. f. Lent (1957), S. 153, 157 f. zu Fn. 20; *ders.* JZ 1963, 579; *Schilken* RdNr. 628; *Zeiss* RdNr. 500.
[18] *Nikisch*, Zivilprozeßrecht, 2. Aufl. 1952, § 66 III; *Donau* JR 1956, 169.
[19] *Deubner* JuS 1962, 205, 206; *Rosenberg/Schwab/Gottwald* § 132 II 1; *MK/Lindacher* § 91 a RdNr. 23 m. weit. Nachw.

seitigen Erledigungserklärung als eine prozessuale Vereinbarung spricht, daß die Parteien ihre Erklärungen nicht untereinander austauschen, sondern sie an das Gericht zu richten haben.[20] Bei einem Klageverzicht muß nach § 306 ein klageabweisendes Urteil erlassen werden, und diese Rechtsfolge steht nicht zur Disposition des Beklagten. Die Meinung, die in den Erledigungserklärungen der Parteien prozessuale Einverständniserklärungen sieht, beschreibt den Inhalt und nicht die Rechtsnatur dieser Erklärungen. Wenn auch die Nähe der beiderseitigen Erledigungserklärung zur Rücknahme der Klage mit Einwilligung des Beklagten durchaus anzuerkennen ist, können doch die Unterschiede zwischen beiden nicht übersehen werden. Deshalb muß die **gemeinsame Erledigungserklärung** der Parteien als ein **Rechtsinstitut eigener Art** begriffen werden, das im Gesetz nur eine unvollständige Regelung gefunden hat und auf das deshalb verschiedene gesetzliche Vorschriften insbesondere über die Klagerücknahme entsprechend anwendbar sind.

3. Wirkungen

232   Durch die beiderseitige Erledigungserklärung wird die Rechtshängigkeit der Hauptsache mit allen ihren prozeßrechtlichen und materiellrechtlichen Wirkungen (vgl. dazu o. RdNr. 114) beendet, ohne daß es dafür eines besonderen Ausspruchs des Gerichts bedarf.[21] Sind bereits zur Hauptsache gerichtliche Entscheidungen ergangen – wie beispielsweise bei der Erledigungserklärung in der Berufungsinstanz –, dann werden sie durch die Erledigungserklärung kraft Gesetzes (§ 269 Abs. 3 S. 1 analog) wirkungslos, sofern sie noch nicht rechtskräftig geworden sind.[22] In entsprechender Anwendung des § 269 Abs. 3 S. 3 iVm. S. 1 kann dies durch einen (deklaratorisch wirkenden) Beschluß des Gerichts festgestellt werden (vgl. o. RdNr. 223).

> Soll die Erledigung zwischen den Instanzen erklärt werden, also nach Erlaß eines noch anfechtbaren Urteils, dann ist dafür die Einlegung eines Rechtsmittels nicht erforderlich.[23] Vielmehr können die Parteien ihre Erklärungen, die sie an die untere Instanz – an das Gericht, das das Urteil erlassen hat – zu richten haben, mittels Schriftsatz oder zu Protokoll der Geschäftsstelle abgeben (vgl. o. RdNr. 229), um das noch nicht rechtskräftige Urteil wirkungslos werden zu lassen.

4. Kostenentscheidung

233   Das Gericht hat durch Beschluß über die Kosten des Rechtsstreits zu entscheiden. Die Kostenentscheidung ergeht auch im Falle des § 91a von Amts wegen, also ohne daß dafür ein entsprechender Antrag der

---

[20] Dies ergibt sich jetzt aufgrund der geänderten Fassung aus § 91a, entsprach jedoch auch schon vorher hM; vgl. *Zöller/Vollkommer* § 91a RdNr. 10.

[21] *Zimmermann* § 91a RdNr. 7; *Thomas/Putzo* § 91a RdNr. 17.

[22] *MK/Lindacher* § 91a RdNr. 36.

[23] *Zöller/Vollkommer* § 91a RdNr. 21.

Parteien erforderlich ist (vgl. § 308 Abs. 2).[24] Nur wenn die Parteien übereinstimmend dem Gericht ihren Verzicht auf eine Kostenentscheidung erklären oder wenn sie die Verteilung der Kosten durch einen gerichtlichen Vergleich regeln, entfällt eine Kostenentscheidung des Gerichts.[25]

Über die Kosten ist unter Berücksichtigung des bisherigen Sach- und Streitstandes nach billigem Ermessen zu entscheiden. Die Entscheidung kann ohne mündliche Verhandlung erlassen werden (§ 91 a Abs. 1 S. 2). Es fragt sich, ob das Gericht befugt ist, nach einer beiderseitigen Erledigungserklärung noch **weitere Beweise zu erheben**, um zu einer billigen Entscheidung über die Kosten zu gelangen. Diese Frage ist sehr umstritten. Die vertretenen Auffassungen lassen sich im wesentlichen in zwei Meinungsgruppen zusammenfassen:

– Nach einer Meinung (hier als restriktive Theorie bezeichnet) widerspricht jede weitere Sachverhaltsklärung dem Zweck des § 91 a und dem darin ausgesprochenen Gebot, die Kostenentscheidung unter Berücksichtigung des bisherigen Sach- und Streitstandes zu treffen. Nur soweit einer Partei bisher noch nicht das rechtliche Gehör ausreichend gewährt worden sei, müßte eine Ausnahme zugelassen werden.[26]

– Nach anderer Auffassung (die hier Beweiserhebungstheorie genannt wird) soll es davon abhängig sein, ob der bisherige Sach- und Streitstand eine der Billigkeit entsprechende Entscheidung gestattet. In Fällen, in denen dies zu verneinen ist, soll der Richter befugt sein, neue Tatsachen zu berücksichtigen und Beweise zu erheben.[27]

Die Vertreter der Beweiserhebungstheorie argumentieren in erster Linie mit der Unbilligkeit einer aufgrund eines ungeklärten, aber klärbaren Sachverhalts getroffenen Kostenentscheidung. Werde die Hauptsache in einem Stadium des Verfahrens für erledigt erklärt, in dem die Parteien lediglich ihre kontroversen Sachdarstellungen ausgetauscht hätten, müßten die Kosten gegeneinander aufgehoben werden, wenn das Gericht nicht zu einer weiteren Klärung berechtigt sei; eine solche Entscheidung sei aber unbillig. Zu Recht wird diesem Argument entgegengehalten, daß eine der wirklichen Sachlage gerecht werdende Kostenentscheidung nur möglich sei, wenn der gesamte Sachverhalt endgültig geklärt werde.[28] § 91 a ist aber gerade deshalb in das Gesetz aufgenommen worden, um eine umfangreiche und kostenaufwendige Sachverhaltsklärung allein wegen der Kostenentscheidung zu vermeiden. Eine grenzenlose Sachverhaltsklärung im Interesse einer billigen Kostenentscheidung verbietet sich also auf jeden Fall. Wenn dabei aber Beschränkungen notwendig sind, dann ist es unvermeidbar, daß Tatsachen, die die Parteien zu ih-

---

[24] HM, vgl. *Stein/Jonas/Bork* § 91 a RdNr. 26 m. weit. Nachw.; aA *Brox* JA 1983, 289, 290; *MK/Lindacher* § 91 a RdNr. 40 mißt diesem Meinungsstreit nur theoretische Bedeutung zu, weil die Erklärung der Erledigung den Antrag auf Kostenentscheidung enthalte.

[25] *Zöller/Vollkommer* § 91 a RdNr. 22 m. weit. Nachw.

[26] *Baumgärtel* MDR 1969, 803 f.; *Baumbach/Lauterbach/Hartmann* § 91 a RdNr. 113 ff.; *Thomas/Putzo* § 91 a RdNr. 46 (allerdings mit Ausnahmen für präsente Urkunden und Zeugen).

[27] *Rinsche* NJW 1971, 1349; *Göppinger* ZZP 67 (1954), 463, 468 f; 68 (1955), 21, 26, jeweils m. weit. Nachw.; *Bergerfurth* NJW 1992, 1655, 1657 (im eingeschränkten Umfang zur Vermeidung eines grob unbilligen Ergebnisses).

[28] *Baumgärtel* (Fn. 26) S. 803.

ren Gunsten vortragen und im Streitfall auch beweisen können, vom Gericht unbeachtet bleiben. Es kann also nicht mehr darum gehen, möglichst viele Tatsachen noch in die Entscheidung über die Kosten einfließen zu lassen, weil jede Zäsur bei der Tatsachenermittlung sachverhaltsverzerrend oder sogar sachverhaltsentstellend wirkt und dies angesichts der in § 91a getroffenen Regelung hingenommen werden muß. Ob der Richter den Sachverhalt zur Hälfte oder nur zu einem Drittel aufklärt, ist letztlich gleichgültig, weil in dem verborgen bleibenden Teil die maßgebenden Gesichtspunkte enthalten sein können, die eine andere Entscheidung gebieten würden. Im Interesse der Parteien ist es vielmehr wesentlich wichtiger, im Zeitpunkt der Erledigungserklärung abschätzen zu können, wie sich der Sach- und Streitstand darstellt, auf dessen Grundlage das Gericht die Kostenentscheidung treffen wird.[29] Mit der restriktiven Theorie ist also der Richter für verpflichtet anzusehen, bei seiner Kostenentscheidung nur die bis zum Zeitpunkt der Erledigungserklärung von den Parteien vorgetragenen Tatsachen und die bis dahin erhobenen Beweise zu berücksichtigen; weitere Sachverhaltsklärungen, die über diesen Zeitpunkt hinausreichen, sind nicht zulässig. Soweit allerdings neue Tatsachen unstreitig sind und folglich keine Beweiserhebung erforderlich machen, hat der Richter sie bei seiner Entscheidung zu beachten.[30]

234   Bei der Kostenentscheidung hat sich das Gericht daran zu orientieren, wie nach dem bisherigen Sach- und Streitstand der Prozeß ausgehen würde und welcher Partei danach aufgrund der allgemeinen kostenrechtlichen Bestimmungen die Kosten aufzuerlegen wären[31] (vgl. u. RdNr. 421). Hierbei ist auch der Rechtsgedanke des § 93 zu beachten[32] Jedoch ist das Gericht nicht verpflichtet, stets alle sich stellenden Rechtsfragen zu klären, um auch bei schwieriger Rechtslage die Erfolgsaussichten beurteilen zu können; vielmehr genügt eine summarische Prüfung.[33] Streitig ist, ob das Gericht bei seiner Kostenentscheidung auch Rücksicht auf eine materiellrechtliche Erstattungspflicht einer Partei nehmen kann und beispielsweise dem Beklagten, der vor Rechtshängigkeit den Anspruch des Klägers erfüllte, unter dem Gesichtspunkt des Verzuges die Kosten auferlegen darf.[34]

5. Erneute Klage

235   Erhebt der Kläger nach einer übereinstimmend erklärten Erledigung der Hauptsache erneut Klage mit demselben Streitgegenstand, dann kann die Unzulässigkeit dieser Klage nicht mit dem Kostenbeschluß nach § 91a begründet werden, da darin eine Entscheidung über die Hauptsache nicht getroffen wurde.[35] Jedoch könnte die gemeinsame

---

[29] *Baumgärtel* (Fn. 26) S. 804.
[30] OLG Düsseldorf MDR 1993, 1120.
[31] *Zöller/Vollkommer* § 91a RdNr. 24.
[32] OLG Frankfurt MDR 1982, 328; NJW-RR 1989, 571; OLG Bamberg FamRZ 1984, 303; *Vollkommer* (Fn. 31) RdNr. 24f. m. weit. Nachw.
[33] BGHZ 67, 343, 345f. = NJW 1977, 436 m. weit. Nachw.
[34] Dafür *Stein/Jonas/Bork* § 91a RdNr. 29a; *Baumgärtel/Prütting* Einführung S. 69; dagegen *Zeiss* RdNr. 501; *MK/Lindacher* § 91a RdNr. 55.
[35] *Schellhammer* RdNr. 1715; *Zeiss* RdNr. 502.

Erledigungserklärung als solche eine erneute Klage als unzulässig erscheinen lassen. Wer in dieser Erklärung eine Art Klageverzicht oder
eine prozessuale Vereinbarung erblickt (vgl. o. RdNr. 230), wird diese
Frage bejahen.[36] Aber auch unabhängig von dieser Bewertung der gemeinsamen Erledigungserklärung kann sich die Unzulässigkeit einer
erneuten Klage aufgrund der Erwägung ergeben, daß sich ein Kläger,
der zunächst die Hauptsache für erledigt erklärt hat und danach erneut
Klage erhebt, widersprüchlich verhält und damit treuwidrig handelt.[37]
Beruft sich der Beklagte einredeweise gegenüber der erneuten Klage
auf die beiderseitige Erledigungserklärung, dann hat folglich das Gericht zu prüfen, aus welchen Gründen der Kläger zur erneuten Klage
bestimmt wird und ob darin ein treuwidriges Verhalten zu finden ist.
Muß diese Frage bejaht werden, dann ist die Klage als unzulässig abzuweisen (str.).

6. Hinweise für die schriftliche Bearbeitung

Bei der klausurmäßigen Bearbeitung können sich im Zusammen- **236**
hang mit der beiderseitigen Erledigungserklärung folgende zu erörtern-
de Fragen ergeben:

(1) Haben die Parteien den Rechtsstreit in der Hauptsache für erledigt
    erklärt?

> Da die Erledigung nicht ausdrücklich erklärt werden muß (vgl. o. RdNr. 229),
> kann sich für den Bearbeiter die Aufgabe stellen, durch Auslegung zu ermitteln,
> ob ein bestimmtes Verhalten als Erledigungserklärung zu verstehen ist. Dem
> Verhalten der Parteien muß ihr Wille entnommen werden können, das Verfah-
> ren ohne Entscheidung in der Hauptsache zu beenden, weil ein erledigendes
> Ereignis eingetreten ist, das die Klage unzulässig oder unbegründet macht.

(2) Sind die Erledigungserklärungen wirksam vorgenommen worden?

> Die Wirksamkeit der Erledigungserklärungen als Parteiprozeßhandlungen (Be-
> wirkungshandlungen) hängt einmal davon ab, ob die Prozeßhandlungsvoraus-
> setzungen erfüllt sind (vgl. dazu o. RdNr. 141). Zum anderen kommt es darauf
> an, ob die Erklärungen auch in der richtigen Form abgegeben wurden (vgl.
> § 91 a Abs. 1 S. 1).
> Stellt sich die Frage, ob eine Partei ihre Erledigungserklärung nachträglich
> wieder beseitigt hat, dann ist zu berücksichtigen, daß Bewirkungshandlungen
> grundsätzlich unwiderruflich sind und daß für sie insbesondere nicht die mate-
> riellrechtlichen Vorschriften über die Nichtigkeit oder Anfechtbarkeit von Wil-
> lenserklärungen gelten. Nur wenn ein Restitutionsgrund iSv. § 580 gegeben ist,
> kann der Erledigungserklärung nachträglich ihre Wirksamkeit genommen wer-
> den (vgl. o. RdNr. 143 f.).

(3) Dagegen ist nach hM nicht der Frage nachzugehen, ob und in wel-
    chem Zeitpunkt ein erledigendes Ereignis eingetreten ist. Inso-

---

[36] So *Schilken* RdNr. 630 m. weit. Nachw.
[37] *Brox* JA 1983, 289, 295; *MK/Lindacher* § 91 a RdNr. 37.

weit genügt eine entsprechende Erklärung der Parteien (vgl. o. RdNr. 228).

Nur wer sich der Gegenauffassung anschließt, die verlangt, daß die Erledigung der Hauptsache erst nach Einreichung der Klageschrift bei Gericht oder sogar erst nach Zustellung der Klageschrift an den Beklagten eingetreten sein muß, hat diese Fragen zu klären. Auf der Grundlage der hM reicht der Hinweis aus, daß es nur auf die allgemeine Behauptung der Parteien ankommt, ein erledigendes Ereignis habe stattgefunden.

c) Einseitige Erledigungserklärung

237   Ein Grund dafür, daß nur eine Partei – also einseitig – die Erledigung des Rechtsstreits in der Hauptsache erklärt, kann entweder darin bestehen, daß die andere meint, die Klage sei von Anfang an unzulässig oder unbegründet gewesen oder daß sie den Eintritt des erledigenden Ereignisses bestreitet.

> **Beispiel:** Der Kläger verlangt vom Beklagten Widerruf ehrverletzender Behauptungen. Der Beklagte trägt vor, er habe nach Klageerhebung den verlangten Widerruf abgegeben und dadurch sei der Rechtsstreit in der Hauptsache erledigt. Der Kläger bestreitet dies, weil der Widerruf nicht ausreichend sei.

1. Rechtsnatur

238   Dieser Beispielsfall wirft die Frage auf, ob auch der Beklagte einseitig die Erledigung der Hauptsache erklären kann. Dies hängt u. a. davon ab, als was man die einseitige Erledigungserklärung begreift und welche Rechtsnatur man ihr zuerkennt. Denn wenn man in ihr beispielsweise – wie manche in der beiderseitigen Erledigungserklärung – (eine privilegierte) Klagerücknahme oder den Verzicht des Klägers auf den erhobenen Anspruch erblickt, dann muß eine entsprechende Erklärung selbstverständlich dem Kläger vorbehalten bleiben, so daß der Beklagte einseitig nicht die Erledigung der Hauptsache erklären kann. Folgende Auffassungen werden zur Rechtsnatur der einseitigen Erledigungserklärung vertreten:

- Es handelt sich dabei um eine (privilegierte) Klagerücknahme, die auch ohne Zustimmung des Beklagten und ohne die Kostenfolge nach § 269 Abs. 3 S. 2 vollzogen wird.[38]
- Durch die einseitige Erledigungserklärung ändert der Kläger seine Klage, indem er anstelle des bisher geltend gemachten Anspruchs die Feststellung beantragt, daß der Rechtsstreit in der Hauptsache seine Erledigung gefunden hat. Die Einwilligung des Beklagten zur Klageänderung wird entweder aufgrund des § 264 Nr. 2 oder 3 oder auf-

---

[38] *Blomeyer* § 64 I und JuS 1962, 213.

grund einer entsprechenden Sachdienlichkeitserklärung des Gerichts oder aufgrund Gewohnheitsrechts für entbehrlich gehalten.[39]

– Der Kläger verzichtet mit seiner (einseitigen) Erledigungserklärung auf den erhobenen Anspruch, wobei jedoch weder ein Verzichtsurteil nach § 306 zu erlassen ist, noch der Kläger zur Tragung der Kosten verurteilt werden muß (vgl. dazu o. RdNr. 215).[40]

– Die einseitige Erledigungserklärung ist als eine eigenständige Institution des Prozeßrechts aufzufassen. Ihr Inhalt besteht darin, daß eine prozessuale Erwirkungshandlung (vgl. dazu o. RdNr. 139) in der Form eines Antrags an das Gericht gerichtet wird, den Eintritt des Erledigungsereignisses festzustellen. Durch diesen Antrag wird ein besonderer Verfahrensabschnitt eingeleitet und eine gerichtliche Entscheidung eigener Art begehrt.[41]

Zu diesem Meinungsstreit ist folgendes zu bemerken: Die Unterschiede in den Rechtsfolgen, die sich bei einer Klagerücknahme und bei einer einseitigen Erledigungserklärung ergeben, sind so erheblich, daß sich eine Gleichsetzung verbietet. Die Klagerücknahme beendet den Rechtsstreit ohne Urteil und führt dazu, daß dem Kläger die Kosten zufallen; bei der einseitigen Erledigungserklärung muß jedoch – wie noch auszuführen sein wird – das Gericht Zulässigkeit und Begründetheit der ursprünglich erhobenen Klage prüfen und auch klären, ob der Rechtsstreit in der Hauptsache erledigt ist. Außerdem muß das Gericht ein Urteil erlassen. Ebenfalls sind erhebliche Unterschiede in den Rechtsfolgen zwischen Verzicht und einseitiger Erledigungserklärung festzustellen, die eine Gleichstellung verbieten (zu den Rechtsfolgen eines Verzichts vgl. o. RdNr. 213 ff.). Auch die **herrschende Klageänderungstheorie** vermag nicht zu überzeugen. Schon die Zulässigkeit einer Klage auf Feststellung, daß sich der Rechtsstreit in der Hauptsache erledigt habe, erscheint fraglich. Zunächst ist zu klären, ob es überhaupt bei der Feststellung der Erledigung des Rechtsstreits in der Hauptsache um ein Rechtsverhältnis geht oder lediglich um eine Tatsache, die nicht Gegenstand einer Feststellungsklage nach § 256 Abs. 1 sein kann (vgl. o. RdNr. 58). Um diese Zweifel auszuräumen, wollen Befürworter der Klageänderungstheorie den vom Kläger zu stellenden Feststellungsantrag dahingehend präzisieren, daß er darauf gerichtet sei, das Gericht möge feststellen, daß die ursprünglich zu-

239

---

[39] OLG Saarbrücken NJW 1967, 2212, 2213; OLG München NJW 1975, 2021; OLG Nürnberg NJW-RR 1989, 444; *E. Schumann* JuS 1966, 26; *Mössner* NJW 1970, 175, 176; *Schlosser* RdNr. 144; *Schellhammer* RdNr. 1720 f.; *Stein/Jonas/Bork* § 91 a RdNr. 39; *Zöller/Vollkommer* § 91 a RdNr. 34 f.; *Thomas/Putzo* § 91 a RdNr. 32.

[40] BVerwG NJW 1965, 1035, 1036 f.; OLG München MDR 1957, 298; *Nikisch* § 66 III; *Lindacher* JurA 1970, 705.

[41] *Rosenberg/Schwab/Gottwald* § 132 III 3; *Schilken* RdNr. 637; *Zeiss* RdNr. 504; *Deubner* JuS 1962, 205; *AK-ZPO/Röhl* § 91 a RdNr. 36.

lässige und begründete Klage nachträglich unzulässig oder unbegründet geworden sei.[42] Hält man diese Modifizierung für ausreichend, um annehmen zu können, daß es sich um die Feststellung eines Rechtsverhältnisses handelt, dann muß weiter dazu Stellung genommen werden, wie das rechtliche Interesse des Klägers an einer entsprechenden Feststellung zu begründen ist. Der Kläger hat an der Feststellung der Erledigung nur deshalb ein Interesse, weil davon eine für ihn günstige Kostenentscheidung abhängt. Die Erledigung ist dafür lediglich eine Vorfrage, an deren isolierter Entscheidung ein rechtliches Interesse des Klägers nicht anerkannt werden kann. Schließlich muß der Klageänderungstheorie auch der Fall Schwierigkeiten bereiten, daß sich entgegen der Annahme des Klägers später herausstellt, daß das erledigende Ereignis überhaupt nicht eingetreten ist.

Beispiel: Der Kläger, der auf Zahlung eines Werklohnes klagt, erklärt die Hauptsache für erledigt, weil er annimmt, eine vom Beklagten geleistete Zahlung solle zur Erfüllung seiner Werklohnforderung dienen. Der Beklagte bestreitet nach wie vor, daß er dem Kläger Werklohn schulde. Der von ihm überwiesene Geldbetrag solle eine andere von ihm nicht bestrittene Schuld tilgen.

Ist eine Klageänderung vollzogen, dann endet damit regelmäßig die Rechtshängigkeit des ursprünglichen Antrags. Stellt das Gericht fest, daß der Beklagte nicht die Werklohnforderung erfüllt hat, dann wäre die Feststellungsklage unbegründet. Der Kläger würde also mit dieser Klage abgewiesen werden und müßte wegen seiner Werklohnforderung erneut Klage erheben. Nur wenn man annähme, daß der Kläger hilfsweise neben dem neuen Antrag den bisherigen aufrechterhielte, könnte das Gericht auch über den alten Antrag entscheiden.

240 Alles das zeigt, daß die Umdeutung der einseitigen Erledigungserklärung in einen Antrag auf Klageänderung recht mühselig ausfällt. Es ist deshalb vorzuziehen, darauf zu verzichten, die einseitig gebliebene Erledigungserklärung unter ein in der ZPO geregeltes Rechtsinstitut zu bringen, und diese Erklärung als ein eigenständiges Institut des Zivilprozeßrechts zu werten.

Bei dem Meinungsstreit um die Rechtsnatur einer einseitigen Erledigungserklärung darf indes die praktische Bedeutung nicht überbewertet werden. Zwar schließt die hier vertretene Auffassung nicht von vornherein aus, auch den Beklagten für berechtigt zu halten, einseitig die Hauptsache für erledigt zu erklären, eine Möglichkeit, die nach den anderen Theorien nicht in Betracht gezogen werden kann, weil die Erklärung einer Klageänderung, eines Verzichts oder einer Klagerücknahme dem Kläger vorbehalten ist, jedoch kann der Beklagte nicht einseitig das Gericht veranlassen, anstelle des vom Kläger gestellten Antrags über die Feststellung der Erledigung zu entscheiden, weil dies eine dem Beklagten fehlende Dispositionsbefugnis über den Streitgegenstand voraussetzte.[43] Er muß also nach allen vertretenen Meinungen dabei bleiben, daß ein entsprechendes Vorbringen des Beklagten als Teil einer beiderseitigen Erledigungserklärung aufzufassen ist, bei deren Scheitern die Behauptung als Verteidigung gegen die Klage wirkt, weil damit zugleich der Beklag-

---

[42] So *Habscheid*, Festschrift f. Lent (1957), S. 153, 169.
[43] BGH NJW 1994, 2363, 2364; *Zimmermann* Fallrep. S. 143; *Rosenberg/Schwab/Gottwald* § 132 III 3 c m. weit. Nachw. auch zur Gegenauffassung.

te die (weitere) Zulässigkeit oder Begründetheit der Klage verneint. Stellt das Gericht dann fest, daß ein Erledigungsereignis eingetreten ist, dann ist der vom Kläger weiterhin geltend gemachte Anspruch entweder nicht mehr zulässig oder unbegründet, und die Klage ist abzuweisen.

2. Die vom Gericht durchzuführende Prüfung

Wird vom Kläger die Erledigung des Rechtsstreits in der Hauptsache **241** erklärt und widerspricht der Beklagte dieser Erklärung, dann muß das Gericht feststellen, ob die Erledigung eingetreten ist. Da sich nur eine (zunächst) zulässige und begründete Klage in der Hauptsache erledigen kann, muß im Falle der einseitigen Erledigungserklärung – anders als bei der beiderseitigen (vgl. o. RdNr. 228) – das Gericht zunächst klären, ob die **Klage** bis zum Eintritt des Erledigungsereignisses **zulässig und begründet** war.

Wird gegen den Beklagten eine unzulässige oder eine unbegründete Klage erhoben, dann kann er auf einem klageabweisenden Urteil bestehen. Dieses Recht ist ihm auch zuzubilligen, wenn nachträglich ein Ereignis eintritt, das gleichsam zusätzlich noch einmal die Klage unzulässig oder unbegründet macht. Deshalb ist der hM[44] zuzustimmen, die verlangt, daß der Eintritt des erledigenden Ereignisses nach Rechtshängigkeit liegen und bis zu diesem Zeitpunkt die Klage zulässig und begründet sein muß. Eine Gegenauffassung,[45] die es genügen lassen will, daß die Erledigung zwischen Einreichung der Klageschrift (Anhängigkeit der Klage) und ihrer Zustellung an den Beklagten (Rechtshängigkeit; vgl. o. RdNr. 110) stattgefunden hat, argumentiert im wesentlichen mit Billigkeitserwägungen. Der Kläger, der sich durch Erhebung einer im Zeitpunkt der Anhängigkeit zulässigen und begründeten Klage verfahrensgerecht verhalten habe, könne den genauen Zeitpunkt der Zustellung nicht beeinflussen; aus diesem Grunde gebe es in der ZPO auch Regelungen, die zu seinen Gunsten die Rückwirkung der Zustellung auf den Zeitpunkt der Einreichung der Klageschrift anordneten (vgl. §§ 207, 270 Abs. 3). Der Beklagte werde dadurch nicht benachteiligt, da er sich der Erledigungserklärung des Klägers anschließen könne und im Rahmen der Kostenentscheidung nach § 91a auch berücksichtigt werde, ob er zur Erhebung der Klage Anlaß gegeben habe.[46]

Eine andere Auffassung, die in vielen Fällen bei Erledigung der Hauptsache zwischen Anhängigkeit und Rechtshängigkeit zu einem gleichen Ergebnis gelangt, will § 93 reziprok auf den Kläger anwenden. Danach soll der Beklagte, der durch sein Verhalten Anlaß zur Einreichung der Klage gegeben habe, zur Kostentragung verpflichtet werden, wenn dieser Anlaß z.B. durch Erfüllung des klägerischen Anspruchs zwischen Anhängigkeit und Rechtshängigkeit weggefallen ist und der Kläger daraufhin sofort die Hauptsache für erledigt erklärt.[47] Für eine solche „Um-

---

[44] BGHZ 83, 12, 14 = NJW 1982, 1598; BGH NJW 1986, 588, 589; BGH NJW-RR 1988, 1151, jeweils m. weit. Nachw.; *Baumbach/Lauterbach/Hartmann* § 91a RdNr. 168; *Thomas/Putzo* § 91a RdNr. 35 f.

[45] *Schilken* RdNr. 629, 636; *Zöller/Vollkommer* § 91a RdNr. 42; *Reinelt* NJW 1974, 344 (Erledigung bereits vor Anhängigkeit); OLG München NJW 1979, 274, 275; OLG Hamm MDR 1979, 941; 1980, 854; KG OLGZ 1986, 241.

[46] *Zöller/Vollkommer* (Fn. 45).

[47] *Thomas/Putzo* § 91a RdNr. 39; *J. Blomeyer* NJW 1982, 2750, 2752 f. (Klagerücknahme oder Klageverzicht statt Erledigungserklärung); ähnlich *Stöhr* JR 1985,

kehrung" des § 93 fehlt jedoch eine tragfähige dogmatische Rechtfertigung. Vielmehr besteht die Lösung solcher Fälle darin, daß der Kläger seine Klage ändert und anstelle des bisher geltend gemachten Anspruchs Ersatz der ihm entstandenen und noch entstehenden Prozeßkosten als Schadensersatz z.B. wegen Verzuges des Beklagten (§ 286 Abs. 1 BGB) verlangt.[48]

242   Ist die Klage bereits vor Eintritt des (behaupteten) Erledigungsereignisses unzulässig oder unbegründet gewesen, dann ist sie mit der Kostenfolge des § 91 abzuweisen. Stellt dagegen das Gericht die (ursprüngliche) Zulässigkeit und Begründetheit der Klage fest, dann kommt es auf das **Erledigungsereignis** an.

Regelmäßig wird sich der Beklagte nur deshalb gegen die vom Kläger behauptete Erledigung des Rechtsstreits in der Hauptsache wenden, weil er auch vorher schon die Klage nicht für zulässig oder nicht für begründet angesehen hat und er deshalb die Abweisung der Klage wünscht (vgl. o. RdNr. 241). In diesem Fall kann der Eintritt des Erledigungsereignisses unstreitig sein. Es ist jedoch nicht auszuschließen, daß die Parteien darüber streiten, ob das Erledigungsereignis tatsächlich stattgefunden hat. Gelangt das Gericht zu dem Ergebnis, daß dies nicht der Fall ist, dann hängt das weitere Vorgehen davon ab, welche Auffassung man hinsichtlich der Rechtsnatur der einseitigen Erledigungserklärung vertritt. Die (herrschende) Klageänderungstheorie (vgl. o. RdNr. 238) muß folgerichtig den auf Feststellung der Erledigung gerichteten Antrag des Klägers durch Endurteil abweisen und die Frage, was mit dem ursprünglichen Klageantrag zu geschehen hat, davon abhängig sein lassen, ob der Kläger diesen Antrag hilfsweise aufrechterhalten hat.[49] Ist dies der Fall, dann ist die Klage mit ihrem ursprünglichen Antrag erfolgreich, weil das Gericht ihre Zulässigkeit und Begründetheit festgestellt hat und sich daran mangels eines Erledigungsereignisses nichts änderte. Nach anderer Auffassung handelt es sich bei dem Streit der Parteien um den Eintritt des erledigenden Ereignisses um einen Zwischenstreit im Sinne des § 303, der folglich auch durch ein Zwischenurteil entschieden werden kann, wenn die Hauptsache noch nicht entscheidungsreif ist.[50] Allerdings kann das Gericht die Feststellung, daß sich die Hauptsache nicht erledigt hat, auch im Endurteil treffen (vgl. u. RdNr. 419).

243   Kommt das Gericht zu dem Ergebnis, daß nach Rechtshängigkeit ein erledigendes Ereignis eingetreten ist, das die zunächst zulässige und begründete Klage unzulässig oder unbegründet macht, dann hat es durch Endurteil die entsprechende Feststellung zu treffen, also auszusprechen, daß sich der Rechtsstreit in der Hauptsache erledigt hat. Die Kosten sind dem Beklagten nach § 91 aufzuerlegen.[51]

---

490 (Anwendung des § 93 bei § 269); OLG Nürnberg JurBüro 1978, 745; OLG Koblenz MDR 1994, 1045, 1046.

[48] BGHZ 83, 12, 16 = NJW 1982, 1598; *Arens/Lüke* RdNr. 247 aE.

[49] OLG Nürnberg NJW-RR 1989, 444, 445; *Bergerfurth* NJW 1992, 1655, 1659 f.; *Arens/Lüke* (Fn. 48); *Baur/Grunsky* RdNr. 146.

[50] *Rosenberg/Schwab/Gottwald* § 132 III 3 d; *MK/Lindacher* § 91 a RdNr. 96.

[51] HM, vgl. BGHZ 83, 12, 16; *Zöller/Vollkommer* § 91 a RdNr. 47 m. weit. Nachw.; anders *Rosenberg/Schwab/Gottwald* § 132 III 3 f.: Die vor Erledigung entstandenen Kosten sollen analog § 91 a verteilt werden; die übrigen Kosten trägt nach § 91 der Beklagte; für Kostenteilung auch *MK/Lindacher* § 91 a RdNr. 94.

Ob es sich bei diesem Urteil um ein Prozeßurteil[52] oder um ein Sachurteil[53] handelt, bildet einen Streit ohne praktische Bedeutung. In jedem Fall wird durch dieses Urteil festgestellt, daß sich der vom Kläger geltend gemachte Anspruch während des Rechtsstreits erledigt hat, so daß die Rechtskraft dieses Urteils entgegensteht, wenn der Kläger denselben Anspruch erneut zum Gegenstand einer Klage machen wollte.

3. Hinweise für die schriftliche Bearbeitung

Aus den vorstehenden Ausführungen ergibt sich, daß bei einer klau- **244** surmäßigen Bearbeitung in Fällen einseitiger Erledigungserklärungen zunächst die Zulässigkeit des vom Kläger gestellten Antrags auf Feststellung der Erledigung zu prüfen ist. Im Rahmen dieser Prüfung sind die folgenden Fragen zu beantworten:

(1) Hat der Kläger einseitig die Hauptsache für erledigt erklärt?

Diese Frage ist eventuell durch Auslegung zu ermitteln (vgl. auch o. RdNr. 236).

(2) Ist die Erklärung wirksam?

Auch die einseitige Erledigungserklärung stellt eine Parteiprozeßhandlung dar, so daß die Prozeßhandlungsvoraussetzungen erfüllt sein müssen (vgl. o. RdNr. 141). Die Erklärung muß in der mündlichen Verhandlung abgegeben worden sein, da die Regelung des § 91 a Abs. 1 S. 1 nicht anwendbar ist und deshalb am Grundsatz der Mündlichkeit (vgl. o. RdNr. 94) festgehalten werden muß.

(3) Nach der herrschenden Klageänderungstheorie: Ist die Klageänderung zulässig?

Überwiegend wird § 264 Nr. 2 angewendet, so daß danach die vom Kläger vorgenommene Änderung seines Antrags nicht zu beanstanden ist.

(4) Prüfung weiterer (in Betracht zu ziehender) Sachurteilsvoraussetzungen (vgl. o. RdNr. 121).

Bei Anwendung der Klageänderungstheorie ist auf die Frage nach dem Feststellungsinteresse des Klägers einzugehen (vgl. o. RdNr. 58, 116).

Ist die Zulässigkeit des klägerischen Antrags (der Klage) zu bejahen, dann ist die Begründetheit zu prüfen. Folgende Fragen sind zu klären:

(1) War die Klage bis zum (behaupteten) Eintritt des Erledigungsereignisses zulässig und begründet?

Nur eine zulässige und begründete Klage kann sich in der Hauptsache erledigen (vgl. o. RdNr. 241). Gelangt das Gericht zu einem negativen Ergebnis, ist die Klage als unzulässig oder unbegründet abzuweisen.

(2) Ist das Erledigungsereignis nach Rechtshängigkeit eingetreten?

Läßt man dagegen – anders als die hM (vgl. o. RdNr. 241) – genügen, daß sich die Hauptsache nach Einreichung der Klageschrift (und noch vor Rechtshängig-

---

[52] So *Bruns* RdNr. 147 a.
[53] So BGH NJW 1968, 2243.

keit) erledigt hat, dann muß die zu entscheidende Klage entsprechend geändert werden. Soweit es für die Lösung eines Falles auf diesen Meinungsunterschied ankommt, muß darauf eingegangen werden.

Wird festgestellt, daß sich die Hauptsache nicht erledigt hat, dann ist der Antrag
unbegründet. Nach der Klageänderungstheorie hat dies zur Folge, daß die (geänderte) Klage als unbegründet abgewiesen werden muß. Es kommt dann darauf an, ob
der ursprüngliche Antrag hilfsweise aufrechterhalten worden ist (vgl. o. RdNr. 239).
Nach der hier vertretenen Meinung nimmt dagegen das Verfahren zur Entscheidung
über den (ursprünglichen) Sachantrag des Klägers ohne weiteres seinen Fortgang. In
den Gründen des Endurteils (auch ein Zwischenurteil kann erlassen werden) ist
festzustellen, daß das Erledigungsereignis nicht eingetreten ist.

III. Prozeßvergleich

a) Allgemeines

245   Die Parteien können ihren Streit durch einen vor Gericht geschlossenen Vergleich gütlich beilegen und dadurch vermeiden, daß vom Gericht eine streitige Entscheidung erlassen werden muß. Zu diesem
Zweck sollte der Richter regelmäßig den Parteien, deren persönliches
Erscheinen angeordnet werden kann (§ 279 Abs. 2), die **Vorteile eines
Vergleichs** aufzeigen und unter anderem darauf hinweisen, daß auf diese Weise Zeit, Nerven und auch Kosten (insbesondere einer dann überflüssig werdenden Beweisaufnahme) gespart werden können. Auch der
psychologische Vorteil, daß es anders als bei einem Urteil keinen Sieger
und keinen Besiegten gibt, ist insbesondere dann bedeutsam, wenn die
Parteien beispielsweise als Nachbarn oder Mitgesellschafter weiterhin
zusammenleben müssen. Weitere Vorteile eines Vergleichs gegenüber einem Urteil bestehen darin, daß die Parteien ihre Rechtsverhältnisse
über den Streitgegenstand hinaus umfassend regeln und auch weitere
Personen, die am Verfahren nicht beteiligt sind, in ihre Regelung einbeziehen können (vgl. dazu u. RdNr. 248).

> **Beispiel:** In einem Rechtsstreit zweier Gesellschafter einer OHG zeigt sich, daß
> der Grund für ihre Meinungsverschiedenheiten in einer unklaren Bestimmung
> des Gesellschaftsvertrages liegt. In einem Vergleich – anders als durch ein Urteil
> – ist es möglich, auch die weiteren Gesellschafter zu beteiligen und gemeinsam
> die unklare Bestimmung im Gesellschaftsvertrag zu ändern.

246   Trotz dieser Vorzüge eines Vergleichs sollte der Richter niemals die
Parteien zu einer gütlichen Einigung drängen. Wenn die Parteien nur
deshalb einen Vergleich schließen, weil sie befürchten, sich sonst das
Wohlwollen des Gerichts zu verscherzen, dann wird dadurch kein sachgerechter Ausgleich der Meinungsverschiedenheiten herbeigeführt,
sondern nur Unzufriedenheit geschaffen. Der Richter sollte nur vergleichsbereiten Parteien einen Vergleichsvorschlag unterbreiten und ins

besondere den Verdacht vermeiden, den mit einem Urteil verbundenen Arbeitsaufwand vermeiden zu wollen.

Der Prozeßvergleich ist im Gesetz nicht umfassend geregelt, sondern **247** wird als Rechtsinstitut vorausgesetzt. Nach § 794 Abs. 1 Nr. 1 ist der Prozeßvergleich ein Vollstreckungstitel (vgl. dazu u. RdNr. 506, 509). § 160 Abs. 3 Nr. 1 bestimmt, daß der Prozeßvergleich im Protokoll „festzustellen", d. h. wörtlich aufzunehmen ist (vgl. auch § 162 Abs. 1). Aus diesen Vorschriften und aus der ergänzend heranzuziehenden Regelung des materiellen Rechts in § 779 BGB lassen sich jedoch die meisten Voraussetzungen ableiten, die für ein wirksames Zustandekommen des Prozeßvergleichs erfüllt sein müssen (dazu sogleich). Dem Vergleich kommt eine Doppelnatur zu; er ist zugleich privatrechtlicher Vertrag und Prozeßvertrag (zum Begriff vgl. o. RdNr. 49).

Diese **Theorie von der Doppelnatur** des Prozeßvergleichs wird heute fast allgemein vertreten.[54] Die Lehre vom Doppeltatbestand, nach der privatrechtlicher Vergleich und abstrakter Prozeßbeendigungsvertrag isoliert nebeneinanderstehen, kann heute ebenso als überwunden angesehen werden wie die im älteren Schrifttum vertretene Auffassung des Prozeßvergleichs als eines privatrechtlichen Vergleichs im prozessualen Gewand und mit prozessualen Wirkungen.[55]

b) Voraussetzungen und Wirkungen

Aus § 160 Abs. 3 Nr. 1, § 794 Abs. 1 Nr. 1 und aus der Rechtsnatur des **248** Prozeßvergleichs läßt sich ableiten, daß die folgenden Voraussetzungen erfüllt sein müssen, damit ein gültiger Prozeßvergleich zustande kommt:
- Es muß den Anforderungen genügt werden, die sich aus dem Prozeßrecht für Prozeßhandlungen (vgl. dazu o. RdNr. 141 f.) und aus dem materiellen Recht für Verträge ergeben.
- Der Prozeßvergleich muß vor einem deutschen Gericht während eines anhängigen Verfahrens geschlossen werden.
- Er muß zwischen den Parteien vereinbart werden.
- Der Prozeßvergleich muß den Streitgegenstand zumindest in abgrenzbaren Teilen betreffen und die Parteien müssen befugt sein, über den Streitgegenstand zu disponieren.
- Die Parteien müssen eine Vereinbarung treffen, die ein gegenseitiges Nachgeben gegenüber ihrem Begehren im Prozeß bedeutet.
- Die Vorschriften über die Form müssen beachtet werden.

Zu diesen Voraussetzungen ist folgendes zu bemerken:
Im **Anwaltsprozeß** (vgl. o. RdNr. 21) gilt auch für den Prozeßvergleich der Anwaltszwang. Dies soll nach Auffassung des BGH nicht für Dritte gelten, die neben

---

[54] BGHZ 79, 71, 74 = NJW 1981, 823; BGH NJW 1984, 1465, 1466; 1985, 1962, 1963; *Rosenberg/Schwab/Gottwald* § 131 III 1 c; *Jauernig* § 48 I, jeweils m. weit. Nachw.
[55] Nachw. zu beiden Meinungen bei *Rosenberg/Schwab/Gottwald* § 131 III 1.

den Parteien den Prozeßvergleich schließen.[56] Wird der Prozeßvergleich vor einem
beauftragten oder ersuchten Richter geschlossen, verneint die hM einen Anwaltszwang.[57]

Der Prozeßvergleich muß **vor** einem **deutschen Gericht** geschlossen werden
(vgl. § 794 Abs. 1 Nr. 1). Gericht in diesem Sinne ist nicht nur das Prozeßgericht
oder der beauftragte oder ersuchte Richter (zum Begriff vgl. o. RdNr. 69 aE), sondern auch ein anderes Gericht, das mit dem Gegenstand des Prozeßvergleichs befaßt
wird.[58] Da der Prozeßvergleich bezweckt, einen Rechtsstreit gütlich beizulegen,
kann er grundsätzlich nur während eines anhängigen Verfahrens zustande kommen.
Dieses Verfahren kann aber auch – wie sich aus § 492 Abs. 3 ergibt – ein selbständiges Beweisverfahren (vgl. dazu u. RdNr. 417) oder ein Verfahren auf Gewährung
von Prozeßkostenhilfe sein (vgl. § 118 Abs. 1 S. 3).

Da durch den Prozeßvergleich der Rechtsstreit in dem von ihm erfaßten Umfang
beendet wird, müssen notwendigerweise an ihm Kläger und Beklagter mitwirken.
In Fällen einfacher **Streitgenossen** (vgl. o. RdNr. 196) ist es jedoch nicht erforderlich, daß alle Streitgenossen an dem Vergleich beteiligt werden; vielmehr ist es möglich, daß der einzelne Streitgenosse mit dem Gegner einen Vergleich schließt und
der Prozeß mit den anderen Streitgenossen fortgesetzt wird (vgl. § 61). Dies gilt jedoch nicht für die notwendige Streitgenossenschaft wegen der in diesem Fall zwingenden Einheitlichkeit der Entscheidung (vgl. o. RdNr. 198). Entgegen dem insoweit unklaren Wortlaut des § 794 Abs. 1 Nr. 1 ist also ein Prozeßvergleich zwischen
nur einer Partei und einem Dritten nicht zulässig. Dagegen können bisher am
Rechtsstreit **nicht beteiligte Personen** neben den Parteien einen Prozeßvergleich
schließen (vgl. dazu das Beispiel o. RdNr. 245).

Die den Rechtsstreit beendende Wirkung des Prozeßvergleichs bedingt auch, daß
er in jedem Fall abgrenzbare Teile des **Streitgegenstandes** erfassen muß und daß
sein Gegenstand zur Disposition der Parteien steht (vgl. o. RdNr. 89). Deshalb kann
beispielsweise über die Scheidung einer Ehe kein Vergleich geschlossen werden.
Den Parteien ist es aber nicht verwehrt, zusätzlich prozeßfremde Punkte in den Vergleich aufzunehmen, um auf diese Weise auch noch andere zwischen ihnen streitige
Fragen zu klären.

Aus dem Begriff des Vergleichs, wie er in § 779 BGB beschrieben wird, leitet die
hM ab, daß die Parteien auch bei einem Prozeßvergleich ihren Streit oder ihre Ungewißheit über ein Rechtsverhältnis durch **gegenseitiges Nachgeben** beseitigen
müssen,[59] während eine Gegenauffassung auf dieses Erfordernis mit der Begründung verzichten will, der materiellrechtliche Teil eines Prozeßvergleichs könne auch
in einem Feststellungsvertrag bestehen.[60] Praktische Bedeutung kommt jedoch diesem Meinungsstreit kaum zu, weil die hM ein Nachgeben bereits in der Aufgabe des
jeder Partei zustehenden Rechts auf ein Urteil sieht; ein Nachgeben in der Sache ist
danach nicht erforderlich.[61]

Der Prozeßvergleich muß in der für das Verfahren des Gerichts vorgeschriebenen
Form zustande kommen; wird er vor dem erkennenden Gericht geschlossen, dann

---

[56] BGHZ 86, 160; aA *Bergerfurth* JR 1983, 371.

[57] OLG Düsseldorf NJW 1975, 2298, m. zust. Anm. v. *Jauernig; Stein/Jonas/Lei-*
pold § 279 RdNr. 9.

[58] Vgl. *Rosenberg/Schwab/Gottwald* § 131 I 1.

[59] BGHZ 39, 60, 62 = NJW 1963, 637; *Schilken* RdNr. 645; *Jauernig* § 48 II 5;
Schlosser RdNr. 331.

[60] *Grunsky*, Grundlagen des Verfahrensrechts, 2. Aufl. 1974, § 3 III 2 (S. 97).

[61] *Rosenberg/Schwab/Gottwald* § 131 I 6; *Stein/Jonas/Münzberg* § 794 RdNr. 15.
Vgl. aber OLG München MDR 1985, 327: kein Vergleich, wenn nur die Folgen
einer Klagerücknahme vereinbart werden.

ist er in der mündlichen Verhandlung zu erklären und in das Sitzungsprotokoll oder in eine Anlage davon aufzunehmen (§ 160 Abs. 3 Nr. 1, Abs. 5). Das Protokoll muß den Beteiligten zur Genehmigung vorgelesen oder zur Durchsicht vorgelegt oder bei einer vorläufigen Aufzeichnung durch Tonträger vorgespielt werden (§ 162 Abs. 1; vgl. dazu o. RdNr. 77) und vom Vorsitzenden sowie bei einer Führung durch den Urkundsbeamten der Geschäftsstelle auch von diesem unterschrieben werden (§ 163 Abs. 1 S. 1). Ein Verstoß gegen diese Formvorschriften führt zur Unwirksamkeit der Vereinbarung als Prozeßvergleich (vgl. dazu u. RdNr. 253).[62] Der in gehöriger Form geschlossene Prozeßvergleich ersetzt eine nach materiellem Recht vorgeschriebene notarielle Beurkundung (vgl. § 127a BGB).

Aufgrund seiner Doppelnatur entfaltet ein Prozeßvergleich **Wirkun-** 249 **gen** sowohl in materiellrechtlicher als auch in prozeßrechtlicher Hinsicht. Materiellrechtlich ist der Prozeßvergleich ein Feststellungsgeschäft, durch das unabhängig von der wirklichen Rechtslage bestimmt wird, was zwischen den Parteien Rechtens ist.[63] Die prozessualen Wirkungen des Prozeßvergleichs bestehen in erster Linie darin, daß durch ihn der Rechtsstreit (ganz oder teilweise) beendet wird, er also die Rechtshängigkeit beseitigt.[64] Sofern der Prozeßvergleich einen vollstreckungsfähigen Inhalt hat, stellt er einen Vollstreckungstitel dar (§ 794 Abs. 1 Nr. 1).

c) Unwirksamkeit

Entsprechend der Doppelnatur des Prozeßvergleichs können sich 250 Unwirksamkeitsgründe sowohl aus dem materiellen Recht als auch aus dem Prozeßrecht ergeben. Solche Gründe können beispielsweise sein: eine nicht ordnungsgemäße Protokollierung des Vergleichs, das Fehlen von Prozeßhandlungsvoraussetzungen (z. B. Vergleich ohne die gebotene Mitwirkung des Prozeßbevollmächtigten im Anwaltsprozeß), ein Verstoß gegen ein gesetzliches Verbot (§ 134 BGB) oder die guten Sitten (§ 138 BGB), ein gemeinsamer Irrtum über die Vergleichsgrundlage (§ 779 BGB), eine Anfechtung wegen Irrtums, arglistiger Täuschung oder widerrechtlicher Drohung (§§ 119, 123 BGB), der Eintritt einer auflösenden oder der Nichteintritt einer aufschiebenden Bedingung oder die Ausübung eines vertraglich vorbehaltenen Rücktritts.

Der Vergleich kann mit einer Bedingung oder einer Zeitbestimmung versehen werden.[65] Ein Vergleich wird nicht selten, insbesondere wenn ihn die Prozeßbevollmächtigten in Abwesenheit der Parteien vereinbaren, unter dem **Vorbehalt eines** innerhalb bestimmter Frist auszusprechenden **Widerrufs** geschlossen. Das Unterlassen eines solchen Widerrufs stellt in der Regel eine aufschiebende Bedingung für

---

[62] BGH NJW 1984, 1465, 1466; *MK/Wolfsteiner* § 794 RdNr. 54 m. weit. Nachw.
[63] Vgl. *MünchKomm/Pecher* § 779 BGB RdNr. 21, 54, m. weit. Nachw.
[64] BGHZ 41, 310, 311 = NJW 1964, 1524.
[65] BGHZ 88, 364 = NJW 1984, 312.

die Wirksamkeit des Vergleichs dar.[66] Der Widerruf kann formlos erklärt werden, wenn die Parteien nicht eine bestimmte Form vereinbart haben.[67] Streitig ist die Frage, an wen der Widerruf zu richten ist, wenn die Parteien keinen Adressaten festlegen. Die Entscheidung dieser Frage hängt davon ab, ob man in dem Widerruf eine materiellrechtliche Willenserklärung (dann Erklärung gegenüber der Gegenpartei), eine Prozeßhandlung (dann Mitteilung an das Gericht) oder entsprechend der Doppelnatur des Vergleichs beides sieht; dann ist der Widerruf sowohl dem Gegner als auch dem Gericht zu übermitteln, wenn sich nicht aus den Vereinbarungen der Parteien ergibt, daß die Erklärung an das Gericht genügt.[68]

Die Parteien können auch bei Vereinbarungen von Ratenzahlungen eine **Verfallklausel** (kassatorische Klausel) in den Vergleich aufnehmen. Kommen beispielsweise die Parteien überein, daß der Beklagte die dem Kläger geschuldete Summe in monatlichen Raten entrichten soll, dann kann sich der Kläger für den Fall, daß der Beklagte seinen Verpflichtungen nicht nachkommt, durch eine Verfallklausel sichern. Nach dieser Klausel wird der gesamte Restbetrag fällig, wenn der Beklagte eine bestimmte Zeit lang mit einer Rate ganz oder teilweise in Verzug gerät. Da nach dieser Regelung nur die Zahlungsmodalitäten festgelegt werden und die Zahlungspflicht unbedingt besteht, handelt es sich nicht um einen bedingten Prozeßvergleich.[69]

251   Die Frage, ob der Prozeßvergleich unwirksam ist, muß von der weiteren Frage unterschieden werden, **in welchem Verfahren** die **Unwirksamkeit geklärt** werden muß, ob in dem bisherigen Prozeß, in dem der Vergleich geschlossen wurde, oder in einem neuen. Da die Unwirksamkeit des Vergleichs seine prozeßbeendende Wirkung ausschließt, steht einem neuen Verfahren die Rechtshängigkeit des bisherigen nicht beendeten entgegen (§ 261 Abs. 3 Nr. 1). Deshalb muß das alte Verfahren fortgesetzt werden, wenn wegen der Unwirksamkeit des Vergleichs der noch nicht entschiedene Streit zwischen den Parteien fortgesetzt wird.[70] Bildet dagegen die Wirksamkeit des Vergleichs lediglich eine Vorfrage für die Entscheidung über einen anderen Streitgegenstand, geht es beispielsweise um die Erfüllung von Ansprüchen, die durch den Vergleich neu begründet werden sollten, dann muß hierüber in einem neuen Prozeß verhandelt werden.[71]

Sehr umstritten ist die Frage, ob das alte Verfahren auch dann wieder aufzunehmen ist, wenn ein zunächst wirksam zustande gekommener Vergleich nachträglich

---

[66] BGHZ 46, 277, 279 = NJW 1967, 441; BGHZ 88, 364, 367 = NJW 1984, 312; BGH NJW 1988, 415, 416; *MünchKomm/Pecher* (Fn. 63) RdNr. 57; *Zöller/Stöber* § 794 RdNr. 10.
[67] Vgl. BAG NJW 1960, 1364, 1365; BGH NJW 1980, 1752, 1753; *MünchKomm/Pecher* (Fn. 63) RdNr. 58.
[68] Vgl. zu diesen Fragen *MünchKomm/Pecher* (Fn. 63) RdNr. 58; *MK/Wolfsteiner* § 794 RdNr. 73, jeweils m. weit. Nachw; *Bergerfurth* NJW 1969, 1797 f.
[69] *Schellhammer* RdNr. 691.
[70] BGHZ 28, 171 = NJW 1958, 1970 (zur ursprünglichen Nichtigkeit und zur Anfechtung); BGH NJW 1972, 159 (zum Eintritt einer auflösenden Bedingung); vgl. auch BGHZ 87, 227 = NJW 1983, 2034, m. weit. Nachw.; *Rosenberg/Schwab/Gottwald* § 131 IV 1 b.
[71] BGHZ 87, 227; *MünchKomm/Pecher* (Fn. 63) RdNr. 63, jeweils m. weit. Nachw.

durch Rücktritt oder durch eine Parteivereinbarung beseitigt wird. Während das BAG in diesen Fällen den alten Prozeß fortsetzen will,[72] vertritt der BGH die Auffassung, daß die nachträgliche Aufhebung des Vergleichs seine prozeßbeendende Wirkung unberührt lasse und deshalb nur ein neues Verfahren in Betracht komme.[73] Für die Auffassung des BGH spricht, daß weder Rücktritt noch vertragliche Aufhebung etwas daran ändern können, daß der Prozeßvergleich wirksam geschlossen wurde und damit seine prozeßbeendende Wirkung entfaltete; eine Beseitigung dieser Wirkung mit rückwirkender Kraft kann durch die Parteien auch nicht beim Rücktritt erreicht werden, durch den das ursprüngliche Vertragsverhältnis in ein Rückgewährschuldverhältnis umgestaltet wird (vgl. GK BGB RdNr. 204). Im Schrifttum wird allerdings die Auffassung des BGH überwiegend abgelehnt,[74] wobei auch Zweckmäßigkeitserwägungen geltend gemacht werden: Das mit dem alten Prozeß befaßte Gericht kenne bereits den Streit der Parteien und könne über seine Fortsetzung am besten entscheiden.

Ist wegen der Unwirksamkeit des Prozeßvergleichs das alte Verfahren **252** fortzusetzen, dann muß die Partei, die die Unwirksamkeit geltend macht, einen Antrag auf Terminanberaumung stellen und die Gründe darlegen, aus denen sie die Unwirksamkeit des Vergleichs ableitet.[75] Zunächst hat das Gericht festzustellen, ob der Vergleich unwirksam ist. Die Feststellung der Unwirksamkeit kann durch ein Zwischenurteil nach § 303 getroffen werden[76] oder in den Gründen des Endurteils, durch das über die ursprüngliche Klage entschieden wird. Kommt dagegen das Gericht zu dem Ergebnis, daß der Vergleich wirksam ist, dann ist dies durch Urteil auszusprechen.[77]

d) Außergerichtlicher Vergleich

Schließen die Parteien während eines Rechtsstreits außergerichtlich **253** einen Vergleich über den Streitgegenstand, so hat dies keine unmittelbaren Wirkungen für den Prozeß. Vielmehr muß sich die Partei, die in bezug auf den Prozeß für sich Rechte aus dem Vergleich ableiten will, darauf berufen. Haben die Parteien in dem Vergleich vereinbart, daß der Kläger die Klage zurücknehmen soll, dann muß die Klage durch Prozeßurteil als unzulässig abgewiesen werden, wenn sich der Kläger an diese Verpflichtung nicht hält (vgl. o. RdNr. 225).

---

[72] BAG NJW 1956, 1215, 1216; 1957, 1127; 1983, 2212 (zur vertraglichen Aufhebung).

[73] BGHZ 16, 388 = NJW 1955, 705 (zum Rücktritt); BGHZ 41, 310 = NJW 1964, 1524; BGH NJW 1982, 2072, 2073 (zur vertraglichen Aufhebung).

[74] *Rosenberg/Schwab/Gottwald* § 131 IV 3 (anders aber bei vertraglicher Aufhebung; vgl. aaO § 131 IV 4) m. weit. Nachw.; *Arens/Lüke* RdNr. 255; *Lüke* JuS 1965, 482, 485.

[75] *Rosenberg/Schwab/Gottwald* § 131 IV 1 b; *Zöller/Stöber* § 794 RdNr. 15 a.

[76] *Stein/Jonas/Leipold* § 303 RdNr. 5; *MK/Musielak* § 303 RdNr. 3.

[77] Vgl. dazu *MünchKomm/Pecher* (Fn. 63) RdNr. 66: zur Frage der Rechtsnatur und zur Rechtskraft dieses Urteils; *Pukall* RdNr. 156 b.

Ein aus prozessualen Gründen unwirksamer Prozeßvergleich kann als außergerichtlicher (materiellrechtlicher) Vergleich Bestand haben, wenn dies dem hypothetischen Parteiwillen entspricht. Es ist daher in einem solchen Fall durch Auslegung zu ermitteln, ob ein Verfahrensmangel auch zur Nichtigkeit der materiellrechtlichen Abrede führen soll, oder ob die Parteien den Vergleich, wenn ihnen seine formelle Unwirksamkeit bekannt gewesen wäre, jedenfalls als außergerichtlichen Vergleich hätten gelten lassen wollen[78] (§ 140 BGB, vgl. GK BGB RdNr. 243 f.).

253 a   Besondere Bedeutung als Mittel außergerichtlicher Streitbeilegung kommt dem sog. **Anwaltsvergleich**[79] (§ 1044 b) zu. Dieser außergerichtliche Vergleich, den die Parteien gemeinsam mit ihren Rechtsanwälten schließen können, schafft eine Rechtsgrundlage für die Zwangsvollstreckung (vgl. dazu u. RdNr. 509). Dem Gläubiger wird durch den Anwaltsvergleich die Möglichkeit eröffnet, seinen Anspruch zwangsweise gegen den Schuldner durchzusetzen, ohne daß vorher ein Prozeß geführt werden muß. Der Gesetzgeber wollte durch dieses Rechtsinstitut die außergerichtliche Erledigung von Rechtsstreitigkeiten fördern und die Gerichte entlasten. Allerdings kann ein Anwaltsvergleich auch nach einem begonnenen Rechtsstreit geschlossen werden. Für sein Verhältnis zum laufenden Prozeß gilt dann das gleiche wie für andere außergerichtliche Vergleiche (vgl. o. RdNr. 253).

Der Anwaltsvergleich ist ein Vergleich iSv. § 779 BGB; dies bedeutet, daß die Parteien ihren Streit oder ihre Ungewißheit über ein Rechtsverhältnis durch gegenseitiges Nachgeben beseitigen müssen. Die Gründe des materiellen Rechts, die zur Unwirksamkeit oder Anfechtbarkeit des Prozeßvergleichs führen (vgl. o. RdNr. 250) können sich auch auf den Anwaltsvergleich auswirken. Der Anwaltsvergleich kann auch bedingt und befristet geschlossen werden.[80]

254   Die Suche nach einem Kompromiß, der zum Inhalt eines Prozeßvergleichs gemacht werden kann, läßt insbesondere bei tatsächlich und rechtlich kompliziert gelagerten Sachverhalten nicht selten langwierige Verhandlungen zwischen den Parteien und ihren Prozeßbevollmächtigten notwendig werden. Um die erforderliche Zeit dafür zu haben, können die Parteien nach § 251 Abs. 1 beim Gericht das Ruhen des Verfahrens beantragen. Damit tritt ein Stillstand des Prozesses ein. Einen solchen Stillstand kann es auch noch in anderen Fällen geben. Im folgenden sollen die rechtlichen Folgen eines Stillstands des Verfahrens näher betrachtet werden.

---

[78] BGH NJW 1985, 1962, 1963.
[79] Vgl. dazu *Huchel* MDR 1993, 939.
[80] *MK/Maier* § 1044 b RdNr. 2.

Einschub: Stillstand des Verfahrens

1. Arten

Ist ein Zivilprozeß einmal begonnen worden, dann soll er zügig ab- **255** gewickelt und rasch entschieden werden. Aber nicht nur der oben (RdNr. 254) beschriebene Wunsch der Parteien nach einem Ruhen des Verfahrens, um einen Vergleich auszuhandeln, sondern auch andere Ereignisse können dem Fortgang des Verfahrens entgegenstehen. Eine Partei oder ihr Anwalt können sterben, eine Partei kann infolge der Eröffnung des Konkursverfahrens die Verfügungsbefugnis über ihr Vermögen verlieren, oder es kann sich die Notwendigkeit ergeben, zunächst die Entscheidung eines anderen Rechtsstreits abzuwarten, in dem wesentliche Vorfragen geklärt werden. In allen diesen Fällen kann es zum Stillstand des Verfahrens kommen. Das Gesetz unterscheidet drei Arten des Stillstandes: die Unterbrechung, die Aussetzung und das Ruhen des Verfahrens.

- Die Unterbrechung des Verfahrens tritt kraft Gesetzes unabhängig vom Willen des Gerichts und der Parteien ein.
- Die Aussetzung des Verfahrens wird auf Antrag einer Partei oder von Amts wegen (vgl. u. RdNr. 258) durch das Gericht angeordnet.
- Das Ruhen des Verfahrens wird auf Antrag beider Parteien oder von Amts wegen (vgl. u. RdNr. 259) ebenfalls vom Gericht angeordnet.

Die Gründe für die **Unterbrechung des Verfahrens** sind im Gesetz **256** abschließend in den §§ 239 bis 245 aufgeführt. Es sind dies:

- Der Tod einer Partei (§ 239 Abs. 1), die nicht durch einen Prozeßbevollmächtigten vertreten wird (§ 246 Abs. 1).

  § 239 wird entsprechend angewendet, wenn bei einer Partei kraft Amtes die Amtsverwaltung endet und damit eine Rechtsnachfolge verbunden ist,[81] also nicht wenn lediglich ein Wechsel in der Person des Verwalters stattfindet (dann § 241).[82]

  Beispiel: K als Nachlaßgläubiger hat den Testamentsvollstrecker T verklagt (vgl. § 2213 Abs. 1 BGB). Während des Rechtsstreits endet die Testamentsvollstreckung und damit die Passivlegitimation für den Rechtsstreit. In einem solchen Fall werden die Erben wie Rechtsnachfolger des Testamentsvollstreckers im Sinne von § 239 behandelt.[83]

- Verlust der Prozeßfähigkeit einer Partei oder Tod oder Verlust der Vertretungsbefugnis ihres gesetzlichen Vertreters (§ 241 Abs. 1), wenn kein Prozeßbevollmächtigter vorhanden ist (§ 246 Abs. 1).

---

[81] BGHZ 83, 102, 104 f. = NJW 1982, 1765.
[82] *Zöller/Greger* § 239 RdNr. 4, § 241 RdNr. 1.
[83] BGH NJW 1964, 2301.

– Im Anwaltsprozeß Tod des Anwalts oder Unfähigkeit zur weiteren Vertretung (§ 244 Abs. 1).

> Eine Unfähigkeit des Anwalts zur Vertretung der Partei tritt beispielsweise durch Verlust der Geschäftsfähigkeit oder durch Ausschluß aus der Anwaltschaft ein. Ist jedoch für den Rechtsanwalt nach § 53 BRAO ein Vertreter bestellt worden, so tritt dieser an die Stelle des Verstorbenen und das Verfahren wird nicht unterbrochen.[84]

– Eröffnung des Konkursverfahrens über das Vermögen einer Partei, wenn das Verfahren die Konkursmasse betrifft (§ 240).

– Stillstand der Rechtspflege infolge eines Krieges oder anderer außergewöhnlicher Ereignisse wie beispielsweise Naturkatastrophen (§ 245).

257   Die Unterbrechung dauert so lange, bis das Hindernis, das der Fortsetzung des Rechtsstreits entgegenstand, beseitigt worden ist. Dies bedeutet, daß in den Fällen des § 239 (Unterbrechung durch Tod einer durch einen Prozeßbevollmächtigten nicht vertretenen Partei) die Unterbrechung mit Aufnahme des Verfahrens durch den Rechtsnachfolger endet. Der Rechtsnachfolger ist auf Verlangen des Gegners zur Aufnahme verpflichtet. Bei einer Verzögerung der Aufnahme kann die Gegenpartei den Rechtsnachfolger zur Verhandlung und Aufnahme laden lassen (§ 239 Abs. 2).

> Wird bei einer Unterbrechung nach § 239 Abs. 1 ein Nachlaßpfleger bestellt (vgl. §§ 1960 ff. BGB) oder ist ein zur Führung des Rechtsstreits berechtigter Testamentsvollstrecker vorhanden (vgl. §§ 2212, 2213 BGB), so endet die Unterbrechung durch Anzeige des Nachlaßpflegers von seiner Bestellung oder des Testamentsvollstreckers von seiner Ernennung oder dadurch, daß der Gegner seine Absicht, das Verfahren fortzusetzen, dem Nachlaßpfleger oder Testamentsvollstrecker anzeigt (§ 243 iVm. § 241).[85]
> Die Beendigung der Unterbrechung in den Fällen des § 241 und des § 244 ist in diesen Vorschriften geregelt; die Form der in diesen Regelungen vorgesehenen Anzeigen ergibt sich aus § 250. Der durch Konkurs unterbrochene Prozeß (§ 240) kann durch den Konkursverwalter aufgenommen werden (vgl. §§ 10, 11 KO).

258   Die **Aussetzung des Verfahrens** ist durch Beschluß des Gerichts, vor dem das Verfahren schwebt, anzuordnen.[86] Sie ist in folgenden Fällen zulässig:

– Auf Antrag des Prozeßbevollmächtigten, wenn in den Fällen der §§ 239, 241 oder 242 die Partei, in deren Person einer der in diesen Vorschriften genannten Gründe eingetreten ist, durch einen Prozeßbevollmächtigten vertreten wird (§ 246 Abs. 1).

---

[84] BGHZ 61, 84, 85 = NJW 1973, 1501.

[85] Zur Aufnahme durch den Erben bei Passivprozessen vgl. BGH NJW 1988, 1390.

[86] Nach Zustellung des Urteils und vor Einlegung des Rechtsmittels bleibt das Gericht, das das Urteil erlassen hat, zuständig; vgl. *Rosenberg/Schwab/Gottwald* § 127 I 1 m. weit. Nachw.

– Auf Antrag oder von Amts wegen, wenn sich eine Partei an einem Ort aufhält, der durch obrigkeitliche Anordnung, durch Krieg oder durch „andere Zufälle" (z. B. Unwetter) vom Verkehr mit dem Prozeßgericht abgeschnitten ist (§ 247).

– Auf Antrag oder von Amts wegen darf das Gericht aussetzen, wenn die Entscheidung des Rechtsstreits ganz oder zum Teil von dem Bestehen oder Nichtbestehen des Rechtsverhältnisses abhängt, das den Gegenstand eines anderen anhängigen Rechtsstreits bildet oder von einer Verwaltungsbehörde festzustellen ist (§ 148), oder wenn sich im Laufe des Rechtsstreits der Verdacht einer Straftat ergibt, deren Ermittlung auf die Entscheidung von Einfluß ist (§ 149).

Beispiele: K klagt gegen B auf Herausgabe eines Gemäldes mit der Behauptung, er sei Eigentümer und B unberechtigter Besitzer (§ 985 BGB). B bestreitet, daß K Eigentümer des Bildes sei, und trägt vor, Eigentümer sei D, der das Bild geerbt habe; D habe ihm das Bild leihweise überlassen. K erwidert, nicht D, sondern er habe das Bild von E geerbt. Zwar berufe sich D auf ein Testament des E, das ihn zum Alleinerben einsetze. Dieses Testament sei jedoch ungültig. Er habe deshalb bereits gegen D Klage auf Herausgabe eines diesem erteilten Erbscheins (§ 2362 Abs. 1 BGB) und der unberechtigterweise in Besitz genommenen Erbschaft (§ 2018 BGB) erhoben. In diesem Fall steht es im Ermessen des Gerichts, ob es den Rechtsstreit K – B nach § 148 bis zur Entscheidung des Prozesses K–D aussetzt.

Es sei noch darauf hingewiesen, daß in einem solchen Fall B auch die Möglichkeit einer Urheberbenennung (vgl. § 76) hat (vgl. dazu u. RdNr. 323).

In dem Prozeß zwischen X und Y sagt Z als Zeuge aus und bestätigt in wesentlichen Punkten die Sachdarstellung des Beklagten. Aufgrund verschiedener Hinweise entsteht beim Gericht der Verdacht, daß Z gelogen hat. Das Gericht kann in einem solchen Fall seine Feststellungen zur weiteren Erforschung des Sachverhalts der Staatsanwaltschaft mitteilen (vgl. § 160 StPO) und den ihm zu entscheidenden Rechtsstreit nach § 149 bis zur Erledigung des Strafverfahrens aussetzen, wenn die Bekundungen des Zeugen entscheidungserhebliche Punkte betreffen.

– Auf Antrag, wenn in den Fällen der §§ 151 bis 154 von den dort genannten Ehe- und Familienstandsfragen die Entscheidung abhängt.

– Von Amts wegen in den Fällen des Art. 100 und 126 GG, also insbesondere wenn ein Gericht ein Gesetz, auf dessen Gültigkeit es bei der Entscheidung ankommt, für verfassungswidrig hält und deshalb die Entscheidung des zuständigen Verfassungsgerichts herbeizuführen hat (Art. 100 GG).

In der ZPO und in anderen Gesetzen gibt es weitere Regelungen, die eine Aussetzung entweder verbindlich vorschreiben oder in das Ermessen des Gerichts stellen, so z. B. in §§ 65, 578 Abs. 2, 614, 640 f ZPO, § 46 Abs. 2 WEG, § 97 Abs. 5 ArbGG, Art. 7 § 1 Familienrechtsänderungsgesetz.[87]

---

[87] Zu weiteren Fällen vgl. *Zöller/Greger* § 148 RdNr. 2 f.

259   Erscheint es zweckmäßig, das Verfahren für längere Zeit zum Stillstand zu bringen, etwa um den erfolgreichen Abschluß von schwebenden Vergleichsverhandlungen zu ermöglichen (vgl. o. RdNr. 254) oder
um den Ausgang eines anderen Rechtsstreits abzuwarten, dessen Entscheidung Auswirkungen auf den laufenden Prozeß hat, dann kann das
Gericht auf Antrag beider Parteien[88] nach § 251 Abs. 1 das **Ruhen des
Verfahrens** durch Beschluß anordnen. Das Gericht kann das Ruhen des
Verfahrens zeitlich begrenzen, und in diesem Fall endet es mit Ablauf
der Frist. In anderen Fällen kann jede Partei das Verfahren wieder aufnehmen (vgl. § 250), jedoch vor Ablauf von drei Monaten nur mit Zustimmung des Gerichts. Das Gericht erteilt die Zustimmung nur, wenn
ein wichtiger Grund besteht (§ 251 Abs. 2). Als wichtiger Grund ist beispielsweise anzuerkennen, daß die Vergleichsverhandlungen der Parteien
erfolgreich waren und sie den Prozeß durch einen gerichtlichen Vergleich abschließen wollen.

Nach § 251a Abs. 3 kann das Gericht das Ruhen des Verfahrens auch von Amts
wegen anordnen, wenn beide Parteien in einem Termin säumig sind und das Gericht nicht nach Lage der Akten entscheidet (vgl. o. RdNr. 167) und auch nicht die
Verhandlung vertagt.

2. Wirkungen

260   Die Wirkungen des Stillstands des Verfahrens sind bei der Unterbrechung, der Aussetzung und dem Ruhen im wesentlichen die gleichen:
– Die während des Stillstands des Verfahrens von einer Partei in Ansehung der Hauptsache vorgenommenen Prozeßhandlungen (zum Begriff vgl. o. RdNr. 137 ff.) sind der anderen Partei gegenüber ohne
  rechtliche Wirkung (§ 249 Abs. 2).

§ 249 Abs. 2 ist ausdrücklich auf Parteiprozeßhandlungen „in Ansehung der
Hauptsache" beschränkt. Dies bedeutet, daß Handlungen, die der Fortführung
oder der Beendigung des (stillstehenden) Prozesses dienen, von der Unwirksam-
keitsregel erfaßt werden, nicht dagegen Handlungen, die auf den Stillstand gerichtet sind, ihn geltend machen oder beseitigen.[89] Die Wirkungslosigkeit ist relativ, d. h., sie ist nur der „anderen Partei gegenüber", nicht auch gegenüber der
die Handlung vornehmenden gegeben. Daraus folgt, daß der Gegner durch
Genehmigung oder Rügeverzicht (§ 295 Abs. 1) die Prozeßhandlung wirksam
werden lassen kann.[90]

– Der Lauf jeder (eigentlichen) Frist hört auf und beginnt nach Beendigung des Stillstandes wieder von Anfang an neu (§ 249 Abs. 1). Eine

---

[88] Der im Gesetz genannten Voraussetzung des Antrags beider Parteien ist der
Antrag einer Partei, dem der Gegner zustimmt, gleichzusetzen; *MK/Feiber* § 251
RdNr. 10.

[89] Vgl. *Rosenberg/Schwab/Gottwald* § 125 IV 2.

[90] *Thomas/Putzo* § 249 RdNr. 7.

Ausnahme gilt hinsichtlich des Ruhens des Verfahrens nach § 251 Abs. 1 S. 2 für die in § 233 bezeichneten Fristen.

Bei den **prozessualen Fristen** müssen folgende begriffliche Unterscheidungen berücksichtigt werden:

Als Fristen werden die Zeiträume bezeichnet, innerhalb derer die Parteien oder auch am Prozeß beteiligte Dritte Prozeßhandlungen vornehmen können oder müssen, um keinen Rechtsverlust zu erleiden (= **eigentliche Fristen**). Keine Fristen in diesem Sinne sind die Zeiträume, innerhalb derer die Gerichte (und ihre Geschäftsstellen) Amtshandlungen zu erledigen haben (= **uneigentliche Fristen**). Uneigentliche Fristen finden sich beispielsweise in § 251a Abs. 2, § 310 Abs. 1 und § 315 Abs. 2. Bei den (eigentlichen) Fristen wird zwischen gesetzlichen und richterlichen unterschieden; diese Unterscheidung stellt darauf ab, ob die Frist im Gesetz selbst bestimmt wird oder ihre Bestimmung dem Richter überlassen ist (Beispiele für gesetzliche Fristen: Fristen nach § 217, § 274 Abs. 3, § 276 Abs. 1 S. 1 und § 519 Abs. 2 S. 2; Beispiele für richterliche Fristen: Fristen in § 89 Abs. 1 S. 2, § 109 Abs. 1 und § 244 Abs. 2). Läßt das Gesetz die Abkürzung oder Verlängerung gesetzlicher Fristen durch den Richter zu (Beispiel: § 519 Abs. 2 S. 3), dann behält die Frist ihren Charakter als gesetzliche auch dann, wenn sie vom Richter nach § 224 Abs. 2 abgekürzt oder verlängert wird.[91]

Bei den gesetzlichen Fristen muß noch zwischen den **Notfristen** und den sonstigen gesetzlichen Fristen unterschieden werden. Notfristen sind nur diejenigen Fristen, die in der ZPO als solche bezeichnet werden (§ 223 Abs. 3). Notfristen (Beispiele: § 276 Abs. 1 S. 1, § 339 Abs. 1, § 516, § 552) sind unabänderlich, können also weder durch das Gericht noch durch die Parteien verlängert oder verkürzt werden (vgl. § 224 Abs. 1, 2). Bei Unterbrechung oder Aussetzung des Verfahrens hört allerdings ihr Lauf auf (§ 249 Abs. 1), nicht jedoch beim Ruhen des Verfahrens (§ 251 Abs. 1 S. 2 iVm. § 233). Da also Notfristen durch äußere Ereignisse (mit Ausnahme solcher, die zu einer Unterbrechung oder Aussetzung des Verfahrens führen) nicht beeinflußt werden, kann der Fristablauf und der dadurch bewirkte Ausschluß der in der Frist vorzunehmenden Prozeßhandlung (vgl. § 230) eine Partei, die ohne ihr Verschulden an der Einhaltung der Frist verhindert war, unbillig benachteiligen. Deshalb wird einer solchen Partei nach § 233 die **Wiedereinsetzung in den vorigen Stand** gewährt.[92] Die Regelung des § 233 ist nicht nur auf Notfristen beschränkt, sondern gilt auch für die Frist zur Begründung der Berufung (§ 519 Abs. 2), der Revision (§ 544 Abs. 2), der Beschwerde nach §§ 621e und 629a Abs. 2 sowie für die Wiedereinsetzungsfrist (§ 234). Zu berücksichtigen ist, daß ein Verschulden des Prozeßbevollmächtigten nach § 85 Abs. 2 der Partei zugerechnet wird.

Beispiel: B wird in erster Instanz zur Zahlung von 20.000 DM an K verurteilt. Das Urteil des Landgerichts wird seinem Prozeßbevollmächtigten P am 10.11. zugestellt. B will gegen das Urteil Berufung einlegen und bittet P, das Erforderliche zu veranlassen. P, der zugleich als Rechtsanwalt beim Berufungsgericht (Oberlandesgericht) zugelassen ist (vgl. § 226 BRAO und o. RdNr. 21), will die Berufungsschrift (vgl. § 518) später abfassen, da er zur Zeit zu stark überlastet ist. Er weist deshalb seine Büroangestellte A an, die in seiner Kanzlei schon seit vielen Jahren beschäftigt ist und sich stets als zuverlässig erwiesen hat, die Akte am 10.12. vorzulegen. Entsprechend generell erteilter Weisungen des P müssen solche Fristen im Fristenkalender eingetragen werden, wobei Rechtsmittelfristen durch Transparentstift besonders zu kennzeichnen sind. Der Fristenkalender muß täglich von A kontrolliert werden. A will diese Eintragung auch vornehmen, ver-

---

[91] *Stein/Jonas/Roth* vor § 214 RdNr. 19.
[92] Vgl. dazu *Müller* NJW 1993, 681.

gißt dies aber, da verschiedene Telefongespräche einlaufen und auch andere Arbeiten sofort erledigt werden müssen. Die Akte mit dem Urteil wird P erst am 20.12. vorgelegt. Kann er jetzt noch Berufung einlegen?

Die Frist für die Einlegung der Berufung beträgt einen Monat; diese Frist ist eine Notfrist und beginnt mit der Zustellung des Urteils (§ 516). Für die Berechnung der prozessualen Fristen gelten die Vorschriften des BGB (§ 222 Abs. 1). Dementsprechend lief die Berufungsfrist am 10.12. ab (§ 188 Abs. 2 iVm. § 187 Abs. 1 BGB). Eine verspätet eingelegte Berufung ist unzulässig (Einzelheiten dazu später). Deshalb kommt es darauf an, ob B Wiedereinsetzung in den vorigen Stand gewährt werden kann. Über den Antrag auf Wiedereinsetzung entscheidet das Gericht, dem die Entscheidung über die nachgeholte Prozeßhandlung zusteht (§ 237), hier also das für die Berufung zuständige Oberlandesgericht. Die Wiedereinsetzung muß innerhalb einer zweiwöchigen Frist beantragt werden, die mit dem Tage beginnt, an dem das Hindernis für die Einhaltung der Frist behoben ist (§ 234 Abs. 1, 2). Die Form des Wiedereinsetzungsantrags richtet sich nach den Vorschriften, die für die versäumte Prozeßhandlung gelten (§ 236 Abs. 1). Folglich muß hier P (§ 78 Abs. 1) schriftlich den Wiedereinsetzungsantrag stellen, da auch für die Berufung die Schriftform gilt (vgl. § 518 Abs. 1). Der Antrag muß nach § 236 Abs. 2 S. 1 die Angabe der die Wiedereinsetzung begründenden Tatsachen enthalten. Innerhalb der Antragsfrist ist die versäumte Prozeßhandlung nachzuholen (vgl. § 236 Abs. 2 S. 2).

Der Antrag auf Wiedereinsetzung ist begründet, wenn die Partei ohne ihr Verschulden verhindert war, die versäumte Frist einzuhalten. Verschulden bedeutet – wie im materiellen Recht – Vorsatz oder Fahrlässigkeit jeder Art (§ 276 BGB). B hat hier keinen Sorgfaltsverstoß begangen. Da er sich jedoch auch das Verschulden seines Prozeßbevollmächtigten P zurechnen lassen muß (§ 85 Abs. 2), kommt es darauf an, ob P an der Versäumung der Berufungsfrist ein Verschulden trifft. Daß sich P auf seine bei ihm langjährig tätige und stets zuverlässige Angestellte A verlassen hat, kann ihm nicht dem Vorwurf eines sorgfaltswidrigen Verhaltens aussetzen. P durfte deshalb mit Recht davon ausgehen, daß seine Weisungen über die Eintragung von Fristen auch im speziellen Fall von A befolgt werden.[93] Für das Verschulden des Büropersonals muß dagegen P nicht einstehen; die ZPO kennt keine dem § 278 BGB entsprechende Vorschrift, die ein Verschulden von Mitarbeitern dem Anwalt selbst zurechnet.[94] Nur wenn das Versagen von Mitarbeitern auf Organisationsmängel zurückzuführen ist, hat der Rechtsanwalt und über ihn auch die Partei dafür einzustehen. Denn eine mangelhafte Büroorganisation begründet einen Schuldvorwurf gegenüber dem Anwalt selbst.

Hier hat aber P die Fristenüberwachung sachgerecht organisiert, insbesondere hat er dafür gesorgt, daß Rechtsmittel- und Rechtsmittelbegründungsfristen so notiert werden, daß sie sich von gewöhnlichen Wiedervorlagefristen deutlich abheben. Dies wird von der Rechtsprechung verlangt.[95] B wird also mit einem Antrag auf Wiedereinsetzung in den vorigen Stand Erfolg haben.

Zu den verschiedenen Arten von prozessualen Fristen ist noch folgendes anzumerken: Innerhalb der sonstigen gesetzlichen Fristen, die neben den Notfristen bestehen, läßt sich noch zwischen Rechtsmittelbegründungsfristen (vgl. z.B. § 519 Abs. 2, § 554 Abs. 2) und **Zwischenfristen** unterscheiden. Zwischenfristen sind Ladungsfristen (vgl. z.B. § 217),[96] Einlassungsfristen (vgl. z.B. § 274 Abs. 3) und Schriftsatzfristen (vgl. § 132); auch die Wartefrist des § 798 gehört hierher. Die Zwi-

---

[93] BGH NJW 1989, 2393, 2394 m. weit. Nachw.
[94] *Stein/Jonas/Roth* § 233 RdNr. 40.
[95] BGH (Fn. 93) m. weit. Nachw.
[96] Es gibt aber auch Ladungsfristen, die vom Gericht bestimmt werden, also gerichtliche Fristen darstellen (vgl. z.B. § 239 Abs. 3).

schenfristen sollen den Parteien Zeit zur Überlegung und zur Vorbereitung lassen. Entsprechend dieser Funktion führt ihre Verletzung dazu, daß beim Ausbleiben der nicht rechtzeitig geladenen Partei ein Versäumnisurteil und eine Entscheidung nach Lage der Akten nicht ergehen darf (§ 335 Abs. 1 Nr. 2; vgl. dazu o. RdNr. 153). Das gleiche gilt, wenn dem (nicht erschienenen) Beklagten ein tatsächliches mündliches Vorbringen oder ein Antrag nicht rechtzeitig mittels Schriftsatzes mitgeteilt worden ist (§ 335 Abs. 1 Nr. 3; vgl. dazu o. RdNr. 153). Erscheint die Partei, der gegenüber Zwischenfristen verletzt wurden, dann kann sie Vertagung des Termins verlangen (vgl. § 227).

Die verschiedenen prozessualen Fristen und die Folgen ihrer Versäumung werden in der folgenden Übersicht dargestellt:

Prozessuale Fristen

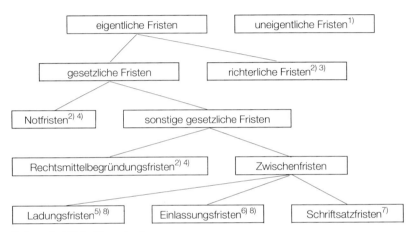

Folgen bei Fristüberschreiten:
1. Keine unmittelbaren Folgen für die Parteien. Für Richter Amtspflichtverletzung.
2. Ausschluß mit der in der Frist vorzunehmenden Prozeßhandlung (§ 230).
3. Für bestimmte Fristen: § 296 I, § 528 I.
4. Wiedereinsetzung in den vorigen Stand möglich (§ 233).
5. Kein Versäumnisurteil oder Entscheidung nach Aktenlage gegenüber Gegenpartei (§ 335 I Nr. 2), Vertagung (§ 227).
6. Kein Versäumnisurteil oder Entscheidung nach Lage der Akten gegen Beklagten (§ 335 I Nr. 3). Beklagter kann Einlassung verweigern. Vertagung (§ 227).
7. Kein Versäumnisurteil oder Entscheidung nach Lage der Akten gegen Beklagten (§ 335 I Nr. 3). Vertagung (§ 227). Setzung einer Erklärungsfrist nach § 283, soweit nicht auf diese Weise Abhilfe möglich: Zurückweisung nach § 296 II, § 528 II.
8. Heilung nach § 295 I möglich.

IV. Aufrechnung während des Prozesses

a) Problembeschreibung

261 Die Aufrechnung führt nach dem materiellen Recht dazu, daß die Forderungen, soweit sie sich decken, als in dem Zeitpunkt erloschen gelten, in dem sie zur Aufrechnung geeignet einander gegenübergetreten sind (§ 389 BGB). Sie wirkt also wie die Erfüllung der Forderung und ist folglich ein Erfüllungssurrogat (vgl. GK BGB RdNr. 192). **Materiellrechtlich** macht es keinen Unterschied, ob der Beklagte bereits vor Beginn des Prozesses oder erst während des Prozesses die Aufrechnung erklärt und ob er seine Erklärung während der mündlichen Verhandlung oder außerhalb davon abgibt.

262 **Prozeßrechtlich** ist dagegen die Aufrechnung nur als Verteidigungsmittel bedeutsam. In gleicher Weise, wie sich der Beklagte gegenüber der Klageforderung auf Erfüllung dieser Forderung berufen kann, kann er sich auch damit verteidigen, daß die Klageforderung durch Aufrechnung erloschen ist, soweit sie sich mit der Gegenforderung deckt. Dies ist keine Besonderheit. Nur mit den prozeßrechtlichen Auswirkungen des Aufrechnungseinwandes als Verteidigungsmittel des Beklagten muß sich das Verfahrensrecht befassen. Dies geschieht zwar in verschiedenen Vorschriften der ZPO, auf die noch im einzelnen einzugehen sein wird; sie regeln jedoch die Probleme, die sich im Zusammenhang mit der Aufrechnung im Prozeß ergeben können, nur recht unvollständig. Solche Probleme entstehen insbesondere, wenn die (materiellrechtliche) Erklärung der Aufrechnung und die Berufung darauf als Prozeßhandlung in einem Akt vorgenommen werden.

Beispiel: K klagt eine Kaufpreisforderung von 4.000 DM gegen B ein. In der mündlichen Verhandlung erklärt B, er rechne mit einer Forderung in gleicher Höhe auf, die er aus einer ihm gegenüber durch K begangenen deliktischen Schädigung erworben habe. Wenn jetzt das Gericht den Aufrechnungseinwand als verspätet zurückweist (vgl. § 296 Abs. 1, 2; dazu Einzelheiten später), stellt sich die Frage, ob B seine Forderung gegen K einklagen kann oder ob die Gegenforderung durch die erklärte Aufrechnung erloschen ist, weil das Gericht nur den Verteidigungseinwand zurückgewiesen hat und dies nichts an den materiellrechtlichen Folgen der Aufrechnung ändert.

B kann sich aber auch gegen die Klageforderung in erster Linie mit der Wandlungseinrede des § 478 Abs. 1 BGB verteidigen und nur für den Fall, daß das Gericht die Voraussetzungen einer Wandlung verneint, sich hilfsweise auf die Aufrechnung berufen. Eine solche Eventualaufrechnung kommt in der Praxis sehr häufig vor. Problematisch ist sie allerdings im Hinblick auf die Vorschrift des § 388 S. 2 BGB, nach der die Aufrechnung unwirksam ist, wenn die Aufrechnungserklärung unter einer Bedingung abgegeben wird.

Neben den Fragen, welche Rechtsfolgen für die Aufrechnung eintre- **263** ten, wenn der Aufrechnungseinwand als prozessual unzulässig zurückgewiesen wird, und wie sich die Wirksamkeit einer Eventualaufrechnung erklären läßt, ergeben sich bei der Prozeßaufrechnung noch weitere Probleme: Einmal ist streitig, ob die Erhebung des Aufrechnungseinwandes zur Rechtshängigkeit der Gegenforderung führt und deshalb der Beklagte durch § 261 Abs. 3 Nr. 1 gehindert wird, parallel zum ersten Prozeß in einem zweiten Rechtsstreit seine Forderung durch Leistungsklage zu verfolgen. Schließlich gibt auch die in § 322 Abs. 2 getroffene Regelung einige Fragen hinsichtlich des Umfangs der durch diese Vorschrift angeordneten Rechtskraftwirkung auf. Auf diese verschiedenen Probleme soll in den folgenden Ausführungen näher eingegangen werden.

b) Eventualaufrechnung

In der Praxis ist es unbestritten, daß die Eventualaufrechnung, also die **264** Erklärung des Beklagten, er rechne nur für den Fall auf, daß er mit seiner primären Verteidigung gegen das Bestehen der Klageforderung keinen Erfolg habe, prozessual zulässig ist und auch materiellrechtlich Wirkungen nur entfaltet, wenn das Gericht die Existenz der Klageforderung bejaht.[97] Über die dogmatische Rechtfertigung gehen jedoch die Meinungen auseinander. Folgende Auffassungen werden vertreten:

– Die im Prozeß erklärte Aufrechnung ist ein Rechtsinstitut eigener Art, das sich von der außerhalb eines Prozesses vollzogenen Aufrechnung unterscheidet und ausschließlich prozessualen Grundsätzen untersteht. Als Prozeßhandlung kann sie mit einer innerprozessualen Bedingung verbunden werden (vgl. o. RdNr. 142). § 388 S. 2 BGB ist nicht auf die Prozeßaufrechnung anwendbar.[98]

– Voraussetzung jeder Aufrechnung ist das Bestehen der Hauptforderung. Wenn der Beklagte die Aufrechnung für den Fall erklärt, daß die Klageforderung besteht, so setzt er damit eine Rechtsbedingung, also keine echte Bedingung (zur Rechtsbedingung vgl. GK BGB RdNr. 544), so daß § 388 S. 2 BGB nicht entgegensteht.[99]

– Das Gericht muß in jedem Fall auch ohne eine entsprechende Einschränkung des Beklagten zunächst über das Bestehen der Klageforderung entscheiden. Die Ansicht, der Aufrechnungseinwand als Prozeßhandlung sei mit einer Bedingung versehen, weil er davon

---

[97] Deshalb meint auch *Schellhammer* RdNr. 331, der Streit über die theoretische Erklärung lohne nicht.

[98] Diese prozeßrechtliche Theorie wird u. a. vertreten von *Nikisch*, Festschr. f. H. Lehmann (1956), Bd. II. S. 765.

[99] *Schumann* RdNr. 285; *Baur/Grunsky* RdNr. 135; *Wieser* RdNr. 118.

abhängig gemacht werde, daß das Gericht die Klageforderung für bestehend erachte, sei deshalb nicht zutreffend und lediglich eine Nachwirkung der überwundenen **Klageabweisungstheorie.**[100]

Nach dieser Theorie kann das Gericht bei einer Aufrechnung des Beklagten mit einer unstreitigen Gegenforderung die Abweisung der Klage alternativ damit begründen, daß die Klageforderung entweder aus dem vom Beklagten zunächst vorgetragenen Grunde nicht bestehe oder aber aufgrund der Aufrechnung erloschen sei. Dem ist mit Recht die sog. **Beweiserhebungstheorie** entgegengetreten. Denn läßt man mit der Klageabweisungstheorie offen, aus welchem Grund die Klage abgewiesen wird, dann wird der Kläger den Standpunkt einnehmen, dies sei wegen der Aufrechnung geschehen, während der Beklagte die Meinung vertreten wird, die Klageforderung habe nicht bestanden und seine Aufrechnung sei ins Leere gegangen. Dieser Streit der Parteien führt dann zum zweiten Prozeß, in dem geklärt werden muß, was die Klageabweisungstheorie im ersten Prozeß vermeiden will: das Bestehen der Klageforderung. Deshalb ist es vorzuziehen, bereits im ersten Prozeß die Existenz der Klageforderung zu klären und die dafür erforderlichen Beweise zu erheben (deshalb Beweiserhebungstheorie).[101]

– § 388 S. 2 BGB will den Empfänger einer Aufrechnungserklärung vor der Ungewißheit schützen, ob Haupt- und Gegenforderung durch Aufrechnung erlöschen. Im Prozeß wird jedoch diese Frage definitiv geklärt. Nach der Interessenlage kann deshalb der Kläger den durch § 388 S. 2 gewährten Schutz bei einer Eventualaufrechnung für sich nicht in Anspruch nehmen. Im Wege der teleologischen Reduktion (vgl. dazu GK BGB RdNr. 714 aE) muß deshalb die Vorschrift des § 388 S. 2 BGB eingeschränkt und eine bedingte Prozeßaufrechnung für zulässig gehalten werden.[102]

265   Zu diesem Meinungsstreit ist folgendes zu bemerken: Die prozeßrechtliche Theorie, die danach unterscheiden will, ob die Aufrechnung im Prozeß erklärt wird oder außerhalb, vermag nicht zu überzeugen; sie wird auch heute nicht mehr vertreten. Deshalb muß auch bei der im Prozeß erklärten Aufrechnung zwischen der materiellrechtlichen Aufrechnungserklärung und dem darauf bezogenen Verteidigungsvorbringen unterschieden werden. Wenn der Beklagte erklärt, er rechne für den Fall auf, daß er ohne die Aufrechnung vom Gericht entsprechend dem Klageantrag verurteilt werde, dann handelt es sich hierbei um eine echte Bedingung. Denn die Aufrechnung wird nicht etwa davon abhängig gemacht, daß die Klageforderung nach materiellem Recht existiert, sondern davon, daß das Gericht sie als bestehend ansieht. Dies ist keinesfalls eine Rechtsbedingung, denn das materielle Recht nennt als Wirksamkeitsvoraussetzung für die Aufrechnung die Existenz der Hauptforderung und nicht eine ent-

---

[100] *Rosenberg/Schwab/Gottwald* § 105 II 2; *Jauernig* § 45 II.
[101] Die Beweiserhebungstheorie ist heute unbestritten; vgl. nur BGH NJW 1974, 2000, 2002; 1988, 3210.
[102] *Schlosser* RdNr. 325; *Arens/Lüke* RdNr. 214.

sprechende Erkenntnis des Richters. Für den Beklagten ist diese gerichtliche Erkenntnis ein zukünftiges ungewisses Ereignis, an das er seine Aufrechnungserklärung knüpft. Die Vereinbarkeit dieser Bedingung mit
§ 388 S. 2 BGB läßt sich nach dem Zweck dieser Vorschrift rechtfertigen.
Der Auffassung, daß der zu weit geratene Wortlaut dieser Vorschrift in bezug auf die Prozeßaufrechnung einer Einschränkung bedarf, ist also zuzustimmen. Ob man auch den Aufrechnungseinwand (als Prozeßhandlung)
als bedingt ansieht oder ob man wegen der Beweiserhebungstheorie eine
entsprechende einschränkende Erklärung (die als innerprozessuale Bedingung zulässig wäre) für überflüssig hält, kann dahinstehen.

c) Zurückweisung des Aufrechnungseinwandes

Wird die Aufrechnung, d. h. die im Geltendmachen des Aufrech- **266**
nungseinwandes liegende Verteidigung als prozessual unzulässig zurückgewiesen, etwa weil das Gericht diese Verteidigung als verspätet ansieht
(§ 296) oder im Berufungsverfahren nicht für sachdienlich hält (§ 530
Abs. 2), dann stellt sich ebenfalls die Frage, welche Folgen dies für die
materiellrechtlich wirkende Aufrechnungserklärung hat. Bliebe die
Wirksamkeit der Aufrechnungserklärung von der prozessualen Unzulässigkeit des Aufrechnungseinwandes unberührt, dann würde der Beklagte gleichsam ein Opfer der zivilrechtlichen Theorie werden und der
von ihr befürworteten Trennung zwischen der Aufrechnung als Erfüllungssurrogat und dem Aufrechnungseinwand als Prozeßhandlung; dies
spräche dann allerdings für die oben (RdNr. 265) abgelehnte prozeßrechtliche Theorie. Jedoch kann man auch auf der Grundlage der zivilrechtlichen Theorie der Aufrechnung zu einem zufriedenstellenden, das
berechtigte Interesse des Aufrechnenden berücksichtigenden Ergebnis
gelangen: Es ist nämlich davon auszugehen, daß der Beklagte der materiellrechtlichen Aufrechnungserklärung stets stillschweigend die Bedingung hinzufügt, daß sie nur gelten soll, wenn das Gericht den Aufrechnungseinwand nicht aus prozessualen Gründen zurückweist. Eine
solche Bedingung ist auch anzunehmen, wenn eine Aufrechnung gegenüber einer rechtshängig gewordenen Forderung außerhalb der
mündlichen Verhandlung erklärt wird; denn auch in diesem Fall entspricht es der Interessenlage des Aufrechnenden, den Eintritt der materiellrechtlichen Wirkungen der Aufrechnung davon abhängig zu machen, daß sie im schwebenden Rechtsstreit beachtet wird, also das
Gericht das Erlöschen der Klageforderung aufgrund der Aufrechnung
in seinem Urteil berücksichtigt. Die **Aufrechnung** während des Prozesses, die der Beklagte gegen die Klageforderung vornimmt, ist also
regelmäßig **mehrfach bedingt**[103] und in ihrer (materiellrechtlichen)

---

[103] Zum genauen Inhalt dieser Bedingungen vgl. *Musielak* JuS 1994, 817, 825.

Wirksamkeit davon abhängig, daß das Gericht das Bestehen der Klageforderung in Höhe der zur Aufrechnung gestellten Gegenforderung feststellt und daß es den Aufrechnungseinwand nicht aus prozessualen Gründen als unzulässig zurückweist.

Um die Wirksamkeit der materiellrechtlichen Aufrechnungserklärung an ihre Beachtung durch das Gericht zu knüpfen, bedarf es nicht der Zusammenfassung der Aufrechnungserklärung mit ihrem Geltendmachen im Prozeß als einheitliches Rechtsgeschäft iSv. § 139 BGB, um auf diese Weise zur Nichtigkeit der Aufrechnung zu gelangen, wenn der Aufrechnungseinwand vom Gericht als prozessual unzulässig zurückgewiesen wird.[104] Diese Konstruktion versagt insbesondere in Fällen, in denen der Beklagte außerhalb des Rechtsstreits die Aufrechnungserklärung abgibt, weil dann von einem einheitlichen Rechtsgeschäft nicht gesprochen werden kann.[105]

d) Rechtshängigkeit und Rechtskraft

267   Gestritten wird um die Frage, ob durch den Aufrechnungseinwand des Beklagten die **Gegenforderung rechtshängig** wird. Bejaht man dies, dann ist der Beklagte auch bei der Eventualaufrechnung daran gehindert, die Gegenforderung in einem anderen Rechtsstreit durch Leistungsklage gegen den Kläger geltend zu machen, bevor nicht das Gericht entschieden hat, ob die Klageforderung in Höhe der vom Beklagten zur Aufrechnung gestellten Gegenforderung erloschen ist.[106]

Im Schrifttum wird die Rechtshängigkeit der Aufrechnungsforderung auf die Begründung gestützt, mit Erhebung des Aufrechnungseinwandes begehre der Aufrechnende eine Entscheidung des Gerichts darüber, daß die Klageforderung in Höhe der Aufrechnungsforderung erloschen sei. Dieses Begehren werde zum Streitgegenstand, über den nach § 322 Abs. 2 auch rechtskräftig entschieden werde.[107] Auch werde durch Geltendmachen der Aufrechnung im Prozeß ebenso wie bei der Klageerhebung die Verjährung unterbrochen (vgl. § 209 Abs. 2 Nr. 3 BGB).[108] Überwiegend wird jedoch verneint, daß die Aufrechnung mit einer Forderung im Prozeß diese rechtshängig werden läßt.[109] Insbesondere der BGH[110] weist auf die nachteiligen Konsequenzen für den Aufrechnenden hin, wenn die Rechtshängigkeit der Gegenforderung bejaht wird: Er sei gehindert, eine ihm zustehende Forderung, die er bereits gerichtlich geltend gemacht habe gegenüber einer vom Gegner erhobenen Klage hilfsweise zur Aufrechnung zu stellen. Insbesondere werde das in der Praxis übliche Vorgehen ausgeschlossen, eine Forderung gegenüber einer Klage zur Aufrechnung zu stellen und sie hilfsweise zum Gegenstand einer Widerklage zu ma-

---

[104] So *Rosenberg/Schwab/Gottwald* § 105 III 2.

[105] *Rosenberg/Schwab/Gottwald* (Fn. 101); *Coester-Waltjen* Jura 1990, 27, 29.

[106] Zu weiteren Fällen, in denen die Frage nach der Rechtsabhängigkeit der Gegenforderung praktische Bedeutung erlangt, *Musielak* JuS 1994, 817, 824.

[107] *Blomeyer* § 60 I 1 a.

[108] *Zeiss* RdNr. 395.

[109] BGHZ 57, 242, 243 = NJW 1972, 450; BGHZ 60, 85, 87 = NJW 1973, 421; BGH NJW 1977, 1687; 1986, 2767; *Rosenberg/Schwab/Gottwald* § 105 IV 2; *Stein/Jonas/Leipold* § 145 RdNr. 42; *Zöller/Greger* § 145 RdNr. 18, § 261 RdNr. 4.

[110] BGHZ 57, 242, 243 f. = NJW 1972, 450.

chen. Des weiteren würde die Rechtshängigkeit bewirken, daß der Beklagte nicht mehr ohne Zustimmung des Klägers den Aufrechnungseinwand zurücknehmen könne – dies ergibt sich dann aus § 269 Abs. 1, der auf die rechtshängig gewordene Gegenforderung angewendet werden müßte – und auch nicht ohne Zustimmung des Gegners oder Erklärung der Sachdienlichkeit durch das Gericht eine andere Forderung anstelle der bisherigen zur Aufrechnung stellen dürfe (§ 263).[111]

Keine der Meinungen kann für sich in Anspruch nehmen, daß pro- **268** zeßökonomische Erwägungen die von ihr empfohlene Lösung zwingend gebieten. Sieht man jedoch auf die Systematik des Gesetzes und berücksichtigt insbesondere, daß die Rechtshängigkeit auf den Streitgegenstand beschränkt ist (vgl. o. RdNr. 111) und daß zum Streitgegenstand nicht die Gegenforderung wird, auf die sich der Beklagte (nur) zur Verteidigung gegen die Klageforderung beruft,[112] dann muß mit der hM die Rechtshängigkeit der Aufrechnungsforderung abgelehnt werden. Für dieses Ergebnis sprechen auch – wie dargelegt – die Interessen des aufrechnenden Beklagten. Unbillige Nachteile für den Aufrechnungsgegner durch ein wiederholtes prozessuales Geltendmachen derselben Forderung kann dieser einfach dadurch vermeiden, daß er in dem zweiten Prozeß auf das Vorgehen des Aufrechnenden in dem parallel geführten Prozeß verweist. Der Aufrechnende muß dann schlüssig erklären, in welchem Verhältnis seine Prozeßhandlungen in den verschiedenen Rechtsstreiten zueinander stehen. Das Gericht kann darauf reagieren, beispielsweise ein Vorbehaltsurteil nach § 302 zugunsten des Aufrechnungsgegners erlassen oder einen Rechtsstreit in entsprechender Anwendung des § 148 einstweilen aussetzen. Diese Maßnahmen verhindern auch eine ungebührliche Überbeanspruchung des Gerichts durch ein mehrfaches Geltendmachen der Gegenforderung in verschiedenen Prozessen. Hinzu kommt noch, daß jeweils geprüft werden muß, ob ein Rechtsschutzinteresse des Beklagten dafür bejaht werden kann, daß er auf dieselbe Forderung in einem zweiten Prozeß zurückgreift.[113]

Einwendungen des Beklagten nehmen grundsätzlich nicht an der **269** **Rechtskraft** der Entscheidung teil (vgl. § 322 Abs. 1; u. RdNr. 471). Eine Ausnahme wird durch § 322 Abs. 2 für die Aufrechnung des Beklagten geschaffen. Dem Wortlaut nach bezieht sich diese Ausnahme allerdings nur auf den Fall der erfolglosen Aufrechnung.

> **Beispiel**: K klagt gegen B auf Zahlung eines Kaufpreises von 1.000 DM. B erklärt die Aufrechnung mit einer ihm angeblich gegen K zustehenden Forderung aus Delikt. B wird zur Zahlung von 1.000 DM verurteilt. In den Entscheidungsgründen führt das Gericht aus, daß die vom Beklagten gegen den Kläger geltend gemachte deliktische Forderung nicht bestehe. Erhebt B danach Klage gegen K

---

[111] Deshalb will *Heckelmann* NJW 1972, 1350, die Rechtshängigkeitswirkung für die Gegenforderung auf die Sperre für einen Parallelprozeß beschränken.
[112] Dies wird zwar – wie oben dargelegt – von der Gegenauffassung behauptet, ohne jedoch dafür eine überzeugende Begründung zu geben.
[113] *Lindacher* JZ 1972, 429.

wegen dieser deliktischen Forderung, dann wird seine Klage als unzulässig abgewiesen, weil ihr die Rechtskraft des gegen B ergangenen Urteils entgegensteht (vgl. zu den Rechtskraftwirkungen u. RdNr. 469).

Die Urteilswirkungen können aber auch nicht anders ausfallen, wenn der Beklagte mit seiner Aufrechnung Erfolg hat, wenn also das Gericht die Klage ganz oder teilweise wegen der Aufrechnung abweist. Denn mit dieser Abweisung steht dann auch fest, daß Klageforderung und Gegenforderung vor der Aufrechnungserklärung bestanden haben und in der Höhe der Aufrechnung erloschen sind. Deshalb wird § 322 Abs. 2 nach allgemeiner Meinung[114] über seinen Wortlaut hinaus auch angewendet, wenn das Gericht in den Entscheidungsgründen festgestellt hat, daß die Gegenforderung bestanden hat, aber durch Aufrechnung erloschen ist. Dementsprechend ist § 322 Abs. 2 wie folgt zu lesen: „Hat der Beklagte die Aufrechnung einer Gegenforderung geltend gemacht, so ist die Entscheidung, daß die Gegenforderung nicht **oder nicht mehr** besteht, bis zur Höhe des Betrages, für den die Aufrechnung geltend gemacht worden ist, der Rechtskraft fähig."

Hätte also B in dem oben angeführten Beispielsfall mit seinem Aufrechnungseinwand Erfolg und würde deshalb die Klage des K abgewiesen werden, dann stände einer Klage des B wegen der deliktischen Forderung ebenfalls die Rechtskraft der Entscheidung entgegen und seine Klage würde nicht als unbegründet, sondern als unzulässig abgewiesen werden.

Eine solche durch § 322 Abs. 2 zu verhindernde zweite Klage müßte nicht notwendigerweise durch eine böswillige oder sogar betrügerische Absicht des Klägers veranlaßt werden. B könnte beispielsweise auch davon überzeugt sein, daß seine hilfsweise erklärte Aufrechnung ins Leere gegangen sei, weil nach seiner Ansicht die Kaufpreisforderung des K (entgegen der Auffassung des Gerichts) erloschen war.

270   Die nach § 322 Abs. 2 angeordnete Rechtskrafterstreckung erfaßt nicht den Fall, daß das Gericht nicht über die Begründetheit der Aufrechnung entscheidet. Weist das Gericht die Klage ab, weil die Klageforderung nicht besteht, dann trifft es auch keine Entscheidung über die Gegenforderung. Stellt das Gericht (überflüssigerweise) zusätzlich noch fest, daß die Gegenforderung bestehe, dann handelt es sich insoweit nicht um rechtskraftfähige Feststellungen iSv. § 322 Abs. 2.[115] Ebenfalls wird über die Gegenforderung nicht rechtskräftig entschieden, wenn das Gericht die Aufrechnung aus materiellrechtlichen oder prozessualen Gründen (vgl. o. RdNr. 266) als unzulässig ansieht.[116]

270a   Der Normzweck des § 322 Abs. 2 trifft auch auf den Fall zu, daß sich der **Kläger** zur Verteidigung gegenüber einer Forderung, die der Beklagte gegen ihn geltend macht, **auf** eine von ihm erklärte **Aufrechnung beruft.** Dies geschieht, wenn sich der Kläger mit einer negativen Feststellungsklage (vgl. o. RdNr. 58) gegen eine Forderung wendet, der sich der Beklagte berühmt und die der Kläger durch Aufrechnung getilgt haben will. Ebenso verhält es sich, wenn der Kläger mit der Voll-

---

[114] Vgl. nur BGHZ 36, 316, 319 = NJW 1962, 907; *Rosenberg/Schwab/Gottwald* § 153 III 3b m. weit. Nachw.

[115] *Zöller/Vollkommer* § 322 RdNr. 22; *Coester-Waltjen* Jura 1990, 27, 30.

[116] BGH NJW 1984, 128, 129.

streckungsabwehrklage (vgl. u. RdNr. 581) die Einwendung geltend macht, die Forderung, wegen der vom Beklagten vollstreckt wird, sei durch Aufrechnung erloschen. Bei beiden Sachverhalten geht es um eine Forderung des Beklagten gegen den Kläger, und der Kläger verteidigt sich gegen sie mit der Aufrechnung. Der durch § 322 Abs. 2 dem Gegner des Aufrechnenden gewährte Schutz muß deshalb auch auf diese Fälle einer Aufrechnung durch den Kläger erstreckt werden und dann dem Beklagten zugute kommen; die Ähnlichkeit der Rechtslage gebietet eine Gleichbehandlung und folglich eine analoge Anwendung des § 322 Abs. 2.[117]

e) Verfahren

Wird die Aufrechnung mit einer Gegenforderung geltend gemacht, **271** die mit der Klageforderung nicht in einem rechtlichen Zusammenhang steht, so kann das Gericht eine **getrennte Verhandlung** anordnen (§ 145 Abs. 3).

Der Begriff des rechtlichen Zusammenhangs ist weit auszulegen und im gleichen Sinne aufzufassen wie der des rechtlichen Verhältnisses (Konnexität) in § 273 Abs. 1 BGB (vgl. GK BGB RdNr. 403 f.).[118] Forderungen stehen also in einem rechtlichen Zusammenhang, wenn sie aus einem innerlich zusammengehörenden einheitlichen Lebensverhältnis stammen, das es als treuwidrig erscheinen läßt, wenn der eine Anspruch ohne Rücksicht auf den anderen geltend gemacht und verwirklicht werden soll.[119]
Ob die Aufrechnung im Prozeß oder außerhalb erklärt wird, ist für die Anordnung der Trennung ohne Bedeutung.

Bei einer Trennung wird über die Klageforderung und über ihr Erlö- **272** schen durch die Aufrechnung gesondert verhandelt. Ist der Rechtsstreit in bezug auf die Klageforderung zur Entscheidung reif, dann kommt es darauf an, ob das Gericht die Klageforderung als begründet ansieht; ist dies nicht der Fall, dann ist die Klage als unbegründet abzuweisen und eine weitere Verhandlung über die Aufrechnung erübrigt sich dann. Bejaht dagegen das Gericht die Begründetheit der Klageforderung, dann kann es ein **Vorbehaltsurteil** nach § 302 erlassen, wenn die Entscheidungsreife hinsichtlich der Gegenforderung fehlt; andernfalls darf kein Vorbehaltsurteil ergehen, sondern ist über die Klageforderung unter Berücksichtigung der Aufrechnung zu entscheiden.

Bei einer Trennung nach § 145 Abs. 3 wird das Verfahren nicht etwa in zwei selbständige Prozesse gespalten, die zu zwei parallelen Urteilen führen. Vielmehr ist nur zeitlich und gegenständlich getrennt zu verhandeln. Auch wenn zunächst ein Vorbe-

---

[117] BGH NJW 1992, 982, 983; *MK/Gottwald* § 322 RdNr. 187; *Zöller/Vollkommer* § 322 RdNr. 24.
[118] BGH WM 1965, 827, 828; OLG Düsseldorf MDR 1985, 60.
[119] BGH (Fn. 118).

haltsurteil nach § 302 ergeht, bleibt der Rechtsstreit hinsichtlich der zur Aufrechnung gestellten Gegenforderung weiterhin bei dem Gericht anhängig, das das Vorbehaltsurteil gefällt hat (§ 302 Abs. 4 S. 1). Das Nachverfahren, das dann stattfindet, ist die Fortsetzung des bisherigen Rechtsstreits und bildet mit dem Vorbehaltsverfahren eine prozessuale Einheit.[120] Der Bestand des Vorbehaltsurteils ist von dem Ergebnis des Nachverfahrens abhängig. Die hM sieht darin ein auflösend bedingtes Endurteil.[121]

273   Ob das Gericht ein Vorbehaltsurteil nach § 302 erläßt, steht in seinem nicht nachprüfbaren Ermessen. Weder ist dafür Voraussetzung, daß das Verfahren nach § 145 Abs. 3 getrennt wurde, noch führt eine solche Trennung zwingend zu einem Vorbehaltsurteil. Ergeht ein solches Urteil, dann ist in der Urteilsformel ausdrücklich aufzunehmen, daß die Entscheidung über die Aufrechnung vorbehalten bleibt. Zweck des Vorbehaltsurteils ist es, einer Prozeßverschleppung entgegenzuwirken und dem Kläger rascher einen Vollstreckungstitel zu geben (§ 302 Abs. 3 iVm § 704 Abs. 1; Einzelheiten dazu später), der allerdings mit dem Risiko eines Schadensersatzanspruches verbunden ist, wenn die Aufrechnung zum Erlöschen der Klageforderung geführt hat (§ 302 Abs. 4 S. 3).

Das nach Erlaß des Vorbehaltsurteils durchzuführende Nachverfahren ist auf die Entscheidung über die (vorbehaltene) Aufrechnung beschränkt. Bei dieser Entscheidung ist das Gericht an das Vorbehaltsurteil gebunden (§ 318; vgl. dazu u. RdNr. 427 f.). Es kann also das Bestehen der Klageforderung nur noch wegen der Aufrechnung verneinen. Deshalb ist neues Vorbringen gegen die Klageforderung ausgeschlossen.

Das Nachverfahren schließt mit einem Endurteil, das entweder das Vorbehaltsurteil aufhebt und die Klage abweist, wenn das Erlöschen der Klageforderung durch Aufrechnung festgestellt wird, oder das das Vorbehaltsurteil unter Aufhebung des Vorbehalts aufrechterhält, wenn die Wirksamkeit der Aufrechnung verneint wird.[122]

274   Führt die Aufrechnung dazu, daß die Klageforderung ganz oder zum Teil erloschen ist, dann muß die Klage auch ganz oder zum Teil abgewiesen werden. Bei der **Kostenentscheidung** muß die Rückwirkung der Aufrechnung (vgl. § 389 BGB) berücksichtigt werden. Standen sich bereits im Zeitpunkt der Klageerhebung die Forderungen aufrechenbar gegenüber, dann sind dem Kläger im Umfang seines Unterliegens die Kosten aufzuerlegen. Tritt die Aufrechnungslage erst später ein, dann kann die Hauptsache für erledigt erklärt werden (§ 91a, vgl. dazu o. RdNr. 228 ff.).

275   Erklärt der Beklagte die Aufrechnung mit einer **Gegenforderung, die nicht in die Zuständigkeit des Prozeßgerichts fällt,** dann kann das ordentliche Gericht nach hM das Bestehen der Gegenforderung

---

[120] *Rosenberg/Schwab/Gottwald* § 59 V 5.
[121] BGHZ 69, 270, 272 = NJW 1978, 43; *MK/Musielak* § 302 RdNr. 6 m. weit. Nachw.
[122] Vgl. *Furtner*, Das Urteil im Zivilprozeß, 5. Aufl. 1985, S. 302 ff.

nur feststellen, wenn diese Forderung unbestritten oder rechtskräftig festgestellt worden ist. Andernfalls muß es den Rechtsstreit aussetzen, um dem Beklagten Gelegenheit zu geben, die Entscheidung über die Gegenforderung vor dem zuständigen Gericht herbeizuführen.[123] Im Schrifttum findet dagegen die Auffassung zunehmend Befürworter, die Zuständigkeit des Zivilgerichts für eine Entscheidung über rechtswegfremde Gegenforderungen kraft Sachzusammenhangs zu bejahen.[124] Diese Auffassung will insbesondere aus § 17 Abs. 2 GVG ein zusätzliches Argument ableiten, nach dem durch Neufassung dieser Vorschrift dem Gericht eine rechtswegüberschreitende Sachkompetenz eingeräumt worden ist.[125] Durch die in § 17 Abs. 2 GVG getroffene Regelung wird jedoch bezweckt, dem Gericht zu ermöglichen, über den Streitgegenstand aufgrund aller in Betracht kommenden rechtlichen Erwägungen zu entscheiden, ohne daß Rechtswegzuständigkeiten insoweit Grenzen schaffen.[126] Diesem Ziel dient es jedoch nicht, wenn das Gericht über streitige rechtswegfremde Gegenforderungen entscheiden soll. Es muß also auch nach Änderung des § 17 Abs. 2 GVG bei dem bisher nach hM durchzuführenden Verfahren der Aussetzung bleiben.[127]

Die Rechtsgrundlage für dieses Vorgehen bildet § 148 in analoger Anwendung. Zwar setzt diese Vorschrift voraus, daß das vorgreifliche Rechtsverhältnis bereits den Gegenstand eines anderen anhängigen Rechtsstreits bildet, doch muß der Fall, daß dieses Rechtsverhältnis, das nur von einem anderen Gericht festgestellt werden kann, noch nicht anhängig geworden ist, gleich behandelt und dementsprechend durch Aussetzung dem Beklagten Gelegenheit gegeben werden, die notwendige Klärung vor dem anderen Gericht umgehend herbeizuführen.[128]

Bisher wurde von der hM eine Ausnahme von der Pflicht zur Aussetzung zugelassen, wenn es sich um eine Gegenforderung handelt, für die ein Arbeitsgericht zuständig ist.[129] Die Entscheidungskompetenz des Zivilrichters wurde dadurch eklärt, daß Zivilgerichte und Arbeitsgerichte nicht unterschiedlichen Rechtswegen zugeordnet seien und die zwischen ihnen bestehenden Unterschiede in der sachlichen Zuständigkeit nicht daran hinderten, über die Wirksamkeit einer Aufrechnung zu entscheiden. Obwohl die in §§ 17, 17a GVG getroffene Neuregelung der Rechts-

---

[123] BGHZ 16, 124 = NJW 1955, 497; *Stein/Jonas/Leipold* § 145 RdNr. 33; *MK/Peters* § 145 RdNr. 33; vgl. auch die in Fn. 127 Zitierten.

[124] *Rosenberg/Schwab/Gottwald* § 105 IV 6; *Schilken* RdNr. 441; *Schlosser* RdNr. 328.

[125] VGH Kassel MDR 1995, 203; *Schenke/Ruthig* NJW 1992, 2505, 2510ff.; 1993, 1374; *Hoffmann* ZZP 107 (1994), 3, 28; *Baur/Grunsky* RdNr. 135; *Zeiss* RdNr. 397.

[126] *MK/Wolf* § 17 GVG RdNr. 12 f.

[127] VGH Kassel NJW 1994, 1488, 1490; *Rupp* NJW 1992, 3274; *Zöller/Greger* § 145 RdNr. 19 a; *Zöller/Gummer* § 17 GVG RdNr. 10; *Thomas/Putzo* § 145 RdNr. 24; *Zimmermann* Fallrep. S. 84; *Lüke,* Fälle zum Zivilprozeßrecht, 2. Aufl. 1993, S. 86 Fn. 37; *Leipold* ZZP 107 (1994) 216, 219f. (vgl. aber Fn. 130).

[128] BVerwG NJW 1987, 2530, 2532 (zur parallelen Frage im Verwaltungsprozeß); *Zöller/Gummer* § 13 GVG RdNr. 49.

[129] BGHZ 26, 304 = NJW 1958, 543; *Coester-Waltjen* Jura 1990, 27, 29.

wegverweisung diesen Erwägungen die Grundlage entzogen hat, will ein Teil der hM weiterhin die Zivil- und Arbeitsgerichte für befugt ansehen, auch dann über eine Aufrechnung zu entscheiden, wenn die Gegenforderung in die Zuständigkeit des anderen Gerichtszweiges fällt.[130] Zur Begründung wird darauf verwiesen, daß es nicht die Absicht des Gesetzgebers sein könne, durch die Neuregelung der Rechtswegzuständigkeit, durch die gerade eine Vereinfachung bezweckt werde, die Gräben zwischen den Rechtswegen noch zu vertiefen. Eine solche Ausnahme erscheint jedoch inkonsequent, nachdem das Verhältnis zwischen Zivilgerichtsbarkeit und Arbeitsgerichtsbarkeit neu geordnet worden ist. Die „Artverwandtheit" der von beiden Gerichtszweigen zu entscheidenden Rechtssachen vermag daran nichts zu ändern.[131] Mag dadurch auch der Einwand fehlender Sachkompetenz für die Entscheidung über die rechtswegfremde Gegenforderung entfallen, ändert dies doch nichts daran, daß für die Gegenforderung ein anderer Rechtsweg vorgeschrieben ist. Es muß deshalb folgerichtig für Gegenforderungen, die in die Zuständigkeit der Arbeitsgerichte fallen, das gleiche Verfahren praktiziert werden wie bei anderen rechtswegfremden Forderungen auch.[132]

f) Hinweise für die schriftliche Bearbeitung

276   Ist im Rahmen einer sog. Richterklausur (vgl. o. RdNr. 5) über eine Prozeßaufrechnung zu entscheiden, dann muß zunächst die Zulässigkeit der Klage und entsprechend der Beweiserhebungstheorie (vgl. o. RdNr. 264) das Bestehen der Klageforderung geprüft werden. Gelangt der Bearbeiter zu einem negativen Ergebnis, dann ist die Klage als unzulässig oder unbegründet abzuweisen, ohne daß auf die Prozeßaufrechnung einzugehen ist. Werden dagegen beide Fragen positiv entschieden, dann kommt es auf die Prozeßaufrechnung an. Es ist dann zu klären, ob der Aufrechnungseinwand als Prozeßhandlung zulässig ist, ob die Prozeßhandlungsvoraussetzungen erfüllt werden (vgl. o. RdNr. 141) und ob auch das Verteidigungsmittel rechtzeitig vorgebracht worden ist (vgl. o. RdNr. 266). Wird die Zulässigkeit der Prozeßaufrechnung bejaht, dann ist auf das Bestehen der zur Aufrechnung gestellten Gegenforderung einzugehen.

Handelt es sich – wie im Regelfall – um eine Eventualaufrechnung, dann muß bereits bei Erörterung der Zulässigkeit des Aufrechnungseinwandes als Prozeßhandlung dargelegt werden, daß sich insoweit keine prozessualen Bedenken ergeben (vgl. o. RdNr. 265). Die Vereinbarkeit der Eventualaufrechnung mit § 388 S. 2 BGB (vgl. dazu ebenfalls o. RdNr. 265) ist zu begründen, wenn die materielle Wirksamkeit untersucht und die Rechtsfolgen beschrieben werden, die sich daraus für die Entscheidung über die Klageforderung ergeben.

277   Ist die Entscheidung über die Klageforderung spruchreif, kann jedoch noch nicht über die Gegenforderung entschieden werden, dann

---

[130] *Leipold* (Fn. 127); *Stein/Jonas/Leipold* § 145 RdNr. 32; *Lüke* (Fn. 127); *Mayerhofer* NJW 1992, 1602; *Jauernig* § 45 III.

[131] AA *Jauernig* (Fn. 130); im gleichen Sinn *Lüke* (Fn. 127).

[132] *Zöller/Greger* (Fn. 127); *Zöller/Gummer* § 13 RdNr. 50.

muß die Möglichkeit eines Vorbehaltsurteils nach § 302 berücksichtigt werden, das allerdings nur dann ergehen darf, wenn die Klageforderung (vorbehaltlich der Aufrechnung) besteht (vgl. o. RdNr. 272).

V. Widerklage

a) Begriff und Voraussetzungen

Der Beklagte muß sich nicht darauf beschränken, sich gegen die Kla- **278** ge zu verteidigen, sondern kann seinerseits zum Angriff auf den Kläger übergehen und ihn im selben Verfahren verklagen.

Beispiel: K macht mit seiner Klage einen Kaufpreisanspruch geltend. B verteidigt sich mit der Wandlungseinrede (vgl. § 478 Abs. 1 BGB) und erhebt seinerseits Klage, die er auf eine positive Forderungsverletzung stützt, die K bei Durchführung des Kaufvertrages begangen habe.

Eine solche „Gegen-Klage" des Beklagten – in der ZPO Widerklage genannt – ist ihrem Wesen nach eine vollwertige Klage, für die alle Vorschriften über die Klage gelten, soweit nicht Sonderregeln für die Widerklage eingreifen. Die Widerklage ist insbesondere kein Angriffs- oder Verteidigungsmittel iSv. §§ 296, 527, 528,[133] so daß sie bis zum Schluß der mündlichen Verhandlung erhoben werden kann (allerdings wegen § 561 Abs. 1 nicht in Revisionsverfahren; dazu Einzelheiten später) und nicht als verspätet zurückgewiesen werden darf (zur Präklusion verspäteten Vorbringens ebenfalls Einzelheiten später).

Die **Widerklage** kann nicht nur schriftlich wie jede andere Klage, sondern auch **in der mündlichen Verhandlung** erhoben werden (§ 261 Abs. 2), wobei die Regelung des § 297 zu beachten ist.

Die **Zulässigkeit** einer Widerklage hängt von der Erfüllung der **279** Sachurteilsvoraussetzungen ab, die für jede Klage gelten (vgl. o. RdNr. 99). Folgendes ist jedoch dabei zu beachten:

– Die Widerklage muß einen anderen Streitgegenstand (zum Begriff vgl. o. RdNr. 124 ff.) aufweisen als die Klage. Diese Voraussetzung erklärt sich bereits aus der Sperre, die durch die Rechtshängigkeit der Klage für eine Klage mit demselben Streitgegenstand geschaffen ist (§ 261 Abs. 3 Nr. 1; vgl. dazu o. RdNr. 110 f.).

Die Widerklage darf also nicht nur die Negation der Klage sein, wie dies beispielsweise der Fall wäre, wenn der Beklagte gegenüber einer Leistungsklage widerklagend Feststellung begehrte, daß er dem Kläger nicht den mit der Klage von ihm geforderten Betrag schulde. Wird jedoch nur ein Teilbetrag eingeklagt (der Kläger behauptet, der Beklagte sei verpflichtet, Schadensersatz in Höhe von

---

[133] BGH NJW 1981, 1217.

50.000 DM zu leisten, von dem er zunächst nur 10.000 DM einklage), dann kann der Beklagte widerklagend die (negative) Feststellung begehren, dem Kläger überhaupt nichts zu schulden; es handelt sich dann um eine sog. Zwischenfeststellungswiderklage (vgl. dazu u. RdNr. 472).[134]

– Die Widerklage setzt begrifflich eine Klage voraus, die (noch) rechtshängig ist.[135]

Es kommt nur auf die Rechtshängigkeit der Klage an, die durch ihre Erhebung begründet wird (§ 261 Abs. 1; vgl. dazu o. RdNr. 110), nicht auch darauf, daß die Klage zulässig ist. Erhebt der Kläger seine Klage bei einem örtlich unzuständigen Gericht, dann kann der Beklagte dort auch Widerklage erheben, wenn ein Zusammenhang zwischen Klage und Widerklage besteht (dazu Einzelheiten sogleich).[136] Die Rechtshängigkeit der Hauptklage muß nur zur Zeit der Erhebung der Widerklage bestehen; daß danach etwa durch Rücknahme der Klage ihre Rechtshängigkeit beseitigt wird, bleibt trotz der Rückwirkung (RdNr. 223) ohne Einfluß auf die Widerklage, weil deren Rechtshängigkeit isoliert zu betrachten ist (vgl. § 261 Abs. 3 Nr. 2). Allerdings muß die Widerklage vor Schluß der mündlichen Verhandlung erhoben werden; danach ist dies nicht mehr zulässig.[137]

– Die Widerklage muß vom Beklagten erhoben und gegen den Kläger gerichtet werden (zu Ausnahmen u. RdNr. 288 ff.).

– Die Widerklage darf nicht gesetzlich ausgeschlossen sein.

So sind im Urkunden- und Wechselprozeß Widerklagen nicht zugelassen (§ 595 Abs. 1); in Ehe- und Kindschaftssachen ist die Zulassung eingeschränkt (§§ 610 Abs. 2, 633 Abs. 2, 638, 640 c).

280   Besonderheiten ergeben sich bei der Widerklage insbesondere hinsichtlich der sachlichen und der örtlichen Zuständigkeit. Bestimmt sich die **sachliche Zuständigkeit** nach dem Streitwert, dann ist der Streitwert der Widerklage unabhängig von dem der Klage zu ermitteln, denn nach § 5 HS. 2 werden die Streitwerte von Klage und Widerklage nicht zusammengerechnet.

Beispiel: K erhebt Klage auf Zahlung eines Kaufpreises in Höhe von 6.000 DM. Für diese Klage ist nach § 23 Nr. 1 GVG das Amtsgericht sachlich zuständig. Begehrt nun B widerklagend die Verurteilung des K zur Zahlung von Schadensersatz in Höhe von 5.000 DM, dann ist auch für die Widerklage das Amtsgericht sachlich zuständig, weil eine Addition der Streitwerte von Klage und Widerklage nicht vorzunehmen ist und die Zuständigkeit des Amtsgerichts für die Widerklage nach deren Streitwert besteht.

281   Wird in einem **amtsgerichtlichen Verfahren** eine Widerklage erhoben, die zur sachlichen Zuständigkeit des Landgerichts gehört, dann kann eine Partei nach § 506 Abs. 1 vor Verhandlung zur Hauptsache über die Widerklage den Antrag stellen, den Rechtsstreit an das zustän-

---

[134] BGHZ 53, 92 = NJW 1970, 425.
[135] Vgl. BGHZ 40, 185, 187 = NJW 1964, 44.
[136] *Stein/Jonas/Schumann* § 33 RdNr. 10.
[137] BGH MDR 1992, 899.

dige Landgericht zu verweisen. Das Gericht hat nach § 504 auf seine Unzuständigkeit hinzuweisen (vgl. dazu o. RdNr. 50).[138]

Beträgt in dem vorstehenden Beispielsfall der Streitwert der Widerklage 12.000 DM, dann kann K (oder auch B) die Verweisung des Rechtsstreits an das Landgericht beantragen, das dann über Klage und Widerklage zu entscheiden hat.

In einem **landgerichtlichen Verfahren** kann der Beklagte widerklagend Ansprüche geltend machen, die in die Zuständigkeit des Amtsgerichtes fallen.[139] Die sachliche Zuständigkeit des Landgerichts in diesem Fall ist zwar nicht ausdrücklich im Gesetz angeordnet worden; sie ergibt sich aber zwingend aus dem Zweck der Widerklage, der darin besteht, eine Zersplitterung von Rechtsstreitigkeiten über zusammenhängende Fragen zu vermeiden und dem mit einer Klage angegriffenen Beklagten im Interesse der Waffengleichheit die Möglichkeit zum Gegenangriff zu eröffnen.[140] **282**

Die **örtliche Zuständigkeit** beurteilt sich grundsätzlich auch bei der Widerklage nach den sonst geltenden Bestimmungen, die jedoch durch die Vorschrift des § 33 ergänzt werden. Die in § 33 getroffene Regelung erlangt Bedeutung, wenn sich nicht die Zuständigkeit des Gerichts für die Entscheidung über die Widerklage aus anderen Bestimmungen über den Gerichtsstand ergibt.[141] **283**

Beispiel: Der in München wohnende A verklagt B, der seinen Wohnsitz ebenfalls in München hat, auf Zahlung eines Restkaufpreises in Höhe von 2.000,– DM. B beruft sich auf Minderung wegen eines Sachmangels und verlangt widerklagend von A Schadensersatz wegen eines Mangelfolgeschadens (vgl. GK BGB RdNr. 538) in Höhe von 4.000,– DM. Für beide Klagen ist sowohl nach §§ 12, 13 als auch nach § 29 örtlich das Amtsgericht München zuständig (vgl. o. RdNr. 43, 46). Auf die Zuständigkeitsregelung des § 33 kommt es folglich nicht an.

Anders stellt sich die Rechtslage dar, wenn A nicht in München, sondern in Augsburg seinen Wohnsitz hat und dort seine Verpflichtung aus dem Kaufvertrag (wie dies nach § 269 Abs. 1 BGB dem Regelfall entspricht) zu erfüllen hat. Auch nach § 29 wäre dann die Klage des B auf Schadensersatz wegen des Mangelfolgeschadens in Augsburg zu erheben, weil die Pflicht zum Schadensersatz als Surrogat für die ursprüngliche Verpflichtung angesehen wird und diese in Augsburg zu erfüllen war (vgl. o. RdNr. 46). Es muß deshalb geprüft werden, ob sich die Zuständigkeit des Amtsgerichts München für die Widerklage des B aus § 33 ergibt.

Der durch **§ 33 Abs. 1** begründete Gerichtsstand der Widerklage wird davon abhängig gemacht, daß „der Gegenanspruch mit dem in der **284**

---

[138] *Zöller/Herget* § 506 RdNr. 3.
[139] *Zöller/Vollkommer* § 33 RdNr. 12.
[140] *Stein/Jonas/Schumann* § 33 RdNr. 1; *Baumbach/Lauterbach/Hartmann* § 33 RdNr. 1.
[141] *Stein/Jonas/Schumann* § 33 RdNr. 8; *AK-ZPO/Röhl* § 33 RdNr. 1; *Thomas/Putzo* § 33 RdNr. 19.

Klage geltend gemachten Anspruch oder mit den gegen ihn vorgebrachten Verteidigungsmitteln in Zusammenhang steht". Nach hM
muß es sich dabei um einen **rechtlichen Zusammenhang** handeln;[142]
ein lediglich tatsächlicher Zusammenhang genügt dagegen nicht.[143]

Allerdings ist der Begriff des rechtlichen Zusammenhanges nicht eng auszulegen
und wird in der Rechtsprechung bejaht, wenn es sachdienlich und vernünftig erscheint, über Klage und Widerklage in einem Prozeß zu verhandeln.[144] Auch hierbei
muß der Zweck, der mit der Zulassung der Widerklage verfolgt wird, berücksichtigt
werden, nämlich zusammenhängende Fragen in einem Rechtsstreit zu klären und
einer Zersplitterung von Streitigkeiten entgegenzuwirken. Deshalb wird regelmäßig
ein rechtlicher Zusammenhang zwischen dem Begehren des Klägers (in § 33 Abs. 1
als den in der Klage geltend gemachten Anspruch bezeichnet) und dem vom Beklagten mit seiner Widerklage verfolgten Begehren (in § 33 Abs. 1 Gegenanspruch
genannt) zu bejahen sein, wenn beide aus einem innerlich zusammengehörenden
einheitlichen Lebensverhältnis stammen; die Abgrenzung wird also im gleichen
Sinne vorgenommen wie bei § 273 Abs. 1 BGB (vgl. zur gleichen Frage bei § 145
Abs. 3 o. RdNr. 271).
Der ebenfalls nach § 33 Abs. 1 ausreichende (rechtliche) Zusammenhang zwischen dem „Gegenanspruch" und „Verteidigungsmitteln" des Beklagten erweitert
die gerichtliche Zuständigkeit in Fällen, in denen der Beklagte zur Verteidigung gegen die Klage selbständige Gegenrechte geltend macht, die mit dem Klageanspruch
nicht zusammenhängen, wie dies beispielsweise bei der Aufrechnung mit einer nicht
konnexen Gegenforderung der Fall ist.

Beispiel: K klagt gegen B auf Zahlung einer Kaufpreisforderung. B verteidigt
sich damit, daß die Kaufpreisforderung durch Aufrechnung mit einer Gegenforderung erloschen sei, die ihm aus einem Werkvertrag gegen den Kläger zugestanden hätte. Widerklagend macht B eine Forderung geltend, die sich aus demselben
Werkvertrag ergeben soll.

Im oben (RdNr. 283) gebrachten Beispielsfall folgt die Zuständigkeit des Amtsgerichts München für die Widerklage gegen den in Augsburg wohnenden A aus
§ 33 Abs. 1, weil Kaufpreisanspruch und Schadensersatzforderung wegen Schlechterfüllung im rechtlichen Zusammenhang zueinander stehen. Weitere Beispiele für
diesen rechtlichen Zusammenhang bilden der vom Kläger geltend gemachte Besitz-
schutzanspruch nach § 861 BGB oder sein Herausgabeanspruch nach §§ 985, 1007
BGB und das vom Beklagten mit der Widerklage verfolgte Recht zum Besitz.[145]

285   Die hier in Übereinstimmung mit der hM vertretene Auffassung des
§ 33 als reine Zuständigkeitsregelung ist jedoch nicht unbestritten.

---

[142] *Jauernig* § 46 II; *Zeiss* RdNr. 94; *Pukall* RdNr. 197 a; *Stein/Jonas/Schumann*
§ 33 RdNr. 16 ff.; *Zöller/Vollkommer* § 33 RdNr. 15; *Baumbach/Lauterbach/Hart-
mann* § 33 RdNr. 8; *Zimmermann* § 33 RdNr. 5.
[143] AA *Rosenberg/Schwab/Gottwald* § 98 II 2 c; *Arens/Lüke* RdNr. 237.
[144] Der BGH (NJW 1975, 1228) läßt es ausreichend sein, daß Anspruch und Gegenanspruch aus verschiedenen Rechtsverhältnissen entspringen, die nach ihrem
Zweck und nach der Verkehrsanschauung wirtschaftlich als ein Ganzes, als ein innerlich zusammengehörendes Lebensverhältnis erscheinen.
[145] So BGHZ 53, 166 = NJW 1970, 707; BGHZ 73, 355 = NJW 1979, 1358;
gegen die Zulässigkeit der Widerklage in diesen Fällen *Rosenberg/Schwab/Gottwald*
(Fn. 143).

Nach einer anderen Ansicht soll § 33 Abs. 1 eine besondere Zulässigkeitsvoraussetzung für die Widerklage schaffen, die dazu führt, daß eine
Widerklage, die nicht in einem Zusammenhang zur Klage steht, auf
Rüge des Widerbeklagten als unzulässig abgewiesen werden muß.[146]
Während nach hM eine Widerklage auch ohne Zusammenhang des
§ 33 zulässig ist, wenn sich die Zuständigkeit des Gerichts aus anderen
Vorschriften ergibt, will die Gegenauffassung eine Widerklage nur auf
solche Fälle beschränken, in denen Klage und Widerklage zusammenhängen.[147] Für die hM spricht sowohl der Wortlaut (der ein „nur" enthalten müßte, wenn § 33 als abschließende Regelung über die Zulässigkeit einer Widerklage zu verstehen wäre) als auch der Standort der
Vorschrift innerhalb der Bestimmungen über den Gerichtsstand.[148]

Auf der Grundlage der hM ist jedoch das Gericht nicht verpflichtet, über eine Klage und eine mit ihr nicht im rechtlichen Zusammenhang stehende Widerklage in
einem Prozeß zu verhandeln und zu entscheiden, sondern es kann nach § 145 Abs. 2
die Verhandlung in getrennten Prozessen anordnen. Außerdem kann auch durch Teilurteil über die Klage oder die Widerklage entschieden werden, wenn nur eine von
beiden zur Endentscheidung reif ist (vgl. § 301 Abs. 1; dazu Einzelheiten später). Das
Gericht verfügt also über Möglichkeiten, um einer nicht sachdienlichen Zusammenfassung von Klage und Widerklage in einem Verfahren entgegenzuwirken; einer einschränkenden Interpretation der Zulässigkeitsvoraussetzungen für die Widerklage
bedarf es hierfür nicht, zumal nach der Gegenauffassung der Mangel des Zusammenhangs nur auf Rüge des Widerbeklagten vom Gericht beachtet werden muß und
folglich dieser auch auf eine solche Rüge verzichten kann (vgl. § 295).

Nach hM kann sich die Frage eines Rügeverzichts nach § 295 auf die Voraussetzung eines rechtlichen Zusammenhangs nicht stellen. Ist die örtliche Zuständigkeit
für die Widerklage weder nach allgemeinen Vorschriften noch nach § 33 gegeben,
dann ist danach zu fragen, ob die Zuständigkeit durch rügelose Einlassung des Widerbeklagten zur Hauptsache nach § 39 begründet wird (vgl. dazu o. RdNr. 50). Ist
diese Frage zu verneinen, dann muß die Widerklage wegen fehlender örtlicher Zuständigkeit des Gerichts als unzulässig abgewiesen werden, wenn nicht ein Antrag auf
Verweisung an das zuständige Gericht gestellt wird (vgl. § 281 Abs. 1; o. RdNr. 51).

Eine **Ausnahme** von der Zuständigkeitsregelung des **§ 33** Abs. 1 stellt **286**
Absatz 2 dieser Vorschrift dar: Ist das Gericht nach allgemeinen Zuständigkeitsregeln nicht für die Entscheidung über die Widerklage örtlich
zuständig, dann wird abweichend von § 33 Abs. 1 auch nicht durch
Konnexität zwischen Klage und Widerklage eine Zuständigkeit begründet, wenn eine Zuständigkeitsvereinbarung nach § 40 Abs. 2 ausgeschlossen ist (vgl. dazu o. RdNr. 48).

---

[146] *Rosenberg/Schwab/Gottwald* § 98 II 2 d, e.

[147] *Rosenberg/Schwab/Gottwald* sind allerdings der Auffassung, daß ein tatsächlicher Zusammenhang genügt (vgl. Fn. 143).

[148] *Stein/Jonas/Schumann* § 33 RdNr. 7; *MK/Patzina* § 33 RdNr. 2.

b) Besondere Widerklagen

287 Als eine besondere Zulässigkeitsvoraussetzung der Widerklage ist oben (RdNr. 279) bezeichnet worden, daß die Widerklage vom Beklagten gegen den Kläger gerichtet werden muß. Jedoch kann der Beklagte seine Widerklage zugleich auch gegen einen bisher am Rechtsstreit nicht beteiligten Dritten erheben.

> **Beispiel:** K klagt gegen B auf Zahlung eines Kaufpreises. B beruft sich darauf, daß er seine zum Abschluß des Kaufvertrages abgegebene Willenserklärung wegen arglistiger Täuschung angefochten habe. Wegen dieser arglistigen Täuschung erhebt er Widerklage auf Schadensersatz gegen K und zugleich auch gegen X, der maßgeblich am Zustandekommen und am Abschluß des Vertrages zwischen K und B beteiligt gewesen ist.[149]

288 Da eine **parteierweiternde Widerklage** dazu führt, daß ein Dritter (neu) in den Prozeß eintritt, ist es nur folgerichtig, darauf die Regeln über den Parteibeitritt anzuwenden. Dies hat allerdings zur Folge, daß sich die Meinungsverschiedenheiten über die Voraussetzungen eines Parteibeitritts (vgl. o. RdNr. 191 f.) auch hier auswirken. So beurteilt der BGH die parteierweiternde Widerklage (wie beim Parteibeitritt in erster Instanz) nach den Regeln des § 263 (vgl. o. RdNr. 192) und stellt darauf ab, ob der (neue) Widerbeklagte zustimmt oder ob durch Zulassung der Widerklage eine prozeßwirtschaftlich sinnvolle Verfahrenserledigung gewährleistet ist und sie deshalb als sachdienlich zu gelten hat.[150] Außerdem verlangt der BGH als weitere Voraussetzung für die Zulässigkeit der Widerklageerstreckung auf dritte Personen, daß der widerbeklagte Kläger und übrige Widerbeklagte Streitgenossen im Sinne von § 59 oder § 60 sind (zur Streitgenossenschaft vgl. o. RdNr. 193 ff.).[151]

289 Die überwiegende Ansicht im Schrifttum will dagegen (wie bei einem Parteibeitritt in erster Instanz) bei einer parteierweiternden Widerklage auf die Einwilligung des (neuen) Beklagten verzichten. Allerdings sieht es die hM im Schrifttum nicht für ausreichend an, die Drittbeteiligung einer Widerklage allein nach den Regeln des Parteibeitritts zu entscheiden. Wegen der Erschwernisse einer Widerklage für den Widerbeklagten und den damit verbundenen Erleichterungen für den Widerkläger hält man vielmehr die parteierweiternde Widerklage nur dann für gerechtfertigt, wenn der Dritte von der Rechtskraft des Urteils auch oh-

---

[149] Vereinfachter Sachverhalt von BGHZ 40, 185 = NJW 1964, 44.
[150] BGHZ 40, 187 f. (Fn. 137); BGH NJW 1966, 1028; 1975, 1228, 1229; 1981, 2642. Konsequent will der BGH (NJW 1984, 2104 f.) bei einer parteierweiternden Widerklage in der Berufungsinstanz auch nach den Grundsätzen verfahren, die das Gericht für eine Parteiänderung und Parteierweiterung in 2. Instanz anwendet (vgl. dazu RdNr. 192).
[151] BGHZ 40, 185 (Fn. 149); BGH NJW 1975, 1228.

ne seine Beteiligung am Prozeß erfaßt wird. Also nur soweit die subjektiven Grenzen der Rechtskraft reichen (vgl. dazu u. RdNr. 474), soll nach dieser Ansicht eine Widerklage gegen Dritte zulässig sein.[152] Nach dieser Meinung wäre also entgegen der Ansicht des BGH in dem oben (RdNr. 287) gebrachten Beispielsfall die Widerklage unzulässig.

Im Schrifttum wird es auch für zulässig gehalten, daß eine parteierweiternde Widerklage von einem Dritten erhoben wird, der also als neuer Streitgenosse des Beklagten in den Prozeß eintritt und Widerklage gegen den bisherigen Kläger, möglicherweise auch zusätzlich gegen einen weiteren Dritten erhebt.

Beispiel: K, der bei einem Verkehrsunfall verletzt worden ist, klagt gegen die Versicherung des Unfallverursachers (vgl. § 3 Nr. 1 Pflichtversicherungsgesetz). Der Unfallverursacher tritt im Wege der Widerklage in den Prozeß ein und richtet seine Widerklage nicht nur gegen K, sondern auch gegen dessen Versicherung.[153]

Die Zuständigkeitsregelung des § 33 läßt sich nur dadurch rechtfertigen, daß der Kläger das Gericht mit seiner Klage befaßt hat und er es deshalb auch hinnehmen muß, daß dasselbe Gericht über eine konnexe Widerklage gegen ihn entscheidet. Dieser Gesichtspunkt entfällt aber, wenn ein Dritter, der bisher am Prozeß nicht beteiligt war, vor einem für ihn unzuständigen Gericht verklagt werden soll. Deshalb muß sich die örtliche Zuständigkeit des mit der Widerklage befaßten Gerichts hinsichtlich des Dritten aus anderen Zuständigkeitsvorschriften ableiten lassen.[154] Ist dies nicht der Fall, dann bedarf es für die örtliche Zuständigkeit des Gerichts einer Gerichtsstandsbestimmung nach § 36 Nr. 3.[155] Eine solche Bestimmung kommt jedoch nicht in Betracht, wenn durch die Widerklage ausschließlich ein bislang am Verfahren nicht beteiligter Dritter in Anspruch genommen wird.[156] **290**

Eine **Widerklage** darf auch **hilfsweise erhoben,** also von einer (innerprozessualen) Bedingung abhängig gemacht werden, wobei die Bedingung darauf gerichtet sein kann, daß die Klage begründet oder daß sie unzulässig oder unbegründet ist.[157] **291**

Beispiel: Der Beklagte B verteidigt sich gegen die Klage damit, daß er Nichtigkeit des Vertrages einwendet, aus dem der Kläger die Klageforderung herleitet. Hilfsweise rechnet er mit einer Gegenforderung aus Darlehen auf. Für den Fall, daß das Gericht die Aufrechnung für unzulässig ansieht, erhebt er Widerklage auf Zahlung der Darlehenssumme.

In diesem Fall muß das Gericht zunächst klären, ob die Klageforderung besteht (sog. Beweiserhebungstheorie; vgl. o. RdNr. 264). Gelangt das Gericht zu einem po-

---

[152] *Bork* JA 1981, 385, 389; *Zöller/Vollkommer* § 33 RdNr. 23 m. weit. Nachw.
[153] *Stein/Jonas/Schumann* § 33 RdNr. 30; vgl. auch *Zöller/Vollkommer* § 33 RdNr. 18 ff.
[154] *Stein/Jonas/Schumann* § 33 RdNr. 31; *Zöller/Vollkommer* § 33 RdNr. 23.
[155] BGH NJW 1991, 2838; 1992, 982; 1993, 2120.
[156] BGH NJW 1992, 982; 1993, 2120.
[157] BGHZ 21, 13 = NJW 1956, 1478; BGH MDR 1965, 292; *Jauernig* § 46 IV.

sitiven Ergebnis, dann hat es über die Aufrechnung zu entscheiden. Erst wenn das Gericht feststellt, daß die Aufrechnung nicht zulässig ist, etwa weil sie verspätet erklärt wurde (vgl. o. RdNr. 266), dann ist die (innerprozessuale) Bedingung erfüllt, von der die Erhebung der Widerklage abhängig gemacht wurde. Die verschiedenen Anträge stehen also in einem echten Eventualverhältnis zueinander (vgl. auch o. RdNr. 142).

292   Hat der Kläger aus einem Vorbehaltsurteil oder einem vorläufig vollstreckbaren Urteil vollstreckt, das später aufgehoben wird, dann ist er dem Beklagten zum Ersatz des dadurch verursachten Schadens verpflichtet; dieser Schadensersatzanspruch kann in dem anhängigen Rechtsstreit vom Beklagten geltend gemacht werden (vgl. § 302 Abs. 4, § 600 Abs. 2, § 717 Abs. 2).[158] Stellt der Beklagte einen entsprechenden Antrag (sog. **Inzidentantrag**), dann erhebt er der Sache nach eine Widerklage, die jedoch in verschiedener Hinsicht privilegiert ist und für die die besonderen Prozeßvoraussetzungen der Widerklage nicht gelten.[159]

So tritt die Rechtshängigkeit nicht erst mit der Geltendmachung des Anspruchs in der mündlichen Verhandlung ein, wie dies bei anderen Widerklagen der Fall ist (vgl. § 261 Abs. 2), sondern wird auf den Zeitpunkt der Zahlung oder Leistung zurückbezogen. Der Antrag kann auch noch (anders als bei anderen Widerklagen) in der Revisionsinstanz gestellt werden.[160] Die sachliche Zuständigkeit hängt bei dem Inzidentantrag nicht von der Höhe des geltend gemachten Schadensersatzanspruchs ab.[161]

293   Nimmt der Kläger nach Erhebung einer Widerklage seine Klage zurück oder wird über die Klage durch Teilurteil (§ 301 Abs. 1) entschieden, dann kann der Kläger seinerseits gegen die Widerklage eine Widerklage erheben. Es hat sich dafür der Begriff der „**Wider-Widerklage**" eingebürgert,[162] obwohl es sich genau genommen um eine einfache Widerklage handelt, weil die Widerklage des Beklagten nach Erledigung der Hauptklage selbst zur Hauptklage wird. Für die Wider-Widerklage gelten deshalb alle Regeln wie auch sonst für Widerklagen.

Der Kläger soll jedoch auch berechtigt sein, während der Rechtshängigkeit der Hauptklage eine Wider-Widerklage zu erheben. Stellt der Kläger nach Erhebung der Widerklage des Beklagten seinerseits weitere Anträge, die durch die Widerklage veranlaßt sind oder mit ihr im Zusammenhang stehen, so sollen dafür nicht die Vorschriften über die Klageänderung, sondern die über die Widerklage gelten. Dies wird im Interesse der Waffengleichheit zwischen den Parteien für erforderlich gehalten.[163]

---

[158] Vgl. auch § 717 Abs. 3 und § 1042 c Abs. 2.

[159] Vgl. *Lorff* JuS 1979, 569, 570.

[160] *Jauernig* § 46 III 4.

[161] Vgl. *Bork* JA 1981, 385, 390; *Stein/Jonas/Schumann* § 33 RdNr. 24; *Rosenberg/Schwab/Gottwald* § 98 II 1.

[162] Vgl. BGH MDR 1959, 571; *Rosenberg/Schwab/Gottwald* § 98 II 6; *Baumbach/Lauterbach/Hartmann* Anh. § 253 RdNr. 14.

[163] *Stein/Jonas/Schumann* § 33 RdNr. 25.

c) Hinweise für die schriftliche Bearbeitung 293 a

Muß im Rahmen einer Richterklausur (vgl. o. RdNr. 5) über Klage und Widerklage entschieden werden, dann muß beim Aufbau des Gutachtens zwischen beiden Klagen stets getrennt werden und zunächst über Zulässigkeit und Begründetheit der Klage, sodann über Zulässigkeit und Begründetheit der Widerklage befunden werden. Für die Prüfung von Zulässigkeit und Begründetheit der Klage gelten keine Besonderheiten. Unabhängig von dem dabei gefundenen Ergebnis ist stets die Prüfung der Widerklage anzuschließen.

Dabei werden zunächst die allgemeinen Prozeßvoraussetzungen erörtert, soweit sich hierzu klärungsbedürftige Zweifel ergeben (vgl. o. RdNr. 120). Dies wird regelmäßig hinsichtlich der Zuständigkeit des Gerichts für die Widerklage zu bejahen sein. Bei Prüfung der sachlichen Zuständigkeit muß berücksichtigt werden, daß die Streitwerte nicht zu addieren sind (§ 5) und daß die Zuständigkeit des LG auch die des AG mit umfaßt (vgl. o. RdNr. 282). Handelt es sich um eine Widerklage im amtsgerichtlichen Verfahren, müssen die §§ 504, 506 beachtet werden. Die Zuständigkeit kann sich nach einem Hinweis des Gerichts durch rügelose Einlassung ergeben (§ 39). Hat der Widerbeklagte die Unzuständigkeit gerügt, dann ist die Widerklage als unzulässig abzuweisen, wenn nicht eine Partei die Verweisung nach § 506 beantragt. Unterläßt der Richter den Hinweis nach § 504, dann kann auch nach Verhandlung zur Hauptsache der Widerbeklagte die Unzuständigkeit rügen; eine Verweisung kommt dann allerdings nicht mehr nach § 506, sondern nach § 281 Abs. 1 S. 1 in Betracht. Bei Erörterung der örtlichen Zuständigkeit ist zunächst darauf zu sehen, ob sie sich aus allgemeinen Vorschriften ableiten läßt, also insbesondere aus §§ 12, 13. Ist dies nicht der Fall, dann ist auf § 33 einzugehen und es sind die insoweit zu erfüllenden Voraussetzungen zu erörtern (vgl. o. RdNr. 283 ff.).

Im Rahmen der Prüfung der allgemeinen Prozeßvoraussetzungen ist auch darauf zu achten, daß die Widerklage auf einen anderen Streitgegenstand gerichtet sein muß als die Klage, weil sonst die Sperre des § 261 Abs. 3 Nr. 1 entgegensteht (vgl. o. RdNr. 279).

Erfüllt die Widerklage die allgemeinen Prozeßvoraussetzungen, dann kommt es auf die Verwirklichung der besonderen Prozeßvoraussetzungen der Widerklage an, also darauf,
– ob die Klage zur Zeit der Erhebung der Widerklage noch rechtshängig ist,
– die Widerklage vom Beklagten erhoben und (auch) gegen den Kläger gerichtet ist,
– eine Widerklage nicht gesetzlich ausgeschlossen wird.

Der Meinungsstreit darüber, ob § 33 eine besondere Zulässigkeitsvoraussetzung enthält (vgl. o. RdNr. 285), muß in diesem Zusammenhang behandelt werden. Führt die Untersuchung der allgemeinen und besonderen Prozeßvoraussetzungen der Widerklage zu einem positiven Ergebnis, dann schließt sich die Erörterung ihrer Begründetheit an.

Anhang: Beteiligung Dritter am Rechtsstreit

a) Vorbemerkung

294   Der Zivilprozeß wird durch das Zweiparteiensystem gekennzeichnet, wobei allerdings sowohl auf der Seite des Klägers als auch auf der Seite des Beklagten mehrere Personen stehen können (vgl. dazu o. RdNr. 193 ff.). Es gibt aber Fälle, in denen sowohl Interessen der Parteien als auch Interessen dritter Personen ihre Beteiligung an einem fremden Rechtsstreit rechtfertigen. Dies ist auch vom Gesetzgeber berücksichtigt worden, der in den §§ 64 bis 77 die Beteiligung Dritter am Rechtsstreit regelt. Die hierin zusammengefaßten Fälle unterscheiden sich jedoch zum Teil recht erheblich voneinander und passen auch nicht alle – wie noch zu zeigen sein wird – zu der vom Gesetzgeber gewählten Überschrift.

Es ist offensichtlich, daß für die Beteiligung eines Dritten an einem fremden Rechtsstreit bestimmte Voraussetzungen erfüllt werden müssen. Allein ein irgendwie geartetes Interesse an dem Ausgang des Rechtsstreits kann dafür nicht genügen. Nur wenn der Dritte in seiner Rechtsstellung durch die in einem fremden Prozeß getroffene Entscheidung tangiert wird, ist es gerechtfertigt, ihm die Möglichkeit einzuräumen, an diesem Rechtsstreit mitzuwirken und dadurch sein Ergebnis zu beeinflussen.

Beispiel: K klagt gegen B auf Zahlung eines Kaufpreises aufgrund eines Kaufvertrages über ein Grundstück. B wendet Nichtigkeit des Vertrages ein und trägt dafür Gründe vor, die eine Amtspflichtverletzung des beurkundenden Notars bedeuten würden. In diesem Fall hat der Notar ein rechtliches Interesse daran, daß vom Gericht nicht die Nichtigkeit aus den vom Beklagten genannten Gründen festgestellt wird, weil dies dann einen Regreßanspruch gegen ihn begründen könnte.

Andererseits dürfte auch K ein (rechtliches) Interesse daran haben, daß der Notar an seinem Rechtsstreit mit B teilnimmt. Denn einerseits gewinnt er einen Helfer, der sachverständig zur Frage der Nichtigkeit des Vertrages Stellung nehmen kann, andererseits wird K daran interessiert sein, daß der Sachverhalt sowohl in seinem Rechtsverhältnis zu B als auch in seinen Rechtsbeziehungen zum Notar gleich entschieden wird: entweder Gültigkeit oder Ungültigkeit des Vertrages. Mißlich wäre es dagegen, wenn der Richter im Rechtsstreit zwischen K und B die Formungültigkeit bejahte und ein anderer Richter im Rechtsstreit gegen den Notar wegen eines dann von K geltend gemachten Schadensersatzanspruchs sie verneinte.

295   Diesen Interessen hat die ZPO dadurch Rechnung getragen, daß sie dem Dritten (im Beispielsfall dem Notar) die Möglichkeit einräumt, als Nebenintervenient einer Partei beizutreten und sie bei der Führung des Rechtsstreits zu unterstützen (vgl. § 66 Abs. 1). Ferner läßt das Gesetz zu, daß eine Partei, die ein Interesse daran hat, daß ein Lebenssachverhalt gegenüber verschiedenen Personen einheitlich

entschieden wird, einen Dritten an dem Rechtsstreit beteiligt, und zwar zumindest in der Weise, daß die einheitliche Entscheidung sichergestellt wird. Dies geschieht durch die sogenannte Streitverkündung (vgl. §§ 72 ff.).

b) Nebenintervention

Als Nebenintervention wird die Beteiligung eines Dritten an einem **296** fremden Rechtsstreit bezeichnet, die zur Unterstützung einer Partei (der sog. Hauptpartei) deshalb geschieht, weil der Dritte ein rechtliches Interesse daran hat, daß die Hauptpartei obsiegt (§ 66 Abs. 1).[164] Aus dieser Begriffsbeschreibung lassen sich auch die **Voraussetzungen** ableiten, von deren Erfüllung die Zulässigkeit einer Nebenintervention abhängt. Dies sind:

– Ein zwischen anderen Personen anhängiger Rechtsstreit

Die Klage muß nur anhängig und noch nicht rechtshängig sein, d. h. die Klageschrift muß bei Gericht eingereicht und braucht noch nicht dem Beklagten zugestellt worden zu sein (vgl. § 261 Abs. 1 iVm. § 253 Abs. 1).[165] Der Beitritt ist in jeder Lage des Verfahrens bis zur rechtskräftigen Entscheidung des Hauptprozesses möglich (vgl. § 66 Abs. 2).
Der Hauptprozeß muß zwischen anderen Personen geführt werden. Dies bedeutet, daß der Nebenintervenient im Verhältnis zu den Parteien des Hauptprozesses ein Dritter sein muß; eine Partei des Hauptprozesses oder ein gesetzlicher Vertreter dieser Partei kann auf keiner Seite als Nebenintervenient beitreten. Wird der Nebenintervenient nachträglich Partei, beispielsweise durch Erbfall (vgl. o. RdNr. 181, 257), dann hört damit die Zulässigkeit der Nebenintervention auf. Da bei der Streitgenossenschaft mehrere Kläger oder Beklagte nebeneinander den Prozeß führen (vgl. o. RdNr. 194), kann ein Streitgenosse dem anderen oder auch dem Gegner seines Streitgenossen beitreten.[166]

– Rechtliches Interesse des Nebenintervenienten am Sieg der Hauptpartei (sog. Interventionsgrund)

Ein solches Interesse ist zu bejahen, wenn zwischen dem Nebenintervenienten und einer Partei des Hauptprozesses oder dessen Gegenstand derartige Rechtsbeziehungen bestehen, daß die Entscheidung des Hauptprozesses auf die (privatrechtliche oder öffentlichrechtliche) Rechtslage des Nebenintervenienten einwirkt. Ob diese Wirkung darin bestehen muß, daß ein ungünstiges Urteil die Rechtslage des Nebenintervenienten nachteilig beeinflußt[167] oder ob es auch ausreicht, daß die Niederlage der Hauptpartei zwar keinen Nachteil, wohl aber der Sieg einen Vorteil bedeutet,[168] wird unterschiedlich beurteilt. Übereinstim-

---

[164] Vgl. *Rosenberg/Schwab/Gottwald* § 50 I.
[165] Vgl. BGHZ 92, 251, 257 = NJW 1985, 328, 329; *Zöller/Vollkommer* § 66 RdNr. 4; aA *Stein/Jonas/Bork* § 66 RdNr. 6 (Rechtshängigkeit erforderlich).
[166] Vgl. *Stein/Jonas/Bork* § 66 RdNr. 9 m. Nachw.
[167] Dies verlangen *Rosenberg/Schwab/Gottwald* § 50 II 2.
[168] So *Stein/Jonas/Bork* § 66 RdNr. 12, 15; *Zöller/Vollkommer* § 66 RdNr. 8.

mung besteht allerdings darin, daß der Begriff des rechtlichen Interesses nicht eng und formalistisch ausgelegt werden darf. Ein rechtliches Interesse ist immer dann zu bejahen, wenn sich die Rechtskraft auf den Dritten erstreckt (z. B. nach §§ 325 bis 327 ZPO, § 407 Abs. 2 BGB; vgl. dazu u. RdNr. 474). In Fällen einer Prozeßstandschaft (vgl. o. RdNr. 106 f.) hat der Träger des im Prozeß geltend gemachten Rechts stets ein rechtliches Interesse am Obsiegen des Prozeßstandschafters. Ein rechtliches Interesse des Nebenintervenienten wird insbesondere dadurch begründet, daß er bei einem Prozeßverlust der Hauptpartei Regreßansprüche befürchten muß (vgl. das Beispiel o. RdNr. 294). Schließlich besteht insbesondere ein Interventionsgrund bei akzessorischer Schuld oder Haftung, so daß der Bürge, Verpfänder oder Besteller einer Hypothek im Prozeß gegen den persönlichen (Haupt-)Schuldner beitreten kann.

297   Die Erklärung des Dritten, als Nebenintervenient auf seiten einer Partei beizutreten, geschieht mittels Schriftsatz, der neben der Erklärung des Beitritts die Bezeichnung der Parteien und des Rechtsstreits sowie die bestimmte Angabe des Interesses, das der Nebenintervenient hat, enthalten muß (vgl. § 70). Da die **Beitrittserklärung** eine Prozeßhandlung darstellt, müssen die Prozeßhandlungsvoraussetzungen (vgl. o. RdNr. 141) erfüllt werden. Ist dies nicht der Fall, was das Gericht von Amts wegen zu prüfen hat, dann wird die Nebenintervention durch einen (nach § 567 anfechtbaren) Beschluß zurückgewiesen.[169] Dagegen hat das Gericht nur auf Antrag einer Partei zu prüfen, ob die **sachlichen Voraussetzungen** der Nebenintervention (vgl. o. RdNr. 296) verwirklicht sind. Wird ein entsprechender Mangel nicht gerügt, dann wird er nach § 295 Abs. 1 geheilt. Stellt eine Partei – auch die, zu deren Unterstützung der Beitritt vorgenommen werden soll – den Antrag auf Zurückweisung der Nebenintervention, dann findet ein sogenannter Interventionsstreit statt, über den nach mündlicher Verhandlung durch Zwischenurteil zu entscheiden ist (vgl. dazu § 71).

298   Die Rechtsstellung und die **Befugnisse des Nebenintervenienten** sind in § 67 beschrieben. Danach darf er alle Angriffs- und Verteidigungsmittel geltend machen und alle Prozeßhandlungen vornehmen, wie dies auch die Hauptpartei tun kann; er kann auch im Namen der Hauptpartei Rechtsmittel und Rechtsbehelfe einlegen (vgl. § 66 Abs. 2).

> **Beispiel:** Volz klagt gegen Kunz auf Zahlung eines Kaufpreises. Kunz beruft sich darauf, daß die von Volz gelieferten Waren mangelhaft seien. Handel, der diese Waren an Volz verkauft hatte, tritt diesem als Nebenintervenient bei. In der mündlichen Verhandlung ist Volz nicht vertreten. Kunz beantragt den Erlaß eines Versäumnisurteils. Dem widerspricht Handel, der beantragt, Kunz zu verurteilen, wobei er sich darauf beruft, daß ein eventuell bestehender Anspruch auf Wandlung verjährt sei.

> Wenn auch der Kläger Volz säumig ist, so darf doch ein Versäumnisurteil gegen ihn nicht erlassen werden, weil der ihn unterstützende Nebenintervenient Handel

---

[169] *Thomas/Putzo* § 66 RdNr. 10.

in der mündlichen Verhandlung auftritt. Zwar handelt der Nebenintervenient im eigenen Namen und nicht etwa als Vertreter der Partei, jedoch wirken seine Prozeßhandlungen in gleicher Weise, als wären sie von der Partei selbst vorgenommen worden. Dies verhindert also ein Versäumnisurteil. Der Nebenintervenient ist auch befugt, materielle Einreden, wie hier die der Verjährung (§ 477 Abs. 1 BGB), geltend zu machen.[170]

Dagegen ist der Nebenintervenient nicht befugt, ohne Zustimmung **299** der Hauptpartei mit materiellrechtlicher Wirkung **über** den **Streitgegenstand** zu **verfügen**, also beispielsweise mit einer der Hauptpartei zustehenden Forderung gegen die Klageforderung aufzurechnen oder einen Prozeßvergleich zu schließen oder solche Prozeßhandlungen vorzunehmen, die eine Dispositionsbefugnis über den Streitgegenstand voraussetzen, wie beispielsweise die Klage zurückzunehmen (§ 269) oder zu ändern (§ 263) sowie einen Verzicht (§ 306) oder ein Anerkenntnis (§ 307) auszusprechen.

In § 67 wird ausdrücklich klargestellt, daß der Nebenintervenient **300** den Rechtsstreit in der Lage annehmen muß, in der er sich zur Zeit seines Beitritts befindet; demzufolge ist er an ein bereits von der Hauptpartei abgegebenes Geständnis gebunden, wirkt der Verzicht auf das Geltendmachen von Verfahrensmängel (§ 295 Abs. 1) auch für ihn und muß er auch die Folgen einer Versäumung von Prozeßhandlungen (§§ 296, 527 f., dazu Einzelheiten später) hinnehmen. Der Nebenintervenient darf sich auch nicht mit seinen Erklärungen und Handlungen in **Widerspruch zur Hauptpartei** setzen (§ 67 letzter HS). Deshalb kann der Nebenintervenient nicht gegen den Willen der Partei einen Sachverständigen ablehnen[171] und nicht gegen den Willen der Partei ein Rechtsmittel einlegen oder fortführen.[172]

Streitig ist die Frage, ob der Nebenintervenient ein Geständnis der Partei widerrufen darf (§ 290; vgl. dazu u. RdNr. 355). Die hM[173] bejaht dies, wenn die Partei nicht erklärt, sie wolle bei dem Geständnis bleiben, während eine Gegenauffassung den Widerruf des Geständnisses nur der Partei selbst vorbehalten will.[174]

Die **Wirkung der Nebenintervention** ist in § 68 dahingehend be- **301** schrieben, daß der Nebenintervenient im Verhältnis zur Hauptpartei nicht mit der Behauptung gehört wird, der Rechtsstreit sei so, wie er dem Richter vorgelegen habe, unrichtig entschieden, und daß der Einwand, die Hauptpartei habe den Prozeß mangelhaft geführt, nur im eingeschränkten Umfang geltend gemacht werden kann.

---

[170] BGH VersR 1985, 80.
[171] *Baumbach/Lauterbach/Hartmann* § 67 RdNr. 8.
[172] Vgl. BGH NJW 1980, 1693: Allein aus dem Umstand, daß die Hauptpartei ein zunächst von ihr eingelegtes Rechtsmittel zurücknimmt, folgt nicht, daß sie mit dem Rechtsmittel des Nebenintervenienten nicht einverstanden ist.
[173] BGH NJW 1976, 292; *Stein/Jonas/Bork* § 67 RdNr. 12.
[174] *Rosenberg/Schwab/Gottwald* § 50 IV 3 a.

Voraussetzung für diese Interventionswirkung ist lediglich, daß der Beitritt wirksam (d. h. bei Erfüllung aller Prozeßhandlungsvoraussetzungen; vgl. o. RdNr. 141) erklärt worden ist und nicht vom Gericht zurückgewiesen wurde (§ 71). Dagegen schaden nicht Mängel in den sachlichen Voraussetzungen einer Nebenintervention, also beispielsweise das Fehlen eines Interventionsgrundes.[175] Wenn jedoch der Dritte (wirksam) als Nebenintervenient eingetreten ist, dann kann er die Interventionswirkungen weder durch Untätigkeit im Prozeß noch dadurch vermeiden, daß er später seinen Beitritt zurücknimmt.[176]

302   In einem späteren Prozeß zwischen der Hauptpartei und dem Nebenintervenienten ist der Richter aufgrund der Interventionswirkung an das im ersten Prozeß ergangene Urteil gebunden. Diese Bindung erfaßt nicht nur (wie die Rechtskraft; dazu Einzelheiten später) die gerichtliche Entscheidung über den prozessualen Anspruch, sondern auch die den Urteilsspruch tragenden tatsächlichen und rechtlichen Feststellungen.[177] Dieser Interventionswirkung kann jedoch der Nebenintervenient durch den Einwand mangelhafter Prozeßführung – allerdings nur im eingeschränkten Umfang – begegnen.

Es gilt insoweit der Grundsatz, daß die Interventionswirkung nur soweit reicht, wie der Nebenintervenient im Vorprozeß in der Lage war, seinen Standpunkt zu vertreten und die gerichtliche Entscheidung zu beeinflussen. Soweit also bereits im Zeitpunkt des Beitritts eine für ihn unabänderliche Lage des Rechtsstreits eingetreten war oder ihn das Verhalten der Hauptpartei hinderte, bestimmte Angriffs- oder Verteidigungsmittel geltend zu machen (vgl. o. RdNr. 300), kann sich der Nebenintervenient darauf berufen und dadurch die Bindung an die Feststellungen im Vorprozeß einschränken.

303   Die beschriebene Interventionswirkung besteht nur im Verhältnis zwischen dem Nebenintervenienten und der durch ihn unterstützten Partei, nicht auch im Verhältnis zur Gegenpartei (vgl. den Wortlaut des § 68).

Erhebt in dem oben (RdNr. 294) angeführten Beispielsfall B gegen den Notar Klage auf Schadensersatz wegen Amtspflichtverletzung, dann ergeben sich für das entscheidende Gericht keine Bindungen an die Feststellungen des Urteils, das im Prozeß K gegen B ergangen ist, wenn der Notar als Nebenintervenient dem K beigetreten war.

304   Äußerst umstritten ist die Frage, ob der Interventionswirkung lediglich zuungunsten des Nebenintervenienten oder auch zu seinen Gunsten und damit zum Nachteil der Hauptpartei Bedeutung zukommt.

Beispiel: Das Gericht gelangt in dem Prozeß zwischen K und B (vgl. o. RdNr. 294) zu dem Ergebnis, daß der Kaufvertrag formgültig zustande gekommen ist und verurteilt B zur Zahlung des Kaufpreises. In den Urteilsgründen

---

[175] *Zöller/Vollkommer* § 68 RdNr. 3.
[176] *MK/Schilken* § 68 RdNr. 4.
[177] BGHZ 85, 252, 255 = NJW 1983, 820; BGH NJW 1992, 1698, 1699, jeweils m. weit. Nachw.

wird ausdrücklich ausgeführt, daß sich der Notar völlig korrekt verhalten habe. Dennoch behauptet K öffentlich, der Notar habe bei Beurkundung des Vertrages seine Amtspflichten verletzt. Klagt der Notar, der K als Nebenintervenient beigetreten war, auf Unterlassung dieser Behauptungen, dann fragt sich, ob das Gericht an die entsprechenden Feststellungen im Vorprozeß gebunden ist.

Die hM[178] verneint eine Interventionswirkung zum Nachteil der **305** Hauptpartei und beruft sich dabei insbesondere auf den Wortlaut des Gesetzes. Eine Gegenauffassung will dagegen in analoger Anwendung des § 68 die Interventionswirkung auch zu Lasten der Hauptpartei berücksichtigen, wobei allerdings zum Teil danach unterschieden wird, ob es sich um eine Nebenintervention ohne vorherige Streitverkündung handelt (§§ 72 ff.; dazu Einzelheiten sogleich) und ob im Falle der Streitverkündung der Dritte beigetreten ist.[179]

Der BGH[180] hat in einem eingehend und überzeugend begründeten Urteil dargelegt, daß es dem Zweck der Streitverkündung und den Interessen der daran Beteiligten (vgl. dazu u. RdNr. 315) widerspräche, entgegen dem Wortlaut des § 74 Abs. 3 („gegen den Dritten") die Streithilfewirkung auch zugunsten des Dritten zu berücksichtigen. Der Interventionswirkung aber einen unterschiedlichen Inhalt zuzuerkennen, je nachdem ob sie auf eine Streitverkündung zurückzuführen ist oder nicht, vermag nicht zu überzeugen.[181]

Der Ausgang eines Prozesses und die sich daraus ergebenden Rechts- **306** folgen erhalten für den Nebenintervenienten dann eine besondere Bedeutung, wenn die Rechtskraft des Urteils auf ein Rechtsverhältnis wirkt, das zwischen dem Nebenintervenienten und dem Gegner der unterstützten Partei besteht. Während in anderen Fällen die Interessen des Nebenintervenienten ausreichend dadurch geschützt sind, daß er den Interventionswirkungen dann widersprechen kann, wenn er aufgrund des Verhaltens der Hauptpartei gehindert war, die Feststellungen im Urteil zu beeinflussen (vgl. o. RdNr. 302), versagt dieser Schutz in Fällen, in denen die Rechtskraft des Urteils auf die Rechtsbeziehungen zur Gegenpartei einwirkt.

Beispiel: Kunz klagt gegen Erst auf Abgabe einer Willenserklärung zur Übereignung eines bestimmten Ölgemäldes und auf dessen Herausgabe (§ 433 Abs. 1 S. 1, § 929 S. 1 BGB) und stützt seine Ansprüche auf einen angeblich zwischen ihm und Erst geschlossenen Kaufvertrag. Erst bestreitet seine Verpflichtung und trägt vor, es seien bisher nur lose Vertragsverhandlungen geführt worden. Das Gemälde gehört zum Nachlaß des Erb, dessen Vorerbe Erst ist. Nacherbe ist Zweit (§ 2100 BGB).

---

[178] BGHZ 100, 257, 260 ff. = NJW 1987, 1894, m. zahlreichen Nachw.; BGH NJW 1993, 122, 123; *Zeiss* RdNr. 759; *Jauernig* § 83 V; *Arens/Lüke* RdNr. 453.
[179] *Stein/Jonas/Bork* § 68 RdNr. 12; *AK-ZPO/Koch* § 68 RdNr. 2; *Häsemeyer* ZZP 84 (1971), 179, 198 f.; *E. Schneider* MDR 1961, 3, 7 f. (für den Fall eines Beitritts nach Streitverkündung).
[180] BGH (Fn. 178); vgl. auch BGH NJW 1987, 2874 (jedenfalls dann keine Interventionswirkung, wenn Streitverkündungsempfänger nicht beitritt).
[181] *Zöller/Vollkommer* § 68 RdNr. 6.

Wird Erst antragsgemäß verurteilt, dann erstreckt sich die Rechtskraft des Urteils nach § 326 Abs. 2 auch auf den Nacherben Zweit (vgl. dazu u. RdNr. 474). Zweit hat also ein rechtliches Interesse, daß Erst im Prozeß obsiegt. Er kann deshalb als Nebenintervenient beitreten. Führt Erst den Prozeß mangelhaft, dann nützt jedoch Zweit wenig, daß er Erst gegenüber die Interventionswirkung durch den Einwand mangelhafter Prozeßführung einschränken kann. Entscheidender ist vielmehr, daß Zweit während des Rechtsstreits die mangelhafte Prozeßführung des Erst korrigieren darf, um ein auch ihn treffendes nachteiliges Urteil zu vermeiden.

307 Diesem Interesse hat der Gesetzgeber Rechnung getragen und in § 69 die Rechte des Nebenintervenienten in den Fällen erweitert, in denen „nach den Vorschriften des bürgerlichen Rechts die Rechtskraft der in dem Hauptprozeß erlassenen Entscheidung auf das Rechtsverhältnis des Nebenintervenienten zu dem Gegner von Wirksamkeit ist". Die in dieser Vorschrift ausgesprochene Bezugnahme auf „Vorschriften des bürgerlichen Rechts" ist dadurch zu erklären, daß zur Zeit des Gesetzgebungsverfahrens die Rechtskraftlehre dem bürgerlichen Recht zugerechnet wurde.[182] Es kommen also in gleicher Weise auch Vorschriften des Verfahrensrechts in Betracht, in denen die Wirkungen der Rechtskraft geregelt sind, wie beispielsweise neben der bereits zitierten Vorschrift des § 326 § 76 Abs. 4, § 327 und § 856 Abs. 4.[183]

Die praktisch besonders wichtige Regelung der Rechtskrafterstreckung in Fällen der Rechtsnachfolge (§ 325) wird jedoch ausdrücklich durch § 265 Abs. 2 S. 3 von einer Anwendung des § 69 ausgenommen.

308 Die Rechtskraft des Urteils im Hauptprozeß muß sich auf ein Rechtsverhältnis auswirken, das zwischen dem Nebenintervenienten und dem Gegner der von ihm unterstützten Partei besteht. Als ein solches Rechtsverhältnis ist eine „durch den Sachverhalt aufgrund einer Rechtsnorm gegebene Beziehung einer Person zu einer anderen oder zu Gegenständen"[184] anzusehen.

In dem oben (RdNr. 306) angeführten Beispielsfall besteht ein solches Rechtsverhältnis zwischen Kunz und Zweit aufgrund der über die Vor- und Nacherbschaft getroffenen Regelungen des BGB (§§ 2100 ff.), an die auch die Vorschrift des § 326 Abs. 2 anknüpft.

309 Durch § 69 werden die rechtlichen Befugnisse des Nebenintervenienten erweitert, indem er einem Streitgenossen iSv. § 61 gleichgestellt wird. Diese Gleichstellung, die auch in der Bezeichnung „**streitgenössischer Nebenintervenient**" zum Ausdruck kommt, bedeutet jedoch nicht, daß er zu einem echten Streitgenossen und damit auch zu einer Partei (vgl. o. RdNr. 193 f.) im Hauptprozeß wird. Vielmehr werden ihm

---

[182] BGHZ 92, 275, 277 = NJW 1985, 386.
[183] Vgl. *Zöller/Vollkommer* § 69 RdNr. 2 zu weiteren Fällen der Rechtskrafterstreckung.
[184] BGH (Fn. 182).

nur entsprechende Befugnisse zuerkannt, ohne daß er deshalb seine Stellung als Nebenintervenient verliert.[185]

Der entscheidende Unterschied in der Rechtsstellung des streitgenössischen zum einfachen Nebenintervenienten besteht darin, daß sich der streitgenössische Nebenintervenient mit seinen Erklärungen und Handlungen in Widerspruch zu der Hauptpartei setzen darf. Er darf folglich ein Geständnis der Hauptpartei widerrufen und ihrem Anerkenntnis oder Verzicht widersprechen; auch darf er gegen ihren Widerspruch Rechtsmittel und Rechtsbehelfe einlegen,[186] deren Fristen selbständig für ihn von der an ihn zu bewirkenden Zustellung an laufen.[187] Da der streitgenössische Nebenintervenient jedoch nicht Partei ist, kann er keine Zwischenfeststellungsklage (§ 256 Abs. 2; dazu Einzelheiten später) oder Widerklage erheben und Anträge für seine eigene Person stellen. Er darf auch nicht die Klage ändern oder zurücknehmen oder einen Vergleich mit Wirkung für und gegen die Hauptpartei schließen.

c) Streitverkündung

Daß auch die Hauptpartei ein erhebliches Interesse an der Nebeninter- **310** vention hat, liegt auf der Hand. Dieses Interesse ergibt sich jedoch nicht nur dadurch, daß der Nebenintervenient die Partei in ihrer Prozeßführung unterstützt, sondern im besonderen Maße auch wegen der Interventionswirkung. Durch diese Wirkung wird verhindert, daß der Erstprozeß zwischen der Hauptpartei und ihrem Gegner und ein späterer Prozeß zwischen der Hauptpartei und dem Nebenintervenienten zum Nachteil der Hauptpartei mit divergierendem Ergebnis entschieden wird.

Ohne die Interventionswirkung des Urteils aus dem ersten Prozeß kann in dem Beispielsfall des Grundstücksverkaufs (vgl. o. RdNr. 294) die Klage des K gegen den Notar auf Schadensersatz wegen Amtspflichtverletzung abgewiesen werden, weil der Richter die Auffassung vertritt, daß der Kaufvertrag wirksam und eine Amtspflichtverletzung des Notars zu verneinen sei, während der Richter im ersten Prozeß die Kaufpreisklage wegen Nichtigkeit des Kaufvertrages abweist. K würde also beide Prozesse verlieren und damit gleichsam zwischen sämtlichen Stühlen sitzen. Dies verhindert die Interventionswirkung des ersten Urteils, die den Richter des zweiten Prozesses an die tatsächlichen und rechtlichen Feststellungen im Urteil des ersten Rechtsstreits bindet (vgl. o. RdNr. 302).

311 Wegen dieses Interesses der Partei an der Interventionswirkung hat das Gesetz eine Regelung getroffen, nach der jene Wirkung auch ohne Beitritt des Dritten hergestellt werden kann. Die Partei, die für den Fall des ihr ungünstigen Ausgangs des Rechtsstreits einen Anspruch auf Gewährleistung oder Schadloshaltung gegen einen Dritten erheben zu können glaubt oder den Anspruch eines Dritten besorgt (sog. **Streitverkündungsgrund**), kann bis zur rechtskräftigen Entscheidung des

---

[185] BGH NJW 1965, 760.
[186] Vgl. *MK/Schilken* § 69 RdNr. 11.
[187] BGHZ 89, 124 = NJW 1984, 353. Dagegen laufen für den einfachen Nebenintervenienten nicht gesonderte Fristen, sondern nur für die Partei, vgl. *Kittner* JuS 1986, 131, 133.

Rechtsstreits dem Dritten gerichtlich den Streit verkünden (§ 72 Abs. 1) und dadurch erreichen, daß die Interventionswirkung auch ohne Beitritt des Dritten eingreift (§ 74 Abs. 3).

312   Die **Streitverkündung** (litis denuntiatio) ist die in der Form des § 73 vorzunehmende Benachrichtigung eines Dritten von einem anhängigen Rechtsstreit durch eine Partei, die mit der Aufforderung verbunden ist, diesem Rechtsstreit zur Unterstützung der benachrichtigenden Partei beizutreten. Diese Partei wird in § 74 „Streitverkünder" genannt; der Dritte wird als „Streitverkündungsempfänger" oder als „Streitverkündungsgegner" bezeichnet.

313   Die **Voraussetzungen** einer zulässigen Streitverkündung sind folgende:
   – Ein anhängiger Rechtsstreit (vgl. dazu o. RdNr. 296)
   – Ein Grund für die Streitverkündung (vgl. § 72 Abs. 1, dazu o. RdNr. 311).

Beispiel: Pfänder, dem Glaub eine Forderung gegen Schuld verpfändet hat, klagt nach Pfandreife (vgl. § 1228 Abs. 2 BGB) die verpfändete Forderung gegen Schuld ein (§ 1282 Abs. 1 BGB). Da Pfänder gegenüber Glaub verpflichtet ist, für die ordnungsgemäße Einziehung zu sorgen (§ 1285 Abs. 2 BGB) und er sich bei Verletzung dieser Pflicht schadensersatzpflichtig macht, kann er aus der Sorge heraus, daß ihm Glaub bei seiner Prozeßführung Versäumnisse vorwerfen könnte, diesem den Streit verkünden.

Im Gegensatz zur Einziehung einer Forderung durch den Pfandgläubiger ist der Pfändungspfandgläubiger nach § 841 verpflichtet, dem Schuldner (= Gläubiger der gepfändeten Forderung) den Streit zu verkünden, wenn er gegen den Drittschuldner (= Schuldner der gepfändeten Forderung) die Forderung einklagt (vgl. dazu auch u. RdNr. 536).

Zu beachten ist, daß § 72 die Streitverkündung davon abhängig macht, daß im Falle eines Unterliegens Ansprüche gegen einen Dritten erhoben werden können oder Ansprüche von Dritten drohen. Daß die Partei im Falle ihres Sieges einen Anspruch gegen den Dritten erheben kann oder ihr für diesen Fall ein Anspruch droht, berechtigt sie nicht zur Streitverkündung.[188]

314   Neben den genannten Voraussetzungen der Streitverkündung müssen noch die Prozeßhandlungsvoraussetzungen erfüllt werden, da die Streitverkündung eine Prozeßhandlung darstellt. Tritt der Streitverkündungsempfänger als Nebenintervenient bei, dann werden die sachlichen Voraussetzungen der Nebenintervention in gleicher Weise wie auch sonst (vgl. o. RdNr. 297) nur auf Antrag vom Gericht geprüft, während der Grund für die Streitverkündung in diesem Prozeß ungeprüft bleibt. Erst wenn wegen der **Interventionswirkung** in einem Folgeprozeß die Frage der Streitverkündung relevant wird, kommt es auf die Erfüllung dieser Voraussetzung an.[189] Tritt der Streitverkündungsempfänger nicht

---

[188] *MK/Schilken* § 72 RdNr. 6 m. weit. Nachw.
[189] BGH NJW 1982, 281, 282; OLG Köln NJW 1993, 1661, 1662.

bei, dann läßt das Gericht die Streitverkündung unbeachtet. Über die Zulässigkeit ist im Folgeprozeß zu entscheiden, wenn es darin um die Wirkungen der Streitverkündung geht.

Auch Mängel des Inhalts der Streitverkündungsschrift (vgl. § 73) oder ihrer Zustellung sind erst im Folgeprozeß zu beachten und müssen dort in der ersten mündlichen Verhandlung geltend gemacht werden, wenn sie nicht nach § 295 Abs. 1 geheilt werden sollen.[190] Im Rahmen einer klausurmäßigen Bearbeitung muß entsprechend verfahren werden.

Bei der Streitverkündung muß zwischen den verfahrensrechtlichen **315** und den materiellrechtlichen Wirkungen unterschieden werden. Die **verfahrensrechtlichen Wirkungen** sind im § 74 beschrieben. Danach kommt es darauf an, ob der Streitverkündungsempfänger beitritt. Tut er dies, dann bestimmt sich sein Verhältnis zu den Parteien nach den Grundsätzen über die Nebenintervention (§ 74 Abs. 1). Zwar wird regelmäßig der Streitverkündungsempfänger auf die Seite des Streitverkünders treten, zwingend ist dies jedoch nicht; vielmehr kann er auch dem Gegner des Streitverkünders beitreten,[191] wenn die Voraussetzungen des § 66 insoweit erfüllt sind, was allerdings nur — wie ausgeführt (vgl. o. RdNr. 314) — auf Antrag geprüft wird. Lehnt der Streitverkündungsempfänger den Beitritt ausdrücklich ab oder erklärt er sich überhaupt nicht, so wird der Rechtsstreit ohne Rücksicht auf ihn fortgesetzt (§ 74 Abs. 2). Auch in diesem Fall (§ 74 Abs. 3: „in allen Fällen dieses Paragraphen") sind „gegen den Dritten" die Vorschriften des § 68 anzuwenden, und zwar mit der Abweichung, daß statt der Zeit des (nicht vollzogenen) Beitritts die Zeit entscheidet, zu welcher der Beitritt infolge der Streitverkündung möglich war.

Die **Interventionswirkung** des § 68 tritt jedoch **nur zugunsten,** nicht zu Lasten **des Streitverkünders** ein (vgl. auch o. RdNr. 305). Der BGH[192] hat dies mit dem Zweck der Streitverkündung und der besonderen Interessenlage der an ihr Beteiligten begründet. Der Streitverkünder könne aufgrund materiellrechtlicher Verknüpfungen gezwungen sein, Ansprüche gegen verschiedene Schuldner zu richten und deshalb mehrere Prozesse zu führen. Dabei bestände die Gefahr, alle Prozesse zu verlieren, obgleich zumindest einer gewonnen werden müßte. Durch die mit der Streitverkündung ermöglichte Bindungswirkung könne er sich davor schützen. Demgegenüber brauche der Streitverkündungsgegner keine entsprechende Hilfe, da er lediglich mit einem Prozeß zu rechnen habe. Seinem Interesse, die gegen ihn gerichteten Ansprüche möglichst früh abzuwehren, sei genügt, wenn er Gelegenheit erhielte, den Streitverkünder im Erstprozeß gegen den Anspruchsgegner zu unterstützen. Soweit es ihm dabei wegen der Beschränkung des § 67 nicht möglich sei, seinen eigenen Standpunkt zur Geltung zu bringen, reiche die Bindungswirkung der §§ 74, 68 ohnehin nicht; insoweit könne er sich also uneingeschränkt im Folgeprozeß verteidigen. Es bestände deshalb kein rechtfertigender Grund, ihn gegen den

---

[190] BGH NJW 1976, 292, 293.
[191] BGH LM § 66 Nr. 1; BGHZ 85, 255 (Fn. 177).
[192] BGHZ 100, 257, 260 ff. (Fn. 178).

Willen des Streitverkünders an der Bindungswirkung des Urteils im Vorprozeß auch dann teilhaben zu lassen, wenn dies zu Lasten des Streitverkünders gehe.

316   Die wichtigsten Folgen einer Streitverkündung nach dem materiellen Recht bestehen in der Unterbrechung der Verjährung (§ 209 Abs. 2 Nr. 4, § 215 BGB) und in der Einschränkung der Verjährungswirkung beim Kauf (§§ 478, 479, 485 BGB) sowie beim Werkvertrag (§ 639 BGB), beim Speditionsgeschäft (§ 414 Abs. 3 HGB), beim Lagergeschäft (§ 423 HGB) und beim Frachtgeschäft (§ 439 HGB).

d) Hauptintervention, Prätendentenstreit, Urheberbenennung

317   Als **Hauptintervention**, die in den §§ 64 und 65 geregelt ist, wird die Klage eines Dritten (des Hauptintervenienten) gegen die Parteien eines anhängigen Rechtsstreits (= Haupt- oder Erstprozeß) bezeichnet, durch die er eine Sache oder ein Recht, worüber im Erstprozeß gestritten wird, ganz oder teilweise für sich in Anspruch nimmt.

> **Beispiel:** K klagt gegen B auf Herausgabe eines Bildes, dessen Eigentümer er zu sein behauptet. H, der ebenfalls das Eigentum an dem Gemälde für sich in Anspruch nimmt, erhebt gegen K und B Klage, und zwar begehrt er gegenüber K die Feststellung, daß er Eigentümer des Bildes sei, und verlangt von B dessen Herausgabe.

Diese Prozeßlage läßt sich im folgenden Schaubild darstellen:

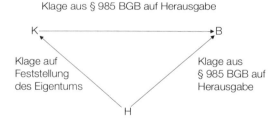

318   Bei der Hauptintervention treffen folglich verschiedene Klagen aufeinander, einmal die Klage im Erstprozeß (im Beispielsfall die Klage K gegen B), zum anderen die (miteinander verbundenen) Klagen des Hauptintervenienten gegen die beiden Parteien des Erstprozesses, die damit zu Streitgenossen werden (im Beispielsfall Klage des H gegen K auf Feststellung und gegen B auf Herausgabe). Ob es sich um eine notwendige Streitgenossenschaft handelt, richtet sich danach, ob die Voraussetzungen des § 62 erfüllt werden (vgl. dazu o. RdNr. 198).

Die Hauptintervention ist trotz ihrer systematischen Stellung im Gesetz keine Beteiligung an einem fremden Rechtsstreit, sondern eine selbständige Klage eines Dritten gegen die beiden Parteien des Hauptprozesses.

Die Hauptintervention ist von folgenden **Voraussetzungen** abhängig: **319**

– Es muß ein Rechtsstreit über eine Sache oder ein Recht zwischen anderen Personen anhängig sein (zum Begriff der Anhängigkeit vgl. o. RdNr. 296).

Der Hauptintervenient darf im Erstprozeß nicht Partei sein, wohl aber Nebenintervenient.[193]

– Der Hauptintervenient muß die Sache oder das Recht, worüber im ersten Prozeß gestritten wird, ganz oder teilweise für sich in Anspruch nehmen (sog. Interventionsgrund).

Wie sich bereits aus dem oben (RdNr. 317) angeführten Beispielsfall ergibt, muß der Hauptintervenient nicht dasselbe Recht gegenüber beiden Parteien des Hauptprozesses geltend machen. Häufig wird er gegenüber der einen Partei auf Feststellung und gegenüber der anderen auf Leistung klagen.

– Für die Klage des Hauptintervenienten müssen die allgemeinen Prozeßvoraussetzungen erfüllt werden. Hinsichtlich der Zuständigkeit ergibt sich aus § 64, daß das Gericht des Erstprozesses erster Instanz für die Interventionsklage ausschließlich örtlich und sachlich zuständig ist.

Hauptprozeß (Erstprozeß) und Interventionsprozeß sind grundsätz- **320** lich verfahrensmäßig unabhängig voneinander. Der Hauptprozeß kann jedoch auf Antrag (§ 65) oder von Amts wegen (§ 148) bis zur rechtskräftigen Entscheidung über die Hauptintervention ausgesetzt werden. Ebenso können beide Prozesse miteinander verbunden werden (§ 147). Die Entscheidung des Hauptprozesses ist für die Parteien des Interventionsprozesses ohne Wirkung, es sei denn, daß ein Fall von Rechtskrafterstreckung aus anderen Gründen gegeben ist. Umgekehrt ist auch die Entscheidung des Interventionsprozesses für die Parteien des Hauptprozesses nicht maßgebend.

Es ist deshalb durchaus möglich, daß der Beklagte im Hauptprozeß sowohl in diesem als auch im Interventionsprozeß zur Leistung verurteilt wird (im Beispielsfall oben – RdNr. 317 – kann also B sowohl aufgrund der Klage des K als auch aufgrund der Klage des H zur Herausgabe des Bildes verurteilt werden). Um der Gefahr einer doppelten Verurteilung zu entgehen, muß der zweifach in Anspruch Genommene im Interventionsprozeß nach § 72 (wenn dessen Voraussetzungen erfüllt sind) dem Kläger des Hauptprozesses den Streit verkünden.

Das Besondere des **Prätendentenstreites** (Gläubigerstreites) besteht **321** darin, daß ein Schuldner von mehreren angeblichen Gläubigern einer auf Geld oder hinterlegungsfähigen Sachen gerichteten Forderung in Anspruch genommen wird. Einer von ihnen hat ihn bereits verklagt. Der Schuldner kann durchaus bereit sein, die Forderung zu erfül-

---

[193] *Stein/Jonas/Bork* § 64 RdNr. 7 m. Nachw.

len, weiß jedoch nicht, ob nicht der andere in Wirklichkeit sein Gläubiger ist.

Beispiel: Erst verklagt Schuld auf Zahlung einer Forderung von 5.000 DM. Zweit verlangt von Schuld mit der Begründung Zahlung dieses Betrages, daß ihm Erst die Forderung abgetreten habe. Erst behauptet dagegen, diese Abtretung sei nichtig.

Außerhalb eines Prozesses könnte der Schuldner das von ihm verlangte Geld hinterlegen und auf Rücknahme verzichten; damit würde er von seiner Verbindlichkeit befreit werden (§§ 372, 378 BGB; vgl. dazu GK BGB RdNr. 189f.). Ist nun der Schuldner bereits von einem Gläubiger verklagt worden, dann kann er dem anderen Gläubiger den Streit verkünden (§ 72). Dadurch wird dieser vor die Wahl gestellt, entweder den Ausgang des Verfahrens auch für seine Person als richtig anzuerkennen (§ 74 Abs. 3 iVm. § 68; vgl. o. RdNr. 315) oder dem Prozeß beizutreten. Auf diese Weise wird der Schuldner davor gesichert, zur Leistung an beide Prätendenten verurteilt zu werden.

322 Die Vorschrift des § 75 erweitert nun die Möglichkeit des Schuldners dadurch, daß er, sobald der Dritte (Streitverkündungsempfänger) beigetreten ist, den Betrag der Forderung zugunsten der streitenden Gläubiger unter Verzicht auf das Recht zur Rücknahme hinterlegen kann und er dann auf seinen Antrag hin aus dem Rechtsstreit zu entlassen ist.

Der Prozeß wird dann zwischen den Prätendenten weitergeführt, wobei der bisherige Kläger die Initiative in der Hand behalten und Leistung (Einwilligung in die Auszahlung des hinterlegten Betrages) beantragen kann; aber auch der Dritte kann diese Angreiferrolle übernehmen. Ebenso kann aber auch auf Feststellung geklagt werden, daß der Kläger hinsichtlich der Forderung der Berechtigte ist.[194]

323 Die **Urheberbenennung** (laudatio auctoris) betrifft den Fall, daß bei einem Besitzmittlungsverhältnis der unmittelbare Besitzer von einem Dritten auf Herausgabe der Sache verklagt wird (§ 76) oder auf Unterlassen von Beeinträchtigungen (§ 77). In diesem Fall kann der unmittelbare Besitzer dem mittelbaren den Streit verkünden. Bestreitet dieser nicht, mittelbarer Besitzer zu sein, dann kann er den Prozeß mit Zustimmung des Beklagten übernehmen und dieser aus dem Verfahren entlassen werden (§ 76 Abs. 3, 4). Die Streitverkündung muß vor Verhandlung zur Hauptsache vorgenommen werden (§ 76 Abs. 1 S. 1).

Wie im Prätendentenstreit des § 75 will auch bei der Urheberbenennung der Beklagte regelmäßig dem Klageanspruch genügen, hat aber nur im Hinblick auf die Berechtigung des Dritten Bedenken. Tritt der mittelbare Besitzer dem vom Dritten geltend gemachten Recht nicht entgegen, dann ist der Beklagte ihm gegenüber berechtigt, dem Klageantrag zu entsprechen (§ 76 Abs. 2). Er wird dann gegenüber dem mittelbaren Besitzer von jeder Haftung frei.

324 In den Fällen der §§ 75 bis 77 kann also ein Dritter Partei werden, ohne daß dafür eine förmliche Klageerhebung ihm gegenüber erforderlich ist.

---

[194] Vgl. BGH NJW-RR 1987, 1439.

Fälle und Fragen

53. Wodurch unterscheidet sich die Klagerücknahme vom Klageverzicht?

54. Albert erhebt gegen seinen Nachbarn Bertold Klage mit dem Antrag, Bertold solle es in Zukunft unterlassen, zur Nachtzeit seinen Fernsehapparat lauter als auf Zimmerlautstärke einzustellen. Bertold bestreitet, daß er jemals den Apparat habe nachts lauter spielen lassen. Während des Rechtsstreits zieht Bertold in ein anderes Haus. Daraufhin erklärt Albert in der mündlichen Verhandlung den Rechtsstreit für erledigt. Dem widerspricht Bertold und verlangt Klageabweisung. Wie hat das Gericht zu verfahren?

55. Wie wäre Fall 54 zu entscheiden, wenn Bertold (einseitig) die Hauptsache für erledigt erklärte?

56. In 1. Instanz wird ein Urteil erlassen, das beide Parteien nicht zufriedenstellt. Daraufhin schließen sie einen außergerichtlichen Vergleich. Sie fragen, wie sie jetzt weiter verfahren müßten, um das Urteil zu beseitigen. Geben Sie bitte Auskunft!

57. K und B beenden ihren Rechtsstreit durch einen Prozeßvergleich. Danach erklärt K wirksam die Anfechtung seiner zum Abschluß des Vergleichs abgegebenen Willenserklärung wegen Irrtums.
    a) Welche verfahrensrechtlichen Konsequenzen ergeben sich aus dieser Anfechtung?
    b) Macht es einen Unterschied, wenn K wirksam den Rücktritt vom Vergleich erklärt?

58. Wann kommt es zum Stillstand eines Zivilprozesses?

59. Wann wird einer Partei Wiedereinsetzung in den vorigen Stand gewährt?

60. Was ist die Aufrechnung prozeßrechtlich?

61. Weiß klagt gegen Schwarz auf Schadensersatz wegen einer von Schwarz begangenen Vertragsverletzung. Schwarz bestreitet jedes Verschulden. Für den Fall, daß aber das Gericht die Klage für begründet ansehe, erklärt Schwarz die Aufrechnung mit einer Darlehensforderung gegen Weiß. Weiß bestreitet die Fälligkeit des Darlehens. Wie hat das Gericht zu verfahren?

62. Wäre es im Fall 61 zulässig, daß Schwarz im Laufe des Prozesses erklärt, er wolle anstelle der Darlehensforderung eine ihm gegen Weiß zustehende Kaufpreisforderung setzen, mit der er (hilfsweise) aufrechne?

63. Kann das Zivilgericht über eine streitige a) öffentlich-rechtliche b) in die Zuständigkeit der Arbeitsgerichte fallende Gegenforderung entscheiden, mit der der Beklagte aufrechnet?

64. Volz aus Nürnberg klagt gegen Kunz aus München vor dem dortigen Landgericht eine Kaufpreisforderung von 15.000,– DM ein. Kunz fordert von Volz widerklagend 3.000,– DM Schadensersatz wegen Fehlens einer zugesicherten Eigenschaft der Kaufsache, deren Preis Kunz geltend macht. Ist die Widerklage zulässig?

65. Muß eine Widerklage, mit der ein Anspruch geltend gemacht wird, der nicht mit dem Klageanspruch in einem rechtlichen Zusammenhang steht, auf Rüge des Widerbeklagten als unzulässig abgewiesen werden?

66. Kann eine Widerklage auch gegen einen bisher am Rechtsstreit nicht beteiligten Dritten erhoben werden?

67. Was ist eine Wider-Widerklage?

68. K klagt gegen seinen Wohnungsnachbarn B auf Unterlassung nächtlichen Badens, weil er durch das Ein- und Auslaufen des Wassers in seiner Nachtruhe gestört werde. C, ein anderer Wohnungsnachbar des K, erklärt seinen Beitritt als Nebenintervenient auf seiten des B, weil er ebenfalls nachts baden möchte und deshalb am Ausgang des Rechtsstreits zwischen K und B interessiert sei. Weder K noch B äußern sich in der mündlichen Verhandlung zu dem Beitritt des C. Wird das Gericht die Nebenintervention des C zulassen?

69. Die Klage des K wird im Fall 68 gegen B als unbegründet abgewiesen. Welche Wirkungen hat diese Klageabweisung für C?

70. Was verstehen Sie unter einem „streitgenössischen Nebenintervenienten" und wodurch unterscheidet sich seine Rechtsstellung von der eines einfachen Nebenintervenienten?

71. Der gehbehinderte Alt verunglückt im Kaufhaus des Reichlich und verletzt sich erheblich. Als Grund für den Unfall gibt Alt die falsche Konstruktion einer Flügeltür an, durch deren Öffnen er zu Fall gekommen sei. Reichlich bestreitet einen technischen Mangel der Tür und verkündet dem Schlossermeister Fleißig den Streit, der die Tür eingebaut hat. Fleißig reagiert nicht auf die Streitverkündung. Das Gericht gelangt zu dem Ergebnis, daß die verfehlte Konstruktion der Tür den Unfall herbeigeführt habe und verurteilt Reichlich zum Schadensersatz. Daraufhin fordert Reichlich von Fleißig, daß er die Unfallkosten des Alt trage und verklagt Fleißig, als dieser sich weigert zu zahlen. Im Prozeß verteidigt sich Fleißig damit, daß die Türkonstruktion den Regeln der Technik entspräche. Wird Fleißig mit diesem Verteidigungsvorbringen gehört?

72. In dem Rechtsstreit Alt gegen Reichlich (Fall 71) gelangt das Gericht zu dem Ergebnis, daß die Tür einwandfrei konstruiert sei. Trotzdem macht Reichlich wegen Konstruktionsmängeln Gewährleistungsrechte gegen Fleißig geltend. Fleißig beruft sich auf die Streitverkündung und auf die Feststellungen im Prozeß Alt gegen Reichlich. Ist der Richter an diese Feststellungen bei Entscheidung des Prozesses zwischen Reichlich und Fleißig gebunden?

73. Was verstehen Sie unter einem Prätendentenstreit?

§ 6 Tatsachenvortrag und Beweis

I. Vorbemerkung

Entsprechend dem im Zivilprozeß regelmäßig geltenden Verhand- **325** lungsgrundsatz haben die Parteien die Tatsachen vorzutragen und, soweit erforderlich, zu beweisen, die das Gericht seiner Entscheidung des Rechtsstreits zugrunde legt (vgl. o. RdNr. 91).[1] Die Tatsachen müssen rechtzeitig vorgebracht werden (vgl. § 282 Abs. 1). Soweit der Richter den Parteien für den Vortrag bestimmter Tatsachen Fristen gesetzt hat, müssen die Parteien diese Fristen beachten. Nicht rechtzeitig vorgetragene Tatsachen können als verspätet zurückgewiesen werden (vgl. § 296). Auf die Fragen, die sich im Zusammenhang mit der Feststellung der tatsächlichen Grundlagen für die richterliche Entscheidung ergeben, soll im folgenden eingegangen werden.

II. Die Zurückweisung eines verspäteten Vorbringens

a) Prozeßförderungspflicht

Der Gesetzgeber hat durch eine Reihe von Regelungen versucht, die **326** Durchführung des Verfahrens zu beschleunigen und die daran Beteiligten, sowohl Gericht als auch Parteien, zu einer möglichst raschen Erledigung der von ihnen vorzunehmenden Handlungen anzuhalten. Zu diesen der Beschleunigung und Konzentration des Verfahrens dienenden Regelungen zählen die Vorschriften über die Vorbereitung und Durchführung der mündlichen Verhandlung (vgl. o. RdNr. 69 ff.), die dem Gericht eingeräumte Möglichkeit zur Setzung von Fristen für die Vornahme bestimmter Parteiprozeßhandlungen und die insbesondere durch § 282 Abs. 1 den Parteien aufgegebene allgemeine Prozeßförderungspflicht.

Nach dieser Vorschrift hat jede Partei in der mündlichen Verhandlung ihre Angriffs- und Verteidigungsmittel rechtzeitig vorzubringen. Was unter dem **Begriff der Angriffs- und Verteidigungsmittel** zu verstehen ist, wird in § 282 Abs. 1 durch eine beispielhaft zu verstehende Aufzählung erläutert (vgl. auch § 146). Hierunter fallen Behauptungen, Bestreiten, Einwendungen, Einreden, Beweismittel und Beweiseinreden. Der Begriff der Angriffs- und Verteidigungsmittel ist weit

---

[1] Allerdings übt auch das Gericht Einfluß auf die Beibringung von Tatsachen aus; vgl. dazu o. RdNr. 92.

aufzufassen[2] und mit jedem Vorbringen gleichzusetzen, das die Parteien zur Begründung ihrer prozessualen Begehren dem Gericht unterbreiten.[3] Zu den Verteidigungsmitteln zählt auch das Geltendmachen einer Aufrechnung, und zwar sowohl die im Prozeß selbst erklärte Aufrechnung wie auch die Berufung auf eine außerhalb des Rechtsstreits vollzogene (vgl. dazu o. RdNr. 261).[4] Nicht zu den Angriffs- und Verteidigungsmitteln gehören dagegen die Sachanträge der Parteien, die durch Klage oder Widerklage einschließlich einer Klageerweiterung oder Klageänderung geltend gemacht werden.[5] Die Angriffs- und Verteidigungsmittel sind so rechtzeitig vorzubringen, wie es nach der Prozeßlage einer sorgfältigen und auf Förderung des Verfahrens bedachten Prozeßführung entspricht (§ 282 Abs. 1). Dies bedeutet, daß keine Partei Informationen zurückhalten darf, die nach dem Sach- und Streitstand erkennbar die Durchführung und Entscheidung des Rechtsstreits fördern. Die Parteien müssen vielmehr bemüht sein, Gericht und Gegner alles das unverzüglich mitzuteilen, was sachdienlich erscheint.

Die Vorschrift des § 282 Abs. 1 betrifft nur das rechtzeitige Vorbringen in der mündlichen Verhandlung. Dementsprechend ist der erste Termin vor Gericht der früheste Zeitpunkt für einen Parteivortrag. Ein Vorbringen in diesem Termin kann deshalb niemals verspätet sein. Nur wenn innerhalb einer Instanz mehrere Verhandlungstermine stattfinden, kann gegen § 282 Abs. 1 verstoßen werden.[6]

327   § 282 Abs. 2 erweitert die Prozeßförderungspflicht der Parteien dahingehend, daß Anträge sowie Angriffs- und Verteidigungsmittel, auf die der Gegner voraussichtlich ohne vorhergehende Erkundigung keine Erklärung abgeben kann, vor der mündlichen Verhandlung durch vorbereitende Schriftsätze so zeitig dem Gegner mitzuteilen sind, daß er die erforderlichen Erkundigungen noch einziehen kann. Diese Regelung setzt allerdings voraus, daß die mündliche Verhandlung durch Schriftsätze vorbereitet wird. Dies ist nur im Anwaltsprozeß der Fall (vgl. § 129 Abs. 1), sonst nur dann, wenn den Parteien durch richterliche Anordnung aufgegeben wird, die mündliche Verhandlung durch Schriftsätze oder durch Erklärungen zu Protokoll der Geschäftsstelle vorzubereiten (§ 129 Abs. 2). § 282 Abs. 2 gilt also nur, wenn die mündliche **Verhandlung durch Schriftsätze vorbereitet** wird und erfaßt in den Fällen des § 129 Abs. 2 auch die Erklärungen, die zu Protokoll der Geschäftsstelle abgegeben werden.[7]

Für vorbereitende Schriftsätze, die ein neues Vorbringen enthalten, wird in § 132 Abs. 1 angeordnet, daß sie so rechtzeitig bei Gericht einzureichen sind, daß sie mindestens eine Woche vor der mündlichen Verhandlung zugestellt werden können. Enthält der Schriftsatz eine Gegenerklärung auf neues Vorbringen, dann beträgt diese Frist drei Tage (§ 132 Abs. 2). Diese Fristen gelten unabhängig von der

---

[2] BGH NJW 1982, 1533, 1534.
[3] *Stein/Jonas/Leipold* § 296 RdNr. 36.
[4] BGHZ 91, 293, 303 = NJW 1984, 1964; *MK/Prütting* § 296 RdNr. 50.
[5] BGH NJW 1986, 2257, 2258; *AK-ZPO/Deppe-Hilgenberg* § 282 RdNr. 4.
[6] BGH NJW 1992, 1965.
[7] *Stein/Jonas/Leipold* § 282 RdNr. 22; *Zöller/Greger* § 282 RdNr. 4; aA *Baumbach/Lauterbach/Hartmann* § 282 RdNr. 15: § 282 Abs. 2 erfaßt nicht die Fälle des § 129 Abs. 2; insoweit gilt § 273 Abs. 2 Nr. 1.

in § 282 Abs. 2 getroffenen Regelung. Es kann also durchaus auch ein Verstoß gegen § 282 Abs. 2 zu bejahen sein, wenn die Fristen des § 132 eingehalten werden, sie jedoch für den Gegner nicht ausreichen, um die erforderlichen Erkundigungen einzuziehen.[8]

b) Sanktionen bei Verspätungen

Werden Angriffs- und Verteidigungsmittel oder Rügen iSv. § 296 **328** Abs. 3 verspätet vorgebracht, dann kann dies nach § 296 die Nichtzulassung oder Zurückweisung dieses Vorbringens zur Folge haben. Nicht zugelassenes oder zurückgewiesenes Vorbringen bleibt bei Entscheidung des Rechtsstreits unbeachtet. In § 296 sind verschiedene Verspätungsfälle geregelt, die sich in ihren Voraussetzungen und Rechtsfolgen voneinander unterscheiden. Hierauf ist im folgenden einzugehen.

1. Die Nichtbeachtung der in § 296 Abs. 1 genannten Fristen

§ 296 Abs. 1 bestimmt, unter welchen Voraussetzungen Angriffs- und **329** Verteidigungsmittel (zum Begriff vgl. o. RdNr. 326) zuzulassen sind, obwohl eine der in dieser Vorschrift genannten Fristen nicht beachtet wurde. Werden diese Voraussetzungen nicht erfüllt, dann muß das Gericht das Vorbringen als verspätet zurückweisen. Die sich aus § 296 Abs. 1 ergebende Sanktion für eine Verspätung hängt von der Erfüllung folgender Voraussetzungen ab:

– Eingang eines Parteivorbringens bei Gericht erst nach Ablauf einer hierfür gesetzten Frist.

Der Katalog der insoweit in Betracht kommenden Fristen ist in § 296 Abs. 1 abschließend. Eine Ausdehnung der Vorschrift auf andere Fristen ist unzulässig.[9] Die Frist ist ausreichend zu bemessen,[10] und es muß auch den verfahrensmäßigen Anforderungen genügt werden. So muß beispielsweise die Frist nach § 276 Abs. 1 S. 2 in einem schriftlichen Vorverfahren vom Vorsitzenden gesetzt werden. Soweit das Gesetz eine Belehrung über die Folgen einer Fristversäumung anordnet (vgl. § 276 Abs. 2, § 277 Abs. 2), bildet diese Belehrung eine notwendige Voraussetzung für eine Zurückweisung verspäteten Vorbringens.

– Verzögerung der Erledigung des Rechtsstreits und
– Fehlen einer genügenden Entschuldigung der Partei für die Verspätung.

Zu den beiden letzten Voraussetzungen ist folgendes zu bemerken:

Nach hM ist eine **Verzögerung des Rechtsstreits** zu bejahen, wenn **330** bei Zulassung des verspäteten Vorbringens der Prozeß länger dauern

---

[8] BGH (Fn. 2); *Zöller/Greger* (Fn. 7) RdNr. 4, zum Verhältnis dieser Vorschriften vgl. auch BGH NJW 1989, 716, 717.
[9] BGH NJW 1981, 1217; 1982, 1533, 1534.
[10] BGHZ 124, 71, 74 = NJW 1994, 736, 737.

würde als bei einer Zurückweisung (sog. absoluter Verzögerungsbegriff).[11] Es ist danach unerheblich, daß der Rechtsstreit auch bei rechtzeitigem Vorbringen nicht hätte früher beendet werden können als bei der Zulassung des verspäteten Vorbringens (sog. hypothetischer oder relativer Verzögerungsbegriff).[12]

> **Beispiel:** Der Beklagte B erwidert nicht innerhalb der ihm nach § 275 Abs. 1 S. 1 gesetzten Frist auf die Klage des K. Erst im frühen ersten Termin nimmt er zu der Klage Stellung und beruft sich zum Beweis eines von ihm geltend gemachten Gegenrechts auf das Zeugnis des Z. Z befindet sich zur Zeit der mündlichen Verhandlung in einem Krankenhaus zur stationären Behandlung. Es steht fest, daß Z nicht früher hätte vernommen werden können, wenn der Beklagte rechtzeitig auf die Klage erwiderte und Z darin als Zeugen angegeben hätte.

Ist die Klage bei Nichtberücksichtigung des verspäteten Vorbringens entscheidungsreif, dann kann nicht zweifelhaft sein, daß der Rechtsstreit länger dauert, wenn das verspätete Vorbringen zugelassen wird. Denn in diesem Fall kann der Rechtsstreit nicht sofort entschieden werden, sondern es muß zunächst Z als Zeuge vernommen werden. Legt man also einen absoluten Verzögerungsbegriff zugrunde, dann ist hier eine Verzögerung des Prozesses anzunehmen. Vergleicht man dagegen die Dauer des Rechtsstreits bei einem rechtzeitigen Vorbringen mit seiner Dauer bei Zulassung des verspäteten Vorbringens (wie dies einem hypothetischen Verzögerungsbegriff entspräche), dann gelangt man zu dem Ergebnis, daß der Prozeß auch bei Einhaltung der Frist für die Klageerwiderung nicht hätte früher beendet werden können, weil Z als Zeuge nicht vorher zur Verfügung stand.

331　Für die **Theorie vom absoluten Verzögerungsbegriff** spricht, daß auf ihrer Grundlage klare Entscheidungen ohne möglicherweise aufwendige Ermittlungen eines mutmaßlichen Geschehensablaufs getroffen werden können; nach dieser Theorie ist relativ einfach festzustellen, wann von einer Verzögerung ausgegangen werden muß. Die Anwendung eines hypothetischen Verzögerungsbegriffs zwingt dagegen zu einer Klärung der Frage, in welchem Zeitpunkt voraussichtlich der Rechtsstreit seinen Abschluß gefunden hätte, wenn das beanstandete Vorbringen rechtzeitig mitgeteilt worden wäre. Eine derartige Untersuchung kann nicht nur einen erheblichen Aufwand erforderlich machen, sondern auch die Entscheidung mit Unsicherheiten belasten, wie sie bei hypothetischen Betrachtungen nicht selten sind.

Zwar kann bei Anwendung des absoluten Verzögerungsbegriffes eine „**Überbeschleunigung**" des Verfahrens eintreten und die Zurückweisung des verspäteten Vorbringens dazu führen, daß ein Prozeß früher beendet wird als bei einem rechtzeitigen Tatsachenvortrag, doch ist diese Folge als Konsequenz aus einem schuldhaften Parteiverhalten hinzunehmen. Denn die Zurückweisung des verspäteten Partei-

---

[11] BGH in ständ. Rspr.; BGHZ 75, 138, 142 = NJW 1979, 1988; BGHZ 86, 31, 34 = NJW 1983, 575, jeweils m. weit. Nachw.; *Baumbach/Lauterbach/Hartmann* § 296 RdNr. 40 f.; *MK/Prütting* § 296 RdNr. 75 ff.; *Zimmermann* § 296 RdNr. 17; *Thomas/Putzo* § 296 RdNr. 14; *Spahn* Jura 1985, 633, 634.
[12] *AK-ZPO/Deppe-Hilgenberg* § 296 RdNr. 17, m. weit. Nachw.

vorbringens setzt stets – wie noch zu zeigen sein wird – voraus, daß die betroffene Partei durchaus in der Lage war, die Verzögerung zu vermeiden und dies aus ihr vorwerfbaren Gründen nicht tat.

Den unbestreitbaren Vorteilen des absoluten Verzögerungsbegriffes **332** steht jedoch als Nachteil ebenso offenkundig entgegen, daß dadurch die Feststellung der wirklichen Sachlage und damit auch die richtige Entscheidung durch das Gericht verhindert werden kann. Dies zwingt zwar nicht dazu, den absoluten Verzögerungsbegriff als untauglich zu verwerfen, wie dies seine Gegner meinen, sondern nur, ihn sinnvoll einzusetzen und dort **Ausnahmen** zu machen, wo dies durch den Zweck der Vorschriften über die Zurückweisung verspäteten Vorbringens geboten ist.

Wie dies zu praktizieren ist, läßt sich der Rechtsprechung des BVerfG entnehmen. Das Gericht hat festgestellt, daß der absolute Verzögerungsbegriff nicht den Anspruch auf rechtliches Gehör oder andere Grundrechte der betroffenen Partei verletzt.[13] Eine Präklusion werde verfassungsrechtlich erst dann problematisch, wenn sich ohne weitere Erwägungen aufdränge, daß dieselbe Verzögerung auch bei rechtzeitigem Vorbringen eingetreten wäre. Es könne einerseits nicht Sinn der einer Beschleunigung dienenden Vorschriften sein, das Gericht mit schwierigen Prognosen über hypothetische Kausalverläufe zu belasten und damit weitere Verzögerungen zu bewirken. Andererseits dürften aber diese Vorschriften auch nicht dazu benutzt werden, verspätetes Vorbringen auszuschließen, wenn ohne jeden Aufwand erkennbar sei, daß die Pflichtwidrigkeit – die Verspätung allein – nicht kausal für eine Verzögerung sei. In diesen Fällen sei die Präklusion, d. h. die Ausschließung mit einem Vorbringen, rechtsmißbräuchlich, denn sie diene erkennbar nicht dem mit ihr verfolgten Zweck, nämlich der Abwehr pflichtwidriger Verfahrensverzögerungen.

Eine sinnvoll vorgenommene Anwendung des absoluten Verzöge- **333** rungsbegriffes muß insbesondere die Zurückweisung eines Vorbringens ausschließen, wenn für die Verzögerung zumindest auch ein **richterliches Fehlverhalten** ursächlich war, das sich beispielsweise in einer unzulänglichen Verfahrensleitung oder in einer Verletzung der gerichtlichen Fürsorgepflicht zeigt.[14]

Beispiel: Der Kläger klagt vor dem Amtsgericht auf Zahlung eines Kaufpreises und bezeichnet in der Klageschrift den Rechtsanwalt R als Prozeßbevollmächtigten des Beklagten. Die Ladung zur mündlichen Verhandlung und die Aufforderung, innerhalb von vier Wochen nach Zustellung der Ladung auf die Klage zu erwidern, werden dem Beklagten persönlich zugestellt. Erst in der mündlichen Verhandlung, zu der der Beklagte ohne Prozeßbevollmächtigten erscheint, äußert er sich zu der Klage und beruft sich auf Wandlung. Das Amtsgericht gibt der Klage statt und führt zur Begründung aus, das unentschuldigt verspätete Vorbringen des Beklagten könne nicht berücksichtigt werden. Gegen diese Entscheidung legt der Beklagte Berufung ein und weist darauf hin, daß er wegen des vorprozessualen Schriftwechsels und wegen der Benennung des Rechtsanwalts R als seines Prozeßbevollmächtigten in der Klageschrift davon ausgegangen sei, daß dieser ihn im Prozeß vertreten werde.

---

[13] BVerfGE 75, 302 = NJW 1987, 2733.
[14] BVerfG NJW-RR 1995, 377, 378.

Die vom Amtsrichter vorgenommene Zurückweisung der Berufung des Beklagten auf ein Wandlungsrecht wird durch § 296 Abs. 1 nicht gerechtfertigt. Denn die
Verspätung beruht hier zumindest auch auf einer Verletzung der richterlichen Pro-
zeßförderungs- und Fürsorgepflicht gegenüber den Parteien. Der Richter muß dahin wirken, daß sich die Parteien über alle erheblichen Tatsachen vollständig und
rechtzeitig erklären (§ 139, § 273 Abs. 1 S. 2). Diese Pflichten, die insbesondere anwaltlich nicht vertretenen Parteien gegenüber bestehen, hat der Richter nicht im
gebotenen Maße beachtet. Zwar mußte der Richter nicht allein aufgrund der Benennung des Rechtsanwalts R auch davon ausgehen, daß dieser zum Prozeßbevollmächtigten des Beklagten ernannt worden sei, so daß Ladung und Aufforderung zur
Klageerwiderung diesem hätten zugestellt werden müssen, jedoch hätte der Richter
der Frage nachgehen müssen, ob der Beklagte anwaltlich vertreten werde; dies wäre
einfach durch eine Rückfrage beim Rechtsanwalt R möglich gewesen. Der Richter
hätte sich sagen können, daß bei einer rechtsunkundigen Person die Benennung eines Rechtsanwalts in der Klageschrift als Prozeßbevollmächtigten die irrtümliche
Vorstellung hervorrufen könnte, die Klageschrift werde auch diesem Rechtsanwalt
zugestellt und dieser werde sich schon um die Klageerwiderung kümmern. Das
BVerfG hat aus diesen Gründen bei Entscheidung des oben (als Beispiel) dargestellten Sachverhalts eine Verletzung des dem Beklagten zustehenden Anspruchs auf
rechtliches Gehör bejaht und eine entsprechende Verfassungsbeschwerde für begründet erklärt.[15]

334   Das Gericht ist im Rahmen der ihm obliegenden Prozeßförderungspflicht auch verpflichtet, zumutbare vorbereitende Maßnahmen zu ergreifen, um eine Verspätung auszugleichen.[16] Beispielsweise ist als zumutbar eine Beweisaufnahme anzusehen, die sich auf einfache und klar
abgrenzbare Streitpunkte bezieht und die sich durch die Vernehmung
weniger greifbarer Zeugen im Rahmen einer bereits angesetzten mündlichen Verhandlung durchführen läßt.[17]

Beispiel: Der Beklagte benennt nach Ablauf einer ihm für die Klageerwiderung
gesetzten Frist noch mehrere Zeugen zum Beweis für seine Sachdarstellung.
Kann das Gericht die Zeugen noch zur mündlichen Verhandlung laden und ohne einen unzumutbaren zeitlichen Aufwand im Rahmen der mündlichen Verhandlung auch vernehmen, dann ist es dazu verpflichtet. Daß dann mehrere
Zeugen gehört werden müssen, bedeutet keinen unzumutbaren Aufwand für das
Gericht.[18]

Eine **Zurückweisung** verspäteten Vorbringens kommt auch **im frühen ersten Termin** in Betracht. Eine solche Entscheidung ist nicht auf
Fälle beschränkt, in denen die Verspätung dazu führt, daß ein zweiter
früher erster Termin zur Vorbereitung des Haupttermins anberaumt
werden muß,[19] sondern ist auch dann zulässig, wenn das im frühen ersten Termin verspätete Vorbringen in einem Haupttermin noch berück-

[15] BVerfGE 75, 183 = NJW 1987, 2003 m. weit. Nachw. zur einschlägigen Rspr.
des BVerfG.
[16] BGHZ 91, 293, 304 = NJW 1984, 1964, m. weit. Nachw.; OLG Hamm
NJW-RR 1989, 895; *Hermissen* NJW 1983, 2229, 2230.
[17] BGH (Fn. 16); vgl. auch BVerfG NJW 1989, 706.
[18] BVerfG NJW 1990, 2373; 1992, 299, 300.
[19] So aber OLG Karlsruhe NJW 1980, 296; OLG München NJW 1983, 402.

sichtigt werden könnte. Dem frühen ersten Termin kommt zwar nach der gesetzlichen Konzeption die Funktion zu, den Haupttermin vorzubereiten, es ist jedoch nicht zwingend, daß ein solcher Haupttermin auch stattfinden muß; vielmehr muß der Rechtsstreit auch im frühen ersten Termin durch Endurteil beendet werden, wenn die Sache zur Entscheidung reif ist (vgl. o. RdNr. 83). Der BGH[20] hat es deshalb zu Recht abgelehnt, ein für den frühen ersten Termin verspätetes Vorbringen nur deshalb zuzulassen, weil es noch in einem anzusetzenden Haupttermin behandelt werden könnte.

Zur Begründung hat das Gericht einmal auf die in § 296 Abs. 1 ausgesprochene Verweisung auf § 275 Abs. 1 S. 1 hingewiesen, durch die ausdrücklich klargestellt werde, daß verspätetes Vorbringen auch dann zurückgewiesen werden könne, wenn die zur Vorbereitung des frühen ersten Termins gesetzte Klageerwiderungsfrist unentschuldigt und prozeßverzögernd versäumt werde. Zum anderen würde die gegenteilige Auffassung zu einer Entwertung des frühen ersten Termins führen, wenn dem Beklagten gestattet werde, die richterlichen Bemühungen um eine frühzeitige Erledigung des Rechtsstreits zu unterlaufen, indem er die ihm gesetzte Erwiderungsfrist nicht beachte und so spät vortrage, daß seine Klageerwiderung zwar noch im frühen ersten Termin erörtert werden könne, eine sofortige Schlußverhandlung aber verhindert werde. Allerdings hat der BGH eine wichtige Ausnahme gemacht: Läßt die Verfahrensvorbereitung des Gerichts eindeutig erkennen, daß im frühen ersten Termin eine Streitentscheidung nicht gewollt ist, handelt es sich also bei ihm um einen sog. „Durchlauftermin", dann würde es einen Mißbrauch der Präklusionsvorschriften bedeuten und damit gleichzeitig eine Verletzung des Anspruchs der betroffenen Partei auf rechtliches Gehör,[21] wenn ohne Rücksicht auf den geplanten Haupttermin ein Vorbringen als verspätet zurückgewiesen würde.

Der **Begriff des Durchlauftermins** wird nicht immer im gleichen Sinn verwendet. Die Praxis versteht darunter im allgemeinen einen weitgehend inhaltsleeren Termin, der vor allem dem Ausscheiden nicht streitiger Sachen, der Klärung prozessualer Vorfragen, wie z. B. der Zuständigkeit des Gerichts, und allenfalls noch einer groben rechtlichen Vororientierung dient.[22] Der BGH hat dagegen in einer Entscheidung[23] den Durchlauftermin dahingehend beschrieben, daß es in ihm darum gehe, mit den Parteien den Streitstoff zu erörtern und ihn zu ordnen, Unklarheiten nach Möglichkeit zu beseitigen und diejenigen Maßnahmen vorzubereiten, die einen abschließenden Haupttermin ermöglichen können. Bei dieser Beschreibung wäre fast jeder frühe erste Termin als ein „Durchlauftermin" anzusehen.[24] Es sollte deshalb bei der Frage nach der Zulässigkeit der Präklusion verspäteten Vorbringens

---

[20] BGHZ 86, 31 = NJW 1983, 575; BGHZ 98, 368 = NJW 1987, 500.
[21] BVerfGE 69, 126, 137 = NJW 1985, 1149; BayVerfGH NJW-RR 1992, 895, 896.
[22] *H. D. Lange* NJW 1988, 1644.
[23] BGHZ 98, 368 (Fn. 20).
[24] Darauf verweist *Lange* (Fn. 22) S. 1645, während *Deubner* NJW 1987, 1583, 1584, eine fast völlige Gleichstellung vornimmt und somit auf diese Weise wiederum die Zurückweisung eines verspäteten Vorbringens im frühen ersten Termin praktisch ausschließt. Auch das OLG Hamm (Fn. 16) meint, daß ein Sachvortrag nur noch selten im frühen ersten Termin zurückzuweisen sein werde; vgl. aber auch OLG Hamm NJW 1987, 1207 (Ablehnung der Auffassung *Deubners*); eingehend zu dieser Problematik *MK/Prütting* § 296 RdNr. 86 ff.

im frühen ersten Termin nicht auf den (unklaren) Begriff des Durchlauftermins abgestellt werden, sondern darauf, ob erkennbar eine Streitentscheidung in dem frühen ersten Termin vom Gericht nicht in Betracht gezogen wurde, weil die Vorbereitungen dieses Termins dies nicht zuließen und das Gericht nur das verspätete Vorbringen als Grund für eine Entscheidung benutzte. Endet beispielsweise die Klageerwiderungsfrist erst ein oder zwei Tage vor der mündlichen Verhandlung, dann bleibt dem Gericht nicht ausreichende Zeit für eine zur Streitentscheidung geeignete Verfahrensvorbereitung.[25] Das gleiche gilt in Fällen, in denen eine Entscheidung ohne Beweisaufnahme aufgrund des Prozeßstoffes auszuschließen ist und eine solche Beweisaufnahme im frühen ersten Termin nicht vorgesehen wird.[26]

Wird der in den vorstehenden Ausführungen näher charakterisierte, dem Normzweck angepaßte absolute Verzögerungsbegriff auf den obigen (RdNr. 330) Beispielsfall angewendet, dann ist die verspätete Benennung des Zeugen nicht schon deshalb zuzulassen, weil eine Vernehmung in einem anzusetzenden Haupttermin möglich wäre. Zu erwägen ist jedoch, ob eine Zurückweisung des Beweisantrages deshalb unterbleiben muß, weil dieselbe Verzögerung erkennbar auch bei rechtzeitigem Vorbringen eintreten würde. Der Zeuge Z hätte nicht früher vernommen werden können, wenn B bereits in der Klageerwiderung, also rechtzeitig, seine Vernehmung beantragt hätte.

Andererseits ist zu berücksichtigen, daß ein Gericht bei **nicht präsenten Beweismitteln** nicht abwarten muß, bis ein der Beweisaufnahme entgegenstehendes Hindernis, hier die Krankheit des Z, wegfällt. Vielmehr kommt es darauf an, ob das Hindernis voraussichtlich innerhalb angemessener Frist ausgeräumt sein wird. Ist dies zu verneinen, dann ist der Beweisantrag wegen Unerreichbarkeit des Beweismittels abzulehnen. Andernfalls ist der Weg des § 356 zu gehen und eine Frist zu bestimmen, nach deren fruchtlosem Ablauf das Beweismittel nur benutzt werden kann, wenn nach der freien Überzeugung des Gerichts dadurch das Verfahren nicht verzögert wird (vgl. dazu u. RdNr. 369). Es läßt sich also nicht ohne weiteres feststellen, daß es für den weiteren Fortgang des Verfahrens gleichgültig ist, ob B bereits rechtzeitig vor dem frühen ersten Termin oder erst in ihm den Beweisantrag stellte. Die aufgrund des Gesetzeszweckes vorzunehmende Einschränkung des absoluten Verzögerungsbegriffes (vgl. o. RdNr. 332) führt also nur dann zur Unzulässigkeit einer Zurückweisung des Beweisantrages, wenn der Richter im frühen ersten Termin davon ausgehen kann, daß Z innerhalb einer angemessenen, d. h. der Gegenpartei, also K, zumutbaren Frist als Zeuge zur Verfügung steht. Dies ist eine Tatfrage, die sich aufgrund der Angaben im Beispielsfall nicht entscheiden läßt.

336 Steht fest, daß die Zulassung verspäteten Vorbringens die Erledigung des Rechtsstreits verzögert, dann hängt die Zurückweisung dieses Vorbringens davon ab, ob es der Partei gelingt, die **Verspätung genügend zu entschuldigen**. Nur wenn dies zu verneinen ist, muß die Partei mit diesem Vorbringen nach § 296 Abs. 1 ausgeschlossen werden. Nach dieser Vorschrift genügt bereits einfache Fahrlässigkeit, um die Entschuldigung der Verspätung zu verhindern. Bei Feststellung, ob die Partei die gebotene Sorgfalt bei Einhaltung der ihr gesetzten Fristen nicht beachtet hat, muß danach gefragt werden, ob die Partei nach ihren persönli-

---

[25] BGHZ 86, 31 (Fn. 20); *Lange* (Fn. 24).
[26] BGHZ 98, 368 (Fn. 20); OLG Hamm (Fn. 16); zu weiteren Beispielen vgl. *Zimmermann* § 296 RdNr. 11 ff.

chen Kenntnissen und Fähigkeiten die Verspätung hätte vermeiden können und müssen.[27] Das Verschulden eines gesetzlichen Vertreters (§ 51 Abs. 2) und des Prozeßbevollmächtigten (§ 85 Abs. 2) steht dem Verschulden der Partei gleich.

Kein Verschulden trifft die Partei an der Verspätung, wenn die Nichteinhaltung der gesetzten Frist durch ihre Erkrankung oder die ihres Prozeßbevollmächtigten verursacht wurde. Geht ein Schriftsatz während der Beförderung durch die Post verloren oder dauert die Beförderungszeit wesentlich länger, als dies üblich ist, dann kann der Partei kein Schuldvorwurf gemacht werden.

2. Die Fälle des § 296 Abs. 2

Im Unterschied zu § 296 Abs. 1 betrifft die in Absatz 2 dieser Vorschrift **337** enthaltene Regelung nicht die Überschreitung einer gesetzten Frist, sondern den Verstoß gegen die Pflicht zum rechtzeitigen Vortrag in der mündlichen Verhandlung (§ 282 Abs. 1) oder gegen die Pflicht einer rechtzeitigen Ankündigung eines Vorbringens mittels Schriftsatzes (§ 282 Abs. 2). Ein weiterer Unterschied zwischen beiden Vorschriften besteht darin, daß die Zurückweisung gemäß § 296 Abs. 2 nach hM in das Ermessen des Gerichts gestellt wird,[28] das Gericht also auch von einer Zurückweisung absehen kann, wenn alle Voraussetzungen dieser Vorschrift erfüllt werden. Ein **pflichtgemäßer Ermessensgebrauch** verlangt, daß vom Gericht im Einzelfall das Parteiverhalten, insbesondere der Grad der Nachlässigkeit, der Umfang der Verzögerung für die Durchführung des Rechtsstreits bei Zulassung des Vorbringens, die Bedeutung des nicht rechtzeitig vorgetragenen Angriffs- oder Verteidigungsmittels für die Entscheidung des Prozesses und auch die Konsequenzen, die der Ausgang des Prozesses für die Parteien hat, berücksichtigt und gegeneinander abgewogen werden müssen.[29] Eine Zurückweisung nach § 296 Abs. 2 kommt nur in Betracht, wenn **folgende Voraussetzungen** erfüllt werden:[30]

– Bei dem verspäteten Vorbringen muß es sich um ein Angriffs- oder Verteidigungsmittel handeln (vgl. dazu o. RdNr. 326).
– Die in § 282 Abs. 1 oder 2 normierten Prozeßförderungspflichten müssen durch die Verspätung verletzt worden sein (vgl. dazu o. RdNr. 326 f.).
– Durch die Verspätung muß die Erledigung des Rechtsstreits verzögert werden (vgl. dazu o. RdNr. 330 ff.).

---

[27] *Stein/Jonas/Leipold* § 296 RdNr. 85: subjektiver Verschuldensmaßstab mit Ausnahme des prozeßbevollmächtigten Rechtsanwalts, für den ein objektivierter und typisierter Verschuldensmaßstab (vgl. dazu GK BGB RdNr. 164) gilt.
[28] *Baumbach/Lauterbach/Hartmann* § 296 RdNr. 58 m. weit. Nachw.; aA *MK/Prütting* § 296 RdNr. 176 f. (kein Ermessen des Gerichts).
[29] Vgl. *Stein/Jonas/Leipold* § 296 RdNr. 110 f; *Zimmermann* § 296 RdNr. 34.
[30] Vgl. BGH NJW 1982, 1533, 1534.

- Schließlich muß die Verspätung auf grober Nachlässigkeit der Partei beruhen.

Auch im Grad des Verschuldens besteht ein wesentlicher Unterschied zwischen Abs. 1 und Abs. 2 des § 296. Nicht schon leichte Fahrlässigkeit – wie bei § 296 Abs. 1 –, sondern grobe Nachlässigkeit muß der Partei vorgeworfen werden können, wenn ihr Angriffs- oder Verteidigungsmittel aufgrund des § 296 Abs. 2 zurückgewiesen werden soll. **Grob nachlässig** handelt eine Prozeßpartei nur, wenn sie ihre Prozeßförderungspflicht in besonders hohem Maße vernachlässigt, wenn sie also dasjenige unterläßt, was nach dem Stand des Verfahrens jeder Partei als notwendig hätte einleuchten müssen.[31] Als Beispiele eines derartigen groben prozessualen Verschuldens sind zu nennen: Der Prozeßbevollmächtigte, dessen Verschulden auch im Rahmen des § 296 Abs. 2 der Partei zuzurechnen ist (§ 85 Abs. 2), unterläßt es, einen Beweisbeschluß daraufhin zu überprüfen, ob er einen Antrag auf Berichtigung oder Ergänzung stellen muß oder ob er weitere Informationen einzuholen hat;[32] eine Partei tritt während des Rechtsstreits eine längere Auslandsreise an, ohne den Prozeßbevollmächtigten zu informieren.[33]

3. Verspätete Rügen iSd. § 296 Abs. 3

338   Die in § 296 Abs. 3 getroffene Regelung bezieht sich auf die Vorschrift des § 282 Abs. 3, nach der vom Beklagten „Rügen, die die Zulässigkeit der Klage betreffen", gleichzeitig und vor der Verhandlung zur Hauptsache oder innerhalb einer ihm zur Klageerwiderung gesetzten Frist vorzubringen sind.

Die Formulierung des Gesetzes ist nicht geglückt. **Rügen** (im Sinne einer Berufung der Partei auf die Unzulässigkeit) sind nur erforderlich, soweit die Gründe für die Unzulässigkeit nicht von Amts wegen beachtet werden müssen. § 282 Abs. 3 umfaßt aber gleichermaßen Sachurteilsvoraussetzungen, die das Gericht von Amts wegen berücksichtigen muß (vgl. dazu o. RdNr. 117), wie echte prozeßhindernde Einreden (RdNr. 118).[34]

339   Die sich auf § 296 Abs. 3 stützende Präklusion betrifft allerdings nur solche Zulässigkeitsrügen, auf die der Beklagte verzichten kann, also die **echten prozeßhindernden Einreden** (vgl. dazu o. RdNr. 118). Werden solche (verzichtbaren) Zulässigkeitsrügen verspätet vorgetragen, dann dürfen sie nur zugelassen werden, wenn der Beklagte die Verspätung genügend entschuldigt. Für die Anforderungen, die an die Entschuldigung zu stellen sind, gelten die gleichen Regeln wie im Rahmen des § 296 Abs. 1 (vgl. o. RdNr. 336). Fehlt eine ausreichende Entschuldigung, dann ist das Gericht verpflichtet, die Zulässigkeitsrüge zurückzuweisen, ohne daß es darauf ankommt, ob die Erledigung des Rechtsstreits durch eine Zulassung der Rüge verzögert würde. Durch diese Regelung soll

---

[31] BGH NJW 1987, 501, 502.
[32] *Baumbach/Lauterbach/Hartmann* § 296 RdNr. 66 unter Hinweis auf OLG Köln VersR 1984, 1176.
[33] *Zimmermann* § 296 RdNr. 33 m. weit. Beispielen.
[34] *MK/Prütting* § 282 RdNr. 34; *Zöller/Greger* § 282 RdNr. 5.

verhindert werden, daß eine Verhandlung zur Hauptsache nachträglich durch verzichtbare Zulässigkeitsrügen überflüssig gemacht werden kann.[35]

c) Strategien der Praxis

Es muß als legitim angesehen werden, daß eine Partei bzw. ihr Pro- **340** zeßbevollmächtigter versucht, durch Ausschöpfung prozessualer Möglichkeiten der Präklusion eines verspäteten Vorbringens und der damit verbundenen Nachteile zu entgehen. Eine dieser Möglichkeiten besteht in der sog. **Flucht in die Säumnis**.

Beispiel: K klagt gegen B auf Zahlung einer Werklohnforderung. Das Gericht lädt die Parteien zum frühen ersten Termin auf den 28.03. und gibt dem Beklagten auf, bis zum 15.02. auf die Klage zu erwidern. Der Prozeßbevollmächtigte P des Beklagten versucht vergeblich, von diesem rechtzeitig Informationen zu erhalten, um zur Klageschrift rechtzeitig Stellung nehmen zu können. Erst am 27.03. unterrichtet ihn der Beklagte, daß die Werkleistung des Klägers erhebliche Mängel aufweise und er deshalb die Abnahme verweigert hätte. Die Gründe, die der Beklagte für die verspätete Information seines Prozeßbevollmächtigten angibt, sind wenig stichhaltig. Was kann P am besten in dieser Situation tun?

Trägt P im frühen ersten Termin die Tatsachen vor, die er dem Anspruch des K entgegenhalten kann, dann wird das Gericht diese Verteidigung nach § 296 Abs. 1 als verspätet zurückweisen. Denn die durch das Gericht für die Klageerwiderung gesetzte Frist ist ohne ausreichende Gründe nicht eingehalten worden und eine Zulassung der Verteidigung muß zu einer Verspätung führen, weil sich die Frage, ob das Werk des K Mängel aufweist, im frühen ersten Termin nicht klären läßt. Vielmehr wird zur Beantwortung dieser Frage Beweis zu erheben sein, denn es ist davon auszugehen, daß K das Vorhandensein von Mängeln bestreiten wird. Läßt aber P ein Versäumnisurteil gegen seine Partei ergehen, dann kann er mit dem Einspruch gegen das Versäumnisurteil (vgl. dazu o. RdNr. 161 ff.) seine Stellungnahme zur Klage verbinden (vgl. § 340 Abs. 3). In dem dann von dem Gericht anzusetzenden neuen Termin zur mündlichen Verhandlung (vgl. o. RdNr. 164) kann dann sein Vorbringen berücksichtigt werden.

Zwar ändert der Einspruch gegen das Versäumnisurteil nichts daran, **341** daß die vom Gericht nach § 275 Abs. 1 S. 1 gesetzte Frist zur Klageerwiderung verstrichen ist, jedoch setzt eine Zurückweisung nach § 296 Abs. 1 und 2 auch voraus, daß die Zulassung des verspäteten Vorbringens die Erledigung des Rechtsstreits verzögert. Dies ist aber dann nicht der Fall, wenn in dem zur Verhandlung über den zulässigen Einspruch nach § 341a anzusetzenden Termin auch über das verspätete Vorbringen verhandelt und entschieden werden kann, ohne daß dadurch eine Verzögerung des Rechtsstreits eintritt.[36] Macht jedoch die Berücksichtigung des

---

[35] *Stein/Jonas/Leipold* § 296 RdNr. 122.
[36] BGHZ 76, 173 = NJW 1980, 1105; *Zöller/Greger* § 296 RdNr. 40; *MK/Prütting* § 296 RdNr. 110 f.; *Stein/Jonas/Leipold* § 296 RdNr. 79 ff.; *Deubner* NJW 1979, 337, 342; *Mertins* DRiZ 1985, 344 f.

verspäteten Vorbringens außer dem nach § 341a zu bestimmenden Termin noch einen weiteren erforderlich, dann führt die Zulassung des verspäteten Vortrages der Partei nach dem absoluten Verzögerungsbegriff (vgl. o. RdNr. 330) in jedem Fall zu einer Verzögerung und es muß nach § 296 Abs. 1 zurückgewiesen werden, wenn die Partei die Verspätung nicht genügend entschuldigt.[37]

Wenn in dem oben (RdNr. 340) gebrachten Beispielsfall zur Feststellung der Mängel, auf die sich der Beklagte beruft, ein Sachverständigengutachten erforderlich ist und dieses Sachverständigengutachten in dem Termin, in dem über den Einspruch gegen das Versäumnisurteil verhandelt wird, noch nicht vorliegen kann, dann verzögert das verspätete Vorbringen des B die Erledigung des Rechtsstreits. Zwar ist der Richter verpflichtet, durch zumutbare vorbereitende Maßnahmen eine solche Verzögerung zu vermeiden (vgl. o. RdNr. 334), dies kann aber nicht soweit gehen, den Termin zur Verhandlung über den Einspruch solange hinauszuschieben, daß ein verspätetes Vorbringen noch im vollen Umfang ohne Verzögerung in diesem Termin berücksichtigt werden kann.[38] Allerdings darf die Frist bis zum Einspruchstermin auch deshalb besonders kurz bemessen werden, um ein verspätetes Vorbringen zurückweisen zu können.[39]

In dem Beispielsfall bedeutet dies, daß das Verteidigungsvorbringen des B – wie ausgeführt – als verspätet zurückgewiesen werden müßte, wenn zum Beweis der von ihm behaupteten Mängel ein nicht rechtzeitig zu erstattendes Sachverständigengutachten erforderlich würde. Wäre dagegen der Beweis durch Zeugen zu führen, dann müßte der Richter die Zeugen zum Termin laden und dort vernehmen. Ergäbe sich daraufhin die Entscheidungsreife des Rechtsstreits, dann würde keine Verzögerung in der Erledigung des Rechtsstreits eintreten.

342   Die Regeln über die Präklusion verspäteten Vorbringens gelten nicht für die **Widerklage**, bei der es sich nicht um ein Angriffsmittel iSv. § 296 handelt (vgl. o. RdNr. 326); deshalb ist die Widerklage bis zum Schluß der letzten mündlichen Verhandlung zulässig.[40] Aus diesem Grunde bietet auch die Widerklage eine Möglichkeit zur „Flucht" vor einer Zurückweisung verspäteten Vorbringens. Dazu folgendes

Beispiel: K klagt gegen B auf Rückzahlung eines Betrages, den er dem Beklagten als Anzahlung auf einen Kaufpreis gegeben hat und beruft sich auf eine wirksame Anfechtung seiner zum Abschluß des Kaufvertrages abgegebenen Willenserklärung wegen arglistiger Täuschung. Das Gericht setzt B eine Frist zur Klageerwiderung, die dieser nicht einhält. Erst in der mündlichen Verhandlung bestreitet er, den Kläger arglistig getäuscht zu haben und benennt für seine Sachdarstellung Zeugen. Gleichzeitig erhebt er Widerklage gegen den Kläger auf Zahlung des restlichen Kaufpreises.

Das Vorbringen des Beklagten ist verspätet, soweit er sich damit gegen die Klage verteidigt. Gleichzeitig dient jedoch das gleiche Vorbringen zur Begründung der Widerklage; insoweit können jedoch die Zurückweisungsvorschriften – wie ausge-

[37] *Deubner* (Fn. 36); *MK/Prütting* (Fn. 36).
[38] BGH NJW 1981, 286; *Zimmermann* § 341a RdNr. 2; *Zöller/Greger* (Fn. 31); aA OLG Hamm NJW 1980, 293 m. ablehnender Anm. v. *Deubner*.
[39] *Zöller/Greger* § 340 RdNr. 8.
[40] BGH NJW 1981, 1217; vgl. auch o. RdNr. 279.

führt − nicht angewendet werden. Muß aber das Gericht das Vorbringen zur Entscheidung über die Widerklage berücksichtigen, dann kann es nicht in bezug auf die Klage als verspätet zurückgewiesen werden.[41] Der BGH vertritt die Auffassung, daß es nicht zulässig wäre, im Wege eines Teilurteils (§ 301; vgl. dazu u. RdNr. 419) über die Klage mit der Begründung zu entscheiden, daß sie entscheidungsreif sei, weil die Verteidigung des Beklagten als verspätet zurückgewiesen werden müßte, um dann separat über die Widerklage zu befinden.[42] Auf diese Weise gelingt es also in dem Beispielsfall B, durch eine „Flucht in die Widerklage" zu vermeiden, daß sein Verteidigungsvorbringen gegen die Klage als verspätet vom Gericht zurückgewiesen wird.

III. Die Bewertung des Tatsachenvortrages der Parteien durch den Richter

a) Schlüssigkeit und Erheblichkeit

Der Kläger schildert in der Klageschrift den nach seiner Auffassung **343** entscheidungserheblichen Sachverhalt, dem der Beklagte seine − häufig abweichende − Tatsachenschilderung gegenüberstellt. Im Laufe des Rechtsstreits werden dann nicht selten die Parteien die von ihnen gezeichneten „Sachverhaltsbilder"[43] weiter ergänzen, präzisieren und manchmal auch korrigieren. Der Richter hat diese Sachverhaltsbilder auf der Grundlage der von ihm anzuwendenden Rechtsnormen miteinander zu vergleichen und festzustellen, inwieweit Widersprüche in den Tatsachenvorträgen der Parteien bestehen, die geklärt werden müssen, weil sich daraus Folgerungen für die Rechtsanwendung ergeben.

Beispiel: K verlangt mit seiner Klage von B Schadensersatz und trägt zur Begründung vor, B sei mit seinem Pkw infolge zu hoher Geschwindigkeit von der Fahrbahn abgekommen und in den Zaun gefahren, der sein (K) Grundstück umschließe. Den Schaden am Zaun müsse deshalb B ersetzen. B erwidert, es sei nicht richtig, daß er zu schnell gefahren sei; vielmehr habe er die vorgeschriebene Geschwindigkeit genau eingehalten. Weshalb er von der Fahrbahn abgekommen sei, wisse er auch nicht; wahrscheinlich sei dafür ein plötzlich auftretender und nicht vorhersehbarer technischer Mangel an seinem Fahrzeug die Ursache.

Die Parteien streiten hier um die richtige Darstellung des tatsächlichen Geschehens, aus dem der Kläger seine Forderung auf Schadensersatz ableitet. Jedoch interessiert für den Prozeß dieses tatsächliche Geschehen nur insoweit, wie dies für den Tatbestand des vom Richter anzuwendenden Rechtssatzes ankommt. Hier ergibt sich eine Schadensersatzpflicht des B als Halter des Pkw aus § 7 Abs. 1 StVG. Für

---

[41] BGH NJW 1985, 3079, 3080.
[42] BGHZ 77, 306 = NJW 1980, 2355; BGH (Fn. 40); BGH NJW 1982, 1533, 1535; BGH (Fn. 41); BGH NJW 1986, 2257, 2258 (mit der Einschränkung, daß eine andere Beurteilung möglicherweise in Betracht käme, wenn die Erweiterung der Widerklage rechtsmißbräuchlich wäre, insbesondere nur den Sinn haben könne, der Verspätungsfolge zu entgehen); aA *Stein/Jonas/Leipold* § 296 RdNr. 53 ff.; vgl. auch *Prütting/Weth* ZZP 98 (1985), 131; *Mertins* DRiZ 1985, 344, 345 ff.
[43] *Bruns* RdNr. 165 a.

den Tatbestand dieser Vorschrift genügt die Feststellung, daß der eingetretene Schaden bei Betrieb eines Kraftfahrzeuges verursacht wurde und daß es sich nicht um
ein sog. unabwendbares Ereignis handelt (vgl. § 7 Abs. 2 StVG). Der Streit der Parteien über die wirkliche Ursache für das Abkommen des Pkw von der Straße ist also
unerheblich für die Entscheidung des Rechtsstreits; er ist deshalb vom Richter auch
ungeklärt zu lassen.

344 Der Richter prüft also zunächst, ob der Tatsachenvortrag des Klägers
– seine Richtigkeit unterstellt – den Klageantrag rechtfertigt; dies ist der
Fall, wenn die vorgetragenen Tatsachen den Tatbestand eines Rechtssatzes als verwirklicht erscheinen lassen, aus dem sich die vom Kläger begehrte Rechtsfolge ergibt. Muß dies verneint werden, ist also der **Vortrag des Klägers nicht schlüssig** (zum Begriff o. RdNr. 156), dann ist
die Klage als unbegründet abzuweisen, ohne daß es dafür im geringsten
darauf ankommt, wie sich der Beklagte zu der Klage geäußert hat. Nur
wenn die Klage schlüssig ist, muß darauf gesehen werden, was der Beklagte dagegen vorträgt.

Es sei noch einmal daran erinnert, daß der Richter selbstverständlich nur dann
Anlaß zur Prüfung des Parteivorbringens in der Sache hat, wenn die Klage zulässig
ist. Er wird deshalb zunächst von Amts wegen klären, ob alle Sachurteilsvoraussetzungen erfüllt sind (vgl. o. RdNr. 117). Auch der Beklagte kann Gründe vorbringen, die
gegen die Zulässigkeit der Klage sprechen. Ist diese Zulässigkeit zweifelhaft, dann
kann das Gericht nach § 280 Abs. 1 anordnen, daß darüber abgesondert verhandelt
wird (vgl. o. RdNr. 119). Fehlt eine Sachurteilsvoraussetzung, die nicht nachträglich
erfüllt werden kann, dann muß die Klage durch Prozeßurteil als unzulässig abgewiesen werden. Auf Fragen der Schlüssigkeit der Klage kommt es dann nicht an.

345 Der **Beklagte** kann sich in unterschiedlicher Weise **gegen** eine
(schlüssig vorgetragene) **Klage verteidigen.** Er kann die Sachdarstellung
des Klägers als falsch darstellen, also die **Tatsachen bestreiten**, auf die
der Kläger den von ihm geltend gemachten Anspruch stützt.

Beispiel: Der Kläger verlangt mit seiner Klage Zahlung eines Kaufpreises für einen Pkw. Der Beklagte bestreitet, daß die Parteien einen Kaufvertrag geschlossen
hätten, und trägt vor, man habe sich noch nicht über alle wichtigen Punkte ge-
einigt. Den Pkw habe er zunächst nur zur Probefahrt mitgenommen.

346 Der Beklagte kann jedoch auch den Tatsachenvortrag des Klägers als
richtig bestätigen, also zugestehen (vgl. § 288 Abs. 1) oder zumindest
nicht bestreiten (vgl. § 138 Abs. 3), jedoch **Gegenrechte geltend machen** (vgl. § 289), die – wenn sie bestehen – dazu führen, daß das vom
Kläger geltend gemachte Recht diesem nicht zusteht. Der Beklagte erhebt dann Einwendungen oder Einreden.

Der Beklagte stellt in dem obigen (RdNr. 345) Beispielsfall nicht in Abrede, daß
ein gültiger Kaufvertrag zwischen den Parteien zustande gekommen ist, behauptet
aber, er habe den Kaufpreis bereits bezahlt, so daß der Anspruch des Klägers auf Zahlung des Kaufpreises erloschen sei (§ 362 Abs. 1 BGB). Er macht in diesem Fall eine
Einwendung im Sinne des BGB geltend. Der Käufer kann sich auch darauf berufen,
daß die Kaufsache, der Pkw, mangelhaft gewesen sei und er deshalb Wandlung ver-

langt habe; in diesem Fall kann er sich gegenüber der Kaufpreisforderung mit einer Wandlungseinrede verteidigen.

Nach dem materiellen Recht besteht der **Unterschied** zwischen einer **Einwendung** und einer **Einrede** darin, daß der Richter Einwendungen, die sich aus dem Tatsachenvortrag der Parteien ergeben, zu berücksichtigen hat, ohne daß es erforderlich ist, daß sich der Berechtigte ausdrücklich darauf beruft. In dem Beispiel muß also der Beklagte nicht ausdrücklich erklären, daß der Anspruch des Klägers auf Zahlung des Kaufpreises durch Erfüllung erloschen sei. Trägt der Kläger entsprechende Tatsachen vor, dann ist seine Klage nicht schlüssig, und es kommt überhaupt nicht darauf an, wie sich der Beklagte dagegen verteidigt. Anders ist es dagegen bei einer Einrede; sie muß der Berechtigte erheben, damit sie vom Richter beachtet wird. Ergibt sich zwar aus dem Tatsachenvortrag der Parteien, daß dem Beklagten eine Wandlungseinrede zusteht, macht sie aber der Beklagte nicht geltend, dann ist der Richter nicht befugt, den Zahlungsanspruch des Klägers aus diesem Grunde zu verneinen.

Auch in der ZPO werden die Begriffe „Einwendung" (vgl. z.B. § 282 Abs. 1, § 323 Abs. 2, § 598) und „Einrede" (vgl. z.B. § 282 Abs. 1) verwendet, jedoch in einem anderen Sinn als nach dem materiellen Recht. Unter einer Einwendung wird in der ZPO das gesamte Verteidigungsvorbringen einer Partei verstanden, und der Begriff der Einrede in der ZPO erfaßt auch Einwendungen im Sinne des materiellen Rechts.[44] Daß der Sprachgebrauch zwischen ZPO und BGB hier und auch in anderen Fällen unterschiedlich ausfällt, erklärt sich daraus, daß die ZPO das ältere Gesetz ist und der Gesetzgeber des BGB sich nicht immer nach der Bedeutung der Begriffe im Sinne der ZPO gerichtet hat.

Schließlich kann der Beklagte sich noch auf die **Aufrechnung** mit einer Gegenforderung berufen. Geschieht dies unbedingt, dann handelt es sich um eine Einwendung im Sinne des materiellen Rechts, und es ergeben sich keine Besonderheiten gegenüber anderen Einwendungen des Beklagten. Häufig wird jedoch der Beklagte die Aufrechnung mit der Bedingung verbinden, daß sie nur gelten solle, wenn das Gericht das darin liegende Verteidigungsmittel nicht als verspätet zurückweist und die Forderung des Klägers als bestehend ansieht; die sich dann ergebenden Fragen sind bereits oben (vgl. RdNr. 264 ff.) behandelt worden. **347**

Zu diesen verschiedenen Alternativen für die Verteidigung des Beklagten gegen die Klage ist ergänzend noch auf folgendes hinzuweisen: **348**

Durch ein Bestreiten der Behauptungen der Gegenpartei wird die Richtigkeit dieser Behauptungen in Abrede gestellt. Grundsätzlich ist von der bestreitenden Partei auch die Angabe der Gründe zu erwarten, die sie veranlassen, die gegnerische Sachdarstellung als falsch zu qualifizieren. Je genauer und eingehender eine Partei einen rechtserheblichen Sachverhalt darstellt, desto präziser muß auch ihr Gegner darlegen, weshalb diese Darstellung nicht zutrifft. Ein pauschales Bestreiten etwa mit der Floskel „Alles, was nicht ausdrücklich zugestanden ist, wird bestritten" genügt nicht. Vielmehr muß einem substantiierten Behaupten auch ein **substantiiertes Bestreiten** entgegengesetzt werden, wenn es rechts-

---

[44] *Rosenberg/Schwab/Gottwald* § 104 I, II 2.

erheblich sein und die Folge der Vorschrift des § 138 Abs. 3 vermieden werden soll, nach der Tatsachen, die nicht ausdrücklich bestritten werden, als zugestanden anzusehen sind. Nur wenn es sich um Vorgänge handelt, die weder eigene Handlungen der Partei noch Gegenstand ihrer eigenen Wahrnehmung gewesen sind, und die Partei deshalb darüber keine Angaben machen kann, ist es zulässig, sich auf ein **Bestreiten mit Nichtwissen** zu beschränken (§ 138 Abs. 4). Weiß aber eine Partei, daß die vom Gegner vorgetragenen Tatsachen zutreffen, dann darf sie sie nicht trotzdem bestreiten, weil sie dann ihrer Wahrheitspflicht zuwiderhandeln würde.

Nach § 138 Abs. 1 sind die Parteien verpflichtet, ihre Erklärungen über tatsächliche Umstände vollständig und der Wahrheit gemäß abzugeben. Damit wird das **Verbot der Prozeßlüge** ausgesprochen. Denn die Wahrheit iSv. § 138 Abs. 1 kann nicht die objektive Wahrheit sein, sondern nur das, was die Partei subjektiv für wahr hält. Deshalb ist ihr nicht untersagt, Tatsachen als richtig hinzustellen, die sie nicht genau kennt, wohl aber für möglich hält.[45]

349 Die vom Beklagten vorgetragenen Tatsachen können den Tatbestand einer Gegennorm verwirklichen. Als Gegennorm sind Vorschriften zu bezeichnen, deren Rechtsfolgen dazu führen, daß der Kläger mit dem von ihm geltend gemachten Recht keinen Erfolg haben kann, die also Gegenrechte des Beklagten (vgl. o. RdNr. 346) begründen. Die Rechtsfolgen solcher **Gegennormen** haben unterschiedliche Wirkungen; folgende Unterscheidungen sind zu treffen:

– Ein entstandenes Recht wird nachträglich beseitigt. Als Beispiele sind die Erfüllung (§ 362 Abs. 1 BGB), die Aufrechnung (§ 389 BGB) oder die Anfechtung (§ 142 Abs. 1 BGB) zu nennen. Man spricht dann von **rechtsvernichtenden Normen** oder von **rechtsvernichtenden Tatsachen**, wenn man an den Tatsachenstoff denkt, der den Tatbestand solcher Rechtsnormen verwirklicht.

– Ein (entstandenes) Recht wird gehemmt, und zwar dauernd (wie bei der Einrede der Verjährung; vgl. § 222 Abs. 1 BGB) oder vorübergehend (wie bei der Einrede des nicht erfüllten Vertrages; vgl. §§ 320, 322 BGB). Es handelt sich dann um sog. **rechtshemmende Normen** oder **rechtshemmende Tatsachen**.

Die rechtshemmenden Normen sind nach dem bürgerlichen Recht als Einreden ausgestaltet (vgl. GK BGB RdNr. 196), gewähren also ein Leistungsverweigerungsrecht, das dem (bestehenden) Anspruch der Gegenpartei entgegengesetzt werden kann, aber auch muß, wenn es vom Richter beachtet werden soll (vgl. o. RdNr. 346).

– Schließlich gibt es noch Rechtsnormen, die die Entstehung eines Rechts verhindern und die als negative Voraussetzungen der Rechtsentstehung wirken, negativ deshalb, weil sie nicht verwirklicht wer-

---

[45] BGH NJW 1986, 246, 247.

den dürfen, wenn das Recht entstehen soll. Die in § 104 BGB beschriebenen Fälle der Geschäftsunfähigkeit, die beschränkte Geschäftsfähigkeit (§ 106 BGB), die in § 116 S. 2 und § 117 Abs. 1 BGB
enthaltenen Tatbestände der Nichtigkeit von Willenserklärungen,
schließlich die in § 932 BGB gemachte Ausnahme vom gutgläubigen
Erwerb beim fehlenden guten Glauben seien dafür als Beispiele an-
geführt; stets wird die Entstehung eines Rechts durch die in diesen
Normen ausgesprochenen Rechtsfolgen verhindert.[46] Man bezeichnet sie deshalb als **rechtshindernde Normen** und die sie verwirklichenden Tatsachen als **rechtshindernde Tatsachen**.

Gegenüber den durch eine (prozessuale) Einrede (zum Begriff vgl. o. **350**
RdNr. 346 aE) vom Beklagten geltend gemachten Gegenrechten kann
sich der **Kläger** in gleicher Weise verteidigen wie der Beklagte gegenüber der Klage. Er kann die rechtshindernden, rechtshemmenden oder
rechtsvernichtenden Tatsachen bestreiten, sie also als unrichtig darstellen. Im Beispielsfall (RdNr. 345), in dem sich der Beklagte auf Wandlung beruft, trägt der Kläger vor, der von ihm verkaufte Pkw sei einwandfrei und der Beklagte sei zur Wandlung nicht berechtigt. Der
Kläger kann sich aber auch auf Gegennormen berufen, die den vom
Beklagten erhobenen Gegenrechten entgegenstehen. Im Beispielsfall
trägt der Kläger vor, der Beklagte habe erst nach Ablauf der Verjäh-
rungsfrist den Mangel angezeigt. Der Einrede des Beklagten wird also
eine Gegeneinrede des Klägers entgegengestellt; dies wird als **Replik**
bezeichnet. Der Replik kann wiederum der Beklagte durch Bestreiten
oder durch das Geltendmachen von Gegen-Gegenrechten (Duplik genannt) begegnen.[47]

Beispiel: K klagt auf Zahlung eines Kaufpreises. B bestreitet das gültige Zustandekommen eines Kaufvertrages und beruft sich auf seine Minderjährigkeit im
Zeitpunkt des Vertragsschlusses (prozessuale Einrede). Der Kläger repliziert, daß
der gesetzliche Vertreter des Beklagten den Vertrag genehmigt habe (§ 108 BGB).
Der Beklagte erwidert daraufhin, daß diese Genehmigung wegen Täuschung angefochten worden sei (§ 142 Abs. 1 iVm. § 123 Abs. 1 Alt. 1 BGB). Dieser Duplik des
Beklagten setzt der Kläger seinerseits als Triplik entgegen, die Anfechtung sei verspätet
erklärt worden (§ 124 Abs. 1).[48]

Die Aufteilung des Tatsachenstoffes in einen dem Kläger günstigen **351**
Teil und in einen anderen, der dem Beklagten günstig ist, geschieht aufgrund der Rechtssätze des materiellen Rechts. Nach ihren Tatbeständen
kommt es darauf an, welche Tatsachen verwirklicht sein müssen, damit
die Rechtsfolge eintritt, die dem Kläger oder dem Beklagten günstig ist.
Nun kann es durchaus geschehen, daß die Parteien verkennen, daß von
ihnen vorgetragene Tatsachen zur Verwirklichung von Rechtsnormen

---

[46] Vgl. *Musielak / Stadler* RdNr. 206 f.
[47] *Rosenberg / Schwab / Gottwald* § 104 II 4.
[48] Beispiel von *Jauernig* § 43 V.

führen, die der Gegenpartei günstig sind. Beispielsweise trägt der Kläger
in der Klageschrift bereits Tatsachen vor, aus denen sich Gegenrechte des
Beklagten ergeben. Dieses sog. **ungünstige Parteivorbringen** wirkt jedoch in gleicher Weise gegen die vortragende Partei, als habe der Gegner entsprechende Tatsachen dargelegt. Denn der Richter hat „unter
Berücksichtigung des gesamten Inhalts der Verhandlungen zu entscheiden" (§ 286 Abs. 1 S. 1), unabhängig davon, welche Partei bestimmte
Tatsachen in den Prozeß eingeführt hat. Etwas anderes gilt nur dann,
wenn die Gegenpartei die ihr günstigen Tatsachen ausdrücklich bestreitet; denn streitige Tatsachen dürfen nicht ohne Beweis vom Richter
dem Urteil zugrunde gelegt werden.

352   Es ist also nicht entscheidend, von welcher Partei Tatsachen in den
Prozeß eingeführt werden. Dennoch können sich Nachteile ergeben,
wenn bestimmte Tatsachen nicht vorgetragen werden. Diese Nachteile
treffen die Partei, zu deren Gunsten ein Rechtssatz deshalb nicht angewendet werden kann, weil die Verwirklichung seines Tatbestandes nicht
vorgetragen wurde. Solche nachteiligen Folgen werden in dem Begriff
der objektiven **Behauptungslast** zusammengefaßt, während als subjektive Behauptungslast die Notwendigkeit bezeichnet wird, zur Vermeidung dieser Nachteile (= objektiven Behauptungslast) Behauptungen
aufzustellen.

Im Prozeßrecht wird als Last bezeichnet, wenn ein Verhalten in das Belieben der
Partei gestellt wird und es ihr überlassen bleibt, ob sie die Last trägt oder ob sie dies
ablehnt und die Nachteile in Kauf nimmt, die sich dann ergeben. Die Parteien sind
also nicht verpflichtet, Tatsachen vorzutragen und den Beweis dafür zu führen, sie
müssen nur die nachteiligen Folgen aushalten, die sie abwenden können, wenn sie
der „Last" entsprechen.[49] Für die prozessuale Last findet sich eine gewisse Parallele
in der materiellrechtlichen Obliegenheit (vgl. dazu GK BGB RdNr. 363).

352 a   Im Schrifttum wird die Auffassung vertreten, den Parteien des Zivilprozesses obliege eine allgemeine **Aufklärungspflicht,** die ihnen
aufgebe, alles ihnen Zumutbare zu tun, damit rechtserhebliche Tatsachen geklärt werden können; insbesondere seien die Parteien zur
Auskunft über Tatsachen und Beweismittel verpflichtet. Diese Pflicht be-
wirke, daß auch die nicht behauptungs- und beweisführungsbelastete Partei (zur Behauptungs- und Beweisführungslast vgl. o. RdNr. 352,
u. RdNr. 415) an der Tatsachenklärung mitwirken müsse, indem sie zu
plausiblen Behauptungen der Gegenpartei Stellung zu nehmen und ihr
Wissen zu offenbaren habe. Werde diese Pflicht verletzt, dann solle ein
der Gegenpartei günstiges Aufklärungsergebnis fingiert werden, der
Richter also zu Lasten der aufklärungspflichtigen Partei von der
Wahrheit der streitigen und nicht geklärten Tatsachenbehauptung ausge-

---

[49] Vgl. dazu *Stein/Jonas/Schumann* Einl. RdNr. 233 ff.; *Jauernig* § 26 I, II, auch zu
den Unterschieden zwischen prozessualen Lasten und Pflichten.

hen. Die beschriebene Aufklärungspflicht wird im Wege einer Rechts-
analogie zu den Vorschriften der §§ 138 Abs. 1 und 2, 372a, 423 und
445 ff. erschlossen.[50] Überwiegend wird jedoch diese Auffassung abgelehnt[51] und darauf verwiesen, daß sich aus den in der ZPO getroffenen
Regelungen eine allgemeine Aufklärungspflicht der Parteien nicht ableiten ließe. Vielmehr sei es im Rahmen der Verhandlungsmaxime (vgl. o.
RdNr. 91) den Parteien überlassen, Tatsachen vorzutragen und Beweise
beizubringen; hierauf beruhe die Regelung der Behauptungs- und Beweislast. Der BGH[52] hat sich dieser ablehnenden Meinung angeschlossen
und den Standpunkt vertreten, es könne nicht Aufgabe des Prozeßrechts
sein, eine allgemeine Auskunftspflicht, die das materielle Recht nicht
kenne, einzuführen. Vielmehr müsse es bei dem Grundsatz bleiben, daß
keine Partei gehalten sei, dem Gegner für seinen Prozeßsieg das Material
zu verschaffen, über das er nicht schon von sich aus verfüge. Zu diesem
Meinungsstreit ist folgendes zu bemerken: Eine allgemeine und umfassende Aufklärungspflicht, die neben der Behauptungs- und Beweisführungslast steht, kann nicht dem Zivilprozeßrecht entnommen werden. Jedoch kann andererseits auch nicht dabei stehengeblieben werden, daß
nur die behauptungs- und beweisführungsbelastete Partei um die Aufklärung der rechtserheblichen Vorgänge bemüht sein muß und ihr Gegner
ihr dabei unbeteiligt zusehen dürfe. Der BGH hat mit Recht darauf verwiesen, daß in Fällen, in denen eine darlegungspflichtige Partei außerhalb
des von ihr zu klärenden Geschehensablaufs stehe und keine nähere
Kenntnis der maßgebenden Tatsachen besitze, während der Prozeßgegner diese Kenntnisse habe, von diesem auch eine Aufklärung verlangt
werden könne, wenn dies zumutbar erscheine.[53]

Der BGH kann sich zur Stütze dieser Ansicht auf eine ständige Rechtsprechung berufen.[54] Diese Rechtsprechung, die Zustimmung verdient, läßt sich in ihrem Kern wie
folgt beschreiben: Nach dem Grundsatz einer redlichen, das Gebot von Treu und
Glauben beachtenden Prozeßführung kann von der Partei, die allein genaue Kenntnis
von bestimmten rechtserheblichen Vorgängen hat, erwartet werden, daß sie ohne
Rücksicht auf die Behauptungs- und Beweislast diese Vorgänge schildert und die allein
ihr zugänglichen Beweise dem Gericht vorlegt. Dabei ist allerdings die Einschränkung
zu machen, daß für die Richtigkeit der vom Gegner aufgestellten Behauptungen eine
gewisse Wahrscheinlichkeit sprechen muß. Informiert die Partei Gericht und Gegner
nicht in einem ihr zumutbaren Umfang über die nur ihr bekannten Vorgänge, dann
sind die Behauptungen der Gegenpartei nach § 138 Abs. 3 als zugestanden zu werten.

---

[50] *Stürner,* Die Aufklärungspflicht der Parteien im Zivilprozeß, 1976, S. 92 ff.,
134 ff., 378 ff.
[51] *Arens* ZZP 96 (1983), 1 ff.; *Lüke* JuS 1986, 1, 3; *Stein/Jonas/Leipold* § 138
RdNr. 22; *Rosenberg/Schwab/Gottwald* § 117 VI; zustimmend dagegen *Henckel* ZZP
92 (1979), 100 ff.; *Schlosser* RdNr. 426 ff.
[52] NJW 1990, 3151.
[53] BGH (Fn. 52) S. 3151 f.; BGH NJW 1994, 2289, 2292.
[54] Vgl. nur BGH NJW 1987, 1201, 2008, 2009; 1993, 528, 529, jeweils m. weit.
Nachw.

Unterläßt sie ohne Angabe überzeugender Gründe, Beweise zu erbringen, obwohl sie allein über die Möglichkeit verfügt, den streitigen Sachverhalt durch ihre Beweise aufzuklären, dann muß nach der Lebenserfahrung angenommen werden, daß sie solche Beweise nicht hat. Bei internen, lediglich ihr bekannten Vorgängen läßt dies dann nur den Schluß zu, daß ihre Sachdarstellung nicht zutrifft.[55]

352b Kommt es für den Eintritt einer Rechtsfolge darauf an, daß sich bestimmte tatsächliche Vorgänge nicht ereignet haben, und muß deshalb die Partei, die diese Rechtsfolge geltend macht, die Nichtexistenz dieser Tatsachen behaupten und gegebenenfalls beweisen (vgl. RdNr. 414), dann kann die Führung eines solchen negativen Beweises Schwierigkeiten bereiten. Diese Schwierigkeit ergibt sich daraus, daß der Beweis einer negativen Tatsache die Feststellung verlangt, daß sich niemals ein entsprechender Vorgang vollzogen hat; dies kann im Einzelfall bedeuten, daß eine Vielzahl denkbarer Alternativen widerlegt werden muß. In einem solchen Fall kann sich der Gegner der beweisführenden Partei nicht auf ein bloßes Bestreiten beschränken, sondern hat seinerseits darzulegen, welche tatsächlichen Umstände für den Eintritt der rechtserheblichen Tatsache sprechen. Dies ist Folge der Notwendigkeit eines substantiierten Bestreitens (RdNr. 348), das dem Gegner der behauptungsbelasteten Partei aufgibt, nähere Angaben darüber zu machen, warum sie deren Tatsachenbehauptungen in Abrede stellt. Die beweisführende Partei kann sich dann in einem solchen Fall darauf beschränken, ihre Behauptungen und Beweise gegen die Richtigkeit der gegnerischen Sachverhaltsschilderung zu richten, um den ihr obliegenden negativen Beweis zu führen.[56]

b) Beweisbedürftigkeit

1. Grundsatz

353 In Verfahren mit Verhandlungsgrundsatz (vgl. o. RdNr. 91) sind alle der Gegenpartei ungünstigen Tatsachen (vgl. o. RdNr. 351), die von ihr bestritten werden, beweisbedürftig, sofern sie entscheidungserheblich sind. Im einzelnen gilt folgendes:

– Nur entscheidungserhebliche Tatsachen bedürfen des Beweises. Streiten die Parteien über die Richtigkeit von Tatsachenbehauptungen, die ungeklärt bleiben können, ohne die gerichtliche Entscheidung zu beeinflussen, dann muß der Richter selbstverständlich von einer Beweisaufnahme insoweit absehen, weil Zeit und Kosten, die sie in Anspruch nähme, nutzlos aufgewendet würden (vgl. das Beispiel in RdNr. 343).

So ist die Klage abzuweisen, wenn der Tatsachenvortrag des Klägers unschlüssig ist (vgl. o. RdNr. 344) oder wenn der Beklagte Einreden geltend macht, die der

---

[55] *Musielak,* Die Grundlagen der Beweislast im Zivilprozeß, 1975, S. 142 f., m. weit. Nachw. zur Rspr. des BGH (aaO S. 141 f.).
[56] BGH NJW-RR 1993, 746, 747; *Musielak* (Fn. 54) S. 54.

Kläger nicht bestreitet. Die (schlüssige) Klage ist dagegen zuzusprechen, wenn das Verteidigungsvorbringen des Beklagten nicht erheblich ist oder wenn der Kläger einer Einrede des Beklagten eine Replik entgegensetzt, die der Beklagte nicht bestreitet (vgl. o. RdNr. 350).

– Sehr kontrovers wird die Frage diskutiert, ob die Klage auch dann ohne weiteres zuzusprechen ist, wenn der Beklagte zwar die zur Begründung der Klage vorgetragenen Tatsachen bestreitet, seinerseits aber eine Sachdarstellung gibt, die den Anspruch des Klägers aus einem anderen Rechtsgrund rechtfertigt.

Beispiel: Der Kläger begehrt Rückzahlung eines fälligen Darlehens. Der Beklagte bestreitet, das Geld als Darlehen erhalten zu haben und behauptet, der Kläger habe ihm das Geld als Kaufpreis aufgrund eines schriftlichen, nicht notariell beurkundeten und bisher noch nicht erfüllten Grundstückskaufvertrages gezahlt. Wäre der Tatsachenvortrag des Klägers richtig, dann wäre seine Klage aus § 607 Abs. 1 BGB begründet, während der Beklagte zur Zahlung des vom Kläger geforderten Geldbetrages wegen ungerechtfertigter Bereicherung (§ 812 Abs. 1 S. 1 Alt. 1 BGB) verpflichtet wäre, wenn seine Sachdarstellung zuträfe, weil danach der Kaufvertrag nichtig wäre (vgl. § 125 S. 1 iVm. § 313 S. 1 BGB).

Während die überwiegende Meinung im Schrifttum bei einem solchen sog. **gleichwertigen (= äquipollenten) Parteivorbringen** der Klage ohne Beweisaufnahme mit einer alternativen Sachdarstellung stattgeben will und sich zur Begründung zumindest zum Teil auf prozeßökonomische Gründe beruft, läßt der BGH dies nur zu, wenn sich der Kläger mindestens hilfsweise die Sachdarstellung des Beklagten zu eigen gemacht hat.[57]

– Keines Beweises bedürfen die von einer Partei behaupteten Tatsachen, wenn sie der Gegner zugesteht (§ 288 Abs. 1) oder wenn sie als zugestanden gelten, weil sie nicht ausdrücklich bestritten werden (§ 138 Abs. 3).

Einschub: Das Geständnis

Als Geständnis wird die Erklärung einer Partei bezeichnet, daß eine 354 Tatsachenbehauptung der Gegenpartei richtig ist. Zugestanden werden also Tatsachenbehauptungen; hierin unterscheidet sich das Geständnis vom Anerkenntnis, das sich auf einen geltend gemachten Anspruch bezieht (vgl. o. RdNr. 205). Ein gerichtliches Geständnis mit der sich aus § 290 ergebenden Bindungswirkung muß bei einer mündlichen Verhandlung oder zu Protokoll eines beauftragten oder ersuchten Richters (zum Begriff vgl. o. RdNr. 69) abgegeben werden. Werden Tatsachenbehauptungen des Gegners in einem vorbereitenden Schriftsatz für

---

[57] BGH NJW-RR 1994, 1405 m. weit. Nachw; vgl. *Musielak* ZZP 103 (1990), 220, zu den verschiedenen Auffassungen.

richtig erklärt, so liegt darin lediglich die Ankündigung eines entsprechenden Geständnisses, und sie können daher auch ohne die Einschränkung des § 290 bis zur Erklärung in der mündlichen Verhandlung korrigiert werden. Obwohl das Geständnis eine Parteiprozeßhandlung darstellt und deshalb die Gültigkeit von der Erfüllung aller Prozeßhandlungsvoraussetzungen einschließlich der Postulationsfähigkeit abhängt (vgl. o. RdNr. 141), soll auch im Anwaltsprozeß nach hM die Partei (oder ihr gesetzlicher Vertreter) z. B. im Rahmen der Parteivernehmung (vgl. u. RdNr. 390 ff.) wirksam ein Geständnis abgeben können.[58] Ein bestimmter Wortlaut, insbesondere die Verwendung des Begriffes „Geständnis", ist nicht erforderlich, so daß auch in der Äußerung, die Ausführungen des Gegners würden nicht bestritten, ein Geständnis liegen kann, wenn weitere Umstände hinzutreten, die den Schluß auf ein Geständnis nahelegen.[59]

Das Geständnis bezieht sich stets auf Tatsachen, die dem Gegner günstig und dem Gestehenden selbst ungünstig sind (vgl. o. RdNr. 351). Wird bereits eine ungünstige Tatsache zugestanden, bevor die Gegenpartei sie behauptet hat, dann spricht man von einem **antizipierten Geständnis**. Bindend wird dieses Geständnis erst, wenn sich der Gegner darauf beruft, also die entsprechenden Tatsachen in seinem Vortrag aufnimmt. Geschieht dies nicht, dann hat das Gericht das antizipierte Geständnis frei zu würdigen.

Mit dem Geständnis kann auch ein Tatsachenvortrag verbunden werden, aus dem sich ein selbständiges Angriffs- oder Verteidigungsmittel ergibt. Ein solches sog. **qualifiziertes Geständnis** wird mit Zusätzen versehen, deren Zulässigkeit sich aus § 289 Abs. 1 ergibt und der Erklärung der Partei den Inhalt eines „ja, aber" gibt.

Beispiel: Der Beklagte erklärt, es sei richtig, daß er mit dem Kläger einen Kaufvertrag geschlossen hätte (Zugestehen der entsprechenden Tatsachen), er habe aber die Wandlung erklärt und sei deshalb nicht zur Zahlung des Kaufpreises verpflichtet, den der Kläger von ihm fordert (Hinzufügen eines selbständigen Verteidigungsmittels). In diesem Fall ist der Vertragsschluß außer Streit und der Richter hat davon bei seiner Entscheidung auszugehen. Bestreitet der Kläger die Voraussetzungen der Wandlung, dann kommt es darauf an, ob sie vom Richter festgestellt werden können. Gelingt ein entsprechender Beweis nicht, dann muß der Richter ein Wandlungsrecht des Beklagten verneinen. Dieses Beispiel zeigt, daß die mit einem Geständnis verbundenen Zusätze eine eigene, vom Geständnis unabhängige rechtliche Bedeutung haben. Sie sind dementsprechend auch selbständig rechtlich zu bewerten, bedürfen des Beweises, wenn sie streitig sind, und können auch als verspätet nach § 296 zurückgewiesen werden.

355 Das **Geständnis** ist für die gestehende Partei **bindend** und kann nur in den engen Grenzen des § 290 widerrufen werden. Hieraus folgt ein

---

[58] BGHZ 8, 235 = NJW 1953, 621; BGH VersR 1965, 287; 1966, 269; *Zöller/Greger* § 288 RdNr. 5. Diese Auffassung ist jetzt vom BGH NJW 1995, 1432, aufgegeben worden.
[59] BGH NJW 1994, 3109 m. weit. Nachw.; vgl. auch OLG Köln NJW-RR 1993, 573 (zum Geständnis durch schlüssiges Verhalten).

bedeutsamer Unterschied gegenüber dem Nichtbestreiten, das zwar nach § 138 Abs. 3 hinsichtlich der Entbehrlichkeit eines Beweises der nicht bestrittenen Tatsachen dem Geständnis gleichgestellt wird, sich aber dadurch unterscheidet, daß bis zum Schluß der mündlichen Verhandlung zunächst nicht bestrittene Tatsachen bestritten werden können und damit beweisbedürftig werden.

Will die gestehende Partei ihr Geständnis korrigieren, dann muß sie nach § 290 beweisen, daß das Geständnis falsch ist und durch einen Irrtum veranlaßt wurde. Diese Voraussetzungen werden nicht erfüllt, wenn die Partei bewußt wahrheitswidrig etwas Falsches gesteht. Zwar scheint die Wahrheitspflicht (vgl. o. RdNr. 348) zu verlangen, daß die Partei bewußt unwahre Geständnisse berichtigt, jedoch sieht die hM zu Recht in der Bindung an ein unwahres Geständnis eine sinnvolle Sanktion für die Verletzung der Wahrheitspflicht.[60] Hinzu kommt, daß der Gegner, für den die Wahrheitspflicht in gleicher Weise gilt, die (wahrheitswidrig) zugestandene Tatsache behaupten muß. Außerdem ist es eine andere Frage, ob auch das Gericht verpflichtet ist, ein solches Geständnis seiner Entscheidung zugrunde zu legen; dies ist für den Fall zu verneinen, daß das Gericht die offensichtliche Unrichtigkeit des Geständnisses erkennt.[61]

Die Wirkungen des Geständnisses sind Folgen der Verhandlungs- **356** maxime (vgl. dazu o. RdNr. 91). Daraus folgt, daß in Verfahren mit Untersuchungsgrundsatz die Vorschriften über die Wirkung eines gerichtlichen Geständnisses nicht anzuwenden sind (vgl. z. B. § 617, § 640), sondern der Richter in der Bewertung eines Geständnisses frei ist.

2. Ausnahmen

Keines Beweises bedürfen die **offenkundigen Tatsachen**[62] (§ 291). **357** Eine Tatsache ist dann offenkundig, wenn sie in einem Bezirk einer beliebig großen Menge bekannt ist oder bekannt war und der Richter sich darüber aus zuverlässigen Quellen ohne besondere Fachkunde sicher unterrichten kann (sog. allgemeinkundige Tatsachen).

Allgemeinkundig sind beispielsweise bestimmte historische Daten, Ereignisse, die Gegenstand von Berichten in den Medien waren, oder Gebräuche in einer bestimmten Gegend. Als offenkundig gelten auch die sog. **gerichtskundigen Tatsachen**; dies sind Tatsachen, die dem Richter aus seiner amtlichen Tätigkeit bekannt sind (beispielsweise aus einem von ihm entschiedenen Prozeß).[63]

Nicht gerichtskundig ist das **private Wissen des Richters**, also solche Kenntnisse, die er als Privatmann, nicht in seiner richterlichen Funktion erlangt.

---

[60] BGHZ 37, 154 = NJW 1962, 1395.
[61] *Zöller/Greger* § 288 RdNr. 7; § 290 RdNr. 3; *Orfanides* NJW 1990, 3174, 3178.
[62] Sehr streitig ist, ob solche Tatsachen zumindest behauptet werden müssen; vgl. dazu *MK/Prütting* § 291 RdNr. 13 m. Nachw. zu beiden Meinungen.
[63] Vgl. dazu *Musielak/Stadler* RdNr. 25 f. auch zu der Frage, ob als gleichwertig solche Tatsachen anzusehen sind, die sich aus den Akten des entscheidenden Gerichts erschließen lassen.

Beispiel: Der Richter wird Zeuge eines Verkehrsunfalles. Der Zufall will es, daß dieser Unfall zum Gegenstand eines von ihm zu entscheidenden Prozesses gemacht wird. Er darf nun nicht den Vortrag des Klägers aufgrund seines Wissens korrigieren. Nur wenn er als Zeuge aussagt, werden seine Kenntnisse für den Prozeß verwertbar. In diesem Fall muß er jedoch als Richter aus dem Verfahren ausscheiden (vgl. § 41 Nr. 5).

358   Zu beweisen sind auch nicht solche Tatsachen, für deren Vorhandensein eine **gesetzliche Vermutung** spricht. Allerdings ist der Beweis des Gegenteiles nach § 292 zulässig (Einzelheiten zu Vermutungen später).

3. Gegenstand des Beweises

359   Grundsätzlich bilden nur Tatsachen den Gegenstand eines Beweises. Eine Ausnahme wird durch § 293 für das Recht anderer Staaten, für Gewohnheitsrecht und für Satzungsrecht gemacht. Dieses Recht muß dem Richter nicht bekannt sein, und er kann es deshalb im Wege des Beweises ermitteln. Es besteht somit zwischen ausländischem Recht und Gewohnheitsrecht (Begriff vgl. GK BGB RdNr. 425) sowie statutarischem Recht, d. h. autonomen Satzungen öffentlich-rechtlicher Körperschaften, Anstalten und Stiftungen wie beispielsweise kommunalen Regelungen über die Streupflicht, einerseits und dem in der Bundesrepublik allgemein geltenden (förmlichen) Recht andererseits, wie es sich insbesondere aus den Gesetzen ergibt, ein entscheidender Unterschied: Das deutsche Recht (mit Ausnahme von Gewohnheitsrecht und Statuten) muß der Richter kennen, ein entsprechender Vortrag der Parteien ist überflüssig und eine Beweiserhebung unzulässig. Dagegen kann von den Parteien, die ihnen zumutbare Mitwirkung bei Ermittlung ausländischen Rechts, Gewohnheitsrechts und statutarischen Rechts erwartet werden.[64] Es gelten insoweit der Untersuchungsgrundsatz[65] und der Freibeweis.[66]

Die Regeln des Freibeweises (Gegensatz: **Strengbeweis**) geben dem Ermessen des Richters mehr Raum. Er ist nicht an die gesetzlichen Beweismittel (vgl. dazu u. RdNr. 372 ff.) und an die Förmlichkeiten des Beweisverfahrens (vgl. u. RdNr. 367 ff.) gebunden. Er kann deshalb von Amts wegen die Erkenntnisquellen benutzen, die eine zuverlässige Beantwortung der klärungsbedürftigen Frage ermöglichen. Im Freibeweisverfahren können nach hM die allgemeinen Prozeßvoraussetzungen (vgl. o. RdNr. 99), die Zulässigkeitsvoraussetzungen von Rechtsmitteln (vgl. u. RdNr. 431) und sonstige von Amts wegen zu prüfende prozessuale Tatsachen ermittelt werden.[67]

360   Der Richter hat im Zivilprozeß einen auf beweiserhebliche Tatsachen gerichteten Beweis zu erheben. Beweiserheblich sind die entscheidungser-

---

[64] BGH NJW 1976, 1581, 1583 (zum ausländischen Recht); *Baumbach/Lauterbach/Hartmann* § 293 RdNr. 5 ff.

[65] BGHZ 77, 32, 38 = NJW 1980, 2022; BGH NJW 1984, 2763, 2764.

[66] BGH NJW 1966, 296, 298; *Thomas/Putzo* § 293 RdNr. 4.

[67] Vgl. BGH NJW-RR 1992, 1338, 1339; *Musielak/Stadler* RdNr. 1 mit Fn. 4.

heblichen Tatsachen, die streitig sind, sofern es sich nicht um offenkundige oder solche Tatsachen handelt, für deren Vorhandensein eine gesetzliche Vermutung spricht. Ist allerdings das zur Verfügung stehende Beweismittel völlig ungeeignet, dann kann es der Richter zurückweisen. Bei der Entscheidung über die Eignung eines Beweismittels darf der Richter jedoch nicht in unzulässiger Weise eine Beweiswürdigung vorwegnehmen. Nur wenn der völlige Unwert eines Beweismittels feststeht, darf es abgelehnt werden; dies ist beispielsweise der Fall, wenn nach dem Ergebnis einer bereits durchgeführten Beweisaufnahme jede Möglichkeit auszuschließen ist, daß der übergangene Beweisantrag Sachdienliches ergeben und die vom Gericht bereits gewonnene gegenteilige Überzeugung erschüttern könnte.[68]

Eine Beweisaufnahme hat allerdings zu unterbleiben, wenn der Beweis mit einem unzulässigen Beweismittel geführt werden soll, wenn der Beweisaufnahme ein Beweisverbot entgegensteht oder wenn es sich um einen Ausforschungsbeweis handelt. **361**

Bei Geltung des Strengbeweises (vgl. o. RdNr. 359) dürfen als Beweismittel nur Augenschein, Zeugen, Sachverständige, Urkunden und Parteivernehmung verwendet werden. Andere Beweismittel sind also unzulässig. Verboten ist nach § 383 Abs. 3, eine Aussage herbeizuführen, die gegen eine Geheimhaltungspflicht verstößt. Ein Beweismittel ist darüber hinaus ebenfalls unzulässig und darf in einem Zivilprozeß nicht verwendet werden, wenn es unter Verletzung einer verfassungsrechtlich geschützten Rechtsposition einer Partei beschafft worden ist. Insbesondere kann durch das Belauschen eines Gesprächs durch Dritte (Lauschzeugen) oder durch den heimlichen Mitschnitt eines Telefongesprächs das Persönlichkeitsrecht des Betroffenen verletzt werden. Die Rechtsprechung will in diesen Fällen über die Frage der Verwertbarkeit aufgrund einer Interessen- und Güterabwägung entscheiden.[69] Dabei kommt es wesentlich darauf an, ob ein Beweis auf andere Weise als durch Verwertung des belauschten Gesprächs geführt werden kann und wie die Interessen der beweisführenden Partei im Vergleich zum Persönlichkeitsrecht des Betroffenen zu bewerten sind.[70]

Von einem **Ausforschungsbeweis** spricht man, wenn eine Partei versucht, sich erst durch die Beweisaufnahme die Grundlage für neue Behauptungen zu verschaffen, ohne im Beweisantrag eine bestimmte Behauptung aufzustellen (sog. Beweisermittlungsantrag) oder wenn sie die Behauptung ohne Anhaltspunkte gleichsam ins Blaue hinein richtet.[71] In Verfahren, in denen der Verhandlungsgrundsatz gilt, wird überwiegend ein Ausforschungsbeweis für unzulässig angesehen. Im einzelnen ist vieles streitig.[72]

---

[68] BVerfG NJW 1993, 254, 255.
[69] BGH NJW 1994, 2289, 2292 m. weit. Nachw.; OLG Köln NJW-RR 1994, 720, 721.
[70] Vgl. dazu *Helle* JZ 1994, 915.
[71] BGH NJW-RR 1991, 2707, 2709; 1992, 1967, 1968.
[72] Vgl. *Musielak/Stadler* RdNr. 31 m. Nachw.

IV. Beweisverfahren

a) Beweisantritt

362   Bei Geltung des Verhandlungsgrundsatzes obliegt es den Parteien, für die Beschaffung der tatsächlichen Grundlagen zu sorgen, auf die sich die gerichtliche Entscheidung stützt (vgl. o. RdNr. 91). Sie haben folglich den Beweis anzutreten, d. h. das Beweismittel und die dadurch zu beweisende Tatsache zu nennen. Die Verknüpfung von Beweismitteln mit der Angabe, welche Behauptung dadurch bewiesen werden soll (sog. Beweisthema), ist erforderlich, damit unzulässige Beweisermittlungsanträge (vgl. o. RdNr. 361) vom Gericht erkannt werden können.

Dieser **Grundsatz der Verbindung von Beweismittel mit dem Beweisthema** wird im Gesetz ausdrücklich angeordnet, und zwar für den Beweis durch Augenschein in § 371, für den Zeugenbeweis in § 373, für den Beweis durch Sachverständige in § 403, für den Urkundenbeweis in § 424 Nr. 2 und für den Beweis durch Parteivernehmung in § 445 Abs. 1.
Der Beweis wird grundsätzlich in der mündlichen Verhandlung angetreten, wobei allerdings regelmäßig eine Bezugnahme auf vorbereitende Schriftsätze (vgl. § 130 Nr. 5) genügt (§ 137 Abs. 3).

363   Dies bedeutet jedoch nicht, daß die Beweiserhebung – die Anordnung der Beweisaufnahme und ihre Durchführung durch das Gericht – stets von einem entsprechenden Beweisantritt einer Partei abhängig ist. Vielmehr ist dem Gericht in weitem Umfang auch eine **Beweiserhebung von Amts wegen** gestattet. Insoweit ist also der Verhandlungsgrundsatz durchbrochen.

Dies gilt nach § 144 Abs. 1 für den Augenscheinsbeweis und den Sachverständigenbeweis sowie nach § 448 für den Beweis durch Parteivernehmung. Auch die Vorlage von Urkunden zur Sachaufklärung kann das Gericht in vielen Fällen unabhängig von einem entsprechenden Antrag der Parteien anordnen (vgl. §§ 142, 143, 273 Abs. 2 Nr. 1 und 2). Nur beim Zeugenbeweis ist in Verfahren mit Verhandlungsmaxime stets der Beweisantritt durch eine Partei erforderlich.

b) Anordnung der Beweisaufnahme

364   Jede Beweisaufnahme bedarf einer Anordnung durch das Gericht, und zwar schon deshalb, weil nur das Gericht entscheiden kann, welche Tatsachen klärungsbedürftig sind. Die Form dieser Anordnung kann allerdings unterschiedlich ausfallen: als förmlicher Beweisbeschluß mit einem genau festgelegten Inhalt (vgl. § 359) oder als formlose Beweisanordnung, deren Inhalt nur durch ihren Zweck bestimmt wird.

Nach § 358 ist ein förmlicher Beweisbeschluß vorgeschrieben, wenn die Beweisaufnahme ein „besonderes Verfahren" erfordert, d. h. die Anberaumung eines neuen

Termins zur Beweiserhebung. Ist dagegen in der mündlichen Verhandlung das Beweismittel präsent und kann deshalb die Beweisaufnahme sofort vollzogen werden, dann kann das Gericht regelmäßig nach seinem Ermessen zwischen einem formlosen und einem förmlichen Beweisbeschluß wählen. Dies gilt nur dann nicht, wenn eine Partei vernommen werden soll, weil dies stets durch einen förmlichen Beweisbeschluß bestimmt werden muß (§ 450 Abs. 1 S. 1). Die gleiche Form ist zu beachten, wenn die Vorlegung einer Urkunde nach § 425 angeordnet wird, und in dem Fall, daß das Gericht einen Beweisbeschluß schon vor der mündlichen Verhandlung erläßt (§ 358 a).

Die in § 358 a getroffene Regelung, nach der ein **Beweisbeschluß** 365 bereits **vor der mündlichen Verhandlung** erlassen und auch ausgeführt werden kann, dient der Beschleunigung des Prozesses. Erkennt beispielsweise der Richter, daß die Klärung eines beweisbedürftigen Punktes die Einholung eines Sachverständigengutachtens erforderlich sein läßt, das erfahrungsgemäß nicht kurzfristig zu erhalten ist, dann kann er bereits in einem frühen Stadium des Rechtsstreits durch Beweisbeschluß anordnen, daß ein entsprechendes Gutachten erstattet werden soll, und muß nicht zunächst die mündliche Verhandlung abwarten.

Als notwendigen **Inhalt eines** (förmlichen) **Beweisbeschlusses** 366 nennt § 359 das Beweisthema, das Beweismittel und den Beweisführer. Hinzukommen muß noch die Bestimmung, wo die Beweiserhebung stattfinden soll, sowie gegebenenfalls die Angabe des Termins für die Beweisaufnahme; dagegen ist eine Begründung für die Beweisanordnung weder erforderlich noch üblich. Der förmliche Beweisbeschluß kann ebensowenig wie die formlose Anordnung einer Beweisaufnahme selbständig angefochten werden, weil dadurch keine abschließende Entscheidung, sondern nur ein Akt der Prozeßleitung vorgenommen wird (vgl. auch § 360 S. 1).[73] Das Gericht kann jedoch auf Antrag einer Partei oder von Amts wegen auch ohne erneute mündliche Verhandlung den Beweisbeschluß innerhalb der durch § 360 gesetzten Grenzen ändern.

Für die ebenfalls durch Beschluß zu treffende formlose Beweisanordnung (vgl. o. RdNr. 364) fehlt eine gesetzliche Regelung des Inhalts, so daß der Richter nach seinem Ermessen über die Formulierung befinden kann. Entsprechend der Funktion dieser Anordnung wird sie jedoch den Gegenstand der Beweiserhebung im Sinne einer ungefähren Bestimmung des Themas und das Beweismittel zu bezeichnen haben.[74]

c) Durchführung der Beweisaufnahme

Für die Beweisaufnahme gilt der **Grundsatz der Unmittelbarkeit**; 367 sie muß regelmäßig vor dem Prozeßgericht stattfinden und darf nur in den durch die ZPO bestimmten Fällen einem Mitglied des Prozeßge-

---

[73] *Bruns* RdNr. 175 a.
[74] Vgl. *Musielak / Stadler* RdNr. 2.

richts als beauftragtem Richter (vgl. § 361) oder einem anderen Gericht als ersuchtem Richter (vgl. § 362) übertragen werden. Diese durch § 355 Abs. 1 getroffene Bestimmung soll die geeignete Grundlage für die Beweiswürdigung des Richters schaffen, weil im Regelfall nur derjenige am besten über Wert und Erfolg eines Beweises zu urteilen vermag, der bei der Beweiserhebung anwesend ist, also den Zeugen, den Sachverständigen oder die zu vernehmende Partei hören und fragen kann, Einsicht in die vorgelegte Urkunde nimmt oder das Augenscheinsobjekt bewertet. Damit stimmt auch überein, daß die Beweisaufnahme einen wesentlichen Bestandteil des Haupttermins bildet (vgl. § 278 Abs. 2).

Als Beispiele einer gesetzlich zugelassenen Beweisaufnahme durch den beauftragten oder ersuchten Richter seien der Beweis durch Augenschein nach § 372 Abs. 2, die Zeugenvernehmung nach § 375 (diese Vorschrift gilt auch für den Sachverständigenbeweis nach § 402 und für die Parteivernehmung nach § 451) und der Urkundenbeweis nach § 434 genannt.

368   Wird der Grundsatz der Unmittelbarkeit der Beweisaufnahme verletzt, dann führt dieser Verfahrensfehler, soweit er nicht geheilt wird, dazu, daß ein auf diese Weise gewonnenes Beweisergebnis nicht verwertet werden darf und eine darauf beruhende Entscheidung aufgehoben werden muß.[75] § 295 Abs. 1 ist jedoch anwendbar, so daß der Mangel geheilt wird, wenn der Rügeberechtigte auf die Rüge verzichtet oder es unterläßt, sie rechtzeitig zu erheben.[76]

369   Grundsätzlich hat das Gericht entsprechend der ihm obliegenden Pflicht zur Erforschung der Wahrheit die von den Parteien angetretenen Beweise zu erschöpfen. Andererseits verlangt aber ein wirksamer Rechtsschutz nicht nur die gründliche Aufklärung des Tatsachenstoffes, sondern auch eine rasche Durchsetzung des Rechts (vgl. o. RdNr. 69). Steht der Aufnahme des Beweises ein **Hindernis von ungewisser Dauer** entgegen, dann kann dementsprechend nicht einfach abgewartet werden, bis dieses Hindernis behoben wird, sondern der Prozeß muß fortgesetzt werden. § 356 trägt dieser Notwendigkeit dadurch Rechnung, daß bei Hindernissen ungewisser Dauer das Gericht eine Frist zu bestimmen hat, nach deren fruchtlosen Ablauf das Beweismittel nur benutzt werden kann, wenn dadurch das Verfahren nicht verzögert wird (z.B. bringt eine Partei den Zeugen zur mündlichen Verhandlung mit, den sie zufällig nach Ablauf der Frist getroffen hat, die das Gericht für die Mitteilung der Adresse dieses Zeugen setzte).

Es muß sich stets bei dem Hindernis um ein behebbares handeln, weil andernfalls kein Grund besteht, die Entscheidung des Rechtsstreits durch eine Fristsetzung zu

---

[75] BGH JZ 1984, 186, 187 f.
[76] BGHZ 40, 179, 183 f. = NJW 1964, 108; BGHZ 86, 105, 113 ff. = NJW 1983, 1793; *Stein/Jonas/Leipold* § 295 RdNr. 17 f.; *Jauernig* § 51 IV; aA *AK-ZPO/Rüßmann* § 355 RdNr. 5; *Weth* JuS 1991, 34, 36.

verzögern. Steht fest, wann das Hindernis beseitigt sein wird, ist also seine Dauer gewiß, dann kommt es darauf an, ob dem Gegner der beweisführungsbelasteten Partei billigerweise zugemutet werden kann, die Behebung des Hindernisses abzuwarten. Ist dies zu bejahen, dann ist die Beweisaufnahme zum frühestmöglichen Zeitpunkt anzuberaumen; andernfalls ist der Beweisantrag wegen Unerreichbarkeit des Beweismittels abzulehnen.[77]

Nach § 357 Abs. 1 ist es den Parteien gestattet, der Beweisaufnahme **370** beizuwohnen. Nur ausnahmsweise darf dieses Recht eingeschränkt werden, so in dem Fall, daß das Gericht nach § 177 GVG zur Aufrechterhaltung der Ordnung in der Sitzung eine Partei aus dem Sitzungszimmer entfernen läßt (vgl. o. RdNr. 152) oder wenn die ernsthafte Gefahr besteht, daß ein Zeuge in Gegenwart einer Partei keine wahrheitsgemäße Aussage machen werde (Rechtsgedanken des § 247 StPO). Für die Beweisaufnahme gilt also der **Grundsatz der Parteiöffentlichkeit.** Dieser Grundsatz gibt den Parteien das Recht, von allen Handlungen des Gerichts und des Gegners unterrichtet zu werden, Einsicht in die Gerichtsakten zu erhalten und an der mündlichen Verhandlung teilzunehmen.[78] Der Grundsatz der Parteiöffentlichkeit der Beweisaufnahme leitet sich aus dem Anspruch auf rechtliches Gehör (Art. 103 Abs. 1 GG) ab.

In Fällen, in denen die Beweisaufnahme vor dem Prozeßgericht statt- **371** findet, dient der Termin zur Beweisaufnahme zugleich zur Fortsetzung der mündlichen Verhandlung; dies wird durch § 370 Abs. 1 bestimmt und damit dem Prinzip der Unmittelbarkeit der Beweisaufnahme entsprochen. Solange noch Richter und Parteien das Ergebnis der Beweisaufnahme frisch in Erinnerung haben, soll darüber verhandelt werden.[79] Wird der Beweis im Rahmen eines Verhandlungstermins erhoben, wie dies durch § 278 Abs. 2 für den Haupttermin vorgeschrieben ist, hat § 370 Abs. 1 nur deklaratorische Bedeutung.

V. Die einzelnen Beweismittel

a) Beweis durch Augenschein

Der in §§ 371 bis 372a geregelte Beweis durch Augenschein erfaßt **372** nicht nur – wie seine Bezeichnung und der Wortlaut des Gesetzes nahelegen könnten – die visuelle Bewertung eines Gegenstandes durch den Richter, sondern jede unmittelbare Wahrnehmung der Beschaffenheit von Personen oder Sachen mittels der Sinnesorgane des Richters. Der Beweis durch Augenschein beschränkt sich also nicht auf das Sehen,

---

[77] *MK/Musielak* § 356 RdNr. 3 f.
[78] *Rosenberg/Schwab/Gottwald* § 23 IV 5.
[79] *MK/Musielak* § 370 RdNr. 1.

sondern umfaßt in gleicher Weise Hören, Schmecken, Riechen und Fühlen. Immer dann, wenn der Richter äußerlich feststellbare Tatsachen durch eigene Wahrnehmung ermittelt, handelt es sich um einen Beweis durch Augenschein.

Beispiele sind Ortsbesichtigungen durch das Gericht, um den Ablauf eines entscheidungserheblichen Vorganges z. B. eines Verkehrsunfalles besser rekonstruieren zu können, die Feststellungen von Geruchsbelästigungen oder von Lärm. Das Gericht kann bei der Einnahme des Augenscheins auch technische Hilfsmittel (z. B. ein Mikroskop) einsetzen und sich der Hilfe von Sachverständigen bedienen (§ 372 Abs. 1).

Bei der Abgrenzung des Beweises durch Augenschein von anderen Beweismitteln können sich durchaus Schwierigkeiten ergeben. Hierbei ist darauf zu sehen, ob die eigene Wahrnehmung des Richters die entscheidende Rolle spielt. Um einen Augenscheinsbeweis handelt es sich, wenn ein dabei eingesetzter Sachverständiger dem Richter lediglich bei dessen Wahrnehmung hilft; wird dagegen die Einnahme des Augenscheins durch den Sachverständigen selbst unter Einsatz dessen spezifischen Sachverstandes vollzogen und dem Richter lediglich das Ergebnis mitgeteilt, dann wird ein Sachverständigenbeweis geführt.[80]

373 Es gibt Fälle, in denen das Gericht nicht selbst den Beweis durch Augenschein erheben kann, weil sich das Augenscheinsobjekt z. B. an einem für den Richter nicht zugänglichen Ort befindet. Dann kann der Richter einer anderen Person die Aufgabe der Einnahme des Augenscheins übertragen, damit dieser die getroffenen Feststellungen dem Gericht mitteilen kann. Diese **Augenscheinsgehilfe** genannte Person unterscheidet sich von einem Sachverständigen dadurch, daß die zu treffenden Feststellungen keine besondere Sachkenntnis voraussetzen. Der Augenscheinsgehilfe ist kein Zeuge, sondern nur ein Helfer des Gerichts, dessen Einsatz dann zulässig ist, wenn der Richter selbst die Einnahme des Augenscheins nicht durchführen kann.[81]

Beispiel: Es kommt auf die Feststellung an, wie der obere Abschluß eines hohen Industrieschornsteins beschaffen ist. Da der Richter körperlich nicht in der Lage ist, dort selbst die erforderlichen Feststellungen zu treffen, setzt er als seinen Gehilfen einen Schornsteinbauer ein, der sich zur Spitze des Schornsteines begibt und dem Richter mitteilt, was er dort gesehen hat. Kommt es allerdings auf die besondere Sachkunde eines Schornsteinbauers an, um diese Feststellungen treffen zu können, dann ist die Grenze zum Sachverständigenbeweis überschritten.

374 Nur im Rahmen des § 372a, also zum Nachweis der Abstammung, kann die **Duldung** eines Augenscheinsbeweises **erzwungen** werden. In allen anderen Fällen gibt es eine solche erzwingbare Pflicht nicht. Auch wer die Parteien für verpflichtet hält, eine ihnen zumutbare Inaugenscheinnahme zu dulden,[82] zieht lediglich beweisrechtliche Folgerungen aus einer Weigerung.

---

[80] Zur Abgrenzung vgl. auch *Schilken* RdNr. 516.
[81] Vgl. *Rosenberg/Schwab/Gottwald* § 120 IV; *MK/Damrau* § 372 RdNr. 4.
[82] Vgl. *Baumbach/Lauterbach/Hartmann* vor § 371 RdNr. 4 ff. m. weit. Nachw.

Scheitert der Augenscheinsbeweis an der Weigerung der beweisführungsbelasteten Partei (zu diesem Begriff vgl. u. RdNr. 415), dann steht das Beweismittel nicht zur Verfügung und die Partei hat die sich daraus ergebenden Konsequenzen zu tragen. Das gleiche gilt bei Weigerung eines Dritten. Lehnt der Gegner der beweisführungsbelasteten Partei die Inaugenscheinnahme ab, dann handelt es sich um einen Fall der Beweisvereitelung (vgl. dazu u. RdNr. 407 ff.).

b) Zeugenbeweis

Der in den §§ 373 bis 401 geregelte Zeugenbeweis ist das in der Praxis am häufigsten gebrauchte Beweismittel, obwohl es sich dabei anerkanntermaßen um das unzuverlässigste handelt. Praktische Unverzichtbarkeit trotz aller Mängel schafft eine Problematik, derer sich alle Beteiligten, insbesondere aber der Richter bewußt sein müssen. Die Unzuverlässigkeit des Zeugenbeweises hat unterschiedliche Gründe. Neben Fehlern, die bei der Befragung von Zeugen aufgrund unzureichender Sensibilität und auch fehlender Erfahrung immer wieder von dem vernehmenden Richter begangen werden, sind dies insbesondere Defizite bei Aufnahme und Speicherung des Erlebten durch den Zeugen, weniger Böswilligkeit oder Lügenhaftigkeit.[83] Der Richter muß sich stets der Schwachpunkte beim Zeugenbeweis bewußt sein, um nach Möglichkeit selbst Fehler bei der Vernehmung zu vermeiden und die Aussage richtig bewerten zu können. **375**

Wer Zeuge sein kann, wird ausdrücklich in der ZPO nicht bestimmt. Die häufig aufgestellte Regel, wer Partei ist, kann nicht Zeuge sein, gilt nicht ausnahmslos, denn in Sonderfällen kann auch eine Partei als Zeuge vernommen werden (vgl. dazu u. RdNr. 393); richtig ist vielmehr der Satz, wer in einem Prozeß als Partei vernommen werden kann, darf nicht als Zeuge gehört werden.[84] **376**

Als einziges Beweismittel ist der Zeugenbeweis bei Geltung der Verhandlungsmaxime von einem Antrag einer Partei abhängig (§ 373; vgl. auch o. RdNr. 363). Als Zeuge kann jeder – unabhängig vom Alter oder Geisteszustand sowie von seinen Beziehungen zum Gegenstand des Rechtsstreits oder zu den Parteien – benannt werden, sofern er nur die erforderliche Verstandesreife besitzt, Wahrnehmungen zu machen, zu behalten und wiederzugeben. Umstände, die einer Glaubwürdigkeit des Zeugen entgegenstehen (z. B. verwandtschaftliche oder freundschaftliche Verbundenheit mit einer Partei), führen also nicht zu seinem Ausschluß, sondern sind vom Richter bei der Beweiswürdigung zu berücksichtigen.[85] Jeden Zeugen treffen drei **Pflichten**: Die Pflicht zum Erscheinen vor dem vernehmenden Richter, die Pflicht zur wahrheits- **377**

---

[83] Vgl. im einzelnen dazu *Musielak/Stadler* RdNr. 67 ff.
[84] *Jauernig* § 53 I.
[85] Vgl. zur Beweiswürdigung beim Zeugenbeweis *Musielak/Stadler* RdNr. 153 f.

gemäßen und vollständigen Aussage und die Pflicht zur Beeidigung seiner Aussage. Zu diesen Pflichten ist folgendes zu bemerken:

– Ein ordnungsgemäß geladener Zeuge, der nicht erscheint, muß die durch sein Ausbleiben verursachten Kosten tragen; beispielsweise sind ihm die Reisekosten der anderen Beteiligten, deren Anreise durch das Ausbleiben des Zeugen vergeblich gewesen ist, aufzuerlegen. Außerdem wird gegen den Zeugen ein Ordnungsgeld und für den Fall, daß dieses nicht beigetrieben werden kann, Ordnungshaft festgesetzt (vgl. § 380 Abs. 1).[86] Für die Höhe des Ordnungsgeldes und die Dauer der Ordnungshaft, für die Beitreibung des Ordnungsgeldes und seine Umwandlung in Ordnungshaft gelten die Art. 6 bis 8 EGStGB.
Keine Pflicht zum Erscheinen trifft die von der Aussagepflicht befreiten (§ 386 Abs. 3) und die durch Krankheit am Erscheinen verhinderten Personen (Rückschluß aus § 375 Abs. 1 Nr. 2) sowie den Bundespräsidenten, der in seiner Wohnung zu vernehmen ist (§ 375 Abs. 2).

– Jeder Zeuge muß aussagen, soweit ihm nicht das Recht zur Zeugnisverweigerung zusteht (dazu sogleich). Wird das Zeugnis ohne triftigen Grund verweigert, dann sind dem Zeugen die durch die Verweigerung verursachten Kosten aufzuerlegen. Außerdem wird gegen ihn ein Ordnungsgeld oder Ordnungshaft festgesetzt (vgl. § 390 Abs. 1). Sagt der Zeuge falsch aus, dann kann er bestraft werden (vgl. § 153 StGB); außerdem kann er sich auch nach dem Zivilrecht schadensersatzpflichtig machen (§ 823 Abs. 2 BGB in Verbindung mit einem in Betracht kommenden Strafgesetz).

– Jeder zur Aussage verpflichtete Zeuge ist auch zur Beeidigung seiner Aussage verpflichtet, sofern nicht das Eidesverbot des § 393 eingreift. Die grundlose Eidesverweigerung löst die gleichen Rechtsfolgen aus wie die unbegründete Zeugnisverweigerung. Allerdings bleiben Zeugen im Zivilprozeß regelmäßig unbeeidet, und etwas anderes gilt nur, wenn das Gericht eine Beeidigung mit Rücksicht auf die Bedeutung der Aussage oder zur Herbeiführung einer wahrheitsgemäßen Aussage für geboten erachtet und die Parteien auf die Beeidigung nicht verzichten (§ 391).[87] Vorschriften über die Beeidigung sowie über die eidesgleiche Bekräftigung enthalten die §§ 478 bis 484. Darauf wird später eingegangen werden.

378	Von der **Pflicht zur Aussage** gibt es **Ausnahmen**. So besteht keine Aussagepflicht für die Mitglieder der Bundesregierung hinsichtlich der ihnen amtlich bekanntgewordenen Tatsachen (Rechtsgrundlage hierfür bildet das Bundesministergesetz von 1971). Gleiches gilt für die Minister der Länder aufgrund entsprechender Länderregelungen (vgl. § 376 Abs. 2). Richter und Beamte dürfen über Tatsachen, die ihrer Amtsverschwiegenheit unterliegen, nur aussagen, wenn sie eine Genehmigung der vorgesetzten Dienstbehörde zur Aussage erhalten; auf die entsprechenden Regelungen in den Bundes- und Landesbeamtengesetzen verweist § 376 Abs. 1. Schließlich kann der Bundespräsident nach § 376 Abs. 4 das Zeugnis verweigern, wenn die Ablegung des Zeugnisses dem Wohl des Bundes oder eines deutschen Landes Nachteile bereiten würde. Diese im öffentlichen Wohl liegenden Ausnahmen von einer Aus-

---

[86] Vgl. *Musielak/Stadler* RdNr. 73 ff.
[87] Vgl. *Musielak/Stadler* RdNr. 104.

sagepflicht werden ergänzt durch die Regelungen der §§ 383 bis 385, durch die aus unterschiedlichen Erwägungen Ausnahmen von der allgemeinen Zeugnispflicht zugelassen werden.

Die Gründe sind teils persönlicher, teils sachlicher Art. Wegen enger Beziehungen zu einer Partei gewährt das Gesetz den Verlobten, den Ehegatten und nahen Verwandten ein Zeugnisverweigerungsrecht, auf das der Richter hinzuweisen hat (vgl. § 383 Abs. 2). Im Interesse der beruflichen Schweigepflichten sind bestimmte Personen, wie Geistliche, Ärzte und Journalisten, nach § 383 Nr. 4 bis 6 von der Zeugenpflicht befreit, sofern sie nicht von der Verpflichtung zur Verschwiegenheit entbunden werden (§ 385 Abs. 2). Soweit eine Aussage den Zeugen selbst schädigen, gefährden oder sonst benachteiligen könnte, wird ihm unter den Voraussetzungen des § 384 ein Zeugnisverweigerungsrecht zugestanden; eine Pflicht des Richters zur Belehrung über dieses Recht besteht nicht, jedoch empfiehlt sich ein entsprechender Hinweis, wenn es dafür einen Grund gibt. Durch § 385 Abs. 1 wird dann wiederum eine Gegenausnahme zu den in § 383 Nr. 1 bis 3 und § 384 Nr. 1 getroffenen Regelungen gemacht.

Streitig ist die Frage, ob der Richter aus einer Zeugnisverweigerung Schlüsse auf die zu beweisende Tatsache ziehen darf. Verweigert beispielsweise die Ehefrau des Beklagten, der wegen eines Delikts in Anspruch genommen wird, die Aussage über die von ihr beim Tathergang gemachten Beobachtungen, dann liegt die Versuchung nahe, daraus zu folgern, daß sie nichts Günstiges für ihren beklagten Ehemann aussagen kann. Während es wohl überwiegend zu Recht abgelehnt wird, die Verweigerung des Zeugnisses im Rahmen der Beweiswürdigung zu verwerten,[88] wird auch die Ansicht vertreten, daß es zulässig sei, eine Zeugnisverweigerung – wenn auch mit Zurückhaltung – zu bewerten.[89]

379 Die Durchführung der Zeugenvernehmung regeln die §§ 378, 394 bis 398.[90] Die Aussage des Zeugen ist möglichst mit seinen eigenen Worten in das Protokoll aufzunehmen (§ 160 Abs. 3 Nr. 4, § 162; vgl. dazu auch o. RdNr. 77). Zu berücksichtigen ist, daß nach § 377 Abs. 3 unter den dort genannten Voraussetzungen das Gericht auch eine schriftliche Beantwortung der Beweisfrage durch den Zeugen anordnen kann.

c) Beweis durch Sachverständige

380 Die Feststellung rechtserheblicher Tatsachen im Rahmen der Beweiswürdigung geschieht mit Hilfe des Erfahrungswissens (vgl. dazu u. RdNr. 398). Soweit es dafür auf Kenntnisse ankommt, über die der Richter nicht verfügt, muß er sich das Wissen anderer nutzbar machen. Dies geschieht im Zivilprozeß durch den Sachverständigenbeweis. Der

---

[88] *Jauernig* § 53 II 3 d unter Hinweis auf BGH NJW 1987, 2027, 2028 (zur StPO); *MK/Damrau* § 383 RdNr. 21.
[89] *Rosenberg/Schwab/Gottwald* § 122 V 3 d unter Hinweis auf BGHZ 26, 391, 400 = NJW 1958, 826.
[90] Vgl. zu Einzelheiten *Musielak/Stadler* RdNr. 73, 77 ff.; *Pukall* vor RdNr. 226, RdNr. 226 ff.

Sachverständige ist folglich eine Person, die aufgrund ihrer besonderen Sach- und Fachkunde den Richter bei der Feststellung von Tatsachen unterstützt. Der Funktion nach ist der Sachverständige ein Gehilfe des Richters.

Die Aussage des Sachverständigen geschieht in der Form eines Gutachtens, dessen Inhalt sich nach der regelmäßig in einem Beweisbeschluß formulierten Beweisfrage (vgl. o. RdNr. 364) richtet. Es steht im Ermessen des Gerichts, ob das **Gutachten** schriftlich zu erstatten ist (vgl. dazu § 411). Regelmäßig dürfte sich die Schriftform empfehlen, wenn es sich nicht um sehr einfach zu beantwortende Gutachtenfragen handelt. Dem Sachverständigen kann aufgegeben werden, dem Richter lediglich abstrakte Erkenntnisse aus einem Wissensgebiet mitzuteilen, die der Richter dann selbst auf den von ihm zu bewertenden Sachverhalt anwendet.[91] Regelmäßig wird jedoch dem Sachverständigen diese Anwendung selbst überlassen, so daß dem Richter bereits die daraus zu ziehenden Schlußfolgerungen unterbreitet werden. Jedoch müssen grundsätzlich die Tatsachen, die dem Gutachten zugrunde liegen, durch das Gericht selbst festgestellt werden (vgl. § 404 a Abs. 3).[92] Soweit es sich allerdings um Tatsachen handelt, die nur mit Hilfe besonderer Sachkunde feststellbar sind, muß es dem Sachverständigen gestattet werden, solche Tatsachen selbst zu ermitteln und in seinem Gutachten zu verwerten. So kann es beispielsweise erforderlich sein, daß der Sachverständige, der zu Baumängeln oder Unfallschäden gutachtlich Stellung nehmen soll, durch Besichtigung und Inaugenscheinnahme des Gebäudes oder des Kraftfahrzeuges tatsächliche Feststellungen trifft, die für sein Gutachten erforderlich sind.[93] Das Gericht hat dann den Umfang festzulegen, innerhalb dessen der Sachverständige zur Aufklärung der Beweisfrage befugt ist (§ 404 a Abs. 4). Immer muß jedoch verlangt werden, daß der Sachverständige den von ihm bewerteten Tatsachenstoff und die darauf anzuwendenden abstrakten Erfahrungssätze in seinem Gutachten nachvollziehbar für den Richter darstellt. Denn der Richter muß das Gutachten des Sachverständigen, wie jeden anderen Beweis auch, würdigen und sich von der Richtigkeit überzeugen, nicht etwa kritiklos das Ergebnis des Gutachtens übernehmen.[94]

381   Aus dem beschriebenen Verhältnis zwischen Richter und Sachverständigem ergibt sich, daß die **Entscheidung, ob** ein **Sachverständigengutachten zu erstatten** ist, dem Ermessen des Richters überlassen bleibt. Denn ein Sachverständiger muß nur dann hinzugezogen werden, wenn der Richter nicht selbst über die erforderliche Sachkunde verfügt. Dementsprechend kann der Sachverständigenbeweis von Amts wegen angeordnet werden (§ 144) und das Gericht den Antrag einer Partei auf Sachverständigenbeweis ablehnen. Die Auswahl eines Sachverständigen wird durch das Gericht vorgenommen, wenn nicht die Parteien einverständlich einen Sachverständigen benennen (vgl. § 404).

---

[91] Dies kommt insbesondere in Betracht, wenn der Sachverständige fremdes Recht, Gewohnheitsrecht oder Satzungen, die zum Gegenstand eines Beweises gemacht werden (vgl. § 293; dazu o. RdNr. 359 f.), in seinem Gutachten zu beschreiben hat.

[92] BGH NJW 1970, 1919, 1921, m. weit. Nachw.

[93] Vgl. *Rosenberg/Schwab/Gottwald* § 123 I 3.

[94] BGH NJW 1986, 1928, 1930.

Ein **Sachverständiger** kann **von einer Partei** aus denselben Gründen **abgelehnt** werden, wie sie für die Ablehnung eines Richters gelten (§ 406 Abs. 1 S. 1 iVm. §§ 41, 42; vgl. dazu o. RdNr. 88); allerdings ist es anders als beim Richter (§ 41 Nr. 5) bei einem Sachverständigen kein Grund zur Ablehnung, wenn er vorher als Zeuge vernommen worden ist (§ 406 Abs. 1 S. 2).

Wenn auch ergänzend zur Regelung des Sachverständigenbeweises **382** (§§ 403 ff.) die Vorschriften über den Zeugenbeweis heranzuziehen sind (vgl. § 402), so ergeben sich doch zwischen beiden Beweismitteln insbesondere hinsichtlich der Stellung des Gerichts und einer Ablehnung durch die Parteien, die nur bei einem Sachverständigen möglich ist, bedeutsame Unterschiede. Deshalb ist es erforderlich, eine Entscheidung zu treffen, ob eine Person als Sachverständiger oder als Zeuge gehört wird. Im Grundsatz kann es insoweit keine Abgrenzungsschwierigkeiten geben: Wer über die Wahrnehmung vergangener Tatsachen berichtet, ist Zeuge, wer dem Gericht (nur) Erfahrungssätze mitteilt, ist Sachverständiger. Da der Zeuge über persönliche Erlebnisse berichtet, ist er anders als der Sachverständige nicht austauschbar. Nun kann allerdings ein Zeuge aufgrund besonderer Sachkunde über seine Wahrnehmungen berichten. Es handelt sich dann um einen sog. **sachverständigen Zeugen**, für den jedoch nicht die Vorschriften über den Sachverständigenbeweis, sondern die über den Zeugenbeweis gelten (§ 414).

Beispiel: Der Arzt A wird Zeuge eines Kfz-Unfalls und leistet Erste Hilfe. Im Prozeß zwischen dem Geschädigten und dem Unfallverursacher wird A als Zeuge vernommen. Er berichtet sowohl über den Unfallhergang als auch über die Verletzungen des Unfallopfers, die er bei seiner Hilfeleistung festgestellt hat. A ist Zeuge, und zwar auch hinsichtlich seiner sachverständig getroffenen Feststellungen über Art und Schwere der Verletzungen.

Ein Sachverständiger ist unter den in § 407 genannten Voraussetzun- **383** gen zur Erstattung des Gutachtens verpflichtet; er hat den Gutachtenauftrag des Gerichts unverzüglich daraufhin zu prüfen, ob er in sein Fachgebiet fällt und ob er ihn allein durchführen kann (§ 407 a Abs. 1). Verweigert er ohne triftigen Grund (vgl. dazu § 408) die Begutachtung, dann kann gegen ihn ein Ordnungsgeld festgesetzt werden (§ 409 Abs. 1). Der Sachverständige wird grundsätzlich uneidlich vernommen; für seine Beeidigung (vgl. § 410) gelten die gleichen Erwägungen wie für die Beeidigung eines Zeugen (vgl. o. RdNr. 377).

Für die Frage nach einer **Haftung des Sachverständigen** für die Erstellung eines unrichtigen Gutachtens kommt seiner Beeidigung Bedeutung zu. Denn in diesem Fall haftet der Sachverständige nach § 823 Abs. 2 BGB iVm. §§ 154 ff., 163 StGB auch bei Fahrlässigkeit.[95] Wird jedoch der Sachverständige nicht beeidigt, dann ist

---

[95] Der BGH (BGHZ 62, 54 = NJW 1974, 312) hat aus der Stellung des Sachverständigen als Richtergehilfen und aus der dafür erforderlichen inneren Unabhängigkeit den Schluß ziehen wollen, daß dem Sachverständigen eine Haftungsfreistellung von jedem fahrlässigen Verhalten bei Ausübung seiner Tätigkeit zuzubilligen sei, jedoch hat das BVerfG (BVerfGE 49, 304 = NJW 1979, 305) den Ausschluß

seine Haftung nur bei der wohl kaum vorkommenden vorsätzlichen Schädigung einer Partei unproblematisch; in diesem Fall haftet er nach § 826 BGB und gegebenenfalls auch nach § 823 Abs. 2 BGB iVm. § 263 StGB. Dagegen ist es streitig, ob auch ein lediglich fahrlässig handelnder (unbeeidigt gebliebener) Sachverständiger einer Partei für den Schaden haften muß, der aufgrund des falschen Gutachtens entsteht. Da vertragliche Beziehungen zwischen Sachverständigen und Parteien nicht bestehen und meistens eine durch § 823 Abs. 1 BGB geschützte Rechtsposition nicht verletzt sein dürfte, kommt eine Haftung aufgrund des § 823 Abs. 2 BGB nur dann in Betracht, wenn man den Vorschriften der ZPO über die Wahrheitspflicht eines Sachverständigen (§ 395 Abs. 1 iVm. § 402) und über die Pflicht zur sorgfältigen und unparteilichen Erstattung eines Gutachtens (§ 410 Abs. 1 S. 2) den Charakter von Schutzgesetzen zuerkennt (vgl. dazu GK BGB RdNr. 682). Dies wird jedoch von der hM verneint.[96]

384　　Der vom Gericht bestellte Gutachter muß grundsätzlich das Gutachten selbst erstatten (§ 407 a Abs. 2 S. 1). Dies schließt allerdings nicht aus, daß er **Hilfspersonen** einsetzt, die ihn bei seiner Gutachtertätigkeit unterstützen (vgl. § 407 a Abs. 2 S. 2).[97] Unzulässig ist es dagegen, wenn der Gutachter den Gutachtenauftrag zur selbständigen Erledigung einem anderen weitergibt.

> **Beispiel:** Das Gericht bestellt Professor Dr. X zum Gutachter. Dieser gibt den Gutachtenauftrag an seinen Mitarbeiter, Privatdozent Dr. Y, weiter. Dieser erstattet eigenverantwortlich das Gutachten und legt es dem Gericht vor. Dieses Gutachten ist im Prozeß nicht verwertbar, weil es nicht von dem bestellten Gutachter erstattet worden ist.

Will das Gericht das Gutachten verwertbar machen, dann muß es seinen Beweisbeschluß nach § 360 S. 2 von Amts wegen ändern und den Verfasser des Gutachtens anstelle der bisher im Beschluß genannten Person zum gerichtlichen Sachverständigen bestellen.[98]

385　　Legt eine Partei ein sog. **Privatgutachten** vor, d. h. ein Gutachten, das sie selbst, und nicht das Gericht in Auftrag gegeben hat, dann handelt es sich dabei nicht etwa um einen Sachverständigenbeweis, sondern lediglich um einen Parteivortrag. Widerspricht der Prozeßgegner der Verwertung des Gutachtens, dann werden die darin mitgeteilten Tatsachen streitig und über sie muß gegebenenfalls durch ein gerichtliches Sachverständigengutachten Beweis erhoben werden.[99]

---

einer Haftung für grob fahrlässiges Verhalten für unzulässig erklärt. Eine Haftungsfreistellung für leichte Fahrlässigkeit ist jedoch ebenfalls abzulehnen, weil nach dem anzuwendenden allgemeinen Haftungsrecht für jeden Grad von Fahrlässigkeit gehaftet werden muß und eine Privilegierung von Sachverständigen nicht gerechtfertigt werden kann; vgl. *Jauernig* § 54 II 3.

[96] BGH NJW 1968, 787, 788; BGH (Fn. 78); OLG Hamm VersR 1985, 841; *Rosenberg/Schwab/Gottwald* § 123 IV 4 e; offengelassen vom BGH NJW 1984, 870; aA *J. Blomeyer* ZRP 1974, 214; OLG Hamm MDR 1950, 221.

[97] Vgl. BVerwG NVwZ 1993, 771, 772.

[98] BGH VersR 1978, 1105, 1106; BGH NJW 1985, 1399, 1400.

[99] *Musielak/Stadler* RdNr. 122.

d) Beweis durch Urkunden

In der ZPO wird der **Begriff der Urkunde** – auch in der in § 415 **386** Abs. 1 enthaltenen Beschreibung der öffentlichen Urkunde – nicht definiert, sondern vorausgesetzt. Der im Zivilprozeßrecht zu verwendende Urkundenbegriff ist enger als der des Strafrechts und erfaßt nur durch Schriftzeichen verkörperte Gedankenäußerungen.[100] Dementsprechend können nicht schriftliche Verkörperungen von Gedanken wie Kfz-Kennzeichen, Tonbandaufnahmen, Schallplatten, EDV-Datenträger (Disketten einschließlich ihres Ausdrucks) und Fotografien nur als Augenscheinsobjekte Gegenstand eines Beweises sein.[100] Dagegen können Kopien wie z. B. Mikro-, Foto-, und Telefaxkopien die Eigenschaft einer Urkunde im Sinne der ZPO erlangen.[101]

Für die Beweiskraft der Urkunden ist die Unterscheidung zwischen öffentlichen Urkunden (§ 415 Abs. 1) und privaten Urkunden (§ 416) bedeutsam. **Öffentliche Urkunden** sind die von einer öffentlichen Behörde oder einer mit öffentlichen Glauben versehenen Person (Beispiele: Notar, Gerichtsvollzieher, Urkundsbeamter der Geschäftsstelle) innerhalb ihrer Amtsbefugnis oder des ihr zugewiesenen Geschäftskreises in vorgeschriebener Form aufgenommenen schriftlichen Gedankenäußerungen. Alle übrigen Urkunden sind private.

Der Erfolg des durch eine Urkunde zu führenden Beweises hängt **387** selbstverständlich von ihrer **Echtheit** ab. Inländische öffentliche Urkunden (zu ausländischen vgl. § 438) haben die Vermutung der Echtheit für sich (§ 437 Abs. 1). Eine Partei, die sich auf die Unechtheit einer derartigen Urkunde beruft, muß die Unechtheit beweisen (vgl. § 292). Wird eine Privaturkunde dem Gericht vorgelegt, dann muß sich der Gegner zur Echtheit dieser Urkunde erklären. Bestreitet er die Echtheit nicht, dann gilt sie – in Verfahren vor dem Amtsgericht allerdings nur nach einer entsprechenden Aufforderung des Gerichts (vgl. § 510) – als zugestanden und der Richter hat von ihrer Echtheit auszugehen (§ 439 Abs. 1, 3). Die Echtheit einer nicht anerkannten Privaturkunde muß dagegen von demjenigen bewiesen werden, der sich auf sie zum Beweis beruft (§ 440 Abs. 1). Steht die Echtheit der Namensunterschrift fest, dann muß der Gegner den Beweis gegen die nach § 440 Abs. 2 vermutete Übereinstimmung des Urkundentextes mit dem Willen des Ausstellers führen (§ 292).[102]

Der Namenszug muß unter dem Text stehen. Ein über (sog. „Oberschrift") oder neben dem Text stehender Namenszug (sog. „Nebenschrift") ist nicht als „Unterschrift" iSv. §§ 416, 420 Abs. 2 anzusehen.[103]

---

[100] BGHZ 65, 300 = NJW 1976, 294; *MK/Schreiber* § 415 RdNr. 4 ff.
[101] Vgl. *Zoller* NJW 1993, 429.
[102] *Zöller/Geimer* § 440 RdNr. 1.
[103] BGHZ 113, 48, 51 f. = NJW 1991, 487 (zur Oberschrift); BGH NJW 1992, 829 (zur Nebenschrift).

388 Die **Beweiskraft** echter Urkunden wird durch eine Reihe den Richter bindender Beweisregeln (vgl. § 286 Abs. 2) festgelegt. Für öffentliche Urkunden sind die entsprechenden Vorschriften in §§ 415, 417 und 418 enthalten. Die in § 416 für Privaturkunden aufgestellte Beweisregel, daß die in ihr enthaltene Erklärung vom Aussteller stammt, wenn er die Urkunde unterzeichnet hat, enthält eine Selbstverständlichkeit. Denn beweiskräftig sind nur echte Urkunden, d. h. die auch vom Aussteller stammen und hinsichtlich ihres Inhalts nicht verfälscht wurden (vgl. o. RdNr. 387). Aus § 416 darf nicht geschlossen werden, daß nicht unterzeichnete Privaturkunden zum Beweis, daß die in ihnen enthaltenen Erklärungen vom Aussteller stammen, ungeeignet sind.[104]

389 Das **Verfahren des Urkundenbeweises** unterscheidet sich regelmäßig nicht von dem anderer Beweisarten. Auf Antrag einer Partei oder von Amts wegen ergeht Beschluß, den Beweis zu erheben; dabei macht es allerdings einen Unterschied, ob sich die Urkunde in den Händen des Beweisführers, des Gegners, eines Dritten oder einer Behörde befindet (vgl. §§ 420 ff.).[105]

e) Beweis durch Parteivernehmung

390 Daß die Parteivernehmung nicht als ein sehr zuverlässiges Beweismittel angesehen werden kann, bedarf wohl kaum der Betonung. Andererseits kann auch nicht völlig darauf verzichtet werden, das Wissen der Partei von rechtserheblichen Vorgängen für die Entscheidung des Rechtsstreits zu verwerten. Die ZPO hat deshalb zwar die Parteivernehmung als Beweismittel zugelassen, jedoch nur unter einschränkenden Voraussetzungen, die sich aus §§ 445, 447 und 448 ergeben.[106]

Grundsätzlich darf durch eine Parteivernehmung kein direkter Gegenbeweis geführt werden (§ 445 Abs. 2). Dies gilt nur dann nicht, wenn der Gegner der beweisführungsbelasteten Partei damit einverstanden ist, es sich also um einen Fall des § 447 handelt.[107]

Ein **Gegenbeweis** ist gegen das Bestehen einer Tatsache gerichtet, auf die es für die Verwirklichung eines Tatbestandsmerkmals ankommt. Der Beweis, der diese Tatsache zum Gegenstand hat, wird **Hauptbeweis** genannt.

Beispiel: Für den Anspruch des Käufers auf Übergabe und Übereignung der Kaufsache kommt es auf das Zustandekommen eines gültigen Kaufvertrages an (vgl. § 433 Abs. 1 S. 1 BGB). Der Beweis, der zum Ziel hat, das Zustandekommen des Kaufvertrages darzulegen, ist also der Hauptbeweis, während der Gegenbeweis bezweckt, den Vertragsschluß in Abrede zu stellen.

---

[104] *AK-ZPO/Rüßmann* § 416 RdNr. 1.
[105] Vgl. zu Einzelheiten *Rosenberg/Schwab/Gottwald* § 121 IV.
[106] Vgl. *Musielak/Stadler* RdNr. 109 f.
[107] *Zöller/Greger* § 447 RdNr. 1.

Bildet das Bestehen oder Nichtbestehen der rechtserheblichen Tatsache den Gegenstand des Beweises, dann spricht man von einem unmittelbaren (direkten) Haupt- oder Gegenbeweis. Werden dagegen durch den Beweis lediglich Tatsachen dargelegt, aus denen mit Hilfe von Erfahrungssätzen auf das Bestehen oder Nichtbestehen der rechtserheblichen Tatsache geschlossen werden kann, dann handelt es sich um einen (indirekten) mittelbaren Haupt- oder Gegenbeweis, den man auch **Indizienbeweis** nennt.

Ein unmittelbarer (Haupt-)Beweis wäre es, wenn ein Zeuge mitteilte, er sei bei dem Abschluß des Kaufvertrages zugegen gewesen und könne ihn deshalb bestätigen. Ein mittelbarer (Gegen-)Beweis wäre es, wenn ein Zeuge bekundete, er habe einen Vertragspartner zu dem angeblichen Zeitpunkt des Vertragsschlusses an einem anderen Ort gesehen. Aus dieser Tatsache ließe sich dann darauf schließen, daß der (rechtserhebliche) Vorgang des Vertragsschlusses nicht vollzogen wurde. Die Führung eines indirekten Gegenbeweises durch Parteivernehmung ist zulässig.[108]

Die Vernehmung einer Partei muß stets durch einen (förmlichen) **391** Beweisbeschluß (vgl. o. RdNr. 364) angeordnet werden (§ 450 Abs. 1 S. 1). Für die **Durchführung der Vernehmung** einer Partei gelten weitgehend die Vorschriften über die Zeugenvernehmung (vgl. § 451). Danach ist die Partei zur Wahrheit zu ermahnen und darauf hinzuweisen, daß sie möglicherweise ihre Aussage zu beeiden hat (§ 395 Abs. 1 iVm. § 451).

Die Parteienvernehmung als Beweismittel unterscheidet sich deutlich von den Bekundungen der Parteien, die sie sonst im Prozeß abgeben. Auch wenn das Gericht nach § 141 Abs. 1 das persönliche Erscheinen der Parteien anordnet, um durch ihre Anhörung den Sachverhalt zu klären, dienen ihre Ausführungen zur Beseitigung von Unklarheiten, Widersprüchen und Lücken im Parteivortrag und sind von der Parteivernehmung als Beweismittel zu trennen. Was im Rahmen der **Parteianhörung** vorgetragen wird, hat also stets nur die Qualität von Behauptungen und nicht von Beweisen.[109]

Wenn auch eine Partei wie ein Zeuge aussagt, besteht doch ein wich- **392** tiger **Unterschied zum Zeugenbeweis** darin, daß die Partei weder zum Erscheinen noch zur Aussage gezwungen werden kann (vgl. § 446, § 453 Abs. 2, § 454 Abs. 1). Vielmehr hat das Gericht das Verhalten der Partei dann frei zu würdigen, wobei es allerdings regelmäßig von dem Erfahrungssatz ausgehen wird, daß eine Partei, die etwas für sich Günstiges bekunden kann, erscheint und aussagt.

Die Unterscheidung, ob jemand in einem Zivilprozeß als **Partei 393 oder** als **Zeuge** aussagt, bereitet durchweg keine Schwierigkeiten, weil eine Partei regelmäßig nicht als Zeuge vernommen werden kann (vgl. auch o. RdNr. 376). Allerdings gilt eine Ausnahme: Nach § 455 darf ein Minderjähriger, der das sechzehnte Lebensjahr noch nicht vollendet hat, nicht als Partei vernommen werden. In diesem Fall bleibt nur, ihn als Zeugen zu vernehmen, wenn sein Wissen über rechtserhebliche Tat-

---

[108] *Rosenberg/Schwab/Gottwald* **§** 124 II 1.
[109] Vgl. BGH MDR 1967, 834; *MK/Peters* **§** 141 RdNr. 1.

sachen für die Entscheidung des Rechtsstreits nutzbar gemacht werden soll.[110] Zeuge kann auch eine frühere Partei sein, wenn sie im Zeitpunkt des Vernehmungstermins als Partei aus dem Prozeß ausgeschieden ist.[111]

394   Grundsätzlich werden die Parteien uneidlich vernommen. Jedoch kann das Gericht die Beeidigung anordnen, wenn die unbeeidigte Aussage nicht ausreicht, um das Gericht von der Wahrheit oder Unwahrheit der zu beweisenden Tatsache zu überzeugen (§ 452 Abs. 1). Allerdings muß die Beeidigung unterbleiben, wenn die Gegenpartei darauf verzichtet (§ 452 Abs. 3). Wurden beide Parteien vernommen, so kann die Beeidigung der Aussagen über dieselbe Tatsache nur von einer Partei verlangt werden (§ 452 Abs. 1 S. 2). Verweigert die Partei den Eid, dann hat das Gericht in gleicher Weise wie bei der Aussageverweigerung unter Berücksichtigung der gesamten Sachlage, insbesondere der für die Weigerung vorgebrachten Gründe, nach freier Überzeugung zu entscheiden, ob es die behauptete Tatsache als erwiesen ansehen will (§ 453 Abs. 2 iVm. § 446; o. RdNr. 392).

395   Die **Vorschriften über** die **Abnahme von Eiden** sind in den §§ 478 bis 484 zusammengefaßt; sie gelten in gleicher Weise für die Beeidigung von Parteien, Zeugen und Sachverständigen. Vor der Leistung des Eides ist in angemessener Weise über die Bedeutung des Eides sowie darüber zu belehren, daß der Eid auch ohne religiöse Beteuerung geleistet werden kann (§ 480). Gibt der Schwurpflichtige an, daß er aus Glaubens- oder Gewissensgründen keinen Eid leisten wolle, so kann er eine Bekräftigung abgeben, die dem Eid gleichsteht (§ 484 Abs. 1). Die Eides- und Bekräftigungsformel sind im Gesetz vorgeschrieben (vgl. §§ 481, 484).

VI. Beweiswürdigung

a) Stellung und Aufgabe des Richters

396   Durch § 286 wird der Grundsatz der freien richterlichen Beweiswürdigung im Gesetz verankert. Dieser Grundsatz bedeutet, daß der Richter bei der Feststellung rechtserheblicher Tatsachen im Zivilprozeß an gesetzliche Beweisregeln, die den Wert einzelner Beweismittel bei der Tatsachenwürdigung festlegen, nicht gebunden ist, sondern nach seiner Überzeugung zu entscheiden hat, „ob eine tatsächliche Behauptung für wahr oder für nicht wahr zu erachten sei" (§ 286 Abs. 1 S. 1). Nur aus-

---

[110] Vgl. BGH JZ 1965, 725; *Rosenberg/Schwab/Gottwald* § 124 II 3.
[111] *Musielak/Stadler* RdNr. 112.

nahmsweise (vgl. § 286 Abs. 2) hat das Gesetz diesen Grundsatz durchbrochen und Beweisregeln aufgestellt.

Solche Beweisregeln finden sich in § 165 S. 2 (Beweiskraft des Protokolls), in § 314 (Beweiskraft des Tatbestandes eines Urteils) und in den §§ 198 Abs. 2, 202 Abs. 2, 212 a, 415 bis 418, 438 Abs. 2, die die Beweiskraft von Urkunden betreffen.

Ein Beweis ist also geführt, d. h. eine entscheidungserhebliche Tat- **397** sache (vgl. o. RdNr. 353) ist vom Richter festgestellt und kann seiner Entscheidung zugrunde gelegt werden, wenn er sich von der **Wahrheit der Tatsachenbehauptung** überzeugen konnte. Dies bedeutet jedoch nicht, daß es allein auf die individuelle Einschätzung des einzelnen Richters ankommt, also auf einen höchstpersönlichen Vorgang, der nicht der rationalen Kontrolle durch andere zugänglich wäre. Die Aufgabe des Richters bei Klärung der Tatfrage schließt es vielmehr aus, allein auf dessen subjektive Einschätzung abzustellen, sondern verlangt die Angabe objektiver Gründe, die für die richterliche Überzeugung leitend gewesen sind; sie muß der Richter im Urteil angeben (§ 286 Abs. 1 S. 2). Sind diese Gründe ausreichend, „um eine tatsächliche Behauptung für wahr zu erachten", dann muß der Richter auch als überzeugt iSv. § 286 Abs. 1 gelten.

Der BGH hat im Anastasia-Urteil,[112] einer Grundsatzentscheidung, festgestellt: „Der Richter darf und muß sich aber in tatsächlich zweifelhaften Fällen mit einem für das praktische Leben brauchbaren Grad von Gewißheit begnügen, der den Zweifeln Schweigen gebietet, ohne sie völlig auszuschließen." Zweifel, die nicht durch konkrete Gründe gestützt werden, sind also unbeachtlich, weil absolute Sicherheit bei der Beurteilung von Vorgängen, die in der Vergangenheit liegen, kaum jemals zu erreichen ist.[113]

Die Bewertung von Tatsachen im Rahmen der richterlichen Beweis- **398** würdigung geschieht mit Hilfe des dem Richter zur Verfügung stehenden Erfahrungswissens, das er entsprechend den Denkgesetzen anzuwenden hat. Dieses **Erfahrungswissen** kann wissenschaftlich fundiert sein und einen hohen Grad von Verläßlichkeit besitzen. In diesem Bereich wird sich der Richter häufig Erfahrungssätze durch einen Sachverständigen vermitteln lassen, der dann nicht selten die Verläßlichkeit seiner Aussagen aufgrund der von ihm angewendeten statistischen Methoden in genauen Wahrscheinlichkeitswerten anzugeben vermag (Beispiel: Abstammungsgutachten in Vaterschaftsprozessen).[114] Ganz überwiegend werden jedoch dem Richter wissenschaftlich fundierte Grundlagen für die Entscheidung der Tatfrage nicht zur Verfügung stehen, und er wird auf Erkenntnisse aus der Alltagserfahrung angewiesen

[112] BGHZ 53, 245, 256 = NJW 1970, 946.
[113] Vgl. dazu die lesenswerten Ausführungen von *AK-ZPO/Rüßmann* § 286 RdNr. 16 f.
[114] BGHZ 61, 169 = NJW 1973, 1924.

sein. Dennoch liefern auch solche Erfahrungssätze objektive Wahr-
scheinlichkeitsaussagen, allerdings nur in recht groben Werten, die sich
in Beschreibungen wie „mit an Sicherheit grenzender Wahrscheinlichkeit", „mit großer Wahrscheinlichkeit" oder „mit überwiegender Wahrscheinlichkeit" ausdrücken lassen.[115]

Aufgrund des anzuwendenden Erfahrungswissens hat der Richter eine Hypothe-
se darüber aufzustellen, ob sich die behauptete Tatsache ereignet hat. Da selbst wissenschaftlich fundierte Erfahrungssätze niemals eine absolute Gewißheit vermitteln
können, bleibt stets die Möglichkeit eines Irrtums. Daß dies hingenommen werden
muß, war bereits ausgeführt worden; fraglich ist jedoch, wie hoch das Irrtumsrisiko
sein darf, wenn der Richter einen Beweis als geführt ansehen möchte. Wenn auch
wegen des häufig bestehenden Unvermögens, die Wahrscheinlichkeit für die Richtigkeit oder Unrichtigkeit einer Annahme exakt zu beziffern, dem Richter ein weiter Ermessensspielraum zugebilligt werden muß, ist es doch unverzichtbar, ihm Wer-
te an die Hand zu geben, an denen er sich orientieren kann.

399 Welche Anforderungen der Richter an die Verläßlichkeit der Annahme zu stellen hat, ob eine rechtserhebliche Tatsache existiert, wird durch
eine von Rechtsprechung und Rechtswissenschaft aus § 286 Abs. 1 ab-
geleitete Rechtsregel festgelegt, die das **Beweismaß** im Zivilprozeß angibt. Trotz aller Meinungsverschiedenheiten im Detail besteht doch
weitgehend Übereinstimmung darin, daß regelmäßig als Beweismaß ein
hoher Grad von Wahrscheinlichkeit zu verlangen ist, der zur Feststellung
streitiger Tatsachen im Prozeß erreicht werden muß. Dieser Grad von
Wahrscheinlichkeit wird mit Formulierungen wie „jeden vernünftigen
Zweifel ausschließenden Grad von Wahrscheinlichkeit"[116] oder „an Sicherheit grenzender Wahrscheinlichkeit"[117] beschrieben.

Allerdings wird nicht selten insbesondere in der höchstrichterlichen Rechtsprechung die Auffassung vertreten, daß die Wahrscheinlichkeit kein geeignetes Beweis-
kriterium abgeben könnte. Der BGH stellt in dem oben (RdNr. 397) zitierten Anastasia-Urteil ausdrücklich auf die „Gewißheit" des Richters ab und erklärt, es sei
falsch, annehmen zu wollen, das Gericht dürfe sich mit einer an Sicherheit grenzender Wahrscheinlichkeit begnügen, wenn damit auf die Erlangung einer eigenen
Überzeugung des Richters von der Wahrheit verzichtet werden sollte. Aber Überzeugung und Wahrscheinlichkeit sind keine Gegensätze, wie offenbar der BGH annimmt. Die Überzeugung ist stets auf einen Gegenstand bezogen, der ihr den Inhalt
gibt. § 286 Abs. 1 richtet die Überzeugung auf die „Wahrheit", denn der Richter
soll entscheiden, ob eine tatsächliche Behauptung von ihm für wahr erachtet werden kann. Der Begriff der Wahrheit im Sinne des Prozeßrechts kann aber nur Wahrscheinlichkeit eines bestimmten Grades sein, denn die absolute, objektive Wahrheit
kann allenfalls den idealen Bezugspunkt der Tatsachenermittlung im Prozeß ausma-
chen, jedoch nicht das Ziel, das im Einzelfall zu erreichen ist.[118] Der Gesetzgeber

---

[115] *Musielak/Stadler* RdNr. 135 f. m. Nachw.
[116] BGHZ 18, 311, 318 = NJW 1956, 21; BGH VersR 1959, 632; *Peters* S. 73;
ähnlich auch *Zöller/Greger* § 286 RdNr. 19; *Thomas/Putzo* § 286 RdNr. 2; *Schreiber*
Übungen S. 74.
[117] RGSt 51, 127; 58, 130 f; *Wieser* RdNr. 41.
[118] Vgl. dazu *Musielak/Stadler* RdNr. 143 ff.

hat dies durchaus berücksichtigt, denn er hat den Richter nicht etwa verpflichtet, die Wahrheit zu suchen, sondern nur ein subjektives Urteil darüber abzugeben, was er für „wahr hält".[119] Dementsprechend muß sich der Richter mit einem Wahrscheinlichkeitsurteil begnügen, und die Erkenntnis, daß der zum Beweis von Tatsachen erforderliche Wahrscheinlichkeitsgrad im konkreten Fall erreicht ist, stellt sich als die Überzeugung des Richters von der Wahrheit dar.

Der vom BGH verwendete Begriff der Gewißheit verdeckt lediglich dieses Verhältnis zwischen der objektiven und subjektiven Seite richterlicher Tatsachenwürdigung. Denn nicht allein die subjektive Gewißheit im Sinne eines höchstpersönlich zu gewinnenden Bewußtseins soll nach Ansicht des BGH maßgebend sein, sondern ein für das praktische Leben brauchbarer Grad von Gewißheit, der Zweifeln Schweigen gebietet, ohne sie völlig auszuschließen.[120] Die Antwort auf die Frage, ob im Einzelfall dieser Grad erreicht ist, stellt eine auf objektiver Grundlage zu treffende Entscheidung dar, die im Rechtsmittelverfahren kontrolliert und korrigiert werden kann. Der Begriff der Gewißheit ist somit nichts anderes als das subjektive Bewußtsein hoher Wahrscheinlichkeit.

Das aus § 286 Abs. 1 abzuleitende Regelbeweismaß sehr hoher Wahr- **400** scheinlichkeit kann und muß nicht durchweg angewendet werden, sondern wird in einer Reihe von Fällen durch andere Rechtsvorschriften verändert. So begnügt sich das Gesetz bei manchen Sachverhalten lediglich mit einer **Glaubhaftmachung** (vgl. z. B. § 44 Abs. 2, § 104 Abs. 2, § 236 Abs. 2, § 296 Abs. 4) und schafft dadurch nicht nur eine Erleichterung in der Beweisführung (vgl. § 294 Abs. 1), sondern läßt auch einen geringeren Grad von Wahrscheinlichkeit (überwiegende Wahrscheinlichkeit) genügen.[121] Die für die Gewährung von Prozeßkostenhilfe zu erfüllende Voraussetzung der Erfolgsaussicht einer Rechtsverfolgung oder Rechtsverteidigung (vgl. o. RdNr. 17) muß nur hinreichend sein (§ 114 S. 1), also eine gewisse Wahrscheinlichkeit für sich haben.[122] Auch im Rahmen einer Schadensermittlung aufgrund des § 287 Abs. 1 läßt die hM durchweg einen geringeren Wahrscheinlichkeitsgrad (erhebliche Wahrscheinlichkeit) genügen.[123] Im materiellen Recht finden sich ebenfalls Vorschriften, die für die Feststellung von Tatsachen im Prozeß verminderte Anforderungen aufstellen, also das Beweismaß reduzieren; als Beispiele seien hier nur § 252 S. 2 BGB („mit Wahrscheinlichkeit erwartet werden konnte")[124] und § 611a Abs. 1 S. 3 BGB („Benachteili-

---

[119] *Schellhammer* RdNr. 551.

[120] Hierbei handelt es sich um eine schon lange vor der Anastasia-Entscheidung (Fn. 92) verwendete Formel (vgl. nur BGH VersR 1957, 362), die auch weiterhin verwendet wird (vgl. BGH NJW-RR 1994, 567, 568).

[121] Vgl. *Rosenberg/Schwab/Gottwald* § 112 II 2; *Baumbach/Lauterbach/Hartmann* § 294 RdNr. 1 m. Nachw.

[122] Vgl. *Baumbach/Lauterbach/Hartmann* § 114 RdNr. 80 m. Nachw.

[123] BGH NJW 1970, 1970, 1971; 1972, 1515, 1516 (mindestens überwiegende Wahrscheinlichkeit); 1976, 1145, 1146; BGH NJW-RR 1987, 339; BGH MDR 1993, 175; BGH NJW 1993, 734 m. weit. Nachw.; *Zimmermann* § 287 RdNr. 5; *Thomas/Putzo* § 287 RdNr. 11.

[124] Vgl. *MünchKomm/Grunsky* § 252 RdNr. 9 m. weit. Nachw.

gung wegen des Geschlechts vermuten lassen")[125] genannt. Schließlich wird auch der Anscheinsbeweis als ein Mittel der Beweiserleichterung angesehen; auf die damit zusammenhängenden Fragen soll im folgenden eingegangen werden.

b) Anscheinsbeweis

401   Der Anscheinsbeweis (prima-facie-Beweis), der von der Rechtsprechung entwickelt worden ist, wird dadurch gekennzeichnet, daß der Richter von feststehenden tatsächlichen Ereignissen auf andere Tatsachen schließt, die nach der Lebenserfahrung regelmäßig damit verbunden sind. Die Rechtsprechung verwendet zur Charakterisierung dieser Verknüpfung die Bezeichnung **„typischer Geschehensablauf"** und versteht darunter einen Tatbestand, „der nach den Regeln des Lebens auf eine bestimmte Ursache hinweist und in einer bestimmten Richtung zu verlaufen pflegt".[126]

> **Beispiele:** Ein Kraftfahrer kollidiert auf übersichtlicher Straße bei normalen Wetterverhältnissen mit einem neben der Fahrbahn stehenden Baum oder gerät mit seinem Fahrzeug auf den Bürgersteig; nach einer Operation wird in der Bauchhöhle des Patienten eine große Arterienklemme zurückgelassen; vergiftetes Speiseöl wird von einer Ölfabrik in den Verkehr gebracht. In allen diesen von der Rechtsprechung entschiedenen Fällen hat der Richter aufgrund eines Anscheinsbeweises auf ein sorgfaltswidriges Verhalten des Verantwortlichen geschlossen, ohne daß im einzelnen aufgeklärt wurde, wie es zu diesem Fehlverhalten gekommen ist.[127] Dieser Verzicht des Richters auf eine weitere Klärung erscheint jedoch selbstverständlich. Denn bei solchen Sachverhalten, bei denen nichts für eine vom Normalen abweichende Situation spricht, muß aufgrund der Lebenserfahrung davon ausgegangen werden, daß der Schädiger schuldhaft gehandelt hat. Bei Anwendung des im Zivilrecht geltenden objektiven und typisierten Fahrlässigkeitsmaßstabs (vgl. GK BGB RdNr. 164) treten nämlich die individuellen Fähigkeiten und Möglichkeiten, die der Schädiger im Einzelfall besitzt, gegenüber den Kenntnissen und Fertigkeiten eines gewissenhaften Vertreters der Gruppe, zu der der Täter gehört, in ihrer Bedeutung zurück. Wird das Verhalten des Fahrzeuglenkers, Arztes oder Unternehmers in den Beispielsfällen nach diesen Gesichtspunkten beurteilt, dann ist der vorgetragene Sachverhalt ausreichend, um eine Fahrlässigkeit zu bejahen. Wie es im einzelnen zu dem Fehlverhalten kam und welche Gründe für das Verhalten maßgebend sind, ist für die rechtliche Wertung unerheblich, weil alle bei diesen Sachverhalten in Betracht kommenden Verhaltensweisen als schuldhaft zu bewerten wären. Der feststehende Sachverhalt reicht eben aus, um aufgrund der Lebenserfahrung das rechtliche Werturteil zu fällen: Dieses Verhalten ist fahrlässig.

402   Jedoch kann der Schluß von feststehenden Tatsachen mit Hilfe der Lebenserfahrung auf andere rechtlich relevante keinesfalls als ein dem

---

[125] Vgl. *MünchKomm/Söllner* § 611 a RdNr. 26 m. weit. Nachw.
[126] BGH LM § 286 (C) ZPO Nr. 11.
[127] Vgl. die Nachw. bei *Musielak/Stadler* RdNr. 162.

Anscheinsbeweis eigenes Phänomen aufgefaßt werden. Denn der Richter wendet stets bei der Beweiswürdigung Erfahrungssätze an, mit deren Hilfe er von feststehenden Tatsachen auf rechtserhebliche Ereignisse schließt.

Der Unterschied läßt sich nur darin finden, daß beim Anscheinsbeweis der Fahrlässigkeit ein einziger Erfahrungssatz erforderlich und ausreichend ist, während in anderen Fällen mehrere Erfahrungssätze angewendet werden, die sich ergänzen und möglicherweise auch widersprechen. Daß beim **Anscheinsbeweis der Fahrlässigkeit** ein Erfahrungssatz genügt, liegt daran, daß der zu beurteilende Sachverhalt in seinen wesentlichen Merkmalen von dem anzuwendenden Erfahrungssatz umfaßt wird und aus dieser Übereinstimmung mit einem für den Beweis ausreichenden Grad von Wahrscheinlichkeit auf die Verwirklichung des Tatbestandsmerkmals Fahrlässigkeit geschlossen werden kann.[128]

Allerdings ist der Anscheinsbeweis nicht auf die Feststellung der Fahr- **403** lässigkeit beschränkt, sondern spielt insbesondere auch beim **Beweis der Kausalität** eine erhebliche Rolle.

Beispiel: In einem Schwimmbad ohne Absperrung für Nichtschwimmer versinkt ein Mann lautlos an einer Stelle, an der die Wassertiefe teilweise zwischen 1,75 Meter und 2 Meter beträgt. Es ist streitig, ob der Mann, der nicht schwimmen konnte, infolge der fehlenden Absperrung auf eine tiefere Stelle geraten und ertrunken ist (dies würde eine Schadensersatzpflicht des Schwimmbadbetreibers begründen) oder ob als Todesursache eine körperliche Störung des Mannes, wie z.B. ein Hirnschlag, in Betracht kommt. Auch kann nicht ausgeschlossen werden, daß Ursache seines Todes eine plötzliche Bewußtlosigkeit gewesen ist, die den Mann hat untergehen und ertrinken lassen.[129]

Ein Sachverständiger legt dar, bei Nichtschwimmern könne schon eine unerwartete Welle zu Wasserschlucken und dadurch zu einem Schock führen, der eine Ohnmacht und in gewissen, wenn auch seltenen Fällen in Verbindung mit einer besonderen Körperbeschaffenheit sogar den Tod verursachen könne. Weiter könne der Hautreiz bei Menschen mit eigenartiger Körperbeschaffenheit zu plötzlichem Herz- und Kreislaufversagen führen. Das OLG hält die Möglichkeit, daß der Mann im tiefen Wasser ertrunken sei, für wenig wahrscheinlich, weil Menschen, die zu ertrinken drohten, sich heftig bewegten und auch schrien, nicht aber lautlos untergingen. Der BGH vertritt die Auffassung, es sei nach dem Beweis des ersten Anscheins davon auszugehen, daß der Mann an einer für ihn gefährlich tiefen Stelle versunken wäre und dadurch den Tod gefunden hätte. Um diesen Beweis des ersten Anscheins auszuräumen, hätte es des Nachweises von Tatsachen bedurft, die eine ernsthafte Möglichkeit eines anderen Geschehensablaufes ergeben. Daran fehle es. Deshalb könne auch nicht wegen der Lautlosigkeit des Versinkens auf eine andere Ursache geschlossen werden.

Im Gegensatz zu dem bisher betrachteten Anscheinsbeweis der Fahrlässigkeit zeigt sich hier, daß der Richter mehrere Erfahrungssätze zu beachten hat. Den Ausschlag für die Entscheidung des BGH gibt letztlich der Erfahrungssatz, daß der Tod eines Nichtschwimmers in unmittelbarer Nähe einer tiefen Stelle regelmäßig auf Ertrinken zurückzuführen sei. Jedoch ist in gleicher Weise auch ein anderer Erfah-

---

[128] Vgl. zu Einzelheiten der dabei zu vollziehenden Schlußfolgerung *Musielak/Stadler* RdNr. 165 f.
[129] Fall von BGH NJW 1954, 1119.

rungssatz bedeutsam, mit dem das OLG seine Entscheidung begründete, nämlich daß Ertrinkende um sich zu schlagen und zu schreien pflegen. Neben diesen mehr der Alltagserfahrung zuzurechnenden Erkenntnissen spielen auch die vom Sachverständigen vorgetragenen wissenschaftlich fundierten Erfahrungssätze eine Rolle, wonach eine unerwartete Wasserwelle zu einem Schock, zu einer Ohnmacht und unter Umständen sogar zum Tode führen könne und daß Hautreizungen im Wasser bei entsprechender Disposition geeignet seien, ein Herz- oder Kreislaufversagen zu verursachen.

404   Das Typische des Geschehensablaufs, nach hM das wesentliche Merkmal des Anscheinsbeweises, wird in dem als Beispiel angeführten Nichtschwimmerfall auf die in Betracht kommenden Schadensursachen bezogen. Es wird zunächst danach gefragt, welche Schadensursachen überhaupt in Betracht kommen, um dann mit Hilfe der Lebenserfahrung die auszuwählen, für die im konkreten Fall die größte Wahrscheinlichkeit spricht. Auf diese Weise läßt sich der Anscheinsbeweis auch auf individuelle Fälle anwenden. Die angenommene Schadensursache ist deshalb typisch, weil sie gegenüber den anderen ebenfalls möglichen in dem zu beurteilenden Sachverhalt die wahrscheinlichste ist. Allerdings ist der erzielte Wahrscheinlichkeitsgrad nicht sehr hoch und erreicht nicht das sonst für die Feststellung von Tatsachen verlangte Beweismaß. Auch in anderen vom BGH entschiedenen Fällen eines Anscheinsbeweises der Kausalität zeigt sich ein gleiches Bild wie im Nichtschwimmerfall.[130] Es werden verschiedene Faktoren gegenübergestellt, um mit Hilfe von Erfahrungssätzen den Grad ihrer Eignung als in Betracht zu ziehende Schadensursache festzustellen. Durchweg bleibt aber dann die gewonnene Wahrscheinlichkeit für die im Einzelfall bejahte Schadensursache hinter dem sonst beim Beweis geforderten Grad zurück. Der BGH benutzt also den Anscheinsbeweis der Kausalität, um die **Beweisanforderungen bei** der haftungsbegründenden **Kausalität** zu senken.

Eine solche Beweismaßreduzierung ist für die haftungsausfüllende Kausalität anerkannt. Die hM wendet hierauf die Vorschrift des § 287 an, für die sie einen geringen Wahrscheinlichkeitsgrad ausreichen läßt (vgl. o. RdNr. 400).[131] Dagegen soll für die haftungsbegründende Kausalität (vgl. dazu GK BGB RdNr. 433) die Vorschrift des § 286 und damit das Regelbeweismaß gelten.[132] Da jedoch hohe Beweisanforderungen bei jedem Kausalitätsbeweis erhebliche Schwierigkeiten bereiten würden und zu unbilligen Ergebnissen führen könnten, senkt der BGH mit Hilfe des Anscheinsbeweises der Kausalität auch im Bereich der haftungsbegründenden Kausalität das Beweismaß, ohne dies allerdings offen auszusprechen.

405   Die Rechtsprechung wendet den Anscheinsbeweis in der überwiegenden Mehrzahl in Schadensersatzfällen zur Feststellung der Kausalität

---

[130] Vgl. *Musielak/Stadler* RdNr. 172 ff.; *Musielak*, Die Grundlagen der Beweislast, 1975, S. 99 ff., 120 ff.; *Walter,* Freie Beweiswürdigung, 1979, S. 206 ff.; *Prütting,* Gegenwartsprobleme der Beweislast, 1983, S. 101 ff.

[131] BGH NJW 1986, 2945, 2946; *Baumbach/Lauterbach/Hartmann* § 287 RdNr. 4, 11, jeweils m. weit. Nachw.

[132] BGH (Fn. 131).

und der Fahrlässigkeit an. Jedoch ist der Anscheinsbeweis auf diese Fälle nicht beschränkt. Er kann überall dort geführt werden, wo Erfahrungssätze mit ausreichender Wahrscheinlichkeit die Schlußfolgerung des Richters auf die Verwirklichung rechtserheblicher Tatsachen stützen.[133]

Bei der Frage, wie sich eine Partei gegen einen Anscheinsbeweis verteidigen kann, muß die Eigenart dieses Beweises berücksichtigt werden. Er setzt die Feststellung eines Sachverhalts voraus, auf den der Erfahrungssatz angewendet werden kann und der damit die Grundlage des Anscheinsbeweises bildet. Zwischen Erfahrungssatz und dem zu beurteilenden Sachverhalt ergibt sich ein ähnliches Verhältnis, wie es zwischen Rechtssatz und den ihn verwirklichenden Tatsachen besteht; man kann deshalb auch davon sprechen, daß die „tatsächlichen Voraussetzungen" des anzuwendenden Erfahrungssatzes feststehen müssen. Deshalb bildet es eine mögliche **Verteidigung gegen** einen **Anscheinsbeweis**, die tatsächlichen Merkmale, an die der Erfahrungssatz anknüpft, zu bestreiten. Dagegen genügt es nicht, sich darauf zu berufen, daß ein Erfahrungssatz kaum jemals absolute Sicherheit vermitteln kann und deshalb immer mit der Möglichkeit einer Ausnahme gerechnet werden muß. Diese Möglichkeit muß der Richter – wie sonst auch (vgl. o. RdNr. 397) – unberücksichtigt lassen. **406**

Beispiel: Der mit seinem Fahrzeug auf den Bürgersteig geratene Fahrzeuglenker trägt vor, er sei nur deshalb auf den Bürgersteig gefahren, um nicht ein plötzlich vor seinem Wagen auftauchendes Kind zu überfahren. Kann der Richter feststellen, daß diese Verteidigung zutrifft, dann wird der zu beurteilende Sachverhalt so abgewandelt, daß der hier einschlägige Erfahrungssatz (Wer ohne triftigen Grund auf den Bürgersteig gerät, handelt fahrlässig.) nicht mehr angewendet werden kann. Denn es gibt dann einen Grund, der den Vorwurf des Sorgfaltsverstoßes widerlegt. Läßt sich dieser Grund jedoch nicht beweisen, dann muß der Richter von einem Sachverhalt ausgehen, auf den der Erfahrungssatz paßt, der für die Fahrlässigkeit des Schädigers spricht.

c) Beweisvereitelung

Von einem beweisvereitelnden Verhalten spricht man, wenn eine Partei durch ihr Verhalten die Beweisführung ihrem Gegner unmöglich macht. Es wird beispielsweise die Anschrift eines Zeugen verheimlicht, eine Urkunde vernichtet, abgelehnt, Gericht oder Sachverständigen ein Grundstück betreten zu lassen, um dort Feststellungen zu treffen, oder einen Arzt oder eine Bank von ihrer Verschwiegenheitspflicht zu entbinden. Ein solches beweisvereitelndes Verhalten kann sowohl während eines Rechtsstreits als auch vor seinem Beginn **407**

---

[133] Vgl. *Musielak/Stadler* RdNr. 181.

vorkommen. Ein anschauliches Beispiel für eine Beweisvereitelung vor Beginn eines Rechtsstreits bildet der vom BGH entschiedene Tupfer-fall:[134]

> Ein Arzt läßt in einer Operationswunde einen Tupfer zurück. Dieser Tupfer wird bei einer Nachoperation durch denselben Arzt entfernt und von ihm weggeworfen. In einem Schadensersatzprozeß gegen den Arzt kommt es für den vom Patienten zu führenden Verschuldensbeweis auf die Beschaffenheit und Größe des Tupfers an. Da jedoch der Tupfer nicht mehr vorhanden ist, scheitert dieser Beweis.

408   Auf welche Weise der vom Gegner herbeigeführten Beweisnot einer Partei begegnet werden kann, wird unterschiedlich beurteilt. Einigkeit besteht zunächst in der Frage, daß **nur** ein **schuldhaftes Verhalten** Nachteile für die beweisvereitelnde Partei zu rechtfertigen vermag.[135] Geschieht das beweisvereitelnde Verhalten bereits vor Beginn des Prozesses, dann kann der Partei nur dann ein Vorwurf gemacht werden, wenn sie zu erkennen vermag, daß ein Prozeß bevorsteht und daß ihr Verhalten geeignet ist, einen in ihm zu führenden Beweis zu verhindern.

> Dementsprechend hat der BGH auch im Tupfer-Fall (o. RdNr. 407) ausgeführt, der beklagte Arzt habe damit rechnen müssen, daß ihn der Kläger wegen des Zurückbleibens des Tupfers schadensersatzpflichtig machen werde, und hätte auch berücksichtigen müssen, daß bei einer gerichtlichen Auseinandersetzung der Parteien Art und Größe des Tupfers eine Rolle spielen würden.

409   Als **Reaktion auf** ein **beweisvereitelndes Verhalten** wird vorgeschlagen, die Beweislast umzukehren, d. h. also die Partei, der die Beweisführung unmöglich gemacht wurde, so zu stellen, als habe sie diesen Beweis geführt, und es ihrem Gegner zu überlassen, einen Gegenbeweis zu erbringen (zur Beweislastumkehr vgl. u. RdNr. 416 aE). Vorzuziehen ist dagegen die Auffassung,[136] es dem Gericht zu überlassen, im Rahmen der Beweiswürdigung aus dem beweisvereitelnden Verhalten einer Partei entsprechende Schlüsse zu ziehen. Dabei kann der Richter von dem Erfahrungssatz ausgehen, daß derjenige Beweismittel aufbewahrt und die Möglichkeit eines Beweises fördert, der annimmt, aus ihnen ließen sich in einem (als möglich erkannten) Prozeß günstige Schlußfolgerungen ziehen. Man kann also von einer beweisvereitelnden Partei die Angabe überzeugender Gründe verlangen, weshalb sie die Beweisführung ihrem Gegner unmöglich gemacht hat. Der Vorzug einer Lösung der Beweisvereitelung im Rahmen

---

[134] BGH VersR 1955, 344.

[135] Streitig ist allerdings, ob jeder Grad von Fahrlässigkeit ausreicht; vgl. dazu *Musielak/Stadler* RdNr. 185 m. Nachw.

[136] Die Rechtsprechung des BGH schwankt zwischen beiden Auffassungen (vgl. die Nachw. in BGH NJW 1986, 59, 60 f. und bei *Baumbach/Lauterbach/Hartmann* Anh. § 286 RdNr. 27); im Schrifttum überwiegt die Beweiswürdigungstheorie (vgl. z. B. *AK-ZPO/Rüßmann* § 286 RdNr. 27).

der freien richterlichen Beweisführung liegt insbesondere in der größeren Flexibilität gegenüber einer stets zu praktizierenden Beweislastumkehr.

VII. Beweislast

a) Die Beweislosigkeit und ihre Folgen

Der Richter kann eine Vorschrift des materiellen Rechts nur anwen- **410** den, d. h. die sich aus ihr ergebende Rechtsfolge bejahen, wenn er festzustellen vermag, daß sich der Tatbestand dieser Vorschrift im tatsächlichen Geschehen verwirklicht hat.

Beispiel: § 607 Abs. 1 BGB verpflichtet den Darlehensnehmer, ein empfangenes Darlehen dem Darlehensgeber zurückzuerstatten. Damit der Richter die Rückerstattungspflicht als Rechtsfolge aus § 607 Abs. 1 BGB ableiten kann, muß er feststellen, daß ein gültiger Darlehensvertrag geschlossen worden ist und daß auf dessen Grundlage ein bestimmter Betrag als Darlehen ausgezahlt worden ist.

Der Rechtssatz des § 607 Abs. 1 BGB läßt sich vereinfacht wie folgt beschreiben: a (Darlehensvertrag) + b (Auszahlung des Darlehensbetrages) = R (Pflicht zur Rückzahlung). Der Richter muß folglich feststellen, daß die Tatbestandsmerkmale a und b verwirklicht worden sind, damit er die Rechtsfolge R als bestehend annehmen kann. Gelangt dagegen der Richter zu dem Ergebnis, daß die Tatbestandsmerkmale a und/oder b nicht verwirklicht worden sind, dann steht damit auch fest, daß die Rechtsfolge R verneint werden muß. War also ein wirksamer Darlehensvertrag nicht geschlossen worden oder wurde das Darlehen nicht ausgezahlt, dann gibt es auch keine Rückerstattungspflicht nach § 607 Abs. 1 BGB.

Damit der Richter die notwendigen Feststellungen treffen kann, ist **411** zunächst in einem Verfahren mit Verhandlungsmaxime erforderlich, daß die entsprechenden Tatsachen von den Parteien vorgetragen werden (vgl. dazu o. RdNr. 352). Sind die rechtserheblichen Tatsachen unstreitig, dann hat sie der Richter seiner Entscheidung zugrunde zu legen, sonst bedürfen sie des Beweises (vgl. o. RdNr. 353). Eine im Prozeß versuchte Tatsachenklärung kann zu drei Ergebnissen führen:

- Der Beweis gelingt, d. h. der Richter stellt fest, daß sich die zu beweisende Tatsache ereignet hat.
- Der Beweis führt zu einem negativen Resultat, d. h. der Richter überzeugt sich davon, daß die zu beweisende Tatsache in Wirklichkeit nicht eingetreten ist.
- Der Beweis mißlingt, d. h. es kann durch ihn nicht geklärt werden, ob sich die zu beweisende Tatsache zugetragen hat oder nicht.

Das materielle Recht berücksichtigt nur die Alternative, daß sich der **412** Tatbestand eines Rechtssatzes im tatsächlichen Geschehen verwirklicht und damit die sich aus ihm ergebende Rechtsfolge eintritt oder daß sich

der Tatbestand nicht verwirklicht und folglich die Rechtsfolge ausbleibt. Der im Prozeß vorkommende dritte Fall, daß nämlich der Richter nicht zu entscheiden vermag, ob die eine oder andere Alternative zutrifft, wird von dem materiellen Rechtsfolgesatz unbeachtet gelassen. Auf seiner Grundlage kann deshalb der Richter bei einem ungeklärten Tatbestand (= sog. non liquet) nicht entscheiden. Deshalb muß bei einem non liquet das „möglicherweise Ja oder Nein" in der Tatfrage zu einem eindeutigen Ja oder Nein umgeformt werden, damit der materielle Rechtsfolgesatz anwendbar wird. Diese Umformung tatsächlicher Zweifel zu einem eindeutigen Ergebnis geschieht durch **Beweislastnormen**, die ein positives oder negatives Ergebnis beim Beweis, das in Wirklichkeit nicht erzielt werden konnte, fingieren.

> Wenn der Richter im Prozeß K gegen B die Frage der Auszahlung des Darlehensbetrages an B nicht zu klären vermag, dann kann er die sich aus § 607 Abs. 1 ergebende Rechtsfolge weder bejahen noch verneinen. Denn mit einem „möglicherweise ist ausgezahlt worden, möglicherweise auch nicht" kann er auf der Grundlage dieses Rechtssatzes nichts anfangen. Fingiert die im Falle der Beweislosigkeit eingreifende Beweislastnorm ein negatives Beweisergebnis, also die Feststellung, daß nicht ausgezahlt worden ist, dann kann der Richter die Rechtsfolge aus § 607 Abs. 1 ausschließen und die Klage des K abweisen.

413   **Adressat der Beweislastnormen** ist der Richter, denn sie weisen ihn an, ein bestimmtes Beweisergebnis seiner Entscheidung zugrunde zu legen. Auf ihren wesentlichen Inhalt zurückgeführt lautet eine Beweislastnorm: Läßt sich die Verwirklichung des (betreffenden) Tatbestandsmerkmals durch den Richter nicht klären, dann ist von der Feststellung der Nichtverwirklichung (oder aber auch von der Feststellung der Verwirklichung) auszugehen. Der Inhalt jeder Beweislastentscheidung setzt sich also stets aus zwei Komponenten zusammen, einmal aus dem Tatbestandsmerkmal, auf das sich die tatsächlichen Zweifel beziehen, und aus der dazu gehörenden Beweislastnorm, die zur Überwindung dieses Zweifels die Fiktion einer (negativen oder positiven) Tatsachenfeststellung vornimmt.

> Bei den Beweislastnormen handelt es sich um echte Rechtsnormen. Ihr Normcharakter bewirkt, daß der Richter an die sich aus ihnen ergebenden Rechtsfolgen gebunden ist und nicht etwa aus Billigkeitsgründen von ihnen abweichen darf.

414   Im Regelfall fingieren die Beweislastnormen bei einem Scheitern der Sachverhaltsklärung ein negatives Beweisergebnis, d. h. die Frage nach der tatsächlichen Verwirklichung des betreffenden Tatbestandsmerkmals ist danach zu verneinen. In dieser negativen Entscheidung, die dem Richter aufgibt, so zu entscheiden, als ob er Tatsachen festgestellt habe, aus denen folgt, daß das einzelne Merkmal nicht erfüllt worden ist, kommt das **Grundprinzip der** gesamten **Beweislastregelung** zum Ausdruck. Folge dieses Grundprinzips ist es, daß ein Rechtssatz als tatbestandlich nicht erfüllt gilt, wenn die Verwirklichung nicht festgestellt

werden kann. Betrachtet man die Auswirkungen der Beweislastnormen auf die Parteien, dann gelangt man zu dem Ergebnis, daß diejenige Partei, deren Prozeßbegehr ohne die Anwendung eines bestimmten Rechtssatzes erfolglos bleibt, die Beweislast für die tatsächlichen Voraussetzungen dieses Rechtssatzes trägt; kurz: Jede Partei trägt die Beweislast für die tatsächlichen Voraussetzungen der ihr günstigen Rechtsnorm. Dieser Verteilungsgrundsatz entspricht der ganz herrschenden Meinung in Rechtsprechung und Schrifttum.[137]

Den Beweislastnormen, ihrer Funktion und Wirkungsweise, wird erst in neuerer Zeit Aufmerksamkeit geschenkt; allerdings beschränkt sich diese Aufmerksamkeit auf die wissenschaftliche Erörterung der Beweislastfrage.[138] Die Rechtsprechung, die Kommentarliteratur und selbst die ganz überwiegende Mehrzahl der Lehrbücher zum Zivilprozeßrecht beschäftigen sich nur mit den Folgen für die Parteien. Es wird danach gefragt, welche Partei die Beweislast trägt, nicht wie es dazu kommt.

Entsprechend der negativen Grundregel der Beweislast muß also diejenige Partei, die sich auf das Bestehen eines Rechts beruft, die rechtsbegründenden Tatsachen und die Partei, die das Bestehen des Rechts leugnet, die rechtshindernden, die rechtsvernichtenden und die rechtshemmenden Tatsachen (vgl. o. RdNr. 349) beweisen.

Der Satz, daß eine Partei die Beweislast trage, beschreibt nicht nur **415** verkürzt die Rechtslage, weil nur die Wirkung und nicht die Ursache erwähnt wird, sondern ist auch ungenau, weil es verschiedene **Erscheinungsformen der Beweislast** gibt, zwischen denen sorgfältig zu trennen ist: die **objektive Beweislast** (auch Feststellungslast genannt) und die **subjektive Beweislast** (Beweisführungslast). In dem Begriff der objektiven Beweislast werden die Nachteile zusammengefaßt, die sich aus der Nichtanwendung eines der betroffenen Partei günstigen Rechtssatzes oder der Anwendung eines ihrem Gegner günstigen Rechtssatzes im Falle des non liquet ergeben. Die Parteien werden bemüht sein, diese Nachteile dadurch zu vermeiden, daß sie die Verwirklichung der ihnen günstigen Rechtssätze beweisen. Diese sich im eigenen Interesse ergebende Notwendigkeit, zur Vermeidung prozessualer Nachteile den Beweis einer streitigen Tatsache zu führen, wird als subjektive Beweislast oder treffender als Beweisführungslast bezeichnet.

Die Feststellungslast tritt erst ein, wenn die Entscheidung erlassen wird. Sie besteht jedoch als potentielle Gefahr schon früher und beeinflußt das gesamte Verfahren von seinem Beginn an. Deshalb spricht man, bezogen auf einen Zeitpunkt, in dem noch völlig offen ist, ob es überhaupt zu einer Beweislastentscheidung kommen wird, von der objektiven Beweislast und der durch sie belasteten Partei. Dabei muß man sich jedoch im klaren sein, daß es sich um eine in die Gegenwart proje-

---

[137] Vgl. nur BGHZ 101, 172, 179 = NJW 1986, 2426, 2427; 1988, 640, 642; *Baumbach/Lauterbach/Hartmann* Anh. § 286 RdNr. 4; *Jauernig* § 50 IV; *Schellhammer* RdNr. 381; *Schilken* RdNr. 503.

[138] Vgl. die Nachw. bei *Musielak* ZZP 100 (1987), 385, 387 ff.

zierte Entwicklung handelt, deren Eintritt von bestimmten noch nicht feststehenden Voraussetzungen abhängt, nämlich der Anwendung von Beweislastnormen im Falle einer fehlgeschlagenen Sachklärung.

b) Grund- und Sonderregeln der Beweislast

416 Die **Grundregeln** der Beweislast, die dem negativen Grundprinzip folgen, sind als **ungeschriebenes Gesetzesrecht** in dem einzelnen Rechtssatz enthalten, dessen Tatbestand im Prozeß nicht geklärt werden konnte. Wird dagegen im Gesetz ausdrücklich auf die Beweislastverteilung eingegangen, dann handelt es sich regelmäßig um Sonderregeln der Beweislast, die **abweichend vom Grundprinzip** die Frage nach der Feststellung einer rechtserheblichen (ungeklärt gebliebenen) Tatsache nicht verneinen, sondern bejahen. Der Richter hat also bei Anwendung einer **Sonderregel** davon auszugehen, daß die offengebliebene Beweisfrage positiv zu beantworten ist. Neben den ausdrücklichen Beweislastregeln im BGB (vgl. z. B. §§ 179 Abs. 1, 282, 345, 358, 542 Abs. 3, 636 Abs. 2)[139] enthalten noch die gesetzlichen Vermutungen Sonderregeln der Beweislast; hinzu kommen Beweislastsonderregeln, die durch Richterrecht geschaffen worden sind.

Ein Unterschied zwischen **Vermutungen** und anderen (gewöhnlichen) Beweislastnormen ergibt sich dadurch, daß bei der Vermutung nicht nur wie bei der (gewöhnlichen) Beweislastnorm Voraussetzung für ihre Anwendung die prozessuale Ungewißheit über die zur Verwirklichung eines Tatbestandsmerkmals erforderlichen Tatsachen bildet, sondern daß noch zusätzlich die Verwirklichung des Tatbestandes der Vermutung, der sog. Vermutungsbasis, hinzukommt.

Am Beispiel der Vermutung des § 1117 Abs. 3 BGB soll dieser Unterschied verdeutlicht werden: Nach § 1117 Abs. 1 BGB erwirbt der Gläubiger – läßt man einmal die Übergabesurrogate (§ 1117 Abs. 1 S. 2 BGB) und die eine Übergabe ersetzende Vereinbarung nach § 1117 Abs. 2 BGB unberücksichtigt – nur dann eine Briefhypothek, wenn ihm der Brief vom Eigentümer des Grundstücks übergeben wird. Vor Übergabe des Briefes steht die Hypothek dem Eigentümer zu (§ 1163 Abs. 2 BGB). Läßt sich in einem Rechtsstreit nicht klären, ob der Eigentümer dem Gläubiger den Brief ausgehändigt hat, dann hat der Richter aufgrund der Fiktion eines negativen Beweisergebnisses durch eine Grundregel der Beweislast davon auszugehen, daß der Brief nicht übergeben worden und ein Fremdgrundpfandrecht nicht entstanden ist. Denn Voraussetzung für das Eingreifen der Grundregel ist lediglich, daß die Verwirklichung des Tatbestandsmerkmals, auf das sie sich bezieht, hier also die Übergabe des Briefes, offenbleibt. Steht nun fest, daß der Gläubiger im Besitz des Briefes ist, dann greift die Vermutung des § 1117 Abs. 3 BGB ein und fingiert ein positives Beweisergebnis. Für diese Fiktion ist also neben dem non liquet als weitere Voraussetzung die Feststellung erforderlich, daß sich der Gläubiger im Besitz des Hypothekenbriefes befindet. Dieser Besitz ist die Grundlage für die Vermutung, bildet also die Vermutungsbasis.

Nach dem Gegenstand der Vermutung wird zwischen **Tatsachenvermutungen** und Rechtsvermutungen unterschieden. **Rechtsvermutungen** (Beispiele: §§ 891,

---

[139] Vgl. im einzelnen dazu *Musielak/Stadler* RdNr. 232 ff.

921, 1006 BGB) unterscheiden sich von Tatsachenvermutungen (Beispiele: §§ 938, 1117 Abs. 3, 1253 Abs. 2, 2009 BGB) lediglich darin, daß bei einer Rechtsvermutung, bedingt durch den Vermutungsgegenstand, eine Mehrheit von Tatsachen, nämlich die im Einzelfall möglichen Rechtsbegründungstatsachen, erfaßt werden. Zwischen Tatsachen- und Rechtsvermutungen besteht insoweit das gleiche Verhältnis wie zwischen Tatsachen und Rechten als Elementen eines Tatbestandes.[140]

Da es zu den tatbestandlichen Voraussetzungen der Vermutung gehört, daß die vermutete Tatsache oder das vermutete Recht in der Existenz zweifelhaft ist, können Vermutungen nur dann nicht eingreifen, wenn diese Zweifel ausgeräumt werden, wenn also feststeht, daß die vermutete Tatsache oder das vermutete Recht nicht besteht. Dies ist auch die Erklärung dafür, warum die Partei, die sich gegen die Vermutung wendet, das Gegenteil der Vermutung zu beweisen hat (vgl. § 292 ZPO). Sind Vermutungen unwiderleglich (Beispiel: § 344 Abs. 2 HGB), dann handelt es sich nicht um Beweislastregelungen, sondern um Rechtssätze, die bestimmte (materiellrechtliche oder prozeßrechtliche) Rechtsfolgen anordnen.[140]

Sonderregeln der Beweislast können auch durch **richterliche Rechtsfortbildung** (vgl. dazu GK BGB RdNr. 723) geschaffen werden. Die Gerichte sprechen in diesen Fällen von einer „Beweislastumkehr", die sie insbesondere auch bei der Arzthaftung praktizieren.[141] Allerdings zeigt sich bei einer näheren Auseinandersetzung mit dieser Rechtsprechung, daß nicht immer mit der gebotenen Sorgfalt zwischen einer Umkehr der Feststellungslast, die sich aufgrund einer Sonderregel der Beweislast ergibt, und einer Umkehr der Beweisführungslast unterschieden wird; denn in vielen von der Rechtsprechung entschiedenen Fällen war bereits aufgrund des feststehenden Sachverhalts eine ausreichende Wahrscheinlichkeit für die zu beweisende Tatsache zu bejahen, die der Arzt durch einen Gegenbeweis entkräften mußte.[142] Die wohl bekannteste und praktisch bedeutsamste durch Richterrecht geschaffene Sonderregel der Beweislast, die im Bereich der Produzentenhaftung für das Verschuldensmerkmal geschaffen wurde,[143] hat durch das Produkthaftungsgesetz ihre praktische Bedeutung weitgehend verloren.

Anhang: Selbständiges Beweisverfahren

Nach § 485 Abs. 1 kann auf Antrag einer Partei außerhalb eines anhängigen Prozesses und auch schon vor seinem Beginn eine Beweisaufnahme durchgeführt werden, die dem Zweck dient, für einen Rechtsstreit Beweise zu sichern.[144] Dieses „Beweissicherungsverfahren" (so auch die gesetzliche Bezeichnung bis zur umfassenden Änderung dieser Regelung durch das Rechtspflege-Vereinfachungsgesetz v. 17.12.1990), **417**

---

[140] Vgl. *Stein/Jonas/Leipold* § 292 RdNr. 5.
[141] Vgl. dazu nur BGH NJW 1978, 1683; 1981, 2513 (zur Beweislastumkehr hinsichtlich der Ursächlichkeit eines groben Behandlungsfehlers); BGHZ 72, 132, 139 = NJW 1978, 2337; BGHZ 85, 212 = NJW 1983, 333 (zur Beweislastumkehr bei Beweiserschwerungen infolge einer Verletzung der ärztlichen Dokumentationspflicht); weit. Nachw. bei *MünchKomm/Mertens* § 823 RdNr. 415, 417.
[142] Vgl. *Musielak/Stadler* RdNr. 266 ff.
[143] Vgl. BGH JR 1992, 501 m. Anm. v. *Baumgärtel; Musielak/Stadler* RdNr. 253 ff.
[144] Vgl. dazu *Schreiber* NJW 1991, 2600.

das auf die Einnahme des Augenscheins sowie die Vernehmung von Zeugen und Sachverständigen beschränkt ist, wird nur zugelassen, wenn der Gegner zustimmt oder zu besorgen ist, daß das Beweismittel verlorengeht oder seine Benutzung erschwert wird. Daneben kann vor Beginn eines Rechtsstreits eine Partei die schriftliche Begutachtung durch einen Sachverständigen unter den in § 485 Abs. 2 genannten Voraussetzungen beantragen; diese erst durch das Rechtspflege-Vereinfachungsgesetz neu in die ZPO eingeführte Regelung dient dem Bedürfnis der Parteien nach Aufklärung bestimmter Sachverhalte insbesondere bei Personen- und Sachschäden, z. B. als Folge eines Verkehrsunfalles oder bei Sachmängeln. Eine solche Tatsachenklärung kann in Fällen, in denen nur über die Ursachen und den Umfang eines Schadens gestritten wird, eine Einigung der Parteien ermöglichen und einen Rechtsstreit überflüssig machen. Die Beweisaufnahme wird nach den allgemeinen Vorschriften durchgeführt (§ 492 Abs. 1). Das Gericht (zur Zuständigkeit vgl. § 486) kann die Parteien zur mündlichen Erörterung laden, wenn eine Einigung durch Prozeßvergleich zu erwarten ist (§ 492 Abs. 3). Das Ergebnis des selbständigen Beweisverfahrens wird durch § 493 Abs. 1 dem einer Beweisaufnahme vor dem Prozeßgericht gleichgestellt. Allerdings setzt dies im Interesse der Gegenpartei voraus, daß diese, wenn sie nicht im Termin zur Beweisaufnahme erschienen war, rechtzeitig eine Ladung zum Termin erhalten hatte (§ 493 Abs. 2). Ist der Gegner nicht rechtzeitig geladen worden, dann muß er diesen Mangel in der mündlichen Verhandlung des Verfahrens in der Hauptsache, in dem das Beweisergebnis verwendet werden soll, rügen, wenn nicht der Mangel nach § 295 Abs. 1 geheilt werden soll.[145] Nur wenn der Beweisführer seinen Gegner nicht bezeichnen kann, weil er ihm unbekannt ist (vgl. § 494), kann sich der Gegner auf § 493 Abs. 2 nicht berufen. Ist ein Rechtsstreit noch nicht anhängig, dann hat das Gericht nach § 494a nach Beendigung der Beweiserhebung auf Antrag ohne mündliche Verhandlung anzuordnen, daß innerhalb einer bestimmten Frist Klage in der Hauptsache zu erheben ist. Wird dieser Anordnung nicht entsprochen, so hat der Beweisführer die dem Gegner durch das selbständige Beweisverfahren entstandenen Kosten zu tragen (§ 494a Abs. 2). Der Sinn dieser Regelung besteht darin, dem Antragsgegner des Beweisverfahrens einen vollstreckbaren Kostenerstattungsanspruch zu geben, wenn der Beweisführer kein Hauptverfahren durchführt (vgl. § 103).[146]

---

[145] *MK/Schreiber* § 493 RdNr. 2 f.
[146] *Zöller/Herget* § 494a RdNr. 4.

1. Übungsklausur

Konrad (K) klagt vor dem Amtsgericht gegen Bertold (B) auf Zahlung eines Kaufpreises in bestimmter Höhe. B verweigert die Zahlung, weil die Kaufsache mangelhaft sei. Zum Beweis der Mangelhaftigkeit beruft er sich auf das Zeugnis des Zeisig (Z). Richter Rat (R) setzt frühen ersten Termin zur mündlichen Verhandlung zum 01.06., 9 Uhr, an; zum gleichen Zeitpunkt bestimmt er auch in neun weiteren Prozessen frühen ersten Termin. Von einer Ladung des Zeugen Zeisig sieht er ab.

1. Konrad schreibt an das Gericht, er bitte um Absetzung des Termins zur mündlichen Verhandlung, denn der Rechtsstreit habe sich in der Hauptsache erledigt. Er habe nämlich leider übersehen, daß Bertold bereits vor Klageerhebung den Kaufpreis gezahlt hätte. Er verzichte auch auf eine Entscheidung über die Kosten. Bertold schließt sich durch Schriftsatz den Erklärungen des Konrad an.
   Was hat das Gericht zu tun?
2. Kann Richter Rat Beweis über den Zeitpunkt der Kaufpreiszahlung erheben, wenn er aufgrund der Erledigungserklärungen beider Parteien über die Kosten des Rechtsstreits zu entscheiden hätte und die Parteien über diesen Zeitpunkt streiten?
3. Kurze Zeit nach Eingang der Erklärungen des Bertold bei Gericht trifft dort ein Schreiben des Konrad ein, in dem er mitteilt, er hätte sich leider geirrt, als er angenommen habe, daß sich die Hauptsache erledigt hätte. Bertold habe nämlich nicht den Kaufpreis, sondern eine andere Forderung erfüllt. Er bitte deshalb um Durchführung des Rechtsstreits. Daraufhin teilt Richter Rat den Parteien mit, daß der Termin am 01.06. stattfinden werde. In der mündlichen Verhandlung am 01.06. erscheinen beide Parteien. Konrad erklärt, er wolle das Vorhandensein des Mangels nicht mehr bestreiten, dies sei jedoch für die Entscheidung des Prozesses unerheblich, da Bertold den Mangel verspätet gerügt habe (§ 377 HGB). Bertold bestreitet dies. Beide benennen nicht anwesende Zeugen für die Richtigkeit ihres Vorbringens. Richter Rat weist die Klage ab und begründet dies damit, daß die Mangelhaftigkeit der Kaufsache unstreitig und daß der Einwand der verspäteten Rüge nicht rechtzeitig vorgetragen und deshalb unbeachtlich sei.
   Ist diese Entscheidung richtig?

Bearbeitungszeit: nicht mehr als 90 Minuten.

Fälle und Fragen

74. Was ist unter Angriffs- und Verteidigungsmitteln im Sinne der ZPO zu verstehen?

75. In welchem Verhältnis stehen die Vorschriften des § 282 Abs. 2 und des § 132 zueinander?

76. Nehmen Sie bitte zur Theorie vom absoluten Verzögerungsbegriff Stellung!

77. Was bedeutet „Flucht in die Säumnis"?

78. Welche Anforderungen sind an ein (beachtliches) Bestreiten zu stellen?

79. Was ist unter einem ungünstigen Parteivorbringen zu verstehen und wie wirkt es im Prozeß?

80. K verlangt mit seiner Klage von B Schadensersatz, weil dieser unbefugt sein an einem See ankerndes Segelboot benutzt und dabei erheblich beschädigt habe. B beruft sich darauf, er sei mit dem Boot einem Badenden zu Hilfe gekommen, der zu ertrinken gedroht habe. Dies bestreitet K mit Nichtwissen. Wird das Gericht Beweis über den tatsächlichen Hergang erheben?

81. Erläutern Sie bitte den Unterschied zwischen einem Geständnis und einem Anerkenntnis!

82. Was ist ein antizipiertes, was ein qualifiziertes Geständnis?

83. Wodurch unterscheidet sich der Freibeweis vom Strengbeweis und in welchen Fällen ist der Freibeweis zulässig?

84. Der Beklagte B legt gegen einen Beweisbeschluß Beschwerde mit der Begründung ein, das Gericht habe nicht angegeben, welche Partei sich auf den Zeugen Z berufen habe, dessen Vernehmung durch den Beschluß angeordnet werde. Wird diese Beschwerde Erfolg haben?

85. Das Gericht beschließt, den Sachverständigen Kundig zu hören, ob der Beklagte durch rechtzeitiges Bremsen einen Zusammenstoß seines Pkw mit dem des Klägers hätte vermeiden können. Gegen diesen Beschluß legt der Kläger Beschwerde ein. Er begründet seine Beschwerde einmal damit, daß die dem Sachverständigen vorgelegte Frage so einfach wäre, daß sie auch ohne Sachverständigen durch den Richter selbst entschieden werden könne; die Beauftragung eines Sachverständigen würde nur überflüssige Kosten verursachen. Zum anderen weist der Kläger darauf hin, daß der Sachverständige Kundig bereits in einem früheren Verfahren zwischen den Parteien als Sachverständiger aufgetreten sei und ihm, dem Kläger, ungünstiges Gutachten erstattet hätte. Wie wird das Gericht entscheiden?

86. Was ist ein sachverständiger Zeuge und welche Regelung gilt für ihn?

87. Welche Besonderheiten gelten für den Beweis durch Urkunden?

88. Nennen Sie bitte die Voraussetzungen, von denen die Anordnung einer Parteivernehmung abhängt!

89. Das Gericht ordnet durch Beweisbeschluß die Vernehmung des Klägers über bestimmte Vorgänge an. Der Kläger erscheint trotz ordnungsgemäßer Ladung nicht zur Vernehmung. Was kann das Gericht tun?

90. Inhalt und Ziel der im Zivilprozeß zu führenden Beweise sind unterschiedlich. Erläutern Sie bitte diese Unterschiede!

91. Was versteht man unter dem Beweismaß im Zivilprozeß?

92. Beschreiben Sie bitte die Besonderheiten eines Anscheinsbeweises!

93. In dem Rechtsstreit K gegen B geht es um die Frage, ob Ersatzteile, die B in das

Fahrzeug des K eingebaut hatte, bereits im Zeitpunkt des Einbaus defekt waren. B, der nach einem Unfall des K diese Teile wieder ausbaute, kümmerte sich nicht um die Teile, obwohl K bereits vor dem Ausbau der Teile gegenüber B auf die Mangelhaftigkeit der Ersatzteile hingewiesen und deshalb Ansprüche gegen ihn in Aussicht gestellt hatte. Die Ersatzteile werden von einem Angestellten des B mehrere Monate vor Beginn des Prozesses zusammen mit anderen Teilen als Schrott weggegeben. Welche Rechtsfolgen ergeben sich aus dem Verhalten des B für den von K zu führenden Beweis?

94. Was meinen Sie zu dem Satz: „Jede Partei trägt die Beweislast für die tatsächlichen Voraussetzungen der ihr günstigen Rechtsnorm"?

95. Beschreiben Sie bitte die Rechtsnatur gesetzlicher Vermutungen!

§ 7 Die gerichtliche Entscheidung

I. Die einzelnen Arten

Die Entscheidungen des Gerichts im Rahmen eines zivilprozessualen **418** Verfahrens ergehen entweder als Urteil, Beschluß oder Verfügung (vgl. § 160 Abs. 3 Nr. 6). Durch Verfügungen werden im Regelfall die den Prozeßbetrieb bestimmenden Anordnungen getroffen, die vom Vorsitzenden oder vom beauftragten oder ersuchten Richter (vgl. o. RdNr. 69) erlassen werden (s. auch § 329 Abs. 1 S. 2). So handelt es sich beispielsweise bei der Terminsbestimmung nach § 272 Abs. 2, bei den einen Termin vorbereitenden Maßnahmen nach § 273 Abs. 2 und bei der Terminsänderung (§ 227) um Verfügungen.[1] Urteil und Beschluß müssen stets vom Gericht (Kollegium oder Einzelrichter) erlassen werden. Dem Urteil, für das eine besondere formale Gestaltung vorgeschrieben ist (vgl. §§ 313 bis 313b; Einzelheiten dazu sogleich), muß stets eine mündliche Verhandlung vorangehen, wenn nicht ausnahmsweise ein schriftliches Verfahren zulässig ist (vgl. § 128 Abs. 2 und 3; o. RdNr. 94). In einer Reihe von Fällen hängt die Form der Entscheidung davon ab, ob das Gericht von einer mündlichen Verhandlung absieht; in diesem Falle ergeht ein Beschluß, sonst ein Urteil (§ 519b Abs. 2, § 554a Abs. 2, § 922 Abs. 1, § 936, § 1042a Abs. 1, § 1044a Abs. 3).

Jedoch läßt sich nicht etwa eine Unterscheidung zwischen Urteil und Beschluß danach vornehmen, ob eine mündliche Verhandlung stattgefunden hat oder nicht. Denn Beschlüsse können auch aufgrund einer mündlichen Verhandlung ergehen (vgl. § 329 Abs. 1 S. 1), wie beispielsweise der Beschluß über die Kosten bei Erledigung der Hauptsache nach § 91a Abs. 1 (vgl. o. RdNr. 233) oder der Beweisbeschluß (vgl. o. RdNr. 364).

In der ZPO ist lediglich eine Regelung über die Verkündung und Zustellung von Beschlüssen und Verfügungen getroffen worden (vgl. § 329); insoweit werden einzelne Vorschriften über das Urteil für entsprechend anwendbar erklärt. Die sinngemäße Übertragung anderer Urteilsvorschriften auf Beschlüsse und Verfügungen wird im Gesetz nicht ausdrücklich bestimmt und muß jeweils nach dem Normzweck der in Betracht kommenden Vorschriften entschieden werden. Dies gilt auch für die **formale Gestaltung der Beschlüsse**. Wenn auch die Vorschriften der §§ 313 bis 313b nicht für **Beschlüsse** gelten, sondern deren äußere Form in das Ermessen des Gerichts gestellt ist, empfiehlt es sich doch auch bei ihnen, in gleicher Weise wie beim Urteil, zwischen der Entscheidung als solcher (Tenor) und den Gründen zu unterscheiden. Im Interesse einer besseren Übersichtlichkeit sollte man sich beim Aufbau der Gründe an dem Schema des § 313 orientieren und zwischen Sachverhaltsdarstellung und rechtlicher Bewertung differenzieren, soweit nicht ein gesonderter Tatbestand entbehrlich ist, weil die der Entscheidung zugrundeliegenden Tat-

---

[1] Vgl. zu Einzelheiten *Pukall* RdNr. 44 ff.

sachen ohne weiteres der rechtlichen Begründung entnommen werden können. In jedem Fall muß der Beschluß erkennen lassen, welches Gericht ihn gefaßt hat und in welchem Verfahren er ergeht. Der Beschluß muß von den beteiligten Richtern unterschrieben werden.

Alle Beschlüsse, die aufgrund einer (notwendigen oder freigestellten) mündlichen Verhandlung ergehen, müssen **verkündet** werden (§ 329 Abs. 1 S. 1). Beschlüsse, die eine Terminsbestimmung enthalten, müssen (außerdem) **zugestellt** werden (§ 329 Abs. 2 S. 2; Ausnahme: § 497 Abs. 1); das gleiche gilt für Beschlüsse, die eine Frist in Lauf setzen, bei der es sich auch um eine richterliche handeln kann (vgl. o. RdNr. 260). Alle übrigen Beschlüsse (die weder zu verkünden noch zuzustellen sind) müssen den Parteien vom Gericht mitgeteilt werden, ohne daß für diese Mitteilung eine Form eingehalten werden muß; es genügt deshalb beispielsweise eine telefonische Unterrichtung.

II. Das Urteil

a) Arten

419   Eine Einteilung der Urteile kann nach unterschiedlichen Gesichtspunkten vorgenommen werden:

- Wird lediglich über prozessuale Fragen entschieden, dann handelt es sich um ein Prozeßurteil, während ein Sachurteil eine gerichtliche Erkenntnis über den (sachlichen) Streitgegenstand enthält (vgl. o. RdNr. 51).
- Ergeht die Entscheidung aufgrund der Säumnis einer Partei, dann handelt es sich um ein Versäumnisurteil (vgl. o. RdNr. 147 ff.), sonst um ein kontradiktorisches (streitiges) Urteil, das also aufgrund einer mündlichen Verhandlung erlassen wird, in der beide Parteien vertreten sind.
- Nach der Art der Klage (vgl. o. RdNr. 58), über die entschieden wird, kann man bei einem stattgebenden Urteil[2] zwischen Leistungsurteil, Feststellungsurteil und Gestaltungsurteil unterscheiden.
- Erledigt das Urteil den Rechtsstreit abschließend für die Instanz, dann stellt es ein Endurteil dar. Im Gegensatz dazu wird durch ein Zwischenurteil regelmäßig nur über eine prozessuale Frage entschieden, von deren Erledigung der Fortgang des Verfahrens abhängt.

Das **Zwischenurteil** entscheidet also einen sog. Zwischenstreit (vgl. § 303), der stets Fragen erfaßt, die sich nicht unmittelbar auf den Streitgegenstand selbst beziehen, sondern bei denen es um den Fortgang des Verfahrens geht. Ein solcher Streit weist also einen verfahrensrechtlichen Charakter auf. Als Beispiele seien genannt der Streit über die Zulassung einer Klageänderung (vgl. o. RdNr. 178), über die Wirksamkeit einer Klagerücknahme (vgl. RdNr. 224), eines Anerkennt-

---

[2] *AK-ZPO/Fenge* vor § 300 RdNr. 4 weist zu Recht darauf hin, daß diese Unterscheidung bei einem abweisenden Urteil nicht zutrifft.

nisses oder eines Verzichts (vgl. o. RdNr. 215). Ob das Gericht jedoch eine Entscheidung nach § 303 erläßt, die anschaulich auch als Zwischenstreiturteil bezeichnet wird, steht in seinem Ermessen, denn es kann zu den Fragen des Zwischenstreits auch erst in den Gründen des Endurteils Stellung nehmen. Zwischenurteile nach § 303 sind nicht selbständig anfechtbar; vielmehr kann ihre Nachprüfung durch die nächsthöhere Instanz nur durch ein Rechtsmittel gegen das Endurteil erreicht werden.

Von diesem Zwischenstreiturteil nach § 303 sind zu unterscheiden:
- Zwischenurteile, die den Zwischenstreit mit einem Dritten (also nicht zwischen den Parteien wie bei § 303) entscheiden. Sie werden auch als unechte Zwischenurteile bezeichnet. Für sie gelten Sonderregeln (vgl. §§ 71, 135, 372a, 387, 402), und sie sind mit sofortiger Beschwerde anfechtbar, über die durch Beschluß zu entscheiden ist.
- Das Zwischenurteil, mit dem über die Zulässigkeit der Klage entschieden wird (§ 280 Abs. 2; vgl. dazu o. RdNr. 119). Dieses Urteil ist anders als das Zwischenstreiturteil nach § 303 selbständig anfechtbar, und zwar – je nachdem in welcher Instanz es ergeht – mit der Berufung oder Revision.

Ein besonderes Zwischenurteil stellt das **Grundurteil** nach § 304 dar. Es handelt sich dabei um ein Zwischenurteil, da ihm notwendigerweise ein Endurteil folgen muß. Im Unterschied zu anderen Zwischenurteilen ergeht es jedoch nicht über eine prozessuale Vorfrage, sondern über einen materiellrechtlichen Bestandteil der Endentscheidung. Der Erlaß eines Grundurteils hängt von folgenden Voraussetzungen ab:
- Mit der Klage muß ein Anspruch auf Zahlung von Geld oder die Leistung vertretbarer Sachen (§ 91 BGB) geltend gemacht werden, weil nur dann eine Aufteilung nach Grund und Betrag in Frage kommt.
- Der Anspruch muß sowohl nach Grund als auch nach Betrag streitig sein.
- Der Rechtsstreit muß hinsichtlich des Grundes zur Entscheidung reif sein, jedoch nicht hinsichtlich der Höhe, sonst muß ein beide Elemente umfassendes Endurteil ergehen.
- Die Aufteilung des Rechtsstreits durch Grundurteil muß möglich und sinnvoll sein, es dürfen also die Tatsachen für Grund und Höhe nicht annähernd dieselben sein oder in einem so engen Zusammenhang stehen, daß die Herausnahme einer Grundentscheidung unzweckmäßig und verwirrend wäre.[3]

Sind diese Voraussetzungen erfüllt, dann steht sein Erlaß im Ermessen des Gerichts. Das Grundurteil, das selbständig anfechtbar ist (§ 304 Abs. 2), teilt den Prozeß in zwei Abschnitte, denn in einem sog. Betragsverfahren sind noch alle die Fragen zu entscheiden, die durch das Grundurteil deshalb offengelassen worden sind, weil sie für die Höhe des Anspruchs maßgebend sind.[4]

- Wird durch das Endurteil lediglich über einen Teil des Rechtsstreits entschieden, dann bezeichnet man dieses Urteil als Teilurteil im Gegensatz zum Voll(End)urteil (vgl. § 301).

  Der **Erlaß eines Teilurteils** ist von folgenden Voraussetzungen abhängig:
  - Abgrenzbarkeit seines Gegenstandes, d. h. der vom Teilurteil erfaßte Teil muß für das weitere Verfahren in der jeweiligen Instanz ausscheiden und die Ent-

---

[3] BGH VersR 1979, 25; *MK/Musielak* § 304 RdNr. 9 m. weit. Nachw.
[4] Zu den z. T. recht schwierigen Problemen, die sich insoweit ergeben, kann hier nicht Stellung genommen werden; vgl. dazu und zu weiteren Fragen des Grundurteiles *Rosenberg/Schwab/Gottwald* § 59 IV; *MK/Musielak* § 304 RdNr. 15 ff., 33 ff.

scheidung über diesen Teil darf durch die Fortsetzung des Verfahrens in der Instanz nicht mehr beeinflußt werden können. Als Beispiel nennt § 301 den Fall der Klage und der Widerklage; gleiches gilt bei der objektiven Klagenhäufung (§ 260) und bei der einfachen Streitgenossenschaft, bei der nur mehrere Prozesse zur gemeinschaftlichen Verhandlung zusammengefaßt werden und deshalb einer getrennten Entscheidung durch Teilurteil regelmäßig zugänglich sind. Allerdings kann auch ein (abgrenzbarer) Teil eines einheitlichen Streitgegenstandes den Gegenstand eines Teilurteils bilden, beispielsweise wenn die Klageforderung aus mehreren einzelnen Positionen zusammengefaßt wird und ein Teilurteil hinsichtlich einzelner Positionen erlassen werden kann.

- Entscheidungsreife, weil das Teilurteil ein Endurteil ist und deshalb nur erlassen werden darf, wenn der Rechtsstreit insoweit entscheidungsreif ist (vgl. § 300 Abs. 1).

Ein Teilurteil trennt den Rechtsstreit in zwei selbständige Verfahren, die nach Erlaß des Urteils so zueinander stehen, als wären von vornherein beide Teile isoliert eingeklagt worden. Für jedes Urteil, das Teilurteil und das Schlußurteil, ist dementsprechend die Frage seiner Anfechtbarkeit gesondert zu beantworten, und jedes Urteil wird auch selbständig rechtskräftig. Nach § 301 Abs. 2 kann das Gericht von dem Erlaß eines Teilurteils trotz Erfüllung der dafür erforderlichen Voraussetzungen absehen, wenn es ein solches Teilurteil nach Lage der Sache nicht für angemessen erachtet. Das dem Gericht insoweit eingeräumte Ermessen ist nicht vom Rechtsmittelgericht überprüfbar.

- Eine weitere Unterscheidung kann danach getroffen werden, ob es sich um ein unbedingtes oder um ein **bedingtes Urteil** handelt. Die Bedingung kann auflösend oder aufschiebend ausfallen (vgl. GK BGB RdNr. 544). Aufschiebend bedingt wird der Beklagte verurteilt, der nach § 510b zur Zahlung einer Entschädigung verpflichtet wird, wenn er nicht eine bestimmte Handlung innerhalb einer vom Gericht festgesetzten Frist vorgenommen hat, zu der er (unbedingt) verurteilt worden ist. Auflösend bedingt sind die Vorbehaltsurteile, die eine Verurteilung des Beklagten unter dem Vorbehalt aussprechen, daß über seine Einwendungen noch in derselben Instanz entschieden wird, wie dies bei einem Vorbehaltsurteil nach § 302 (vgl. dazu o. RdNr. 272f.) oder nach § 599 der Fall ist.

b) Form und Inhalt

420 Wie ein Zivilurteil äußerlich zu gestalten ist, wird durch die Vorschriften des § 311 Abs. 1, des § 313 und des § 315 Abs. 1 bestimmt. Danach ist das Urteil wie folgt zu gliedern:

- Das Urteil wird mit „Im Namen des Volkes" überschrieben (§ 311 Abs. 1), um dadurch auf den Träger der Gerichtshoheit zu verweisen.
- Der Urteilseingang – auch als Rubrum (= Rotes) bezeichnet, weil früher dieser Teil des Urteils mit roter Tinte geschrieben wurde – nennt die Parteien und ihre gesetzlichen Vertreter sowie die Prozeßbevollmächtigten, bezeichnet das Gericht mit Ortsangabe und

Spruchkörper sowie die Namen der Richter, die bei der Entscheidung mitgewirkt haben, und gibt schließlich den Tag des letzten Termins zur mündlichen Verhandlung an (§ 313 Abs. 1 Nr. 1 bis 3).

Das Urteil, das die Klage des Maurermeisters Friedrich Fleißig gegen den Oberstudienrat Erich Eich (vgl. o. RdNr. 19, 64) entscheidet, würde also insoweit wie folgt lauten:

Im Namen des Volkes!

Urteil

In dem Rechtsstreit

des Maurermeisters Friedrich Fleißig, Lusenstraße 95, 94469 Deggendorf,
Klägers,
Prozeßbevollmächtigter: Rechtsanwalt Dr. H.-J. Weise, 94032 Passau,
gegen
den Oberstudienrat Erich Eich, Abteistraße 47, 94034 Passau,
Beklagten,
Prozeßbevollmächtigter: Rechtsanwalt Stefan Kundig, 94032 Passau,
hat das Amtsgericht Passau, Abteilung 5, aufgrund der mündlichen Verhandlung vom 28.10.1994 durch den Richter Klug für Recht erkannt:

– Die Urteilsformel (Tenor) enthält die Entscheidung des Gerichts über die Klage, die Kostenentscheidung (vgl. u. RdNr. 421) und den Ausspruch über die (vorläufige) Vollstreckbarkeit (über die Vollstreckbarkeit von Urteilen Einzelheiten später).

Beispiel: Der Beklagte wird verurteilt, an den Kläger 1.600,– DM, zuzüglich 10 Prozent Zinsen seit dem 20.02.1993 zu zahlen.
Die Kosten des Rechtsstreits trägt der Beklagte.
Das Urteil ist vorläufig vollstreckbar. Der Beklagte kann die Vollstreckung durch Sicherheitsleistung in Höhe von 2.700,– DM abwenden, wenn nicht der Kläger vor der Vollstreckung Sicherheit in gleicher Höhe leistet (vgl. dazu u. RdNr. 507).

– Es folgen der Tatbestand und die Entscheidungsgründe (§ 313 Abs. 1 Nr. 5 und 6).

Den Parteien muß nicht nur eine klare Entscheidung ihres Rechtsstreits mitgeteilt werden, sondern diese Entscheidung ist auch in einer Weise zu begründen, daß die Erwägungen und Gedanken des Gerichts für die Parteien einsichtig und nachvollziehbar werden. Da die Parteien die tatsächlichen Grundlagen ihres Streits und die Prozeßgeschichte in aller Regel gut kennen, kann die Darstellung des Tatbestandes knapp gehalten und durch Bezugnahme auf den Akteninhalt ergänzt werden (vgl. § 313 Abs. 2). Dies gilt auch für die Abfassung der Entscheidungsgründe, jedoch darf die durch § 313 Abs. 3 zugelassene kurze Zusammenfassung der Erwägungen nicht auf Kosten der Verständlichkeit gehen.[5]
Durch § 314 wird dem Tatbestand eines Urteils Beurkundungsfunktion zugewiesen und ihm eine Beweiskraft verliehen, die über die hinausgeht, die ihm als

---

[5] Zu Einzelheiten, die bei der Abfassung von Tatbestand und Entscheidungsgründen zu beachten sind, vgl. die Aufsatzreihe von *M. Huber* JuS 1984, 615, 786, 950 und JuS 1987, 213, 296, 464, 545.

öffentliche Urkunde zukäme (vgl. §§ 415, 418). Es handelt sich insoweit um eine Beweisregel iSv. § 286 Abs. 2 (vgl. o. RdNr. 396). Die Möglichkeit eines Gegenbeweises wird durch § 314 S. 2 auf das Sitzungsprotokoll beschränkt. Allerdings ist die Berichtigung des Tatbestandes nach § 320 zulässig.

– Das Urteil ist von den Richtern, die bei der Entscheidung mitgewirkt haben, zu unterschreiben (§ 315 Abs. 1 S. 1).
– Üblicherweise werden in der Praxis der Gerichte neben diesen gesetzlich vorgeschriebenen Bestandteilen eines Zivilurteils noch das Aktenzeichen und der Gegenstand des Rechtsstreits hinzugefügt.

Versäumnis-, Anerkenntnis- und Verzichtsurteile können **ohne Tatbestand und Entscheidungsgründe** ergehen (vgl. dazu im einzelnen § 313 b). Ein Urteil, gegen das unzweifelhaft ein Rechtsmittel nicht eingelegt werden kann, bedarf nicht des Tatbestandes und kann bei einem entsprechenden Verzicht der Parteien ohne Entscheidungsgründe erlassen werden (vgl. § 313 a auch zu den Ausnahmen). Schließlich kann das Amtsgericht die Entscheidung eines Rechtsstreits, dessen Streitwert 1.200,– DM nicht übersteigt, durch ein Urteil treffen, das keinen Tatbestand enthalten muß und bei dem auch die Entscheidungsgründe entfallen können, wenn ihr wesentlicher Inhalt in das Protokoll aufgenommen wird (§ 495 a Abs. 2).

421   In jedem Endurteil, auch wenn es in der Form eines Versäumnisurteils oder Vorbehaltsurteils ergeht, ist von Amts wegen, also ohne einen entsprechenden Antrag der Parteien (vgl. § 308 Abs. 2), eine **Entscheidung über die Kosten** zu treffen. Nur bei einem Teilurteil gilt dies nicht, wenn bei seinem Erlaß noch nicht feststeht, in welchem Umfang der Kläger erfolgreich sein wird. In der Kostenentscheidung hat das Gericht auf der Grundlage der §§ 91 ff. festzustellen, welche Partei die Kosten zu tragen hat.

Bei den Kosten eines Prozesses ist zwischen den Gerichtskosten, die nach dem Gerichtskostengesetz berechnet werden (vgl. o. RdNr. 67) und den außergerichtlichen Kosten zu unterscheiden. Zu den außergerichtlichen Kosten zählen insbesondere die Anwaltskosten (vgl. o. RdNr. 23); hinzu kommen sonstige Kosten der Parteien, z. B. die ihnen durch Reisen zu den Terminen entstanden sind. Die Kosten haben die Parteien zunächst selbst zu tragen. Ergibt die Kostenentscheidung des Gerichts, daß die Prozeßkosten ganz oder zum Teil von der Gegenpartei getragen werden müssen, dann steht der begünstigten Partei ein Erstattungsanspruch gegen den Gegner zu.

Die Kostenentscheidung im Urteil spricht nur aus, von welcher Partei und zu welchem Teil die Kosten getragen werden müssen (Beispiel: Der Kläger trägt 1/5, der Beklagte 4/5 der Kosten des Rechtsstreits – vgl. § 92 Abs. 1 S. 1). Der Betrag der dem Gegner zu erstattenden Kosten bleibt dabei offen. Die Ermittlung dieses Betrages geschieht in einem Nachverfahren, dem sog. **Kostenfestsetzungsverfahren**, für das der Rechtspfleger zuständig ist (§ 104 Abs. 1 S. 1 ZPO, § 21 Abs. 1 Nr. 1 RPflG). Die Entscheidung in Kostenfestsetzungsverfahren ergeht durch Beschluß, dem sog. Kostenfestsetzungsbeschluß, der mit der (befristeten) Erinnerung anfechtbar ist (§ 11 Abs. 1 RPflG iVm. § 104 Abs. 3, § 577 Abs. 2). Im Kostenfestsetzungsbeschluß wird der Gesamtbetrag der erstattungsfähigen Kosten ziffernmäßig bestimmt. Leistet die zur Kostenerstattung verpflichtete Partei nicht freiwillig, dann kann aufgrund des Kostenfestsetzungsbeschlusses der Erstattungsanspruch zwangsweise durchgesetzt werden (vgl. u. RdNr. 509 aE).

Selbst schwere Verstöße gegen die Vorschriften über die äußere Form **422** eines Urteils machen es nicht nichtig, sondern nur anfechtbar. **Offenbare Unrichtigkeiten** im Urteil können nach § 319 berichtigt und Lücken im Tenor, die durch eine versehentlich unterbliebene Entscheidung über Haupt- oder Nebenansprüche oder über Kosten entstanden sind, nach § 321 ergänzt werden. Unklarheiten und Widersprüche in der Urteilsformel sind nach Möglichkeit durch Auslegung mit Hilfe des übrigen Urteilsinhalts zu beseitigen.[6]

c) Erlaß und Zustellung

Bei Entscheidungsreife eines Rechtsstreits, d. h. sobald das Gericht **423** darüber zu befinden vermag, ob der Klage stattzugeben ist oder sie als unzulässig oder als unbegründet abgewiesen werden muß, ist ein Endurteil zu erlassen (§ 300 Abs. 1). Ein solches Endurteil kann sowohl Prozeßurteil als auch Sachurteil sein (vgl. o. RdNr. 419).

Bei seiner Entscheidung ist das Gericht an den **Sachantrag des Klägers** gebunden; dies ergibt sich aus § 308 Abs. 1, auch wenn der Wortlaut dieser Vorschrift weiter ist und die Anträge beider Parteien umfaßt. Auf den Antrag des Beklagten, die Klage abzuweisen, kommt es jedoch nicht an. Daß die Entscheidung zu seinen Gunsten auch ohne einen solchen Antrag zulässig ist, folgt zwingend aus der kontradiktorischen Stellung der Parteien zueinander und ergibt sich im übrigen auch aus der Vorschrift des § 331 Abs. 2 HS 2. Denn nach dieser Vorschrift ist die Klage abzuweisen, wenn der Klageantrag sie nicht rechtfertigt, ohne daß der (nicht anwesende) Beklagte einen entsprechenden Antrag stellen muß. Weil der Kläger mit seinem Antrag nur Erfolg haben kann, wenn und soweit das von ihm geltend gemachte Recht von dem an Gesetz und Recht gebundenen Richter (Art. 20 Abs. 3 GG) festgestellt wird, somit ein weitergehender Antrag abgewiesen werden muß, ist also hierfür der Antrag des Beklagten regelmäßig entbehrlich. Etwas anderes gilt nur in Fällen, in denen das Gesetz die Abweisung des Klageantrages aufgrund einer besonderen Konstellation von einem darauf gerichteten Antrag des Beklagten abhängig macht wie im Falle der Säumnis des Klägers (§ 330) oder beim Verzicht des Klägers auf den von ihm geltend gemachten Anspruch (§ 306).[7] Ausnahmen von der Vorschrift des § 308 Abs. 1 enthalten Abs. 2 und § 308 a.

Das Urteil muß von denjenigen Richtern gefällt, d. h. über seinen In- **424** halt eine verbindliche Entscheidung getroffen werden, die „der dem Urteil zugrundeliegenden Verhandlung beigewohnt haben" (§ 309). Diese Verhandlung ist die letzte mündliche, die dem Erlaß des Urteils vorausgeht, also die Schlußverhandlung; dagegen ist es nicht erforderlich, daß die das **Urteil fällenden Richter** auch in einem vorher stattfindenden Verhandlungstermin anwesend waren.[8]

---

[6] Vgl. BGH NJW 1972, 2268; OLG Köln NJW 1985, 274.

[7] Zu § 308 vgl. auch *Musielak,* Festschr. K. H. Schwab, 1990, S. 349.

[8] Zu den Fragen, die sich ergeben, wenn ein Richterwechsel oder die Verhinderung eines Richters zwischen der Schlußverhandlung und der Fällung des Urteils eintritt, vgl. *Vollkommer* NJW 1968, 1309.

Bei Kollegialgerichten wird die Entscheidung über das Urteil in geheimer Beratung und Abstimmung nach den in §§ 192 ff. GVG enthaltenen Vorschriften vollzogen. Ein Einzelrichter fällt das Urteil dadurch, daß er einen entsprechenden Entschluß faßt. Das Urteil wird sodann schriftlich niedergelegt, stellt aber bis zu seiner Verkündung nur einen gerichtsinternen Entwurf dar, der noch abgeändert werden kann. Der Urteilsverkündung folgt dann die Herstellung der Urteilsurkunde, die den Anforderungen der §§ 313 ff. zu genügen hat (vgl. dazu o. RdNr. 420).

425 Das **Urteil** soll möglichst rasch **verkündet** werden (vgl. § 310 Abs. 1). Wird es in dem Termin, in dem die mündliche Verhandlung geschlossen wird, verkündet, dann spricht man von einem sog. „Stuhlurteil". Es ist in das Ermessen des Richters gestellt, ob er sich für ein Stuhlurteil entscheidet oder zunächst noch seine Entscheidung hinausschiebt, um sie überdenken zu können. Wird das Urteil in einem besonderen Termin verkündet, dann ist dieser sofort, d. h. in dem Termin, in dem die mündliche Verhandlung geschlossen wird, anzuberaumen. Das Urteil wird beim Kollegialgericht vom Vorsitzenden verkündet (§ 136 Abs. 4). Die Form der Verkündung ist in § 311 bestimmt.

Die im schriftlichen Vorverfahren (§ 276) ergehenden Anerkenntnisurteile (§ 307 Abs. 2) und Versäumnisurteile gegen den Beklagten (§ 331 Abs. 3) sind nach § 310 Abs. 3 den Parteien zuzustellen. Die Zustellung ersetzt die in anderen Fällen stets vorgeschriebene Verkündung.
Fehler bei der Verkündung hindern grundsätzlich nicht die Wirksamkeit des Urteils. Wird ein zu verkündendes Urteil fälschlicherweise nur zugestellt, dann bewirkt dieser Verfahrensmangel nicht die Nichtigkeit des Urteils.[9]

426 Urteile sind nach Maßgabe des § 317 Abs. 1 den Parteien von Amts wegen (vgl. § 270 Abs. 1) **zuzustellen.**

Zugestellt wird eine **Ausfertigung des Urteils,** d. h. eine amtliche Abschrift oder Kopie des vollständigen Urteils; das Original des Urteils bleibt bei den Akten des Gerichts. Die Ausfertigung muß auch die Unterschriften der Richter wiedergeben, und zwar in einer Weise, daß der Ausfertigung entnommen werden kann, ob die Urschrift entsprechend der Vorschrift des § 315 Abs. 1 von den bei der Entscheidung mitwirkenden Richtern unterzeichnet worden ist. Wird das Urteil entgegen § 317 Abs. 1 iVm. § 270 Abs. 1 nicht von Amts wegen zugestellt, dann beginnen die Rechtsmittel- und Einspruchsfristen nicht zu laufen. Die mit Verkündung des Urteils beginnenden 5-Monatsfristen des § 516 letzter HS und des § 552 letzter HS müssen jedoch beachtet werden.

d) Wirkungen

427 Mit der Verkündung oder der sie ersetzenden Zustellung (§ 310 Abs. 3) des Urteils wird die Entscheidung des Gerichts existent und damit der Rechtsstreit nach außen erkennbar von dem entscheidenden Gericht (ganz oder zu einem bestimmten Teil) abgeschlossen. Es erscheint als eine Selbstverständlichkeit, daß der richterliche Spruch und

---

[9] BAG NJW 1966, 175; OLG Frankfurt MDR 1980, 320.

die ihn tragenden Gründe dann nicht mehr einseitig vom erkennenden Gericht beseitigt oder korrigiert werden können. Dies wird ausdrücklich von § 318 bestimmt; die dadurch geschaffene Sperre verhindert, daß das Gericht die Entscheidung aufhebt oder ändert, auch wenn neue Erkenntnisse dazu führen sollten, die Entscheidung für falsch zu halten. **Korrekturen des Urteils** sind nur im Rahmen der §§ 319 bis 321 zulässig.

Das Aufhebungs- und Änderungsverbot stellt sich als negative Wirkung der Bindung des Gerichts an seine Entscheidung dar. Als positive Seite dieser Bindung ergibt sich das hieraus abzuleitende Gebot an das Gericht, sein Urteil im weiteren Verfahren zu beachten und nicht innerhalb derselben Instanz davon abzuweichen, wenn weitere Entscheidungen zu treffen sind. So muß das Gericht bei einem Schlußurteil die in einem Teilurteil oder in einem Vorbehaltsurteil getroffene Entscheidung berücksichtigen; das gleiche gilt für Zwischenurteile nach §§ 303 und 304 (vgl. dazu o. RdNr. 419). **428**

Von der Bindungswirkung des § 318 ist die Rechtskraft des Urteils zu unterscheiden. Die Bindungswirkung richtet sich an das erlassende Gericht, während die materielle Rechtskraft den inhaltlichen Bestand der Entscheidung gegenüber jedem Gericht sichert (vgl. dazu u. RdNr. 469). Die formelle Rechtskraft schließlich verhindert die Aufhebung des Urteils aufgrund seiner Anfechtung (vgl. dazu u. RdNr. 468).

III. Rechtsmittel

a) Allgemeines

Gegen eine gerichtliche Entscheidung kann sich im Grundsatz der dadurch Betroffene mit dem Ziel wenden, die Aufhebung oder Abänderung zu erreichen. Dies geschieht regelmäßig in einem formalisierten Verfahren, für das bestimmte Regeln zu beachten sind. Nur wo solche Regeln nicht gelten, kommt ein formloser Antrag an das Gericht in Betracht, seine Entscheidung zu ändern; dieses als **Gegenvorstellung**[10] bezeichnete Mittel kann nur Erfolg haben, wenn das Gericht zur Änderung befugt ist und nicht an die von ihm erlassene Entscheidung gebunden wird, wie dies beim Urteil der Fall ist (vgl. o. RdNr. 427). Die ZPO räumt den Parteien verschiedene Möglichkeiten ein, gerichtliche Entscheidungen anzufechten. So kann beispielsweise durch den Einspruch gegen ein Versäumnisurteil dessen Aufhebung erreicht werden (vgl. o. RdNr. 161 ff., 165). Selbst rechtskräftig gewordene Urteile können unter bestimmten Voraussetzungen nachträglich korrigiert werden **429**

---

[10] Vgl. dazu *Bauer* NJW 1991, 1711.

(dazu Einzelheiten später). Die verschiedenen Mittel zur Anfechtung
gerichtlicher Entscheidungen werden unter dem Begriff des Rechtsbehelfs zusammengefaßt, innerhalb derer die Rechtsmittel eine besondere
Gruppe bilden. Begriffsbestimmende **Merkmale eines Rechtsmittels**
sind der Devolutiveffekt, die Wirkung, das Verfahren in eine höhere Instanz zu bringen, um es dort fortzusetzen, und der Suspensiveffekt, die
Wirkung, die Rechtskraft des Urteils zu hemmen. Diese Wirkungen
können im Zivilprozeß nur durch die Berufung, die Revision und die
Beschwerde erreicht werden; sie sind deshalb die einzigen Rechtsmittel
der ZPO.

430   Durch ein Rechtsmittel wird die **sachliche Prüfung** der angefochtenen Entscheidung erreicht.[11] Der Umfang dieser Prüfung fällt aber bei
den einzelnen Rechtsmitteln unterschiedlich aus und erfaßt bei der Berufung neben der Überprüfung der richtigen Rechtsanwendung auch
die tatsächlichen Grundlagen der Entscheidung, während die Revision
auf eine Kontrolle der Rechtsanwendung beschränkt ist (vgl. dazu u.
RdNr. 455).

> Die Zulassung von Rechtsmitteln berücksichtigt nicht nur die Interessen der
> Parteien an einer richtigen Entscheidung ihres Rechtsstreits, sondern auch das **öf-**
> **fentliche Interesse** an einer gut funktionierenden Rechtspflege. Denn die Mög-
> lichkeit einer Überprüfung durch die höhere Instanz verstärkt in der Tendenz die
> Bemühung des Richters, das eigene Votum sorgfältig zu überdenken und zu über-
> prüfen. Außerdem dient die Rechtsprechung der höheren Gerichte der Vereinheit-
> lichung und der Fortbildung des Rechts (vgl. GK BGB RdNr. 723). Diesen Interes-
> sen kommt bei den einzelnen Rechtsmitteln unterschiedliche Bedeutung zu; so ist
> das Allgemeininteresse an einer einheitlichen Rechtspflege bei der Revision stärker
> ausgeprägt als bei der Berufung. Schließlich dürfen auch die Nachteile der Rechts-
> mittel, die in der Verursachung höherer Kosten und einer längeren Dauer des Pro-
> zesses liegen, nicht übersehen werden.

431   Bei jedem Rechtsmittel ist zwischen seiner **Zulässigkeit** und seiner
Begründetheit zu unterscheiden. Im Rahmen der Zulässigkeit sind
Statthaftigkeit, die Einhaltung einer vorgeschriebenen Frist und Form
sowie die Beschwer der das Rechtsmittel einlegenden Partei zu prüfen.

> Von einer **Statthaftigkeit** spricht man, wenn es das Rechtsmittel gegen die Ent-
> scheidung der betreffenden Art überhaupt gibt. So ist beispielsweise die Revision
> gegen ein landgerichtliches Berufungsurteil (im kleinen Rechtszug; vgl. o.
> RdNr. 37) nicht statthaft (vgl. § 545 Abs. 1).
> Eine **Beschwer** ist gegeben, wenn die das Rechtsmittel einlegende Partei durch
> die angefochtene Entscheidung benachteiligt wird. Wer erhält, was er durch sein
> Rechtsschutzgesuch begehrt, hat keinen Grund, die gerichtliche Entscheidung an-
> zufechten. Die Beschwer ist also eine Erscheinungsform des Rechtsschutzbedürfnis-
> ses (vgl. dazu o. RdNr. 116). Zu vergleichen ist also der Antrag der Partei und der
> daraufhin ergehende Spruch des Richters. Hat beispielsweise der Kläger die Verur-
> teilung des Beklagten in Höhe von 20.000,– DM beantragt und das Gericht ihm

---

[11] *Rosenberg/Schwab/Gottwald* § 134 I 1 c sehen deshalb in einer solchen Richtig-
keitsprüfung ein weiteres begriffsbestimmendes Merkmal eines Rechtsmittels.

15.000,– DM zuerkannt, dann ist der Kläger in Höhe von 5.000,– DM beschwert, während die Beschwer des Beklagten, der Klageabweisung beantragte, 15.000,– DM beträgt. Dieser Vergleich zwischen Antrag und Urteil ergibt die sog. formelle Beschwer. Auf sie kommt es grundsätzlich an. Streitig ist jedoch, ob Ausnahmen vom Grundsatz der formellen Beschwer zuzulassen sind und dann auf die sog. materielle Beschwer abzustellen ist, die sich daraus ergibt, daß die Partei durch das Urteil in ihren Rechten beeinträchtigt wird. Der BGH vertritt zumindest in älteren Entscheidungen[12] die Auffassung, beim Beklagten sei auf die materielle Beschwer zu sehen, weil er keinen Sachantrag, sondern nur einen Prozeßantrag stelle (vgl. RdNr. 423) und die formelle Beschwer einen Sachantrag voraussetze. Konsequenz dieser Auffassung wäre es, daß der Beklagte, der gemäß seinem Anerkenntnis verurteilt wird, als materiell Beschwerter das Anerkenntnisurteil anfechten könnte.[13] Demgegenüber ist mit der überwiegenden Ansicht im Schrifttum auch beim Beklagten von der formellen Beschwer auszugehen. Es kann nur dann die materielle Beschwer für ein Rechtsmittel maßgebend sein, wenn es der Beklagte, der keinen Antrag gestellt hat, einlegt.[14]

Beispielsweise ist der Beklagte beschwert, wenn die Klage als unbegründet, statt als unzulässig abgewiesen wird oder wenn die Klageabweisung auf eine Eventualaufrechnung und nicht auf das Nichtbestehen der Klageforderung gestützt wird; eine Beschwer ist immer dann zu bejahen, wenn nur dem Hilfsantrag stattgegeben und der Hauptantrag abgewiesen wird (vgl. o. RdNr. 142).[15]

Für Rechtsmittel gilt das Verbot der reformatio in peius (= **Verschlechterungsverbot**). Dies bedeutet, daß vom Rechtsmittelgericht keine Entscheidung getroffen werden darf, die den Rechtsmittelführer schlechter stellt als die von ihm angefochtene. **432**

> **Beispiel:** K verlangt mit seiner Klage von B Schadensersatz in Höhe von 10.000,– DM. Das Gericht spricht ihm 6.000,– DM zu. Gegen dieses Urteil legt K Berufung ein. Das Berufungsgericht kommt zu dem Ergebnis, daß die Voraussetzungen eines Schadensersatzanspruchs des K gegen B nicht erfüllt sind. In diesem Fall darf das Gericht jedoch die Klage nicht völlig abweisen, weil K dann schlechter stünde als aufgrund des (angefochtenen) erstinstanzlichen Urteils.

Die durch das Verschlechterungsverbot geschaffene Sperre wird jedoch dann aufgehoben, wenn auch der Beklagte Berufung einlegt, also im Beispielsfall B wegen seiner Verurteilung zum Schadensersatz in Höhe von 6.000,– DM. In diesem Fall wird die von K durch das erstinstanzliche Urteil erworbene Rechtsposition von B angefochten, so daß die Klage auf die Berufung des B hin ganz abgewiesen werden darf.

Das Verschlechterungsverbot wird durch die Erwägung begründet, daß auch im Rechtsmittelverfahren die Dispositionsmaxime gilt, so daß der Antrag des Rechtsmittelführers dafür maßgebend ist, worüber das Gericht zu entscheiden hat (vgl. o. RdNr. 89), es also eine Abänderung nicht vornehmen darf, soweit sie nicht beantragt wird. Dies wird für die **433**

---

[12] Vgl. BGH JZ 1953, 276; BGH NJW 1955, 545; BGH ZZP 74 (1961) 362.
[13] Vgl. *Jauernig* § 72 V m. weit. Nachw.
[14] *Jauernig* (Fn. 13); *Rosenberg/Schwab/Gottwald* § 136 II 3 c; *Arens/Lüke* RdNr. 388.
[15] Vgl. die Nachw. bei *Zimmermann* vor § 511 RdNr. 7 ff. Zu weiteren Beispielen: *Baumbach/Lauterbach/Albers* Grundz. § 511 RdNr. 13 ff.

Berufung ausdrücklich in § 536 festgestellt. Hinzu kommt noch die rechtspolitische Erwägung, daß es sich als erhebliches Hemmnis für Rechtsmittel auswirken würde, wenn der Rechtsmittelführer befürchten müßte, daß sich im Rechtsmittelverfahren seine Rechtsposition verschlechtere.

Nach hM widerspricht es nicht dem Verschlechterungsverbot, wenn aufgrund eines Rechtsmittels gegen eine Entscheidung, die das Begehren des Rechtsmittelführers als unzulässig verworfen hat, das Rechtsmittelgericht dieses Begehren für unbegründet erklärt. Diese Auffassung wird damit begründet, daß der Rechtsmittelführer durch die Abweisung als unzulässig keine rechtliche Position erlangt habe, auf deren Bestand er vertrauen dürfe.[16]

Streitig ist die Frage, ob aufgrund eines Rechtsmittels gegen eine Teilabweisung in der Sache das Rechtsmittelgericht das Begehren des Rechtsmittelführers als unzulässig abweisen darf (in dem obigen Beispielsfall der Schadensersatzklage – RdNr. 432 – wird auf die Berufung des Klägers seine Klage als unzulässig abgewiesen). Während manche diese Möglichkeit bejahen und damit begründen, daß sich § 536 und das darin ausgesprochene Verschlechterungsverbot nicht auf Fragen des Verfahrens beziehe, dem Belieben der Parteien entzogen seien, widerspricht eine Gegenauffassung, die darauf verweist, daß der Kläger durch Einlegung oder Nichteinlegung eines Rechtsmittels darüber befinde, ob das Urteil unverändert bestehen bliebe; deshalb seien insoweit auch Verfahrensfragen nicht der Disposition der Parteien entzogen.[17]

434 Ein besonderes Problem ergibt sich, wenn das Gericht für seine Entscheidung eine falsche Form gewählt hat (z. B. Beschluß statt Urteil) und deshalb entschieden werden muß, ob das Rechtsmittel gegeben ist, das gegen die inkorrekte Entscheidung (Beschluß) oder gegen die richtige (Urteil) einzulegen wäre. Ganz überwiegend wird diese Frage nach dem **Grundsatz der Meistbegünstigung** entschieden[18] und es der Partei überlassen, ob sie das Rechtsmittel wählt, das der vom Gericht gewollten entspricht (sog. subjektive Theorie), oder dasjenige, das bei der richtigen Form der Entscheidung statthaft wäre (sog. objektive Theorie). Das Prinzip der Meistbegünstigung entspricht am besten dem Interesse der Partei, die auf diese Weise nicht mit der Frage belastet wird, ob die gewählte Form falsch ist und welches Rechtsmittel in Betracht kommt. Nach Einlegung eines Rechtsbehelfs gegen die in eine falsche Form gefaßte Entscheidung ist das Verfahren in die richtige Verfahrensform überzuleiten, also z. B. die Berufung als Beschwerde zu behandeln.[19]

Durch das Meistbegünstigungsprinzip soll also erreicht werden, daß die Parteien durch eine fehlerhafte Form der Entscheidung keine Nachteile erleiden. Anderer-

---

[16] BGHZ 23, 36, 50 = NJW 1957, 539; BGH NJW 1989, 393, 394; *Arens/Lüke* RdNr. 389; *Rosenberg/Schwab/Gottwald* § 140 II 2 d.
[17] Vgl. dazu *Rosenberg/Schwab/Gottwald* (Fn. 16); *MK/Rimmelspacher* § 536 RdNr. 23, jeweils m. Nachw.
[18] BGHZ 98, 362, 364 f. = NJW 1987, 442; OLG Karlsruhe MDR 1992, 808; *Zeiss* RdNr. 660; *Zöller/Gummer* vor § 511 RdNr: 29, jeweils m. weit. Nachw.
[19] LG Itzehoe NJW-RR 1994, 1216 m. Nachw.

seits sollen sie jedoch auch dadurch keine Vorteile bekommen. Deshalb ist es nur folgerichtig, ein Rechtsmittel, das an sich gegen die inkorrekte Entscheidung statthaft wäre, dann nicht zuzulassen, wenn ein Rechtsmittel bei zutreffender Wahl der Entscheidungsform nicht gegeben wäre.[20]

> **Beispiel:** Nachdem K gegen das seine Klage abweisende Urteil des Landgerichts Berufung eingelegt hat, erklärt er durch einen an das Berufungsgericht gerichteten Schriftsatz seines Prozeßbevollmächtigten die Zurücknahme seines Rechtsmittels. In einem späteren Schriftsatz läßt K durch seinen Prozeßbevollmächtigten mitteilen, die Zurücknahme der Berufung sei unwirksam, da er sie wegen Irrtums angefochten habe; er verlange deshalb Durchführung des Berufungsverfahrens. In der vom Oberlandesgericht daraufhin angesetzten mündlichen Verhandlung beantragt der beklagte B Zurückweisung der Berufung als unzulässig, da die Zurücknahme wirksam gewesen sei. Das Oberlandesgericht weist durch Urteil die Berufung des K als unzulässig ab, weil die Zurücknahme eine Prozeßhandlung sei und nicht wegen Irrtums angefochten werden könne (vgl. o. RdNr. 144). Die Kosten des Rechtsstreits werden K auferlegt. Gegen dieses Urteil legt K Revision ein.
>
> Die Revision ist nicht zulässig. Zwar kann grundsätzlich gegen Endurteile der Oberlandesgerichte Revision eingelegt werden (vgl. § 545 Abs. 1 und u. RdNr. 447), jedoch hatte das OLG für seine Entscheidung die falsche Form gewählt, weil nach hM auch beim Streit über die wirksame Rücknahme der Berufung durch einen nach § 515 Abs. 3 nicht anfechtbaren Beschluß zu entscheiden ist.[21] Die gesetzwidrige Form der Entscheidung gibt K nicht das Recht der Anfechtung, das er bei der richtig zu wählenden Beschlußform nicht hätte.

Der Beispielsfall zeigt, daß eingelegte **Rechtsmittel zurückgenommen** werden können; dies gilt nicht nur für die Berufung (vgl. § 515), sondern auch für die Revision (§ 566 iVm. § 515) und für die Beschwerde.[22] Die Zurücknahme hat den Verlust des eingelegten Rechtsmittels zur Folge (vgl. § 515 Abs. 3 S. 1), verhindert jedoch nicht, daß das zurückgenommene Rechtsmittel erneut eingelegt werden kann, sofern die Rechtsmittelfrist noch nicht abgelaufen ist. **435**

Auf ein **Rechtsmittel** kann auch **verzichtet** werden, ohne Einwilligung des Gegners jedoch nur nach Erlaß der Entscheidung (vgl. §§ 514, 566); vorher bedarf es dazu einer Vereinbarung der Parteien, bei der es sich um einen Prozeßvertrag (vgl. o. RdNr. 49) handelt.[23] Wird der Verzicht nach Beginn der mündlichen Verhandlung über das Rechtsmittel erklärt, dann ist dafür in entsprechender Anwendung des § 515 Abs. 1 die Einwilligung des Rechtsmittelbeklagten erforderlich.[24] Der Verzicht **436**

---

[20] BGH NJW 1988, 49, 51 m. weit. Nachw.

[21] Vgl. BGHZ 46, 112 = NJW 1967, 109 auch zur Gegenauffassung, die beim Streit über die Wirksamkeit der Zurücknahme ein Endurteil für erforderlich hält.

[22] AllgM., obwohl im Gesetz für die Beschwerde nicht ausdrücklich geregelt; vgl. aber § 577 a S. 2.

[23] *Rosenberg/Schwab/Gottwald* § 136 II 5 b; aA *AK-ZPO/Ankermann* § 514 RdNr. 2: bürgerlich-rechtlicher Vertrag; ebenso BGH NJW 1986, 186: materiellrechtlich bindende Vereinbarung, die nicht dem Anwaltszwang unterliegt.

[24] BGHZ 124, 305, 307 ff. = NJW 1994, 737 ff.

macht das Rechtsmittel unzulässig; allerdings muß nach hM der Rechtsmittelgegner bei einem vor Erlaß der Entscheidung vereinbarten Verzicht dies einredeweise geltend machen.[25] Ein dem Gericht gegenüber erklärter Rechtsmittelverzicht ist als Prozeßhandlung grundsätzlich unwiderruflich; dagegen können die Parteien ihre vor Erlaß der Entscheidung getroffene Vereinbarung über den Verzicht wieder einvernehmlich aufheben.[26]

b) Berufung

437   Die Berufung ist ein Rechtsmittel (vgl. o. RdNr. 429), durch das die vollständige oder auf Teile beschränkte Aufhebung des angefochtenen Urteils sowie eine entsprechende neue Verhandlung und Entscheidung des Rechtsstreits begehrt wird. Die Berufung ist nach § 511 **statthaft** gegen Endurteile der ersten Instanz (vgl. o. RdNr. 39). Da die nach § 280 Abs. 2 und § 304 Abs. 2 ergehenden Zwischenurteile hinsichtlich eines Rechtsmittels als Endurteile anzusehen sind, ist auch gegen sie die Berufung statthaft; das gleiche gilt nach § 302 Abs. 3 für ein Vorbehaltsurteil (vgl. dazu o. RdNr. 272 f.). Schließlich kann auch gegen ein „technisch zweites" Versäumnisurteil nach § 513 Abs. 2 Berufung eingelegt werden (vgl. o. RdNr. 162). Zur **Form** der Berufung bestimmt § 518 Abs. 1, daß sie durch Einreichung einer Berufungsschrift bei dem Berufungsgericht (vgl. o. RdNr. 37) einzulegen ist. Die Anforderungen, die an den Inhalt der Berufungsschrift gestellt werden, sind in § 518 Abs. 2 aufgeführt. Als bestimmender Schriftsatz muß die Berufungsschrift unterschrieben werden, und zwar, da Anwaltszwang besteht (vgl. § 78), durch einen beim Berufungsgericht zugelassenen Rechtsanwalt (vgl. o. RdNr. 21). Die gleichen Ausnahmen, die im Hinblick auf die moderne Nachrichtentechnik von dem Erfordernis der eigenhändigen Unterschrift bei der Klageschrift zugelassen werden (vgl. dazu o. RdNr. 62), gelten auch für die Berufungsschrift. § 518 Abs. 4 verweist in gleicher Weise wie § 253 Abs. 4 auf die §§ 130 ff.

438   Für die **Einlegung der Berufung** bestimmt § 516 eine Notfrist (vgl. o. RdNr. 260) von einem Monat; die **Frist** läuft ab Zustellung des Urteils an die Partei.

Mit der Einlegung der Berufung beginnt die Berufungsbegründungsfrist, die zwar grundsätzlich auch einen Monat dauert, jedoch auf Antrag vom Vorsitzenden verlängert werden kann (§ 519 Abs. 2). Die Begründungsfrist ist keine Notfrist, unterliegt jedoch der Wiedereinsetzung in den vorigen Stand (§ 233). Die Einlegung des Rechtsmittels und seine Begründung können auch in einem Schriftsatz zusammengefaßt werden.

---

[25] BGH NJW 1985, 2334.
[26] BGH (Fn. 25).

Welche Anforderungen an die **Begründung** der Berufung gestellt **439**
werden, nennt § 519 Abs. 3. Wichtig sind insbesondere die Berufungsan-
träge, d. h. die Erklärung, inwieweit das Urteil angefochten und welche
Abänderung beantragt wird (§ 519 Abs. 3 Nr. 1). Die Begründung muß
erkennen lassen, in welchen Punkten tatsächlicher oder rechtlicher Art
das angefochtene Urteil nach Ansicht des Berufungsklägers unrichtig ist
und auf welche Gründe er diese Auffassung stützt.[27] Dadurch werden
der Umfang der Neuverhandlung und die Grenzen der Abänderung bestimmt (vgl. §§ 525, 536).

Eine pauschale Behauptung, das angefochtene Urteil sei unrichtig, reicht nicht
aus, vielmehr muß der Berufungskläger im einzelnen begründen, weshalb er die Änderung des Urteils begehrt (vgl. § 519 Abs. 3 Nr. 2).[28]

Neben Statthaftigkeit sowie Beachtung von Frist und Form muß im **440**
Rahmen der Zulässigkeitsprüfung auch die **Beschwer** des Berufungsklägers untersucht werden (vgl. o. RdNr. 431). Hierbei ist zu beachten,
daß der Wert des Beschwerdegegenstandes 1.500,– DM übersteigen
muß (§ 511a Abs. 1); man spricht insoweit von der „**Erwachsenheitssumme**". Beschwerdegegenstand ist der Teil der Beschwer, den der Berufungskläger mit einem Rechtsmittel beseitigen will. Der Wert orientiert sich bei vermögensrechtlichen Streitigkeiten (vgl. o. RdNr. 48) am
wirtschaftlichen Interesse des Berufungsklägers, bei nicht vermögensrechtlichen Streitigkeiten am ideellen Interesse, wobei der „Wert" nach
dem Ermessen des Gerichts festzusetzen ist (§ 3).[29] Für Streitigkeiten,
die Mietverhältnisse über Wohnraum betreffen, gilt nach § 511a Abs. 2
eine Sonderregelung (vgl. auch § 541). § 511a ist auf die Berufung gegen ein „technisch zweites" Versäumnisurteil nicht anwendbar (§ 513
Abs. 2 S. 2). Die in § 513 Abs. 2 S. 2 getroffene Regelung beruht auf dem
Gedanken, daß Entscheidungen, die unter Verletzung des Anspruchs auf
rechtliches Gehör (vgl. o. RdNr. 87) ergangen sind, vom Berufungsgericht korrigierbar sein müssen.[30] Dieser Rechtsgedanke ist auf alle Fälle
eines Verstoßes gegen das Prinzip rechtlichen Gehörs anzuwenden und
die Berufung dann ohne Rücksicht auf die Erwachsenheitssumme zuzulassen.[31]

Nach § 519b Abs. 1 hat das Berufungsgericht von Amts wegen die Zulässigkeitsvoraussetzungen zu prüfen; fehlt eine solche Voraussetzung, dann ist die **Berufung**
als **unzulässig** zu verwerfen. Diese Entscheidung kann ohne mündliche Verhandlung durch Beschluß ergehen, der mit der sofortigen Beschwerde angefochten wer-

[27] BGH NJW 1994, 1481.
[28] BGH NJW 1981, 1620; 1992, 3243, 3244.
[29] *MK/Rimmelspacher* (Sonderheft zum Rechtspflege-Entlastungsgesetz, 1993)
§ 511a RdNr. 3f.
[30] *MK/Rimmelspacher* § 511a RdNr. 6.
[31] *MK/Rimmelspacher* (Fn. 30) RdNr. 9f.; *Rosenberg/Schwab/Gottwald* § 137 I 3c,
jeweils m. Nachw.

den kann, sofern gegen ein Urteil gleichen Inhalts die Revision zulässig wäre (vgl. § 519b Abs. 2 und u. RdNr. 447). Wird über die Zulässigkeit der Berufung mündlich verhandelt, dann muß die Entscheidung des Gerichts, daß die Berufung unzulässig ist, in der Form eines Urteils ergehen (zur Anfechtung dieses Urteils vgl. §§ 545, 547 und u. RdNr. 451).

441 Einschränkungen der Zulässigkeitsanforderungen ergeben sich bei der **Anschlußberufung**. Die Anschlußberufung ist die Reaktion des Berufungsbeklagten auf die (Haupt-)Berufung und erhält ihren Sinn aus dem Verschlechterungsverbot. Weil das angefochtene Urteil nicht zum Nachteil des Berufungsklägers abgeändert werden darf, wenn nicht auch der Gegner Berufung einlegt (vgl. o. RdNr. 433), wird dem Berufungsbeklagten die Möglichkeit eingeräumt, das angefochtene Urteil durch eine Anschließung an die (Haupt-)Berufung auch zu seinen Gunsten überprüfen und ändern zu lassen. Außerdem beseitigt die Anschlußberufung die sonst bestehende Notwendigkeit, rein vorsorglich zur Fristwahrung Berufung einzulegen, weil damit gerechnet wird, daß auch der Gegner Berufung einlegen und den Rechtsstreit fortsetzen wird.[32] Denn die Anschlußberufung ist so lange zulässig, wie das Verfahren über die Hauptberufung schwebt (vgl. § 521 Abs. 1).

Nicht nur hinsichtlich der Berufungsfrist des § 516 gilt eine Ausnahme für die Anschlußberufung, sondern sie kann auch eingelegt werden, wenn der Berufungsbeklagte auf die Berufung verzichtet hat (§ 521 Abs. 1). Außerdem setzt die Anschlußberufung keine Beschwer voraus.[33]

Beispiele: K klagt gegen B auf Zahlung von Schadensersatz in Höhe von 10.000,– DM. B wird antragsgemäß verurteilt und legt gegen die Entscheidung Berufung ein. K schließt sich der Berufung an und erweitert seinen Klageantrag auf 15.000,– DM (§ 264 Nr. 2 iVm. § 523).

Die Klage des X gegen den Y wird abgewiesen. X legt Berufung ein. Y schließt sich der Berufung an und erhebt Widerklage (vgl. § 530 Abs. 1).

Wegen dieser Besonderheiten wird die Auffassung vertreten, bei der Anschlußberufung handele es sich überhaupt nicht um ein Rechtsmittel; der insoweit geführte Meinungsstreit hat jedoch lediglich theoretischen Wert.[34]

442 Wird die Hauptberufung zurückgenommen oder als unzulässig verworfen, dann wird die Anschlußberufung wirkungslos (§ 522 Abs. 1); dies gilt jedoch nur für die sog. unselbständige Anschlußberufung, die nicht innerhalb der Berufungsfrist des § 516 erhoben wurde. Die innerhalb dieser Frist eingelegte sog. selbständige Anschlußberufung wird bei Rücknahme oder Verwerfung der Hauptberufung zur selbständigen Berufung (§ 522 Abs. 2), so daß dann auch für sie sämtliche Zulässigkeitsvoraussetzungen gelten.

[32] BGH NJW 1984, 2951, 2952.
[33] Vgl. *Jauernig* § 72 VI m. weit. Nachw. auch zur Gegenauffassung.
[34] Vgl. *Rosenberg/Schwab/Gottwald* § 138 I 3 m. Nachw. zu beiden Ansichten.

Das Berufungsverfahren ist als eine Fortsetzung des Verfahrens der **443** ersten Instanz zu begreifen. Dies bedeutet, daß – in gleicher Weise wie bei der fortgesetzten mündlichen Verhandlung in einer Instanz – bindende Prozeßsituationen fortbestehen (Beispiel: gerichtliches Geständnis, vgl. § 532), daß die Ergebnisse der Beweisaufnahme der ersten Instanz beachtlich sind, sofern nicht das Berufungsgericht nach eigenem Ermessen die Beweisaufnahme oder Teile davon wiederholt, und daß die Parteien den Streitstoff der ersten Instanz, sofern er für die Berufung Bedeutung hat, in der mündlichen Verhandlung vorzutragen haben (§ 526 Abs. 1); allerdings kann dazu auf die Berufungsbegründung Bezug genommen werden (§ 137 Abs. 3). Es entspricht diesem **Verhältnis der Verhandlungen erster und zweiter Instanz**, daß eine Partei mit Angriffs- und Verteidigungsmitteln, die in der ersten Instanz zu Recht zurückgewiesen worden sind, ausgeschlossen bleibt (§ 528 Abs. 3). Neue Angriffs- und Verteidigungsmittel können innerhalb der durch § 527 und § 528 gezogenen Grenzen in der Berufungsinstanz vorgebracht werden.

Das Verfahren in der Berufungsinstanz ist das landgerichtliche (§§ 253 bis 494), soweit sich nicht aus den §§ 511 ff. Abweichungen ergeben (§ 523); daneben gelten die allgemeinen Vorschriften der §§ 1 bis 252.[35]

Ist die Berufung zulässig, dann hat das Berufungsgericht über die **Be-** **444** **gründetheit** zu entscheiden. Stellt das Gericht fest, daß das angefochtene Urteil richtig ist, dann wird die Berufung durch Endurteil als unbegründet zurückgewiesen. Dies gilt auch, wenn das erstinstanzliche Gericht seine örtliche Zuständigkeit in einer Streitigkeit über vermögensrechtliche Ansprüche zu Unrecht angenommen hat (§ 512a). Die Berufung ist auch dann als unbegründet zurückzuweisen, wenn zwar die im erstinstanzlichen Urteil enthaltene Begründung Fehler aufweist, die Entscheidung aber im Ergebnis richtig ausgefallen ist. Ergibt dagegen die Prüfung des angefochtenen Urteils, daß es ganz oder teilweise keinen Bestand haben kann, dann muß dieses Urteil in dem zu beanstandenden Umfang aufgehoben werden. Bei dieser Entscheidung ist das Berufungsgericht an den Berufungsantrag gebunden (§ 536; vgl. o. RdNr. 439).

Die Frage, ob das Berufungsgericht in der Sache selbst entscheidet oder ob es die Sache zur Entscheidung an das erstinstanzliche Gericht zurückverweist, ist aufgrund der Vorschriften der §§ 538 bis 540 zu entscheiden.
Da auch die allgemeinen Vorschriften über Urteile (§§ 300 ff.) gelten, kann das Berufungsurteil sowohl als Voll- oder als Teilurteil, als Vorbehalts- oder Zwischenurteil ergehen (vgl. zu diesen Urteilsformen o. RdNr. 419). Auch die Vorschriften über die äußere Form des Urteils (§§ 313 ff.) sind bei Abfassung eines Berufungsurteils zu beachten. Allerdings gestattet § 543 Abs. 1, von der Darstellung des Tatbestandes und

---

[35] Zu Einzelheiten des Berufungsverfahrens vgl. *Schumann*, Die Berufung in Zivilsachen, 4. Aufl. 1990, RdNr. 408 ff.

in dem Fall, daß das Berufungsgericht den Gründen der angefochtenen Entscheidung folgt und dies in seinem Urteil feststellt, auch von der Darstellung der Entscheidungsgründe abzusehen. Wenn jedoch gegen das Urteil die Revision stattfindet, dann soll der Tatbestand eine gedrängte Darstellung des Sach- und Streitstandes
enthalten, wobei eine Bezugnahme auf das angefochtene Urteil und auf die Akten
nach § 543 Abs. 2 zulässig ist.

445   Wird dem Bearbeiter einer **Klausur** die Aufgabe gestellt, über eine
Berufung zu entscheiden, dann empfiehlt es sich, folgende Reihenfolge
bei der anzustellenden Erörterung einzuhalten (vgl. auch o. RdNr. 7):

– Zulässigkeit der Berufung
   (1) Statthaftigkeit (§ 511)
   (2) Einhaltung der Fristen (§§ 516, 519 Abs. 2)
   (3) Beachtung der Form (§ 518 Abs. 1) und des vorgeschriebenen
        Inhalts (§ 518 Abs. 2, § 519 Abs. 3, 4)
   (4) Beschwer (§ 511 a)

– Begründetheit der Berufung
   (1) Zulässigkeit der Klage
   (2) Begründetheit der Klage

446   Für das **Versäumnisverfahren** in der Berufungsinstanz gelten einige
Besonderheiten (vgl. § 542):

– Erscheint der Berufungskläger im Termin zur mündlichen Verhandlung nicht und stellt der Berufungsbeklagte Antrag auf Versäumnisurteil, dann muß zunächst die Zulässigkeit der Berufung von Amts wegen geprüft werden (§ 519 b Abs. 1), weil das Versäumnisurteil ein
  Sachurteil ist (vgl. o. RdNr. 149). Deshalb darf es nicht ergehen, wenn
  Zulässigkeitsvoraussetzungen fehlen; in diesem Fall ist die Berufung
  als unzulässig (nicht durch Versäumnisurteil, sondern durch kontradiktorisches Urteil) zu verwerfen.

– Gelangt das Berufungsgericht zu dem Ergebnis, daß die Berufung zulässig ist, dann muß unabhängig von der Säumnis einer Partei geprüft
  werden, ob die Klage zulässig ist. Ist dies zu verneinen, dann muß das
  angefochtene Urteil, das der Klage stattgegeben hat, aufgehoben und
  die Klage abgewiesen werden. Auch dieses Urteil ist kein Versäumnisurteil.

– Erst wenn die Zulässigkeit von Berufung und Klage feststeht, kann
  wegen der Säumnis einer Partei ein Versäumnisurteil ergehen.

Bei Säumnis des Berufungsklägers wird die Berufung durch Versäumnisurteil zurückgewiesen (§ 542 Abs. 1). Bei Säumnis des Berufungsbeklagten ist das tatsächliche mündliche Vorbringen des Berufungsklägers (wie bei der Säumnis des Beklagten in der ersten Instanz; vgl. dazu o. RdNr. 156) als zugestanden anzusehen.
Das Berufungsgericht muß dann in gleicher Weise wie im Versäumnisverfahren
der ersten Instanz eine Schlüssigkeitsprüfung vornehmen und entsprechend ihrem Ergebnis entweder dem Antrag auf Erlaß eines Versäumnisurteils stattgeben

oder den Antrag zurückweisen (§ 542 Abs. 2); im zweiten Fall handelt es sich
nicht um ein Versäumnisurteil (vgl. dazu o. RdNr. 156).

– Im übrigen finden die Vorschriften über das Versäumnisverfahren im
ersten Rechtszug entsprechende Anwendung (§ 542 Abs. 3). Dies gilt
auch für die Anfechtung des Versäumnisurteils durch Einspruch (vgl.
dazu o. RdNr. 161 ff.).

c) Revision

Die Revision bewirkt die rechtliche Überprüfung des angefochtenen **447**
Urteils. Sie ist **statthaft** gegen Endurteile der Oberlandesgerichte, soweit es sich dabei nicht um Entscheidungen handelt, durch die über die
Anordnung, Abänderung oder Aufhebung eines Arrestes (vgl. dazu u.
RdNr. 607 ff.) oder einer einstweiligen Verfügung (vgl. u. RdNr. 614)
oder über die vorzeitige Besitzeinweisung im Enteignungs- oder Um-
legungsverfahren befunden wird (§ 545). Ebenso ist die Revision gegen
ein Zwischenurteil nach § 280 Abs. 2 und § 304 Abs. 2 und gegen ein
Vorbehaltsurteil nach § 302 Abs. 3 gegeben, das ein Oberlandesgericht
im Berufungsverfahren erlassen hat. Schließlich ist auch gegen ein
„technisch zweites" Versäumnisurteil eines Oberlandesgerichts die Revision zulässig (§ 513 Abs. 2 iVm. § 566). Gegen die im ersten Rechtszug erlassenen Endurteile der Landgerichte und die den Endurteilen
gleichgestellten Zwischenurteile und Grundurteile kann unter Umge-
hung der Berufungsinstanz die sog. Sprungrevision nach Maßgabe des
§ 566 a eingelegt werden (vgl. auch u. RdNr. 451).

Revisionsfrist und Revisionsbegründungsfrist sind in §§ 552, 554 **448**
Abs. 2 entsprechend der Berufung (vgl. o. RdNr. 438) geregelt. Die Anforderungen, die an die Revisionsschrift zu stellen sind, enthält § 553
und der Inhalt der Revisionsbegründung wird in § 554 Abs. 3 bestimmt.

Wie bei jedem anderen Rechtsmittel auch (vgl. o. RdNr. 431) ist die **449**
Revision nur zulässig, wenn der Revisionskläger durch das angefochtene Urteil beschwert ist. In Rechtsstreitigkeiten über vermögensrechtliche Ansprüche (vgl. o. RdNr. 41) kommt es darauf an, ob der Wert der
Beschwer 60.000,– DM übersteigt (vgl. § 546 Abs. 1); ist dies zu bejahen,
dann ist die Revision zulässig. Allerdings kann das Revisionsgericht in
diesem Fall die **Annahme der Revision ablehnen,** wenn die Rechtssache keine grundsätzliche Bedeutung hat und keine Aussicht auf Erfolg
besteht.

In § 554 b wird die Ablehnung nur vom Fehlen der grundsätzlichen Bedeutung
der Rechtssache abhängig gemacht. Jedoch hat das Bundesverfassungsgericht in
einer Plenarentscheidung diese Vorschrift verfassungskonform dahingehend ausgelegt, daß vor Ausübung des Ablehnungsermessens eine Vorprüfung der Rechts-

sache durch das Revisionsgericht vorzunehmen sei. Komme hierbei das Gericht zu der (notwendigerweise nur vorläufigen) Erkenntnis, daß die Revision Aussicht auf Erfolg haben kann, dann dürfe es die Annahme nicht ablehnen.[36] Das Bundesverfassungsgericht hat darauf hingewiesen, daß es nach der gesetzlichen Regelung eine (förmliche) Annahme der Revision nicht gebe; nur das Recht zur Ablehnung der Annahme sei unter den genannten Voraussetzungen dem Revisionsgericht zugebilligt. Es müßten also nicht Gründe für eine Annahme, sondern für eine Ablehnung bestehen, wobei die Erfolgsaussicht die Ablehnung verhindere.

Für die Ablehnung der Annahme ist eine Mehrheit von zwei Dritteln der Stimmen des zuständigen Senats (vgl. o. RdNr. 69) erforderlich. Die Entscheidung kann ohne mündliche Verhandlung durch Beschluß ergehen (§ 554b Abs. 2, 3).

450 In vermögensrechtlichen Streitigkeiten, bei denen der Wert der Beschwer 60.000,– DM oder weniger beträgt, und bei nicht vermögensrechtlichen Streitigkeiten findet die **Revision** nur statt, wenn das OLG sie in dem Urteil zugelassen hat. Das OLG ist zur **Zulassung** verpflichtet, wenn die Rechtssache grundsätzliche Bedeutung hat oder das Urteil von einer Entscheidung des BGH oder des Gemeinsamen Senats der obersten Gerichtshöfe des Bundes (vgl. dazu u. RdNr. 459) abweicht und auf dieser Abweichung beruht. Das Revisionsgericht ist an die Zulassung gebunden (§ 546 Abs. 1 S. 3).

Einer Rechtssache kommt dann grundsätzliche Bedeutung zu, wenn die zu treffende Entscheidung durch das Revisionsgericht eine klärungsfähige und klärungsbedürftige Rechtsfrage betrifft und diese Klärung entweder von allgemeiner Bedeutung für die Rechtsordnung ist oder sie wegen ihrer tatsächlichen (z. B. wirtschaftlichen) Auswirkung die Interessen der Allgemeinheit oder eines größeren Teiles der Allgemeinheit eng berührt.[37] Auf diese Weise kann das Revisionsgericht seiner Aufgabe gerecht werden, die Rechtseinheit zu erhalten und das Recht fortzubilden (vgl. o. RdNr. 430). Weicht das angefochtene Urteil von einer Entscheidung des BGH oder des Gemeinsamen Senats der obersten Gerichtshöfe des Bundes ab, dann dürfte regelmäßig die Rechtssache grundsätzliche Bedeutung aufweisen, so daß sich die beiden in § 546 Abs. 1 für eine Zulassung genannten Gründe überschneiden.

Ein Rechtsmittel gegen die Nichtzulassung gibt es in der ZPO nicht. Auch wenn das OLG versehentlich die Revision nicht zuläßt, kann die Zulassung nicht nachgeholt werden.[38] Ebensowenig rechtfertigen Fehler, die bei der Entscheidung über die Nichtzulassung begangen wurden, eine Anfechtung.[39]

451 Ohne Zulassung findet die Revision stets gegen ein „technisch zweites" Versäumnisurteil eines OLG (§ 513 Abs. 2 iVm. § 566) und gegen ein Urteil des OLG statt, das die Berufung als unzulässig verwirft (§ 547); allerdings gelten auch insoweit die Schranken des § 545 Abs. 2.[40]

[36] Vgl. BVerfGE 54, 277 = NJW 1981, 39.
[37] Vgl. BAG NJW 1980, 1812, 1813; vgl. auch BGH WM 1978, 1418.
[38] Vgl. BGH NJW 1981, 2755 m. weit. Nachw.
[39] Vgl. BGH NJW-RR 1991, 1215.
[40] Vgl. *Zimmermann* § 547 RdNr. 1.

Ohne Bindung an einen bestimmten Streitwert oder eine Zulassung kann auch die sog. **Sprungrevision** eingelegt werden (vgl. § 566a); allerdings kann das Revisionsgericht die Annahme unter den gleichen Voraussetzungen ablehnen, wie sie nach § 554b auch für andere Revisionen gelten (vgl. § 566a Abs. 3; dazu o. RdNr. 449). Die Sprungrevision bedarf der Einwilligung des Gegners (§ 566a Abs. 2). Sie soll ermöglichen, solche Rechtsfragen unmittelbar bis zum Revisionsgericht zu bringen, die nach dem Willen der Parteien vom BGH entschieden werden sollen.

Die Revision ist beim Revisionsgericht einzulegen; dies ist der BGH **452** (§ 133 GVG). Eine Besonderheit gilt für die **Revisionseinlegung** gegen Entscheidungen bayerischer Oberlandesgerichte. Läßt das OLG die Revision nach § 546 zu, dann hat es zugleich darüber zu befinden, ob der BGH oder das **Bayerische Oberste Landesgericht** zuständig ist (§ 7 Abs. 1 EGZPO iVm. § 8 EGGVG). In den Fällen der §§ 547, 554b und 566a ist die Revision beim Bayerischen Obersten Landesgericht einzulegen (§ 7 Abs. 2 EGZPO) (vgl. auch o. RdNr. 37).[41]

Das Revisionsgericht hat von Amts wegen zu prüfen, ob die Revision an sich statthaft und ob sie in der gesetzlichen Form und Frist eingelegt ist und eine Begründung (vgl. § 554) enthält. Mangelt es an einem dieser Erfordernisse, so ist die Revision als unzulässig zu verwerfen (§ 554a Abs. 1). Die Entscheidung kann ohne mündliche Verhandlung durch Beschluß ergehen (§ 554a Abs. 2, zur gleichen Frage bei der Berufung vgl. o. RdNr. 440).

Auch bei der Revision gibt es die Möglichkeit der Anschließung. Für **453** die **Anschlußrevision** gelten jedoch einige Besonderheiten, die sie von der Anschlußberufung unterscheidet:

– Sie kann nur bis zum Ablauf eines Monats nach der Zustellung der Revisionsbegründung eingelegt werden (§ 556 Abs. 1).
– Nach allgemeiner Meinung setzt die Anschlußrevision eine Beschwer voraus, ist dann aber unabhängig von der Höhe der Revisionssumme oder einer Zulassung durch das Oberlandesgericht zulässig. Nur wenn die Revision nicht durchgeführt wird und die Anschlußrevision damit selbst zur Hauptrevision wird (vgl. zur parallelen Frage bei der Berufung o. RdNr. 442), müssen alle Zulässigkeitsvoraussetzungen erfüllt werden.
– Die Anschlußrevision kann nicht dazu benutzt werden, den Klageanspruch zu erweitern oder eine Widerklage zu erheben, denn in der Revisionsinstanz können keine neuen Ansprüche geltend gemacht werden, weil nur das bisherige Parteivorbringen die tatsächlichen Grundlagen für die Revisionsentscheidung bildet (vgl. § 561 Abs. 1).

Für das **Revisionsverfahren** gelten die Vorschriften über das landge- **454** richtliche Verfahren erster Instanz entsprechend, soweit sich nicht aus den §§ 545 ff. Abweichungen ergeben (§ 557). Die wichtigste Abweichung besteht darin, daß grundsätzlich keine neuen Tatsachen von den Parteien vorgebracht werden dürfen, sondern die rechtliche Überprüfung des Berufungsurteils auf der Grundlage des bisherigen Parteivor-

---

[41] Zu Einzelheiten vgl. *Rosenberg/Schwab/Gottwald* § 142 II 3b.

bringens vorzunehmen ist, das sich aus dem Tatbestand des Berufungsurteils oder dem Sitzungsprotokoll ergibt (§ 561 Abs. 1 S. 1). **Neue Tatsachen** können nur vorgetragen werden, soweit sie zur Begründung
von Verfahrensmängeln dienen (§ 561 Abs. 1 S. 2 ivm. § 554 Abs. 3
Nr. 3 b). Folgende Ausnahmen werden jedoch zugelassen:[42]

- Da das Revisionsgericht die Prozeßvoraussetzungen in rechtlicher und tatsächlicher Hinsicht zu prüfen hat, ist es auch befugt, insoweit selbst Beweise zu erheben und zu würdigen und dabei neue (in der Berufungsinstanz nicht vorgebrachte) Tatsachen zu berücksichtigen.[43] Der BGH begründet diese Ausnahme mit dem allgemeinen Interesse an einer Erfüllung der Prozeßvoraussetzungen, die der Parteidisposition entzogen seien. Die Prüfung des Revisionsgerichts bezieht sich dabei nicht nur auf die Zulässigkeit des Revisionsverfahrens, sondern umschließt auch solche Tatsachen, die die Zulässigkeit des vorangegangenen Verfahrens betreffen, da davon auch die Zulässigkeit des Revisionsverfahrens abhängt.[44]
- Im Interesse der Prozeßwirtschaftlichkeit werden auch solche neuen Tatsachen vom Revisionsgericht beachtet, die nach der letzten mündlichen Verhandlung vor dem Berufungsgericht entstanden sind, wenn sie ohne eine Beweisaufnahme festgestellt werden können (z. B. weil sie vom Gegner zugestanden werden oder es sich um offenkundige Tatsachen handelt), sofern schutzwürdige Interessen der Gegenpartei einer solchen Berücksichtigung nicht entgegenstehen.[45] Als Beispiele seien während der Revisionsinstanz vollzogene Behördenakte, wie eine Patenterteilung oder eine Devisengenehmigung, die Einstellung oder die Eröffnung des Konkursverfahrens oder der Erwerb einer Staatsangehörigkeit genannt, die sich auf die Entscheidung des Revisionsgerichts auswirken.[46]
- Würde die Nichtbeachtung neuer Tatsachen zu einem unrichtigen Urteil führen, das mit der Restitutionsklage aufzuheben wäre (vgl. § 580 und u. RdNr. 480), dann ist es gerechtfertigt, diese Tatsachen bereits dem Urteil des Revisionsgerichtes zugrunde zu legen, um eine sonst notwendige Wiederaufnahme des Verfahrens zu vermeiden.[47] Soweit jedoch eine Beweisaufnahme erforderlich wird, ist die Sache regelmäßig zur Tatsachenklärung an das Berufungsgericht zurückzuverweisen (vgl. auch u. RdNr. 457).[48]
- Schließlich sind Gesetzesänderungen nach Abschluß der Berufungsinstanz für das Revisionsgericht beachtlich.[48]

455   Auf der Grundlage des vom Revisionsgericht zu berücksichtigenden Tatsachenstoffs ist die **Richtigkeit des angefochtenen Berufungsurteils** zu **prüfen**. Für diese Prüfung gelten jedoch bestimmte Einschränkungen:
- Die Grenzen der Nachprüfung ergeben sich zunächst einmal durch das Berufungsurteil. Nur soweit das Berufungsgericht über den

[42] Zu Einzelheiten vgl. *Gottwald*, Die Revisionsinstanz als Tatsacheninstanz, 1975.
[43] BGH NJW 1976, 1940 m. weit. Nachw.
[44] Vgl. BGH NJW 1982, 1873.
[45] BGH NJW 1979, 105; BGHZ 104, 215, 221 = NJW 1988, 3092 m. weit. Nachw.
[46] Vgl. BGHZ 53, 128, 130 f. = NJW 1970, 1007.
[47] BGHZ 18, 59 f. = NJW 1955, 1359; BGHZ 104, 221 (Fn. 45), jeweils m. weit. Nachw.
[48] BGHZ 104, 221.

Streitgegenstand entschieden hat, fällt der Prozeßstoff beim Revisionsgericht an und darf von ihm bewertet werden.[49]

Wurde vom OLG ein Teilurteil erlassen (vgl. o. RdNr. 419), dann hat sich das Revisionsgericht auch nur mit dem Teil des Streitgegenstands zu befassen, der den Gegenstand des Teilurteils bildet.[50]

– Der Prüfung des Revisionsgerichts unterliegen nur die von den Parteien gestellten Anträge (§ 559 Abs. 1). Diese Anträge begrenzen also die Prüfung, und dem Revisionskläger darf nichts zugesprochen werden, was er nicht beantragt hat (§ 308 iVm. § 557). Insbesondere gilt das Verbot der reformatio in peius (vgl. o. RdNr. 432).

Innerhalb dieser durch die Revisionsanträge gezogenen Grenzen prüft das Revisionsgericht zunächst, ob das angefochtene Urteil auf Verfahrensmängeln beruht, die **von Amts wegen** zu berücksichtigen sind. Hinsichtlich solcher sog. absoluter **Verfahrensmängel**, die sich auf die Zulässigkeit des Verfahrens (Erfüllung aller Prozeßvoraussetzungen, Zulässigkeit der Berufung und des Berufungsurteils) beziehen,[51] bedarf es keiner entsprechenden Rüge durch den Revisionskläger. In diesem Zusammenhang ist jedoch zu berücksichtigen, daß § 549 Abs. 2 Einschränkungen für Zuständigkeitsmängel macht. Nach § 17a Abs. 5 GVG prüft das Gericht, das über ein Rechtsmittel gegen eine Entscheidung in der Hauptsache befindet, nicht, ob der beschrittene Rechtsweg zulässig ist. Dies gilt jedoch nur dann, wenn das erstinstanzliche Gericht das in § 17a Abs. 2 bis 4 GVG vorgeschriebene Verfahren eingehalten hat. Ist entgegen § 17a Abs. 3 S. 2 GVG über die Zulässigkeit des Rechtswegs nicht vorab durch Beschluß, sondern erst in den Gründen des Urteils entschieden worden, ist § 17a Abs. 5 GVG nicht anwendbar.[52]

Sonstige nicht von Amts wegen zu beachtende Verfahrensmängel sind nur zu prüfen, wenn sie gerügt werden (§ 559 Abs. 2 S. 2).

Bei der Prüfung der sachlichen Richtigkeit des angefochtenen Berufungsurteils ist das Revisionsgericht (in den Grenzen der Revisionsanträge) nicht von dem Vorbringen des Revisionsklägers abhängig (§ 559 Abs. 2 S. 1). Soweit der Revisionskläger die Verletzung des materiellen Rechts rügt, stellt dies nur eine Anregung für das Revisionsgericht dar, weil das Gericht von Amts wegen die richtige **Anwendung des materiellen Rechts** festzustellen hat.

– Die Prüfung des Revisionsgerichts ist auf die Verletzung sog. **revisiblen Rechts** beschränkt, also auf Bundesrecht einschließlich des als Bundesrecht fortgeltenden alten Rechts (Art. 124, 125 GG) und auf Vorschriften, deren Geltungsbereich sich über den Bezirk eines Oberlandesgerichts hinaus erstreckt (§ 549 Abs. 1).

456 Wird vom Revisionsgericht ein Verstoß gegen revisibles Recht festgestellt, dann kommt es darauf an, ob dieser **Verstoß ursächlich** für die angefochtene Entscheidung war; ist dies der Fall, dann ist die Revision begründet.

---

[49] BGH MDR 1986, 130.
[50] Vgl. BGHZ 30, 213 = NJW 1959, 1824.
[51] Vgl. *Rosenberg/Schwab/Gottwald* § 145 III.
[52] BGHZ 114, 1, 3 = NJW 1991, 1686; BGH NJW 1993, 470, 471; 1993, 1799, 1800.

Ob die mit der Revision angegriffene Entscheidung auf einer Verletzung materiellen Rechts „beruht" (vgl. § 549 Abs. 1), läßt sich regelmäßig einfach feststellen. Eine Rechtsverletzung, die das Ergebnis des angefochtenen Urteils nicht beeinflußte, führt zur Zurückweisung der Revision (§ 563). Dagegen ist es kaum möglich, die Ursächlichkeit eines Verfahrensmangels für die Entscheidung zu ermitteln. Deshalb hat der Gesetzgeber in § 551 bestimmt, daß diese Ursächlichkeit bei bestimmten schweren Verfahrensfehlern unwiderlegbar vermutet wird (sog. **absolute Revisionsgründe**). Bei anderen Verfahrensmängeln läßt es die hM zugunsten des Revisionsklägers genügen, daß die Möglichkeit einer anderen Entscheidung bei richtiger Rechtsanwendung besteht.[53] Dies ist beispielsweise anzunehmen, wenn der Anspruch auf rechtliches Gehör verletzt worden ist.[54]

Da der Erfolg der Revision stets von einer (ursächlichen) Verletzung einer (revisiblen) Rechtsnorm abhängt, die also nicht oder nicht richtig angewendet worden sein muß (§ 550), kommt es auf eine Unterscheidung zwischen der vom Revisionsgericht zu klärenden Rechtsfragen und der seiner Prüfung entzogenen Tatfragen an. Die insoweit vorzunehmende Abgrenzung bereitet erhebliche Schwierigkeiten, weil sich Tat- und Rechtsfragen wechselseitig beeinflussen und auch rechtliche Erwägungen bei Feststellung des (entscheidungserheblichen) Sachverhalts bedeutsam sind. So handelt es sich um einen Rechtsverstoß, wenn der Richter bei der Beweiswürdigung Erfahrungssätze nicht oder nicht richtig anwendet oder gegen Denkgesetze verstößt (Verletzung von § 286 Abs. 1).[55] Eine Rechtsfrage stellt es dar, ob bei der Auslegung von Willenserklärungen Auslegungsregeln oder Denkgesetze verletzt werden,[56] während es sich um eine Tatfrage handelt, ob und welche Erklärungen abgegeben werden.[57]

457   Ist die Revision begründet, dann ist das angefochtene Urteil aufzuheben (§ 564 Abs. 1). Das Revisionsgericht kann dann entweder die Sache zur anderweitigen Verhandlung und Entscheidung an das Berufungsgericht zurückverweisen (§ 565 Abs. 1) oder in der Sache selbst entscheiden (§ 565 Abs. 3).

Eine **eigene Entscheidung des Revisionsgerichts in der Sache** setzt stets voraus, daß alle entscheidungserheblichen Tatsachen geklärt sind, also keine neuen Tatsachen festgestellt werden müssen. Wird dies notwendig, dann muß die Sache an das Berufungsgericht zurückverwiesen werden. Das Revisionsgericht kann entweder an das Berufungsgericht schlechthin zurückverweisen oder an einen bestimmten Senat des Berufungsgerichts (vgl. § 565 Abs. 1 S. 2). Ausnahmsweise kann das Revisionsgericht die Sache auch an das Landgericht zurückverweisen, wenn dessen Urteil auf einem Verfahrensverstoß beruht und das OLG entgegen §§ 538, 539 die Sache nicht zurückverwiesen hat; in diesem Fall wird vom Revisionsgericht auch das landgerichtliche Urteil aufgehoben.[58]

Im Falle der Zurückverweisung ist das Berufungsgericht an die rechtliche Beurteilung gebunden, die der Aufhebung zugrunde liegt (§ 565 Abs. 2). Dies gilt allerdings dann nicht, wenn das Revisionsgericht inzwischen selbst seine Rechtsauffassung geändert hat und dies in einer anderen Entscheidung zum Ausdruck brachte.[59]

---

[53] *Rosenberg/Schwab/Gottwald* § 143 VII; *Jauernig* § 74 VII 2 c.
[54] *AK-ZPO/Ankermann* § 551 RdNr. 13.
[55] BGH NJW 1987, 1557, 1558; 1991, 1894, 1895.
[56] BGH NJW-RR 1990, 455; BGH NJW 1993, 1385.
[57] Vgl. dazu *Baumbach/Lauterbach/Albers* § 550 RdNr. 4.
[58] Vgl. BGHZ 90, 331, 334 = NJW 1984, 2223; BGH NJW-RR 1989, 1149, 1150; BGH NJW 1992, 2099, 2100.
[59] GemS-OGB BGHZ 60, 392, 397 = NJW 1973, 1273.

Wird das Revisionsgericht mit derselben Sache nach einer erneut eingelegten
Revision wiederum befaßt, dann ist es im gleichen Umfang wie das Berufungsgericht an seine eigene Rechtsauffassung gebunden, die es im ersten Revisionsurteil
äußerte; allerdings entfällt auch in diesem Fall die Bindung bei einer zwischenzeitlich eingetretenen Änderung der Rechtsauffassung.[60]

Ist im Revisionsverfahren eine Partei säumig, dann gilt im wesentli-   **458**
chen das gleiche wie bei einer Säumnis im Berufungsverfahren (vgl. o.
RdNr. 446). Dementsprechend ist zunächst zu prüfen, ob die Revision
zulässig ist. Ist dies nicht der Fall, dann wird sie nach § 554 a als unzulässig verworfen (vgl. o. RdNr. 452); bei dieser Entscheidung handelt es
sich nicht um ein Versäumnisurteil. Ist die Revision zulässig, dann muß
als nächstes festgestellt werden, ob die Klage zulässig ist und ob die Berufung gegen das erstinstanzliche Urteil wirksam eingelegt wurde. Ist
dies zu verneinen, dann muß dieser Umstand ohne Rücksicht auf die
Säumnis von Amts wegen berücksichtigt und darüber durch kontradiktorisches Urteil entschieden werden. Gelangt dagegen das Gericht bei
dieser Prüfung zu einem positiven Ergebnis, dann gilt folgendes:

− Bei Säumnis des Revisionsklägers ist auf Antrag des Revisionsbeklagten die Revision durch Versäumnisurteil zurückzuweisen (§ 542
  Abs. 1 iVm. § 566).
− Bei Säumnis des Revisionsbeklagten prüft das Revisionsgericht, ob
  die Revision begründet ist; ist dies der Fall, dann wird ihr durch Versäumnisurteil stattgegeben, andernfalls wird die Revision durch ein
  (gewöhnliches) Urteil zurückgewiesen.

**Einschub: Regelungen zur Sicherung einer einheitlichen
Rechtsprechung**

Zur Erfüllung der dem Revisionsgericht übertragenen Aufgabe, die   **459**
Rechtseinheit zu erhalten (vgl. o. RdNr. 430, 450), ist es erforderlich zu
verhindern, daß unterschiedliche Auffassungen zur Anwendung und
Auslegung einzelner Rechtsvorschriften von den verschiedenen Senaten
des BGH vertreten werden. Deshalb ist bei diesem Gericht ein sog. Großer Senat für Zivilsachen eingerichtet (vgl. § 132 Abs. 1 GVG), dessen
Entscheidung nachzusuchen ist, wenn in einer Rechtsfrage ein Zivilsenat
von der Entscheidung eines anderen Zivilsenats oder des Großen Senats
für Zivilsachen abweichen will und der Senat, von dessen Entscheidung
abgewichen werden soll, auf Anfrage erklärt, daß er an seiner Rechtsauffassung festhält (§ 132 Abs. 2, 3 GVG). Ergeben sich Meinungsverschiedenheiten in der Rechtsprechung von Zivilsenaten und Strafsenaten,
dann entscheiden die Vereinigten Großen Senate (§ 132 Abs. 2 GVG).
Auch zur Fortbildung des Rechts und zur Sicherung einer einheitlichen

---

[60] GemS-OGB (Fn. 59).

Rechtsprechung kann die Entscheidung des Großen Zivilsenats herbeigeführt werden (vgl. § 132 Abs. 4 GVG). Zur Wahrung der Einheitlichkeit der Rechtsprechung der obersten Gerichtshöfe des Bundes besteht ein Gemeinsamer Senat dieser obersten Gerichtshöfe, der zu entscheiden hat, wenn ein oberster Gerichtshof in einer Rechtsfrage von der Entscheidung eines anderen obersten Gerichtshofs oder von der des Gemeinsamen Senats abweichen will. Die dafür maßgeblichen Regelungen finden sich im Gesetz zur Wahrung der Einheitlichkeit der Rechtsprechung der obersten Gerichtshöfe des Bundes (Schönfelder Nr. 95 b).

d) Beschwerde

460   Die Beschwerde ist ein selbständiges Rechtsmittel, das der Anfechtung prozessual weniger wichtiger Entscheidungen dient; sie ist geregelt in den §§ 567 bis 577 a. Die Partei, die eine Beschwerde einlegt, wird Beschwerdeführer genannt, die andere Beschwerdegegner. Bei der Beschwerde ist zwischen der einfachen als Regelform und der sofortigen zu unterscheiden. Während die **sofortige Beschwerde** nur in den im Gesetz ausdrücklich genannten Fällen statthaft ist (Beispiele: § 71 Abs. 2, § 99 Abs. 2, § 319 Abs. 3), ist die **einfache Beschwerde** außer in den im Gesetz ausdrücklich genannten Fällen auch dann statthaft, wenn sie gegen eine Entscheidung gerichtet wird, die eine mündliche Verhandlung nicht erfordert und durch die ein das Verfahren betreffendes Gesuch zurückgewiesen wird (§ 567 Abs. 1; vgl. jedoch auch die Einschränkungen, die sich aus § 567 Abs. 2 bis 4 ergeben).

Von einer **weiteren Beschwerde** spricht man, wenn mit ihr die Entscheidung des Gerichts angefochten wird, durch die über die vorhergehende (= erste) Beschwerde entschieden worden ist. Eine weitere Beschwerde ist nur statthaft, wenn sie im Gesetz besonders bestimmt ist. Sie ist nur zulässig, soweit die Entscheidung des Beschwerdegerichts einen neuen selbständigen Beschwerdegrund enthält (§ 568 Abs. 2). Daran fehlt es, wenn beide Entscheidungen (die mit der Beschwerde angefochtene und die des Beschwerdegerichts) nach Tenor und Inhalt übereinstimmen. Außerdem wird eine weitere Beschwerde auch dann als zulässig angesehen, wenn beide Entscheidungen zwar inhaltlich übereinstimmen, jedoch die Beschwerdeentscheidung auf einer Verletzung wesentlicher Vorschriften des Beschwerdeverfahrens beruht.[61]

Die Anschlußbeschwerde ist in § 577 a geregelt.

Gegen Entscheidungen der Landgerichte in Berufungs- und Beschwerdeverfahren und gegen Entscheidungen der Oberlandesgerichte ist grundsätzlich eine Beschwerde nicht zulässig. Das Gesetz macht jedoch Ausnahmen (vgl. § 567 Abs. 3 und 4).

461   Nach hM wird über die Regelung des § 567 Abs. 1 hinaus dann eine **Beschwerde** zugelassen, **wenn** die (an sich unanfechtbare) **Entschei-**

---

[61] Vgl. *Baumbach / Lauterbach / Albers* § 568 RdNr. 9 m. weit. Nachw.

dung greifbar gesetzwidrig ist.[62] Es genügt allerdings für eine „greifbare Gesetzwidrigkeit" in diesem Sinne nicht allein ein offenkundiger Rechtsverstoß; vielmehr ist eine solche „außerordentliche Beschwerde" nur in Ausnahmefällen statthaft, um eine willkürliche Entscheidung zu beseitigen.[63] Der BGH verlangt für eine „greifbare Gesetzwidrigkeit" der Entscheidung, daß sie jeder gesetzlichen Grundlage entbehren muß und inhaltlich dem Gesetz fremd ist, d. h. als unvereinbar mit der geltenden Rechtsordnung erscheint.[64]

Für eine einfache Beschwerde läuft keine **Frist**, während die sofortige Beschwerde innerhalb einer Notfrist von zwei Wochen eingelegt werden muß (§ 577 Abs. 2 S. 1). Im Regelfall wird die Beschwerde durch Einreichung einer Beschwerdeschrift erhoben, ausnahmsweise kann dies auch durch Erklärung zu Protokoll der Geschäftsstelle geschehen (vgl. § 569 Abs. 2). **462**

Besondere Anforderungen an den Inhalt der Beschwerdeschrift enthält das Gesetz nicht. Ein förmlicher Antrag und eine Begründung sind jedoch empfehlenswert.

Die Beschwerde ist bei dem Gericht einzureichen, das die angefochtene Entscheidung erlassen hat (iudex a quo) und kann in dringenden Fällen auch beim **Beschwerdegericht** (iudex ad quem) – d. h. dem im Rechtszug nächsthöheren Gericht (§ 568 Abs. 1) – eingelegt werden (vgl. § 569 Abs. 1). **463**

Die Beschwerde kann auf neue Tatsachen und Beweise gestützt werden (§ 570). Sie hat nur ausnahmsweise aufschiebende Wirkung (vgl. § 572 Abs. 1). Es kann jedoch angeordnet werden, daß die Vollziehung der angefochtenen Entscheidung auszusetzen sei (§ 572 Abs. 2, 3).

Das Gericht, das die angefochtene Entscheidung erlassen hat (oder der Vorsitzende, wenn sich die Beschwerde gegen seine Entscheidung richtet), hat zu prüfen, ob die **Beschwerde** für begründet gehalten wird; ist dies der Fall, dann hat es ihr **abzuhelfen** (§ 571 HS 1), d. h. ihr zu entsprechen. Dies geschieht durch einen Beschluß, der zu begründen ist, wenn der Beschwerdegegner durch die Abhilfe beschwert wird, weil dann ihm die Prüfung ermöglicht werden muß, ob er seinerseits gegen den Beschluß Beschwerde einlegt. Nach hM ist das Gericht zur Abhilfe auch dann befugt, wenn die Beschwerde unzulässig ist; sie muß nur statthaft sein.[65] **464**

[62] BGH NJW 1988, 49, 51; BGH NJW-RR 1986, 738, 1263; 1988, 702; *Baumbach/Lauterbach/Albers* § 567 RdNr. 6; *Zöller/Gummer* § 567 RdNr. 18 ff.
[63] BGH FamRZ 1993, 309.
[64] BGH NJW 1990, 1794, 1795; 1992, 983, 984, jeweils m. weit. Nachw.; BGH JZ 1993, 413 m. Anm. v. *Gottwald/Semmelmayer.*
[65] OLG Nürnberg MDR 1961, 509; *Baumbach/Lauterbach/Albers* § 571 RdNr. 3 (str.).

Die durch das Abhilfeverfahren geschaffene Möglichkeit zur Korrektur der eigenen Entscheidung ist eine Besonderheit, die die Beschwerde von den anderen
Rechtsmitteln unterscheidet. Der Zweck dieser Regelung besteht darin, dem Gericht noch einmal Gelegenheit zur Überprüfung der eigenen Entscheidung zu geben und das Beschwerdegericht nur dann mit der Beschwerde zu befassen, wenn
das Untergericht an ihr festhalten will. Das Abhilfeverfahren entfällt, wenn die Beschwerde beim Beschwerdegericht nach § 569 Abs. 1 HS 2 eingelegt wird und das
Beschwerdegericht den Fall für dringend hält; dann entscheidet es selbst, ohne dem
Untergericht Gelegenheit zur Abhilfe zu geben. Verneint dagegen das Beschwerdegericht die Dringlichkeit, dann gibt es die Beschwerde zur Durchführung des Ab-
hilfeverfahrens an das Untergericht weiter, ohne in eine Prüfung der Beschwerde
einzutreten. Verneint das Untergericht die Begründetheit der Beschwerde und hilft
ihr folglich nicht ab, dann hat es sie vor Ablauf einer Woche dem Beschwerdegericht vorzulegen (§ 571 HS 2). Dies gilt auch, wenn das Untergericht die Beschwerde für unzulässig ansieht. Nur wenn die Beschwerde eindeutig unstatthaft ist,
entfällt diese Vorlagepflicht.[66] Über die Vorlage an das Beschwerdegericht hat das
Untergericht durch Beschluß zu entscheiden, der den Parteien mitzuteilen ist
(§ 329 Abs. 2 S. 1).

465   Das **Verfahren** vor dem Beschwerdegericht kann ohne mündliche
Verhandlung durchgeführt werden (§ 573 Abs. 1); von dieser Möglichkeit macht die Praxis fast ausnahmslos Gebrauch. Es ist jedoch darauf zu
achten, daß den Parteien rechtliches Gehör gewährt wird.

Da das Beschwerdeverfahren im Gesetz nur sehr unzureichend geregelt ist, sind
die Vorschriften des zweiten Buches (§§ 253 bis 510 b) entsprechend heranzuziehen,
soweit nicht Besonderheiten der Beschwerde, insbesondere das Absehen von einer
mündlichen Verhandlung, entgegenstehen. Die allgemeinen Vorschriften (§§ 1 bis
252) gelten unmittelbar.

466   Das **Beschwerdegericht prüft** zunächst von Amts wegen die Zulässigkeit der Beschwerde, also ihre Statthaftigkeit, die Beschwer des Be-
schwerdeführers, die Beachtung der Form (vgl. § 569) und bei der sofortigen Beschwerde die Einhaltung der Frist des § 577 Abs. 2 S. 1. Wird
eine Zulässigkeitsvoraussetzung nicht erfüllt, dann ist die Beschwerde als
unzulässig zu verwerfen (§ 574). Ist die Beschwerde zulässig, dann ist
über ihre Begründetheit zu entscheiden. Verneint das Beschwerdegericht die Begründetheit, dann wird die Beschwerde zurückgewiesen. Ist
die Beschwerde begründet, dann muß die angefochtene Entscheidung
aufgehoben werden. Das Beschwerdegericht kann dann entweder selbst
entscheiden oder die Sache zur Entscheidung an das Untergericht zurückverweisen (§ 575). Alle Entscheidungen werden durch Beschluß
getroffen.

467   Für die Anfechtung von Entscheidungen des beauftragten oder ersuchten Richters (vgl. o. RdNr. 69) oder des Urkundsbeamten der Geschäftsstelle (vgl. o. RdNr. 66) schafft § 576 eine Sonderregelung. Danach ist nicht die Beschwerde, sondern die **Erinnerung** an das

---

[66] *Thomas/Putzo* § 571 RdNr. 7; *Zimmermann* § 571 RdNr. 7.

Prozeßgericht gegeben. Die Erinnerung ist ein Rechtsbehelf (vgl. o. RdNr. 429), kein Rechtsmittel. Gegen die Entscheidung des Prozeßgerichts findet dann die Beschwerde statt (§ 576 Abs. 2), für die die allgemeinen Vorschriften gelten.

IV. Rechtskraft

a) Arten

Eine gerichtliche Entscheidung erlangt **formelle (äußere) Rechts-** 468 **kraft**, wenn sie nicht mehr durch ein Rechtsmittel oder einen Rechtsbehelf angefochten werden kann. Das Gesetz enthält in § 705 eine (negative) Regelung der formellen Rechtskraft für Urteile.

Dementsprechend werden Urteile formell rechtskräftig:
– Mit Verkündung, wenn ein Rechtsmittel nicht statthaft ist (z. B. zweitinstanzliche Endurteile des LG, Endurteile des BGH).
– Mit Ablauf der Rechtsmittel- oder Einspruchsfrist, wenn ein Rechtsmittel oder ein Einspruch nicht eingelegt worden ist.
– Mit Rücknahme des eingelegten Rechtsmittels oder Einspruchs, wenn eine erneute Einlegung nicht mehr möglich ist (vgl. o. RdNr. 435).
– Mit dem Verzicht auf das Rechtsmittel oder den Einspruch (vgl. §§ 514, 566, 346; o. RdNr. 436).

Ob die formelle Rechtskraft mit der Unanfechtbarkeit der Entscheidung gleichzusetzen ist oder ob nur solche Entscheidungen, die einem befristeten Rechtsmittel oder Einspruch unterliegen, formell rechtskräftig werden, dagegen nicht solche Entscheidungen, deren Anfechtung ausgeschlossen ist, muß als eine Frage der Terminologie angesehen werden, der Bedeutung nur für die formelle Rechtskraft von Beschlüssen zukommt.[67]

Die formelle Rechtskraft bewirkt also, daß jeder Rechtsstreit einmal 469 sein Ende findet; sie kann jedoch nicht verhindern, daß die unterlegene Partei das für sie nachteilige Ergebnis durch einen neuen Rechtsstreit und durch eine neue gerichtliche Entscheidung in derselben Sache zu korrigieren versucht. Dies wird nur erreicht, wenn jedem Gericht verboten wird, einen von der formell rechtskräftigen Entscheidung abweichenden Spruch zu fällen. Dies geschieht durch die **materielle (innere) Rechtskraft**, die eine neue Verhandlung und Entscheidung über die rechtskräftig festgestellte Rechtsfolge ausschließt. Wie sich der durch die materielle Rechtskraft erreichte inhaltliche Bestand der richterlichen Entscheidung erklären läßt, darüber besteht ein schon seit langem geführter Meinungsstreit zwischen der materiellrechtlichen und der prozessualen **Rechtskrafttheorie**.

---

[67] Vgl. dazu die unterschiedlichen Auffassungen von *Rosenberg/Schwab/Gottwald* § 150 II 3; *Baumbach/Lauterbach/Hartmann* § 705 RdNr. 1.

Nach der materiellrechtlichen Rechtskrafttheorie gestaltet das Urteil die Rechtsbeziehungen der Parteien in Ansehung der Streitsache neu. Durch das ein Recht zusprechende Urteil wird dieses Recht geschaffen; wird durch ein falsches Urteil irrtümlich das Bestehen eines Rechts verneint, dann wird dadurch dieses Recht zum Erlöschen gebracht.[68]

Beispiel: Der Beklagte wird entsprechend dem Klageantrag zur Zahlung von 5.000,– DM verurteilt. Der Kläger hat seine Klage auf einen zwischen den Parteien geschlossenen Kaufvertrag gestützt, aus dem sich eine entsprechende Verpflichtung des Beklagten ergibt. Durch das Urteil wird nach der materiellrechtlichen Theorie ein (zusätzlicher) Anspruch des Klägers gegen den Beklagten auf Zahlung der im Urteil festgestellten Geldsumme erzeugt.

Eine Variante der materiellrechtlichen Theorie besteht darin, dem Urteil zwar nicht rechtserzeugende oder rechtsvernichtende Kraft zuzusprechen, ihm aber die Wirkung einer unwiderleglichen Vermutung für das Bestehen oder Nichtbestehen des durch ihn erfaßten Rechts zuzuerkennen.[69]

Heute wird fast ausnahmslos die prozessuale Rechtskrafttheorie vertreten, die jeden Einfluß des rechtskräftigen Urteils auf das materielle Recht verneint und das Wesen der materiellen Rechtskraft darin erblickt, daß jeder künftige Richter an die im Urteil getroffene Feststellung gebunden ist.[70] Ob sich diese Bindung in einem **Abweichungsverbot** erschöpft, so daß in einem zweiten Prozeß genauso entschieden werden muß wie im ersten und deshalb für eine Wiederholung regelmäßig ein Rechtsschutzinteresse fehlt,[71] oder ob ein **Wiederholungsverbot** (ne bis in idem) besteht, wird unterschiedlich beurteilt.[72]

Die prozessuale Rechtskrafttheorie wird dem Wesen eines Urteils am besten gerecht. Es ist nicht Aufgabe des Richters, das Recht neu zu schöpfen, sondern die bestehende Rechtslage festzustellen. Die materiellrechtliche Rechtskrafttheorie kann im übrigen auch nicht überzeugend erklären, wie sich die regelmäßig nur zwischen den Parteien wirkende Rechtskraft (vgl. dazu u. RdNr. 474) bei absoluten Rechten auswirkt, die – wie das Eigentum – für jeden beachtlich sind.[73]

470 Welche gerichtlichen Entscheidungen **der materiellen Rechtskraft fähig** sind, wird im Gesetz nicht ausdrücklich bestimmt. § 322 Abs. 1, der die Rechtskraft nur auf Urteile bezieht, stellt keine abschließende Regelung dar, aus der zu entnehmen ist, daß nicht auch andere gerichtliche Entscheidungen materiell rechtskräftig werden können. Vielmehr ist eine materielle Rechtskraft zu bejahen, wenn eine gerichtliche Entscheidung formelle Rechtskraft aufweist, nach ihrem Zweck als endgültig anzusehen ist und einen Inhalt besitzt, dessen Wirkung sich nicht im anhängigen Verfahren erschöpft, sondern über den Prozeß hinaus-

---

[68] Vertreten wird diese Theorie im älteren Schrifttum, z. B. *Kohler*, Der Prozeß als Rechtsverhältnis, 1888, S. 111 f., weitere Nachw. bei *Stein/Jonas/Leipold* § 322 RdNr. 23.

[69] *Pohle*, Juristische Blätter (Österreich) 1957, 113, 118; *Blomeyer* JR 1968, 407.

[70] Vgl. nur BGH NJW 1985, 2535; *Rosenberg/Schwab/Gottwald* § 151 II 2, III m. weit. Nachw.

[71] Vgl. *Arens/Lüke* RdNr. 353.

[72] Vgl. *Rosenberg/Schwab/Gottwald* (Fn. 60); *Stein/Jonas/Leipold* § 322 RdNr. 21 f.

[73] *Jauernig* § 62 II 3 a.

reicht.[74] Diese Anforderungen erfüllen alle Urteile mit Ausnahme von Vorbehaltsurteilen (vgl. o. RdNr. 272), die nur formell rechtskräftig werden, da der Rechtsstreit fortgesetzt wird und der Bestand des Vorbehaltsurteils vom Ergebnis des Nachverfahrens abhängt.

Auch Zwischenstreiturteile (vgl. o. RdNr. 419) werden nicht materiell rechtskräftig, da sie keine über den jeweiligen Prozeß hinausgehende Wirkung entfalten. Dagegen sind Prozeßurteile (materiell) rechtskraftfähig, da durch sie endgültig festgestellt wird, daß die Rechtsverfolgung wegen des Fehlens von Prozeßvoraussetzungen oder des Bestehens eines Prozeßhindernisses unzulässig ist.

Formell rechtskräftige Beschlüsse, die einen rechtskraftfähigen Inhalt aufweisen, erlangen ebenfalls materielle Rechtskraft.[75]

b) Umfang und Grenzen der Rechtskraft

Der Umfang der materiellen Rechtskraft wird in § 322 Abs. 1 dahin- **471** gehend bestimmt, daß von ihr nur der durch Klage oder Widerklage erhobene Anspruch erfaßt wird. Der Begriff des Anspruchs ist im prozessualen Sinne zu verstehen und bezeichnet also den Streitgegenstand[76] (vgl. o. RdNr. 124 ff.).

Mit der Feststellung, daß die Entscheidung über den Streitgegenstand in (materielle) Rechtskraft erwächst, sind jedoch Umfang und Grenzen der Rechtskraft noch nicht hinreichend bestimmt. Denn ein Urteil besteht aus Tenor, Tatbestand und Entscheidungsgründen (vgl. o. RdNr. 420). Bei unbefangener Betrachtung könnte man also zu dem Ergebnis gelangen, daß auch die den Spruch des Richters tragenden Gründe materiell rechtskräftig werden und für sie die Bindungswirkung gilt. Eine solche Meinung ist auch vor Inkrafttreten der ZPO vertreten worden. Der Gesetzgeber hat jedoch anders entschieden und den Umfang der materiellen Rechtskraft bewußt enger gezogen (vgl. § 322 Abs. 1).[77] Nur die vom Gericht festgestellte Rechtsfolge erwächst in Rechtskraft, also das Ergebnis der Anwendung eines Rechtssatzes auf den der Entscheidung zugrunde gelegten Sachverhalt. Zur Erläuterung folgendes

Beispiel: K klagt gegen B auf Herausgabe eines wertvollen Ringes und begründet sein Herausgabebegehren damit, daß er durch Erbschaft alleiniger Eigentümer des Ringes geworden sei und B kein Recht zum Besitz habe. Das Gericht verurteilt B zur Herausgabe. In einem zweiten Prozeß verlangt K Schadensersatz wegen Beschädigung des Ringes. B bestreitet das Eigentum des K an dem Ring. Ist der Richter des zweiten Prozesses gehindert, das Eigentum des K an dem Ring zu verneinen?

In dem ersten Urteil ist rechtskräftig festgestellt worden, daß B zur Herausgabe des Ringes verpflichtet ist. Diese Rechtsfolge entnahm das Gericht § 985 BGB. Die tatsächlichen Voraussetzungen, die zur Anwendung dieses Rechtssatzes feststehen mußten, nämlich Eigentum des K und Besitz des B, werden dagegen nicht von der Rechtskraft der Entscheidung erfaßt. Der Richter des zweiten Prozesses kann also die Eigentumsfrage abweichend vom ersten Urteil entscheiden.

---

[74] *Stein/Jonas/Leipold* § 322 RdNr. 52 ff.
[75] Vgl. *Rosenberg/Schwab/Gottwald* § 152 I.
[76] BGH NJW 1993, 333, 334.
[77] Zur Entstehungsgeschichte lesenswert: *Schlosser* RdNr. 219 f.

Dies mag überraschen und auch als unbefriedigend empfunden werden, weil dadurch einer ganz wichtigen Funktion der materiellen Rechtskraft, den Gerichten die mehrfache Prüfung und Entscheidung desselben Sachverhalts zu ersparen, nur sehr unzureichend entsprochen werden kann. Jedoch war dies eine bewußte Entscheidung des Gesetzgebers, die beachtet werden muß. Um auch präjudizielle Rechtsverhältnisse an der Rechtskraft teilnehmen zu lassen, muß durch einen entsprechenden Antrag die Entscheidung des Gerichts darüber herbeigeführt werden. Das Gesetz hat dafür das Institut der Zwischenfeststellungsklage geschaffen (vgl. § 256 Abs. 2; Einzelheiten dazu sogleich).

Am Beispiel eines klageabweisenden Urteils läßt sich im übrigen zeigen, daß die zuweilen geäußerte Meinung, nur der Tenor des Urteils erwachse in Rechtskraft, zumindest mißverständlich ist. Denn der Tenor des klageabweisenden Urteils ist für sich genommen nichtssagend; um seinen eigentlichen Inhalt zu ermitteln, muß auf Tatbestand und Entscheidungsgründe gesehen werden.[78] Aus ihnen ergibt sich die festgestellte Rechtsfolge, die rechtskräftig wird, nämlich daß das vom Kläger geltend gemachte Recht ihm nicht zusteht.

Durch die Entscheidung über die Rechtsfolge wird zugleich auch über das damit unvereinbare Gegenteil mitentschieden.[79] Dies bedeutet, daß die im Beispielsfall getroffene Feststellung, K sei Eigentümer des Ringes, zugleich auch das Eigentum des B verneint. Dagegen wird nicht durch Verneinung des Eigentums des K zugleich auch das Eigentum des B festgestellt, weil durchaus auch die Möglichkeit besteht, daß ein Dritter Eigentümer des Ringes ist.

Ebenso werden Einwendungen und Einreden des Beklagten nicht von der Rechtskraft des Urteils umfaßt.

Beispiel: K klagt gegen B auf Zahlung eines Kaufpreises. B verteidigt sich damit, daß er seine zum Abschluß des Kaufvertrages abgegebene Willenserklärung wirksam wegen Irrtums angefochten habe. Das Gericht weist aus diesem Grunde die Klage ab. Daraufhin erhebt K eine zweite Klage gegen B und verlangt Ersatz seines Vertrauensschadens (§ 122 Abs. 1 BGB). Bei Entscheidung des zweiten Rechtsstreits ist das Gericht nicht gehindert, die Wirksamkeit der Irrtumsanfechtung zu verneinen. Jedoch kann es als rechtsmißbräuchlich zu werten sein, wenn sich B im zweiten Prozeß ohne triftigen Grund in Widerspruch zu seinem früheren Vorbringen setzt.[80]

Eine Ausnahme besteht nur aufgrund des § 322 Abs. 2 für die Aufrechnung (vgl. dazu RdNr. 269 f.).

472 Nach § 256 Abs. 2 kann jede Partei – der Kläger durch Erweiterung des Klageantrags, der Beklagte durch Erhebung einer Widerklage (vgl. o. RdNr. 278 ff.) – beantragen, daß ein streitiges Rechtsverhältnis, von dessen Bestehen oder Nichtbestehen die Entscheidung des Rechtsstreits ganz oder zum Teil abhängt, durch richterliche Entscheidung festgestellt werde. Die **Zwischenfeststellungsklage** ist Folge der beschriebenen gegenständlichen Grenzen der Rechtskraft des Urteils.

K hätte also in dem oben (RdNr. 471) angeführten Beispielsfall im Wege der **Zwischenfeststellungsklage** eine rechtskräftige Entscheidung darüber erreichen können, daß er Eigentümer des Ringes ist. Dies hätte dann zur Konsequenz gehabt, daß der Richter des zweiten Prozesses an diese Feststellung gebunden wäre.

---

[78] Vgl. BGH NJW 1990, 1795, 1796; 1993, 333, 334.
[79] Vgl. BGH NJW 1986, 2509; *Doderer* NJW 1991, 878, 879 ff.
[80] Vgl. *Jauernig* § 63 III 2; *Braun* JuS 1986, 364, 368, jeweils m. weit. Nachw.

Neben den allgemeinen Sachurteilsvoraussetzungen (vgl. dazu o. RdNr. 99) müssen für eine Zwischenfeststellungsklage folgende **besondere Prozeßvoraussetzungen** erfüllt werden:

– Den Streitgegenstand bildet der (durch den zugrundeliegenden Lebenssachverhalt näher erläuterte) Antrag auf Feststellung des Bestehens oder Nichtbestehens eines Rechtsverhältnisses, das im Zeitpunkt der Erhebung der Zwischenklage noch (wenn auch möglicherweise schon vor dem Prozeß – insoweit ist der Wortlaut des § 256 Abs. 2: „im Laufe des Prozesses streitig gewordenes Rechtsverhältnis" mißverständlich -) streitig ist.

Ein Rechtsverhältnis bilden rechtliche Beziehungen von Personen untereinander oder zu einem Gegenstand.

– Von der Existenz dieses Rechtsverhältnisses muß die Entscheidung des Rechtsstreits abhängig sein.

Dies bedeutet, daß über die Klage nicht ohne Rücksicht auf das festzustellende Rechtsverhältnis entschieden werden kann, daß also auf den Gegenstand der Zwischenfeststellungsklage (oder Zwischenfeststellungswiderklage) ohnehin in den Gründen der Entscheidung über die Hauptklage eingegangen werden muß.[81] Diese Präjudizialität (Vorgreiflichkeit) des Rechtsverhältnisses, die nur zu bejahen ist, wenn es sich dabei um eine Vorfrage handelt, die nicht durch die (rechtskraftfähige) Entscheidung über den Klageanspruch geklärt wird, begründet das rechtliche Interesse des Klägers an der Feststellung, tritt also an die Stelle des Feststellungsinteresses, das bei Feststellungsklagen nach § 256 Abs. 1 eine besondere Prozeßvoraussetzung bildet (vgl. o. RdNr. 58).[82]

Da sich die örtliche Zuständigkeit des Prozeßgerichts für die Klage auch auf die Zwischenfeststellungsklage erstreckt,[83] ist in dem Fall, daß sie im Wege der Widerklage erhoben wird, auf die Vorschrift des § 33 und auf den danach erforderlichen Zusammenhang zwischen Klage und Widerklage (der allerdings infolge der Vorgreiflichkeit stets gegeben sein dürfte) einzugehen.

– Ein Urteilsverfahren über die Hauptklage muß (noch) anhängig sein. Die Zwischenfeststellungsklage muß bis zum Schluß der mündlichen Verhandlung erhoben werden; dies kann jedoch auch hilfsweise für den Fall der Abweisung des Hauptantrages geschehen.[84]

Wird durch eine **Teilklage** nur ein Teil eines Anspruchs eingeklagt, **473** dann erstreckt sich die Rechtskraft des Urteils auch nur auf den geltend gemachten Teil, so daß über den anderen Teil das Gericht eine abweichende Entscheidung treffen kann. Streitig ist dies allerdings hinsichtlich einer abweisenden Entscheidung über eine sog. verdeckte Teilklage.

Von einer verdeckten Teilklage spricht man, wenn der Kläger nicht ausdrücklich klarstellt, daß er nur einen Teil seines Anspruchs verlangt und sich hinsichtlich des Restes die Forderung vorbehält (= offene Teilklage). Mit der vollständigen oder teil-

---

[81] *Lorff* JuS 1979, 569, 573.
[82] BGHZ 69, 37 = NJW 1977, 1637; *Thomas/Putzo* § 256 RdNr. 32.
[83] *Stein/Jonas/Schumann* § 256 RdNr. 151.
[84] BGH NJW 1992, 1897.

weisen Abweisung der verdeckten Teilklage wird inzidenter vom Gericht festgestellt, daß dem Kläger ein weiterer Anspruch gegen den Beklagten nicht zusteht. Während der BGH[85] meint, daß diese Feststellung lediglich ein Urteilselement darstelle, das an der Rechtskraft nicht teilnehmen könne, weil die Mehrforderung nicht zum Streitgegenstand gemacht worden sei, weist eine Gegenauffassung im Schrifttum darauf hin, daß die Mehrforderung das unvereinbare Gegenteil der festgestellten Rechtsfolge bilde und sich deshalb die Rechtskraft des Urteils darauf erstrecken müsse.[86]

474 Für die materielle Rechtskraft bestehen nicht nur gegenständliche (objektive) Grenzen, sondern auch subjektive. Im Grundsatz wirkt die **Rechtskraft nur zwischen den Parteien** des Prozesses, in dem die Entscheidung ergangen ist (§ 325 Abs. 1). Das Gesetz macht jedoch zahlreiche **Ausnahmen** von diesem Grundsatz, von denen als wichtigste zu nennen sind:

– Das rechtskräftige Urteil wirkt nach **§ 325 Abs. 1** gegenüber dem Rechtsnachfolger der Parteien, wenn die (Einzel- oder Gesamt-) Rechtsnachfolge nach Eintritt der Rechtshängigkeit (vgl. § 261 Abs. 1 und o. RdNr. 110, 181) vollzogen worden ist. Gegenüber dieser Regelung enthält § 325 Abs. 2 eine Gegenausnahme zugunsten derjenigen, die aufgrund der Vorschriften des bürgerlichen Rechts von einem Nichtberechtigten Rechte herleiten (vgl. o. RdNr. 181).

Ein guter Glaube hinsichtlich der Lastenfreiheit eines Grundstücks ist dann nicht möglich, wenn Grundpfandrechte im Grundbuch eingetragen sind. Wird das Grundstück veräußert, nachdem ein Rechtsstreit wegen solcher Ansprüche anhängig ist, dann kann dem Erwerber die Gutgläubigkeit hinsichtlich der Rechtshängigkeit nichts nützen. § 325 Abs. 3 S. 1 stellt dies lediglich noch einmal klar.

– Unter den in **§ 326** genannten Voraussetzungen wirkt ein rechtskräftiges Urteil, das zwischen einem Vorerben und einem Dritten ergangen ist, auch gegenüber dem Nacherben.

Die Regelung ist trotz des § 325 deshalb erforderlich, weil der Nacherbe nicht Rechtsnachfolger des Vorerben, sondern des Erblassers ist (vgl. §§ 2100, 2139 BGB).

– Durch **§ 327** wird klargestellt, daß ein rechtskräftiges Urteil, das in einem Prozeß zwischen Testamentsvollstrecker und einem Dritten über ein der Testamentsvollstreckung unterliegendes Recht ergeht, auch gegenüber dem Erben gilt.

Die in § 327 getroffene Regelung ist überflüssig. Denn auch ohne diese Vorschrift würde sich diese Rechtskrafterstreckung ergeben, weil in Fällen einer gesetzlichen Prozeßstandschaft, um die es sich handelt, wenn der Testamentsvollstrecker für das von ihm verwaltete Vermögen einen Rechtsstreit führt (vgl. o. RdNr. 106 f.), das Urteil notwendigerweise auch gegenüber dem Rechtsträger

[85] BGHZ 93, 330, 334 = NJW 1985, 1340; ebenso *Baumgärtel/Laumen* JA 1982, 164, 173; *MK/Gottwald* § 322 RdNr. 119 f. m. weit. Nachw.
[86] *Jauernig* § 63 II; *Schilken* RdNr. 1029; *Arens/Lüke* RdNr. 360.

wirken muß. Dies gilt auch in anderen Fällen gesetzlicher Prozeßstandschaft, in denen eine gleiche Rechtskrafterstreckung stattfindet, wie sie in § 327 beschrieben wird. Daß bei einer gewillkürten Prozeßstandschaft (vgl. o. RdNr. 107) das für und gegen den Prozeßstandschafter ergehende Urteil ebenfalls Wirkung für den Rechtsträger hat, kann nicht zweifelhaft sein.[87]

- Ein **Gestaltungsurteil** muß schon wegen seiner Funktion und seines Gegenstandes Wirkungen gegenüber allen haben. Wird beispielsweise eine Ehe geschieden oder für nichtig erklärt (§ 636 a) oder eine Handelsgesellschaft aufgelöst, dann muß dieses Urteil gegenüber jedem wirken. Diese Gestaltungswirkung des der Klage stattgebenden Urteils muß von der materiellen Rechtskraft und seiner Wirkung unterschieden werden.[88]

- Im öffentlichen Interesse wird der rechtskräftigen **Feststellung** bestimmter Rechtsbeziehungen durch Gesetz Verbindlichkeit gegenüber allen zuerkannt; als Beispiel sei das Urteil genannt, durch das das Bestehen oder Nichtbestehen der Ehe festgestellt wird (§ 638 S. 2).

Auch die **zeitlichen Grenzen der** materiellen **Rechtskraft** müssen **475** bestimmt werden, weil davon abhängt, welche Tatsachen gegenüber einer rechtskräftigen Entscheidung vorgebracht und vom Gericht berücksichtigt werden können. Als maßgeblicher Zeitpunkt ist der Schluß der letzten mündlichen Tatsachenverhandlung anzusehen, weil bis dahin die Parteien grundsätzlich in der Lage sind, alle die Tatsachen vorzutragen, denen für die zu fällende Entscheidung Bedeutung zukommt.

Dieser Zeitpunkt wird auch in § 767 Abs. 2 für die Zulässigkeit von Einwendungen genannt, die mit der Vollstreckungsabwehrklage gegen einen durch Urteil festgestellten Anspruch geltend gemacht werden können (vgl. dazu u. RdNr. 581, 583). Diese Regelung ist ein gesetzliches Beispiel dafür, wo die Grenzen der materiellen Rechtskraft verlaufen, weil bei Einwendungen gegen die Vollstreckung eines rechtskräftigen Urteils der Umfang seiner materiellen Rechtskraft beachtet werden muß und demzufolge alle die Tatsachen ausgeschlossen sind, die eine Partei im dem Verfahren, das zu dem Urteil führte, hätte vorbringen können. Deshalb betreffen die sich im Zusammenhang mit § 767 Abs. 2 ergebenden Fragen im besonderen Maße die zeitlichen Grenzen der materiellen Rechtskraft, so daß ergänzend auf die Ausführungen zu dieser Vorschrift zu verweisen ist; dies gilt auch für die zweifelhafte Frage, ob es bei Gestaltungsrechten auf die objektive Möglichkeit ihrer Ausübung ankommt, so daß eine Partei mit solchen Gestaltungsrechten ausgeschlossen wäre, die sie bereits während des Erstprozesses hätte nutzen können (vgl. dazu u. RdNr. 584). Wird die Klage mit der Begründung abgewiesen, daß der **Anspruch noch nicht fällig** sei, dann ist der Kläger nicht gehindert, nach Fälligkeit erneut Klage zu erheben. Nur wenn der Anspruch uneingeschränkt verneint worden ist, wird der Kläger auch mit dem Vorbringen ausgeschlossen, die Begründetheit seiner Klage ergebe sich aus der zwischenzeitlich eingetretenen Fälligkeit.[89]

---

[87] *Schack* NJW 1988, 865, 869.
[88] *Schilken* RdNr. 195, 997.
[89] *Zöller / Vollkommer* vor § 322 RdNr. 56, 58; vgl. zur Abweisung einer Klage als zur Zeit unzulässig oder unbegründet *Walchshöfer,* Festschr. K. H. Schwab, 1990, S. 521.

c) Durchbrechung der Rechtskraft

1. Abänderungsklage nach § 323

476 § 258 läßt eine Klage auf wiederkehrende Leistungen zu, die erst künftig fällig werden. Diese Regelung hat insbesondere bei der Verpflichtung zur Zahlung von Renten und zur Leistung von Unterhalt Bedeutung. In solchen Fällen wird die Höhe der künftig fällig werdenden Leistungen vom Richter aufgrund einer Prognose über die Entwicklung der maßgebenden Verhältnisse in der Zukunft bestimmt. Wenn sich diese Verhältnisse anders gestalten, als dies vom Richter angenommen worden ist, dann muß das Urteil entsprechend korrigiert werden. § 323 schafft hierfür eine Rechtsgrundlage.

> **Beispiel:** Raser wird verurteilt, dem von ihm bei einem Verkehrsunfall verletzten Wund wegen der dadurch eingetretenen Minderung der Erwerbsfähigkeit eine Rente in bestimmter Höhe zu zahlen (vgl. § 843 Abs. 1 BGB). Das Gericht geht bei Festsetzung der Rentenhöhe davon aus, daß Wund in der Lage ist, aufgrund seines gesundheitlichen Zustands in einem bestimmten Umfang berufstätig zu bleiben. In der Folgezeit verschlechtert sich der Gesundheitszustand des Wund erheblich, so daß er keiner geregelten Arbeit mehr nachgehen kann. In diesem Fall kann Wund nach § 323 Abs. 1 Abänderungsklage erheben und verlangen, daß die Rentenhöhe den veränderten persönlichen Verhältnissen angepaßt wird.

477 Ob mit dem auf Klage nach § 323 ergehenden Urteil die **Rechtskraft** der abzuändernden Entscheidung **durchbrochen** wird, ist streitig. Die hM bejaht dies für den Fall, daß die abzuändernde Entscheidung formelle und damit auch materielle Rechtskraft erlangt hat.[90]

> Die Rechtskraft des zu korrigierenden Urteils ist keine Zulässigkeitsvoraussetzung für die Abänderungsklage.[91] Nach hM besteht eine Wahlmöglichkeit zwischen der **Einlegung eines Rechtsmittels** und der Erhebung der Abänderungsklage.[92] Nur wenn ein Berufungsverfahren durchgeführt wird, ist eine Abänderungsklage unzulässig. Dies gilt auch dann, wenn die Gegenpartei Berufung eingelegt hat; dann muß der Abänderungsberechtigte den Abänderungsgrund durch Anschlußberufung (vgl. o. RdNr. 441) geltend machen.[93]

478 Die Abänderungsklage ist nur insoweit zulässig, als die **Gründe**, auf die sie gestützt wird, erst nach dem Zeitpunkt eingetreten sind, in dem sie spätestens im Vorprozeß hätten geltend gemacht werden müssen (§ 323 Abs. 2); richtet sich die Abänderungsklage gegen ein Versäumnisurteil, dann werden alle Gründe präkludiert, die durch einen Einspruch

---

[90] BGH NJW 1987, 2229, 2233; *Jauernig* § 63 VI; *Schellhammer* RdNr. 206, 211; *Zöller/Vollkommer* § 323 RdNr. 2; *Baumbach/Lauterbach/Hartmann* § 323 RdNr. 1; aA *Gottwald,* Festschr. K. H. Schwab, 1990, S. 151, 162 f.

[91] *Zöller/Vollkommer* § 323 RdNr. 13; aA *Roth* NJW 1988, 1233, 1236.

[92] OLG Hamburg FamRZ 1984, 706, 707; OLG Oldenburg FamRZ 1980, 394; *AK-ZPO/Wassermann* § 323 RdNr. 4.

[93] BGHZ 96, 205 = NJW 1986, 383 m. weit. Nachw. auch zur Gegenauffassung.

(§ 338) hätten vorgetragen werden können;[94] um nicht präkludiert zu
werden, muß also eine Partei die Möglichkeit des Einspruchs gegen ein
Versäumnisurteil nutzen und hat nicht – anders als bei Rechtsmitteln
(vgl. o. RdNr. 477) – die Wahl zwischen dem Einspruch und der Abänderungsklage. Die Abänderungsklage ist nach § 323 Abs. 1 nur begründet, wenn die maßgeblichen Verhältnisse sich wesentlich verändert haben. Als wesentlich sind solche Umstände anzusehen, die bei ihrer
Berücksichtigung zu einer anderen Entscheidung des Erstgerichts geführt hätten.[95]

Wird die Abänderungsklage nicht als unzulässig oder unbegründet **479**
abgewiesen, dann wird durch die gerichtliche Entscheidung das erste
Urteil insoweit aufgehoben, als dies für die Änderung erforderlich ist; in
diesem Umfang muß dann über den Anspruch neu entschieden werden.
Das erste Urteil darf nur für die Zeit nach Erhebung der Klage abgeändert werden (§ 323 Abs. 3[96]).

Nach § 323 Abs. 4 kann eine Abänderungsklage auch in bezug auf andere
Schuldtitel, z. B. auf einen Prozeßvergleich oder auf eine vollstreckbare Urkunde
nach § 794 Abs. 1 Nr. 5 (vgl. dazu u. RdNr. 509), erhoben werden. Für diese Schuldtitel gilt die zeitliche Grenze des § 323 Abs. 3 nicht, weil sie nicht in gleicher Weise
einen Vertrauenstatbestand schaffen wie ein Urteil.[97]

In einem **Vereinfachten Verfahren** (§§ 641 l bis 641 t) können Urteile und sonstige Vollstreckungstitel, die sich auf künftig fällig werdende wiederkehrende Unterhaltszahlungen für Minderjährige beziehen, der allgemeinen wirtschaftlichen Entwicklung angepaßt werden; die Abänderung kann nur nach Maßgabe einer
Anpassungsverordnung der Bundesregierung verlangt werden (vgl. § 1612 a Abs. 2
BGB). Diese vereinfachte Abänderungsmöglichkeit schließt aber nicht das Recht
aus, unter den in § 323 Abs. 5 genannten Voraussetzungen eine Änderung aufgrund
der individuellen Verhältnisse der Parteien durch Abänderungsklage zu verlangen.[98]

2. Wiederaufnahme des Verfahrens

Auch wenn bei dem Zustandekommen eines Urteils erhebliche Ver- **480**
fahrensfehler begangen wurden oder wenn es schwere inhaltliche Mängel aufweist, muß es regelmäßig als wirksam behandelt werden (vgl. o.
RdNr. 422); wird es nicht aufgrund eines Rechtsmittels aufgehoben,
dann wird es wie jedes andere Urteil auch rechtskräftig und damit nicht
mehr korrigierbar. Der Gesetzgeber hat jedoch in Ausnahme von diesem
Grundsatz in engen Grenzen eine Wiederaufnahme des Verfahrens zuge-

[94] BGH FamRZ 1982, 792, 793.
[95] Vgl. *Rosenberg/Schwab/Gottwald* § 158 V 2.
[96] Kritisch zu dieser Vorschrift und zum Verständnis des durch sie ausgesprochenen Rückwirkungsverbotes *Braun* JuS 1993, 353; aA *Waldner* NJW 1993, 2085.
[97] BGHZ 85, 64 = NJW 1983, 228; BGH NJW-RR 1991, 1154, 1155 m. weit. Nachw.; *Rosenberg/Schwab/Gottwald* § 158 V 4 b m. weit. Nachw.
[98] Vgl. dazu im einzelnen *MK/Gottwald* § 323 RdNr. 38 ff.

lassen, die eine Durchbrechung der Rechtskraft bewirkt. Dies geschieht im Wege der Nichtigkeitsklage bei besonders gravierenden Verfahrensmängeln (vgl. § 579) und durch Restitutionsklage vor allem bei einer Verfälschung des Urteils und seiner Grundlagen durch eine strafbare Handlung (vgl. § 580). Wenn auch das Ziel dieser Klagen mit dem eines Rechtsmittels gegen das Urteil übereinstimmt, so handelt es sich bei ihnen nicht um Rechtsmittel im eigentlichen Sinn, weil sie weder Suspensiveffekt noch Devolutiveffekt aufweisen (vgl. o. RdNr. 429).

481 Auch bei den Wiederaufnahmeklagen ist zwischen ihrer Zulässigkeit und Begründetheit zu unterscheiden. Im Rahmen der **Zulässigkeitsprüfung** ist auf folgendes zu sehen:

– Die Wiederaufnahme ist gegen (formell rechtskräftige) Endurteile (§ 578 Abs. 1), gegen unanfechtbare Vollstreckungsbescheide (§ 584 Abs. 2; zum Begriff vgl. u. RdNr. 493) und auch – obwohl im Gesetz nicht ausdrücklich vorgesehen – gegen nicht mehr anfechtbare Beschlüsse[99] **statthaft.**
– Wegen ihrer Ähnlichkeit mit einem Rechtsmittel wird auch bei einer Wiederaufnahmeklage als Zulässigkeitsvoraussetzung die **Beschwer** des Klägers verlangt;[100] lediglich für die Restitutionsklage im Falle eines neuen erbbiologischen Gutachtens kommt es wegen des Ziels des Vaterschaftsprozesses, den wirklichen Vater zu ermitteln, auf eine Beschwer nicht an (vgl. § 641 i Abs. 2).
– Eine Wiederaufnahmeklage ist nur zulässig, wenn sie innerhalb der **Fristen** des § 586 erhoben wird. Während bei Versäumnis der Monatsfrist des § 586 Abs. 2 eine Wiedereinsetzung in den vorigen Stand in Betracht kommt (vgl. §§ 233 ff.; dazu o. RdNr. 260), ist dies nach Ablauf der fünfjährigen Ausschlußfrist des Abs. 2 S. 2 ausgeschlossen.
– Die Zulässigkeit der Klage hängt auch davon ab, ob die **Klageschrift** den Erfordernissen des § 587 genügt (vgl. auch § 588). Spätestens in der mündlichen Verhandlung muß schlüssig ein Grund vorgetragen werden, aus dem eine Anfechtung der Entscheidung mit der Nichtigkeitsklage (§ 579) oder der Restitutionsklage (§ 580) in Betracht kommt.[101]
– Soll die Wiederaufnahmeklage auf einen Restitutionsgrund nach § 580 Nr. 1 bis 5 gestützt werden, dann gehört zur Zulässigkeit nicht nur die schlüssige Behauptung einer entsprechenden **Straftat**, sondern nach § 581 Abs. 1 auch die **rechtskräftige Verurteilung** des Täters oder die Unmöglichkeit der Einleitung oder Durchführung eines Strafverfahrens aus anderen Gründen als wegen Mangels an Beweisen, z. B. wegen Tod des Täters, Verjährung oder Amnestie. In diesem Zusammenhang sei darauf hingewiesen, daß der Richter des Wiederaufnahmeverfahrens bei seiner Entscheidung über die Begründetheit der Restitutionsklage nicht an die im Strafurteil getroffenen Feststellungen gebunden ist.[102]
– Neben diesen besonderen Zulässigkeitsvoraussetzungen sind auch die **allgemeinen Prozeßvoraussetzungen** (vgl. o. RdNr. 99) zu beachten. Für die Wiederaufnahmeklage wird durch § 584 eine ausschließliche örtliche und sachliche Zuständigkeit begründet.

[99] Vgl. *MK/Braun* § 578 RdNr. 19 ff. m. Nachw.
[100] Vgl. *AK-ZPO/Greulich* § 578 RdNr. 4; *MK/Braun* (Fn. 99) RdNr. 31, jeweils m. Nachw.
[101] Vgl. BGHZ 57, 211, 213; BGH WM 1975, 736, 737; *Zöller/Greger;* § 588 RdNr. 2.
[102] BGHZ 85, 32, 36 = NJW 1983, 230.

Die Erfüllung der allgemeinen und besonderen Prozeßvoraussetzungen hat das Gericht von Amts wegen zu prüfen; kommt es zu einem negativen Ergebnis, dann ist die Wiederaufnahmeklage als unzulässig zu verwerfen (vgl. § 589 Abs. 1).

Für die **Begründetheit** der Wiederaufnahmeklage kommt es darauf **482** an, ob der behauptete Wiederaufnahmegrund vom Gericht festgestellt werden kann. Während es bei der Nichtigkeitsklage genügt, daß ein Nichtigkeitsgrund iSv. § 579 Abs. 1 gegeben ist, der nicht durch ein Rechtsmittel geltend gemacht werden konnte (§ 579 Abs. 2), muß bei der Restitutionsklage geprüft werden, ob das angefochtene (rechtskräftige) Urteil auf einem der Restitutionsgründe beruht; der Erfolg der Restitutionsklage ist also davon abhängig, daß ein ursächlicher Zusammenhang zwischen Restitutionsgrund und dem Erlaß des angefochtenen Urteils gegeben ist.[103] Kommt das Gericht zu dem Ergebnis, daß kein Nichtigkeitsgrund oder kein ursächlicher Restitutionsgrund besteht, dann weist es die Wiederaufnahmeklage als unbegründet ab. Andernfalls muß das angefochtene Urteil aufgehoben werden. Dies geschieht entweder durch ein Zwischenurteil (§ 303; vgl. o. RdNr. 419) oder durch das Endurteil, mit dem der neu zu verhandelnde (alte) Rechtsstreit abgeschlossen wird (vgl. § 590 Abs. 1).

Die Aufhebung des angefochtenen Urteils bei Begründetheit der Wiederaufnahmeklage ist auch dann erforderlich, wenn das Ergebnis unverändert bleibt, also das Gericht im Wiederaufnahmeverfahren zur gleichen Erkenntnis gelangt wie das im Vorprozeß.[104] Eine Bestätigung oder Aufrechterhaltung des angefochtenen Urteils ist wegen eines sich aus dem Wiederaufnahmegrund ergebenden Mangels nicht zulässig.[105]

Im **Wiederaufnahmeverfahren** sind folglich **drei Abschnitte** zu un- **483** terscheiden:

- Im ersten Abschnitt wird die Zulässigkeit der Wiederaufnahmeklage geprüft; wird sie verneint, dann ist die Klage als unzulässig (durch Prozeßurteil) abzuweisen. Wird dagegen die Zulässigkeit bejaht, dann wird
- im zweiten Abschnitt (als iudicium rescindens bezeichnet) die Begründetheit der Klage geprüft; ist sie unbegründet, dann wird sie abgewiesen. Sonst muß das angegriffene Urteil stets aufgehoben werden. In diesem Fall wird
- im dritten Abschnitt (iudicium rescissorium genannt) über den durch das aufgehobene Urteil entschiedenen Rechtsstreit neu befunden. Das Gericht kann das iudicium rescindens und das iudicium rescissorium zusammenfassen.

---

[103] Zu Einzelheiten: *MK/Braun* § 580 RdNr. 13 f.
[104] *Rosenberg/Schwab/Gottwald* § 161 IV 2.
[105] *Rosenberg/Schwab/Gottwald* § 161 IV 3; aA *Thomas/Putzo* § 590 RdNr. 5.

3. Klage nach § 826 BGB

484   Die Darstellung des Wiederaufnahmerechts zeigt, welche engen
Grenzen hierfür gelten. Insbesondere die Ausschlußfrist des § 586 Abs. 2
S. 2, die eine Wiederaufnahmeklage nach Ablauf von fünf Jahren seit
Rechtskraft des aufzuhebenden Urteils verhindert, aber auch die Regelungen des § 581 schaffen erhebliche Hindernisse, die einer Wiederaufnahme auch in Fällen entgegenstehen, in denen die Ausnutzung der
durch das Urteil erlangten Rechtsposition nicht akzeptabel erscheint.

> **Beispiel:** Der Kläger klagt auf Zahlung einer hohen Summe, die er als Schadens-
> ersatz wegen einer in Wirklichkeit nicht begangenen unerlaubten Handlung
> vom Beklagten fordert. Der Kläger gewinnt den Prozeß, weil er Zeugen zur
> Falschaussage verleitet und Urkunden fälscht. Die wegen dieser Vorgänge einge-
> leiteten Strafverfahren dauern wegen erheblicher Beweisschwierigkeiten mehre-
> re Jahre. Als der Sachverhalt endlich geklärt ist und die Strafverfahren durch Ur-
> teil abgeschlossen werden können, ist die Fünfjahresfrist des § 586 Abs. 2 S. 2
> abgelaufen. Eine Wiederaufnahme ist deshalb ausgeschlossen.

485   Wegen solcher von vielen zu Recht als grob unbillig empfundenen
Ergebnisse wird seit langem ein Meinungsstreit darüber geführt, ob dies
um des Prinzips der Rechtskraft willen hinzunehmen ist, oder ob die
Rechtskraft dort weichen muß, wo sie bewußt rechtswidrig zu dem
Zweck herbeigeführt wird, „dem, was nicht Recht ist, den Stempel des
Rechts zu geben".[106] Bereits das RG und nach ihm der BGH haben in
ständiger Rechtsprechung eine auf § 826 BGB gestützte Klage in Fällen
der Urteilserschleichung und der sittenwidrigen Urteilsausnutzung zugelassen.[107] Obwohl diese Rechtsprechung stets von der ganz überwiegenden Meinung im Schrifttum als eine unzulässige Durchbrechung der
Rechtskraft und eine Verletzung des Restitutionsrechts abgelehnt worden ist,[108] hat sie eine **richterrechtliche Ergänzung** des in der ZPO enthaltenen Wiederaufnahmerechts geschaffen, das beachtet werden muß.

In einer Grundsatzentscheidung hat der BGH diese Rechtsprechung noch einmal zusammengefaßt und präzisiert.[109] Das Gericht betont, daß die Anwendung des
§ 826 BGB mit dem Ziel, dem Schuldner die Möglichkeit einzuräumen, sich gegen
die Vollstreckung aus einem rechtskräftigen, aber materiell unrichtigen Urteil zu
schützen, auf besonders schwerwiegende, eng begrenzte Ausnahmefälle beschränkt
bleiben müßte. Der Erfolg einer solchen Klage hänge von der Erfüllung folgender
Voraussetzungen ab:
– materielle Unrichtigkeit des Titels; der für vollstreckbar erklärte Anspruch darf
nicht oder nicht im titulierten Umfang bestehen;

---

[106] So eine häufig zitierte Formulierung, die sich in RGZ 61, 359, 365, findet.
[107] Zur Entwicklung dieser Rspr. vgl. *Prütting/Weth,* Rechtskraftdurchbrechung
bei unrichtigen Titeln, 2. Aufl. 1994, RdNr. 132 ff.; *Musielak* JA 1982, 7, 8 f.
[108] Vgl. die Nachw. bei *Musielak* (Fn. 94) S. 10 f.; zu einem positiven Urteil gelangt dagegen *MK/Braun* vor § 578 RdNr. 10.
[109] BGHZ 101, 380, 384 f. = NJW 1987, 3256, 3257; vgl. auch BGH NJW 1993,
3204, 3205; 1994, 589, 592.

– der Titelgläubiger muß die Unrichtigkeit des Titels kennen, wobei beim Streit
über die Zulässigkeit einer künftigen Vollstreckung genügt, wenn ihm diese
Kenntnis durch das zur Entscheidung über den Anspruch aus § 826 BGB berufene Gericht vermittelt wird;
– besondere Umstände, die noch hinzutreten müssen und aufgrund deren dem
Gläubiger zuzumuten ist, die ihm unverdient zugefallene Rechtsposition aufzugeben. Von dem Erfordernis zusätzlicher besonderer Umstände soll in Extremfällen abgesehen werden können, wenn die materielle Unrichtigkeit des Titels aufgrund der Sittenwidrigkeit des Vertages bereits so eindeutig und so
schwerwiegend ist, daß jede Vollstreckung allein schon deswegen das Rechtsgefühl in schlechthin unerträglicher Weise verletzen würde.

Die Rechtsprechung macht für Klagen aus § 826 BGB gegen rechts- **486**
kräftige Urteile **wichtige Einschränkungen**. Die Unrichtigkeit des Urteils darf nicht lediglich durch Wiederholung desselben Tatsachenvortrages, derselben Beweismittel und derselben Rechtsauffassung dargetan
werden, die schon im abgeschlossenen Vorprozeß vorgetragen worden
sind. Hierin sieht der BGH eine unzulässige Mißachtung der Rechtskraft des Urteils.[110]

Diese Einschränkung ändert jedoch nichts daran, daß mit der Klage aus § 826
BGB die materielle Rechtskraft des bekämpften Urteils durchbrochen wird. Nach
der prozessualen Rechtskrafttheorie (vgl. dazu o. RdNr. 469) ist jeder künftige
Richter an die urteilsmäßigen Feststellungen gebunden, und zwar in der Weise, daß
ihm jede erneute Verhandlung und Entscheidung über die rechtskräftig festgestellte
Rechtsfolge verboten ist. Zwar sind der Streitgegenstand (vgl. dazu o. RdNr. 124 ff.)
im Vorprozeß und im Schadensersatzprozeß nicht identisch, da mit der Klage aus
§ 826 BGB ein Anspruch wegen sittenwidrigen Verhaltens des Beklagten im Zusammenhang mit der Erlangung oder Verwertung des im Vorprozeß ergangenen Urteils geltend gemacht wird, aber die im Vorprozeß rechtskräftig festgestellte Rechtsfolge stellt eine präjudizielle Voraussetzung des Schadensersatzanspruchs dar, über
die im zweiten Prozeß entschieden werden muß. Denn nur in dem Fall, daß die Unrichtigkeit des angegriffenen Urteils festgestellt wird, der Richter im zweiten Prozeß also anders als der Richter im ersten Prozeß über die rechtskräftig festgestellte
Rechtsfolge entscheidet, kann eine sittenwidrige Schädigung iSv. § 826 BGB bejaht
werden und der Kläger im Schadensersatzprozeß erfolgreich sein. Über die Richtigkeit oder die Unrichtigkeit des im Vorprozeß ergangenen Urteils zu entscheiden
oder anders zu entscheiden, verbietet aber gerade die materielle Rechtskraft, in die
also notwendigerweise mit der Klage aus § 826 BGB eingegriffen werden muß.

Der BGH sieht in der **Klage aus § 826 BGB** keinen **gegenüber** der **487**
Wiederaufnahmeklage subsidiären Rechtsbehelf, sondern stellt beide
Klagen selbständig nebeneinander.[111] Hieraus folgt, daß die Klage nach
§ 826 BGB nicht dadurch ausgeschlossen wird, daß der Kläger die Fristen des § 586 schuldhaft verstreichen läßt.

Ein bedeutsamer Unterschied zwischen beiden Klagen besteht insbesondere darin, daß die Klage aus § 826 BGB nicht wie die Wiederaufnahmeklage darauf gerichtet ist, das rechtskräftige Urteil aufzuheben und durch ein anderes zu ersetzen, son-

---

[110] Vgl. BGH NJW 1989, 1285, 1286, m. weit. Nachw.
[111] BGHZ 50, 115, 120 ff. = NJW 1968, 1275.

dern es bei ihr darum geht, die Nachteile zu beseitigen, die dem Kläger durch das Urteil zugefügt worden sind. Wurde aus diesem Urteil bereits vollstreckt, dann kann mit der Klage aus § 826 BGB Ersatz des dadurch verursachten Schadens gefordert werden, so z.B. die Rückgabe des zwangsweise Beigetriebenen.[112] Vor einer Zwangsvollstreckung ist die Unterlassung von Zwangsvollstreckungsmaßnahmen und die Herausgabe des Titels zu beantragen.[113]

Anhang: Besondere Verfahrensarten, insbesondere das Mahnverfahren

a) Überblick

488   Aus unterschiedlichen Erwägungen hat der Gesetzgeber für bestimmte Verfahren Sonderregelungen aufgestellt, die sie zu einer besonderen Prozeßart werden lassen. Hierzu kann auch das oben (RdNr. 480 ff.) dargestellte Wiederaufnahmeverfahren gerechnet werden. Auch das **Verfahren vor den Amtsgerichten** unterscheidet sich von den Verfahren vor den Landgerichten, das den Grundtyp des Zivilprozesses darstellt, in einer Reihe von Punkten; auf die wichtigsten von ihnen ist jeweils bei Erörterung der durch sie geregelten Fragen eingegangen. Ergänzend ist noch auf die durch § 495a für das Gericht geschaffene Möglichkeit hinzuweisen, das Verfahren nach billigem Ermessen zu bestimmen, wenn der Streitwert 1.200,– DM nicht übersteigt (vgl. im einzelnen §§ 495a bis 510b).

489   Spezielle Regelungen gelten noch für folgende Verfahren:

– **Urkunden- und Wechselprozeß** (§§ 592 bis 605a)[114]

Nach § 592 kann ein Anspruch, der die Zahlung einer bestimmten Geldsumme oder die Leistung einer bestimmten Menge anderer vertretbarer Sachen oder Wertpapiere zum Gegenstand hat, im Urkundenprozeß geltend gemacht werden, wenn sämtliche zur Begründung des Anspruchs erforderlichen Tatsachen durch Urkunden bewiesen werden können. Im Urkundenprozeß können außerdem Ansprüche aus Wechseln (vgl. § 602) und aus Schecks (vgl. § 605a) erhoben werden. In diesen Verfahren sind auch für die Einwendungen und Einreden des Beklagten nur Urkunden und die Parteivernehmung als Beweismittel zulässig (§ 595 Abs. 2). Dadurch wird eine beträchtliche Beschleunigung des Verfahrens erreicht, denn sein Zweck ist es, dem Gläubiger rasch zu einem Vollstreckungstitel zu verhelfen. Es liegt auf der Hand, daß ein Urteil, das aufgrund solcher Beschränkungen ergeht, in vielen Fällen nur vorläufig sein kann. Widerspricht der Beklagte dem gegen ihn geltend gemachten Anspruch, dann kann er nur unter Vorbehalt seiner Rechte verurteilt werden (§ 599 Abs. 1), und der Rechtsstreit bleibt im ordentlichen Verfahren anhängig (§ 600 Abs. 1). Im Nachverfahren sind dann alle Beweismittel zulässig, und es muß

---

[112] LG Bochum NJW-RR 1993, 302.
[113] BGH NJW 1983, 2317; 1988, 971, 972; OLG Frankfurt NJW-RR 1993, 879.
[114] Vgl. zu Einzelheiten *Rosenberg/Schwab/Gottwald* § 163.

in ihm entschieden werden, ob das Vorbehaltsurteil ohne Vorbehalt aufrechterhalten bleiben kann oder ob es aufzuheben ist (vgl. § 600 Abs. 2).

– **Verfahren in Familiensachen** (§§ 606 bis 638)[115]

Das Gesetz unterscheidet bei den Familiensachen zwischen den Ehesachen (§ 606 Abs. 1 ZPO, § 23 b Abs. 1 S. 2 Nr. 1 GVG) und den anderen Familiensachen (§ 621 Abs. 1 ZPO, § 23 b Abs. 1 S. 2 Nr. 2 bis 10 GVG). Für die Entscheidung von Familiensachen sind die Familiengerichte ausschließlich zuständig (§ 23 b GVG; vgl. o. RdNr. 37). Wegen des öffentlichen Interesses, das an dem Gegenstand des Verfahrens besteht, sind in ihnen Dispositionsmaxime und Verhandlungsmaxime (vgl. o. RdNr. 89, 91) eingeschränkt (vgl. die in §§ 612 Abs. 4, 616, 617 und 635 getroffenen Regelungen). Die örtliche Zuständigkeit für Ehesachen ist in § 606 geregelt. Im Scheidungsverfahren wird die Klageschrift „Antragsschrift" genannt (§ 622 Abs. 1). Für die „anderen Familiensachen" gelten nach § 621 a Abs. 1 weitgehend nicht die Regeln der ZPO, sondern die Vorschriften des Gesetzes über die Angelegenheiten der freiwilligen Gerichtsbarkeit.

Die Bezeichnung dieses Gesetzes könnte zu dem Mißverständnis führen, es handle sich hierbei um eine besondere Gerichtsbarkeit. Dies ist nicht richtig. Vielmehr ist die „**freiwillige Gerichtsbarkeit**" Teil der Zivilgerichtsbarkeit mit der Besonderheit, daß für sie im FGG eine eigenständige (für die ihr zugewiesenen Rechtssachen besser passende) Verfahrensregelung getroffen worden ist. Da es nicht möglich ist, die freiwillige Gerichtsbarkeit materiell-rechtlich zu definieren, muß die Abgrenzung von der übrigen sog. „streitigen" Zivilgerichtsbarkeit (auch dieser Begriff ist nicht treffend, weil auch im Bereich des FGG streitig verhandelt wird) aufgrund der im Gesetz ausdrücklich ausgesprochenen Verweisung vorgenommen werden,[116] wie dies z. B. in § 621 a Abs. 1 geschehen ist.

Hinzuweisen ist noch darauf, daß nach § 623 über Scheidung und Folgesachen gleichzeitig zu verhandeln und zu entscheiden ist. Trotz dieses Entscheidungsverbundes ist jedoch das für jeden Verfahrensgegenstand geltende Verfahrensrecht (ZPO oder FGG) anzuwenden; hieraus können sich erhebliche rechtliche Probleme ergeben. Große praktische Bedeutung kommt der in Ehesachen bestehenden Möglichkeit zu, bestimmte Fragen im Wege der einstweiligen Anordnung zu regeln (vgl. §§ 620 ff.).

– **Verfahren in Kindschaftssachen** (§§ 640 bis 641 k)[117]

Was Kindschaftssachen sind, wird in § 640 Abs. 2 angegeben: Es geht dabei im wesentlichen um die Rechtsstellung des Kindes in bezug auf seinen Vater; deshalb werden solche Prozesse auch kindschaftliche Statusprozesse genannt.[118] Auch in diesen Prozessen werden im öffentlichen Interesse Verhandlungsmaxime und Dispositionsmaxime begrenzt (vgl. § 616 Abs. 1 iVm. § 640 Abs. 1, § 640 d). Sachlich zuständig ist das Amtsgericht (§ 23 a Nr. 1 GVG); die örtliche Zuständigkeit ergibt sich aus § 640 a und – für Prozesse, die die Feststellung der Vaterschaft zum Gegenstand haben (vgl. § 641) – aus § 641 a. Das Urteil in Kindschaftssachen wirkt für und gegen alle[119]

---

[115] Vgl. zu Einzelheiten *Rosenberg/Schwab/Gottwald* §§ 165 bis 168.

[116] Eine Aufzählung der wesentlichen Angelegenheiten der freiwilligen Gerichtsbarkeit findet sich bei *Keidel/Kuntze/Winkler/Amelung*, FGG, 13. Aufl. 1992, § 1 RdNr. 37 ff. Vgl. dazu auch *Habscheid*, Freiwillige Gerichtbarkeit, 7. Aufl. 1983, §§ 4, 39 ff.; *Baur/Wolf*, Grundbegriffe der freiwilligen Gerichtsbarkeit, 2. Aufl. 1980, S. 15 ff.

[117] Vgl. zu Einzelheiten *Rosenberg/Schwab/Gottwald* § 169.

[118] *Baur/Grunsky* RdNr. 264.

[119] Vgl. dazu *Braun* JuS 1986, 364, 367.

(§ 640 h). Nach § 641 i ist die Restitutionsklage gegen ein rechtskräftiges Urteil, in dem über die Vaterschaft entschieden ist, in einem weiteren Umfange als sonst zulässig.

– Verfahren über den Unterhalt Minderjähriger (§§ 641 l bis 644)[120]

Die für Minderjährige (vgl. § 2 BGB) zu zahlenden Unterhaltsrenten werden regelmäßig durch Verordnung der Bundesregierung bei erheblicher Änderung der wirtschaftlichen Verhältnisse angepaßt (§ 1612 a BGB). Die deshalb erforderlich werdenden Korrekturen von Titeln über Unterhaltsrenten werden in einem vereinfachten Verfahren vorgenommen (vgl. o. RdNr. 479).

Für Unterhaltssachen nichtehelicher Kinder gelten Besonderheiten; hinzuweisen ist auf die Möglichkeit einer einstweiligen Anordnung nach §§ 641 d ff. und auf die Unterhaltsklage nach §§ 642 ff.[121]

– Aufgebotsverfahren (§§ 946 bis 1024)[122]

Das Aufgebotsverfahren hat eine öffentliche gerichtliche Aufforderung zur Anmeldung von Ansprüchen oder Rechten mit der Wirkung zum Inhalt, daß die Unterlassung der Anmeldung einen Rechtsnachteil zur Folge hat; es findet nur in den durch Gesetz bestimmten Fällen statt (§ 946 Abs. 1). Für das Aufgebotsverfahren ist das Amtsgericht zuständig (§ 23 Nr. 2 h GVG), das regelmäßig durch den Rechtspfleger entscheidet (§ 20 Nr. 2 RPflG). Für die Anfechtung des Ausschlußurteils ist nach § 957 Abs. 2 S. 1 das Landgericht sachlich zuständig.

– Schiedsgerichtliches Verfahren (§§ 1025 bis 1048)[123]

Schiedsgerichte entscheiden bürgerliche Rechtsstreitigkeiten anstelle staatlicher Gerichte, wenn die Parteien dies durch einen sog. Schiedsvertrag vereinbaren (vgl. § 1025). Allerdings setzt eine solche vertragliche Vereinbarung voraus, daß die Parteien berechtigt sind, über den Gegenstand des Streites einen Vergleich zu schließen, er also ihrer Dispositionsbefugnis unterliegt. Dementsprechend kann eine Ehesache nicht zum Gegenstand eines Schiedsgerichtsverfahrens gemacht werden; das gleiche gilt aufgrund der ausdrücklichen Vorschrift des § 1025 a im Regelfall für Mietverhältnisse über Wohnraum. Der Schiedsvertrag, für den nach § 1027 bestimmte Formvorschriften gelten, ist unwirksam, wenn eine Partei ihre wirtschaftliche oder soziale Überlegenheit bei seinem Zustandekommen ausnutzt (vgl. § 1025 Abs. 2). Nach § 1026 kann ein Schiedsvertrag nur für ein bestimmtes Rechtsverhältnis geschlossen werden; dadurch wird verhindert, daß eine Partei der anderen in umfassender Weise eine Schiedsgerichtsbarkeit aufzwingt.

Ein Schiedsvertrag bewirkt, daß auf entsprechende Einrede einer Partei das staatliche Gericht eine auf seinen Gegenstand gerichtete Klage als unzulässig abweisen muß (§ 1027 a; vgl. o. RdNr. 118). Ist in dem Schiedsvertrag eine Bestimmung über die Ernennung des Schiedsrichters nicht enthalten, so wird von jeder Partei ein Schiedsrichter ernannt (§ 1028; vgl. auch die Vorschriften der §§ 1029 bis 1032). Soweit die Parteien das Verfahren nicht einvernehmlich geregelt haben, wird es durch die Schiedsrichter nach freiem Ermessen bestimmt (§ 1034 Abs. 2), wobei jedoch Mindestanforderungen beachtet werden müssen (vgl. § 1034 Abs. 1, § 1041 Abs. 1 Nr. 3, 4). Der Schiedsspruch, dessen Förmlichkeiten in § 1039 festgelegt werden, hat unter den Parteien die Wirkung eines rechtskräftigen gerichtlichen Urteils (§ 1040). Nach § 1041 kann eine Partei aus einem der in dieser Vorschrift genannten Gründen die

---

[120] Zu Einzelheiten vgl. *Brüggemann*, Gesetz zur vereinfachten Abänderung von Unterhaltsrenten, 1976.
[121] Zu Einzelheiten vgl. *Rosenberg / Schwab / Gottwald* § 169 IV.
[122] Zu Einzelheiten vgl. *Rosenberg / Schwab / Gottwald* § 170.
[123] Vgl. zu Einzelheiten *Schwab / Walter*, Schiedsgerichtsbarkeit, 4. Aufl. 1990.

Aufhebung des Schiedsspruchs verlangen. Eine Zwangsvollstreckung findet aus dem Schiedsspruch erst statt, wenn er durch ein staatliches Gericht für vollstreckbar erklärt worden ist (vgl. §§ 1042 ff.). Das Schiedsverfahren kann auch durch einen Vergleich (sog. Schiedsvergleich) beendet werden (§ 1044 a).

Bei diesem kursorischen Überblick über die verschiedenen besonderen Verfahrensarten kann es nur darum gehen, darauf hinzuweisen, daß in diesen Fällen Spezialregelungen eingreifen, die beachtet werden müssen. Eingehender soll dagegen im folgenden das in der Praxis sehr wichtige Mahnverfahren dargestellt werden.

b) Mahnverfahren

Durch das Mahnverfahren, das in den §§ 688 bis 703 d geregelt **490** ist, kann der Gläubiger ohne Klageerhebung und somit auch ohne Urteil einen Vollstreckungstitel erhalten, den er stets benötigt, wenn er zwangsweise seinen Anspruch gegen den Schuldner durchsetzen will (zu dieser Voraussetzung Einzelheiten bei Erörterung des Vollstreckungsrechts). Auch wird durch die Zustellung eines Mahnbescheids die Verjährung unterbrochen (vgl. § 209 Abs. 2 Nr. 1 iVm. Abs. 1 BGB). Durch das Mahnverfahren wird also eine kostengünstige und wesentlich schneller durchzuführende Alternative zur Regelform des Zivilprozesses geschaffen, die insbesondere bei unstreitigen Ansprüchen zu wählen ist. Auf das Mahnverfahren finden die allgemeinen **Vorschriften** der §§ 1 bis 252 Anwendung, soweit nicht in den §§ 688 ff. abweichende Regelungen getroffen werden. Auch die Vorschriften über die Prozeßkostenhilfe (vgl. dazu o. RdNr. 16 f.) sind grundsätzlich anwendbar.

Das **Mahnverfahren ist** nur wegen eines Anspruchs **zulässig**, der die **491** Zahlung einer bestimmten Geldsumme in inländischer Währung zum Gegenstand hat und dessen Geltendmachung nicht von einer noch nicht erfolgten Gegenleistung abhängig ist (§ 688). Ansprüche des Kreditgebers iSd. § 1 Abs. 1 VerbrKrG oder des Zessionars[124] aus Verträgen, für die das Verbraucherkreditgesetz gilt, können nicht im Mahnverfahren geltend gemacht werden, wenn der effektive Jahreszins (vgl. § 4 Abs. 1 Nr. 1 e und Nr. 2 d VerbrKrG) um 12 Prozent über dem bei Vertragsschluß geltenden Bundesbankdiskontsatz liegt (§ 688 Abs. 2 Nr. 1; vgl. auch § 690 Abs. 1 Nr. 3). Das Mahnverfahren beginnt mit dem Antrag an das Amtsgericht, bei dem der Antragsteller seinen allgemeinen Gerichtsstand hat, und zwar ohne Rücksicht auf den Streitwert (§ 689 Abs. 1, 2). Der Inhalt des Mahnantrages wird durch § 690 vorgeschrieben. Der Bundesminister der Justiz hat gemäß § 703 c Abs. 1 Vordrucke für Anträge eingeführt, derer sich die Parteien bedienen müssen (§ 703 c Abs. 2).

---

[124] *Zöller/Vollkommer* § 688 RdNr. 5.

492　Über den **Erlaß** des **Mahnbescheides** entscheidet der Rechtspfleger (§ 20 Nr. 1 RPflG). Zu prüfen ist, ob der Antrag den gesetzlich vorgeschriebenen Anforderungen entspricht (vgl. § 691 Abs. 1). Ist
dies nicht der Fall, dann wird der Antrag zurückgewiesen. Das gleiche
gilt, wenn die allgemeinen Prozeßvoraussetzungen (vgl. o. RdNr. 99)
nicht erfüllt sind. Andernfalls wird der Mahnbescheid erlassen. Dabei
wird insbesondere nicht geprüft, ob der geltend gemachte Anspruch
dem Antragsteller zusteht (vgl. § 692 Abs. 1 Nr. 2).[125] Der Mahnbescheid enthält die Aufforderung an den Antragsgegner, innerhalb von
zwei Wochen zu zahlen oder Widerspruch einzulegen (vgl. § 692
Abs. 1 Nr. 3, 4). Legt der Antragsgegner keinen Widerspruch ein, dann
wird auf Antrag ein Vollstreckungsbescheid auf der Grundlage des
Mahnbescheides erlassen (§ 699 Abs. 1 S. 1). Stellt der Antragsteller den
Antrag auf Erlaß des Vollstreckungsbescheides nicht innerhalb von
sechs Monaten seit Zustellung des Mahnbescheides oder wird dieser
Antrag zurückgewiesen, dann wird der Mahnbescheid wirkungslos
(§ 701).

493　Der **Vollstreckungsbescheid** steht einem für vorläufig vollstreckbar
erklärten Versäumnisurteil gleich (§ 700 Abs. 1). Dies bedeutet, daß gegen ihn – in gleicher Weise wie gegen ein Versäumnisurteil (vgl. § 338)
– Einspruch eingelegt werden kann. Wird ein solcher Einspruch nicht
eingelegt, dann erwächst der Vollstreckungsbescheid in formelle und
materielle Rechtskraft.[126]

494　Legt der Antragsgegner **gegen** den **Mahnbescheid Widerspruch** ein
(§ 694 Abs. 1), dann darf kein Vollstreckungsbescheid ergehen (§ 699
Abs. 1 S. 1). Vielmehr wird auf Antrag einer Partei das streitige Verfahren
durchgeführt. Zu diesem Zweck gibt das Gericht, das den Mahnbescheid erlassen hat, den Rechtsstreit von Amts wegen an das Gericht ab,
das im Mahnbescheid als zuständig für das streitige Verfahren bezeichnet
worden ist oder das die Parteien übereinstimmend wählen (§ 696 Abs. 1
S. 1 iVm. § 692 Abs. 1 Nr. 1, § 690 Abs. 1 Nr. 5).

Das Gericht, an das der Rechtsstreit abgegeben worden ist (Empfangsgericht),
wird hierdurch in seiner Zuständigkeit nicht gebunden (§ 696 Abs. 5); vielmehr richtet sich die Zuständigkeit nach den allgemeinen Vorschriften (vgl. dazu
o. RdNr. 38 ff.). Ist danach das Empfangsgericht unzuständig, dann ist die Sache
auf Antrag der (nunmehr zum Kläger gewordenen) Partei an das zuständige Gericht zu verweisen. Unterbleibt trotz eines entsprechenden Hinweises des Gerichts

---

[125] Ob dem Rechtspfleger eine eng begrenzte Prüfungskompetenz zusteht, die
ihm gestattet und ihn auch verpflichtet, offensichtlich unbegründete oder gerichtlich undurchsetzbare Forderungen zurückzuweisen, ist streitig; vgl. *Zöller/Vollkom-
mer* § 691 RdNr. 1; *Baumbach/Lauterbach/Hartmann* § 691 RdNr. 6, jeweils m.
Nachw.
[126] Vgl. dazu *Braun* JuS 1992, 177.

(§ 139 Abs. 2, § 504) ein solcher Antrag, dann wird die Klage als unzulässig abgewiesen.[127]

Wurde ein **Vollstreckungsbescheid** erlassen und gegen ihn **Ein-**   **495**
spruch eingelegt (vgl. o. RdNr. 493), dann gibt das Gericht, das den
Vollstreckungsbescheid erlassen hat, den Rechtsstreit von Amts wegen
an das Gericht ab, das in dem Mahnbescheid als zuständig für die Entscheidung des Rechtsstreits bezeichnet worden ist, oder an das Gericht,
an das die Abgabe von den Parteien übereinstimmend verlangt wird;
§ 696 Abs. 5 gilt entsprechend (§ 700 Abs. 3).

Erscheint die nunmehr zum Beklagten gewordene Partei in der aufgrund ihres
Einspruchs anberaumten mündlichen Verhandlung (vgl. o. RdNr. 164) nicht, dann
hat der Richter sämtliche prozessualen und sachlichen Voraussetzungen eines Versäumnisurteils zu überprüfen (vgl. o. RdNr. 148) und darf den Einspruch nur verwerfen, wenn diese Voraussetzungen erfüllt werden (§ 700 Abs. 6). Wird der Einspruch verworfen, obwohl die Klage unzulässig oder unschlüssig ist, dann kann die
Berufung nach § 513 Abs. 2 – anders als sonst (vgl. o. RdNr. 162) – auch darauf gestützt werden, daß die Entscheidung fehlerhaft ist, weil die Zulässigkeit oder Begründetheit der Klage fehlte.[128]

Der Ablauf eines Mahnverfahrens kann sich danach wie folgt gestal-   **496**
ten (siehe S. 318):

---

[127] *Baumbach / Lauterbach / Hartmann* § 696 RdNr. 18.
[128] BGHZ 112, 367, 372 ff. = NJW 1991, 43; *Zöller / Vollkommer* § 700 RdNr. 14
m. weit. Nachw.; aA *Schreiber* ZZP 105 (1992), 79, 81 f.

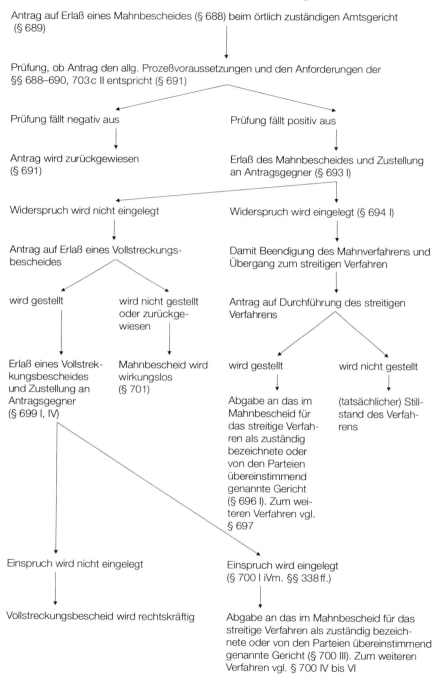

Antrag auf Erlaß eines Mahnbescheides (§ 688) beim örtlich zuständigen Amtsgericht (§ 689)

Prüfung, ob Antrag den allg. Prozeßvoraussetzungen und den Anforderungen der §§ 688–690, 703c II entspricht (§ 691)

Prüfung fällt negativ aus   Prüfung fällt positiv aus

Antrag wird zurückgewiesen (§ 691)   Erlaß des Mahnbescheides und Zustellung an Antragsgegner (§ 693 I)

Widerspruch wird nicht eingelegt   Widerspruch wird eingelegt (§ 694 I)

Antrag auf Erlaß eines Vollstreckungs-bescheides   Damit Beendigung des Mahnverfahrens und Übergang zum streitigen Verfahren

wird gestellt   wird nicht gestellt oder zurückge-wiesen   Antrag auf Durchführung des streitigen Verfahrens

Erlaß eines Vollstrek-kungsbescheides und Zustellung an Antragsgegner (§ 699 I, IV)   Mahnbescheid wird wirkungslos (§ 701)   wird gestellt   wird nicht gestellt

Abgabe an das im Mahnbescheid für das streitige Verfah-ren als zuständig bezeichnete oder von den Parteien übereinstimmend genannte Gericht (§ 696 I). Zum wei-teren Verfahren vgl. § 697   (tatsächlicher) Still-stand des Verfah-rens

Einspruch wird nicht eingelegt   Einspruch wird eingelegt (§ 700 I iVm. §§ 338ff.)

Vollstreckungsbescheid wird rechtskräftig   Abgabe an das im Mahnbescheid für das streitige Verfahren als zuständig bezeich-nete oder von den Parteien übereinstimmend genannte Gericht (§ 700 III). Zum weiteren Verfahren vgl. § 700 IV bis VI

2. Übungsklausur

Häusler (H) klagt vor dem Landgericht Köln gegen Fleißig (F) auf Zahlung von 15.000,– DM. Zur Begründung trägt er vor, der Beklagte habe in seinem Haus Installationsarbeiten ausgeführt und diesen Betrag zuviel berechnet und erhalten. Die Berechtigung seiner (des Klägers) Forderung sei bereits rechtskräftig festgestellt worden, denn der Beklagte habe in einem früheren Rechtsstreit zwischen beiden Feststellungsklage mit dem Antrag erhoben: „Es werde festgestellt, daß er nicht verpflichtet sei, einen angeblich zuviel berechneten Betrag in Höhe von 15.000,– DM zurückzuzahlen". Durch rechtskräftiges Urteil sei diese Klage mit folgender Begründung abgewiesen worden: „Der Kläger (=jetziger Beklagter) hätte im einzelnen vortragen müssen, daß seine sämtlichen Arbeiten aus allen Rechnungen ordnungsgemäß erbracht und nach Stunden und Aufwand richtig berechnet worden waren, die Behauptung des Beklagten (= jetzigen Klägers), es würden überhöhte Positionen geltend gemacht, somit unberechtigt ist. Da dieser Vortrag fehlt, ist die Klage abzuweisen".

Das Landgericht gibt der Klage des Häusler statt und begründet dies mit der Rechtskraftwirkung des Urteils, das die Feststellungsklage des Beklagten abgewiesen hätte. Fleißig legt, vertreten durch einen beim Revisionsgericht zugelassenen Rechtsanwalt, telegrafisch Sprungrevision ein und beantragt die Aufhebung des Urteils. Die Revision wird damit begründet, daß die vom Landgericht vertretene Auffassung, durch das Feststellungsurteil sei der von Häusler geltend gemachte Anspruch rechtskräftig festgestellt, falsch sei. Noch innerhalb der Revisionsfrist geht beim Revisionsgericht ein Schreiben des Prozeßbevollmächtigten des Häuslers ein, in dem die Einwilligung in die Sprungrevision erklärt wird.

Wie wird das Revisionsgericht entscheiden?

Bearbeitungszeit: nicht mehr als 120 Minuten.

Fälle und Fragen

96. Erläutern Sie bitte die verschiedenen Möglichkeiten einer Prozeßbeendigung und die sich daraus ergebenden Rechtsfolgen für die Zulässigkeit einer erneuten Klage in derselben Sache!

97. Erläutern Sie bitte den Unterschied zwischen einem Endurteil und einem Zwischenurteil!

98. Welche Urteile dürfen ohne Tatbestand und Entscheidungsgründe ergehen?

99. Richter Hastig setzt unter den von ihm erlassenen Beweisbeschluß lediglich den Anfangsbuchstaben seines Namens. Ist der Beschluß wirksam erlassen worden?

100. Das Urteil erster Instanz wird am 10.04. verkündet, versehentlich aber den Parteien nicht zugestellt. Der Beklagte will Berufung einlegen und fragt, bis zu welchem Zeitpunkt dies geschehen muß. Geben Sie bitte Auskunft!

101. Nachdem Richter Fahrig im Rechtsstreit des K gegen B das Endurteil verkündet hat, stellt er fest, daß er versehentlich über einen Antrag des Klägers nicht entschieden hat. Was kann er tun?

102. Handelt es sich bei dem Einspruch gegen ein Versäumnisurteil (§ 338) um ein Rechtsmittel?

103. Die Klage des K wird als unzulässig abgewiesen. K legt gegen das Urteil Berufung ein. Das Berufungsgericht hält die Klage zwar für zulässig, jedoch für unbegründet. a) Darf das Berufungsgericht die Klage als unbegründet abweisen? b) Darf umgekehrt das Berufungsgericht die Klage des K als unzulässig abweisen, wenn das erstinstanzliche Gericht den Klageantrag zum Teil für unbegründet erklärte und nur der Kläger gegen die teilweise Abweisung seiner Klage Berufung einlegte?

104. Das (erstinstanzliche) Gericht entscheidet fälschlicherweise durch Beschluß statt durch Urteil. Welches Rechtsmittel ist gegen die Entscheidung gegeben?

105. K klagt gegen B auf Zahlung eines Schadensersatzes in Höhe von 10.000,– DM. B wird antragsgemäß verurteilt und legt Berufung ein. Auch K erhebt Berufung und verlangt 15.000,– DM, weil er inzwischen festgestellt habe, daß sich sein Schaden auf diese Höhe beliefe. a) Ist die Berufung des K zulässig? b) Wie wäre die Rechtslage, wenn B seine Berufung zurücknähme?

106. Von welchen Voraussetzungen ist es abhängig, ob das Revisionsgericht die Annahme der Revision ablehnen darf?

107. Während des Revisionsverfahrens treten (erstmals) Zweifel auf, ob der Revisionsbeklagte prozeßfähig ist. Kann der BGH insoweit Beweis erheben?

108. Wann kann das Revisionsgericht in der Sache selbst eine abschließende Entscheidung treffen?

109. Der Beklagte B, der durch das Berufungsurteil zur Zahlung eines Geldbetrages verurteilt worden ist, legt gegen die Entscheidung Revision ein. Im Revisionsverfahren ist B säumig. Der Kläger (und Revisionsbeklagte) K beantragt Zurückweisung der (zulässigen) Revision durch Versäumnisurteil. Das Revisionsgericht gelangt zu dem Ergebnis, daß die Klage unzulässig ist, da in derselben Sache bereits ein rechtskräftiges Urteil ergangen ist. Wie wird das Revisionsgericht entscheiden?

110. Gelten für die Einlegung von Beschwerden Fristen?

111. Erläutern Sie bitte den Unterschied zwischen der formellen und der materiellen Rechtskraft!

112. Wodurch unterscheidet sich die formelle Rechtskraft von der Bindungswirkung des Urteils nach § 318?

113. Weiß klagt gegen Schwarz auf Zahlung des Kaufpreises. Schwarz beruft sich auf Nichtigkeit des Kaufvertrages infolge einer Anfechtung wegen Irrtums. Die Klage wird deshalb abgewiesen. Nach Rechtskraft dieses Urteils erhebt Weiß erneut Klage mit dem Antrag, Schwarz zur Zahlung von Schadensersatz nach § 122 Abs. 1 BGB zu verurteilen. Schwarz verteidigt sich gegenüber dieser Klage mit der Behauptung, die Anfechtung wegen Irrtums sei unwirksam. Wie ist die Rechtslage?

114. Welchem Zweck dient die Zwischenfeststellungsklage (§ 256 Abs. 2)?

115. K verpflichtet sich in einem am 25.01.1988 geschlossenen Prozeßvergleich, B 500,– DM monatlichen Unterhalt zu zahlen. Mit der am 15.04.1991 zugestell-

ten Klage macht er geltend, daß sich seine wirtschaftlichen Verhältnisse verschlechtert hätten, und begehrt Abänderung des Prozeßvergleichs dahin, daß er für die Jahre 1989 und 1990 keinen Unterhalt und für die Folgezeit 250,– DM zu zahlen habe. Kann das Gericht den Vergleich in den beantragten Umfang abändern?

116. Beschreiben Sie bitte den Gang der Prüfung im Wiederaufnahmeverfahren!

117. Von welchen Voraussetzungen macht die Rechtsprechung den Erfolg einer Klage nach § 826 BGB abhängig, durch die der Ersatz eines Schadens begehrt wird, der dem Kläger durch eine rechtskräftige Entscheidung zugefügt wurde?

118. A beantragt einen Mahnbescheid gegen B wegen eines Anspruchs auf Zahlung von 10.000,– DM. B legt dagegen Widerspruch ein und beantragt die Durchführung des streitigen Verfahrens. Was hat dann zu geschehen?

§ 8 Die Zwangsvollstreckung

I. Einleitender Überblick

a) Funktion und Abgrenzung des Zwangsvollstreckungsrechts

Ist ein Rechtsstreit durch ein rechtskräftiges Urteil beendet worden, **497** dann hängt es von dessen Inhalt ab, ob der Staat bereits dadurch den gegen ihn gerichteten Justizgewährungsanspruch erfüllt und den beteiligten Parteien ausreichenden Rechtsschutz gewährt hat. Bei einem Gestaltungsurteil und bei einem Feststellungsurteil ist dies entsprechend dem vom Kläger verfolgten Rechtsschutzziel zu bejahen (vgl. o. RdNr. 58); gleiches gilt bei einem klageabweisenden Urteil, durch das festgestellt wird, daß der Klageanspruch nicht besteht. Rechte der beteiligten Parteien, zu deren Durchsetzung staatliche Hilfe erforderlich wird, kommen in solchen Fällen nur noch hinsichtlich der Kosten des Rechtsstreits in Betracht, wenn die unterlegene Partei nicht freiwillig dem Gegner die ihr durch den Kostenfestsetzungsbeschluß auferlegten Kosten erstattet (vgl. u. RdNr. 509 aE). Anders stellt sich dagegen die Rechtslage dar, wenn der Beklagte zur Erbringung einer Leistung verurteilt wird. Allein mit der gerichtlichen Entscheidung, daß eine entsprechende Verpflichtung besteht, wird der Anspruch des Klägers noch nicht erfüllt. Leistet der Beklagte nicht freiwillig, dann muß der Staat zur Verwirklichung des Rechtsschutzes dem Kläger weitere Hilfe gewähren. Der Zivilprozeß ist dann noch nicht durch die rechtskräftige Entscheidung abgeschlossen, sondern das Erkenntnisverfahren, in dem das Recht des Klägers festgestellt worden ist, muß durch das Vollstreckungsverfahren fortgesetzt und ergänzt werden, um dem Kläger zu der ihm gebührenden Befriedigung zu verhelfen.

Das Zwangsvollstreckungsverfahren ist dann Teil des Zivilprozesses; es muß durchgeführt werden, weil der Beklagte seiner durch das Urteil festgestellten Verpflichtung freiwillig nicht nachkommt und weil dem Kläger Selbsthilfe verboten ist. Die Verpflichtung des Staates, seine Organe im Vollstreckungsverfahren zur zwangsweisen Durchsetzung von Rechten zur Verfügung zu stellen, läßt sich somit aus dem Justizgewährungsanspruch ableiten. Der Anspruch des einzelnen auf staatliche Tätigkeit im Rahmen der Zwangsvollstreckung kann jedoch auch wegen seines spezifischen Inhalts verselbständigt und als **Vollstreckungsanspruch** bezeichnet werden.[1]

Ebensowenig wie jedes Erkenntnisverfahren zwingend seine Fortsetzung in einem Vollstreckungsverfahren finden muß, setzt das Vollstreckungsverfahren stets die

---

[1] Eingehend zum Inhalt des Vollstreckungsanspruchs und den dazu bestehenden Meinungsverschiedenheiten *Rosenberg / Gaul / Schilken* § 6 I.

Durchführung eines Erkenntnisverfahrens voraus. Eine Zwangsvollstreckung findet nämlich nicht nur aufgrund einer im Erkenntnisverfahren getroffenen gerichtlichen Entscheidung statt, sondern auch aufgrund anderer sie ersetzender Akte; als Beispiel sei hier die Vollstreckung aus einer notariellen Urkunde nach § 794 Abs. 1 Nr. 5 genannt (Einzelheiten dazu später).

498   Das Zwangsvollstreckungsverfahren dient also der zwangsweisen Durchsetzung eines einzelnen privatrechtlichen Leistungsanspruchs, dessen Gläubiger regelmäßig unabhängig von Ansprüchen anderer Personen gegen den Schuldner vorgeht. Anders dagegen wird im **Konkursverfahren** eine Gesamtvollstreckung vollzogen, indem das Vermögen des Schuldners verwertet und der Erlös gleichmäßig auf die Gläubiger verteilt wird (vgl. § 3 Abs. 1 KO). Die Gesamtvollstreckung im Rahmen eines Konkursverfahrens muß dann notwendigerweise eine Einzelzwangsvollstreckung zugunsten einzelner Gläubiger ausschließen (vgl. § 14 Abs. 1 KO). Auch die Durchführung eines **Vergleichsverfahrens** außerhalb eines Konkurses (im Rahmen eines Konkursverfahrens kann es ebenfalls zu einem sog. Zwangsvergleich kommen; vgl. dazu §§ 173 ff. KO) kann die (einstweilige) Einstellung von Vollstreckungsmaßnahmen erforderlich machen (vgl. § 13 VerglO).

b) Verfahrensgrundsätze

499   Wenn auch das Vollstreckungsverfahren als Teil des Zivilprozesses zu begreifen ist, gelten in ihm doch nur einzelne Verfahrensgrundsätze des Erkenntnisverfahrens, teilweise in modifizierter Form. Da eine Zwangsvollstreckung niemals von Amts wegen, sondern nur auf Antrag durchgeführt wird und der Gläubiger durch Rücknahme des Antrags jederzeit das Verfahren beenden kann, untersteht es insoweit seiner Disposition; man kann deshalb davon sprechen, daß im Zwangsvollstreckungsverfahren die Dispositionsmaxime gilt (vgl. o. RdNr. 89).[2] Der Anspruch auf rechtliches Gehör (vgl. o. RdNr. 87) ist in der Zwangsvollstreckung ebenfalls zu beachten, wenn auch im Interesse eines erfolgreichen Zugriffs auf Vermögensgegenstände des Schuldners die Anhörung vor Beginn der Zwangsvollstreckung regelmäßig unterbleiben muß und ihm erst danach die Möglichkeit einzuräumen ist, seinen Standpunkt vorzutragen und Stellung zu nehmen (Einzelheiten dazu später). Die Grundsätze der Mündlichkeit, Öffentlichkeit und Unmittelbarkeit sowie der Verhandlungsgrundsatz lassen sich im Zwangsvollstreckungsverfahren nicht anwenden.[3]

---

[2] Vgl. *Baur/Stürner* RdNr. 102, 128 ff., auch zu den Einschränkungen.
[3] Vgl. *Rosenberg/Gaul/Schilken* § 5 VI.

c) Die gesetzliche Regelung

Die wichtigsten Vorschriften über die Zwangsvollstreckung finden **500** sich im 8. Buch der ZPO, also in den §§ 704 bis 945. Es ist dringend zu empfehlen, sich mit dem **Aufbau und der Systematik** dieser Vorschriften vertraut zu machen, weil sonst elementare Fehler dadurch begangen werden können, daß Vorschriften aufgrund ihres Wortlauts auf Sachverhalte angewendet werden, für die sie nicht gelten.

Beispiel: G hat S ein Schlafzimmer unter Eigentumsvorbehalt verkauft. Da S den Kaufpreis nicht zahlt, tritt G vom Kaufvertrag zurück und klagt auf Rückgabe (vgl. GK BGB RdNr. 543 f.). Als G aufgrund des Urteils, das S zur Rückgabe des Schlafzimmers verpflichtet, die Zwangsvollstreckung betreibt, beruft sich S darauf, daß er das Schlafzimmer dringend für sich und seine Ehefrau benötige, weil er sonst nicht wisse, wo er schlafen und seine Sachen unterbringen solle.

Nach § 811 Nr. 1 sind die dem persönlichen Gebrauch oder dem Haushalt dienenden Sachen der Pfändung nicht unterworfen, soweit der Schuldner ihrer zu einer angemessenen, bescheidenen Lebens- und Haushaltsführung bedarf. Wer diese Vorschrift auf den gegebenen Sachverhalt anwendet, begeht jedoch einen erheblichen Fehler, weil sie nur in Fällen einer Zwangsvollstreckung wegen Geldforderungen (geregelt in den §§ 803 bis 882 a), und zwar in körperliche Sachen (geregelt in den §§ 808 bis 827) Geltung hat, es sich hier jedoch um eine Zwangsvollstreckung zur Erwirkung der Herausgabe von Sachen handelt (geregelt in den §§ 883 bis 898, speziell in § 883).[4]

Es muß also stets danach differenziert werden, ob die Zwangsvoll- **501** streckung wegen einer Geldforderung oder zur Erwirkung der Herausgabe von Sachen oder zur Erwirkung von Handlungen oder Unterlassungen durchgeführt wird. Bei einer Zwangsvollstreckung wegen Geldforderungen kommt es dann noch darauf an, was den Gegenstand der Zwangsvollstreckung bildet. Zur besseren Übersicht dient das umseitige Schaubild.

Die **Zwangsvollstreckung in das unbewegliche Vermögen** ist in **502** der ZPO nur recht unvollkommen geregelt, weil im Zeitpunkt des Inkrafttretens dieses Gesetzes ein einheitliches Sachenrecht im Geltungsbereich des Gesetzes noch nicht bestanden hat und erst durch das (jüngere) BGB geschaffen wurde. Deshalb werden die Vorschriften der §§ 864 ff. durch das Gesetz über die Zwangsversteigerung und die Zwangsverwaltung (Schönfelder Nr. 108) ergänzt. Für das Vollstreckungsverfahren bedeutsame Vorschriften enthält auch das Rechtspfle-

---

[4] Die (sehr streitige) Frage, ob § 811 auch anzuwenden ist, wenn der vollstreckende Gläubiger Eigentümer der gepfändeten Sache ist, kann sich nur stellen, wenn aus einem Urteil vollstreckt wird, das auf Zahlung eines Geldbetrages lautet (vgl. dazu LG Heilbronn NJW 1988, 148 m. weit. Nachw.; u. RdNr. 520) und nicht – wie hier – auf Herausgabe.

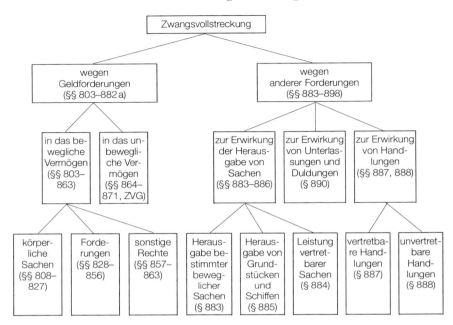

gergesetz, da die dem Vollstreckungsgericht zugewiesenen Aufgaben regelmäßig durch den Rechtspfleger zu erledigen sind (vgl. § 3 Nr. 1 i, § 20 Nr. 17 RPflG).

Schließlich kann im Zusammenhang mit der Zwangsvollstreckung auch das Anfechtungsgesetz (= Gesetz, betreffend die Anfechtung von Rechtshandlungen eines Schuldners außerhalb des Konkursverfahrens – Schönfelder Nr. 111) zu beachten sein, wenn es darum geht, den Zugriff auf solche Vermögensgegenstände dem Gläubiger zu ermöglichen, die der Schuldner auf Dritte übertragen hat, um sie dem Zugriff des Gläubigers zu entziehen.[5]

d) Die Organe

503   Die im Rahmen des Zwangsvollstreckungsverfahrens zu erfüllenden Aufgaben sind zwischen dem Gerichtsvollzieher, dem Vollstreckungsgericht, dem Prozeßgericht und dem Grundbuchamt aufgeteilt. Die funktionelle Zuständigkeit dieser Organe ist wie folgt geregelt:

– Gerichtsvollzieher

Für den juristischen Laien ist das Vollstreckungsorgan schlechthin der Gerichtsvollzieher. Dies erklärt sich dadurch, daß ihm die auffallendsten Zwangsvollstreckungsmaßnahmen übertragen worden sind. Nach § 753 Abs. 1 ist der Gerichtsvollzieher für die Zwangsvollstreckung insoweit zuständig, als sie nicht den Gerichten zugewiesen ist. Im einzelnen bedeutet dies, daß er die Zwangsvoll-

---

[5] Vgl. dazu *Rosenberg/Gaul/Schilken* § 35.

streckung wegen Geldforderungen in körperliche Sachen, d. h. ihre Pfändung (§ 808) und Versteigerung (§ 814), sowie die Zwangsvollstreckung zur Erwirkung der Herausgabe von Sachen (§§ 883 bis 885, 897) durchzuführen hat. Der Gerichtsvollzieher ist Beamter (vgl. § 154 GVG) und übt bei seiner Tätigkeit staatliche Hoheitsgewalt aus. Er ist unter den in §§ 758, 759 genannten Voraussetzungen zur Anwendung von Gewalt berechtigt. Wenn auch das Gesetz davon spricht, daß der Gläubiger dem Gerichtsvollzieher einen „Auftrag" zur Vollstreckung erteilt (vgl. §§ 753, 766 Abs. 2), so darf daraus nicht geschlossen werden, daß der Gerichtsvollzieher als Vertreter des Gläubigers im Rahmen eines privatrechtlichen Rechtsverhältnisses tätig wird, sondern er hat die ihm zugewiesenen Aufgaben im Rahmen eines öffentlichrechtlichen Rechtsverhältnisses als Träger eines öffentlichen Amtes durchzuführen.[6]

– Vollstreckungsgericht

Vollstreckungsgericht ist regelmäßig das Amtsgericht, in dessen Bezirk das Vollstreckungsverfahren stattfinden soll oder stattgefunden hat (§ 764 Abs. 2). Nach § 802 handelt es sich dabei um eine ausschließliche Zuständigkeit (vgl. o. RdNr. 42). Das Vollstreckungsgericht wird in unterschiedlicher Funktion tätig, und zwar zum einen als Vollstreckungsorgan zur Durchführung von Vollstreckungsmaßnahmen, zum anderen als Kontrollorgan, das aufgrund einer Erinnerung über die Rechtmäßigkeit von Vollstreckungsmaßnahmen des Gerichtsvollziehers zu entscheiden hat (vgl. § 766; Einzelheiten dazu später). Außerdem ist das Vollstreckungsgericht zur Entscheidung über Vollstreckungsschutzanträge des Schuldners beispielsweise nach § 765 a und § 811 a berufen. Als Vollstreckungsorgan wird das Vollstreckungsgericht bei der Vollstreckung wegen Geldforderungen in Forderungen und andere Vermögensrechte (§ 828) und bei der Zwangsvollstreckung in das unbewegliche Vermögen (§ 1 ZVG) tätig.

– Prozeßgericht

Das Prozeßgericht hat im Vollstreckungsverfahren nur recht eingeschränkte Zuständigkeiten. Als Vollstreckungsorgan ist es zuständig für die Zwangsvollstreckung zur Erwirkung von Handlungen (§§ 887, 888) sowie von Duldungen und Unterlassungen (§ 890). Außerdem hat das Prozeßgericht über bestimmte Klagen zu entscheiden, durch die der Gläubiger oder der Schuldner im Rahmen der Zwangsvollstreckung Rechtsschutz begehrt (Beispiel: Vollstreckungsgegenklage nach § 767; Einzelheiten dazu später). Schließlich ist das Prozeßgericht zuständig für die Entscheidung über den Räumungsschutz aus Räumungstiteln (§§ 721, 794 a), da hier der Vollstreckungsschutz ausnahmsweise mit dem Erkenntnisverfahren verknüpft ist. Im Klauselerteilungsverfahren (vgl. u. RdNr. 510 ff.) hat dagegen das Prozeßgericht durch den Urkundsbeamten der Geschäftsstelle oder den Rechtspfleger wichtige Aufgaben zu erfüllen und über Rechtsbehelfe zur Erlangung und gegen die Erteilung der Vollstreckungsklausel zu entscheiden (auch hierzu Einzelheiten später).

– Grundbuchamt

Das Grundbuchamt wird als Vollstreckungsorgan dann tätig, wenn zur Durchführung der Zwangsvollstreckung eine Eintragung im Grundbuch erforderlich wird. Dies ist beispielsweise bei der Eintragung einer Zwangshypothek (§§ 866, 867) und bei Pfändung einer durch Buchhypothek gesicherten Forderung (§ 830 Abs. 1 S. 3) der Fall.

---

[6] Vgl. *Baur/Stürner* RdNr. 82 ff.

e) Kosten

504 Die Kosten der Zwangsvollstreckung fallen, soweit sie notwendig
waren (§ 91), dem Schuldner zur Last; ihre Beitreibung geschieht ohne
besonderen Titel zugleich mit der Vollstreckung aus dem Urteil (§ 788).
Die Kosten der in § 788 Abs. 3 genannten Verfahren können auch dem
Gläubiger auferlegt werden.

§ 788 regelt nur die Frage, wer im Verhältnis zwischen Gläubiger und Schuldner
die Zwangsvollstreckungskosten tragen muß. Die Kostentragung im Verhältnis zwischen der Partei und dem Vollstreckungsorgan wird durch das Gerichtskostengesetz
(Schönfelder Nr. 115) bzw. durch das Gerichtsvollzieherkostengesetz (Schönfelder
Nr. 123) bestimmt.[7]

II. Die Voraussetzungen der Zwangsvollstreckung

505 Es ist offensichtlich, daß Rechte nur zwangsweise durchgesetzt werden dürfen, wenn bestimmte Voraussetzungen dafür erfüllt werden. Diese Voraussetzungen der Zwangsvollstreckung hat das Vollstrek-
kungsorgan, das Vollstreckungsmaßnahmen vollziehen soll – bei einer
Klausur, bei der es um die Rechtmäßigkeit bestimmter Zwangsvollstreckungsmaßnahmen geht, ihr Bearbeiter – zu prüfen. Eine Zwangsvollstreckung darf nur durchgeführt werden, wenn ein mit einer Vollstreckungsklausel versehener Titel, der dem Schuldner zugestellt worden
sein muß, vorliegt. Dementsprechend werden als Voraussetzungen der
Zwangsvollstreckung regelmäßig genannt: (1) Titel (2) Klausel (3) Zustellung.

Bevor jedoch auf diese Voraussetzungen näher eingegangen wird, ist daran zu erinnern, daß das Zwangsvollstreckungsverfahren einen Teil des Zivilprozesses bildet
(vgl. o. RdNr. 497) und daß folglich auch auf die Erfüllung der Prozeßvoraussetzungen (vgl. o. RdNr. 99) zu achten ist.[8] Allerdings werden einzelne dieser Voraussetzungen in der Zwangsvollstreckung keine Bedeutung haben können. Dies gilt für
die Prozeßvoraussetzungen, die den Streitgegenstand betreffen; von ihnen kann nur
das Rechtsschutzbedürfnis beachtlich sein. Es ist zu verneinen, wenn der Gläubiger
das Vollstreckungsziel einfacher erreichen kann als durch die von ihm beantragte
Vollstreckungsmaßnahme (vgl. dazu o. RdNr. 116). Dagegen ist es durchaus zulässig
und nicht als rechtsmißbräuchlich anzusehen, wenn die Zwangsvollstreckung we-
gen geringer Beträge durchgeführt wird.[9] Stets muß der Gläubiger einen (wirksamen) Antrag (vgl. o. RdNr. 499) an das zuständige Vollstreckungsorgan richten. Der Antrag stellt eine Prozeßhandlung dar, so
daß auch die Prozeßhandlungsvoraussetzungen (vgl. o. RdNr. 141) gegeben sein

[7] Vgl. zu Einzelheiten *Rosenberg/Gaul/Schilken* § 46.
[8] Vgl. dazu *Brox/Walker* RdNr. 18ff.; *Zöller/Stöber* vor § 704 RdNr. 16ff.
[9] AG Karlsruhe NJW-RR 1986, 1256 (zulässige Vollstreckung wegen 4,20 DM).

müssen. Bei einer **klausurmäßigen Bearbeitung** können die Voraussetzungen der Zwangsvollstreckung in folgender **Reihenfolge** geprüft werden:

– Wirksamer Antrag des Gläubigers an das zuständige Vollstreckungsorgan
  Die Wirksamkeit des Antrags hängt von der Erfüllung der Prozeßhandlungsvoraussetzungen ab. Das Vollstreckungsorgan, an das der Antrag gerichtet ist, muß örtlich, sachlich und funktionell zuständig sein.
– Erfüllung der Prozeßvoraussetzungen
  In Betracht kommen nur: deutsche Gerichtsbarkeit, Zulässigkeit des Rechtswegs, Partei- und Prozeßfähigkeit, Prozeßführungsbefugnis, Rechtsschutzbedürfnis.
– Erfüllung der besonderen Vollstreckungsvoraussetzungen,
  und zwar Vollstreckungstitel, Vollstreckungsklausel, Zustellung des Vollstreckungstitels.

Selbstverständlich darf der Bearbeiter einer Klausur in die schriftliche Ausarbeitung nur solche Punkte übernehmen, die Zweifel aufgeben und deshalb eine Erörterung verdienen (vgl. o. RdNr. 120).

a) Vollstreckungstitel

Vollstreckungstitel heißt die öffentliche Urkunde, aus der sich der **506** materiellrechtliche Anspruch ergibt, der dem Gläubiger gegen den Schuldner zusteht und der im Wege der Zwangsvollstreckung durchgesetzt werden soll. Dieser Titel bildet die Grundlage für die Zwangsvollstreckung, und deshalb müssen sich aus ihm alle für die Zwangsvollstreckung wesentlichen Punkte ergeben. Dies ist neben dem zu vollstreckenden Anspruch insbesondere die Bestimmung der Parteien des Zwangsvollstreckungsverfahrens, also Gläubiger und Schuldner. Der in der Praxis wichtigste Vollstreckungstitel ist das Endurteil (§ 704 Abs. 1).

Aus dem Vollstreckungstitel muß sich für das Vollstreckungsorgan entnehmen lassen, welchen Inhalt die Leistung hat, um deren zwangsweise Durchsetzung es geht. Soll beispielsweise ein Anspruch auf Herausgabe vollstreckt werden, dann muß er so genau im Titel bezeichnet sein, daß der Gerichtsvollzieher erkennen kann, auf welche Sache er gerichtet ist. Es genügt also nicht die Angabe, der Schuldner sei verpflichtet, einen dem Gläubiger gehörenden Pkw herauszugeben, sondern es muß dieser Pkw so genau bezeichnet werden, daß keine Zweifel auftreten können, um welchen es sich handelt (z. B. Angabe des Modells, des Baujahrs und der Fahrgestellnummer). Zweifel hinsichtlich des Inhalts des Titels sind durch Auslegung (bei einem Urteil mit Hilfe der Entscheidungsgründe) auszuräumen.[10] Ist dies nicht möglich, dann kann auf Feststellung des Urteilsinhalts geklagt werden.[11] Die materielle Rechtskraft des auslegungsbedürftigen Urteils steht einer solchen Feststellungsklage nicht entgegen, da es bei der Feststellung nur um die Präzisierung des Urteilsinhalts, nicht um eine Abweichung geht (vgl. zum Abweichungsverbot o. RdNr. 469).

Daß aus einem Urteil mit einem vollstreckungsfähigen Inhalt voll- **507** streckt werden kann, wenn es rechtskräftig geworden ist, dürfte sich fast

---

[10] OLG Köln NJW 1985, 274.
[11] BGH NJW 1972, 2268.

von selbst verstehen. Wesentlich problematischer ist es, auch noch nicht rechtskräftig gewordene Urteile, deren endgültiger Bestand noch offen ist, bereits zur Grundlage einer Zwangsvollstreckung zu machen. Dennoch hat der Gesetzgeber durch das Rechtsinstitut der **vorläufigen Vollstreckbarkeit** nicht rechtskräftiger Urteile diese Möglichkeit geschaffen, um einmal den Gläubiger, zu dessen Gunsten bereits ein Urteil ergangen ist, nicht länger mit der Durchsetzung seines Anspruchs warten zu lassen, zum anderen um zu vermeiden, daß der Schuldner nur deshalb ein Rechtsmittel einlegt, damit die Zwangsvollstreckung hinausgeschoben wird. Grundsätzlich ist die vorläufige Vollstreckbarkeit bei allen Endurteilen anzuordnen, und zwar auch bei klageabweisenden Feststellungs- und Gestaltungsurteilen, da auch diese wegen der Kostenentscheidung einen vollstreckungsfähigen Inhalt aufweisen (vgl. o. RdNr. 497). Eine Ausnahme findet sich nur in § 704 Abs. 2 für Urteile in Ehe- und Kindschaftssachen. Die vorläufige Vollstreckbarkeit ist regelmäßig ohne Antrag, also von Amts wegen, durch das Prozeßgericht in den Urteilstenor (vgl. o. RdNr. 420) aufzunehmen (Ausnahmen: §§ 534, 560). Nur in den in § 708 abschließend aufgezählten Fällen ist die Vollstreckbarkeitserklärung ohne **Sicherheitsleistung** auszusprechen, sonst ist die vorläufige Vollstreckbarkeit nur gegen Sicherheitsleistung anzuordnen (§ 709), sofern nicht die Ausnahme des § 710 eingreift.

Die Sicherheitsleistung dient dazu, einen dem Schuldner nach § 717 Abs. 2 zustehenden **Schadensersatzanspruch** abzudecken. Über Art und Höhe der Sicherheit entscheidet das Prozeßgericht nach billigem Ermessen (§ 108), wobei es den durch die Zwangsvollstreckung dem Schuldner drohenden Schaden zu berücksichtigen hat.

Der verschuldensunabhängige Anspruch auf Schadensersatz nach § 717 Abs. 2 ist als Ausgleich für die dem Gläubiger eingeräumte Möglichkeit zu begreifen, bereits in einem Zeitpunkt die Zwangsvollstreckung durchzuführen, in dem noch nicht abschließend über den durch Klage geltend gemachten Anspruch entschieden worden ist. Der Gläubiger trägt also das volle Risiko, wenn er aus einem vorläufig vollstreckbaren Urteil die Zwangsvollstreckung durchführen läßt. Die Regelung des § 717 Abs. 2 gilt nicht für Urteile der Oberlandesgerichte in vermögensrechtlichen Streitigkeiten. Wegen der diesen Urteilen zugebilligten höheren Richtigkeitsgarantie kann der Beklagte nur Erstattung des von ihm aufgrund des Urteils Gezahlten oder Geleisteten nach den Vorschriften über die Herausgabe einer ungerechtfertigten Bereicherung fordern (§ 717 Abs. 3). Die tatbestandlichen Voraussetzungen dieses Erstattungsanspruchs werden von der ZPO selbständig geregelt und die Verweisung auf die §§ 812 ff. BGB bezieht sich nur auf die Rechtsfolgen (zur Rechtsfolgeverweisung vgl. GK BGB RdNr: 486).[12]

Nach §§ 711, 712 kann der Schuldner unter den in diesen Vorschriften genannten Voraussetzungen die Vollstreckung eines für vorläufig vollstreckbar erklärten Urteils durch eigene Sicherheitsleistung abwenden (vgl. auch § 713).[13]

---

[12] *Rosenberg / Gaul / Schilken* § 15 IV 3.

[13] Zu dem gesetzlichen System der Vollstreckbarkeit noch nicht rechtskräftiger Urteile ohne und mit Sicherheitsleistung sowie der Abwendung der Vollstreckung durch Sicherheitsleistung seitens des Schuldners vgl. *Rosenberg / Gaul / Schilken* § 14.

Wird gegen ein für vorläufig vollstreckbar erklärtes Versäumnisurteil Einspruch oder gegen ein kontradiktorisches Urteil Berufung eingelegt, dann kann das Gericht nach Maßgabe der §§ 707, 719 über die einstweilige Einstellung oder Fortsetzung der Zwangsvollstreckung oder Aufhebung von Zwangsvollstreckungsmaßregeln durch Beschluß befinden; das gleiche gilt, wenn die Wiedereinsetzung in den vorigen Stand oder eine Wiederaufnahme des Verfahrens beantragt wird oder wenn der Rechtsstreit nach Verkündung eines Vorbehaltsurteils (vgl. o. RdNr. 419 aE) fortgesetzt wird (zur Einlegung der Revision vgl. § 719 Abs. 2).

Einen Vollstreckungstitel bildet grundsätzlich nur ein inländisches **508** Urteil. Will der Gläubiger aus einem **ausländischen Urteil** vollstrecken, dann muß er bei einem deutschen Gericht eine Klage auf Erlaß eines Vollstreckungsurteils erheben (vgl. §§ 722, 723).

Dies ist allerdings dann nicht erforderlich, wenn Staatsverträge eine erleichterte Regelung vorsehen. Besondere Bedeutung kommt dem Übereinkommen der Europäischen Gemeinschaft über die gerichtliche Zuständigkeit und die Vollstreckung gerichtlicher Entscheidungen in Zivil- und Handelssachen (EuGVÜ) zu.[14]

Neben dem Endurteil nennt das Gesetz **in § 794 weitere Voll- 509 streckungstitel.** Bei einer Zwangsvollstreckung aus diesen Titeln ist darauf zu achten, ob in den §§ 795a bis 800 abweichende Vorschriften enthalten sind; soweit dies nicht der Fall ist, gelten die gleichen Regeln wie für Urteile (§ 795).

In der Praxis sehr wichtige Vollstreckungstitel sind der Prozeßvergleich (§ 794 Abs. 1 Nr. 1) und die vollstreckbare Urkunde (§ 794 Abs. 1 Nr. 5). Die Vollstreckung aus einem Prozeßvergleich (zu ihm vgl. o. RdNr. 245 ff.) setzt allerdings voraus, daß er einen vollstreckungsfähigen Inhalt aufweist. Durch die **vollstreckbare Urkunde** wird dem Gläubiger ein Vollstreckungstitel in die Hand gegeben, mit dessen Hilfe er ohne einen vorher zu führenden, möglicherweise langwierigen Prozeß seinen Anspruch zwangsweise durchsetzen kann. Folgende Voraussetzungen müssen nach § 794 Abs. 1 Nr. 5 dafür erfüllt werden:
– Die Urkunde muß von einem deutschen Notar innerhalb der Grenzen seiner Amtsbefugnis in der vorgeschriebenen Form (vgl. §§ 8 ff. BeurkG) aufgenommen werden. Eine Beurkundung durch ein deutsches Gericht, die in § 794 Abs. 1 Nr. 5 als gleichberechtigte Möglichkeit genannt wird, kommt nur noch ausnahmsweise in Betracht (vgl. § 62 BeurkG).
– Die Urkunde muß über einen genau bezeichneten Anspruch errichtet sein, der die Leistung einer bestimmten Geldsumme oder anderer vertretbarer Sachen zum Gegenstand hat. Nach § 794 Abs. 1 Nr. 5 S. 2 gilt als ein solcher Zahlungsanspruch auch der Anspruch aus einer Hypothek, einer Grundschuld, einer Rentenschuld oder einer Schiffshypothek.
– Der Schuldner muß sich in der Urkunde (vgl. aber § 9 Abs. 1 S. 2 BeurkG) der „sofortigen Zwangsvollstreckung" unterwerfen. „Sofortig" ist jedoch nicht im zeitlichen Sinne, also unmittelbar nach Errichtung der Urkunde, sondern dahingehend zu verstehen, daß eine Zwangsvollstreckung ohne einen vorhergehenden Prozeß und ein daraufhin erlassenes Urteil vorgenommen werden kann. Der Schuldner kann sich der Zwangsvollstreckung in sein gesamtes Vermögen unterwerfen, er kann jedoch auch die Unterwerfung gegenständlich beschränken, beispielsweise auf sein bewegliches oder auf sein unbewegliches Vermögen oder auf

---

[14] Vgl. dazu *MK/Gottwald* Schlußanhang B1; *Zöller/Geimer* Anh. I.

einen oder mehrere bestimmte Gegenstände.[15] Der Eigentümer eines Grundstücks kann die Unterwerfungserklärung in Ansehung einer Hypothek, Grundschuld oder Rentenschuld auch in der Weise abgeben, daß die Zwangsvollstreckung gegen den jeweiligen Eigentümer des Grundstücks zulässig sein soll. In diesem Fall bedarf jedoch die Unterwerfung der Eintragung in das Grundbuch (§ 800 Abs. 1 S. 2).

Vollstreckungstitel bilden auch **schiedsrichterlicher Vergleich und Anwaltsvergleich** (§ 794 Abs. 1 Nr. 4 a). Aus einem Schiedsvergleich (vgl. o. RdNr. 489 aE) findet die Zwangsvollstreckung statt, wenn sich der Schuldner in ihm der sofortigen Zwangsvollstreckung unterworfen hat und der Vergleich vom zuständigen Gericht (vgl. §§ 1045 bis 1047) für vollstreckbar erklärt ist. Für das Verfahren gelten die §§ 1042 a bis 1042 d entsprechend (§ 1044 a Abs. 3). Die gleichen Regeln gelten nach § 1044 b Abs. 1 für den sog. Anwaltsvergleich (vgl. o. RdNr. 253 a). Die Vollstreckbarkeitserklärung des Anwaltsvergleichs (nicht des Schiedsvergleichs) kann jedoch noch auf einem einfacheren und kostengünstigeren Weg erreicht werden. Denn statt des gerichtlichen Verfahrens können die Parteien zustimmen, daß der Vergleich von einem Notar in Verwahrung genommen und für vollstreckbar erklärt wird (vgl. § 1044 b Abs. 2).[16] Nach § 797 Abs. 6 sind auf die Vollstreckbarkeitserklärung durch den Notar die Vorschriften des § 797 Abs. 2 bis 5 entsprechend anzuwenden.

Einen weiteren wichtigen Vollstreckungstitel stellt der **Kostenfestsetzungsbeschluß** (vgl. dazu o. RdNr. 421) dar (§ 794 Abs. 1 Nr. 2). Ist er auf das Urteil gesetzt worden (§ 105), dann wird er mit dem Urteil ausgefertigt und zugestellt (vgl. § 795 a); eine Wartefrist, wie sie sonst nach § 798 einzuhalten ist, gilt dann nicht (vgl. u. RdNr. 514 aE).

Außerdem kann aus Arresten und einstweiligen Verfügungen (vgl. dazu u. RdNr. 606 ff.) die Zwangsvollstreckung betrieben werden. Auch in anderen Gesetzen finden sich Titel, aus denen die Vollstreckung nach Maßgabe der ZPO durchgeführt wird. Als Beispiele sind zu nennen: Der Auszug aus der Konkurstabelle (§ 164 KO), der Zwangsvergleich im Konkurs (§ 194 KO), der Vergleich im Vergleichsverfahren (§ 85 VerglO), der Zuschlagsbeschluß in der Zwangsversteigerung (§ 93 ZVG), die vom Jugendamt beurkundete Verpflichtungserklärung zur Erfüllung von Unterhaltsansprüchen oder von Ansprüchen auf Zahlung von Entbindungskosten (§ 60 SGB VIII).

b) Vollstreckungsklausel

510   Die amtliche Bescheinigung, daß der Titel vollstreckbar ist, wird als Vollstreckungsklausel bezeichnet. Ihr Wortlaut ist in § 725 angegeben, jedoch ist die dort genannte Formulierung nicht zwingend, sondern bezeichnet nur das Mindestmaß der an eine Vollstreckungsklausel zu stellenden Anforderungen.[17] Die vom Urkundsbeamten der Geschäftsstelle (vgl. o. RdNr. 66) des Gerichts erster Instanz – oder eines höheren Gerichts, wenn der Rechtsstreit bei ihm anhängig ist (vgl. § 724 Abs. 2) – zu erteilende Vollstreckungsklausel wird auf die Ausfertigung des Urteils

---

[15] OLG Saarbrücken NJW 1977, 1202.
[16] Vgl. *MK/Maier* § 1044 b RdNr. 7 ff.
[17] Vgl. *Zöller/Stöber* § 725 RdNr. 1.

(vgl. o. RdNr. 426) gesetzt (= vollstreckbare Ausfertigung; vgl. § 724 Abs. 1) und dient dem Zweck, das Vollstreckungsorgan von der (von ihm kaum zu bewältigenden) Prüfung freizustellen, ob aus dem vorgelegten Titel vollstreckt werden darf.

Die vollstreckbare Ausfertigung wird nur auf Antrag erteilt. Aufgrund dieses Antrages hat der Urkundsbeamte der Geschäftsstelle zu prüfen, ob der Vollstreckungstitel wirksam besteht, also beispielsweise nicht inzwischen aufgehoben wurde, vollstreckbar ist, d. h. das Urteil Rechtskraft erlangt hat oder für vorläufig vollstreckbar erklärt wurde (vgl. o. RdNr. 507) und einen vollstreckungsfähigen Inhalt aufweist.

Die Zuständigkeitsregelung des § 724 Abs. 2 betrifft nur Urteile als Vollstreckungstitel. Bei anderen Vollstreckungstiteln ist diese Vorschrift nur dann entsprechend anzuwenden, soweit sich nicht aus den §§ 795 a ff. etwas anderes ergibt (§ 795). Danach ist die Vollstreckungsklausel bei einem Prozeßvergleich ebenfalls in entsprechender Anwendung des § 724 Abs. 2 zu erteilen. Aus § 797 folgt nichts anderes, denn „gerichtliche" Urkunden im Sinne dieser Vorschrift sind nur solche nach § 794 Abs. 1 Nr. 5. Für die vollstreckbare Ausfertigung notarieller Urkunden ist nach § 797 Abs. 2 der Notar zuständig.

In zwei Fällen reicht die Bedeutung der Vollstreckungsklausel noch **511** über die Funktion, die Vollstreckbarkeit des Titels zu bescheinigen, hinaus:
– Ist die **Vollstreckung** eines Titels nach seinem Inhalt **bedingt oder befristet**, so darf in der Regel die Vollstreckungsklausel erst erteilt werden, wenn der Beweis des Eintritts der Bedingung oder Befristung durch öffentliche oder durch öffentlich beglaubigte Urkunden geführt worden ist (§ 726 Abs. 1, § 795) oder wenn wegen Offenkundigkeit oder wegen des Geständnisses des Schuldners ein solcher Beweis entbehrlich ist. Es handelt sich dann um eine sog. **titelergänzende Vollstreckungsklausel**. Auch hier ist Sinn der Regelung, dem Vollstreckungsorgan eine entsprechende Prüfung zu ersparen. Nur in Fällen, in denen diese Prüfung einfach ausfällt, gelten **Ausnahmen**:
  • Die Vollstreckung hängt von einer Zug um Zug zu bewirkenden Leistung des Gläubigers an den Schuldner ab (§ 726 Abs. 2, zu der dort genannten Ausnahme für Willenserklärungen vgl. u. RdNr. 572). In diesem Fall wird die vollstreckbare Ausfertigung ohne Nachweis der Leistung des Gläubigers erteilt, und das Vollstreckungsorgan hat zu prüfen, ob der Schuldner befriedigt oder in Annahmeverzug gesetzt worden ist (vgl. §§ 756, 765; u. RdNr. 518 aE).
  • Der den Gegenstand des Titels bildende Anspruch ist vom Eintritt eines bestimmten Kalendertages abhängig; in diesem Fall wird ebenfalls die Klausel sofort erteilt, jedoch darf die Vollstreckung erst nach Ablauf des Tages beginnen (§ 751 Abs. 1).
  • Das gleiche gilt, wenn die Vollstreckung von einer Sicherheitsleistung des Gläubigers abhängt (§ 726 Abs. 1, § 751 Abs. 2).
    Ausdrücklich wird in § 726 Abs. 1 dem Gläubiger ein entsprechender Nachweis des Eintritts der Bedingung oder Befristung nur dann aufgegeben, wenn er insoweit beweisbelastet ist („von dem durch den Gläubiger zu beweisenden

Eintritt"). Ist dies nicht der Fall, so wird die Klausel ohne diesen Nachweis erteilt.

Beispiel: Bei einem Prozeßvergleich verpflichtet sich B, an K einen Betrag von 10.000,– DM in monatlichen Raten von 1.000,– DM zu zahlen. Bei Ausbleiben einer Rate soll der gesamte Restbetrag sofort fällig werden (sog. kassatorische Klausel; vgl. dazu o. RdNr. 250). K beantragt gemäß § 795 (§ 794 Abs. 1 Nr. 1) iVm. § 724 die Erteilung der Vollstreckungsklausel für den gesamten Betrag mit der Behauptung, B habe seine Ratenverpflichtung nicht eingehalten. In diesem Fall wird die Vollstreckungsklausel ohne einen entsprechenden Nachweis erteilt, weil nach dem materiellen Recht die Erfüllung anspruchsvernichtend wirkt und deshalb dafür die Feststellungslast der Schuldner trägt (vgl. § 362 Abs. 1 BGB, dazu o. RdNr. 414).

– Vor Beginn der Zwangsvollstreckung müssen selbstverständlich die Personen, für und gegen die vollstreckt werden soll, genau feststehen; dementsprechend macht § 750, der nach § 795 auch für die in § 794 erwähnten Schuldtitel gilt, die Zwangsvollstreckung davon abhängig, daß diese Personen im Titel oder in der ihm beigefügten Vollstreckungsklausel namentlich bezeichnet sind. Im Falle einer **Rechtsnachfolge** auf der Gläubiger- oder Schuldnerseite muß deshalb vor der Vollstreckung diese Nachfolge kenntlich gemacht werden. Dies geschieht nach § 727 durch eine sog. **titelübertragende** (oder titelumschreibende) **Vollstreckungsklausel**, durch die eine Rechtsnachfolge bescheinigt wird, so daß bei der Durchführung der Vollstreckung insoweit Zweifel nicht mehr auftreten können. Voraussetzung ist allerdings, daß die Rechtsnachfolge bei dem Gericht offenkundig ist, durch den Schuldner zugestanden wird[18] oder durch öffentliche oder durch öffentlich beglaubigte Urkunden nachgewiesen werden kann (vgl. auch u. RdNr. 512 aE zum Fall, daß dieser Nachweis nicht erbracht werden kann).

Für die Erteilung der Vollstreckungsklausel in den Fällen der §§ 726 und 727 ist nicht der Urkundsbeamte der Geschäftsstelle, sondern der Rechtspfleger zuständig (§ 20 Nr. 12 RPflG). Bei notariellen Urkunden bleibt es jedoch auch dann bei der Zuständigkeit des Notars (vgl. o. RdNr. 510 aE).

512 Wird dem Antrag des **Gläubigers** auf Erteilung der Vollstreckungsklausel nicht entsprochen, dann kann er einen **Rechtsbehelf** einlegen, der sich danach richtet, wer die Vollstreckungsklausel versagt hat:

– Bei Ablehnung der Klauselerteilung durch den Urkundsbeamten der Geschäftsstelle kann der Gläubiger nach § 576 Abs. 1 Erinnerung einlegen. Sofern der Urkundsbeamte der Erinnerung nicht abhilft, hat er sie dem Gericht vorzulegen, dem er angehört; gegen dessen

---

[18] § 138 Abs. 3 ist im Klauselerteilungsverfahren nicht anwendbar, so daß ein Schweigen des Schuldners den förmlichen Nachweis der Rechtsnachfolge nicht entbehrlich macht; OLG Nürnberg NJW-RR 1993, 1340.

(ablehnende) Entscheidung kann der Gläubiger Beschwerde nach § 576 Abs. 2 erheben.

– Verweigert der Rechtspfleger die Erteilung der Vollstreckungsklausel, dann kommt als Rechtsbehelf die Rechtspflegererinnerung nach § 11 RPflG in Betracht. Der Rechtspfleger hat der Erinnerung abzuhelfen, wenn er sie für begründet ansieht;[19] andernfalls hat er sie dem Richter vorzulegen (§ 11 Abs. 2 S. 2 RPflG). Hält der Richter die Erinnerung nicht für zulässig und begründet, dann muß er sie an das Rechtsmittelgericht weiterleiten (§ 11 Abs. 2 S. 4 RPflG). In diesem Fall gilt nach § 11 Abs. 2 S. 5 die Erinnerung als Beschwerde gegen die Entscheidung des Rechtspflegers (sog. Durchgriffserinnerung).

– Lehnt der Notar die Erteilung der Vollstreckungsklausel ab, so ist gegen diese Entscheidung die Beschwerde statthaft (§ 54 BeurkG).

– Eine Klage auf Erteilung der Vollstreckungsklausel nach § 731 muß der Gläubiger erheben, wenn er eine titelergänzende oder titelübertragende Vollstreckungsklausel begehrt und den dafür erforderlichen Nachweis nicht durch öffentliche oder öffentlich beglaubigte Urkunden führen kann (vgl. o. RdNr. 511). In diesem Rechtsstreit kann dann der Beweis mit anderen Beweismitteln erbracht werden.[20]

Einwendungen des Schuldners gegen die Zulässigkeit der Voll- **513** streckungsklausel können nach § 732 durch Erinnerung geltend gemacht werden. Solche Einwendungen können sich sowohl auf formelle Fehler im Klauselerteilungsverfahren beziehen (Beispiele: Fehlen eines vollstreckungsfähigen Titels oder eines Antrags auf Erteilung der Klausel, Unzuständigkeit des die Klausel erteilenden Beamten) als auch auf die Nichterfüllung materieller Voraussetzungen für die Erteilung einer titelergänzenden oder titelübertragenden Klausel (Beispiele: Nichteintritt der Bedingung, von der die Vollstreckung abhängt, Unwirksamkeit der Rechtsnachfolge im Falle des § 727).

Der Schuldner kann jedoch wegen Nichterfüllung materieller Voraussetzungen für die Erteilung einer titelergänzenden oder titelumschreibenden Vollstreckungs-

---

[19] Die Zulässigkeit einer Abhilfe durch den Rechtspfleger ergibt sich aus § 11 Abs. 2 S. 1 RPflG. Die dort (HS 2) genannte Ausnahme für Fälle, in denen bei entsprechender Entscheidung durch den Richter die sofortige Beschwerde gegeben wäre, trifft hier nicht zu. Insbesondere darf hier nicht etwa anderes aus § 793 gefolgert werden, weil diese Vorschrift nur für Entscheidungen im Zwangsvollstreckungsverfahren gilt (vgl. dazu u. RdNr. 577), hier es sich aber um eine Entscheidung zur Vorbereitung des Zwangsvollstreckungsverfahrens handelt.
[20] Die Möglichkeit, Klage nach § 731 zu erheben, nimmt dem Kläger nicht das Rechtsschutzinteresse (vgl. RdNr. 116) an einer Klage aus dem zugrundeliegenden Rechtsverhältnis, vielmehr hat der Kläger insoweit die Wahl; BAG NJW 1995, 73.

klausel auch Klage nach § 768 erheben. Ob er den Weg des § 732 oder den des § 768 wählt, liegt in seinem Ermessen. Zulässig ist es, zuerst Erinnerung nach § 732 zu erheben und nach ihrer Zurückweisung Klage nach § 768.[21]

Einwendungen, die sich gegen den titulierten Anspruch als solchen richten (Beispiel: Der Schuldner trägt vor, er habe die Forderung des Gläubigers nach Erlaß des Urteils erfüllt) können niemals im Rahmen einer Erinnerung nach § 732 oder einer Klage nach § 768 vorgetragen werden, sondern sind mit einer Vollstreckungsabwehrklage geltend zu machen (vgl. dazu u. RdNr. 581 ff.).

513a Im **Klauselerteilungsverfahren** gibt es also die im folgenden Schaubild dargestellten Rechtsbehelfe:

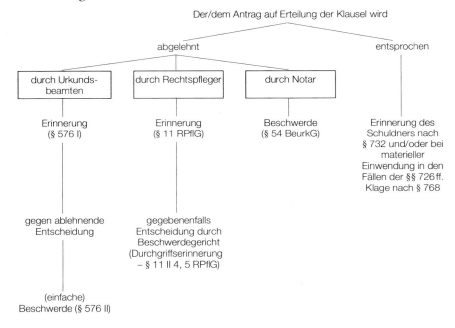

c) **Zustellung**

514 Die Zwangsvollstreckung darf nur beginnen, wenn der Vollstreckungstitel bereits zugestellt ist oder gleichzeitig mit dem Beginn der Vollstreckung zugestellt wird (§ 750 Abs. 1 S. 1, § 795).

Urteile werden von Amts wegen (§ 270 Abs. 1) regelmäßig beiden Parteien zugestellt (vgl. § 317 Abs. 1; zum Verfahren der Zustellung vgl. §§ 208 ff. i.Vm. §§ 166 ff.). Zuzustellen ist das Urteil; jedoch bleibt das Original des Urteils bei den Akten, und die Parteien erhalten eine Ausfertigung (vgl. o. RdNr. 426). Auch Beschlüsse, die einen Vollstreckungstitel bilden, sind von Amts wegen zuzustellen (§ 329 Abs. 3). Grundsätzlich braucht nicht die mit der Vollstreckungsklausel versehene Ausferti-

---

[21] *MK/K. Schmidt* § 768 RdNr. 4.

gung zugestellt zu werden, dies ist nur bei titelergänzenden und titelübertragenden Vollstreckungsklauseln erforderlich (vgl. § 750 Abs. 2). Im Regelfall kann die Zwangsvollstreckung im Zeitpunkt der Zustellung des Vollstreckungstitels beginnen (§ 750 Abs. 1 S. 1). Ausnahmsweise sind aber zum Schutz des Schuldners in bestimmten Fällen **Wartefristen** einzuhalten:

– Bei der sog. **Sicherungsvollstreckung** nach § 720a darf die Zwangsvollstreckung erst beginnen, wenn das Urteil und die Vollstreckungsklausel mindestens zwei Wochen vorher zugestellt sind (§ 750 Abs. 3). Diese Frist dient dazu, dem Schuldner die Möglichkeit zu verschaffen, durch Leistung einer Sicherheit die Zwangsvollstreckung abzuwenden (vgl. § 720a Abs. 3).
– Aus einem Kostenfestsetzungsbeschluß, der nicht auf das Urteil gesetzt worden ist, aus einem Regelunterhaltsbeschluß (§ 794 Abs. 1 Nr. 2a), aus einem notariell vollstreckbar erklärten Anwaltsvergleich (vgl. o. RdNr. 509 aE) sowie aus einer vollstreckbaren Urkunde nach § 794 Abs. 1 Nr. 5 darf die Zwangsvollstreckung ebenfalls erst vorgenommen werden, wenn der Schuldtitel mindestens zwei Wochen vorher zugestellt worden ist (§ 798). Die Wartefrist soll in diesen Fällen eine Überraschung des Schuldners verhindern und ihm ausreichend Zeit zur freiwilligen Leistung einräumen.

III. Die Zwangsvollstreckung wegen Geldforderungen

a) Vollstreckung in das bewegliche Vermögen

Es war bereits darauf hingewiesen worden (o. RdNr. 500 f.), daß bei **515** der Zwangsvollstreckung nach der Art der Forderung, wegen der vollstreckt wird, und nach der Art des Gegenstandes, in den vollstreckt wird, unterschieden werden muß. Die Zwangsvollstreckung wegen Geldforderungen in das bewegliche Vermögen ist in den §§ 803 bis 863 geregelt.

Dabei muß zwischen der Zwangsvollstreckung in körperliche Sachen (§§ 808 bis 827) sowie in Forderungen und andere Vermögensrechte (§§ 828 bis 863) differenziert werden (vgl. o. RdNr. 501). Diese Regelungen werden durch allgemeine Vorschriften für die Zwangsvollstreckung in das bewegliche Vermögen ergänzt, die sich in den §§ 803 bis 807 finden.

Hat der Gläubiger einen Anspruch auf Zahlung einer bestimmten **516** Geldsumme und wird bei der Zwangsvollstreckung wegen dieses Anspruchs ein entsprechender Geldbetrag beim Schuldner gefunden, dann wickelt sich das Verfahren relativ einfach ab: Der **Geldbetrag** wird **gepfändet** (§ 803 Abs. 1 S. 1, § 808 Abs. 1, 2 S. 1) und das Geld wird dem Gläubiger abgeliefert (§ 815 Abs. 1; vgl. u. RdNr. 524). Ist dagegen Geld nicht vorhanden, dann muß auf andere Vermögenswerte zurückgegriffen werden, um zu versuchen, sie zu Geld zu machen. Dies geschieht durch Pfändung und Verwertung dieser Vermögensgegenstände. Bei der Geldvollstreckung in das bewegliche Vermögen ist also stets die Pfändung erforderlich.

1. Die Pfändung

aa) Verfahren

517   Die Pfändung ist ein Hoheitsakt und bedeutet die staatliche Beschlagnahme des Vollstreckungsgegenstandes. Bei beweglichen Sachen wird die Pfändung nach § 808 Abs. 1 dadurch bewirkt, daß sie der Gerichtsvollzieher in Besitz nimmt, d. h. die tatsächliche Gewalt ergreift (§ 854 Abs. 1 BGB) und damit die Verfügungsgewalt des Schuldners ausschließt.[22] Diese Vorschrift wird durch § 808 Abs. 2 ergänzt, der unter bestimmten Voraussetzungen erlaubt, daß gepfändete Sachen im Gewahrsam des Schuldners bleiben.

Geld, Kostbarkeiten und Wertpapiere hat der Gerichtsvollzieher regelmäßig mitzunehmen und sachgemäß zu verwahren. Bei ihnen ist der Transport regelmäßig einfach und ihre Mitnahme zur Sicherung des Zugriffs geboten. Andere Sachen sind nur dann nicht im Gewahrsam des Schuldners zu belassen, wenn hierdurch die Befriedigung des Gläubigers gefährdet wird (vgl. § 808 Abs. 2). Der Schuldner ist unmittelbarer Besitzer der gepfändeten Sachen, die in seinem Gewahrsam bleiben, und mittelt dem Gerichtsvollzieher (als mittelbarem Besitzer der ersten Stufe) und dem Gläubiger (als mittelbarem Besitzer der zweiten Stufe) den Besitz.[23] Ob der Schuldner die in seinem Gewahrsam belassenen gepfändeten Gegenstände weiter benutzen darf, richtet sich nach den Besonderheiten des Einzelfalles. Dabei ist von dem Grundsatz auszugehen, daß eine weitere Benutzung nur dann zulässig ist, wenn sie ohne Beseitigung der Pfandzeichen möglich ist und durch die Benutzung der Wert der Sache nicht wesentlich gemindert wird.[24] Bei den im Gewahrsam des Schuldners bleibenden Sachen hängt die Wirksamkeit der Pfändung davon ab, daß sie durch Anlegung von Siegeln oder auf sonstige Weise ersichtlich gemacht wird (§ 808 Abs. 2 S. 2). So können beispielsweise noch nicht vom Boden getrennte Früchte (ihre Pfändung wird abweichend von der Regelung des BGB nach den Vorschriften über die Zwangsvollstreckung in bewegliche Sachen vorgenommen; vgl. § 810 auch zu den Ausnahmen) oder Tiere nicht mit einem Pfandsiegel versehen werden; in solchen Fällen ist die Pfändung durch ein auf sie hinweisendes Schriftstück (Pfandanzeige) kenntlich zu machen, das in der Weise anzubringen ist, daß jedermann von der Pfändung Kenntnis nehmen kann (z. B. am Eingang der Box, in der sich das Tier befindet).[25]

518   Vor einer Pfändung hat der Gerichtsvollzieher den Schuldner aufzufordern, die Zwangsvollstreckung durch freiwillige Leistung des geschuldeten Geldbetrages einschließlich Zinsen und Kosten der Zwangsvollstreckung abzuwenden (§ 105 Nr. 2 GVGA). Kommt der Schuldner dieser Aufforderung nach, dann hat der Gerichtsvollzieher ihm die vollstreckbare Ausfertigung nebst einer Quittung zu übergeben (§ 757 Abs. 1). Kann oder will der Schuldner nicht freiwillig leisten, dann muß der Gerichtsvollzieher pfändbare Sachen suchen, um sie zu pfänden. Wei-

---

[22] *Rosenberg/Gaul/Schilken* § 51 II 1 m. Nachw.
[23] Vgl. *Brox/Walker* RdNr. 360.
[24] Vgl. *Zöller/Stöber* § 808 RdNr. 21.
[25] Vgl. *Zöller/Stöber* § 808 RdNr. 20.

gert der Schuldner sich, den Gerichtsvollzieher zur Durchführung der Pfändung in seine Wohnung zu lassen, dann ist für die **Durchsuchung der Wohnung des Schuldners** eine richterliche Durchsuchungsanordnung erforderlich, sofern nicht Gefahr im Verzug ist. Diese Voraussetzung ergibt sich zwar nicht aus der ZPO (vgl. § 758), wohl aber aus Art. 13 GG.[26] Auch eine Vollstreckung zur Nachtzeit (vgl. § 761 Abs. 1 ivm. § 188 Abs. 1 S. 2) sowie an Sonn- und allgemeinen Feiertagen darf nach § 761 Abs. 1 nur mit richterlicher Erlaubnis vorgenommen werden.

Ist der Schuldner nur verpflichtet, den gegen ihn gerichteten Anspruch Zug um Zug gegen eine Leistung des Gläubigers zu erfüllen und steht die Leistung des Gläubigers noch aus, dann darf die Vollstreckung erst beginnen, wenn der Gläubiger seine Leistung dem Schuldner in einer den Verzug der Annahme begründenden Weise (vgl. GK BGB RdNr. 414ff.) anbietet oder angeboten hat (vgl. § 756).

Der Pfändung unterliegen nur solche beweglichen Sachen, die sich im **519** Gewahrsam − d. h. im äußerlich erkennbaren Herrschaftsbereich − des Schuldners (§ 808 Abs. 1), des Gläubigers oder eines zur Herausgabe bereiten Dritten befinden (§ 809).

Die in der ZPO getroffene Regelung gibt dem Gerichtsvollzieher also nur auf, die **Gewahrsamsverhältnisse** zu **prüfen**, die regelmäßig einfach festzustellen sind. Wer Eigentümer der Sache ist, muß den Gerichtsvollzieher grundsätzlich nicht kümmern;[27] insbesondere darf er sich nicht durch die Behauptung, ein Dritter sei Eigentümer der zu pfändenden Sache, von einer Pfändung abhalten lassen. Nur wenn offensichtlich ist, daß eine Sache nicht dem Schuldner, sondern einem Dritten gehört (Beispiel: die dem Schuldner, der einen Handwerksbetrieb unterhält, zur Reparatur gegebenen Sachen), hat der Gerichtsvollzieher von einer Pfändung abzusehen. Nach der gesetzlichen Regelung bleibt es also dem Dritten überlassen, der aufgrund seines Rechts an der Sache, insbesondere als Eigentümer, die Zwangsvollstreckung verhindern will, im Wege der Drittwiderspruchsklage nach § 771 Abs. 1 (Einzelheiten dazu später) vorzugehen. Sachen, die sich im Gewahrsam eines nicht zur Herausgabe bereiten Dritten befinden, darf der Gerichtsvollzieher nicht pfänden. Tut er es dennoch, dann begeht er einen Verfahrensverstoß, den der Dritte mit der sog. Vollstreckungserinnerung (§ 766; dazu und zu weiteren Rechten des Dritten Einzelheiten später) geltend machen kann. Die Auffassung, die Verpflichtung des Dritten, die Sache an den Schuldner herauszugeben,[28] ersetze die Herausgabebereitschaft, ist abzulehnen, weil sie dazu führt, den Gerichtsvollzieher zur Prüfung und zur Entscheidung materiellrechtlicher Fragen zu zwingen, und dies nicht seine Aufgabe ist.[29] Es bleibt dem Gläubiger nur, den Anspruch des Schuldners gegen den Dritten auf Herausgabe der Sache zu pfänden und ihn notfalls im Wege der Klage durchzusetzen (vgl. u. RdNr. 540, 542).

---

[26] BVerfGE 51, 97, 106 = NJW 1979, 1539; vgl. dazu auch BVerfG JZ 1987, 834; zu Einzelfragen: *Behr* NJW 1992, 2125; *Brox/Walker* RdNr. 322ff., jeweils m. weit. Nachw.

[27] Vgl. BGHZ 80, 296, 298f.

[28] *Baumbach/Lauterbach/Hartmann* § 809 RdNr. 1; *Stein/Jonas/Münzberg* § 809 RdNr. 4.

[29] *Baur/Stürmer* RdNr. 449; *Brox/Walker* RdNr. 254, die jedoch eine Ausnahme für den Fall erwägen, daß der Dritte offensichtlich rechtsmißbräuchlich handelt.

520 Die zwangsweise Durchsetzung von Rechten muß dort eine Grenze finden, wo Interessen des Schuldners entgegenstehen, die höher bewertet werden müssen als das Interesse des Gläubigers an der Verwirklichung seines Anspruchs gegen den Schuldner. Der Gesetzgeber hat versucht, in verschiedenen Regelungen die unterschiedlichen Interessen von Schuldner und Gläubiger zu berücksichtigen, wobei auch das öffentliche Interesse eine Rolle spielen kann, durch die Zwangsvollstreckung den Schuldner nicht in eine Lage zu bringen, die den Staat verpflichtet, ihm und seiner Familie finanziell zu helfen. Im Rahmen der Zwangsvollstreckung wegen Geldforderungen in körperliche Sachen ist diesem öffentlichen Interesse durch **Pfändungsverbote** entsprochen worden, die sich in § 811 finden und die insbesondere verhindern sollen, daß dem Schuldner die Existenzgrundlage entzogen wird. Der Gerichtsvollzieher hat von Amts wegen diese Pfändungsverbote zu beachten. Eine dennoch vorgenommene Pfändung ist wirksam und der Schuldner muß sich mit der Vollstreckungserinnerung nach § 766 gegen sie wenden.

Streitig ist die Frage, ob der Schuldnerschutz des § 811 auch dann gilt, wenn der Gläubiger eine eigene Sache pfändet.

Beispiel: Aufgrund eines auf Zahlung eines Geldbetrages gerichteten Titels, den G gegen S erwirkt hat, pfändet der Gerichtsvollzieher einen Pkw, den S dem G zur Sicherung übereignet hat. S legt gegen die Pfändung mit der Begründung Vollstreckungserinnerung ein, er benötige das Fahrzeug dringend, um rechtzeitig zum Schichtbetrieb seiner Firma zu gelangen, die mit öffentlichen Verkehrsmitteln für ihn nicht erreichbar sei.

Sind die Schuldnerschutzvorschriften des § 811 auch dann anwendbar, wenn der Gläubiger Eigentümer der zu pfändenden Sache ist, dann steht der Pfändung hier § 811 Nr. 5 entgegen und die Pfändung ist unzulässig. Dies wird von manchen mit der Begründung verneint, die Berufung des Schuldners auf § 811 sei dann treuwidrig und unbeachtlich, wenn der Gläubiger, der aus einem Titel über eine Geldforderung vollstreckt, aufgrund seines Eigentums unbestritten Herausgabe vom Schuldner verlangen könne.[30] Die Erwägung, § 811 könne keine Anwendung finden, wenn der Gläubiger aufgrund seines Eigentums die Herausgabevollstreckung betreibe, deshalb müsse das gleiche gelten, wenn er aus einem Zahlungstitel vorgehe, ist nicht stichhaltig. Zwar ist es zutreffend, daß § 811 für die Zwangsvollstreckung zur Erwirkung der Herausgabe von Sachen (§ 883) nicht gelten kann, dennoch kann es nicht als arglistig angesehen werden, daß der Schuldner von den ihm zur Verfügung stehenden Abwehrmöglichkeiten gegen die Zwangsvollstreckung wegen Geldforderungen Gebrauch macht. Wenn der Gläubiger dies vermeiden will, muß er die Verurteilung des Schuldners nicht zur Zahlung eines Geldbetrages, sondern zur Herausgabe der Sache durchsetzen. Die Gegenauffassung läuft letztlich darauf hinaus, daß der Schuldner durch Vereinbarung des Sicherungseigentums oder im Rahmen des Erwerbs unter Eigentumsvorbehalt auf die Unpfändbarkeit der davon erfaßten Sachen verzichtet;[31] dies ist jedoch nicht zulässig, weil – wie ausgeführt – die Beachtung der Schuldnerschutzvorschriften auch im öffentlichen Interesse liegt und sie deshalb nicht zur Dis-

[30] OLG München MDR 1971, 580; AG Offenbach NJW 1987, 387; *Baumbach/Lauterbach/Hartmann* § 811 RdNr. 6; *Wacke* JZ 1987, 381.
[31] *Jauernig* ZVR § 32 II A.

position der Parteien stehen. Folglich ist mit der hM[32] § 811 auch bei **Pfändung der dem** vollstreckenden **Gläubiger gehörenden Sachen** anwendbar. S kann also die Pfändung des Pkw mit Erfolg abwehren. Da es für den Zweck des Fahrzeuges nicht auf dessen Wert ankommen kann, spielt es grundsätzlich keine Rolle, ob es sich bei dem Pkw des S um ein sehr teures Luxusfahrzeug handelt. Um in solchen Fällen zu einem angemessenen Interessenausgleich zu gelangen, hat der Gesetzgeber eine sog. **Austauschpfändung** vorgesehen, die dazu führt, daß ein wertvoller Gegenstand, der nach § 811 Nr. 1, 5 und 6 unpfändbar ist, gegen einen anderen weniger wertvollen, der den Zwecken des Schuldners genügt, ausgetauscht wird oder daß der Gläubiger dem Schuldner zur Beschaffung eines entsprechenden Ersatzstückes den erforderlichen Geldbetrag zur Verfügung stellt (vgl. §§ 811 a, 811 b). Auf dieser Grundlage könnte also ein teurer Sportwagen gegen einen Kleinwagen eingetauscht werden, der S die Fahrt zu seiner Arbeitsstätte in gleicher Weise ermöglicht.

Der Schuldner ist auch dagegen geschützt, daß eine Zwangsvollstrek- **521** kung weiter ausgedehnt wird, als sie zur Befriedigung des Gläubigers und zur Deckung der Kosten der Zwangsvollstreckung erforderlich ist (§ 803 Abs. 1 S. 2). Es gilt also das **Verbot der Überpfändung**, dessen Verletzung durch Vollstreckungserinnerung (§ 766) geltend gemacht werden kann. Verboten ist auch die Pfändung beweglicher Sachen, deren Verwertung einen Überschuß über die Kosten der Zwangsvollstreckung nicht erwarten läßt (§ 803 Abs. 2), oder von Hausrat, dessen Verwertung voraussichtlich nur einen Erlös bringen wird, der zu dem Wert der Sachen außer allem Verhältnis steht (§ 812).

bb) Wirkungen

Die **Wirkungen einer Pfändung** bestehen in der **Verstrickung** und **522** in der Entstehung eines Pfändungspfandrechts. Verstrickung wird die staatliche Beschlagnahme der gepfändeten Sache genannt, die dazu führt, daß sie der Verfügungsbefugnis des Schuldners entzogen und zum Zweck der Befriedigung des Gläubigers sichergestellt wird. Entsprechend diesem Zweck folgt aus der Verstrickung beweglicher Sachen regelmäßig ein Verfügungsverbot für den Schuldner, das durch die §§ 135, 136 BGB gesichert wird.[33] Außerdem wird die Verstrickung strafrechtlich geschützt (vgl. § 136 StGB).

Die Verstrickung tritt grundsätzlich bei jeder Pfändung ein, und zwar auch dann, wenn dabei Verstöße gegen Verfahrensregeln begangen werden. Denn Vollstreckungsakte sind als Hoheitsakte auch dann als wirksam anzusehen, wenn sie bei richtiger Rechtsanwendung hätten unterbleiben oder anders ergehen müssen. Eine solche Fehlerhaftigkeit führt lediglich dazu, daß sie aufgrund eines entsprechenden Rechtsbehelfs oder auch von Amts wegen abgeändert oder aufgehoben werden

---

[32] OLG Celle MDR 1973, 58; OLG Hamm OLGZ 1984, 368; LG Heilbronn NJW 1988, 148; *Stein/Jonas/Münzberg* § 811 RdNr. 15; *MK/Schilken* § 811 RdNr. 11.
[33] Vgl. *Brox/Walker* RdNr. 361, 370; zu Einzelheiten: *Rosenberg/Gaul/Schilken* § 50 III 1 bb; § 50 III 2.

müssen. Solange dies nicht geschieht, ist die betreffende **Vollstreckungsmaßnahme** gültig. **Nichtig** und ohne Wirkung sind Vollstreckungshandlungen nur ganz ausnahmsweise, wenn sie grundlegende schwere Mängel aufweisen,[34] beispielsweise das Fehlen eines vollstreckbaren Titels[35] oder ein Verstoß gegen die funktionelle Zuständigkeit des Vollstreckungsorgans,[36] und wenn diese schwere Fehlerhaftigkeit offenkundig ist.[35] Dagegen hat das Fehlen einer Forderung des Gläubigers gegen den Schuldner oder die Pfändung einer dem Schuldner nicht gehörenden Sache keinen Einfluß auf die Wirksamkeit der Verstrickung.

523 Durch die Pfändung erwirkt der Gläubiger ein **Pfandrecht** an dem gepfändeten Gegenstand (§ 804 Abs. 1), das ihm im Verhältnis zu anderen Gläubigern dieselben Rechte wie ein durch Vertrag erworbenes Faustpfandrecht gewährt (§ 804 Abs. 2). Über die Rechtsnatur des Pfändungspfandrechts und über die Voraussetzungen seiner Entstehung wird schon seit langem gestritten. Folgende Theorien stehen sich gegenüber:

– Die **gemischte** (gemischt privatrechtlich-öffentlichrechtliche) **Theorie**, die herrschend ist,[37] sieht in dem Pfändungspfandrecht die dritte Art eines privatrechtlichen Pfandrechts neben dem vertraglichen (§§ 1204 ff. BGB) und dem gesetzlichen (§ 1257 BGB iVm. den dafür getroffenen speziellen Regelungen wie z. B. § 559 oder § 647 BGB). Die Entstehung des Pfändungspfandrechts setzt nicht nur die Verstrickung, sondern auch die Beachtung der für die Entstehung eines rechtsgeschäftlichen oder gesetzlichen Pfandrechts maßgebenden Vorschriften voraus, so daß es beispielsweise nicht an einer schuldnerfremden Sache entstehen kann und in seinem Bestand von der zu sichernden Forderung des vollstreckenden Gläubigers im Sinne einer Akzessorietät abhängt. Außerdem ist die Entstehung des Pfändungspfandrechts auch von der Einhaltung der verfahrensrechtlichen Regelungen abhängig, soweit es sich dabei nicht lediglich um bloße Ordnungsvorschriften handelt, wie dies für bloße Kann-Bestimmungen (z. B. §§ 730, 733, 777) oder Soll-Bestimmungen (z. B. §§ 812, 813) zutrifft, aber auch für das Verbot der Überpfändung (§ 803 Abs. 1 S. 2) angenommen wird; als Ordnungsvorschriften werden auch die in §§ 759, 761 bis 763 getroffenen Regelungen angesehen.[38] Die Rechtsgrundlage für die Verwertung der gepfändeten Sache bildet jedoch nach dieser Theorie nicht das Pfändungspfandrecht, sondern die Verstrickung, so daß die Verwertung rechtmäßig durchgeführt wird, wenn die Verstrickung eingetreten ist.[39]

---

[34] BGH NJW 1979, 2045 m. Nachw.
[35] BGH NJW 1993, 735, 736 m. weit. Nachw.
[36] Zu weiteren Beispielen *Rosenberg/Gaul/Schilken* § 50 III 1 c aa, vgl. auch § 31.
[37] BGH NJW 1992, 2570, 2573 m. weit. Nachw.
[38] Vgl. *Baur/Stürner* RdNr. 142; *Rosenberg/Gaul/Schilken* § 50 III 3 b aa.
[39] Innerhalb der gemischten Theorien bestehen allerdings in Einzelfragen Meinungsverschiedenheiten. Die obige Darstellung folgt der jeweils hM. Zu Einzelheiten vgl. *Rosenberg/Gaul/Schilken* § 50 III 3 a m. Nachw; *Jauernig* ZVR § 16 III.

Im letzten Punkt unterscheidet sich die gemischte Theorie von der **privatrechtlichen Theorie**, aus der sie sich entwickelt hat und die heute wohl nicht mehr vertreten wird. Nach der privatrechtlichen Theorie findet auch die Verwertung der gepfändeten Sache aufgrund des Pfändungspfandrechts statt, so daß bei dessen Fehlen der Ersteher nur aufgrund guten Glaubens Eigentum an der versteigerten Sache nach § 1244 BGB erwerben kann (zur Verwertung vgl. u. RdNr. 525 f.).

– Dagegen lehnt es die **öffentlich-rechtliche Theorie** ab, auf das Pfändungspfandrecht die Vorschriften des BGB anzuwenden, sondern läßt das Pfändungspfandrecht in seiner Entstehung und seinem Bestand ausschließlich von einer wirksamen Beschlagnahme (Verstrickung) abhängig sein.[40] Auf eine Forderung des vollstreckenden Gläubigers kommt es für die Entstehung dieses Rechtes ebensowenig an wie auf das Eigentum des Schuldners an der gepfändeten Sache.

Während also die gemischte Theorie ein Auseinanderfallen von Verstrickung und Pfändungspfandrecht für möglich hält, wird dies von der öffentlich-rechtlichen Theorie ausgeschlossen. Diese unterschiedlichen Auffassungen haben durchaus praktische Konsequenzen; dies zeigt der folgende

Beispielsfall: G1 läßt am 01.06. einen wertvollen Teppich bei S pfänden, der dem E zur Sicherung übereignet worden ist. Am 15.06. wird der Teppich von einem örtlich nicht zuständigen Gerichtsvollzieher für G2 gepfändet. Am 20.06. pfändet schließlich G3 den Teppich. Das Sicherungseigentum endet am 25.06. und S wird (wieder) Eigentümer.

Nach der öffentlich-rechtlichen Theorie entsteht für jeden der pfändenden Gläubiger mit der wirksamen Verstrickung ein Pfändungspfandrecht, deren Rangfolge sich nach dem Prioritätsprinzip richtet (§ 804 Abs. 3). Nach der gemischten Theorie hat G2 kein Pfändungspfandrecht erworben, weil der Verstoß gegen die örtliche Zuständigkeit die Verletzung einer wesentlichen Vollstreckungsvoraussetzung darstellt, die verhindert, daß ein Pfändungspfandrecht entsteht. Auch G1 und G3 konnten zunächst kein Pfandrecht erwerben, weil im Zeitpunkt der Pfändung E Eigentümer des Teppichs war und ein gutgläubiger Pfandrechtserwerb in der Zwangsvollstreckung nicht möglich ist. Erst als S Eigentümer der gepfändeten Sache wurde, änderte sich die Rechtslage. In analoger Anwendung des § 185 Abs. 2 S. 1 Alt. 2 BGB sind in diesem Zeitpunkt die Pfändungspfandrechte entstanden. Allerdings wird darüber gestritten, ob beide Pfandrechte gleichen Rang erhalten[41] oder ob in Analogie zu § 185 Abs. 2 S. 2 BGB das Pfändungspfandrecht des G1 dem von G3 vorgeht.[42] Auf die Entscheidung dieser Frage kommt es an, wenn der bei Verwertung des Teppichs erzielte Erlös nicht zur Abdeckung der Forderungen beider Gläubiger ausreicht.

Da für eine Bewertung des Theorienstreits auch die Folgen berücksichtigt werden müssen, die sich nach ihnen bei der Verwertung der gepfändeten Sache ergeben, soll eine Stellungnahme dazu zunächst noch hinausgeschoben werden (dazu u. RdNr. 527).

---

[40] *Arens/Lüke* RdNr. 611; *Baumbach/Lauterbach/Hartmann* vor § 803 RdNr. 7 ff.; § 804 RdNr. 5 ff. m. weit. Nachw.

[41] *Pawlowski* ZZP 90 (1977), 81, 85; *Werner* JR 1971, 278, 286.

[42] *MünchKomm/Schramm* § 185 BGB RdNr. 66 m. weit. Nachw.

2. Die Verwertung

524   Wird die Zwangsvollstreckung wegen einer Geldforderung des Gläubigers gegen den Schuldner betrieben, dann kommt es auf die Erfüllung dieser Forderung an, es sei denn, daß die Zwangsvollstreckung lediglich der Sicherung des Gläubigers dienen soll, wie dies bei der Sicherungsvollstreckung nach § 720a oder der Vollziehung des Arrestes nach § 930 (vgl. dazu u. RdNr. 612) bezweckt ist. In anderen Fällen muß das Pfand verwertet werden, um das Ziel der Zwangsvollstreckung, die Befriedigung des Gläubigers, zu erreichen. Dabei macht es naturgemäß einen Unterschied, ob Geld oder andere Sachen gepfändet worden sind. Bei der Pfändung von **Geld** ist die **Verwertung** regelmäßig sehr einfach; sie geschieht durch Ablieferung des Geldes an den Gläubiger (§ 815 Abs. 1).

Nimmt der Gerichtsvollzieher bei der Pfändung das Geld an sich (vgl. § 808 Abs. 1 S. 1), dann hat er dem Schuldner eine Quittung zu erteilen, bei vollständiger Abdeckung der Forderung des Gläubigers und der Kosten der Zwangsvollstreckung (vgl. o. RdNr. 504) auch die vollstreckbare Ausfertigung (vgl. § 724 Abs. 1) auszuhändigen (§ 757 Abs. 1 iVm. § 815 Abs. 3). Durch Ablieferung des Geldes an den Gläubiger wird dieser Eigentümer, und zwar auch dann, wenn das Geld dem Schuldner nicht gehörte (vgl. zur parallelen Frage bei der Aushändigung des Versteigerungserlöses u. RdNr. 527); bis zur Aushändigung des Geldes bleiben die bisherigen Eigentumsverhältnisse bestehen.

Nach § 815 Abs. 3 gilt die Wegnahme des Geldes durch den Gerichtsvollzieher als Zahlung von seiten des Schuldners.[42a] Verliert der Gerichtsvollzieher das Geld oder unterschlägt er es, dann ist dies für das Erlöschen der Schuld unerheblich; der Gläubiger muß sich dann an den Staat halten und ihn wegen Amtspflichtverletzung des Gerichtsvollziehers haftbar machen.[43]

525   Die **Verwertung beweglicher Sachen** geschieht regelmäßig durch eine vom Gerichtsvollzieher vorzunehmende Versteigerung (§ 814). Eine andere Verwertungsart ist für Wertpapiere mit einem Börsen- oder Marktpreis vorgesehen (§ 821) und kommt auch für Gold- und Silbersachen in Betracht (vgl. § 817a Abs. 3 S. 2). Auf Antrag des Gläubigers oder des Schuldners kann das Vollstreckungsgericht anordnen, daß die Verwertung einer gepfändeten Sache in anderer Weise oder an einem anderen Ort (als nach § 816 vorgesehen) stattzufinden habe oder daß die Versteigerung durch eine andere Person als den Gerichtsvollzieher vorzunehmen sei (§ 825).

Wird beispielsweise in einer kleinen Gemeinde eine wertvolle Antiquität oder das Gemälde eines berühmten Malers gepfändet, dann ist von einer Versteigerung am Ort durch den Gerichtsvollzieher kaum ein angemessener Erlös zu erwarten. Deshalb wird in einem solchen Fall das Vollstreckungsgericht auf Antrag einen freihändigen Verkauf oder eine privatrechtliche Versteigerung durch einen Kunst-

---

[42a] Zur Erfüllungswirkung *Rosenberg/Gaul/Schilken* § 53 II m. weit. Nachw.
[43] *Baumbach/Lauterbach/Hartmann* § 815 RdNr. 6.

auktionator in einer Stadt anordnen, in der eine entsprechende Nachfrage besteht.

Der Schuldner wird häufig unter dem Eindruck der Pfändung und **526** einer drohenden Versteigerung der gepfändeten Sache die gegen ihn gerichtete Forderung erfüllen. Das Gesetz hat durch verschiedene Regelungen, insbesondere durch die Möglichkeit eines zeitlichen Aufschubs der Versteigerung (vgl. § 813a, § 816), eine solche freiwillige Leistung des Schuldners zu fördern versucht, so daß es in der Praxis relativ selten zur Verwertung der Pfandsache kommt.[44] Die **Versteigerung** geschieht auf der Grundlage der gesetzlichen Regeln, die in § 806 (Ausschluß der Gewährleistung), § 816 Abs. 4 (Anwendung des § 1239 Abs. 1 S. 1, Abs. 2 BGB über das Mitbieten des Gläubigers und des Eigentümers der gepfändeten Sache, d. h. des Schuldners) sowie in §§ 817 und 817a enthalten sind.

Wenn § 817 Abs. 1 auf die Vorschriften des § 156 BGB verweist, dann bedeutet dies nicht, daß durch die Versteigerung ein privatrechtlicher Vertrag zustande kommt. Vielmehr handelt der Gerichtsvollzieher hoheitlich und sein Zuschlag und die anschließende Eigentumsübertragung sind öffentlich-rechtliche Akte, wenn sie auch in ihrer Wirkung dem Kaufvertrag und der Übereignung entsprechen. Dem Meistbietenden ist die zu versteigernde Sache zuzuschlagen, der durch den **Zuschlag** einen Anspruch gegen den Staat auf Übereignung der Sache erwirbt. Zum Schutze des Schuldners wird in § 817a Abs. 1 vorgeschrieben, daß der Zuschlag nur auf ein Gebot erteilt werden darf, das mindestens die Hälfte des gewöhnlichen Verkaufswerts der Sache erreicht. Wird ein entsprechendes Gebot nicht abgegeben und kommt es deshalb nicht zu einem Zuschlag, dann kann der Gläubiger die Anberaumung eines neuen Versteigerungstermins oder die Anordnung anderweitiger Verwertung der gepfändeten Sache nach § 825 beantragen (§ 817a Abs. 2). Die Ablieferung, d. h. die Übereignung einer zugeschlagenen Sache, darf nur gegen Barzahlung geschehen (§ 817 Abs. 2). Da die dargestellten Regeln den Interessen von Gläubiger und Schuldner dienen, können diese auch davon abweichende Vereinbarungen treffen. Jedoch handelt es sich bei den Bestimmungen über die Bindung an ein abgegebenes Gebot, den Zuschlag an den Meistbietenden und die Wirkungen des Zuschlages um zwingendes Recht, das nicht zur Disposition der Beteiligten steht.[45] Konsequenz des öffentlich-rechtlichen Charakters der **Übertragung des Eigentums** an einer zugeschlagenen Sache durch den Gerichtsvollzieher ist die Nichtanwendung der §§ 929ff. BGB. Der Gerichtsvollzieher überträgt durch privatrechtsgestaltenden Staatsakt Eigentum, so daß Kenntnis oder grobfahrlässige Unkenntnis des Erwerbers vom fehlenden Eigentum des Schuldners den Eigentumserwerb nicht hindert.[46] Voraussetzung dafür ist allerdings, daß im Zeitpunkt der Versteigerung die Sache noch wirksam verstrickt ist (vgl. o. RdNr. 522) und daß die wesentlichen Verfahrensvorschriften bei der Versteigerung beachtet wurden.[47] Auch wenn der Ge-

---

[44] *Behr* NJW 1992, 2738 berichtet, daß nur in 0,5 bis 0,8% der Fälle die Sachpfändung zu einer Verwertung durch Versteigerung führt.

[45] *Zöller/Stöber* § 817 RdNr. 4.

[46] BGH NJW 1992, 2570, 2571 m. weit. Nachw.; nach aA sollen Einschränkungen hinsichtlich bösgläubiger Erwerber in analoger Anwendung des § 1244 BGB gemacht werden; so *Bruns/Peters* § 23 IV 3; vgl. dazu auch *Brox/Walker* RdNr. 411.

[47] Vgl. *Baur/Stürner* RdNr. 473; *Rosenberg/Gaul/Schilken* § 55 III 1b aa.

richtsvollzieher aufgrund einer entsprechenden Anordnung des Vollstreckungsgerichts (§ 825) die gepfändete Sache freihändig veräußert (vgl. o. RdNr. 525), handelt es sich um eine öffentlich-rechtliche Verwertungsmaßnahme, und es gilt für die Eigentumsübertragung das gleiche wie in Fällen einer Versteigerung. Nur wenn die Verwertung der gepfändeten Sache durch einen privaten Auktionator oder durch einen freihändig verkaufenden Privatmann auf der Grundlage des § 825 geschieht, handelt es sich um ein privatrechtliches Rechtsgeschäft, auf das § 1244 BGB anzuwenden ist.[48]

527   Erhält der Gerichtsvollzieher den gebotenen Betrag, dann tritt der **Erlös** an die Stelle der Sache. Aufgrund dieser Surrogation[49] setzen sich die Rechte an der Pfandsache am Erlös fort. Dies bedeutet, daß der frühere Eigentümer der Pfandsache Eigentümer des Erlöses wird und der Gläubiger an dem Erlös ein Pfändungspfandrecht erhält. Im Verhältnis zwischen Gläubiger und Schuldner gilt nach § 819 die Empfangnahme des Erlöses durch den Gerichtsvollzieher als Zahlung von seiten des Schuldners, sofern ihm nicht (z. B. nach § 711) gestattet worden ist, durch Sicherheitsleistung oder durch Hinterlegung die Vollstreckung abzuwenden; hierbei ist zu berücksichtigen, daß bis zur Sicherheitsleistung oder Hinterlegung durch den Schuldner die Vollstreckung durchgeführt werden kann. Zahlt der Gerichtsvollzieher den Erlös an den Gläubiger aus, dann wird dieser Eigentümer des Geldes kraft staatlichen Hoheitsaktes. Deshalb ist es für diesen Eigentumserwerb gleichgültig, ob dem Schuldner die Pfandsache gehörte und ob dem Gläubiger ein Pfändungspfandrecht daran zugestanden hat; der gute Glaube des Gläubigers spielt insoweit keine Rolle.

Wurde eine **schuldnerfremde Sache** gepfändet und **verwertet**, dann gebührt dem Gläubiger der Erlös nicht. Er hat ihn deshalb an den ursprünglichen Eigentümer der Pfandsache nach § 812 Abs. 1 S. 1 Alt. 2 BGB (Eingriffskondiktion) herauszugeben.[50] Auf der Grundlage der gemischten Theorie ist dieses Ergebnis zwingend, denn der Gläubiger erwirbt nach dieser Auffassung an einer schuldnerfremden Sache kein Pfändungspfandrecht und damit auch nicht das Recht, die Sache für sich zu verwerten und den Erlös zu behalten. Jedoch wird auch von der öffentlich-rechtlichen Theorie die Berechtigung des Gläubigers verneint, den Erlös zu behalten, obwohl sie doch für die Entstehung des Pfändungspfandrechts lediglich die Verstrickung des Gegenstandes verlangt und dementsprechend auch dem Gläubiger ein Pfändungspfandrecht an schuldnerfremden Sachen zubilligt (vgl. o. RdNr. 523). Erklärt wird dieses Ergebnis damit, daß sich die Bedeutung des Pfändungspfandrechts auf die Vollstreckung – d. h. auf die Verwertungsbefugnis und die Rangfragen – beschränke, für die Zeit danach aber und somit für die Frage des Behaltendürfens eines Erlöses das materielle Recht entscheiden müßte.[51] Die Unter-

---

[48] BGH NJW 1992, 2570, 2571 ff. m. weit. Nachw.

[49] Dies entspricht allg. M.; str. ist nur, wie dieses Ergebnis zu begründen ist, ob es von der ZPO vorausgesetzt wird, oder ob der Rechtsgedanke des § 1247 S. 2 BGB heranzuziehen ist; vgl. *Brox/Walker* RdNr. 452.

[50] BGHZ 100, 95, 99 f. = NJW 1987, 1880 m. weit. Nachw.

[51] Vgl. *Arens/Lüke* RdNr. 611; eingehend zur Frage des Pfandrechtserwerbs nach den verschiedenen Theorien BGH NJW 1992, 2570, 2572 f.

scheidung zwischen dem Pfändungspfandrecht und einem davon verschiedenen Recht auf den Erlös vermag jedoch nicht zu überzeugen; in dieser Inkonsequenz[52] liegt der entscheidende Nachteil der öffentlich-rechtlichen Theorie.

Trifft den Gläubiger ein Verschulden an der Verwertung der Sache, dann können sich gegen ihn Schadensersatzansprüche des Dritten ergeben. Die hM stützt solche Ansprüche auf § 823 Abs. 1, indem sie die Zwangsvollstreckung in schuldnerfremde Gegenstände als eine Eigentumsverletzung im Sinne dieser Vorschrift ansieht.[53] Im Schrifttum findet dagegen die Auffassung zunehmend Zustimmung, die eine Haftung für schuldhaftes Verhalten des Gläubigers nach der Pfändung auf eine entsprechende Anwendung der §§ 989, 990 Abs. 1 BGB stützen will. Mit der Pfändung erwerbe der Gläubiger Besitz (vgl. RdNr. 517) und es entstehe dann eine der Vindikationslage vergleichbare Situation. Dem stehe nicht entgegen, daß die Klage nach § 985 BGB durch § 771 verdrängt werde, weil diese Vorschrift nicht die materielle Recht verändere, sondern nur eine besondere Rechtsschutzform gewähre.[54] Bejaht man aufgrund einer Vindikationslage ein gesetzliches Schuldverhältnis zwischen Gläubiger und Dritten, dann muß sich der Gläubiger ein Anwaltsverschulden nach § 278 BGB zurechnen lassen und kann § 166 Abs. 1 BGB angewendet werden. Kennt der Gläubiger seine fehlende Berechtigung, dann bedeutet die dennoch von ihm betriebene Zwangsvollstreckung eine Geschäftsanmaßung iSv. § 687 Abs. 2 BGB, so daß sich Schadensersatzansprüche nach § 678 BGB und Herausgabeansprüche nach § 681 iVm. § 667 BGB ergeben können.[55]

Einschub: Parteivereinbarungen in der Zwangsvollstreckung

Es war bereits oben (RdNr. 526) darauf hingewiesen worden, daß **528** Regeln über die Verwertung gepfändeter Sachen durch Vereinbarungen zwischen Gläubiger und Schuldner abbedungen werden können. Dies wirft die Frage auf, unter welchen Voraussetzungen und innerhalb welcher Grenzen Parteivereinbarungen in der Zwangsvollstreckung zulässig sind. Ihre Abgrenzung ist in gleicher Weise wie bei (anderen) Prozeßverträgen (vgl. o. RdNr. 49) danach vorzunehmen, ob ihre Hauptwirkung im Bereich der Zwangsvollstreckung liegt. Die Zulässigkeit von Vollstreckungsvereinbarungen ist im Grundsatz zu bejahen und nur dann ausgeschlossen, wenn Regelungen betroffen sind, die nicht zur Disposition der Parteien stehen, also zwingendes Recht darstellen.

Die streitige Frage, ob Vollstreckungsvereinbarungen nur eine Verpflichtung begründen oder ob sie unmittelbar auf das Verfahren der Zwangsvollstreckung in der Weise einwirken können, daß abredewidrige Maßnahmen als unzulässig angesehen werden müssen, hat insbesondere Bedeutung für die Wahl des in Betracht kommenden Rechtsbehelfs; gegen unzulässige Vollstreckungsmaßnahmen ist die Erinnerung nach § 766 gegeben, während eine eingegangene Verpflichtung mit der Vollstrek-

---

[52] *Jauernig* ZVR § 16 I C 3.
[53] BGHZ 118, 201, 205 = NJW 1992, 2014 m. weit. Nachw.; *Brox/Walker* RdNr. 467.
[54] *Stein/Jonas/Münzberg* § 771 RdNr. 77 a; *Rosenberg/Gaul/Schilken* § 53 V 1 d aa; *Baur/Stürner* RdNr. 792 Fn. 56.
[55] *Brox/Walker* RdNr. 468.

kungsabwehrklage nach § 767 geltend zu machen ist (Einzelheiten zu diesen Rechtsbehelfen später).[56]

529   Üblicherweise wird bei den Vollstreckungsvereinbarungen zwischen vollstreckungserweiternden und vollstreckungsbeschränkenden Verträgen unterschieden, wobei zu den letzteren auch die vollstreckungsausschließenden Verträge gerechnet werden.[57] Bei Beurteilung der Zulässigkeit solcher Vereinbarungen ist folgendes zu beachten:

- Absprachen, die dem Gläubiger weiterreichende Befugnisse bei einer Zwangsvollstreckung einräumen sollen, als sie durch das Gesetz vorgesehen sind, stehen fast durchweg zwingende gesetzliche Normen entgegen, die zur Nichtigkeit der Vereinbarungen führen. Dies gilt insbesondere für eine Einschränkung des Schuldnerschutzes, wie er durch die §§ 765a, 811[58] und 850 ff. vorgesehen ist.
- Da es im Belieben des Gläubigers steht, ob er ein Zwangsvollstreckungsverfahren durchführt, ist es grundsätzlich nicht zu beanstanden, wenn er sich vertraglich verpflichtet, auf eine Zwangsvollstreckung wegen eines bestimmten Anspruchs gänzlich zu verzichten oder sie nur in einem eingeschränkten Umfang durchzuführen.

Die Parteien können beispielsweise vereinbaren, daß der Gläubiger nicht aus einem Titel, der nur für vorläufig vollstreckbar erklärt worden ist, oder nicht in bestimmte Gegenstände vollstrecken oder nicht eine Offenbarungsversicherung (vgl. u. RdNr. 603 ff.) des Schuldners beantragen werde. Zwingende prozeßrechtliche Vorschriften verhindern auch nicht einen vor Erwirkung eines Vollstreckungstitels ausgesprochenen Verzicht des Gläubigers auf die zwangsweise Durchsetzung seines Anspruchs.[59]

b) Vollstreckung in Forderungen und andere Vermögensrechte

530   Daß der Zugriff auf Rechte in anderer Weise vollzogen werden muß als bei körperlichen Sachen, liegt auf der Hand. Das Gesetz unterscheidet dementsprechend auch zwischen der Zwangsvollstreckung in körperliche Sachen sowie in Forderungen und andere Vermögensrechte. Bei Forderungen ist noch zwischen der Zwangsvollstreckung in Geldforderungen (§§ 829 bis 845, 850 bis 853) und in Herausgabeansprüche (§§ 846 bis 849) zu trennen. Für die Zwangsvollstreckung in andere Vermögens-

---

[56] Vgl. dazu *Baur/Stürner* RdNr. 134; *Rosenberg/Gaul/Schilken* § 33 III 3 jeweils m. Nachw.; für Anwendung des § 767 BGH JR 1992, 281.

[57] Zur unterschiedlichen Terminologie vgl. *Gaul* JuS 1971, 347.

[58] Ob auf den Schutz des § 811 nach Beginn der Zwangsvollstreckung wirksam verzichtet werden kann, ist streitig; vgl. *Rosenberg/Gaul/Schilken* § 33 IV 1 c bb m. Nachw.

[59] BGH JR 1992, 281, 283; *Brox/Walker* RdNr. 202; aA *Arens/Lüke* RdNr. 579 (Ausschluß der Zwangsvollstreckung ohne materiell-rechtlichen Erlaß werde nicht von der Dispositionsbefugnis des Gläubigers gedeckt).

rechte (§§ 857 bis 863) gelten weitgehend die Vorschriften über die Forderungsvollstreckung (§ 857 Abs. 1). Für die Zwangsvollstreckung in Forderungen und andere Vermögensrechte ist das **Vollstreckungsgericht** das funktionell zuständige Vollstreckungsorgan (§ 828 Abs. 1). Als Vollstreckungsgericht ist das Amtsgericht zuständig, bei dem der Schuldner seinen allgemeinen Gerichtsstand hat (§ 828 Abs. 2; vgl. o. RdNr. 43).

1. Geldforderungen

Pfändung und Verwertung von Geldforderungen sind für den Gläubi- **531** ger, der gegenüber dem Schuldner einen Anspruch auf Zahlung eines Geldbetrages hat, wesentlich einfacher, kostengünstiger und erfolgversprechender[60] als die Zwangsvollstreckung in eine bewegliche Sache. Deshalb wird der Gläubiger regelmäßig zunächst versuchen, Geldforderungen seines Schuldners festzustellen und zum Gegenstand der Zwangsvollstreckung zu machen. Insbesondere das Arbeitseinkommen des Schuldners wird dem Zugriff seines Gläubigers ausgesetzt sein. Da jedoch das Arbeitseinkommen regelmäßig die Existenzgrundlage für den Schuldner und seine Familie bildet, muß ihm so viel gelassen werden, daß ihm eine bescheidene Lebensführung ermöglicht wird und er nicht auf Sozialhilfe angewiesen ist. Der Gesetzgeber hat deshalb für das **Arbeitseinkommen** (zum Begriff vgl. § 850 Abs. 2 und 3) einen **Pfändungsschutz** geschaffen, der in den §§ 850a bis 850k geregelt ist und bei dem die gegenläufigen Interessen des Gläubigers und des Schuldners angemessen berücksichtigt werden.

Bestimmte Bezüge sind unpfändbar (vgl. § 850a) oder nur bedingt pfändbar (vgl. § 850b). Das Arbeitseinkommen ist unpfändbar, wenn es unterhalb der in § 850c bestimmten Grenzen bleibt. Allerdings gelten die in § 850a Nr. 1, 2 und 4 und in § 850c genannten Beschränkungen nicht, wenn wegen Unterhaltsansprüchen eines in § 850d Abs. 1 S. 1 aufgeführten Berechtigten vollstreckt wird. Der Gesetzgeber hat diesen Berechtigten eine Vorzugsstellung eingeräumt, weil sie im besonderen Maße auf die Unterhaltsleistungen des Schuldners angewiesen sind (vgl. im einzelnen § 850d).

Der Pfändungsschutz muß bestehen bleiben, wenn das Arbeitseinkommen vom Arbeitgeber auf ein Konto des Schuldners überwiesen worden ist; die entsprechende Regelung findet sich in § 850k. Ist das Arbeitsentgelt dem Schuldner ausgezahlt worden und unterliegt dementsprechend der Sachpfändung (vgl. o. RdNr. 516, 524), dann greift die Vorschrift des § 811 Nr. 8 zugunsten des Schuldners ein.

Schließlich ist darauf hinzuweisen, daß der Gesetzgeber in § 850h im Interesse des Gläubigers Bestimmungen getroffen hat, die verhindern, daß Absprachen zwischen dem Schuldner und seinem Arbeitgeber getroffen werden, die den Gläubiger bei einer Zwangsvollstreckung leer ausgehen lassen.

Die zu pfändende Geldforderung muß dem Schuldner zustehen. Sie **532** muß jedoch noch nicht fällig sein. Auch Forderungen, die sich aus ei-

---

[60] In ca. 95% der Fälle bleibt ein Sachpfändungsversuch erfolglos; vgl. *Behr* NJW 1992, 2738.

nem aufschiebend bedingten Rechtsgeschäft ergeben, sind pfändbar (vgl. § 844 Abs. 1), weil sie hinreichend bestimmbar sind und deshalb zum Gegenstand einer Pfändung gemacht werden können. Die **erforderliche Bestimmbarkeit** einer zu pfändenden Forderung ist zu bejahen, wenn bereits Rechtsbeziehungen bestehen, aus denen die zukünftige Forderung nach ihrem Inhalt, ihrem Gläubiger und ihrem Schuldner bestimmt werden kann.[61] Wird diesem Bestimmbarkeitserfordernis nicht entsprochen oder existiert die zu pfändende Forderung überhaupt nicht, dann fällt die Pfändung ins Leere und ist unwirksam.

Das Vollstreckungsgericht kann bei der Pfändung nicht prüfen, ob der Schuldner tatsächlich Inhaber der zu pfändenden Forderung ist; es muß sich vielmehr mit einer entsprechenden (schlüssigen) Behauptung des die Pfändung beantragenden Gläubigers begnügen. Es wird deshalb in dem Pfändungsbeschluß (dazu sogleich) nur die „angebliche Forderung des Schuldners" gepfändet.

533   Die Pfändung der Geldforderung setzt einen **Antrag des Gläubigers** an das zuständige Vollstreckungsgericht voraus, in dem die zu pfändende Forderung so bestimmt bezeichnet sein muß, daß ihre Identität einwandfrei festgestellt werden kann. Der Antrag kann schriftlich oder zu Protokoll der Geschäftsstelle gestellt werden (§ 496). Aufgrund des Antrages hat das Vollstreckungsgericht zu prüfen:
– Die örtliche Zuständigkeit (vgl. o. RdNr. 530)
– Die Erfüllung der Voraussetzungen der Zwangsvollstreckung (vgl. dazu o. RdNr. 505 ff.)
– Die Schlüssigkeit des Vorbringens des Gläubigers hinsichtlich der zu pfändenden (dem Schuldner zustehenden) Forderung (vgl. o. RdNr. 532).
Gelangt das Vollstreckungsgericht zu einem positiven Ergebnis, dann erläßt es den Pfändungsbeschluß, ohne vorher den Schuldner über das Pfändungsgesuch zu hören (§ 834).

Das in § 834 ausgesprochene Verbot mag zunächst überraschen. Es ist jedoch erforderlich, um zu verhindern, daß der Schuldner der ihm drohenden Zwangsvollstreckung zuvorkommt und die Forderung durch Verfügungen, beispielsweise durch Einziehung oder Erlaß, dem Vollstreckungszugriff entzieht. Der Anspruch auf rechtliches Gehör wird durch diese Regelung nicht verletzt, weil der Schuldner gegen die Pfändung Rechtsbehelfe einlegen kann (dazu später) und dann ausreichend Gelegenheit erhält, seinen Rechtsstandpunkt darzulegen.[62]

Der **Pfändungsbeschluß**[63] enthält den Ausspruch der Pfändung unter Angabe der Namen des (Vollstreckungs-)Gläubigers und des (Vollstreckungs-)Schuldners und der genauen Bezeichnung der zu pfändenden Forderung, das Verbot an den Drittschuldner zu zahlen (§ 829 Abs. 1 S. 1) sowie das Gebot an den Schuldner, sich

---

[61] BGH NJW 1982, 2193, 2195.
[62] Vgl. BVerfGE 57, 346, 358 = NJW 1981, 2111.
[63] Ein Muster findet sich bei *Brox/Walker* RdNr. 505.

jeder Verfügung über die Forderung zu enthalten (§ 829 Abs. 1 S. 2). Bei der Pfändung von Forderungen ist somit zwischen folgenden Beteiligten zu unterscheiden:

Gläubiger   ⟶   Schuldner   = Gläubiger

(der Forderung,   (der Forderung,   (der Forderung, in die
wegen der vollstreckt   wegen der vollstreckt   vollstreckt wird)
wird)   wird)

                                            Drittschuldner

                                            = Schuldner
                                            (der Forderung, in
                                            die vollstreckt wird)

Ohne das gegenüber dem Drittschuldner ausgesprochene Verbot, an den Schuldner zu zahlen, das sog. Arrestatorium, ist die Pfändung unwirksam; dagegen hindert das Fehlen des an den Schuldner gerichteten Gebots, sich jeder Verfügung über die Forderung zu enthalten, das sog. Inhibitorium, nicht die Wirksamkeit des Pfändungsbeschlusses. Diese unterschiedliche Bedeutung kommt auch im Gesetz zum Ausdruck, das nur auf die Zustellung des Beschlusses an den Drittschuldner für die Bewirkung der Pfändung abstellt (§ 829 Abs. 3).

Die Zustellung des Pfändungsbeschlusses an den Drittschuldner be- **534** wirkt die **Verstrickung** der Forderung **und** die **Entstehung eines Pfändungspfandrechts**, das allerdings nach hM – wie bei der Sachpfändung (vgl. o. RdNr. 523) – davon abhängig ist, daß die Vorschriften über das Verfahren eingehalten werden. Der Umfang der Pfändung richtet sich nach der Pfändungsanordnung. Wenn nicht eine Teilpfändung vorgesehen ist, wird die gesamte Forderung gepfändet, auch wenn ihr Betrag die Vollstreckungsforderung übersteigt;[64] der Schuldner kann sich jedoch dann mit der Vollstreckungserinnerung wegen eines Verstoßes gegen das Verbot der Überpfändung (§ 803 Abs. 1 S. 2; vgl. o. RdNr. 521) wehren.

Um der Pfändung einer Forderung durch andere Gläubiger zuvorzukommen (bei mehrfacher Pfändung derselben Forderung gilt das Prioritätsprinzip; vgl. u. RdNr. 549), kann der Gläubiger, der einen Vollstreckungstitel besitzt, sich im Wege der **Vorpfändung** den Zugriff auf die Forderung sichern. Bei der Vorpfändung (vgl. § 845) läßt der Gläubiger dem Schuldner und dem Drittschuldner die Benachrichtigung von der bevorstehenden Forderungspfändung zustellen. Die Benachrichtigung an den Drittschuldner hat die Wirkung eines Arrestes (§ 930; vgl. dazu u. RdNr. 606 ff.), sofern die Pfändung der Forderung innerhalb von drei Wochen bewirkt wird (§ 845 Abs. 2).

Wird das Pfändungsgesuch abgelehnt, dann kann der Gläubiger ge- **535** gen den diese Ablehnung aussprechenden Beschluß Erinnerung nach § 11 Abs. 1 RPflG einlegen, da innerhalb des Vollstreckungsgerichts der Rechtspfleger funktionell zuständig ist (§ 20 Nr. 17 RPflG). Die Erin-

---

[64] BGH NJW 1975, 738; 1986, 977, 978.

nerung ist binnen einer Notfrist von zwei Wochen einzulegen, die mit Zustellung des Beschlusses an den Gläubiger beginnt (§ 11 Abs. 1 S. 2 RPflG iVm. §§ 793, 577 Abs. 2 S. 1).[65] Sie wird dem Richter zur Entscheidung vorgelegt (§ 11 Abs. 2 S. 2 RPflG). Zum weiteren Verfahren vgl. o. RdNr. 512.

536 Auch bei der Forderungspfändung muß der Pfändung die **Verwertung** folgen. Sie geschieht regelmäßig (zu Ausnahmen vgl. § 844) durch Überweisung der gepfändeten Forderung an den Gläubiger, und zwar nach seiner Wahl entweder zur Einziehung oder an Zahlungs Statt zum Nennwert (§ 835 Abs. 1), sofern nicht die Ausnahme des § 839 eingreift. Die Überweisung wird vom Vollstreckungsgericht durch Beschluß vollzogen, der regelmäßig bereits mit dem Pfändungsbeschluß zusammengefaßt und mit diesem dem Drittschuldner zugestellt wird (vgl. § 835 Abs. 3 iVm. § 829 Abs. 2, 3).

Bei der **Überweisung an Zahlungs Statt** geht die Forderung nach § 835 Abs. 2 auf den Gläubiger einschließlich aller Nebenrechte mit der Wirkung über, daß er, soweit die Forderung besteht, wegen seiner Forderung an den Schuldner als befriedigt anzusehen ist. Damit liegt das Risiko der Einbringlichkeit der Forderung, also der Zahlungsfähigkeit des Drittschuldners, allein beim Gläubiger. Deshalb kommt diese Art der Einziehung nur in Betracht, wenn sie der Gläubiger ausdrücklich beantragt. Bei der **Überweisung zur Einziehung** bleibt dagegen die Forderung im Vermögen des Schuldners, der somit auch das Risiko der Vermögenslosigkeit des Drittschuldners zu tragen hat. Der Gläubiger erhält durch die Überweisung die Befugnis, die Forderung einzuziehen (§ 836 Abs. 1), sie notfalls auch einzuklagen und im Wege der Zwangsvollstreckung gegen den Drittschuldner durchzusetzen.[66] Wird die Forderung vom Gläubiger eingeklagt, dann muß er dem Schuldner gerichtlich den Streit verkünden (vgl. § 841, auch zu den Ausnahmen). Der Gläubiger ist zur Einziehung der Forderung nicht nur berechtigt, sondern auch dem Schuldner gegenüber verpflichtet. Verzögert er die Beitreibung und entsteht dadurch dem Schuldner ein Schaden, dann muß der Gläubiger diesen Schaden ersetzen (§ 842). Dem Gläubiger ist deshalb nach § 843 gestattet, auf seine durch die Pfändung und Überweisung zur Einziehung erworbenen Rechte unbeschadet seines Anspruchs zu verzichten. Er wird dies tun, wenn er zu der Auffassung gelangt, daß die Einziehung der gepfändeten Forderung wenig Erfolg verspricht.

537 Durch die Pfändung und Überweisung wird die Rechtsstellung des Drittschuldners insofern verändert, als er nicht mehr an seinen Gläubiger (Vollstreckungsschuldner) zahlen darf, sondern an den pfändenden Gläubiger zu leisten hat. Dabei wird der Drittschuldner in seinem **Vertrauen auf** die **Rechtsbeständigkeit des Überweisungsbeschlusses** geschützt (§ 836 Abs. 2). Der Drittschuldner kann sich selbst dann auf § 836 Abs. 2 berufen, wenn er die eine Anfechtbarkeit ergebenden Mängel des Überweisungsbeschlusses positiv kennt.[67] Ob es eine Voraussetzung für die Anwendung des § 863 Abs. 2 bildet, daß der Überweisungs-

---

[65] *Rosenberg/Gaul/Schilken* § 37 IV 2 b cc, § 55 I 2 m. Nachw.
[66] *Stein/Jonas/Münzberg* § 835 RdNr. 21 ff.
[67] OLG Hamburg JA 1992, 185.

beschluß wirksam erlassen wurde, ist streitig. Dies wurde zunächst vom BGH bejaht;[68] in einer neueren Entscheidung wurde diese Auffassung jedoch weitgehend wieder aufgegeben.[69] Nur wenn sich dem Drittschuldner aus dem ihm bekannten Sachverhalt ohne weiteres ernsthafte Zweifel an der Rechtswirksamkeit der Beschlagnahme aufdrängen müßten, sei es ihm zuzumuten, diese Zweifel durch einen Rechtskundigen ausräumen oder bestätigen zu lassen. Stelle sich der Drittschuldner trotz offensichtlicher Bedenken rechtsblind, dann könne er sich nicht auf § 836 Abs. 2 berufen. Sonst solle aber das Vertrauen auf den rechtlichen Bestand auch bei unwirksamen Überweisungsbeschlüssen geschützt werden. Diese Differenzierung erscheint sachgerecht.

Die Vorschrift des § 836 Abs. 2 ist über ihren Wortlaut hinaus zugunsten des Drittschuldners auch in seinem Verhältnis gegenüber einem Pfändungsgläubiger des Schuldners anzuwenden, da dieser mit der Pfändung und Überweisung an die Stelle des ursprünglichen Gläubigers (Pfändungsschuldners) tritt und der Drittschuldner auch insoweit in seinem Vertrauen auf die Wirksamkeit eines Überweisungsbeschlusses geschützt werden muß.[70]

Beispiel: Die Forderung des S gegen DS läßt G1 pfänden und sich überweisen. Einen Tag danach ergeht zugunsten des G2 ein diese Forderung betreffender Pfändungs- und Überweisungsbeschluß. DS zahlt an G1. Danach stellt sich heraus, daß der zugunsten des G1 ergangene Pfändungs- und Überweisungsbeschluß unwirksam ist. In entsprechender Anwendung des § 836 Abs. 2 wird DS durch seine Zahlung an G1 von seiner Schuld befreit.

Allerdings setzt die Anwendung des § 836 Abs. 2 stets voraus, daß die gepfändete Forderung dem Vollstreckungsschuldner tatsächlich zugestanden hat, weil sonst Pfändung und Überweisung ins Leere fallen (vgl. o. RdNr. 532).[71] Hätte in dem Beispielsfall S seine Forderung gegen DS vor der Pfändung an X abgetreten, dann kommt ein Schutz des DS nach § 836 Abs. 2 nicht in Betracht. Allerdings kann zugunsten des DS die Regelung des § 408 Abs. 2 iVm. § 407 BGB eingreifen, wenn er in Unkenntnis von der Abtretung an G1 zahlt.[72]

Bereits aufgrund des Pfändungsbeschlusses ist der **Drittschuldner** **538** **verpflichtet,** dem Gläubiger Auskünfte über die gepfändete Forderung zu erteilen (vgl. § 840). Der Drittschuldner ist **berechtigt,** dem Vollstreckungsgläubiger alle (materiellrechtlichen) Einwendungen und Einreden entgegenzuhalten, die ihm zur Zeit der Pfändung gegen den Gläubiger (Vollstreckungsschuldner) zustehen (§§ 404, 412 BGB analog).[73] Nach Maßgabe des § 392 BGB ist er auch zu einer Aufrechnung mit einer Forderung gegen den Schuldner berechtigt.[74] Schließlich

---

[68] BGH NJW 1993, 735, 737 m. weit. Nachw. auch zur Gegenauffassung.
[69] BGH NJW 1994, 3225, 3226.
[70] BGHZ 66, 394, 396 f. = NJW 1976, 1453.; aA *Stein/Jonas/Münzberg* § 836 RdNr. 9 ff.
[71] Vgl. BGH NJW 1988, 495.
[72] Vgl. BGHZ 105, 358, 359 f. = NJW 1989, 905.
[73] BGHZ 93, 71, 78 = NJW 1985, 863.
[74] Lesenswert dazu BGH NJW 1980, 584.

kann er sich mit der Vollstreckungserinnerung nach § 766 auf die Unwirksamkeit der Pfändung und Überweisung berufen.[75] Dagegen sind ihm Einwendungen gegen die titulierte Forderung versagt; solche Einwendungen muß der Schuldner selbst im Wege der Drittwiderspruchsklage nach § 767 geltend machen (dazu Einzelheiten später).[76]

539   Ist eine Geldforderung durch eine **Hypothek** gesichert, dann ergeben sich durch diese Sicherung einige Besonderheiten, die bei der Pfändung und Verwertung berücksichtigt werden müssen. Dies ist in § 830 für die Pfändung und in § 837 für die Verwertung geschehen. Danach gilt folgendes:

– Bei der **Pfändung** einer hypothekarisch gesicherten Forderung muß darauf Rücksicht genommen werden, daß die Übertragung einer solchen Forderung nach materiellem Recht nur zusammen mit der Hypothek vorgenommen werden kann (vgl. § 1153 BGB). Deshalb muß der Pfändungsakt auch auf die Hypothek erstreckt werden. Dies geschieht bei einer **Briefhypothek** durch Übergabe des Hypothekenbriefes, die neben dem Pfändungsbeschluß erforderlich ist (§ 830 Abs. 1 S. 1). Übergibt der Schuldner den Brief nicht freiwillig, dann kann der Gläubiger ihn aufgrund des Pfändungsbeschlusses durch den Gerichtsvollzieher wegnehmen lassen (§ 830 Abs. 1 S. 2); bei dieser sog. Hilfspfändung handelt es sich nicht um eine Zwangsvollstreckung wegen einer Geldforderung, sondern um eine Vollstreckung zur Herausgabe einer Sache, des Hypothekenbriefs, aufgrund der §§ 883 ff. (vgl. u. RdNr. 565 ff.). Ist ein Dritter im Besitz des Hypothekenbriefes, dann kann der Gläubiger den Anspruch des Vollstreckungsschuldners gegen den Dritten aufgrund des Pfändungsbeschlusses pfänden und sich überweisen lassen. Die Rechtsgrundlage für diese Pfändung findet sich in § 886. Ist allerdings der Dritte nicht zur Herausgabe des Briefes bereit, dann muß der Gläubiger auf Herausgabe des Briefes klagen.[77] Bei der **Buchhypothek** muß neben dem Pfändungsbeschluß die Eintragung der Pfändung im Grundbuch vorgenommen werden (§ 830 Abs. 1 S. 3).
   Die **Zustellung des Pfändungsbeschlusses** ist bei einer hypothekarisch gesicherten Forderung – anders als bei anderen Geldforderungen (vgl. o. RdNr. 533 f.) – keine Wirksamkeitsvoraussetzung, weil sie durch die Grundbucheintragung oder die Briefübergabe ersetzt wird. Dennoch kommt der Zustellung des Pfändungsbeschlusses an den Drittschuldner insoweit Bedeutung zu, daß nach § 830 Abs. 2 die

---

[75] *Rosenberg/Gaul/Schilken* § 55 II 1 c cc.
[76] Vgl. BAG NJW 1989, 1053.
[77] Vgl. *Brox/Walker* RdNr. 679 ff. (auch zu dem Fall, daß sich der Brief beim Grundbuchamt befindet).

Pfändung vor der Übergabe des Hypothekenbriefes oder der Eintragung der Pfändung mit der Zustellung als bewirkt gilt.

– Die **Verwertung** geschieht regelmäßig durch Überweisung entweder an Zahlungs Statt oder zur Einziehung; bei einer Hypothek mit sicherer Rangstelle ist die Überweisung an Zahlungs Statt für den Gläubiger nicht wie sonst (vgl. o. RdNr. 536) mit Risiken verbunden. Bei der Briefhypothek bedarf es nicht der Zustellung des Überweisungsbeschlusses, sondern es genügt nach § 837 Abs. 1 S. 1 die Aushändigung an den Gläubiger. Bei Überweisung einer durch Buchhypothek gesicherten Forderung an Zahlungs Statt ist die Eintragung im Grundbuch erforderlich, weil dadurch der Gläubiger neuer Inhaber der Hypothek wird (§ 837 Abs. 1 S. 2). Dagegen ist bei einer Überweisung zur Einziehung auch bei der Buchhypothek lediglich die Aushändigung des Überweisungsbeschlusses an den Gläubiger notwendig.

2. Ansprüche auf Herausgabe

Vollstreckt der Gläubiger wegen seiner (titulierten) Geldforderung **540** gegen den Schuldner in einen diesem zustehenden Anspruch auf Herausgabe (= Besitzübertragung) oder Leistung (= Übereignung) körperlicher (= beweglicher oder unbeweglicher) Sachen, dann gelten nach § 846 neben den Vorschriften über die Pfändung von Geldforderungen (§§ 829 bis 845) ergänzend noch die §§ 847 bis 849. Die zusätzlichen Regelungen sind erforderlich, weil mit der Vollstreckung in solche Ansprüche dem Geldgläubiger allein noch nicht geholfen ist, sondern er auf den Gegenstand selbst zugreifen können muß, auf den der Anspruch gerichtet ist, um eine Befriedigung zu erhalten.

Beispiel: Glaub hat ein Urteil gegen Schuld erwirkt, nach dem Schuld an ihn 500,– DM zu zahlen hat. Schuld hat einen PC an Dritt verliehen, der nicht zur Herausgabe an den Gerichtsvollzieher bereit ist (§ 809). In diesem Fall kann Glaub den Anspruch des Schuld nach § 985 BGB auf Herausgabe (und/oder auf Rückgabe nach § 604 Abs. 1 BGB) gegen Dritt pfänden lassen. Die Pfändung geschieht hier ebenfalls durch einen Pfändungsbeschluß, der Dritt zuzustellen ist (§ 829 iVm. § 846). In dem Beschluß wird angeordnet, daß die Sache an einen vom Gläubiger zu beauftragenden Gerichtsvollzieher herauszugeben sei (§ 847 Abs. 1).

Die Pfändung des Herausgabeanspruchs (oder Leistungsanspruchs) **541** bewirkt, daß der Anspruch verstrickt und mit einem Pfändungspfandrecht belastet wird (vgl. o. RdNr. 534). Gibt der Drittschuldner die gepfändete Sache freiwillig an den Gerichtsvollzieher heraus, dann tritt an die Stelle der Verstrickung und des Pfändungspfandrechts an dem Herausgabeanspruch die Verstrickung und das Pfändungspfandrecht an der herausgegebenen Sache.

Diese **Surrogation** ist im Gesetz allerdings nur ausdrücklich für Ansprüche auf Übertragung des Eigentums an einem Grundstück in § 848 Abs. 2 S. 2 angeordnet, wird jedoch nach allgemeiner Meinung auch in bezug auf bewegliche Sachen bejaht, wenn sie dem Schuldner gehören. Streitig ist dagegen, ob bei schuldnerfremden Sachen lediglich die Verstrickung eintritt oder auch ein Pfändungspfandrecht entsteht.[78] Hier wirkt sich wiederum der Meinungsstreit über das Wesen und die Voraussetzungen des Pfändungspfandrechts aus (vgl. dazu o. RdNr. 523).

Wurde ein Anspruch auf Übereignung einer beweglichen Sache gepfändet und erhält der Gerichtsvollzieher die Sache von dem Drittschuldner, dann erwirbt der Schuldner nach § 929 S. 1 BGB das Eigentum an der Sache. In der Übergabe liegt die (stillschweigende) Erklärung des Drittschuldners, daß der Schuldner Eigentümer der Sache werden solle, und diese Erklärung wird vom Gerichtsvollzieher als Vertreter des Schuldners entgegengenommen (§ 164 Abs. 3 BGB, wobei sich die Vertretungsmacht aus seiner amtlichen Stellung und dem Vollstreckungsauftrag herleitet); die Übergabe an den Schuldner wird durch Erwerb mittelbaren Besitzes (Gerichtsvollzieher als Besitzmittler) vollzogen. Kraft Surrogation entstehen dann an der Sache Verstrickung und Pfändungspfandrecht.

542   Verweigert der Drittschuldner die Herausgabe der Sache, dann muß sich der Gläubiger den Anspruch zur Einziehung überweisen lassen. Eine Überweisung an Zahlungs Statt ist ausgeschlossen (§ 849), weil der Anspruch keinen Nennwert hat. Nach Überweisung des Anspruchs kann der Gläubiger gegen den Drittschuldner Klage auf Herausgabe der Sache an den Gerichtsvollzieher erheben. Hat er mit dieser Klage Erfolg, dann kann er die Herausgabe aufgrund des von ihm gegen den Drittschuldner erstrittenen Urteils im Wege der Zwangsvollstreckung nach § 883 durchsetzen.

543   Gibt der Drittschuldner die Sache (freiwillig oder gezwungen) an den Gerichtsvollzieher heraus, dann hat sie der Gerichtsvollzieher nach den gleichen Regeln zu verwerten wie gepfändete Sachen (§ 847 Abs. 2; vgl. dazu o. RdNr. 525 ff.). Betrifft der Anspruch auf Herausgabe oder Leistung ein Grundstück, dann hat die Herausgabe nach § 848 Abs. 1 auf Antrag des Gläubigers an einen vom Amtsgericht (Rechtspfleger) zu bestellenden Sachwalter, den sog. Sequester, zu geschehen. Ist der Anspruch auf Übertragung des Eigentums gerichtet, so hat die Auflassung an den Sequester als Vertreter des Schuldners zu erfolgen (§ 848 Abs. 2 S. 1).

Bei der Pfändung eines Herausgabeanspruches ist die Vollstreckung beendet, wenn der Sequester Besitz an dem Grundstück erlangt hat. Ein Pfändungspfandrecht an der Sache (Grundpfandrecht an dem Grundstück) entsteht in diesem Fall nicht. Denn ein solches Grundpfandrecht ist nach § 848 Abs. 2 S. 2 nur für die Pfändung eines Anspruchs auf Grundstücksübereignung vorgesehen.

544   Mit der Herausgabe des Grundstücks oder seiner Auflassung an den Sequester ist die Anspruchspfändung abgeschlossen. Die Verwertung des

---

[78] Vgl. *Brox/Walker* RdNr. 704, die als Vertreter der sog. gemischten Theorie die Entstehung eines Pfandrechts verneinen; aA dagegen *Stein/Jonas/Münzberg* § 804 RdNr. 10, § 847 RdNr. 12.

Grundstücks geschieht in einem selbständigen Verfahren nach den für die Zwangsvollstreckung in unbewegliche Sachen geltenden Vorschriften (§ 848 Abs. 3; vgl. dazu u. RdNr. 553 ff.). Diese Zwangsvollstreckung wird nicht aufgrund des Pfändungsbeschlusses, sondern aufgrund des Zahlungstitels durchgeführt.[79]

3. Andere Vermögensrechte

Als andere Vermögensrechte sind alle die Gegenstände des beweglichen Vermögens anzusehen, die nicht zu den Sachen, den Geldforderungen oder den Ansprüchen auf Herausgabe oder Leistung von Sachen zählen. Für die Zwangsvollstreckung in diese (anderen) Vermögensrechte verweist § 857 Abs. 1 auf die entsprechende Anwendung der §§ 829 ff. Hieraus folgt, daß nur solche Rechte der Pfändung unterworfen sind, die übertragen werden können (§ 851 iVm. § 857 Abs. 1). **545**

In Betracht kommen beispielsweise Grundschulden, Rentenschulden, Reallasten, Anwartschaftsrechte, Patentrechte.

Aus der in § 857 Abs. 1 ausgesprochenen Verweisung auf die §§ 829 ff. ergibt sich auch, daß die **Pfändung** anderer Vermögensrechte durch Pfändungsbeschluß vorgenommen wird, der regelmäßig mit der Zustellung an den Drittschuldner wirksam wird (§ 829 Abs. 3). Als Drittschuldner ist im Rahmen des § 857 jeder anzusehen, der an dem gepfändeten Recht beteiligt ist wie beispielsweise andere Miteigentümer und Miterben.[80] Gibt es keine anderen Beteiligten, wie z. B. bei der Pfändung von Patent- oder Urheberrechten, dann wird die Pfändung durch Zustellung des Pfändungsbeschlusses an den Schuldner selbst vollzogen (§ 857 Abs. 2). Die Verwertung des Vermögensrechts durch Überweisung setzt voraus, daß der Gläubiger an die Stelle des Schuldners treten kann. Handelt es sich um ein unveräußerliches Recht, dessen Ausübung einem anderen überlassen werden kann und das nach § 857 Abs. 3 der Pfändung unterworfen ist, wie beispielsweise der Nießbrauch oder beschränkte Dienstbarkeiten wie Wohnrechte (vgl. §§ 1059, 1092, 1093 BGB), dann kann das Gericht nach § 857 Abs. 4 eine Verwaltung anordnen, deren Erträge dem Gläubiger zugute kommen. **546**

Gegenstand eines schon seit langem geführten Meinungsstreits ist die **Pfändung** und Verwertung **eines Anwartschaftsrechts**, wie es beispielsweise dem Erwerber einer unter Eigentumsvorbehalt übertragenen beweglichen Sache zusteht. **547**

Beispiel: Volz verkauft Kunz einen Videorecorder zum Preise von 2.000,– DM. Der Kaufpreis soll in fünf Raten zu jeweils 400,– DM gezahlt werden. Volz behält

---

[79] *MK/Smid* § 848 RdNr. 11.
[80] Eingehende Übersichten finden sich bei *Stein/Jonas/Münzberg* § 857 RdNr. 17 ff. und *MK/Smid* § 857 RdNr. 15 ff.

sich das Eigentum an dem Recorder bis zur vollständigen Zahlung des Kaufpreises vor. Nachdem Kunz vier Raten bezahlt hat, will Glaub aufgrund eines vollstreckbaren Titels gegen Kunz den Videorecorder pfänden lassen. Wie hat er am besten vorzugehen?

Die Pfändung und Überweisung des Anwartschaftsrechts ist zwar als übertragbares Vermögensrecht grundsätzlich zulässig, seine Verwertung wird jedoch regelmäßig keinen befriedigenden Erlös bringen. Vielmehr muß der Gläubiger versuchen, auf die Sache selbst zuzugreifen. Läßt aber der Gläubiger die Sache pfänden, dann wird sich der Vorbehaltskäufer aufgrund seines Eigentums nach § 771 Abs. 1 gegen die Pfändung wehren und die Verwertung der Sache verhindern (dazu Einzelheiten später). Der Gläubiger kann dieser Intervention des Eigentümers dadurch begegnen, daß er die Bedingung zum Erwerb des Eigentums durch den Vorbehaltskäufer herbeiführt, also den Kaufpreisrest an den Vorbehaltsverkäufer aus eigenen Mitteln zahlt. Dazu wird der Gläubiger bereit sein, wenn der zu erwartende Erlös bei Verwertung der Sache nicht nur den Kaufpreisrest, sondern darüber hinaus auch die Forderung zumindest zum Teil abdeckt. Glaub muß also bei einer Pfändung des Videorecorders erwägen, ob er den Restkaufpreis in Höhe von 400,– DM an Volz zahlt, um zu vermeiden, daß dieser gegen Pfändung und Verwertung des Recorders mit Erfolg vorgeht.

Die Antwort auf die Frage, wie sich der Gläubiger am besten bei Pfändung unter Eigentumsvorbehalt gekaufter Sachen zu verhalten hat, scheint damit gefunden zu sein: Er läßt die Sache selbst pfänden und zahlt den Kaufpreisrest an den Eigentümer, wenn sich dies für ihn wirtschaftlich lohnt; andernfalls sieht er von einer Pfändung ab oder gibt die Sache frei, wenn sie vom Gerichtsvollzieher gepfändet wurde.[81] Der Meinungsstreit wird durch die in der Praxis wohl recht selten vorkommende Möglichkeit des Vorbehaltseigentümers veranlaßt, den ihm angebotenen Restkaufpreis zurückzuweisen, wozu er nach § 267 Abs. 2 BGB berechtigt ist, wenn der Schuldner der Zahlung seiner Schuld durch den Gläubiger widerspricht. Um dem Vorbehaltseigentümer dieses (wohl allenfalls bei engen Beziehungen zum Schuldner genutzte) Recht zu nehmen, empfiehlt die hM neben der Pfändung der Sache noch die Pfändung des Anwartschaftsrechts, weil dann der Vorbehaltsverkäufer nicht mehr befugt ist, den Kaufpreisrest zurückzuweisen (sonst gilt nach § 162 Abs. 1 BGB die Bedingung für den Eigentumsübergang als eingetreten) und er überdies nach § 840 zur Auskunft darüber verpflichtet ist, auf welchen Betrag sich seine Forderung beläuft (wenn er nicht freiwillig vorher diese Auskunft geben will). Die Pfändung des Anwartschaftsrechts geschieht nach § 857 iVm. § 829, wobei der Vorbehaltsverkäufer als Drittschuldner anzusehen ist (vgl. o. RdNr. 546). Dieser herrschenden **Theorie von der Doppelpfändung**[82] stehen andere Auffassungen gegenüber:

– Die **Theorie der reinen Rechtspfändung** nimmt an, daß die Pfändung des Anwartschaftsrechts allein genüge, weil sich das an diesem Recht entstandene Pfändungspfandrecht kraft Surrogation nach Bedingungseintritt an der Sache (am Eigentum) fortsetze.[83] Diese Surrogation wird mit einer Analogie zu § 847 ZPO und § 1287 BGB begründet. Gegen diesen Analogieschluß spricht jedoch die fehlende Ähnlichkeit zwischen dem geregelten und dem ungeregelten Tatbestand

---

[81] Zu der Freigabeerklärung des Gläubigers muß dann bei beweglichen Sachen (anders als bei Forderungen, vgl. § 843) noch die Freigabe durch das Vollstreckungsorgan hinzukommen, um die Verstrickung der Sache aufzuheben (vgl. *Rosenberg/Gaul/Schilken* § 50 III 1 e bb m. Nachw.).

[82] BGH NJW 1954, 1325; *Doderer* NJW 1991, 878, 879 f.; *Rosenberg/Gaul/Schilken* § 58 III 4; *Jauernig* ZVR § 20 III 2; *Arens/Lüke* RdNr. 661 f.

[83] *Baur/Stürner* RdNr. 550; *Schlosser* II RdNr. 222.

(vgl. GK BGB RdNr. 720), denn sowohl im Falle des § 1287 S. 1 BGB als auch im Falle des § 847 (dazu o. RdNr. 541) hat der Gläubiger (Gerichtsvollzieher) anders als bei Pfändung des Anwartschaftsrechts Besitz an der Sache, an der das Pfändungspfandrecht kraft Surrogation entsteht. Der Besitz ist aber erforderlich, um nach außen erkennbar zu machen, daß dem Pfandgläubiger ein Recht an der Sache zusteht (Publizitätserfordernis).[84]

– Die **Theorie der Rechtspfändung in Form der Sachpfändung** will die Pfändung des Anwartschaftsrechts nicht nach § 857, sondern nach § 808 dadurch vornehmen lassen, daß der Gerichtsvollzieher die Sache, an der das Pfändungspfandrecht besteht, in Besitz nimmt; dadurch werde zwar die Sache verstrickt, an ihr entstehe jedoch kein Pfändungspfandrecht, sondern nur an dem Anwartschaftsrecht.[85] Bei Bedingungseintritt wandle sich dann dieses Pfandrecht am Anwartschaftsrecht in eines an der Sache, wobei die Bedenken gegen die Theorie der reinen Rechtspfändung wegen der fehlenden Publizität ausgeräumt seien. Dies mag zwar zutreffen, jedoch ruft diese Meinung andere mindestens ebenso gravierende Bedenken durch die von ihr vorgenommene Vermengung von Regeln der Rechts- und der Sachpfändung hervor.[86]

– Schließlich wird noch die **Theorie der reinen Sachpfändung** vertreten, nach der mit Pfändung der Sache nach § 808 Abs. 1 auch zugleich das Anwartschaftsrecht gepfändet werde. Der Eigentümer könne der Vollstreckung in seine Sache nicht nach § 771 widersprechen, da ihm lediglich die Stellung des Inhabers eines besitzlosen Pfandrechts zukäme und er dementsprechend nur eine vorzugsweise Befriedigung aus dem Versteigerungserlös verlangen könne (zu § 805 Einzelheiten später).[87] Da jedoch Vorbehaltseigentum vollwertiges Eigentum darstellt, das mit der Klage aus § 771 verfolgt werden kann (so die ganz hM; vgl. dazu u. RdNr. 591), kann dieser Auffassung schon deshalb nicht zugestimmt werden.

Die Theorie von der Doppelpfändung mag zwar umständlich vorgehen, wobei sich allerdings in der Praxis die Schwierigkeiten kaum ergeben dürften, die von ihr ausgeräumt werden sollen,[88] sie vermeidet jedoch die dogmatischen Bedenken, die gegen die anderen Theorien bestehen. Nach der Theorie von der Doppelpfändung ist auch zu verfahren, wenn in das **Anwartschaftsrecht des Sicherungsgebers** vollstreckt wird, das ihm zusteht, wenn er zur Sicherung einer Forderung eine bewegliche Sache unter der (auflösenden) Bedingung auf den Forderungsgläubiger übertragen hat, daß bei vollständiger Erfüllung der gesicherten Forderung das Eigentum an ihn zurückfallen solle.

Nach hM wird eine **Eigentümergrundschuld** wie eine Grundschuld, **548** also gemäß § 857 Abs. 6 nach den Vorschriften über die Zwangsvollstreckung in eine hypothekarisch gesicherte Forderung, gepfändet.[89] Es ist also neben dem Pfändungsbeschluß noch die Übergabe des Grundschuldbriefes bei einer Briefgrundschuld oder die Eintragung der Pfändung im Grundbuch bei einer Buchgrundschuld erforderlich (vgl. o.

---

[84] *Brox/Walker* RdNr. 809.
[85] *Brox/Walker* RdNr. 812 ff.
[86] *Jauernig* (Fn. 82).
[87] *Hübner* NJW 1980, 729, 733 f; *Kupisch* JZ 1976, 417, 426 f.
[88] Darauf verweist mit Recht *Jauernig* (Fn. 82).
[89] BGH NJW-RR 1989, 637; *Brox/Walker* RdNr. 742; *Baumbach/Lauterbach/Hartmann* § 857 RdNr. 15 ff. m. weit. Nachw.

RdNr. 539). Die Erfüllung dieser Voraussetzungen kann bei der sog. verdeckten Eigentümergrundschuld Schwierigkeiten bereiten, bei der die Eigentümergrundschuld aus einer Fremdhypothek hervorgegangen ist (vgl. §§ 1163 Abs. 1 S. 2, 1177 Abs. 1 BGB), der Grundschuldinhaber aber weder im Grundbuch eingetragen noch im Besitz des Briefes ist. Diese Schwierigkeiten vermeidet eine Gegenauffassung, die auf die Pfändung der Eigentümergrundschuld die Vorschrift des § 857 Abs. 2 anwendet, weil es sich bei ihr um ein schuldnerloses Recht handele und deshalb für ihre Pfändung die Zustellung des Pfändungsbeschlusses an den Inhaber der Eigentümergrundschuld (= Grundstückseigentümer) genüge.[90]

c) Mehrfache Pfändung

1. Rechtsfolgen

549 Eine bewegliche Sache, eine Forderung oder ein sonstiges Recht können mehrfach gepfändet werden. Es entstehen dann auch mehrere Pfändungspfandrechte, von denen das früher begründete dem späteren vorgeht (§ 804 Abs. 3); es gilt also das sog. Präventions- oder **Prioritätsprinzip**. Eine gleichzeitige Pfändung läßt gleichrangige Pfandrechte entstehen.

Die Rangfolge ist von entscheidender Bedeutung, wenn der Erlös nicht zur Abdeckung aller Geldforderungen ausreicht, wegen derer vollstreckt worden ist. Dann erhält zunächst der Pfandgläubiger den Erlös bis zu seiner vollständigen Befriedigung, dessen Pfandrecht im Rang vorgeht, bevor der nachfolgende Pfandgläubiger berücksichtigt wird. Gebührt mehreren Gläubigern der gleiche Rang, dann wird der Erlös nach der Höhe ihrer Forderungen verteilt, also prozentual (zum Verteilungsverfahren vgl. u. RdNr. 551).

550 Die erneute Pfändung einer bereits gepfändeten beweglichen Sache kann in der gleichen Weise wie die Erstpfändung durchgeführt werden (vgl. § 808), sie kann jedoch auch in erleichterter Form als sog. **Anschlußpfändung** gemäß § 826 vollzogen werden. Die Pfändung von Forderungen und anderen Rechten geschieht stets in derselben Weise, nämlich durch mehrere Pfändungsbeschlüsse; eine Anschlußpfändung kennt das Gesetz in diesen Fällen nicht.

Ist eine Geldforderung für mehrere Gläubiger gepfändet, so ist der Drittschuldner berechtigt und auf Verlangen eines Gläubigers verpflichtet, den Schuldbetrag zu hinterlegen (vgl. § 853). Bei mehrfacher Pfändung von Ansprüchen auf Herausgabe oder Leistung körperlicher Sachen (vgl. o. RdNr. 540 ff.) darf und muß auf Verlangen eines Gläubigers der Drittschuldner nach § 854 Abs. 1 die Sache dem in dieser Vorschrift näher bezeichneten Gerichtsvollzieher aushändigen. An der Sache entstehen dann Pfändungspfandrechte (vgl. o. RdNr. 541) in der Reihenfolge der Pfän-

---

[90] So *Baur/Stürner* RdNr. 552 f.; *Jauernig* ZVR § 20 III 3. Vgl. zu diesem Meinungsstreit *Brox/Walker* RdNr. 737 ff.

dung des Herausgabeanspruchs. Betrifft der Anspruch eine unbewegliche Sache, so ist sie an einen Sequester herauszugeben (§ 855). Jeder Gläubiger, dem der Anspruch überwiesen wurde, ist berechtigt, gegen den Drittschuldner Klage auf Erfüllung der nach den Vorschriften der §§ 853 bis 855 diesem obliegenden Verpflichtungen zu erheben (§ 856 Abs. 1); tritt ein weiterer Gläubiger dem Kläger bei (§ 856 Abs. 2), dann wird er dessen notwendiger Streitgenosse (vgl. o. RdNr. 198).

Bei der Verwertung ergibt sich eine gleiche Situation wie bei der mehrfachen Pfändung einer beweglichen Sache. Ist der Erlös zur Deckung der Forderung nicht ausreichend und verlangt der Gläubiger, für den die zweite oder eine spätere Pfändung erfolgt ist, ohne Zustimmung der übrigen beteiligten Gläubiger eine andere Verteilung als nach der Reihenfolge der Pfändung, so hat der Gerichtsvollzieher die Sachlage unter Hinterlegung des Erlöses dem zuständigen Amtsgericht anzuzeigen (§ 827 Abs. 2, § 854 Abs. 2).

2. Verteilungsverfahren

Ist nach den oben dargestellten Regeln ein Geldbetrag hinterlegt **551** worden, der zur Befriedigung der beteiligten Gläubiger nicht ausreicht, dann hat nach § 872 ein Verteilungsverfahren stattzufinden, für das die §§ 873 bis 882 gelten. Das Verteilungsverfahren ist in diesen Fällen der einzige Weg für die Gläubiger, den hinterlegten Betrag zu erhalten; jedes andere Vorgehen ist unzulässig.

Aus der im Gesetz getroffenen Regelung (bitte lesen!) folgt, daß ein Gläubiger, der dem vom Verteilungsgericht (durch den Rechtspfleger, vgl. § 20 Nr. 17 RPflG) aufgestellten Plan widerspricht und dessen Widerspruch sich nicht nach § 876 S. 3 erledigt, Klage innerhalb eines Monats gegen die beteiligten anderen Gläubiger erheben muß (§ 878 Abs. 1). Allerdings kann ein Gläubiger, der gegen den Teilungsplan nicht rechtzeitig geklagt hat, sein besseres Recht im Wege der Bereicherungsklage gegen denjenigen verfolgen, der den Erlös erhalten hat, der dem Kläger gebührt (§ 878 Abs. 2). Dieses Recht steht aber auch über den Wortlaut des Gesetzes hinaus dem Gläubiger zu, der keinen Widerspruch gegen den Teilungsplan erhoben hat.[91]

Einschub: Die Zwangsvollstreckung in Anteilsrechte

Steht ein Recht dem Schuldner nicht allein, sondern nur gemeinsam **552** mit anderen Personen zu, dann kommt eine Zwangsvollstreckung nicht in das Recht insgesamt, sondern nur in die Mitberechtigung des Schuldners in Betracht. Die sich hierbei ergebenden Besonderheiten, die bei einzelnen Mitberechtigungen unterschiedlich ausfallen, sollen im folgenden betrachtet werden:

– Daß der Gesellschafter einer **BGB-Gesellschaft** nicht über seinen Anteil an dem Gesellschaftsvermögen oder an den einzelnen dazu gehörenden Gegenständen verfügen kann (§ 719 Abs. 1 BGB), ist Folge der Rechtsnatur dieser Gesellschaft als Gesamthandsgemeinschaft. Deshalb ist nach § 851 Abs. 1 eine Pfändung dieser Anteile

---

[91] *Zöller/Stöber* § 878 RdNr. 17 m. Nachw.

ausgeschlossen. Dies wird jedoch durch § 859 Abs. 1 S. 2 nur für den Anteil eines Gesellschafters an den einzelnen zu dem Gesellschaftsvermögen gehörenden Gegenständen bestätigt, während S. 1 dieser Vorschrift ausdrücklich (entgegen § 851 Abs. 1) die Pfändung des Anteils am Gesellschaftsvermögen zuläßt, um dem Gläubiger eines Gesellschafters den Zugriff auf diesen Vermögenswert nicht zu versperren. Die Pfändung des Gesellschaftsanteils wird nach § 857 Abs. 1, § 829 vorgenommen.

Gestritten wird über die Frage, ob bei Pfändung eines Anteils am Gesellschaftsvermögen die Gesellschafter als Drittschuldner anzusehen sind und ob infolgedessen der Pfändungsbeschluß an sämtliche Mitgesellschafter zugestellt werden muß. Der BGH[92] vertritt die Auffassung, daß Drittschuldner die Gesamthand sei und daß an diese, vertreten durch ihren Geschäftsführer, der Pfändungsbeschluß zugestellt werden müsse. Der Gläubiger kann aufgrund der Pfändung des Anteils die Gesellschaft kündigen, sofern der Schuldtitel nicht lediglich vorläufig vollstreckbar ist (§ 725 Abs. 1 BGB), um an Stelle des Schuldners die Auseinandersetzung nach § 731 BGB herbeizuführen und auf das Auseinandersetzungsguthaben zugreifen zu können, das von seinem Pfandrecht umfaßt wird. Vor der Kündigung und der dadurch bedingten Auflösung der Gesellschaft steht ihm nur das Recht auf den Gewinnanteil zu (§ 725 Abs. 2 BGB). Die gesellschaftlichen Mitgliedschaftsrechte gehen dagegen durch die Pfändung des Anteils nicht auf den Gläubiger über, sondern bleiben wegen ihres höchstpersönlichen Charakters beim Schuldner. Werden der Gewinnanspruch und der Anspruch auf das Auseinandersetzungsguthaben, die nach § 717 S. 2 BGB übertragbar und damit auch selbständig pfändbar sind, separat gepfändet, dann kann der Gläubiger nicht verhindern, daß der Schuldner vor Entstehung der Ansprüche mit Zustimmung der übrigen Gesellschafter über seinen Gesellschaftsanteil verfügt und damit die Pfändung der künftigen Einzelansprüche gegenstandslos werden läßt.[93] In das Gesellschaftsvermögen als Ganzes kann nur vollstreckt werden, wenn der Gläubiger einen Titel gegen alle Gesellschafter besitzt (§ 736); es muß sich jedoch nicht um einen einheitlichen Titel handeln, sondern es genügt, daß er verschiedene inhaltsgleiche Titel gegen die Gesellschafter vorlegen kann (Urteil gegen den Gesellschafter A, Vergleich mit dem Gesellschafter B[94]).

– Die dargestellten Regeln für die BGB-Gesellschaft gelten nach § 105 Abs. 2, § 161 Abs. 2 HGB entsprechend auch für die **OHG** und die **KG**, soweit sich nicht aus dem HGB abweichende Vorschriften ergeben. Dementsprechend kann der Anteil eines Gesellschafters an einer OHG oder einer KG gepfändet und zur Einziehung dem Gläubiger überwiesen werden (§ 859 Abs. 1, § 857 Abs. 1 iVm. §§ 829, 835). Drittschuldner ist die Gesellschaft. Bei der Kündigung durch den Gläubiger ist die Vorschrift des § 135 HGB (§ 161 Abs. 2 HGB) zu beachten.

OHG und KG sind passiv vollstreckungsfähig. Um in das Gesellschaftsvermögen vollstrecken zu können, ist ein gegen die Gesellschaft gerichteter Titel erforderlich (§ 124 Abs. 2, § 161 Abs. 2 HGB).

---

[92] BGHZ 97, 392, 394 f. = NJW 1986, 1991.
[93] Vgl. *Brox/Walker* RdNr. 774.
[94] *Zimmermann* § 736 RdNr. 1.

– Jeder **Miterbe** kann über seinen Anteil am Nachlaß verfügen (§ 2033 Abs. 1 S. 1 BGB), jedoch nicht über seinen Anteil an den einzelnen Nachlaßgegenständen (§ 2033 Abs. 2 BGB). Dementsprechend kann der Anteil eines Miterben an dem Nachlaß gepfändet werden, nicht dagegen sein Anteil an den Nachlaßgegenständen (§ 859 Abs. 2 iVm. Abs. 1). Der Schuldner bleibt trotz Pfändung Miterbe und kann deshalb auch die Erbschaft ausschlagen und dadurch die Pfändung gegenstandslos werden lassen.

Zur Zwangsvollstreckung in einen Nachlaß ist, wenn mehrere Erben vorhanden sind, bis zur Teilung ein Titel gegen alle Erben erforderlich (§ 747), der jedoch ebenso wie bei § 736 nicht einheitlich zu sein braucht.

– Die Anteile an einer bestehenden **ehelichen Gütergemeinschaft** (§§ 1415 ff. BGB), auch an einer fortgesetzten (§§ 1483 ff. BGB), sind unpfändbar. Dies wird ausdrücklich durch § 860 Abs. 1 bestimmt, ergibt sich aber bereits aus § 851 Abs. 1, da über diese Anteile nicht verfügt werden kann (§ 1419 Abs. 1, § 1487 Abs. 1 BGB). In das Gesamtgut kann jedoch nach Maßgabe der §§ 740, 741, 745 Abs. 1 vollstreckt werden. Nach Beendigung der Gütergemeinschaft ist der Anteil an dem Gesamtgut zugunsten der Gläubiger des Anteilsberechtigten der Pfändung unterworfen (§ 860 Abs. 2).[95]

Bei der Zwangsvollstreckung gegen Ehegatten ist jedoch zu berücksichtigen, daß den gesetzlichen Güterstand die **Zugewinngemeinschaft** bildet (§ 1363 Abs. 1 BGB). Bei diesem Güterstand besteht Gütertrennung (§ 1363 Abs. 2 BGB). Dies bedeutet, daß die Zwangsvollstreckung in das Vermögen jedes Ehegatten aufgrund eines gegen ihn gerichteten Titels zulässig ist. Soll die Zwangsvollstreckung in eine bewegliche Sache vorgenommen werden, die sich in der ehelichen Wohnung befindet, dann wird regelmäßig Mitgewahrsam beider Ehegatten bestehen, so daß der Ehegatte des Schuldners, wenn er nicht zur Herausgabe bereit ist, sich auf seinen Mitgewahrsam berufen und gegen die Pfändung Vollstreckungserinnerung nach § 766 einlegen könnte (vgl. o. RdNr. 519). In diesem Fall hilft § 739 dem vollstreckenden Gläubiger dadurch, daß die Eigentumsvermutung des § 1362 BGB auf den Gewahrsam ausgedehnt wird und der Gerichtsvollzieher folglich vom Alleingewahrsam des schuldenden Ehegatten ausgehen darf. Da § 739 eine nicht widerlegbare Vermutung schafft, kann der andere Ehegatte auch nicht durch Nachweis seines Eigentums die Pfändung verhindern. Vielmehr muß er in diesem Fall mit der Drittwiderspruchsklage nach § 771 gegen die Zwangsvollstreckung vorgehen.[96]

Da § 739 nicht auf Personen angewendet werden kann, die in einem eheähnlichen Verhältnis zusammenleben,[97] stellt die Vorschrift Eheleute in der Zwangsvollstreckung schlechter als Nichtverheiratete. Darin wird von einer im Schrifttum vertretenen Auffassung ein Widerspruch zum Grundrecht des Art. 6 Abs. 1 GG gesehen und deshalb die Vorschrift für verfassungswidrig gehalten.[98]

---

[95] Vgl. zu Einzelheiten *Brox/Walker* RdNr. 784.
[96] Vgl. BGH NJW 1976, 238; 1992, 1162.
[97] HM, vgl. *Zöller/Stöber* § 739 RdNr. 13 m. weit. Nachw.; aA *MK/Arnold* § 739 RdNr. 19.
[98] Vgl. *Baur/Stürner* RdNr. 288; *Brox/Walker* RdNr. 241, jeweils m. Nachw.

– Bei der **Bruchteilsgemeinschaft** kann jeder Teilhaber über seinen Anteil verfügen (§ 747 S. 1 BGB), und es kann deshalb dieser Anteil auch gepfändet werden. Hierbei ist danach zu unterscheiden, ob die Bruchteilsgemeinschaft bewegliche oder unbewegliche Sachen, Rechte oder Forderungen betrifft. Besteht an einer beweglichen Sache Miteigentum nach Bruchteilen (§§ 1008 ff. BGB), dann kann der einzelne Miteigentumsanteil durch Zustellung eines Pfändungsbeschlusses an die übrigen Miteigentümer gepfändet werden. Der Gläubiger kann sich den gepfändeten Anteil zur Einziehung überweisen lassen und die Aufhebung der Gemeinschaft verlangen (§ 751 S. 2 BGB). Die Zwangsvollstreckung in den Miteigentumsanteil an einem Grundstück geschieht nach den Regeln der Immobiliarvollstreckung (§ 864 Abs. 2; dazu sogleich). Die Zwangsvollstreckung in Anteile an Forderungen und Rechten wird nach gleichen Regeln vollzogen, wie sie für Anteile an beweglichen Sachen gelten.

d) Vollstreckung in das unbewegliche Vermögen

1. Allgemeines

553   Die Zwangsvollstreckung in das unbewegliche Vermögen wegen Geldforderungen ist nur zu einem kleinen Teil in der ZPO geregelt; überwiegend finden sich die einschlägigen Vorschriften im Gesetz über die Zwangsversteigerung und die Zwangsverwaltung – ZVG – (Schönfelder Nr. 108) (zu den Gründen vgl. o. RdNr. 502). Der Zwangsvollstreckung in das unbewegliche Vermögen unterliegen Grundstücke (§ 864 Abs. 1) einschließlich der einer Hypothekenhaftung unterfallenden Sachen und Rechte (§ 865 Abs. 1 ZPO, §§ 1120 ff. BGB) unter Einschluß des Zubehörs (§ 865 Abs. 2 ZPO, §§ 97, 98 BGB), grundstücksgleiche Rechte (§ 864 Abs. 1) wie das Erbbaurecht und das Wohnungseigentum, eingetragene Schiffe und Schiffsbauwerke (§ 864 Abs. 1), Luftfahrzeuge (§§ 171 a ff. ZVG) sowie Bruchteilseigentum an den in § 864 Abs. 2 genannten Gegenständen, dagegen nicht sog. Scheinbestandteile eines Grundstücks (§ 95 BGB).[99] Die Zwangsvollstreckung wegen Geldforderungen in das unbewegliche Vermögen kann entweder durch Eintragung einer Sicherungshypothek, durch Zwangsversteigerung oder durch Zwangsverwaltung vorgenommen werden (§ 866 Abs. 1); der Gläubiger hat die Wahl zwischen diesen Möglichkeiten und kann auch verlangen, daß mehrere dieser Maßnahmen nebeneinander ausgeführt werden (§ 866 Abs. 2). Die folgende Darstellung beschränkt sich auf die Zwangsvollstreckung in Grundstücke.

---

[99] OLG Köln OLGZ 1993, 113, 117; *K. Schmidt* JuS 1993, 514.

2. Zwangsversteigerung

Die Zwangsversteigerung verfolgt den **Zweck**, das Grundstück selbst **554**
zu verwerten, um den Erlös zur Abdeckung der Forderung des Gläubigers zu verwenden. Zuständig für diese Maßnahme ist das Vollstrek-
kungsgericht (§§ 1, 15 ZVG), das durch den Rechtspfleger entscheidet
(§ 3 Nr. 1 i RPflG). Er ordnet auf Antrag des Gläubigers die Zwangsversteigerung des Grundstücks an (§ 15 ZVG).

Das Vollstreckungsgericht (Rechtspfleger) prüft, ob die Voraussetzungen der
Zwangsvollstreckung (vgl. o. RdNr. 505) erfüllt sind. Streitig ist die Frage, ob das
Rechtsschutzbedürfnis zu verneinen ist, wenn die Zwangsversteigerung eines
Grundstücks wegen einer geringfügigen Forderung (Beispiel: Antrag auf Zwangs-
versteigerung eines Hausgrundstücks wegen einer Forderung von 20,– DM) betrie-
ben wird.[100]

Ist dem Antrag des Gläubigers auf Zwangsversteigerung stattzugeben, **555**
dann erläßt das Gericht den **Versteigerungsbeschluß**, der von Amts wegen (§ 3 ZVG) dem Schuldner zuzustellen ist (§ 8 ZVG). Zugleich hat das
Gericht das Grundbuchamt um Eintragung eines Versteigerungsvermerks
im Grundbuch zu ersuchen (§ 19 Abs. 1 ZVG). Der Zwangsversteigerungs-
beschluß wirkt zugunsten des betreibenden Gläubigers als Beschlagnahme
des Grundstücks (§ 20 Abs. 1 ZVG). Diese Wirkung tritt mit der Zustellung
des Beschlusses an den Schuldner oder mit dem Zeitpunkt ein, in dem das
Ersuchen um eine Eintragung des Versteigerungsvermerks dem Grundbuchamt zugeht, sofern auf das Ersuchen die Eintragung demnächst erfolgt
(§ 22 Abs. 1 ZVG). Die Beschlagnahme hat die Wirkung eines (relativen)
Veräußerungsverbots (vgl. § 23 ZVG).

Lehnt das **Vollstreckungsgericht** die Anordnung der Zwangsverstei- **556**
gerung **ab**, dann ist gegen den die Ablehnung aussprechenden Beschluß
eine befristete Erinnerung zulässig (§ 11 Abs. 1 RPflG), weil bei einer
Entscheidung durch den Richter das Rechtsmittel der sofortigen Beschwerde nach § 793 gegeben wäre.

Die Frist für die Erinnerung ist § 577 Abs. 2 zu entnehmen. Über die Erinnerung
hat der Richter zu entscheiden, wenn er sie für zulässig und begründet erachtet. Andernfalls legt der Richter die Erinnerung dem Beschwerdegericht vor; in diesem
Fall gilt die Erinnerung als Beschwerde gegen die Entscheidung des Rechtspflegers
(§ 11 Abs. 2 RPflG).

Wird das Verfahren nicht aufgehoben oder einstweilig eingestellt (zu **557**
den insoweit in Betracht kommenden Fällen vgl. §§ 28 ff. ZVG), dann
wird die Versteigerung durch das Vollstreckungsgericht ausgeführt (§ 35
ZVG). Zu diesem Zweck bestimmt das Gericht einen Versteigerungstermin (vgl. dazu §§ 36 bis 43 ZVG). Der **Versteigerungstermin** glie-
dert sich in drei Abschnitte:

---

[100] Vgl. *Brox/Walker* RdNr. 854 m. Nachw.

– Im **ersten Abschnitt** werden nach Aufruf der Sache die für die Versteigerung wesentlichen Daten und Bedingungen bekanntgegeben (§ 66 Abs. 1 ZVG). Hierzu zählen die das Grundstück betreffenden Nachweisungen (wie seine Beschreibung, der Grundbuchinhalt, der Einheitswert), die Namen der das Verfahren betreibenden Gläubiger und deren Ansprüche, die Zeit der Beschlagnahme, der vom Gericht festgesetzte Wert des Grundstücks und die erfolgten Anmeldungen (vgl. § 37 Nr. 4 ZVG). Sodann werden das geringste Gebot (dazu sogleich) und die Versteigerungsbedingungen (vgl. §§ 49 bis 58 ZVG) nach Anhörung der anwesenden Beteiligten festgestellt und die erfolgten Feststellungen verlesen (§ 66 Abs. 1 ZVG).

– Der **zweite Abschnitt**, die eigentliche Versteigerung, beginnt mit der Aufforderung des Gerichts zur Abgabe von Geboten (§ 66 Abs. 2 ZVG). Die Versteigerung muß so lange fortgesetzt werden, bis trotz der Aufforderung des Gerichts Gebote nicht mehr abgegeben werden. In jedem Fall muß aber zwischen der Aufforderung zur Abgabe von Geboten und dem Zeitpunkt, in dem die Versteigerung geschlossen wird, mindestens eine Stunde liegen (§ 73 Abs. 1 ZVG). Das Gericht hat das letzte Gebot (mittels dreimaligen Aufrufs) und den Schluß der Versteigerung zu verkünden (§ 73 Abs. 2 ZVG).

Ein unwirksames Gebot (z. B. wegen schriftlicher Einreichung statt mündlicher Abgabe im Termin) ist zurückzuweisen (§ 71 Abs. 1 ZVG). Zum Erlöschen der Gebote vgl. § 72 ZVG.

– Im **letzten Abschnitt** des Versteigerungstermins sind die anwesenden Beteiligten über den Zuschlag zu hören (§ 74 ZVG). Danach muß das Gericht entweder sofort im Versteigerungstermin selbst oder in einem besonderen Verkündungstermin (vgl. § 87 ZVG) über den Zuschlag entscheiden (vgl. §§ 79 bis 86 ZVG).

558   Rechte, die dem Anspruch des betreibenden Gläubigers vorgehen, dürfen durch die Zwangsversteigerung nicht beeinträchtigt werden. Deshalb läßt § 44 Abs. 1 ZVG nur ein solches Gebot zu, durch das diese vorgehenden Rechte sowie die aus dem Versteigerungserlös zu entnehmenden Kosten des Verfahrens gedeckt werden (sog. **geringstes Gebot**); es gilt also das Deckungsprinzip. Der auf die vorgehenden Rechte entfallende Betrag des Gebots muß jedoch nicht bar entrichtet werden. Vielmehr gilt das Übernahmeprinzip, nach dem der Ersteher des Grundstücks die dem betreibenden Gläubiger vorgehenden Rechte, die beim Zuschlag nicht erlöschen, sondern bestehen bleiben (§ 52 Abs. 1 S. 1 ZVG), übernimmt. Er spart somit Barmittel. Bar zu entrichten sind nach § 49 Abs. 1 ZVG nur der Teil des geringsten Gebots, der zur Deckung der Kosten sowie der in § 10 Nr. 1 bis 3 und in § 12 Nr. 1 und 2 ZVG bezeichneten Ansprüche bestimmt ist sowie der das geringste

Gebot übersteigende Betrag des Meistgebots (**Bargebot**). Zu diesen verschiedenen Regelungen folgendes

Beispiel: Auf Antrag des Glaub soll das Grundstück des Eich versteigert werden. Es ist mit einer Hypothek des Erst in Höhe von 20.000,– DM und einer Grundschuld des Zwei in Höhe von 10.000,– DM belastet. Die dritte Rangstelle im Grundbuch nimmt eine Hypothek des Glaub in Höhe von 25.000,– DM ein. Auf Ansprüche nach § 10 Abs. 1 Nr. 3 ZVG entfallen 2.200,– DM. Die Kosten des Verfahrens belaufen sich auf 3.500,– DM.

In diesem Fall beträgt das geringste Gebot 35.700,– DM (20.000,– DM plus 10.000,– DM plus 2.200,– DM plus 3.500,– DM). Die dem betreibenden Gläubiger vorgehenden Rechte des Erst und des Zwei bleiben bestehen und müssen von dem Erwerber übernommen werden. Sein Mindestbargebot beträgt deshalb nur 5.700,– DM. Hinzu kommt der Betrag, um den das Meistgebot das geringste Gebot übersteigt. Bietet jemand 45.700,– DM für das Grundstück des Eich, dann muß er zusätzlich zu dem Mindestbargebot noch weitere 10.000,– DM in bar entrichten, also insgesamt 15.700,– DM.

Wird die Zwangsversteigerung von einem persönlichen (dinglich nicht gesicherten) Gläubiger betrieben, dann muß er sich alle das Grundstück belastende Grundpfandrechte vorgehen lassen, also in dem Beispielsfall auch die Hypothek des Glaub in Höhe von 25.000,– DM. Dementsprechend erhöht sich dann der Betrag des geringsten Gebots.

Das Bargebot ist nicht mit dem sog. **Mindestgebot** zu verwechseln. Mit diesem Begriff, der gesetzlich nicht definiert ist, wird der Betrag bezeichnet, der nach § 85 a Abs. 1 ZVG erreicht werden muß (auch absolutes Mindestgebot genannt). Zum Schutze des Schuldners muß der Zuschlag versagt werden, wenn das abgegebene Meistgebot einschließlich des Kapitalwertes der nach den Versteigerungsbedingungen bestehenbleibenden Rechte die Hälfte des Grundstückswertes nicht erreicht. Bleibt es unter sieben Zehntel des Grundstückswertes, dann kann ein Berechtigter, dessen Anspruch ganz oder teilweise durch das Meistgebot nicht gedeckt ist, aber bei einem Gebot in Höhe von sieben Zehnteln des Grundstückswerts voraussichtlich gedeckt sein würde, die Versagung des Zuschlages beantragen. Auch in bezug auf diese in § 74 a Abs. 1 ZVG getroffene Regelung spricht man von einem Mindestgebot, das auch als relatives Mindestgebot bezeichnet wird.[101] Wird der Zuschlag aus den in §§ 74 a, 85 a ZVG genannten Gründen versagt, dann muß ein neuer Versteigerungstermin bestimmt werden, in dem die Vorschriften über das (absolute und relative) Mindestgebot nicht mehr gelten (vgl. § 74 a Abs. 4, § 85 a Abs. 2 ZVG).

Besteht kein Versagungsgrund, dann muß der **Zuschlag** an den **559** Meistbietenden erteilt werden (§ 81 Abs. 1 ZVG, vgl. aber auch Abs. 2 bis 4 dieser Vorschrift). Der Zuschlag wird durch Beschluß erteilt, der durch seine Verkündung wirksam wird (§§ 88, 89 ZVG). Durch den Zuschlag wird der Ersteher gemäß § 90 ZVG Eigentümer des Grundstücks und der Gegenstände, auf die sich die Versteigerung erstreckt hat (vgl. § 55 iVm. §§ 20, 21 ZVG). Der Eigentumsübergang geschieht aufgrund hoheitlicher Tätigkeit; auf eine Eintragung des Erwerbers im Grundbuch kommt es dafür ebensowenig an wie auf einen guten Glauben bei der Versteigerung schuldnerfremder Gegenstände.[102] Mit dem Zuschlag

---

[101] Vgl. *Brox/Walker* RdNr. 901 ff.
[102] Vgl. *Rosenberg/Gaul/Schilken* § 66 II 1.

erlöschen die Rechte, die nicht vom geringsten Gebot umfaßt und nicht vom Ersteher übernommen werden (§ 91 Abs. 1 iVm. § 52 ZVG). Für diese Rechte tritt an die Stelle des versteigerten Gegenstandes der Versteigerungserlös (vgl. § 37 Nr. 5 ZVG).[103]

560 Nach der Erteilung des Zuschlages hat das Gericht einen Termin zur **Verteilung des Versteigerungserlöses** zu bestimmen (§ 105 Abs. 1 ZVG). In diesem Termin ist die Teilungsmasse festzustellen und ein Teilungsplan aufzustellen (vgl. §§ 113 ff. ZVG). Auf die Verhandlung über den Teilungsplan sowie auf die Erledigung erhobener Widersprüche und die Ausführung des Planes finden nach § 115 Abs. 1 S. 2 ZVG die §§ 876 bis 882 entsprechende Anwendung (vgl. dazu o. RdNr. 551).

Dies bedeutet insbesondere, daß ein Gläubiger, der sich gegen den Anspruch eines anderen Gläubigers aus materiellrechtlichen Gründen wendet, Widerspruchsklage erheben muß. Soll die Verletzung verfahrensrechtlicher Vorschriften gerügt werden, dann muß bei Entscheidung durch den Rechtspfleger die befristete Durchgriffserinnerung (§ 11 Abs. 1, 2 RPflG), bei Entscheidung durch den Richter sofortige Beschwerde (§ 793) eingelegt werden. Der Widerspruch des Schuldners gegen einen vollstreckbaren Anspruch muß nach § 115 Abs. 3 ZVG mit Hilfe der Vollstreckungsgegenklage geltend gemacht werden.

3. *Zwangsverwaltung*

561 Durch die Zwangsverwaltung wird bezweckt, den Gläubiger aus den Erträgnissen eines Grundstücks zu befriedigen. Sie wird meist zusammen mit der Zwangsversteigerung beantragt, um auch auf Erzeugnisse sowie auf Miet- und Pachtzinsforderungen zugreifen zu können, die von der Zwangsversteigerung nicht erfaßt werden (vgl. § 148 iVm. § 21 ZVG). Der Beschluß, durch den die Zwangsverwaltung angeordnet wird, gilt zugunsten des Gläubigers als Beschlagnahme des Grundstücks (§ 146 Abs. 1 iVm. § 20 Abs. 1 ZVG). Durch die Beschlagnahme wird dem Schuldner die Verwaltung und Benutzung des Grundstücks entzogen (§ 148 Abs. 2 ZVG). Zur Durchführung der Zwangsverwaltung bestellt das Gericht einen Zwangsverwalter (§ 150 Abs. 1 ZVG). Der Verwalter hat das Recht und die Pflicht, alle Handlungen vorzunehmen, die erforderlich sind, um das Grundstück in seinem wirtschaftlichen Bestand zu erhalten und ordnungsgemäß zu nutzen (§ 152 Abs. 1 ZVG). Der Verwalter ist für die Erfüllung der ihm obliegenden Verpflichtungen allen Beteiligten gegenüber verantwortlich (§ 154 S. 1 ZVG).

Auf die Anordnung der Zwangsverwaltung finden die Vorschriften über die Anordnung der Zwangsversteigerung entsprechende Anwendung, soweit sich nicht aus den §§ 147 bis 151 ZVG etwas anderes ergibt (§ 146 Abs. 1 ZVG). Dies bedeutet insbesondere, daß die Zwangsverwaltung unter denselben Voraussetzungen zulässig ist wie die Zwangsversteigerung (vgl. o. RdNr. 554).

---

[103] Zu Einzelheiten vgl. *Brox/Walker* RdNr. 930 ff.

Überschüsse, die nach Abdeckung der Kosten der Verwaltung und **562** des Verfahrens bleiben, sind aufgrund eines für die ganze Dauer des Verfahrens aufzustellenden Teilungsplans nach der Rangordnung des § 10 Abs. 1 Nr. 1 bis 5 ZVG an die Gläubiger zu zahlen (vgl. §§ 155 bis 157 ZVG). Ist der betreibende Gläubiger befriedigt, dann ist die Zwangsverwaltung durch gerichtlichen Beschluß aufzuheben (§ 161 Abs. 2 ZVG).

4. Zwangshypothek

Durch die Eintragung einer Zwangshypothek erreicht der Gläubiger **563** nur die Sicherung seiner Geldforderung, nicht ihre Erfüllung. Der Gläubiger wird deshalb regelmäßig dieses Mittel der Zwangsvollstreckung nur dann wählen, wenn ihm an einer dinglichen Sicherung seiner Forderung gelegen ist. Zuständig für die Eintragung der Zwangshypothek ist das Grundbuchamt, das hierbei als Vollstreckungsorgan tätig wird (vgl. o. RdNr. 503). Der Gläubiger muß einen Antrag auf Eintragung stellen (§ 867 Abs. 1 S. 1). Das Grundbuchamt prüft, ob die Voraussetzungen für die beantragte Zwangsvollstreckungsmaßnahme erfüllt sind. Der Vollstreckungstitel muß auf eine Geldzahlung lauten und den Betrag von 500,– DM übersteigen (vgl. § 866 Abs. 3). Mit der Eintragung im Grundbuch entsteht die Hypothek als Sicherungshypothek (§ 866 Abs. 1 S. 1, § 867 Abs. 1 S. 2).

Die Sicherungshypothek, bei der es sich stets um eine Buchhypothek handelt (§ 1185 Abs. 1 BGB), ist streng akzessorisch; dies bedeutet, daß sie sich in ihrer Entstehung und in ihrem Bestand allein nach der zugrundeliegenden Forderung richtet (§ 1184 Abs. 1 BGB).

Der Gläubiger, der mit einer Zwangshypothek im Grundbuch einge- **564** tragen ist, erhält damit die gleiche Rechtsstellung wie der Inhaber einer auf rechtsgeschäftlichem Weg erworbenen Sicherungshypothek. Will der Gläubiger aus der (gesicherten) Forderung die Zwangsvollstreckung in das belastete Grundstück betreiben, benötigt er hierfür einen regelmäßig durch Klage zu erwirkenden **Titel** auf Duldung der Zwangsvollstreckung (vgl. § 1147 BGB); der Titel, der die Grundlage für die Eintragung der Zwangshypothek bildete, ist verbraucht und reicht deshalb nicht aus.[104]

Dies zeigt, daß die Zwangshypothek kein geeignetes Mittel der Zwangsvollstreckung für einen bereits dinglich gesicherten Gläubiger sein kann. Ihm fehlt deshalb auch das Rechtsschutzbedürfnis, wenn er die Eintragung einer Zwangshypothek beantragt.[105]

---

[104] HM *Baur/Stürner* RdNr. 597, 650; *Stein/Jonas/Münzberg* § 867 RdNr. 48, jeweils m. weit. Nachw.

[105] *Brox/Walker* RdNr. 1038.

IV. Die Zwangsvollstreckung wegen anderer Ansprüche

a) Vollstreckung zur Erwirkung der Herausgabe von Sachen

565	Soll wegen eines Anspruchs, der auf die Herausgabe einer Sache gerichtet ist, die Zwangsvollstreckung betrieben werden, dann muß nach der gesetzlichen Regelung (vgl. §§ 883 bis 886) darauf gesehen werden, um welche Art von Sache es sich handelt, um eine bewegliche oder unbewegliche, ferner, ob sich die Sache im Gewahrsam des Schuldners oder im Gewahrsam eines Dritten befindet. Hat der Schuldner eine bestimmte **bewegliche Sache** herauszugeben, die er im Alleingewahrsam hat, dann ist die Sache dem Schuldner vom Gerichtsvollzieher wegzunehmen und dem Gläubiger zu übergeben (§ 883 Abs. 1). Für die Zwangsvollstreckung kommt es nur darauf an, daß der Titel auf Herausgabe der Sache lautet; unerheblich ist es dagegen, ob die Verpflichtung dinglicher oder schuldrechtlicher Natur ist.

Wird die herauszugebende Sache vom Gerichtsvollzieher nicht beim Schuldner vorgefunden, dann ist der Schuldner verpflichtet, auf Antrag des Gläubigers zu Protokoll an Eides Statt zu versichern, daß er die Sache nicht besitze und auch nicht wisse, wo sich die Sache befinde (vgl. § 883 Abs. 2, 3; Einzelheiten zur Abnahme der eidesstattlichen Versicherung später).

Wenn auch ein Anspruch auf Leistung **vertretbarer Sachen** oder **Wertpapiere** in gleicher Weise zu vollstrecken ist wie ein entsprechender Anspruch, der eine bestimmte bewegliche Sache zum Gegenstand hat, also durch Wegnahme (und damit Konzentration nach § 243 Abs. 2 BGB) und Übergabe an den Gläubiger, kommt in diesem Fall naturgemäß eine eidesstattliche Versicherung des Schuldners nicht in Betracht, weil es die konkrete Sache, die herauszugeben ist und um deren Verbleib es geht, nicht gibt; demgemäß verweist § 884 für die Vollstreckung eines Anspruchs auf Leistung vertretbarer Sachen oder Wertpapiere lediglich auf die in § 883 Abs. 1 getroffene Regelung.

Zu erinnern ist daran, daß für die Zwangsvollstreckung nach § 883 die Schuldnerschutzvorschrift des § 811 nicht gilt (vgl. o. RdNr. 500).

566	Hat der Schuldner eine **unbewegliche Sache** herauszugeben oder zu räumen, dann hat der Gerichtsvollzieher den Schuldner – notfalls mit Gewalt – aus dem Besitz zu setzen und den Gläubiger in den Besitz einzuweisen, d.h. ihm die ungehinderte Ausübung der tatsächlichen Gewalt zu ermöglichen (§ 885 Abs. 1). Bewegliche Sachen, die nicht Gegenstand der Zwangsvollstreckung sind, wie beispielsweise Möbel in der zu räumenden Wohnung, werden vom Gerichtsvollzieher weggeschafft und dem Schuldner, bei seiner Abwesenheit einem Bevollmächtigten oder einem Angehörigen, übergeben; ist dies nicht möglich, dann hat der Gerichtsvollzieher die Sachen auf Kosten des Schuldners wegzuschaffen und zu verwahren (vgl. § 885 Abs. 2 bis 4).

Befindet sich eine herauszugebende Sache im **Allein- oder Mitge-** 567
wahrsam eines Dritten, dann kommt es entsprechend dem Rechtsgedanken des § 809 darauf an, ob dieser zur Herausgabe bereit ist. Ist er
dies nicht, dann scheidet eine unmittelbare Zwangsvollstreckung gegen
den Dritten ohne einen entsprechenden Titel aus. Der Gläubiger muß
dann den Anspruch des Schuldners auf Herausgabe gegen den Dritten
pfänden und sich zur Einziehung überweisen lassen (§ 886; vgl. dazu o.
RdNr. 540 ff.). Nach Überweisung des Anspruchs muß der Gläubiger
notfalls gegen den Dritten die Herausgabe durch Klage und anschließende Vollstreckung erzwingen. Ein besonderes Problem ergibt sich bei
der zwangsweisen Räumung einer von Ehegatten bewohnten Wohnung, wenn nur einer von ihnen Mieter der Wohnung ist und auch nur
gegen ihn ein Räumungstitel vorliegt.[106] Dazu folgendes

Beispiel: M hat von V eine Wohnung gemietet. Später heiratet er F, die in die
Wohnung einzieht. V erwirkt einen Titel auf Räumung der Wohnung gegen M.
Als der Gerichtsvollzieher Räumungstermin festsetzt, legt die Ehefrau F Vollstreckungserinnerung mit der Begründung ein, sie habe Mitbesitz an der gemeinsamen Wohnung und sei nicht zur Räumung bereit. Der Räumungstitel habe keine Wirkung gegen sie. Wird die Erinnerung Erfolg haben?

Wird der Mitbesitz der F berücksichtigt, dann darf gegen ihren Willen der Gerichtsvollzieher nicht zwangsweise die Räumung der Wohnung durchsetzen. Täte er es
dennoch, würde er eine Zwangsvollstreckung ohne erforderlichen Titel durchführen
und damit einen Verfahrensfehler begehen, gegen den die Erinnerung Erfolg haben
müßte. Die hM erkennt jedoch den Mitbesitz des Ehegatten eines Mieters nicht an. Sie
will entweder den Mitbesitz des nichtmietenden Ehegatten als nachrangig bewerten
und spricht von einem sog. „akzessorischen Besitz", der vom Besitz des mietenden
Ehegatten abhängig sei (obwohl das Sachenrecht ein solches Rechtsinstitut nicht
kennt)[107] oder es soll der Regelung des § 885 Abs. 2 und 3 entnommen werden, daß
auch Familienangehörige von der Räumungsvollstreckung betroffen werden können,
ohne daß gegen sie ein Titel als Räumungsschuldner erwirkt werden muß, wobei dann
noch auf den Rechtsgedanken des § 739 gesehen werden kann, der jedoch unmittelbar nur für bewegliche Sachen gilt.[108] In neuerer Zeit wird jedoch diese Auffassung zu
Recht als nicht tragfähig abgelehnt und ein Titel auch gegen den Ehegatten für erforderlich gehalten, der in der Wohnung lebt, ohne Mieter zu sein.[109]

Bei **nichtehelichen Lebensgemeinschaften** muß ein Räumungstitel
– in gleicher Weise wie bei anderen in der Wohnung lebenden Dritten
– gegen jeden Bewohner erwirkt werden.[110] Nur wenn ein Mitbewoh-
ner ohne Willen des Vermieters eingezogen ist und dies über einen er-

---

[106] Eingehend dazu *Becker-Eberhard* FamRZ 1994, 1296.
[107] *Stein/Jonas/Münzberg* § 885 RdNr. 9 ff. m. Nachw.; *Soergel/Lange* BGB,
12. Aufl. 1989, § 1362 RdNr. 16.
[108] *Rosenberg/Gaul/Schilken* § 70 II 2 b bb; *Brox/Walker* RdNr. 1047.
[109] OLG Oldenburg RPfleger 1994, 366; KG NJW 1994, 713; *Becker-Eberhard*
(Fn. 106) S. 1298 ff.; *Zöller/Stöber* § 885 RdNr. 5 a; vgl. auch *K. Schmidt* JuS 1993,
599.
[110] OLG Hamburg NJW 1992, 3308; AG Schönau NJW 1992, 3308, 3309.

heblichen Zeitraum hindurch verheimlichte, soll ihm die Berufung auf seinen Mitbesitz nach Treu und Glauben verwehrt sein.[111]

b) Vollstreckung zur Erwirkung von Handlungen oder Unterlassungen

568   Nach der in §§ 887, 888 getroffenen Regelung kommt es für die Zwangsvollstreckung zur Erwirkung von Handlungen darauf an, ob der Schuldner zur Vornahme einer Handlung verpflichtet ist, die auch ein Dritter vollziehen kann (vertretbare Handlung) oder ob die Handlung ausschließlich vom Willen des Schuldners abhängt (unvertretbare Handlung).

Vertretbare Handlungen sind beispielsweise Dienst- und Arbeitsleistungen, bei denen nicht individuelle, unersetzbare Fähigkeiten des Schuldners entscheiden. Die Befreiung des Gläubigers von einer Verbindlichkeit fällt ebenfalls unter § 887, wobei es sich auch um eine Geldschuld handeln kann, da nicht die Geldforderung als solche, sondern die Befreiung davon geschuldet wird.[112] Als **unvertretbare Handlungen** sind beispielsweise die Erteilung von Auskünften oder eine Rechnungslegung anzusehen, wenn es dabei auf spezielle Kenntnisse des Schuldners ankommt, oder die Ausstellung eines Zeugnisses z.B. nach § 73 HGB. Eine Zwangsvollstreckung nach § 888 setzt jedoch voraus, daß die (unvertretbare) Handlung ausschließlich vom Willen des Schuldners abhängt. Dies ist nicht der Fall, wenn die Handlung besondere Fähigkeiten wissenschaftlicher oder künstlerischer Art voraussetzt (z.B. Anfertigung eines Gutachtens, Malen eines Bildes), weil niemals feststeht, daß solche Fähigkeiten beim Schuldner abrufbereit vorhanden sind und von ihm jederzeit eingesetzt werden können. Das gleiche gilt, wenn ein bestimmter Dritter zur Erbringung der Handlung mitwirken muß.[113]

569   Die Zwangsvollstreckung zur Erwirkung einer vertretbaren Handlung geschieht dadurch, daß der Gläubiger sie auf Kosten des Schuldners von einem Dritten vornehmen läßt (**Ersatzvornahme**). Hierzu bedarf es einer gerichtlichen Ermächtigung, für deren Erteilung das Prozeßgericht erster Instanz als Vollstreckungsorgan ausschließlich (§ 802) zuständig ist. Der Gläubiger kann gleichzeitig mit der Ermächtigung auch beantragen, den Schuldner zur Vorauszahlung der Kosten zu verurteilen, die durch die Vornahme der Handlung entstehen werden (§ 887 Abs. 2).

Das Gericht hat zu prüfen, ob die Voraussetzungen der Zwangsvollstreckung erfüllt sind. Wendet der Schuldner bei seiner Anhörung (vgl. § 891) ein, daß er die geschuldete Handlung bereits vorgenommen habe, dann hat dies das Gericht vor Erteilung der Ermächtigung zur Ersatzvornahme zu prüfen und notfalls darüber auch Beweis zu erheben.[114]

---

[111] OLG Hamburg (Fn. 110).
[112] OLG Köln FamRZ 1994, 1048; *MK/Schilken* § 887 RdNr. 3.
[113] Vgl. *Stein/Jonas/Münzberg* § 888 RdNr. 13 ff.
[114] OLG Bamberg FamRZ 1993, 581; *Zöller/Stöber* § 887 RdNr. 7; *MK/Schilken*

Auch für die Zwangsvollstreckung zur **Erwirkung unvertretba-** 570
rer Handlungen ist das Prozeßgericht erster Instanz ausschließlich zuständig. Vollstreckt wird die geschuldete Verpflichtung dadurch, daß der Schuldner zur Vornahme der geschuldeten Handlung durch Zwangsgeld (für den Fall, daß dieses nicht beigetrieben werden kann, ist zugleich vom Gericht Zwangshaft anzuordnen) oder durch Zwangshaft angehalten wird (§ 888 Abs. 1 S. 1). Zwar hat das Gericht grundsätzlich die Wahl zwischen beiden Zwangsmitteln, jedoch ist mit Rücksicht auf den Grundsatz der Verhältnismäßigkeit die Anordnung von Haft als primäres Zwangsmittel nur dann als zulässig anzusehen, wenn es einen triftigen Grund dafür gibt, die Verhängung eines Zwangsgeldes nicht für ausreichend zu halten, den Willen des Schuldners zu beugen.[115]

Der Höchstbetrag des Zwangsgeldes beträgt 50.000,– DM (§ 888 Abs. 1 S. 2); die Höchstdauer der Haft sechs Monate (§ 888 Abs. 1 S. 3 iVm. § 913). Beide Maßnahmen dürfen nicht nebeneinander, wohl aber nacheinander und auch wiederholt festgesetzt werden.[116] Der Schuldner kann die Vollstreckung jederzeit durch Erfüllung (Vornahme der geschuldeten Handlung) abwenden. Die Zwangshaft wird nach §§ 904 bis 913 durchgeführt und erfordert stets einen Haftbefehl (§ 908 iVm. § 888 Abs. 1 S. 3).

Ist der Schuldner zur **Unterlassung** bestimmter Handlungen (bei- 571
spielsweise von Besitzstörungen oder Eigentumsstörungen, Gewährung unzulässiger Rabatte oder der Annahme einer Stellung bei einer Konkurrenzfirma) verurteilt worden und handelt er dieser Verpflichtung zuwider, dann ist er auf Antrag des Gläubigers von dem Prozeßgericht des ersten Rechtszuges zu einem Ordnungsgeld (für den Fall, daß dieses nicht beigetrieben werden kann, zur Ordnungshaft) oder zur Ordnungshaft zu verurteilen (§ 890 Abs. 1 S. 1). Dieser Verurteilung muß eine entsprechende Androhung vorausgehen, die entweder in dem die Verpflichtung aussprechenden Urteil enthalten sein kann oder die auf Antrag vom Prozeßgericht des ersten Rechtszuges erlassen wird (§ 890 Abs. 2). Das gleiche gilt, wenn der Schuldner der Verpflichtung zuwiderhandelt, die Vornahme einer Handlung zu dulden (beispielsweise das Betreten seines Grundstücks durch den Gläubiger).

Durch die **Ordnungsmittel** des § 890 wird bezweckt, den Ungehorsam des Schuldners gegen den gerichtlichen Befehl zu ahnden; sie haben also einen repressiven Charakter.[117] Deshalb setzen diese Sanktionen ein eigenes schuldhaftes Verhalten des Schuldners voraus; die Zurechnung des Verschuldens eines Erfüllungsgehil-

---

§ 887 RdNr. 8, jeweils mit Nachw. Dies ist allerdings str.; nach aA soll bei streitigem Sachverhalt der Schuldner auf eine Klage nach § 767 verwiesen werden; vgl. OLG Köln MDR 1993, 579 m. weit. Nachw.; s. dazu auch BGH NJW 1993, 1394, 1395f.

[115] *Jauernig* ZVR § 27 III 1; *Brox/Walker* RdNr. 1087.

[116] *Zöller/Stöber* § 888 RdNr. 8.

[117] BVerfGE 58, 159 = NJW 1981, 2457, sieht in der Regelung des § 890 strafrechtliche Elemente.

fen entsprechend dem Gedanken des § 278 BGB kommt nicht in Betracht.[118] Die Anordnung der Ordnungsmaßnahme geschieht durch Beschluß, gegen den eine sofortige Beschwerde nach § 793 zulässig ist. Ordnungsgeld kann bis zur Höhe von 500.000,– DM, Ordnungshaft bis zu sechs Monaten je Zuwiderhandlung verhängt werden (§ 890 Abs. 1 S. 1). Verletzt der Schuldner seine Verpflichtung wiederholt, dann kann auch das Ordnungsgeld mehrfach bis zum Höchstbetrag festgesetzt werden, während die Ordnungshaft insgesamt nicht den Zeitraum von zwei Jahren übersteigen darf (§ 890 Abs. 1 S. 2).

c) Die Verurteilung zur Abgabe einer Willenserklärung

572   Bei der Abgabe einer Willenserklärung handelt es sich um eine unvertretbare Handlung, so daß die Vollstreckung eines darauf gerichteten Titels nach § 888 vorzunehmen wäre, wenn nicht der Gesetzgeber durch die Regelung des § 894 eine wesentlich einfachere Lösung gewählt hätte: Mit der Rechtskraft des Urteils, das die Verpflichtung des Schuldners zur Abgabe einer Willenserklärung ausspricht, gilt die Erklärung als abgegeben.

Ist durch ein vorläufig vollstreckbares Urteil der Schuldner zur Abgabe einer Willenserklärung verurteilt worden, aufgrund derer eine **Eintragung in das Grundbuch** erfolgen soll, so gilt die Eintragung einer Vormerkung oder eines Widerspruchs als bewilligt; wird das Urteil aufgehoben, dann erlischt die Vormerkung oder der Widerspruch (§ 895).

Ist die Willenserklärung von einer Zug um Zug zu erbringenden **Gegenleistung** des Gläubigers abhängig, dann muß dieser durch öffentliche oder durch öffentlich beglaubigte Urkunden beweisen, daß er den Anspruch des Schuldners erfüllt hat oder daß dieser sich im Annahmeverzug befindet. Denn nach § 894 Abs. 1 S. 2 tritt die Wirkung der Abgabefiktion erst mit Erteilung einer vollstreckbaren Ausfertigung des rechtskräftigen Urteils ein, für die es nach § 726 auf einen entsprechenden Nachweis ankommt. Vermag der Gläubiger diesen Nachweis nicht zu führen, dann muß er nach § 731 auf Erteilung der Vollstreckungsklausel klagen, und die Willenserklärung gilt dann erst mit Rechtskraft des zweiten Urteils als abgegeben.[119]

Die in § 894 getroffene Regelung setzt die Rechtskraftfähigkeit des Titels voraus; deshalb ist die Vorschrift nicht auf einen Prozeßvergleich anwendbar, der die Verpflichtung zur Abgabe einer Willenserklärung enthält. In diesem Fall muß der Gläubiger den Weg des § 888 beschreiten. Da jedoch dieser Weg zeitraubend und kostenaufwendig ist, darf dem Gläubiger nicht das Rechtsschutzinteresse abgesprochen werden, wenn er auf die Vollstreckung nach § 888 verzichtet und trotz des Vergleichs Leistungsklage erhebt, um die Möglichkeit des § 894 zu nutzen.[120]

---

[118] Vgl. BGH NJW 1986, 127.
[119] *Zöller/Stöber* § 894 RdNr. 8.
[120] BGH JZ 1986, 1072.

V. Die Rechtsbehelfe in der Zwangsvollstreckung

a) Überblick

Die Rechtsbehelfe in der Zwangsvollstreckung müssen von denen **573** abgegrenzt werden, die es im Verfahren zur Erteilung der Vollstrekkungsklausel gibt (vgl. dazu o. RdNr. 512 ff.). Denn das Klauselerteilungsverfahren ist zum Erkenntnisverfahren zu rechnen und dem Zwangsvollstreckungsverfahren vorgeschaltet. Die Erinnerung des § 732 oder die Klauselgegenklage des § 768 dürfen also nicht mit der Vollstreckungserinnerung des § 766 oder der Vollstreckungsgegenklage des § 767 verwechselt werden. Der Gesetzgeber hat im Rahmen der Zwangsvollstreckung ein umfangreiches System von Rechtsbehelfen geschaffen, um die unterschiedlichen Interessen der Beteiligten angemessen zu berücksichtigen und ihnen ausreichende Möglichkeit zu geben, ihre Rechte im Zwangsvollstreckungsverfahren zu wahren. Während im Klauselerteilungsverfahren bei den Rechtsbehelfen danach unterschieden werden kann, ob Gläubiger oder Schuldner Einwendungen geltend machen wollen, läßt sich diese Orientierung bei den Rechtsbehelfen im Zwangsvollstreckungsverfahren nicht durchhalten, weil einzelne von ihnen sowohl Schuldner als auch Gläubiger oder Dritten zustehen. Deshalb läßt sich besser danach differenzieren, welchen Zielen sie dienen:

- Die Vollstreckungserinnerung (§ 766) richtet sich gegen Verfahrensfehler, die bei der Zwangsvollstreckung von Vollstreckungsorganen begangen werden.
- Die sofortige Beschwerde nach § 793 Abs. 1 ist der Rechtsbehelf gegen Entscheidungen des Richters, die im Zwangsvollstreckungsverfahren ohne mündliche Verhandlung ergehen können. Wird die Entscheidung durch den Rechtspfleger getroffen, dann kommt die befristete Erinnerung nach § 11 RPflG in Betracht.
- Mit der Vollstreckungsabwehrklage (§ 767) sind Einwendungen des Schuldners geltend zu machen, die den durch das Urteil festgestellten Anspruch selbst betreffen.
- Mit der Drittwiderspruchsklage (§ 771) wendet sich ein Dritter gegen eine Vollstreckungsmaßnahme und trägt vor, er habe ein Recht am gepfändeten Gegenstand, das der Zwangsvollstreckung entgegensteht.
- Das Ziel der Klage auf vorzugsweise Befriedigung nach § 805 besteht darin, die Befriedigung des Klägers aus dem Vollstreckungserlös vor dem Gläubiger zu erreichen.
- Der nach § 765 a zu stellende Antrag auf Vollstreckungsschutz bezweckt, solche Maßnahmen der Zwangsvollstreckung abzuwehren, die für den Schuldner eine besondere, nicht zu rechtfertigende Härte bedeuten.

Zu diesen Rechtsbehelfen sollen im folgenden einige Erläuterungen gegeben werden.

b) Vollstreckungserinnerung

574 Als „Erinnerung" oder als „Vollstreckungserinnerung" (dieser Begriff wird zur besseren Unterscheidung gegenüber anderen ebenfalls „Erinnerung" genannten Rechtsbehelfen hier verwendet) wird die formlose Anrufung des Vollstreckungsgerichts bezeichnet, um Einwendungen gegen „die Art und Weise der Zwangsvollstreckung oder das vom Gerichtsvollzieher bei ihr zu beobachtende Verfahren" geltend zu machen (§ 766). Es geht also um die Rüge von Verfahrensfehlern, die von den Vollstreckungsorganen begangen werden.

Der Wortlaut der Vorschrift könnte zu der Annahme führen, daß nur Vollstreckungshandlungen des Gerichtsvollziehers für § 766 in Betracht kommen. Jedoch ist die Vollstreckungserinnerung auch gegen Vollstreckungsakte des Vollstreckungsgerichts statthaft, die ohne vorherige Anhörung des Schuldners ergehen (vgl. zur Abgrenzung von der Beschwerde und der Rechtspflegererinnerung u. RdNr. 577 ff.), wie z. B. Pfändungsbeschlüsse nach § 829 (vgl. § 834). Handelt das Prozeßgericht als Vollstreckungsorgan in den Fällen der §§ 887 bis 890, dann ist stets eine Vollstreckungserinnerung nach § 766 ausgeschlossen, weil hierbei das Gehör des Schuldners obligatorisch ist (§ 891). Dadurch ist auch vermieden, daß das Vollstreckungsgericht, bei dem es sich um ein Amtsgericht handelt (vgl. § 764 Abs. 1), über Maßnahmen eines Landgerichts als Prozeßgericht entscheidet. Wird das Grundbuchamt bei der Eintragung einer Zwangshypothek als Vollstreckungsorgan tätig (vgl. o. RdNr. 503), dann kommt ausschließlich die einfache Beschwerde nach §§ 71 ff. GBO mit der regelmäßig vorgeschalteten unbefristeten Rechtspflegererinnerung des § 11 RPflG in Frage.

575 Mit der Vollstreckungserinnerung sind insbesondere geltend zu machen: die Nichterfüllung der Vollstreckungsvoraussetzungen (vgl. dazu o. RdNr. 505 ff.), beispielsweise das Fehlen eines wirksamen Titels, ein Verstoß gegen das Überpfändungsverbot des § 803 Abs. 1 S. 2 (vgl. o. RdNr. 521), der Ausschluß oder die Beschränkung der Pfändung aufgrund von Schuldnerschutzvorschriften (§§ 811, 850 ff.), die Pfändung von Grundstückszubehör durch den Gerichtsvollzieher entgegen § 865 Abs. 2, Vollstreckungshandlungen zur Nachtzeit oder an Sonn- und Feiertagen ohne gerichtliche Erlaubnis (§ 761). Der Gläubiger kann nach § 766 Abs. 2 mit der Erinnerung rügen, daß der Gerichtsvollzieher sich zu Unrecht geweigert habe, einen Vollstreckungsauftrag zu übernehmen. Dritte können beispielsweise Vollstreckungserinnerung einlegen, wenn der Gerichtsvollzieher trotz fehlender Herausgabebereitschaft entgegen § 809 eine bewegliche Sache pfändet. Der Drittschuldner kann auf diesem Wege sich dagegen wenden, daß bei Pfändung einer Forderung diese nicht ausreichend bestimmt ist oder daß dem Schuldner der Titel nicht zugestellt wurde.[121]

---

[121] Vgl. dazu BGHZ 66, 79, 81 f. = NJW 1976, 851.

Über die Vollstreckungserinnerung, für die weder eine bestimmte **576**
Form noch Fristen vorgeschrieben sind, entscheidet das Vollstreckungsgericht, und zwar der Richter (§ 20 Nr. 17 a RPflG). Die Entscheidung,
die ohne mündliche Verhandlung getroffen werden kann (§ 764 Abs. 3),
ergeht durch Beschluß. Dieser Beschluß ist mit der sofortigen Beschwerde anfechtbar (§ 793 Abs. 1).

c) Sofortige Beschwerde

Die sofortige Beschwerde ist nach § 793 Abs. 1 gegen Entscheidungen **577**
statthaft, „die im Zwangsvollstreckungsverfahren ohne mündliche Verhandlung ergehen können". Entscheidungen vor Beginn der Zwangsvollstreckung[122] fallen ebensowenig unter diese Regelung wie bloße Vollstreckungsakte, die nicht als „Entscheidungen" anzusehen sind.

Eine **Abgrenzung** zwischen Vollstreckungsakten, gegen die die (unbefristete)
Vollstreckungserinnerung gegeben ist, und Entscheidungen, gegen die die (befristete) sofortige Beschwerde eingelegt werden muß, ist deshalb erforderlich. Diese Unterscheidung kann nicht nach dem bloßen Wortlaut der §§ 766, 793 vorgenommen
werden, weil beispielsweise auch der Erlaß eines Pfändungs- und Überweisungsbeschlusses als „Entscheidung" im Zwangsvollstreckungsverfahren begriffen werden
könnte. Vielmehr ist auf den Zweck der Regelungen abzustellen.
Der Gesetzgeber wollte durch den Rechtsbehelf der Vollstreckungserinnerung die
Möglichkeit schaffen, Vollstreckungsakte auf ihre Rechtmäßigkeit durch den Richter
überprüfen zu lassen. Es ließe sich mit dieser Konzeption durchaus vereinbaren, die
Vollstreckungserinnerung auf Akte des Gerichtsvollziehers zu beschränken und für
richterliche Entscheidungen stets die sofortige Beschwerde des § 793 vorzusehen.
Diese Auffassung, die zu einer einfachen und klaren Abgrenzung käme, wird zwar ver-
einzelt befürwortet, jedoch von der ganz hM abgelehnt, die darauf verweist, daß § 766
Abs. 1 nicht auf Vollstreckungsmaßnahmen des Gerichtsvollziehers beschränkt sei.

Nach der überwiegenden Auffassung entspricht es dem Sinn der in **578**
§§ 766 und 793 getroffenen Regelungen am besten, als „Entscheidung"
(mit der Möglichkeit einer Anfechtung nach § 793) solche Akte anzusehen, die nach Abwägung der Gründe erlassen worden sind, die für und
gegen den Antrag sprechen. Nur wenn eine solche Würdigung beiderseitigen Vorbringens unterblieben ist, erscheint es sinnvoll, das Vollstreckungsgericht im Rahmen einer Vollstreckungserinnerung mit der
Sache zu befassen, damit es die von den Beteiligten vorgetragenen Gesichtspunkte bewerten kann. Hat dagegen das Vollstreckungsgericht bereits eine entsprechende Prüfung durchgeführt, dann würde die Vollstreckungserinnerung dazu führen, daß das Vollstreckungsgericht erneut
seine eigene Entscheidung überprüfen müßte. In diesem Fall erscheint
es vorzugswürdig, die Überprüfung der nächsthöheren Instanz zu über-

---

[122] Vgl. *Baumbach / Lauterbach / Hartmann* Grundz. § 704 RdNr. 51 zum Beginn
der Zwangsvollstreckung.

lassen. Dies verlangt dann aber auch, nicht die Vollstreckungserinnerung, sondern die sofortige Beschwerde nach § 793 als statthaft anzusehen. Hat also das Vollstreckungsgericht vor Erlaß eines Beschlusses **rechtliches Gehör** gewährt, dann kann der dadurch Betroffene nicht die erneute Überprüfung des Beschlusses durch das Vollstreckungsgericht im Wege der Vollstreckungserinnerung verlangen, sondern nur die Entscheidung der nächsthöheren Instanz durch Einlegung der sofortigen Beschwerde erreichen.

Die Gewähr rechtlichen Gehörs führt also dazu, daß ein Pfändungs- und Überweisungsbeschluß als „Entscheidung" aufzufassen ist, die mit der sofortigen Beschwerde angefochten werden muß,[123] während das Unterlassen des Gehörs den Pfändungs- und Überweisungsbeschluß zu einem Vollstreckungsakt werden läßt, gegen den mit einer Vollstreckungserinnerung nach § 766 vorgegangen werden muß. Die hM stellt dabei auf das tatsächlich gewährte Gehör ab, hält also auch dann die sofortige Beschwerde für statthaft, wenn die Anhörung gesetzlich verboten war, also beispielsweise der Schuldner entgegen § 834 vor der Pfändung über das Pfändungsgesuch gehört wurde. Umgekehrt wird jedoch auch dann das Rechtsmittel der sofortigen Beschwerde gegeben, wenn eine gesetzlich vorgesehene Anhörung unterblieben ist.[124] Wird also beispielsweise die Vorschrift des § 891 S. 2 verletzt, dann wird dadurch nicht etwa die Vollstreckungserinnerung statthaft (vgl. auch o. RdNr. 574).

579 Ist die „Entscheidung" des Vollstreckungsgerichts nicht durch den Richter, sondern durch den Rechtspfleger getroffen worden, so tritt an die Stelle der sofortigen Beschwerde nach § 793 Abs. 1 die (befristete) Erinnerung nach § 11 Abs. 1 RPflG. Die Abgrenzung zwischen der **Rechtspflegererinnerung** und der Vollstreckungserinnerung ist nach den gleichen Kriterien vorzunehmen, wie sie für die Unterscheidung zwischen der sofortigen Beschwerde und der Vollstreckungserinnerung gelten.

Hat also der Rechtspfleger (ohne Anhörung) eine Vollstreckungsmaßnahme getroffen, dann ist die Vollstreckungserinnerung nach § 766 der richtige Rechtsbehelf, während bei einer „Entscheidung", die der Rechtspfleger nach Anhörung getroffen hat, nur die Rechtspflegererinnerung in Betracht kommt.[125]

580 Zusammenfassend ist folglich zur Konkurrenz zwischen der Vollstreckungserinnerung nach § 766 und der sofortigen Beschwerde nach § 793 sowie der befristeten Rechtspflegererinnerung nach § 11 Abs. 1 RPflG folgendes festzustellen:

– Maßnahmen des Gerichtsvollziehers sind stets mit der Vollstreckungserinnerung anzufechten.
– Gegen Maßnahmen des Prozeßgerichts als Vollstreckungsorgan (§§ 887 ff.) kann stets nur die sofortige Beschwerde gegeben sein.

[123] OLG Köln NJW-RR 1992, 894 m. Nachw.
[124] So *Rosenberg/Gaul/Schilken* § 37 IV 2; *Stein/Jonas/Münzberg* § 766 RdNr. 8; *M. Braun* JA 1990, 37, 43.
[125] Vgl. *Brox/Walker* RdNr. 1181; *Schlosser* II RdNr. 131 f.

– Vollstreckungsmaßnahmen des Grundbuchamtes unterliegen der (einfachen) Beschwerde nach §§ 71 ff. GBO oder der (unbefristeten) Rechtspflegererinnerung.

– Bei Beschlüssen des Vollstreckungsgerichts ist danach zu unterscheiden, ob rechtliches Gehör gewährt wurde, dann sofortige Beschwerde, sonst Vollstreckungserinnerung. Eine Ausnahme gilt nur in Fällen, in denen eine gesetzlich vorgeschriebene Anhörung unterblieben ist; dann ist sofortige Beschwerde gegeben.[126]

d) Vollstreckungsabwehrklage

Mit der Vollstreckungsabwehrklage (auch Vollstreckungsgegenklage **581** genannt) werden vom Schuldner „Einwendungen, die den durch das Urteil festgestellten Anspruch selbst betreffen" (§ 767 Abs. 1), geltend gemacht. Der Schuldner beruft sich also darauf, daß der vollstreckbare Anspruch gegen ihn nach materiellem Recht beispielsweise infolge Erfüllung oder Erlaß erloschen oder seine Durchsetzung z. B. infolge einer Stundungsabrede gehemmt sei.

Daß die ZPO für solche Einwendungen des Schuldners eine besondere Klage vorsieht, erklärt sich dadurch, daß aus praktischen Gründen, insbesondere im Interesse einer raschen Durchführung der Zwangsvollstreckung, die Vollstreckungsorgane an den Titel gebunden werden und demzufolge nicht zu prüfen haben, ob der titulierte Anspruch in Wirklichkeit besteht. Eine Ausnahme wird nur zugelassen, wenn durch eine öffentliche Urkunde oder eine von dem Gläubiger ausgestellte Privaturkunde, durch Quittung der Post oder durch Einzahlungsbelege von Banken oder Sparkassen[127] die Befriedigung des Gläubigers nach Erlaß des zu vollstreckenden Urteils oder die vom Gläubiger bewilligte Stundung nachgewiesen wird (§ 775 Nr. 4, 5); in diesen Fällen kann sich das Vollstreckungsorgan ohne weiteres von der Berechtigung des vom Schuldner geltend gemachten Einwandes überzeugen, so daß eine Einstellung der Zwangsvollstreckung (vgl. § 776) gerechtfertigt ist.

Für die **Zulässigkeit** der Vollstreckungsabwehrklage kommt es neben **582** ihrer Statthaftigkeit, die davon abhängt, daß materiell-rechtliche Einwendungen gegen den titulierten Anspruch vom Schuldner geltend gemacht werden, auf die Erfüllung der allgemeinen Prozeßvoraussetzungen an (vgl. o. RdNr. 99).

Üblicherweise orientiert man sich bei der Formulierung des Klageantrages an dem Wortlaut des § 775 Nr. 1 und beantragt, die Zwangsvollstreckung (aus dem genau zu bezeichnenden Titel) für unzulässig zu erklären. Örtlich und sachlich aus-

---

[126] Die hier zur Anfechtung von Beschlüssen des Vollstreckungsgerichts vertretene Auffassung entspricht der hM. Innerhalb der hM bestehen allerdings in Einzelfragen unterschiedliche Ansichten, auf die hier nicht eingegangen werden kann. Eine eingehende Darstellung des Meinungsspektrums findet sich bei *MK/K. Schmidt* § 766 RdNr. 14 ff.; vgl. auch *K. Schmidt* JuS 1992, 90.

[127] Nach hM sind solche Belege dem in § 775 Nr. 5 genannten „Postschein" gleichzustellen; vgl. BGH NJW-RR 1988, 881.

schließlich zuständig (§ 802) ist nach § 767 Abs. 1 ohne Rücksicht auf den Streitwert das Prozeßgericht erster Instanz; unter Prozeßgericht ist dabei das Gericht des
Verfahrens zu verstehen, in dem der Vollstreckungstitel geschaffen worden ist.[128]
Werden mit der Vollstreckungsabwehrklage Einwendungen gegen einen Anspruch
aus einer notariellen Urkunde (§ 794 Abs. 1 Nr. 5) geltend gemacht, ist das Gericht
zuständig, bei dem der Schuldner seinen allgemeinen Gerichtsstand (vgl. o.
RdNr. 43) hat (§ 797 Abs. 5).[129] Bei Prozeßvergleichen (§ 794 Abs. 1 Nr. 1, § 795) ist
das Gericht zuständig, bei dem der durch den Vergleich beigelegte Rechtsstreit in
erster Instanz anhängig war.[128] Das Rechtsschutzinteresse besteht in dem Zeitpunkt,
in dem die Zwangsvollstreckung droht, d. h. sobald ein Vollstreckungstitel vom
Gläubiger erwirkt wurde, auch wenn dieser noch keine Vollstreckungsklausel beantragt hat, und solange die Zwangsvollstreckung noch nicht beendet wurde. Die dem
Schuldner zustehende Möglichkeit, gegen ein Urteil Berufung einzulegen, beseitigt
grundsätzlich nicht sein Rechtsschutzinteresse; vielmehr kann er zwischen der Berufung und der Vollstreckungsabwehrklage wählen.[130] Entscheidet er sich jedoch für
die Einlegung der Berufung, dann fällt sein Rechtsschutzinteresse an einer Klage
nach § 767 weg.

Nach § 767 Abs. 3 muß der Schuldner „in der von ihm zu erhebenden Klage alle
Einwendungen geltend machen, die er zur Zeit der Erhebung der Klage geltend zu
machen imstande war". Diese Vorschrift bezweckt, einer Verschleppung der
Zwangsvollstreckung entgegenzuwirken, die der Schuldner dadurch erreichen
könnte, daß er verschiedene Einwendungen auf mehrere hintereinander erhobene
Klagen verteilt. Um diesen Zweck zu erreichen, ist es jedoch nicht notwendig, daß
bereits in der Klageschrift sämtliche Einwendungen aufgeführt werden; vielmehr
genügt es und ist erforderlich, daß alle bis zur letzten Tatsachenverhandlung entstandenen Einwendungen auch noch bis dahin vom Kläger vorgebracht werden.[131]
Streitig ist die Frage, ob die Präklusion des § 767 Abs. 3 voraussetzt, daß der Kläger
schuldhaft handelt, wenn er Einwendungen nicht geltend macht (so die wohl überwiegende Auffassung im Schrifttum insbesondere unter Hinweis auf den Wortlaut
des Gesetzes „geltend zu machen imstande war"[132]) oder ob lediglich die Existenz
der Einwendung ohne Rücksicht auf mögliche Kenntnis des Klägers entscheidet.[133]

583   Die Vollstreckungsabwehrklage ist begründet, wenn vom Gericht
festgestellt wird, daß dem Kläger eine rechtsvernichtende oder rechtshemmende Einwendung (vgl. dazu o. RdNr. 349) zusteht, die nicht
nach **§ 767 Abs. 2 präkludiert** ist. Beruhen die Einwendungen auf
Gründen, die bereits vor der letzten Tatsachenverhandlung entstanden
sind und deshalb auch noch dort hätten vorgebracht werden können,
um ihre Berücksichtigung bei der gerichtlichen Entscheidung zu erreichen, dann kann sie der Kläger nicht noch nachträglich mit der Vollstreckungsabwehrklage einbringen.

---

[128] BGH NJW 1980, 188, 189.

[129] Klagen mehrere Schuldner mit verschiedenen Gerichtsständen als Streitgenossen gemeinsam, dann haben sie die Wahl unter den verschiedenen nach § 797
Abs. 5 zuständigen Gerichten; BGH MDR 1992, 301.

[130] Vgl. *Zöller/Herget* § 767 RdNr. 4.

[131] *Stein/Jonas/Münzberg* § 767 RdNr. 52; aA *MK/K. Schmidt* § 767 RdNr. 86.

[132] *Brox/Walker* RdNr. 1357; *Rosenberg/Gaul/Schilken* § 40 IX 2, jeweils m.
Nachw.

[133] BGHZ 61, 25, 26 f. = NJW 1973, 1328; BGH NJW-RR 1987, 59; *Geißler*
NJW 1985, 1865, 1868.

Durch § 767 Abs. 2 wird nicht lediglich ein Einwendungsausschluß bei der Vollstreckungsabwehrklage festgelegt, sondern es werden zugleich auch die zeitlichen Grenzen der materiellen Rechtskraft bestimmt (vgl. o. RdNr. 475). Das rechtskräftige Urteil bewirkt folglich, daß die in ihm festgestellte Rechtslage nicht mehr aufgrund von Tatsachen in Zweifel gezogen und korrigiert werden kann, die bis zum Schluß der letzten Tatsachenverhandlung eingetreten sind.

Diese Präklusionsvoraussetzung hat einen rein objektiven Charakter; es kommt also nur auf den Entstehungszeitpunkt und nicht auf die Kenntnis des Schuldners an.[134] Nur wenn im Tatbestand der Einwendungen auf die Kenntniserlangung abgestellt wird, wie dies in §§ 407, 408 BGB der Fall ist, gilt etwas anderes.[135]

Handelt es sich bei dem Titel um ein Versäumnisurteil, dann sind alle Einwendungen ausgeschlossen, die vor Ablauf der Einspruchsfrist (vgl. o. RdNr. 163) entstanden sind (vgl. § 767 Abs. 2 aE).[136]

Sehr streitig ist die Frage, wie Einwendungen nach § 767 Abs. 2 zu **584** behandeln sind, die sich erst nach **Ausübung eines Gestaltungsrechts** (zum Begriff vgl. GK BGB RdNr. 204) ergeben. Während die Rechtsprechung und Teile des Schrifttums auf den Zeitpunkt abstellen wollen, in dem das Gestaltungsrecht entstanden ist, also die Aufrechnung, die Anfechtung oder der Rücktritt vom Schuldner hätte erklärt werden können,[137] hält die im Schrifttum herrschende Auffassung den Zeitpunkt der Gestaltungserklärung für maßgebend.[138] Gleiches gilt für die Wandlung oder die Minderung.

Innerhalb beider Meinungen werden jedoch auch Einschränkungen des eingenommenen Standpunkts empfohlen. So will der BGH darauf abstellen, ob die Freiheit des Berechtigten, den Zeitpunkt der Abgabe der Gestaltungserklärung zu wählen, lediglich eine Nebenfolge – wie bei der Aufrechnung oder der Anfechtung –, nicht aber Zweck des Gestaltungsrechts sei.[139] So könne demjenigen, dem die Befugnis eingeräumt wird, durch einseitige Erklärung die Dauer eines Vertrages zu verlängern, im Gegensatz zum Aufrechnungs- oder Anfechtungsberechtigten nicht angesonnen werden, von seiner Gestaltungsbefugnis, ungeachtet seiner zeitlichen Wahlfreiheit, immer schon dann Gebrauch zu machen, wenn er dadurch in einem ihm geführten Prozeß die Rechtslage zu seinen Gunsten beeinflussen könne.[140] Von Vertretern der Auffassung, die die Ausübung des Gestaltungsrechts für maßgebend hält, wird empfohlen, einer Verschleppung der Vollstreckung durch den Schuldner dadurch entgegenzuwirken, daß bei einer Aufrechnung die Vorschrift des § 530 Abs. 2 analog angewendet und der Aufrechnungseinwand nur bei Sachdienlichkeit

---

[134] Heute allg. M., vgl. nur BGH (Fn. 133) S. 27; *Jauernig* ZVR § 12 II m. weit. Nachw.

[135] *Rosenberg/Gaul/Schilken* § 40 V 2 a.

[136] Str., wie hier BGH NJW 1982, 1812, m. Nachw. auch zur Gegenauffassung.

[137] BGHZ 24, 97, 98 = NJW 1957, 986; BGH NJW 1980, 2527, 2528; BGHZ 100, 222, 224f. = NJW 1987, 1691; BGHZ 125, 351, 353f. = NJW 1994, 2269, 2270 (zur Aufrechnung); *MK/K. Schmidt* § 767 RdNr. 80ff.; *Zöller/Herget* § 767 RdNr. 14; *Ernst* NJW 1986, 401.

[138] *Brox/Walker* RdNr. 1346; *Rosenberg/Gaul/Schilken* § 40 V 2b; *Bruns/Peters* § 15 I 3; *Gerhardt* § 15 II 1; *Stein/Jonas/Münzberg* § 767 RdNr. 32ff.

[139] BGHZ 94, 29 = NJW 1985, 2481; BGH NJW 1994, 1225, 1226.

[140] BGHZ 94, 35 (Fn. 139).

zugelassen wird;[141] bei anderen Gestaltungsrechten wird eine Präklusion im Prozeß nach § 767 in analoger Anwendung des § 296 Abs. 2 befürwortet, wenn der Schuldner durch Unterlassen der Ausübung des Gestaltungsrechts seine Prozeßförderungspflicht im früheren Prozeß verletzt hat.[142]

Zu diesem Meinungsstreit ist folgendes anzumerken: Die hM im Schrifttum berücksichtigt bei ihrer Sichtweise zutreffend, daß nach dem materiellen Recht eine Rechtsänderung, auf die sich der Schuldner berufen kann, erst mit der Ausübung des Gestaltungsrechts eintritt und daß deshalb der „Grund" iSv. § 767 Abs. 2, auf dem die geltend gemachte Einwendung beruht, auch erst im Zeitpunkt der Abgabe dieser Erklärung entsteht. Die Gefahr, daß der Schuldner durch das bewußte Hinauszögern der Ausübung von Gestaltungsrechten die Zwangsvollstreckung verschleppt, dürfte nicht sehr groß sein. In aller Regel wird ein Beklagter die ihm bekannten Gestaltungsrechte im Erkenntnisverfahren ausüben, etwa eine Eventualaufrechnung erklären (vgl. o. RdNr. 264), schon um seine Verurteilung und die sich daraus ergebende vorläufige Vollstreckbarkeit der Entscheidung sowie die ihn dann treffenden Prozeßkosten zu vermeiden. Mißbrauch und grober Nachlässigkeit des Schuldners kann man wesentlich angemessener und wirkungsvoller dadurch begegnen, daß man sein Verhalten an der ihn treffenden Prozeßförderungspflicht (vgl. o. RdNr. 326), bei der Aufrechnung an ihrer Sachdienlichkeit mißt.

585 Die Vorschrift des § 767 findet auch auf **Vollstreckungstitel nach § 794** entsprechende Anwendung (§ 795). Insoweit muß jedoch bei der Präklusionsregelung des § 767 Abs. 2 berücksichtigt werden, ob die Möglichkeit besteht, zuvor in einem gerichtlichen Verfahren Einwendungen geltend zu machen. Dies ist für vollstreckbare Urkunden (§ 794 Abs. 1 Nr. 5) nicht der Fall, so daß folgerichtig in § 797 Abs. 4 die Anwendung des § 767 Abs. 2 ausgeschlossen wird. Das gleiche muß auch für Prozeßvergleiche gelten, da der in ihnen enthaltene Anspruch nicht auf einer urteilsmäßigen Feststellung mit Rechtskraftwirkung beruht.[143] In beiden Fällen können also Einwendungen ohne zeitliche Einschränkungen vom Schuldner geltend gemacht werden. Für Vollstreckungsbescheide wird die Regelung des § 767 Abs. 2 durch § 796 Abs. 2 modifiziert.

586 Noch in einer Reihe von anderen Fällen wird durch **Verweisung auf § 767** die Vollstreckungsabwehrklage benutzt, um eine Zwangsvollstreckung für unzulässig zu erklären. Nach § 79 Abs. 2 S. 3 BVerfGG ist mit der Vollstreckungsabwehrklage die Unzulässigkeit einer nach den Vorschriften der ZPO vorgenommenen Zwangsvollstreckung geltend zu machen, wenn sich die Unzulässigkeit daraus ergibt, daß sie aufgrund einer nicht mehr anfechtbaren Entscheidung vorgenommen wird, die auf einer nachträglich vom Bundesverfassungsgericht für nichtig erklärten Norm beruht. Der Verwender von AGB, dem die Verwendung einer Bestimmung untersagt worden ist, kann im Wege der Klage

---

[141] *Jauernig* ZVR § 12 II; *Rosenberg/Gaul/Schilken* (Fn. 115); *Stein/Jonas/Münzberg* § 767 RdNr. 38.
[142] *Jauernig* (Fn. 141); *Arens/Lüke* RdNr. 591; vgl. auch *Otto* JA 1981, 651; *M. Braun* JA 1990, 92, 93.
[143] BGH JZ 1987, 888; *Brox/Walker* RdNr. 1351 m. Nachw.

nach § 767 einwenden, daß nachträglich eine Entscheidung des BGH oder des Gemeinsamen Senats der Obersten Gerichtshöfe des Bundes ergangen ist, die die Verwendung dieser Bestimmung für dieselbe Art von Rechtsgeschäft nicht untersagt, und daß die Zwangsvollstreckung aus dem Urteil gegen ihn in unzumutbarer Weise seinen Geschäftsbetrieb beeinträchtigen würde (§ 19 AGBG). Nach § 785 sind Einwendungen, die dem Erben nach den §§ 781 bis 784 zustehen, mit Klage nach § 767 geltend zu machen. § 786 erweitert schließlich den Anwendungsbereich dieser Klage noch auf andere Fälle beschränkter Haftung.

Bei der **Zwangsvollstreckung gegen** einen **Erben**[144] muß danach unterschieden werden, ob die Zwangsvollstreckung schon vor dem Tod des Erblassers begonnen wurde. Ist dies der Fall, dann kann sie nach § 779 Abs. 1 in den Nachlaß fortgesetzt werden, ohne daß eine vollstreckbare Ausfertigung gegen den Erben dafür erforderlich ist. Wird die Vollstreckung erst nach dem Tod des Erblassers begonnen, dann kann sie vor Annahme der Erbschaft durch den Erben in den Nachlaß nur wegen einer Nachlaßverbindlichkeit vorgenommen werden; Voraussetzung dafür ist jedoch, daß ein Nachlaßpfleger bestellt wird (vgl. § 1961 BGB), gegen den als Rechtsnachfolger des Erblassers vom Gläubiger eine vollstreckbare Ausfertigung gemäß § 727 zu erwirken ist. Eine Zwangsvollstreckung wegen einer Nachlaßverbindlichkeit in das Vermögen des Erben ist ebensowenig vor Annahme der Erbschaft zulässig (§ 778 Abs. 1) wie eine Zwangsvollstreckung in den Nachlaß wegen einer Verbindlichkeit des Erben (§ 778 Abs. 2). Denn es bestehen noch zwei getrennte Vermögensmassen, das Eigenvermögen des Erben und der Nachlaß, und es ist noch nicht sicher, ob der Erbe die Erbschaft auch endgültig behält. **Nach Annahme der Erbschaft** kann die Klausel eines gegen den Erblasser lautenden Vollstreckungstitels gegen den Erben umgeschrieben werden (§ 727 Abs. 1); Nachlaßverbindlichkeiten werden dann genauso behandelt wie die eigenen Schulden des Erben. Jedoch kann der Erbe auch nach Annahme der Erbschaft die Haftung gegenüber Nachlaßgläubigern auf den Nachlaß beschränken, und zwar durch Nachlaßverwaltung oder Nachlaßkonkurs (§ 1975 BGB) sowie durch ein Vergleichsverfahren über den Nachlaß (vgl. § 113 Abs. 1 Nr. 4 VerglO); außerdem kann der Erbe eine Haftungsbeschränkung auch bei Dürftigkeit des Nachlasses aufgrund der §§ 1990, 1991 BGB herbeiführen (vgl. auch §§ 1973, 1974 BGB). Dem Erben stehen zudem aufschiebende Einreden nach §§ 2014, 2015 BGB zu, die ihm eine Frist zur Inventarerrichtung und zur Überlegung gewähren, ob er eine Haftungsbeschränkung herbeiführen soll. Diese Einreden schließen eine Klage gegen den Erben nicht aus, sondern verhindern nur eine unbeschränkte Verurteilung (vgl. § 305 Abs. 1) und geben dem Erben aufgrund eines entsprechenden Vorbehalts im Urteil das Recht, in der Zwangsvollstreckung die in §§ 782, 783 genannten Beschränkungen zu verlangen.

Haftet der Erbe nur beschränkt, dann muß er in einem Prozeß, der gegen ihn als Erben wegen einer Nachlaßverbindlichkeit geführt wird (auch bei Aufnahme eines unterbrochenen oder ausgesetzten Rechtsstreits gemäß §§ 239, 246; vgl. o. RdNr. 256 ff.), die **Haftungsbeschränkung** geltend machen, damit sie im Urteil vorbehalten wird. Ein solcher Vorbehalt ist nach § 780 Abs. 1 erforderlich, damit sich der Erbe bei einer Zwangsvollstreckung gegen ihn auf die Haftungsbeschränkung berufen kann. Nur wenn aus einem gegen den Erblasser erwirkten Vollstreckungstitel gegen den Erben vorgegangen wird, kann ein solcher Vorbehalt naturgemäß nicht verlangt werden. Darüber hinaus nennt § 780 Abs. 2 Fälle, in denen ein Vorbehalt nicht erforderlich ist.

---

[144] Vgl. dazu auch *Karsten Schmidt* JR 1989, 45.

Wird trotz der beschränkten Haftung des Erben in sein eigenes Vermögen voll-streckt, dann kann er sich mit der Klage nach § 767 dagegen wehren, wenn in dem Titel gegen ihn ein entsprechender Vorbehalt aufgenommen wurde oder ein sol-cher Vorbehalt – wie ausgeführt – entbehrlich ist (§ 785 iVm. § 781). Ebenso sind mit der Klage nach § 767 die dem Erben nach §§ 2014, 2015 BGB zustehenden Einre-den geltend zu machen (§ 785 iVm. §§ 782, 783), wenn ihm die Beschränkung der Haftung gemäß § 305 Abs. 1 im Urteil vorbehalten worden ist. Wird eine Nachlaß-verwaltung angeordnet oder der Nachlaßkonkurs eröffnet, dann kann der Erbe ver-langen, daß bereits vorgenommene Zwangsvollstreckungsmaßnahmen, die zugun-sten eines Nachlaßgläubigers in sein nicht zum Nachlaß gehörendes Vermögen erfolgt sind, aufgehoben werden, wenn er nicht unbeschränkt haftet (§ 784 Abs. 1). Auch dieses Recht ist mit der Vollstreckungsabwehrklage zu verfolgen (vgl. § 785).

Wird **vor Annahme der Erbschaft** aus einem gegen den Erblasser erwirkten Titel in das persönliche Vermögen des Erben vollstreckt, dann kann er sich dagegen ent-weder mit der Vollstreckungserinnerung nach § 766 oder der Drittwiderspruchskla-ge nach § 771 wehren (dazu sogleich). Das gleiche gilt, wenn vor Annahme der Erb-schaft ein persönlicher Gläubiger des Erben in den Nachlaß vollstreckt. Nachlaßgläubiger können sich gegen eine solche Vollstreckung mit der Vollstrek-kungserinnerung wenden, ebenso persönliche Gläubiger, wenn Nachlaßgläubiger in das persönliche Vermögen des Erben vollstrecken.

e) Drittwiderspruchsklage

587 Für die Zulässigkeit einer Zwangsvollstreckung bildet es keine Vor-aussetzung, daß der Gegenstand, in den vollstreckt wird, zum Vermögen des Schuldners gehört. Vielmehr kommt es bei Pfändung beweglicher Sachen darauf an, daß sie sich im Gewahrsam des Schuldners befinden (§ 808; vgl. o. RdNr. 519). Auch die Pfändung von Forderungen und sonstigen Rechten wird vollzogen, ohne daß vorher geprüft wird, ob sie dem Schuldner zustehen. Deshalb muß einem Dritten die Möglichkeit eingeräumt werden, seine Berechtigung an der gepfändeten Sache gel-tend zu machen und ihrer Beschlagnahme sowie insbesondere ihrer Ver-wertung zu widersprechen. Die sog. Drittwiderspruchsklage des § 771 gewährt insoweit den erforderlichen Rechtsschutz.

Die Klage nach § 771 schließt als speziellerer Rechtsbehelf eine Klage auf Her-ausgabe nach § 985 BGB und auf Beseitigung oder Unterlassung nach § 1004 BGB aus, zumal durch derartige Klagen die Einstellung der Zwangsvollstreckung nicht erreicht werden könnte (vgl. § 775 Nr. 1). Allerdings kann der Dritte mit der Dritt-widerspruchsklage gegen den Gläubiger eine Herausgabeklage gegen den Schuld-ner verbinden; Gläubiger und Schuldner sind in diesem Fall nach § 771 Abs. 2 (ein-fache) Streitgenossen.

588 Die **Zulässigkeit** der Drittwiderspruchsklage hängt davon ab, daß die allgemeinen Prozeßvoraussetzungen (vgl. o. RdNr. 99) erfüllt werden. Ausschließlich örtlich zuständig ist das Gericht, in dessen Bezirk die Zwangsvollstreckung vorgenommen wird (§ 771 Abs. 1, § 802). Die sachliche Zuständigkeit richtet sich nach dem Streitwert (vgl. o. RdNr. 39). Die Drittwiderspruchsklage, die darauf zu richten ist, daß die

Zwangsvollstreckung in einen bestimmten Gegenstand für unzulässig erklärt wird, kann erst in dem Zeitpunkt erhoben werden, in dem die erste Vollstreckungsmaßnahme vorgenommen wird, weil erst dann feststeht, daß in den Gegenstand die Vollstreckung betrieben wird, an dem der Dritte „ein die Veräußerung hinderndes Recht" geltend macht. Etwas anderes gilt nur bei der Herausgabevollstreckung (vgl. o. RdNr. 565 ff.), weil das Recht des Dritten bereits durch den Vollstreckungstitel gefährdet wird und er deshalb auch schon die Klage nach § 771 erheben kann, wenn dieser Titel erlassen wird. Die Drittwiderspruchsklage ist bis zur Beendigung der Zwangsvollstreckung zulässig. Beendet ist die Zwangsvollstreckung, wenn ihr Ziel erreicht ist, beispielsweise der Erlös aus einer Versteigerung vom Gerichtsvollzieher dem Gläubiger ausgehändigt wurde.

Wird eine bewegliche Sache vom Gerichtsvollzieher versteigert, dann tritt der Erlös an die Stelle der Sache, so daß sich das Recht des Dritten am Erlös fortsetzt und er demzufolge auch mit der Drittwiderspruchsklage die Aushändigung an den Gläubiger verhindern kann. Ist jedoch der Erlös an den Gläubiger abgeführt oder die konkrete Zwangsvollstreckungsmaßnahme auf andere Weise abgeschlossen, dann kann der Dritte nur noch Bereicherungs- oder Schadensersatzansprüche geltend machen (vgl. o. RdNr. 527).[145]

Mit der Klage nach § 771 kann sich ein Dritter gegen jede Art der **589** Zwangsvollstreckung wenden, gleichgültig ob eine bewegliche oder unbewegliche Sache, eine Forderung oder ein sonstiges Recht davon betroffen ist. Das Rechtsschutzinteresse des Dritten ist auch dann zu bejahen, wenn der Gläubiger eine Forderung pfändet, deren Inhaber der Dritte ist. Zwar geht dann die Pfändung ins Leere (vgl. o. RdNr. 532), aber der durch die Pfändung geschaffene Rechtsschein gefährdet das Recht des Dritten in einer Weise, daß ihm die Möglichkeit eingeräumt werden muß, dagegen mit der Drittwiderspruchsklage vorzugehen.[146] Etwas anderes gilt nur dann, wenn die Nichtigkeit der Vollstreckungsmaßnahme offenkundig ist, so daß eine Gefährdung des Dritten ausgeschlossen werden kann.

Die **Drittwiderspruchsklage** ist **begründet**, wenn dem Kläger an **590** dem Gegenstand der Zwangsvollstreckung „ein die Veräußerung hinderndes Recht" zusteht und sich der Beklagte (Vollstreckungsgläubiger) nicht auf ein besseres Recht berufen kann. Der im Gesetz verwendete Begriff des veräußerungshindernden Rechts darf nicht wörtlich verstanden werden, denn ein solches Recht gibt es nicht, wie sich am Beispiel des Eigentums als stärksten dinglichen Rechts nachweisen läßt, das wirksam ein Nichtberechtigter einem Gutgläubigen übertragen kann (vgl. § 892, §§ 932 ff. BGB). Gemeint ist vielmehr ein Recht, das eine Veräußerung des Vollstreckungsgegenstandes durch den Schuldner zu einem widerrechtlichen Eingriff in den Rechtskreis des

---

[145] Vgl. dazu *Brox/Walker* RdNr. 456 ff.
[146] BGH NJW 1988, 1095 m. weit. Nachw.

Dritten macht.[147] Es handelt sich also um ein Recht, das der Zwangsvollstreckung aufgrund eines Titels gegen den Schuldner entgegensteht, weil es eine Zuordnung des Vollstreckungsgegenstandes zum Vermögen des Schuldners und damit auch seine Verwertung im Rahmen
der Zwangsvollstreckung aufgrund eines gegen den Schuldner gerichteten Titels verhindert.[148] Diese Wirkung kommt insbesondere dinglichen Rechten zu wie dem Eigentum (wobei auch ein Miteigentümer
oder Gesamthandseigentümer, gegen den kein Titel erwirkt worden ist,
die Klage nach § 771 erheben kann), dem Erbbaurecht, dem Nießbrauch, der Hypothek und dem mit Besitz verbundenen Pfandrecht.[149]

Ein für § 771 ausreichendes Widerspruchsrecht ergibt sich jedoch nur dann,
wenn durch die Zwangsvollstreckung und ihre Durchführung das „die Veräußerung
hindernde Recht" beeinträchtigt wird. Dies ist nicht der Fall bei einem Nießbrauch,
wenn lediglich eine Zwangshypothek auf das nießbrauchbelastete Grundstück eingetragen wird. Ebenso wird das Recht eines Hypothekengläubigers nicht dadurch
beeinträchtigt, daß ein persönlicher Gläubiger des Eigentümers die Zwangsversteigerung des Grundstücks betreiben läßt, da dadurch nicht das Recht des Hypothe-
kars gefährdet wird (vgl. o. RdNr. 558).[150]

Der **Pfandgläubiger** kann sich mit der Drittwiderspruchsklage gegen eine Pfändung nur dann wehren, wenn er (unmittelbaren oder mittelbaren) Besitz an der Sache hat; sonst steht ihm nur die Klage auf vorzugsweise Befriedigung nach § 805 zu
(vgl. dazu u. RdNr. 597). Da der unmittelbar besitzende Pfandgläubiger bereits aufgrund seines Gewahrsams einer Pfändung widersprechen kann (vgl. o. RdNr. 519),
spielt die Klage im Rahmen des § 771 insbesondere dann eine Rolle, wenn der
Pfandgläubiger die Pfandsache einem Besitzmittler übergeben hat, der zur Herausgabe bereit ist. Die Auffassung, daß durch Pfändung einer Sache das Pfandrecht des
Dritten nicht beeinträchtigt werde und er sich folglich auch nicht mit der Klage aus
§ 771 dagegen wehren könne,[151] ist abzulehnen, weil auf diese Weise dem Pfandgläubiger die ihm nach § 1232 S. 1 BGB eingeräumte Initiative zur Verwertung der
Pfandsache genommen würde.[152]

591   Da der **Vorbehaltsverkäufer** vor Eintritt der Bedingung für den Eigentumsübergang (vgl. GK BGB RdNr. 544) Eigentümer der Kaufsache ist, kann er sich mit der Klage aus § 771 gegen ihre Pfändung
durch einen Gläubiger des Vorbehaltskäufers wehren.[153] Im umgekehrten Fall – bei Pfändung der Kaufsache durch Gläubiger des Vorbehalts-
verkäufers – wird der **Vorbehaltskäufer** regelmäßig Gewahrsam an der
Sache haben und kann deshalb schon einer Pfändung widersprechen
(vgl. o. RdNr. 519). Hat er keinen Gewahrsam, etwa weil sich die Sache

---

[147] BGHZ 55, 20, 26 = NJW 1971, 799; *Zimmermann* § 771 RdNr. 6.
[148] *Rosenberg/Gaul/Schilken* § 41 IV.
[149] Vgl. *Stein/Jonas/Münzberg* § 771 RdNr. 19.
[150] Vgl. *Brox/Walker* RdNr. 1418.
[151] So *Thomas/Putzo* § 771 RdNr. 17 unter Hinweis auf RGZ 87, 321.
[152] Ganz hM, vgl. nur *Brox/Walker* RdNr. 1418; *Rosenberg/Gaul/Schilken* § 41
VI 5; *MK/K. Schmidt* § 771 RdNr. 34.
[153] Ganz hM, vgl. BGHZ 54, 214, 218 = NJW 1970, 1733; *Prütting* JA 1988, 505,
509 f.; *Baumbach/Lauterbach/Hartmann* § 771 RdNr. 17; aA *Hübner* NJW 1980, 729,
733.

zur Reparatur beim Vorbehaltsverkäufer oder bei einem Dritten befindet, dann steht ihm aufgrund seines Anwartschaftsrechts ebenfalls die Klage nach § 771 zu.[154] Nach hM soll jedoch der Anwartschaftsberechtigte nicht die Pfändung, sondern nur die Verwertung der Sache verhindern dürfen, weil bei Aufhebung der Pfändung das Pfändungspfandrecht des vollstreckenden Gläubigers verlorengeht, auf das es insbesondere wegen des Ranges bei Ausfall der Bedingung für den Eigentumsübergang auf den Anwartschaftsberechtigten ankommt.[155]

Der **Sicherungseigentümer** kann nach hM mit der Klage aus § 771 **592** vorgehen, wenn ein Gläubiger des Sicherungsgebers in das Sicherungsgut vollstreckt.[156] Die Gegenauffassung,[157] die das Sicherungseigentum wie ein besitzloses Pfandrecht behandelt und deshalb in diesem Fall dem Sicherungseigentümer nur die Klage auf vorzugsweise Befriedigung nach § 805 zugestehen will, ist abzulehnen; gegen sie spricht nicht nur, daß es sich bei dem Sicherungseigentum nicht um Eigentum minderen Ranges handelt, sondern daß sie auch zu unbefriedigenden Ergebnissen führt; dazu folgendes

Beispiel: Die B-Bank gewährt dem Fabrikanten Fleißig ein Darlehen und läßt sich zur Sicherung das Eigentum an mehreren von Fleißig zur Produktion eingesetzten Maschinen übertragen. Glaub erwirkt gegen Fleißig aufgrund einer Geldforderung ein Urteil und vollstreckt in die Maschinen. Die B-Bank ist Eigentümerin der Maschinen (§§ 929 S. 1, 930 BGB) und kann folglich mit der Drittwiderspruchsklage die Pfändung abwehren. Fleißig kann dann die Maschinen weiterhin in der Produktion einsetzen. Würde man dagegen mit der Gegenauffassung die Bank auf einen Anspruch auf vorzugsweise Befriedigung aus dem Verwertungserlös beschränken, dann könnte der Pfandgläubiger die Verwertung betreiben, ohne daß dies von der Bank zu verhindern wäre. Handelt es sich bei den Maschinen um unverzichtbare Produktionsmittel, dann hätte ihre Verwertung zur Folge, daß die Produktion erheblich behindert, wenn nicht gänzlich unmöglich gemacht werden würde.[158] Daß dieses Ergebnis den wirtschaftlichen Interessen der Bank im erheblichen Maße zuwiderliefe, weil möglicherweise der Verwertungserlös nicht zur Abdeckung ihrer Forderung gegen Fleißig ausreicht und sie bei Fortsetzung des Betriebes die volle Rückzahlung des gewährten Darlehens nebst Zinsen erwarten könnte, bliebe dann völlig unbeachtet.

Ein wichtiges Argument der Gegenauffassung wird aus der Behandlung des Sicherungsguts im Konkurs des Sicherungsgebers gewonnen, weil dort die hM dem

---

[154] BGH (Fn. 147); BGH JZ 1978, 199, 200; *Brox* JuS 1984, 666; *Baur/Stürner* RdNr. 774.

[155] Vgl. *Rosenberg/Gaul/Schilken* § 41 VI 2 b; *Brox/Walker* RdNr. 1412.

[156] BGHZ 80, 296, 299 = NJW 1981, 1835; *Baumann/Brehm* § 13 III 5; *Baur/Stürner* RdNr. 776; *Jauernig* ZVR § 13 IV 1 a; *Gerhardt* § 16 III 1 c.

[157] *Baumbach/Lauterbach/Hartmann* § 771 RdNr. 26; *MK/K. Schmidt* § 771 RdNr. 29.

[158] § 811 Nr. 5 steht der Pfändung nicht entgegen, wenn der Betrieb in kapitalistischer Arbeitsweise geführt wird und die Ausnutzung fremder Arbeitskraft sowie der Einsatz von Sach- und Kapitalmittel die persönliche Leistung des Schuldners überwiegen; vgl. *MK/Schilken* § 811 RdNr. 26 m. Nachw.

Sicherungsnehmer nur ein Absonderungsrecht gewährt, ihn also so behandelt wie einen Pfandgläubiger (vgl. § 48 KO).[159] Aber der entscheidende Unterschied zwischen beiden Fällen, der auch eine unterschiedliche Behandlung rechtfertigt, besteht darin, daß beim Konkurs ein „Kassensturz" gemacht wird, der es erforderlich sein läßt, das Sicherungseigentum sofort abzuwickeln, um einen verbleibenden Überschuß der Konkursmasse zuführen zu können. Ein Interesse des Sicherungseigentümers am Fortbestand des Sicherungseigentums kann im Konkurs, anders als in der Einzelzwangsvollstreckung, nicht berücksichtigt werden.

593   Vollstreckt ein Gläubiger des Sicherungseigentümers in das Sicherungsgut, dann kann nach hM der **Sicherungsgeber** ebenfalls mit der Drittwiderspruchsklage intervenieren.[160] Diese wohl zunächst überraschende Feststellung erklärt sich dadurch, daß der Sicherungsnehmer erst nach Eintritt des Sicherungsfalls das Sicherungsgut verwerten darf und daß aufgrund der Sicherungsabrede dem Sicherungsgeber das Recht zusteht, einer vorherigen Verwertung zu widersprechen. Die Beschränkung der Eigentümerstellung des Sicherungsnehmers wirkt sich auch im Verhältnis zu dessen Gläubigern aus; vor Eintritt des Sicherungsfalls dürfen sie nicht auf das Sicherungsgut zugreifen. Diese Rechtslage ändert sich in dem Zeitpunkt, in dem der Sicherungseigentümer die Sache verwerten darf; von diesem Zeitpunkt an entfällt das Widerspruchsrecht des Sicherungsgebers.[161] Das Interventionsrecht des Sicherungsgebers wird jedoch regelmäßig nur dann praktisch, wenn sich das Sicherungsgut nicht in seinem unmittelbaren Besitz befindet, weil er sonst gegen die Pfändung die Vollstreckungserinnerung einlegen kann (vgl. o. RdNr. 519).

Bei der Sicherungsübereignung handelt es sich um einen Fall der sog. **eigennützigen Treuhand** (Sicherungstreuhand). Auch in anderen Fällen der eigennützigen Treuhand – wie beispielsweise bei der Sicherungszession oder dem verlängerten Eigentumsvorbehalt (vgl. dazu GK BGB RdNr. 548) – stehen Sicherungsgeber und Sicherungsnehmer die gleichen Rechte zu wie bei der Sicherungsübereignung.[162]

Die sog. **uneigennützige Treuhand** (Verwaltungstreuhand) ist dadurch gekennzeichnet, daß bei ihr das wirtschaftliche Interesse des Treugebers an der Durchführung das des Treuhänders überwiegt (Beispiel: Inkassozession; vgl. dazu GK BGB RdNr. 811). Da also die Übertragung von Vermögenswerten (beispielsweise einer Forderung) nur zur Erreichung eines wirtschaftlichen Zweckes geschieht, nach dessen Erledigung der Vermögenswert oder das Surrogat an den Treugeber zurückübertragen werden soll, gehört das Treugut wirtschaftlich, wenn auch nicht juristisch, zum Vermögen des Treugebers. Entsprechend der Zweckrichtung des § 771, in der Zwangsvollstreckung den Zugriff auf Vermögensgegenstände abzuwehren, die haftungsrechtlich nicht zum Vermögen des Schuldners gehören, ist dem Treugeber bei einer Zwangsvollstreckung in das Treugut durch Gläubiger des Treuhänders die Klage nach § 771 zuzubilligen, während im umgekehrten Fall (Zwangsvollstreckung

---

[159] Vgl. *Baur/Stürner* RdNr. 1076 m. Nachw.
[160] BGHZ 72, 141, 144 = NJW 1978, 1859; *Prütting* JA 1988, 505, 510; *Brox/Walker* RdNr. 1416; *Gerhardt* (Fn. 156). Nach anderer Ansicht soll das Widerspruchsrecht davon abhängig sein, daß die gesicherte Forderung beglichen wird; vgl. *Weber* NJW 1976, 1601, 1605 m. Nachw.
[161] BGH (Fn. 160) S. 146 f.
[162] Vgl. *Rosenberg/Gaul/Schilken* § 41 VI 4 b.

durch Gläubiger des Treugebers) der Treuhänder nicht nach § 771 vorgehen kann. Er kann allerdings die Pfändung durch Vollstreckungserinnerung (§ 766) abwehren, wenn sich das Treugut in seinem Gewahrsam befindet.

Die Rechtsprechung[163] macht jedoch bei Anwendung des § 771 zugunsten des Treugebers eine wichtige Einschränkung: Das Treugut muß „unmittelbar" aus dem Vermögen des Treugebers in das des Treuhänders gelangt sein. Da diesem **Unmittelbarkeitsprinzip** bei Surrogaten nicht entsprochen wird, kann der Treugeber danach die Zwangsvollstreckung durch Gläubiger des Treuhänders nicht mit der Klage aus § 771 abwehren.

Beispiel: Der Treuhänder erwirbt im Auftrag und mit Mitteln des Treugebers bei einer Versteigerung ein Bild. Bevor er das Eigentum an dem Bild auf den Treugeber übertragen hat (dies könnte allerdings auch durch antizipierte Einigung und antizipiertes Besitzkonstitut geschehen), pfändet sein Gläubiger das Bild. Nach Auffassung der Rechtsprechung steht dann dem Treugeber nicht die Drittwiderspruchsklage zu.

Eine Gegenausnahme soll wiederum bei sog. **Anderkonten** gelten.[164] Diese Anderkonten dienen dem Zweck, fremde Gelder zu verwalten (beispielsweise Mandantengelder, für die Rechtsanwälte und Notare Anderkonten führen müssen), so daß bei ihnen die Nichtzugehörigkeit zum Vermögen des Kontoinhabers offenkundig ist.[165] Die hM im Schrifttum will dieses **Offenkundigkeitsprinzip** auf alle Fälle der uneigennützigen Treuhand ausdehnen und dabei entscheidend sein lassen, ob das Treugut im Zeitpunkt des Vollstreckungszugriffs mit Bestimmtheit als ein vom persönlichen Vermögen des Treuhänders getrenntes Sondervermögen erkennbar ist.[166]

Rechte der Beteiligten bei Vollstreckung in das Treugut   **594**

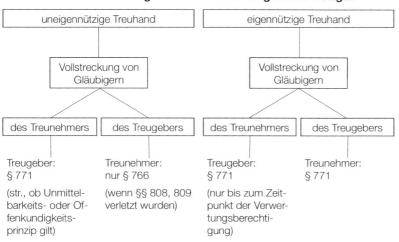

---

[163] BGH NJW 1959, 1223, 1224 f.; OLG Köln MDR 1965, 1001.
[164] BGH NJW 1959, 1225; 1993, 2622.
[165] Nach Auffassung von BGH NJW 1993, 2622, ist die Publizität als Anderkonto (Treuhandkonto) nicht zwingend. Der Nachweis der Treuhandeigenschaft, an den allerdings strenge Anforderungen zu stellen seien, könne auch auf andere Weise geführt werden.
[166] *Rosenberg/Gaul/Schilken* § 41 VI 4 a; *MK/K. Schmidt* § 771 RdNr. 25, jeweils m. weit. Nachw.

595   Auch **obligatorische** Ansprüche können ein Widerspruchsrecht
nach § 771 begründen, allerdings nur, wenn es sich dabei um Herausgabeansprüche und nicht lediglich um Verschaffungsansprüche handelt.
Bei Herausgabeansprüchen, wie sie Vermietern, Hinterlegern und Ver-
leihern zustehen, gehört der herauszugebende Gegenstand nicht zum
Vermögen des Vollstreckungsschuldners und darf deshalb auch nicht
zum Gegenstand einer Zwangsvollstreckung seiner Gläubiger gemacht
werden; entsprechend dem Sinn des § 771 (vgl. o. RdNr. 587) muß deshalb dem Herausgabeberechtigten auch ein Widerspruchsrecht gewährt
werden. Anders stellt sich jedoch die Rechtslage bei Verschaffungsan-
sprüchen dar, die darauf gerichtet sind, daß der Schuldner aus seinem
Vermögen einen Gegenstand überträgt, wie dies nach § 433 Abs. 1 S. 1
BGB der Verkäufer zu tun verpflichtet ist.

> Weil dem Inhaber eines Herausgabeanspruchs ein Widerspruchsrecht zugebilligt
> wird, verliert die streitige Frage an praktischer Bedeutung, ob auch der **mittelbare
> Besitz** bei beweglichen Sachen (den der Herausgabeberechtigte regelmäßig inne-
> hat) zur Drittwiderspruchsklage berechtigt. Die hM sieht in dem berechtigten un-
> mittelbaren und mittelbaren Besitz bei beweglichen Sachen (dagegen nicht bei
> Grundstücken) ein die Veräußerung hinderndes Recht.[167] Diese Auffassung erlangt
> praktische Bedeutung insoweit, als ein nicht herausgabebereiter Dritter als unmittel-
> barer Besitzer nicht nur Vollstreckungserinnerung nach § 766 wegen Verletzung des
> § 809 einlegen kann, sondern darüber hinaus auch noch der Pfändung mit der
> Drittwiderspruchsklage begegnen darf. Gegen diese Ansicht spricht nicht nur das
> Fehlen eines praktischen Bedürfnisses, sondern insbesondere, daß es für § 771 auf
> die Vermögenszugehörigkeit ankommt, über die der Besitz als solcher nichts aus-
> sagt.[168]

596   Der vollstreckende **Gläubiger** kann gegenüber dem vom Kläger
geltend gemachten „veräußerungshindernden Recht" an dem Vollstreckungsgegenstand **einwenden**, daß nach materiellem Recht dieser
Gegenstand für die Verbindlichkeit des Schuldners zu haften habe. So
kann sich der Gläubiger darauf berufen, daß der Kläger als Vermögens-
übernehmer nach § 419 BGB mit dem Gegenstand haften müsse.[169]
Dem Kläger kann auch entgegengehalten werden, daß er als persönlich
haftender Gesellschafter oder als Bürge für die titulierte Forderung
einstehen müsse.[170] Schließlich kann der Beklagte auch geltend machen, daß der Erwerb des „veräußerungshindernden Rechts" in einer
nach dem Anfechtungsgesetz anfechtbaren Weise vollzogen worden
ist.[171]

---

[167] *Stein/Jonas/Münzberg* § 771 RdNr. 29 f.; *Zöller/Herget* § 771 RdNr. 14 (Besitz); *Baumbach/Lauterbach/Hartmann* § 771 RdNr. 15.
[168] *Brox/Walker* RdNr. 1420; *Thomas/Putzo* § 771 RdNr. 21; *MK/K. Schmidt*
§ 771 RdNr. 38.
[169] BGHZ 80, 296, 302 f. = NJW 1981, 1835, m. weit. Nachw.
[170] Vgl. *Brox/Walker* RdNr. 1437 ff.
[171] BGHZ 98, 6, 10 = NJW 1986, 2252.

Das **Anfechtungsgesetz** (AnfG) – genauer Titel: Gesetz, betreffend die Anfechtung von Rechtshandlungen eines Schuldners außerhalb des Konkursverfahrens (Schönfelder Nr. 111) – gewährt die Möglichkeit, gültige Rechtshandlungen eines Schuldners außerhalb des Konkursverfahrens (zur Anfechtung innerhalb des Konkursverfahrens vgl. §§ 29 ff. KO) zum Zwecke der Befriedigung eines Gläubigers als diesem gegenüber unwirksam anzufechten (§ 1 AnfG). Der Begriff der Anfechtung in dem hier verwendeten Sinn unterscheidet sich von dem der Anfechtung von Willenserklärungen nach dem BGB. Es geht bei der Anfechtung im Rahmen des Anfechtungsgesetzes nicht um die Ausübung eines Gestaltungsrechts mit dem Ziel, die Nichtigkeit einer Willenserklärung herbeizuführen (vgl. § 142 Abs. 1 BGB), sondern dem Anfechtungsberechtigten steht ein Anspruch auf Rückgewähr des anfechtbar Erlangten gegenüber dem Anfechtungsgegner zu (vgl. § 7 AnfG).[172] Die Gläubigeranfechtung kann nicht nur im Wege der Klage (vgl. § 9 AnfG), sondern auch einredeweise (vgl. § 5 AnfG) geltend gemacht werden, beispielsweise durch Einrede gegenüber einer Drittwiderspruchsklage des Anfechtungsgegners. Die Berechtigung zur Anfechtung ist nach § 2 AnfG davon abhängig, daß ein Gläubiger, der einen vollstreckbaren Schuldtitel erlangt hat und dessen Forderung fällig ist, durch Zwangsvollstreckung in das Vermögen des Schuldners zu einer vollständigen Befriedigung nicht gelangt ist oder daß anzunehmen ist, daß eine solche Befriedigung nicht erreichbar ist. Anfechtungsgegner ist der Empfänger des anfechtbar Erlangten oder sein Rechtsnachfolger (vgl. § 11 AnfG). Der Erfolg einer Anfechtung hängt davon ab, daß ein im Gesetz genannter Anfechtungsgrund verwirklicht worden ist. Im Gesetz wird zwischen der sog. Absichtsanfechtung (§ 3 Abs. 1 Nr. 1, 2 AnfG) und der Schenkungsanfechtung (§ 3 Abs. 1 Nr. 3 und 4 AnfG) unterschieden.[173] Für die Ausübung des Anfechtungsrechts sind zeitliche Grenzen zu beachten, die sich entweder aus den Anfechtungstatbeständen selbst ergeben oder in § 12 AnfG genannt werden.

f) Klage auf vorzugsweise Befriedigung

Der Inhaber eines besitzlosen Pfandrechts – beispielsweise der Vermieter (§ 559 BGB), der Verpächter (§ 559 iVm. § 581 Abs. 2, § 592 BGB), der Gastwirt (§ 704 BGB) oder der Frachtführer (§ 440 Abs. 3 HGB) – kann die Zwangsvollstreckung in den vom Pfandrecht erfaßten Gegenstand nicht mit der Klage nach § 771 verhindern (vgl. o. RdNr. 590), sondern vermag lediglich mit der Klage nach § 805 seine vorrangige Berücksichtigung bei Verteilung des Vollstreckungserlöses zu erreichen. **597**

Die Klage nach § 805 ist nur bei einer Vollstreckung wegen einer Geldforderung in eine bewegliche Sache statthaft. Bei einer Herausgabevollstreckung nach §§ 883 ff. (vgl. o. RdNr. 565 ff.) kommt nur die Drittwiderspruchsklage aufgrund eines die Veräußerung hindernden Rechts in Betracht. Das gleiche gilt, wenn die Zwangsvollstreckung wegen einer Geldforderung in ein Recht betrieben wird (vgl. o. RdNr. 545).[174]

---

[172] Zur Rechtsnatur der Gläubigeranfechtung vgl. *Rosenberg/Gaul/Schilken* § 35 II.

[173] Zu den einzelnen Anfechtungstatbeständen vgl. *Rosenberg/Gaul/Schilken* § 45 IV; *Brox/Walker* RdNr. 269 ff.

[174] *Baur/Stürner* RdNr. 796; *MK/Schilken* § 805 RdNr. 3, der aber dem Pfandgläubiger an diesem Recht in analoger Anwendung des § 805 die Befugnis zuge-

Der Antrag der Klage ist darauf zu richten, daß der Kläger aus dem Reinerlös einer genau zu bezeichnenden Sache in Höhe einer zu beziffernden Forderung mit Vorrang vor dem Beklagten zu befriedigen ist. Die örtliche und sachliche Zuständigkeit des Gerichts ist in § 805 bestimmt. Für die Begründetheit der Klage kommt es darauf an, daß dem Kläger ein Pfand- oder Vorzugsrecht zusteht, das im Rang dem Pfändungspfandrecht des Vollstreckungsgläubigers vorgeht. Vorzugsrechte iSv. § 805 sind insbesondere die in § 49 Abs. 1 KO genannten Rechte.[175]

g) Antrag auf Vollstreckungsschutz nach § 765 a

598 Der Schuldner kann nach § 765 a Abs. 1 beim Vollstreckungsgericht beantragen, eine Maßnahme der Zwangsvollstreckung ganz oder teilweise aufzuheben, zu untersagen oder einstweilen einzustellen. Die Vorschrift gilt für jede Art der Zwangsvollstreckung. Der Antrag auf Vollstreckungsschutz ist begründet, wenn die Vollstreckung für den Schuldner wegen ganz besonderer Umstände unter voller Würdigung des Schutzbedürfnisses des Gläubigers eine sittenwidrige Härte bedeutet.

Die Fassung des Gesetzes betont den Ausnahmecharakter der Regelung. Härten, die fast jede Zwangsvollstreckung mit sich bringt, müssen hingenommen werden und können nicht Schuldnerschutzmaßnahmen nach § 765 a rechtfertigen. Die Tatsache, daß überhaupt eine Zwangsvollstreckung durchgeführt wird, begründet für sich noch keine sittenwidrige Härte; sittenwidrig kann immer nur eine konkrete Zwangsvollstreckungsmaßnahme sein.[176] Zu berücksichtigen ist insbesondere auch, daß sich die Berurteilung solcher Maßnahmen nicht auf Gesichtspunkte stützen läßt, die bereits im Erkenntnisverfahren vorzutragen und bei Anwendung des materiellen Rechts zu beachten gewesen wären; sonst könnte das Vollstreckungsgericht in den Zuständigkeitsbereich des Prozeßgerichts eingreifen.[177] Nur bei einem krassen Mißverhältnis der für und gegen die Vollstreckung sprechenden Interessen kann eine sittenwidrige Härte bejaht werden. Als Beispiele aus der Rechtsprechung für begründete Anträge auf Schuldnerschutz nach § 765 a sind zu nennen: Der Gläubiger läßt einen Nießbrauch des Schuldners pfänden, obwohl das Nießbrauchsrecht in der Weise bestellt ist, daß es bei der Pfändung erlischt und deshalb der Gläubiger daraus keine Befriedigung erlangen kann;[178] bei Durchführung einer Zwangsräumung muß mit schweren physischen Reaktionen des stark selbstmordgefährdeten Mieters gerechnet werden;[179] obwohl der Schuldner demnächst eine Ersatzwohnung beziehen kann, soll die Zwangsräumung mit der Folge durchgeführt werden, daß der Schuldner ohne Wohnung ist.[180]

---

steht, sich auf eine Klage auf vorzugsweise Befriedigung zu beschränken; vgl. dazu auch *Rosenberg/Gaul/Schilken* § 42 III 2 m. weit. Nachw.

[175] Vgl. *Brox/Walker* RdNr. 1461.

[176] OLG Köln NJW 1994, 1743.

[177] *Baur/Stürner* RdNr. 803.

[178] OLG Frankfurt OLGZ 1980, 482.

[179] BVerfGE 52, 220 = NJW 1979, 2607 vgl. auch BVerfG NJW 1994, 1719; OLG Köln NJW 1993, 2248. In besonders gelagerten Ausnahmefällen kann sogar aufgrund des § 765 a Räumungsschutz auf Dauer zu gewähren sein; vgl. BVerfG NJW 1992, 1155.

[180] AG Seligenstadt Rpfleger 1988, 417; weitere Beispiele bei *Baumbach/Lauterbach/Hartmann* § 765 a RdNr. 13 ff.; *Zöller/Stöber* § 765 a RdNr. 9.

Das Verfahren bei Entscheidung über einen Antrag nach § 765 a **599** stimmt mit dem bei § 766 zu praktizierenden **Verfahren** (vgl. o. RdNr. 576) überein. Insbesondere ist eine mündliche Verhandlung nicht obligatorisch (vgl. § 764 Abs. 3). Vor einer für ihn nachteiligen Entscheidung muß dem Antragsgegner rechtliches Gehör gewährt werden. Die Entscheidung nach § 765 a wird durch den Rechtspfleger getroffen (§ 20 Nr. 17 RPflG).

h) Einstweilige Anordnungen

Die Einlegung von Rechtsbehelfen im Zwangsvollstreckungsverfah- **600** ren hat keine aufschiebende Wirkung. Bevor über den Rechtsbehelf entschieden worden ist, kann deshalb bereits eine nicht mehr korrigierbare Situation zum Nachteil des Betroffenen eintreten. Deshalb sieht das Gesetz vor, daß einstweilige Anordnungen beantragt werden können.

Entsprechende Regelungen finden sich für die Vollstreckungserinnerung in § 766 Abs. 1 S. 2 iVm. § 732 Abs. 2, für die sofortige Beschwerde und die Rechtspflegererinnerung (§ 11 Abs. 4 RPflG) in § 572 Abs. 3, für die Beschwerde nach § 71 GBO in § 76 Abs. 1 GBO, für die Vollstreckungsabwehrklage und für die Drittwiderspruchsklage (§ 771 Abs. 3) in §§ 769, 770. Einstweilige Anordnungen vor einer Entscheidung über den Antrag nach § 765 a sind im Gesetz nicht vorgesehen, können jedoch nach hM in Analogie zu § 766 Abs. 1 S. 2 iVm. § 732 Abs. 2 erlassen werden.[181] Bei der Klage auf vorzugsweise Befriedigung kann das Gericht nach § 805 Abs. 4 die Hinterlegung des Erlöses anordnen.

Um die **Umsetzung** der einstweiligen **Anordnung** und die Einstellung oder Beschränkung der Zwangsvollstreckung zu erreichen, muß die Entscheidung dem Vollstreckungsorgan vorgelegt werden (§ 775 Nr. 2, § 776 letzter HS). Eine solche Vorlage ist nur dann überflüssig, wenn das Vollstreckungsorgan selbst die Entscheidung über die einstweilige Anordnung trifft, wie dies im Rahmen einer Vollstreckungserinnerung gegen eine Forderungspfändung der Fall ist.[182]

Auch bei **Anfechtung eines Urteils**, aus dem vollstreckt wird, muß **601** der Gefahr vorgebeugt werden können, daß die Aufhebung des Urteils erst in einem Zeitpunkt vollzogen wird, in dem bereits durch seine Vollstreckung ein nicht wiedergutzumachender Schaden eingetreten ist. Deshalb ist in § 707 für die Fälle einer Wiedereinsetzung in den vorigen Stand (vgl. o. RdNr. 260), der Wiederaufnahme des Verfahrens (vgl. o. RdNr. 480 ff.) und der Fortsetzung des Verfahrens nach Erlaß eines Vorbehaltsurteils (§§ 302, 600; vgl. o. RdNr. 273, 489) sowie in § 719 für die Fälle des Einspruchs oder der Berufung gegen ein für vorläufig vollstreckbar erklärtes Urteil eine einstweilige Einstellung der Zwangsvollstreckung vorgesehen.

---

[181] *MK/Arnold* § 765 a RdNr. 90 m. Nachw.
[182] *Jauernig* ZVR § 14 I.

602   Eine **Anfechtung** des Beschlusses, durch den vom Richter über einen Antrag auf einstweilige Anordnung entschieden wird, ist grundsätzlich ausgeschlossen. Das ist zwar nur ausdrücklich für die Fälle der §§ 707, 719 in § 707 Abs. 2 S. 2 bestimmt und ergibt sich aus § 567 Abs. 3, soweit solche Entscheidungen von Landgerichten in Berufungs- und Beschwerdeverfahren getroffen werden, gilt aber nach herrschender, wenn auch sehr bestrittener Auffassung ebenfalls in allen übrigen Fällen.[183] Nur bei greifbarer Gesetzwidrigkeit (vgl. o. RdNr. 461) ist eine Beschwerde zuzulassen. Daneben wird in Ausnahmefällen eine sofortige Beschwerde auch zugelassen, um neu eingetretene Tatsachen im Beschwerdeverfahren noch berücksichtigen zu können, wenn dies zwingend geboten erscheint.[184] Hat nach § 765 a oder nach § 769 Abs. 2 das Vollstreckungsgericht durch den Rechtspfleger entschieden, dann ist eine befristete Erinnerung gemäß § 11 Abs. 1 S. 2 RPflG statthaft.

VI. Eidesstattliche Versicherung und Haft

603   Hat die Zwangsvollstreckung wegen einer Geldforderung in das bewegliche Vermögen des Schuldners zu keiner vollständigen Befriedigung des Gläubigers geführt oder macht dieser glaubhaft (vgl. § 294), daß er durch Pfändung seine Befriedigung nicht vollständig erlangen kann,[185] dann ist der Schuldner auf Antrag des Gläubigers verpflichtet, ein Vermögensverzeichnis vorzulegen, dessen Vollständigkeit und Richtigkeit er an Eides Statt zu versichern hat (§ 807). Wird bei der Zwangsvollstreckung zur Herausgabe bestimmter beweglicher Sachen diese Sache vom Gerichtsvollzieher nicht vorgefunden, dann ist der Schuldner nach § 883 Abs. 2 zur Abgabe einer eidesstattlichen Versicherung verpflichtet. Das **Verfahren**, das bei diesen sog. (eidesstattlichen) Offenbarungsversicherungen zu beachten ist, wird in den §§ 899 bis 915 h geregelt.

Anders ist dagegen das Verfahren geregelt, wenn sich die **Pflicht** zur eidesstattlichen Offenbarungsversicherung nicht aus dem Vollstreckungsrecht, sondern **aus dem materiellen** Recht ableitet (beispielsweise aus §§ 259, 260, 2028 BGB). Gibt in diesen Fällen der Schuldner freiwillig die Offenbarungsversicherung ab, dann bestimmt sich das Verfahren nach dem FGG (vgl. §§ 79, 163 FGG). Ist der Schuldner zur Abgabe einer eidesstattlichen Versicherung verurteilt worden, findet § 889 Anwendung.

---

[183] OLG München NJW-RR 1991, 63 (zu § 769); *Brox/Walker* RdNr. 1232, 1363 (eingehend zu den verschiedenen Auffassungen), 1485; *Rosenberg/Gaul/Schilken* § 36 V 4; *Stein/Jonas/Münzberg* § 732 RdNr. 14; § 769 RdNr. 15 f., jeweils m. weit. Nachw.
[184] OLG Saarbrücken FamRZ 1994, 1538 m. Anm. v. *Gottwald*.
[185] Vgl. *MK/Eickmann* § 807 RdNr. 6 ff.

Das Verfahren zur Abgabe der eidesstattlichen Versicherung nach **604** §§ 807, 883 beginnt mit dem Antrag des Gläubigers auf Bestimmung eines Termins (vgl. § 900 Abs. 1). Der Antrag ist bei dem Gericht zu stellen, in dessen Bezirk der Schuldner seinen Wohnsitz hat (§ 899).

Das Vollstreckungsgericht (d. h. nach § 20 Nr. 17 RPflG der Rechtspfleger) hat von Amts wegen zu prüfen, ob die Voraussetzungen der Zwangsvollstreckung (vgl. o. RdNr. 505) erfüllt sind und ob den speziellen Anforderungen des § 807 oder des § 883 entsprochen wird. Ferner ist festzustellen, ob der Schuldner innerhalb der letzten drei Jahre eine eidesstattliche Versicherung abgegeben hat oder gegen ihn die Haft zur Erzwingung dieser Versicherung angeordnet wurde (vgl. § 900 Abs. 2, § 903). Gelangt das Gericht zu dem Ergebnis, daß diese Voraussetzungen nicht erfüllt sind, dann muß der Antrag abgelehnt werden; der Gläubiger kann dagegen befristete Erinnerung nach § 11 Abs. 1 S. 2 RPflG einlegen. Andernfalls hat das Gericht Termin zu bestimmen und den Schuldner dazu zu laden (vgl. § 900 Abs. 3).

Der Termin zur Abgabe der Offenbarungsversicherung, der nicht öf- **605** fentlich ist (arg. § 169 GVG), kann sich verschieden gestalten, je nachdem wie sich der Schuldner verhält:

– Der Schuldner erscheint und gibt die von ihm verlangte Offenbarungsversicherung ab.

Handelt es sich um eine Offenbarungsversicherung nach § 807, dann ist der Schuldner in das vom Vollstreckungsgericht nach § 915 zu führende Verzeichnis einzutragen (sog. schwarze Liste). Das Recht, Auskünfte über Eintragungen im Schuldnerverzeichnis zu erhalten, ist aus datenschutzrechtlichen Erwägungen neu geregelt worden (vgl. § 915 Abs. 2, §§ 915 b ff.).[186]

– Der Schuldner erscheint und erhebt Widerspruch gegen seine Verpflichtung zur Abgabe der Offenbarungsversicherung. Dann ist vom Vollstreckungsgericht über den Widerspruch durch Beschluß zu entscheiden (§ 900 Abs. 5). Gegen den Beschluß ist befristete Erinnerung nach § 11 Abs. 1 S. 2 RPflG statthaft.

– Der Schuldner erscheint nicht oder verweigert grundlos oder nach rechtskräftiger Verwerfung seines Widerspruchs die Abgabe der Offenbarungsversicherung. Dann wird auf Antrag des Gläubigers Haft angeordnet (§ 901). Für diese Anordnung ist nicht der Rechtspfleger, sondern der Richter zuständig (§ 4 Abs. 2 Nr. 2, Abs. 3 RPflG).

Zusammen mit dem Beschluß der Haftanordnung ist ein Haftbefehl zu erlassen (§ 908). Die Verhaftung wird vom Gerichtsvollzieher durchgeführt (§ 909). Die Haft beträgt im Höchstfall sechs Monate (§ 913). Gefährdet die Haft die Gesundheit des Schuldners erheblich, dann darf sie nicht vollstreckt werden (§ 906). Gegen die Anordnung der Haft steht dem Schuldner die sofortige Beschwerde zu (§ 793). Wird der Antrag des Gläubigers auf Anordnung der Haft abgelehnt – diese Entscheidung wird durch den Rechtspfleger getroffen –, dann ist die befristete Rechtspflegererinnerung gegeben (§ 11 Abs. 1 S. 2 RPflG).[187]

---

[186] Vgl. *Lappe* NJW 1994, 3067.
[187] Eingehend zur Offenbarungsversicherung: *Rosenberg/Gaul/Schilken* § 60; *Brox/Walker* RdNr. 1126 ff.

VII. Arrest und einstweilige Verfügung

606   Benötigt der Gläubiger zur Durchsetzung seines Anspruchs gegen den Schuldner ein Urteil als Vollstreckungstitel, dann besteht die Gefahr, daß sich während der häufig längeren Dauer des Prozesses Entwicklungen vollziehen, die eine Realisierung des Anspruchs beeinträchtigen oder sogar vereiteln. Beispielsweise kann ein Schuldner das Vollstreckungsobjekt oder Vermögenswerte inzwischen beiseite schaffen, so daß der Kläger trotz eines zu seinen Gunsten ergangenen Urteils letztlich leer ausgeht. Um solchen Nachteilen vorzubeugen und die Rechtsverwirklichung zu sichern, bietet das Gesetz mit dem Arrest und der einstweiligen Verfügung zwei Mittel an, durch die ein einstweiliger Rechtsschutz erreicht werden soll. Während der Arrest Geldforderungen oder Forderungen, die in eine Geldforderung übergehen können, sichert (§ 916 Abs. 1), schützt die einstweilige Verfügung die Verwirklichung anderer Ansprüche.

a) Arrest

607   Zur Erwirkung eines Arrestes ist ein Verfahren durchzuführen, der sog. **Arrestprozeß**, in dem im Interesse der Schnelligkeit die Anforderungen an den Beweis der Tatsachen, die der gerichtlichen Entscheidung zugrunde liegen, gesenkt werden und eine Glaubhaftmachung genügt (§ 920 Abs. 2; vgl. o. RdNr. 399 f.).

Bei dem Arrestprozeß handelt es sich um ein summarisches Erkenntnisverfahren, das mit einer Entscheidung endet, die – wenn sie dem Antrag stattgibt – vollstreckt werden muß. Zwischen dem Arrestprozeß als Erkenntnisverfahren und der anschließenden Vollstreckung besteht der gleiche Unterschied wie auch sonst. Es ist also nicht richtig, den Arrestprozeß als eine Art Zwangsvollstreckung zu begreifen; vielmehr handelt es sich um eine besondere Verfahrensart, deren Einordnung in das 8. Buch der ZPO irreführend sein kann.

608   Der Arrestprozeß beginnt mit der Einreichung des Arrestgesuchs (vgl. dazu § 920). Nach § 919 ist für die Anordnung des Arrestes sowohl das Gericht der Hauptsache (vgl. § 943) als auch das Amtsgericht zuständig, in dessen Bezirk sich der mit dem Arrest zu belegende Gegenstand oder die in ihrer persönlichen Freiheit zu beschränkende Person befindet. Zwischen diesen beiden Gerichtsständen hat der Gläubiger die Wahl (§ 35). Wie in einem sonstigen Erkenntnisverfahren hat das Gericht zunächst die Erfüllung der Prozeßvoraussetzungen zu prüfen. Sind sie zu bejahen, dann kommt es darauf an, ob der Antragsteller (Arrestkläger) die Tatsachen behauptet und glaubhaft gemacht hat, von denen der Erlaß des Arrestbefehls abhängt.

Das Gesetz nennt zwei **Voraussetzungen für** die **Anordnung des** 609
Arrestes, den Arrestanspruch (§ 916) und den Arrestgrund (§§ 917,
918). Der Arrestanspruch ist der materiellrechtliche Anspruch des Gläubigers, um dessen Durchsetzung es in der Hauptsache geht und der
durch den Arrest gesichert werden soll. Bei diesem Anspruch muß es
sich um eine Geldforderung handeln, also um einen Anspruch, der auf
Zahlung eines bestimmten Geldbetrages gerichtet ist, oder um einen
Anspruch, der in eine Geldforderung übergehen kann, wie dies bei jedem vermögensrechtlichen Anspruch im Falle der Nicht- oder
Schlechterfüllung der Fall ist. Nach § 916 Abs. 2 kann die Forderung
auch bedingt oder betagt (d. h. bereits entstanden, aber noch nicht fällig)
sein. Bei dem Arrestgrund, d. h. dem Grund, der eine Sicherung des Anspruchs durch Arrest veranlaßt, muß zwischen dem dinglichen und dem
persönlichen Arrest unterschieden werden.

Arrestgrund beim **dinglichen Arrest** ist die Besorgnis, daß ohne dessen Verhängung die Vollstreckung des Urteils vereitelt oder wesentlich erschwert werden würde (§ 917). Eine solche Besorgnis kann insbesondere durch ein unlauteres Verhalten
des Schuldners, beispielsweise durch Beiseiteschaffen von Vermögenswerten oder
den Abschluß von Scheingeschäften, oder durch seine verschwenderische Lebensführung begründet werden. Allerdings ist nach hM nicht zu verlangen, daß die Gefährdung der Zwangsvollstreckung durch ein schuldhaftes Verhalten des Schuldners
verursacht werden muß.[188] Eine schlechte Vermögenslage des Schuldners oder ein
möglicher Zusammenbruch seines Unternehmens schaffen allein noch nicht einen
Arrestgrund. Denn der Arrest soll nicht die Lage des einzelnen Gläubigers verbes-
sern, sondern lediglich einer Verschlechterung vorbeugen.[189] Deshalb soll nach hM
auch nicht die Gefahr ausreichen, daß andere Gläubiger mit Vollstreckungsmaßnahmen auf das Vermögen des Schuldners zugreifen und daß deshalb die Realisierung
des dem Arrestkläger zustehenden Anspruchs gefährdet wird.[190] Der Nachweis der
Gefahr einer Vereitelung oder Erschwerung der Vollstreckung ist nach § 917 Abs. 2
nicht erforderlich, wenn der Gläubiger das von ihm erwirkte Urteil im Ausland vollstrecken müßte, etwa weil im Inland keine ausreichenden Vermögenswerte vorhanden sind.
Der **persönliche Sicherheitsarrest** bezweckt, den Schuldner daran zu hindern,
Vermögensgegenstände beiseite zu schaffen, in die der Gläubiger vollstrecken könnte. Um diesen Zweck zu erreichen, kann der Schuldner verhaftet werden, sofern
nicht die persönliche Freiheit weniger beschränkende Maßnahmen ausreichen, wie
die Beschlagnahme von Ausweispapieren, um eine Flucht ins Ausland zu verhindern.
Auch zur Offenbarung von vorhandenem Vermögen kann der persönliche Sicherheitsarrest angeordnet werden, wenn der Schuldner nach §§ 807, 883 zur Abgabe
der eidesstattlichen Versicherung verpflichtet ist (vgl. o. RdNr. 603) und befürchtet
werden muß, er werde sich durch Flucht dieser Verpflichtung entziehen.[191] Wegen
der den Schuldner besonders hart treffenden Maßnahmen bei Vollziehung des persönlichen Arrestes ist er nur zulässig, wenn ein dinglicher Arrest nicht ausreicht; er
ist also gegenüber dem dinglichen Arrest subsidiär. Dies ergibt sich bereits aus dem
Wortlaut des § 918 und folgt aus dem Grundsatz der Verhältnismäßigkeit.

---

[188] *MK/Heinze* § 917 RdNr. 4.
[189] Vgl. *Schwerdtner* NJW 1970, 222.
[190] Kritisch dazu *Brox/Walker* RdNr. 1499.
[191] OLG München NJW-RR 1988, 382; *Zöller/Vollkommer* § 918 RdNr. 1.

Verneint das Gericht einen Arrestgrund, dann ist der Antrag des Arrestklägers nach hM als unbegründet abzuweisen.[192] Eine Gegenauffassung sieht dagegen in dem Arrestgrund eine besondere Erscheinungsform des Rechtsschutzinteresses und will deshalb das Gesuch als unzulässig abweisen, wenn ein Arrestgrund fehlt.

610 Die **Entscheidung** über das Arrestgesuch kann ohne mündliche Verhandlung ergehen (§ 921 Abs. 1); in diesem Fall kann auch der Vorsitzende anstelle des Kollegiums (vgl. o. RdNr. 69) alleine entscheiden, wenn ein sofortiger Erlaß des Arrestes zum Erreichen seines Zweckes erforderlich ist (§ 944). Wird ohne mündliche Verhandlung entschieden, dann ergeht die Entscheidung in Form eines Beschlusses, im Falle einer mündlichen Verhandlung dagegen durch Endurteil (§ 922 Abs. 1 S. 1). Die Entscheidung, die dem Arrestgesuch stattgibt, wird, unabhängig davon, in welcher Form sie ergeht, **Arrestbefehl** genannt. Der Arrestbefehl muß eine sog. Lösungssumme nennen, d. h. einen Geldbetrag, durch dessen Hinterlegung die Vollziehung des Arrestes gehemmt und der Schuldner zu dem Antrag auf Aufhebung des vollzogenen Arrestes berechtigt wird (§ 923).

611 Wird über das Arrestgesuch durch Urteil entschieden, dann ist dagegen die Berufung, niemals jedoch die Revision (vgl. § 545 Abs. 2) statthaft. Ergeht die Entscheidung in Form eines Beschlusses, dann kommt es darauf an, ob das Gesuch abgewiesen wird; in diesem Fall steht dem Gläubiger die Beschwerde zu (§ 567 Abs. 1). Der Schuldner hat dagegen gegen den Beschluß, durch den ein Arrest angeordnet wird, den **Rechtsbehelf** des Widerspruchs (§ 924 Abs. 1). Durch Erhebung des Widerspruchs wird die Vollziehung des Arrestes nicht gehemmt; jedoch kann das Gericht einstweilige Anordnungen nach § 707 treffen (§ 924 Abs. 3; vgl. auch o. RdNr. 601). Im Falle des Widerspruchs muß über die Rechtmäßigkeit des Arrestes nach mündlicher Verhandlung durch Endurteil entschieden werden (§ 924 Abs. 2 S. 2, § 925 Abs. 1).

Nach Erlaß des Arrestbefehls kann der Schuldner beantragen, daß dem Gläubiger aufgegeben wird, innerhalb einer bestimmten Frist Klage zu erheben, wenn die Hauptsache bisher nicht anhängig ist. Leistet der Gläubiger dieser Anordnung nicht Folge, dann ist auf Antrag des Schuldners die Aufhebung des Arrestes durch Endurteil auszusprechen (§ 926). Wegen veränderter Umstände kann der Schuldner die Aufhebung des Arrestes beantragen (§ 927); diese Regelung läßt Vollstreckungsabwehrklagen gegen Arrestbefehle unzulässig sein.[193]

612 Arrestbefehle bedürfen grundsätzlich keiner Vollstreckungsklausel (§ 929 Abs. 1) und können bereits vor Zustellung vollzogen werden (§ 929 Abs. 3). Die **Vollziehung eines Arrestbefehls** ist nach § 929 Abs. 2 unstatthaft, wenn seit dem Tage seiner Verkündung oder Zustellung ein Monat verstrichen ist.

[192] *Zöller/Vollkommer* § 917 RdNr. 3 m. Nachw. auch zur Gegenauffassung.
[193] Vgl. zu § 927 *Rosenberg/Gaul/Schilken* § 77 II 2.

Die im Arrestbefehl getroffene Entscheidung wird in einem der (sonstigen) Zwangsvollstreckung ähnlichen Verfahren vollzogen, auf das nach § 928 die Vorschriften über die Zwangsvollstreckung entsprechend anzuwenden sind, soweit nicht die §§ 929 bis 934 abweichende Regelungen enthalten. Die wichtigste Unterscheidung besteht darin, daß entsprechend dem Zweck des Arrestes der **Vollzug des Arrestbefehls** nicht zur Befriedigung, sondern nur zur Sicherung des Gläubigers führt. Der dingliche Arrest ist folglich auf die Pfändung beweglicher Vermögensgegenstände (§ 930) oder die Eintragung einer Sicherungshypothek (§ 932) zu beschränken; eine Verwertung gepfändeter Gegenstände scheidet aus. Wird ein Überweisungsbeschluß (vgl. RdNr. 536) auf einen Arrest gestützt, so ist dieser Beschluß nichtig.[194] Zur Vollziehung des persönlichen Arrestes vgl. § 933.

Erhält der Gläubiger im Prozeß über die Hauptsache einen Vollstreckungstitel, dann verwandelt sich das bisherige Arrestpfandrecht automatisch in ein Vollstreckungspfandrecht, das zur Verwertung berechtigt, wenn die übrigen Vollstreckungsvoraussetzungen erfüllt werden. Das Vollstreckungspfandrecht erhält regelmäßig den Rang des Arrestpfandrechts.[195]

Erweist sich die Anordnung eines Arrestes als von Anfang an unge- **613** rechtfertigt, weil seine Voraussetzungen nicht erfüllt waren, oder wird der Arrestbefehl aufgrund des § 926 Abs. 2 aufgehoben, dann ist die Partei, die die Anordnung erwirkt hat, aufgrund des § 945 verpflichtet, dem Gegner den **Schaden** zu **ersetzen**, der ihm aus der Vollziehung der angeordneten Maßregel oder dadurch entsteht, daß er Sicherheit leistet, um die Vollziehung abzuwenden oder die Aufhebung der Maßregel zu erwirken.[196]

b) Einstweilige Verfügung

Das Verfahren zum Erlaß einer einstweiligen Verfügung entspricht **614** weitgehend den Regelungen des Arrestprozesses (§ 936). Abweichend ist jedoch die gerichtliche **Zuständigkeit** geregelt. Regelmäßig ist für die Anordnung der einstweiligen Verfügung das Gericht der Hauptsache zuständig (§ 937 Abs. 1, § 943). Nur in dringenden Fällen kann das Amtsgericht, in dessen Bezirk sich der Streitgegenstand befindet, eine einstweilige Verfügung erlassen (§ 942 Abs. 1). Diese Dringlichkeit ist zu bejahen, wenn bei Entscheidung durch das Gericht der Hauptsache eine für den Antragsteller nachteilige Verzögerung eintreten würde. Auf eine Dringlichkeit kommt es nur dann nicht an, wenn die einstweilige Verfügung auf die Eintragung einer Vormerkung oder eines Widerspruchs im Grundbuch gerichtet ist (vgl. § 942 Abs. 2 S. 1).

Entscheidet das Gericht der Hauptsache, dann ist regelmäßig mündlich zu verhandeln; abweichend von § 921 Abs. 1 kann nur in dringenden Fällen von einer mündlichen Verhandlung abgesehen werden (§ 937 Abs. 2). Soweit dies die Dring-

---

[194] BGHZ 121, 98 = NJW 1993, 735.
[195] Vgl. dazu und zu Ausnahmen *Brox/Walker* RdNr. 1542 ff.
[196] Vgl. zu diesem Anspruch die Darstellung von *Rosenberg/Gaul/Schilken* § 80.

lichkeit erforderlich macht, kann auch der Vorsitzende allein anstelle des Kollegiums entscheiden (§ 944; vgl. auch o. RdNr. 610). Entscheidet das Amtsgericht, dann kann von einer mündlichen Verhandlung abgesehen werden (§ 942 Abs. 4). Bei den vom Amtsgericht erlassenen einstweiligen Verfügungen ist von Amts wegen (§ 942 Abs. 1) – in den Fällen des § 942 Abs. 2 auf Antrag – eine Frist zu setzen, innerhalb derer die Ladung des Gegners zur mündlichen Verhandlung über die Rechtmäßigkeit der einstweiligen Verfügung bei dem Gericht der Hauptsache zu beantragen ist. Nach einem fruchtlosen Ablauf dieser Frist ist die einstweilige Verfügung vom Amtsgericht auf Antrag wieder aufzuheben (§ 942 Abs. 3).

615 Entsprechend ihrem Inhalt ist zwischen verschiedenen **Arten der einstweiligen Verfügung** zu unterscheiden:

– **Sicherungsverfügung** (§ 935). Ihr Gegenstand ist die Sicherung eines nicht auf Geld gerichteten Anspruchs (= Verfügungsanspruch), beispielsweise eines Anspruchs auf Herausgabe oder Leistung einer Sache.

Soll die Realisierung eines solchen Anspruchs gesichert werden, will der Käufer z. B. seinen Anspruch nach § 433 Abs. 1 S. 1 BGB auf Übergabe und Übereignung der Kaufsache sichern, dann muß er eine Sicherungsverfügung beantragen. Will er dagegen die Erfüllung eines Schadensersatzanspruchs sichern, der ihm im Falle der Nichterfüllung nach § 325 Abs. 1 BGB zusteht, dann kommt nur ein Antrag auf Erlaß eines Arrestes in Betracht.
Neben dem Verfügungsanspruch muß auch ein Verfügungsgrund gegeben sein; er besteht nach § 935 in der Besorgnis, daß durch eine Veränderung des bestehenden Zustandes die Verwirklichung des Rechts vereitelt oder wesentlich erschwert werden könnte. Betrifft der Verfügungsanspruch die Eintragung einer Vormerkung oder eines Widerspruchs im Grundbuch, dann braucht eine Gefährdung des zu sichernden Anspruchs nicht glaubhaft gemacht zu werden (§ 885 Abs. 1, § 899 Abs. 2 BGB), weil sich dann die Gefährdung bereits aus der Möglichkeit eines gutgläubigen Erwerbs nach §§ 892, 893 BGB ergibt.[197]

– **Regelungsverfügung** (§ 940). Zweck dieser Verfügung ist es, einen einstweiligen Zustand in bezug auf ein streitiges Rechtsverhältnis zu regeln. Das Gesetz verweist selbst auf „dauernde Rechtsverhältnisse", d. h. auf Dauerschuldverhältnisse wie Arbeits-, Gesellschafts- und Mietverhältnisse; die Grundlage für solche Rechtsverhältnisse können aber auch andere Rechte wie das Eigentum, das Persönlichkeitsrecht oder Urheber- und Patentrechte bilden. Als Verfügungsgrund nennt § 940, daß die einstweilige Regelung „zur Abwendung wesentlicher Nachteile oder zur Verhinderung drohender Gewalt oder aus anderen Gründen nötig erscheint".

Als möglicher Inhalt einer Regelungsverfügung kommt in Betracht: Zum Schutz des Persönlichkeitsrechts bestimmte Behauptungen zu unterlassen, bis darüber im Prozeß über die Hauptsache rechtskräftig entschieden worden ist; die (einstweilige) Entziehung der Geschäftsführungs- oder der Vertretungsbefugnis eines Gesellschafters; das Gebot, bestimmte wettbewerbswidrige Handlungen einst-

---

[197] Zum möglichen Inhalt einer Sicherungsverfügung vgl. *Brox/Walker* RdNr. 1582 ff.

weilig zu unterlassen (vgl. § 25 UWG).[198] Die Abgrenzung zwischen Regelungsverfügung und Sicherungsverfügung bereitet Schwierigkeiten. Die Praxis schenkt dieser Unterscheidung wenig Beachtung und nennt häufig als Rechtsgrundlage die §§ 935 und 940 nebeneinander.[199] Einigkeit besteht darin, daß auch die Regelungsverfügung nicht zu einer endgültigen Befriedigung des Gläubigers führen darf. Die zu verlangende Einstweiligkeit des durch die Verfügung geschaffenen Rechtszustandes läßt sich daran messen, ob bei ihrer Aufhebung automatisch wieder die frühere Rechtslage eintritt.[200]

– **Leistungsverfügung.** Über die in §§ 935, 940 getroffene Regelung hinaus hat die Rechtsprechung eine einstweilige Verfügung geschaffen, die dazu führt, den Gläubiger hinsichtlich seines Anspruchs zu befriedigen, also bereits endgültige Verhältnisse herzustellen, weil dies zwingend erforderlich ist, um den Verfügungskläger vor besonders schweren Nachteilen, insbesondere vor einer Existenzgefährdung oder einer gravierenden Notlage zu schützen. Weil derartige Verfügungen für den Schuldner besonders gefährlich sind – denn der Gläubiger erhält bereits Erfüllung, bevor feststeht, ob ihm überhaupt ein entsprechender Anspruch zusteht, und die Durchsetzung eines Schadensersatzanspruchs nach § 945 ist nicht gewiß –, sind an den Verfügungsgrund strenge Anforderungen zu stellen.

Mit der Leistungsverfügung (auch Befriedigungsverfügung genannt) können Abschlagszahlungen auf laufende Unterhalts- und Lohnansprüche in Höhe des notwendigen Unterhalts für eine bestimmte Dauer oder Vorschüsse auf Heilungs- und Kurkosten zur Abwendung ernster Dauerschäden angeordnet werden.[201] Eine Sonderregelung für die einstweilige Anordnung von Unterhaltszahlungen an nichteheliche Kinder enthält § 641 d.

Die **Vollziehung** einer Sicherungs- und Regelungsverfügung richtet sich nach denselben Grundsätzen wie der Vollzug eines Arrestes (vgl. o. RdNr. 612). Für die Vollziehung einer Leistungsverfügung sind dagegen die Vorschriften über den Arrestvollzug nur in einem eingeschränkten Umfang anwendbar. Insbesondere gelten die §§ 930 bis 932 nicht, weil diese Vorschriften sich auf eine Sicherung des Anspruchs beschränken; sie werden durch die allgemeinen Vorschriften über die Zwangsvollstreckung, insbesondere über die Vollstreckung wegen Geldforderungen ersetzt.[202] Demzufolge werden Forderungen nicht durch das Arrestgericht, sondern durch das nach § 828 zuständige Vollstreckungsgericht gepfändet und zur Einziehung überwiesen.[203]   **616**

---

[198] Vgl. die Aufzählung verschiedener Fallgruppen bei *Brox/Walker* RdNr. 1598; *Baumbach/Lauterbach/Hartmann* § 940 RdNr. 12 ff.

[199] Vgl. *Schlosser* II RdNr. 253, 255.

[200] *Jauernig* ZVR § 37 II m. Nachw.

[201] Vgl. *Thomas/Putzo* § 940 RdNr. 6 ff. m. weit. Nachw.

[202] *Baur/Stürner* RdNr. 945.

[203] *Brox/Walker* RdNr. 1664.

3. Übungsklausur

Schuld (S) wird zur Zahlung von 8.000,– DM an Glaub (G) verurteilt. Das Urteil wird gegen Sicherheitsleistung für vorläufig vollstreckbar erklärt. Nach Erteilung der Vollstreckungsklausel und Zustellung des Urteils an Schuld, ohne jedoch Sicherheit zu leisten, beauftragt Glaub den Gerichtsvollzieher Zieher (Z) mit der Vollstreckung. Dieser pfändet am 01.03. einen Video-Camcorder, den Schuld auf Abzahlung von Volz (V) gekauft hat. Volz hat sich bis zur vollständigen Zahlung des Kaufpreises das Eigentum an dem Camcorder vorbehalten. Von dem Kaufpreis in Höhe von 2.800,– DM sind bereits 2.500,– DM gezahlt worden. Am 04.03. wird der Camcorder zugunsten des Albert (A) gepfändet, der einen Vollstreckungstitel in Höhe von 3.000,– DM gegen Schuld besitzt. Am 08.03. leistet Glaub die im Urteil angeordnete Sicherheit.

1. Volz möchte wissen, was er gegen die Zwangsvollstreckung unternehmen kann.
2. Albert fragt, ob es für ihn empfehlenswert sei, den restlichen Kaufpreis an Volz zu zahlen.

Geben Sie bitte Auskunft!

Bearbeitungszeit: nicht mehr als 120 Minuten.

Fälle und Fragen

119. Zwischen welchen Vollstreckungsarten muß unterschieden werden und weshalb kommt es auf diese Unterscheidung an?
120. Aus welchen Gründen und unter welchen Voraussetzungen werden Urteile für vorläufig vollstreckbar erklärt?
121. Weiß will Schwarz ein Darlehen gewähren, legt aber Wert darauf, daß er ohne einen langwierigen Prozeß die Rückzahlung zwangsweise durchsetzen kann, wenn Schwarz bei Fälligkeit die Darlehenssumme nicht zahlt. Läßt sich der Wunsch des Weiß realisieren?
122. Kunz hat gegen Volz ein Urteil erstritten, das Volz verpflichtet, Zug um Zug gegen Zahlung eines Kaufpreises von 15.000,– DM dem Kunz eine bestimmte Münzsammlung zu übergeben und zu übereignen. Nach Rechtskraft des Urteils will Kunz aus dem Urteil vollstrecken. Wie hat er vorzugehen?
123. Als der Schuldner trotz langen Klingelns und Klopfens die Wohnungstür nicht öffnet, läßt der Gerichtsvollzieher sie durch einen herbeigerufenen Schlosser aufschließen und durchsucht trotz erheblichen Protestes des Schuldners dessen Wohnung nach pfändbaren Sachen. War der Gerichtsvollzieher zu diesem Vorgehen berechtigt?
124. Was verstehen Sie unter einer Austauschpfändung?
125. Von welchen Voraussetzungen ist die Entstehung eines Pfändungspfandrechts abhängig?

126. G läßt aufgrund eines Vollstreckungstitels gegen S einen in dessen Besitz befindlichen Pkw pfänden, der Eich gehört. Der Gerichtsvollzieher versteigert das Auto und übergibt es dem Meistbietenden gegen Zahlung von 5.000,– DM. Noch bevor der Erlös an G ausgehändigt wird, erfährt Eich von der Versteigerung. Was kann er unternehmen?

127. G und S vereinbaren in einem Darlehensvertrag, daß G berechtigt sein soll, nach Fälligkeit der Rückzahlungsforderung sofort, ohne deshalb klagen zu müssen, zu vollstrecken. Die Vollstreckung soll jedoch nur in das bewegliche Vermögen vorgenommen werden. Sind diese Vereinbarungen wirksam?

128. Das Grundstück des Eich ist zugunsten des Schuld mit einer a) Briefhypothek, b) Buchhypothek, c) Briefgrundschuld, d) Buchgrundschuld belastet, in die Glaub vollstrecken will. Wie geschieht dies?

129. Eich hat an seinem Grundstück dem Reich eine Briefhypothek zur Sicherung eines Darlehens in Höhe von 20.000,– DM bestellt, das er von Reich erhalten hat. Eich hat von der Darlehenssumme 15.000,– DM zurückgezahlt. Glaub, ein Gläubiger des Eich, will in den zur Eigentümergrundschuld gewordenen Teil vollstrecken. Wie ist dabei zu verfahren?

130. Der Gläubiger G läßt aufgrund eines Urteils, das er wegen einer Geldforderung gegen M erwirkt hat, eine wertvolle Truhe pfänden, die sich in der Wohnung des M befindet. Die Ehefrau des M, F, wendet sich gegen die Pfändung. Sie trägt vor, daß sich die Truhe in ihrem Mitgewahrsam befände und daß sie nicht bereit sei, die Truhe herauszugeben; im übrigen sei sie auch Alleineigentümerin der Truhe. Wie ist die Rechtslage?

131. Erläutern Sie bitte die Begriffe „geringstes Gebot", „Bargebot" und „Mindestgebot"!

132. B wird verurteilt, K einen bestimmten Brillantring zu übereignen. Wie wird K Eigentümer des Ringes?

133. Kurt und Benno schließen einen Prozeßvergleich, der Benno verpflichtet, die Kündigung eines Mietverhältnisses auszusprechen. Als Benno dieser Verpflichtung nicht nachkommt, erhebt Kurt gegen ihn Klage auf Abgabe der Kündigungserklärung. Ist diese Klage zulässig?

134. Glaub legt dem Vollstreckungsgericht die vollstreckbare Ausfertigung eines Urteils vor, nach dem Schuld 5.000,– DM an ihn zu zahlen hat, und weist die Zustellung des Urteils nach. Er beantragt schriftlich, eine von ihm genau bezeichnete Forderung des Schuld gegen Dritt zu pfänden und an ihn zur Einziehung zu überweisen. Rechtspfleger Forsch, der den Antrag bearbeitet, wendet sich an Schuld und fragt, ob er etwas zum Antrag des Glaub vorzubringen habe. Schuld erklärt, Glaub habe ihm die titulierte Forderung für zwei Jahre gestundet. Zum Beweis beruft er sich auf das Zeugnis seiner Ehefrau, die die Angaben ihres Mannes gegenüber Forsch bestätigt. Daraufhin lehnt dieser den Antrag des Glaub ab. Glaub fragt, mit welchem Rechtsbehelf er gegen die Ablehnung seines Antrages vorgehen könne und welche Erfolgsaussichten er habe. Geben Sie bitte Auskunft!

135. S wird verurteilt, an G 2.000,– DM zu bezahlen. Daraufhin vereinbaren beide, daß G nicht vor Ablauf von sechs Monaten nach Rechtskraft aus dem Urteil vollstrecken werde. S sieht deshalb davon ab, Berufung einzulegen und läßt das Urteil rechtskräftig werden. Kurze Zeit danach beauftragt G den Gerichtsvollzieher mit der Zwangsvollstreckung des Urteils. S fragt, was er dagegen tun kann. Geben Sie bitte Auskunft!

136. Groß vollstreckt gegen Klein aus einer notariellen Urkunde, in der sich Klein der sofortigen Zwangsvollstreckung unterworfen hat. Klein erhebt Vollstrek-

kungsabwehrklage mit der Begründung, die in der Urkunde getroffenen Vereinbarungen seien wegen Formmangels nichtig. Wird Klein mit seiner Klage Erfolg haben, wenn sein Vorbringen zutrifft?

137. Glaub klagt gegen Erb als Erben des Schuld auf Rückzahlung eines Schuld gewährten Darlehens. In einem Prozeßvergleich verpflichtet sich Erb zur Zahlung. Noch bevor Glaub mit der Vollstreckung beginnt, erhebt Erb gegen ihn Vollstreckungsabwehrklage und trägt vor, er habe nachträglich festgestellt, daß der Erblasser Schuld das Darlehen bereits getilgt habe. Welche Erfolgsaussichten bestehen für diese Klage?

138. Was verstehen Sie unter einem „die Veräußerung hindernden Recht" iSv. § 771 Abs. 1?

139. Um zu verhindern, daß seine Gläubiger einen wertvollen Ring pfänden lassen, übereignet S diesen Ring zu einem „Freundschaftspreis" F, der Kenntnis von der Absicht des S hat. G, ein Gläubiger des S, fragt, ob er dennoch in den Ring vollstrecken kann. Was meinen Sie?

140. Unter welchen Voraussetzungen kann ein Pfandgläubiger nach § 771 vorgehen und wann ist er auf eine Klage nach § 805 zu verweisen?

141. Was hat zu geschehen, wenn der Schuldner zum Termin zur Abgabe der Offenbarungsversicherung nicht erscheint?

142. Welchem Zweck dient der Arrest und von welchen Voraussetzungen ist seine Anordnung abhängig?

143. Welche Arten von einstweiligen Verfügungen gibt es und wodurch unterscheiden sie sich?

Lösungshinweise
für die Fälle und Fragen

(1) Vermag Arm nicht die erforderlichen Mittel aufzubringen, um einen Rechtsanwalt zu konsultieren, stehen ihm auch keine anderen Möglichkeiten zur Verfügung, Hilfe für die Wahrnehmung von Rechten außerhalb eines gerichtlichen Verfahrens zu erhalten und erscheint auch die Wahrnehmung der Rechte nicht mutwillig, dann kann Arm Beratungshilfe in Anspruch nehmen (§ 1 Abs. 1 BerHG). Arm hat dann einen Antrag auf Beratungshilfe beim Amtsgericht zu stellen, das entweder selbst Hilfe gewährt oder einen Berechtigungsschein für Beratungshilfe ausstellt (§§ 3, 6 Abs. 1 BerHG). Mit diesem Berechtigungsschein kann sich Arm zu einem Rechtsanwalt seiner Wahl begeben und sich rechtlich beraten lassen. Er hat lediglich dafür 20,– DM zu zahlen, die jedoch der Rechtsanwalt ihm auch erlassen kann (RdNr. 15).

(2) Kann Arm die Kosten der Prozeßführung nach seinen persönlichen und wirtschaftlichen Verhältnissen nicht oder nur zum Teil oder nur in Raten aufbringen, bietet seine Rechtsverteidigung gegen eine Klage des Reich hinreichende Aussicht auf Erfolg und erscheint sie auch nicht mutwillig, dann kann Arm Antrag auf Prozeßkostenhilfe stellen (§ 114). Wird dem Antrag entsprochen, dann hängt es von den Einkommens- und Vermögensverhältnissen des Arm ab, ob er Teile der Kosten (möglicherweise in Form von Raten) zahlen muß (§§ 114, 115, 120). Allerdings schließt die Bewilligung der Prozeßkostenhilfe nicht die Verpflichtung aus, die dem Gegner entstandenen Kosten zu erstatten, wenn der Prozeß verlorengeht (§ 123) (RdNr. 16 f.).

(3) Anwaltszwang bedeutet die Verpflichtung für die Partei, sich bei der Prozeßführung durch einen beim Prozeßgericht zugelassenen Rechtsanwalt als Bevollmächtigten vertreten zu lassen. Anwaltszwang besteht in Verfahren vor den Landgerichten, vor den Oberlandesgerichten und dem BGH (§ 78 Abs. 1). Nach Maßgabe des § 78 Abs. 2 müssen sich auch die Parteien in Familiensachen durch einen bei dem Gericht zugelassenen Rechtsanwalt vertreten lassen.

(4) Neben der Verfassungsgerichtsbarkeit, die eine besondere, hervorgehobene Position wahrnimmt, gibt es die ordentliche Gerichtsbarkeit, die Verwaltungsgerichtsbarkeit, die Finanzgerichtsbarkeit, die Arbeitsgerichtsbarkeit und die Sozialgerichtsbarkeit. Die Verfassungsgerichtsbarkeit wird durch das Bundesverfassungsgericht und die Verfassungsgerichte der Länder wahrgenommen. Mit Ausnahme der Finanzgerichtsbarkeit, die nur zweistufig aufgebaut ist, sind alle sonstigen Gerichtszweige dreistufig strukturiert (RdNr. 26).

(5) In Zivilsachen ist zwischen dem kleinen und dem großen Rechtsweg zu unterscheiden. Der kleine Rechtsweg umfaßt zwei Instanzen, und zwar das Amtsgericht in erster Instanz und das Landgericht in zweiter Instanz. Der große Rechtsweg ist dagegen dreistufig strukturiert, Landgericht, Oberlandesgericht und Bundesgerichtshof. Der Rechtsweg in Kindschafts- und Familiensachen geht vom Amtsgericht über das Oberlandesgericht zum BGH (RdNr. 38 f.).

(6) Das Gericht wird die Klage als unzulässig abweisen, weil die Klage beim Gericht der ersten Instanz erhoben werden muß. Daß die Parteien etwas anderes vereinbart haben, ändert daran nichts, weil die Instanzenordnung eine ausschließliche Zuständigkeit begründet und die Parteien bindet.

(7) Die Rechtswegzuständigkeit, also die Zuständigkeit zwischen den verschiedenen Gerichtszweigen (RdNr. 26), die sachliche Zuständigkeit, bei der es darum geht, welches Gericht innerhalb derselben Gerichtsbarkeit in erster Instanz einen Rechtsstreit zu entscheiden hat (RdNr. 40), die örtliche Zuständigkeit, nach der darüber zu befinden ist, welches von verschiedenen sachlich zuständigen Gerichten wegen seiner räumlichen Beziehung zum Rechtsstreit damit zu befassen ist (RdNr. 42), und schließlich die funktionelle Zuständigkeit, bei der es sich darum handelt, welches Rechtspflegeorgan berufen ist, eine bestimmte Aufgabe zu verrichten (RdNr. 52).

(8) Ob es sich um eine bürgerliche Rechtsstreitigkeit handelt, die vor ein ordentliches Gericht gehört (§ 13 GVG), oder um eine öffentlich-rechtliche Streitigkeit, für die nach § 40 Abs. 1 VwGO der Verwaltungsrechtsweg gegeben ist, richtet sich insbesondere nach der Rechtsstellung einer Kirchengemeinde und der rechtlichen Bewertung der Beziehungen zwischen ihr und Dritten (RdNr. 32). Diese Fragen sind sehr umstritten. Das BVerwG (NJW 1984, 989) vertritt die Auffassung, daß durch die Zuerkennung des Status von Körperschaften des öffentlichen Rechts gemäß Art. 137 Abs. 5 Weimarer Reichsverfassung iVm. Art. 140 GG die Kirchen dem öffentlichen Recht zugeordnet worden sind. Deshalb würden Streitigkeiten der zu entscheidenden Art auch dem öffentlichen Recht angehören und seien durch die Verwaltungsgerichte zu entscheiden.

(9) Das Gericht wird den Rechtsstreit nach Anhörung der Parteien durch Beschluß an das Verwaltungsgericht Regensburg verweisen (§ 17 a Abs. 2 S. 1 GVG).

(10) Der allgemeine Gerichtsstand (vgl. §§ 12–19) ist für alle Klagen gegen eine (natürliche oder juristische) Person gegeben, sofern nicht im Einzelfall ein ausschließlicher Gerichtsstand vorgeht (RdNr. 42 f.). Besondere sind die anderen (nicht allgemeinen und ausschließlichen) Gerichtsstände, die für bestimmte Klagen gegeben sind (RdNr. 44 ff.). Bei einer Konkurrenz zwischen ausschließlichen und besonderen Gerichtsständen haben die ausschließlichen den Vorrang. Zwischen verschiedenen nicht ausschließlichen (also allgemeinen und besonderen) Gerichtsständen hat der Kläger die Wahl (§ 35) (RdNr. 44).

(11) Die Zuständigkeit des Amtsgerichts München kann sich aus § 29 Abs. 1 ergeben, wenn der Gerichtsstand des Erfüllungsortes auch für Klagen gilt, mit denen Schadensersatzansprüche wegen c.i.c. geltend gemacht werden. Dies wird von der hM mit der Begründung bejaht, daß c.i.c. einen vertragsähnlichen Haftungstatbestand darstelle, während eine Gegenauffassung dies ablehnt, weil es sich bei Ansprüchen aus c.i.c. nicht um „Streitigkeiten aus einem Vertragsverhältnis" handele (RdNr. 46). Folgt man der hM, dann kommt es darauf an, an welchem Ort Häusler „die streitige Verpflichtung" zu erfüllen hatte. Es geht hier um die Verletzung einer Verhaltenspflicht (vgl. GK BGB RdNr. 449, 452), die naturgemäß an Ort und Stelle, also in München, erfüllt werden muß. Auf diese Weise läßt sich die Zuständigkeit des Münchner Gerichts begründen. Dagegen ist § 32 auf einen Anspruch aus c.i.c. nicht anwendbar (RdNr. 45).

(12) Die Vereinbarung über die Zuständigkeit des Landgerichts Nürnberg für Streitigkeiten aus dem Kooperationsvertrag kann von den beiden Gesellschaften nach § 38 Abs. 1 wirksam geschlossen werden, da es sich bei ihnen um Vollkaufleute handelt (§ 6 HGB iVm. § 3 AktG, § 13 Abs. 3 GmbHG) und sich ihre Vereinbarung auf ein bestimmtes Rechtsverhältnis bezieht (§ 40 Abs. 1). Diese Voraussetzung trifft dagegen nicht für die weitere Absprache zu, ihre Zuständigkeitsvereinbarung auch auf künftige Geschäftsbeziehungen zu erstrecken. Diese Absprache ist unzulässig. Eine Einschränkung hinsichtlich der (wirksam zustande gekommenen) Zuständigkeitsvereinbarung ergibt sich aus § 40 Abs. 2, wonach der Rechtsstreit einen vermö-

gensrechtlichen Anspruch betreffen muß und keine ausschließliche Zuständigkeit begründet sein darf (RdNr. 48).

(13) In der Klageschrift müssen Parteien und Gericht bezeichnet werden (RdNr. 55 f.), außerdem muß der Grund des erhobenen Anspruchs, d. h. der tatsächliche Vorgang, aus dem der Kläger sein Recht ableitet, genau genug angegeben werden (RdNr. 57); ferner muß ein Antrag enthalten sein, der bestimmt genug gefaßt ist (RdNr. 58). Schließlich muß die Klageschrift die Unterschrift des Anwalts in Anwaltsprozessen, sonst des Klägers aufweisen (RdNr. 62). Eine Klageschrift, die diesen Anforderungen nicht entspricht, schafft keine ausreichende Grundlage für ein Tätigwerden des Gerichts (RdNr. 63).

(14) Ein Rechtsstreit, der in die Zuständigkeit des LG fällt (§§ 71, 72 GVG) und der eine Handelssache (§ 95 GVG) zum Gegenstand hat, wird vor der Kammer für Handelssachen verhandelt, wenn der Kläger dies in der Klageschrift beantragt hat (§ 96 Abs. 1 GVG) oder wenn der Beklagte die Verweisung einer vor der Zivilkammer zur Verhandlung gebrachten Handelssache nach § 98 Abs. 1 GVG beantragt.

(15) Vor Fälligkeit kann ein Anspruch bereits durch Klage auf Leistung geltend gemacht werden, wenn die in §§ 257 bis 259 genannten Voraussetzungen erfüllt werden (RdNr. 58).

(16) Die in § 256 Abs. 1 geregelte Feststellungsklage ist auf die Feststellung des Bestehens oder Nichtbestehens eines Rechtsverhältnisses oder auf die Echtheit oder Unechtheit einer Urkunde gerichtet. Eine solche Klage ist nur zulässig, wenn der Kläger ein rechtliches Interesse an dieser Feststellung hat (Feststellungsinteresse), wenn also die gerichtliche Entscheidung notwendig und geeignet ist, eine Rechtsunsicherheit zu beseitigen. Dies ist nicht der Fall, wenn der Kläger dieses Ziel auch durch eine Leistungsklage erreichen kann (RdNr. 58).

(17) Die Verjährung wird nach § 209 Abs. 1 BGB durch Erhebung der Klage unterbrochen. Die Klage wird dadurch erhoben, daß die Klageschrift dem Beklagten zugestellt wird (§ 253 Abs. 1). Dies ist erst am 06.10., also nach Verjährung der Kaufpreisforderung des K, geschehen. Zugunsten des K greift hier jedoch die Vorschrift des § 270 Abs. 3 ein, nach der die Unterbrechung der Verjährung bereits mit Einreichung der Klageschrift beim Gericht eintritt, wenn die Zustellung in angemessener Frist vorgenommen wird (RdNr. 65). B steht also nicht die Einrede der Verjährung zu.

(18) Der Richter am Amtsgericht ist stets ein Einzelrichter. An einem Amtsgericht können mehrere Einzelrichter (Spruchabteilungen) tätig sein. Bei Landgerichten werden Zivilkammern gebildet, die im Regelfall mit drei Mitgliedern besetzt sind. Auch die Kammer für Handelssachen entscheidet durch drei Richter, von denen allerdings nur der Vorsitzende ein Berufsrichter ist, die übrigen Laienrichter. Die für Zivilsachen zuständigen Spruchkörper beim Oberlandesgericht führen die Bezeichnung Zivilsenate; sie entscheiden ebenfalls in der Besetzung von drei Mitgliedern. Auch beim BGH gibt es Zivilsenate, denen fünf Mitglieder angehören. Bei Spruchkörpern, denen mehrere Richter angehören (sog. Kollegialgerichte), hat einer der Richter die Stelle des Vorsitzenden.

(19) Der Vorsitzende Richter hat innerhalb seines Spruchkörpers die Geschäfte zu verteilen, für die Aufrechterhaltung der Ordnung in der Sitzung zu sorgen, die mündliche Verhandlung zu eröffnen, zu leiten und zu schließen, Urteile und Beschlüsse zu verkünden, Termine anzuberaumen und die Beratung innerhalb des Spruchkörpers zu leiten. Ferner hat er vorbereitende Maßnahmen für die mündliche Verhandlung zu treffen oder durch ein von ihm bestimmtes Mitglied des Prozeßgerichts treffen zu lassen, wobei er die Art des Vorverfahrens bestimmt (RdNr. 69).

(20) Der beauftragte Richter ist ein Mitglied des Kollegialgerichts, der mit der Durchführung einer Beweisaufnahme oder mit einem Güteversuch beauftragt wird. Werden diese Aufgaben im Rahmen der Rechtshilfe von einem anderen Gericht wahrgenommen, bei dem es sich stets um ein Amtsgericht handelt, dann wird der dort tätige Richter als ersuchter Richter bezeichnet (RdNr. 69).

(21) Es stehen zwei Wege zur Verfügung: Die Bestimmung des frühen ersten Termins zur mündlichen Verhandlung (§ 275) oder das schriftliche Vorverfahren (§ 276). Welche Maßnahmen im einzelnen vorzunehmen sind, zeigt die Übersicht in RdNr. 73.

(22) Die in der mündlichen Verhandlung vorgeschriebenen Förmlichkeiten können gemäß § 165 nur durch das Protokoll bewiesen werden (RdNr. 78).

(23) Der Dispositionsgrundsatz hat zum Inhalt, daß den Parteien die Herrschaft über das Verfahren zusteht, das sie beginnen. vorantreiben und beenden können, ohne von einer Zustimmung des Gerichts abhängig zu sein (RdNr. 89). Der Verhandlungsgrundsatz bedeutet, daß die Parteien die Tatsachen, die das Gericht seiner Entscheidung zugrunde legt, beibringen und, soweit erforderlich, zu beweisen haben (RdNr. 91). Sowohl Dispositionsgrundsatz als auch Verhandlungsgrundsatz lassen sich auf die Prinzipien der Parteifreiheit und der Parteiverantwortung zurückführen, die für den Zivilprozeß gelten.

(24) Der Richter ist nach § 139 Abs. 1 verpflichtet, durch Fragen und Hinweise die Parteien zu einer sachgerechten Führung des Prozesses anzuregen und auch dahinzuwirken, daß sachdienliche Anträge gestellt werden. Allerdings muß der Richter dabei streng seine Unparteilichkeit wahren und darauf achten, beide Parteien gleich zu behandeln (RdNr. 92). Deshalb darf der Richter nicht eine Partei rechtlich beraten und ihr nahelegen, völlig neue Klagegründe und Einwendungen vorzubringen. Sehr streitig ist es, ob das Gericht auf die Verjährung aufmerksam machen darf, wenn es feststellt, daß der Beklagte rechtsunkundig ist und nicht weiß, daß die Verjährung des klägerischen Anspruchs eingetreten ist und er deshalb die Leistung verweigern kann. Die wohl hM läßt es nur zu, daß der Richter durch Fragen klärt, ob ein unsubstantiierter Hinweis des Beklagten auf verjährungsgeeignete Umstände als Verjährungseinrede anzusehen ist, lehnt es jedoch ab, den Richter für berechtigt zu halten, auf die Möglichkeit der Verjährungseinrede dann hinzuweisen, wenn sie von einer Partei offensichtlich übersehen worden ist (vgl. Prütting NJW 1980, 361, 364 f. Zöller/Greger § 139 RdNr. 11, m. weit. N.). Der hM ist zu folgen, weil die Neutralität eines Richters in Frage gestellt werden muß, wenn er der rechtsunkundigen Partei durch Hinweise auf nicht erkannte Rechte massiv hilft, den Prozeß zu gewinnen.

(25) Der Grundsatz der Mündlichkeit bedeutet, daß das Gericht nur den Tatsachenstoff seiner Entscheidung zugrunde legen darf, der in der mündlichen Verhandlung vorgetragen worden ist, und daß die Entscheidung aufgrund mündlicher Verhandlung ergeht. Von diesem Grundsatz gelten im Zivilprozeß eine Reihe von Ausnahmen. Die ZPO enthält viele Regelungen, in denen in das Ermessen des Gerichts gestellt wird, ob mündlich verhandelt wird (vgl. z. B. § 37 Abs. 1, § 46 Abs. 1, § 177 Abs. 2, § 225 Abs. 1, § 248 Abs. 2 u. a. m.). Mit Einverständnis der Parteien kann unter den Voraussetzungen des § 128 Abs. 2 auf eine mündliche Verhandlung verzichtet werden. Auch ohne das Einverständnis der Parteien kann das Gericht von Amts wegen nach § 128 Abs. 3 das schriftliche Verfahren anordnen, wenn die in dieser Vorschrift genannten Voraussetzungen erfüllt werden (RdNr. 94). Auf eine mündliche Verhandlung kann in den Fällen des § 495 a verzichtet werden (vgl. Abs. 1 Satz 2 dieser Vorschrift und RdNr. 74).

(26) Der Botschafter eines fremden Staates, der Mitglied einer auf dem Gebiet der Bundesrepublik errichteten diplomatischen Mission ist, untersteht nicht der deut-

schen Gerichtsbarkeit (§ 18 GVG). Ist mit großer Wahrscheinlichkeit zu erwarten, daß sich Botsch auch nicht freiwillig der deutschen Gerichtsbarkeit unterwirft (was gegebenenfalls durch eine Rückfrage des Richters bei dem ausländischen Diplomaten geklärt werden kann), dann hat das Gericht von der Zustellung der Klageschrift und einer Terminsbestimmung abzusehen (RdNr. 100). Dies ist dann dem Kläger mitzuteilen.

(27) Die Frage betrifft die internationale Zuständigkeit, nach der sich beurteilt, welches Gericht eines bestimmten Staates einen Rechtsstreit zu entscheiden hat, dessen Gegenstand über die Grenzen des einen Staates auf den anderen übergreift. Soweit nicht völkerrechtliche Verträge eingreifen oder Sonderregeln der ZPO anzuwenden sind, richtet sich die internationale Zuständigkeit nach den Regeln über die örtliche Zuständigkeit (RdNr. 102). Für eine Kaufpreisklage ist das Gericht zuständig, in dessen Bezirk der Beklagte seinen Wohnsitz hat (§§ 12, 13). Dies ist hier Wien. Auch aus § 29 Abs. 1, der den besonderen Gerichtsstand des Erfüllungsortes regelt, ergibt sich nichts anderes, weil die Kaufpreisforderung nach § 433 Abs. 2 BGB ebenfalls am Ort erfüllt werden muß, an dem der Schuldner seinen Wohnsitz hat (RdNr. 46).

(28) Die Zulässigkeit der Klage wäre zu verneinen, wenn die ÖTV nicht parteifähig wäre. An der Parteifähigkeit einer Gewerkschaft könnte gezweifelt werden, weil sie keine juristische Person ist. Jedoch wird Gewerkschaften in gleicher Weise wie Arbeitgeberverbänden im Zivilprozeß die Parteifähigkeit zuerkannt (RdNr. 103).

(29) Es kommt darauf an, ob Kunz mit seiner Klage einen eigenen ihm von Volz abgetretenen vertraglichen Schadensersatzanspruch oder einen Anspruch verfolgt, dessen Inhaber Volz ist. Nach dem Sachverhalt kann nicht von einer Zession des Anspruches ausgegangen werden. Steht aber der Anspruch auf Schadensersatz Volz zu (vgl. dazu GK BGB RdNr. 790), dann macht Kunz ein fremdes Recht im eigenen Namen geltend, so daß es sich um den Fall einer (gewillkürten) Prozeßstandschaft handelt. Ihre Zulässigkeit ist neben einer Ermächtigung des Rechtsträgers, die erteilt worden ist, noch von einem schutzwürdigen Interesse an der Geltendmachung des fremden Rechts abhängig (RdNr. 107). Ein solches Interesse ist zu bejahen, wenn derjenige, der Ersatz eines Drittschadens verlangen könnte, den Geschädigten ermächtigt, im eigenen Namen gegen den Schädiger zu klagen.

(30) Die zweite Klage wird vom Gericht als unzulässig durch Prozeßurteil abgewiesen, wenn sie dieselbe „Streitsache" zum Gegenstand hat wie die erste Klage, weil in diesem Fall die durch die erste Klage bewirkte Rechtshängigkeit verhindert, daß dieselbe „Streitsache" noch einmal anhängig gemacht werden kann (§ 261 Abs. 3 Nr. 1). Es kommt folglich darauf an, ob beide Prozesse dieselbe „Streitsache" betreffen. Diese Frage ist zu bejahen, wenn beide Klagen sich auf denselben Streitgegenstand beziehen (RdNr. 111). Die Theorie vom eingliedrigen Streitgegenstandsbegriff, die auf den Antrag des Klägers und auf das von ihm erstrebte Ziel seiner Klage sieht (RdNr. 128), muß zu dem Ergebnis gelangen, daß es sich bei beiden Prozessen um denselben Streitgegenstand handelt, nämlich um den Antrag des Klägers, den Beklagten zur Zahlung von Schadensersatz an ihn zu verurteilen. Aber auch die Theorie vom zweigliedrigen Streitgegenstandsbegriff, die nicht nur auf den Klageantrag, sondern auch auf den zugrundeliegenden Lebenssachverhalt abstellt (RdNr. 129), wird diesen Fall nicht anders entscheiden. Denn beide Klagen werden vom Kläger mit demselben Lebenssachverhalt begründet, nämlich mit seiner Schädigung durch das falsche Gutachten des Beklagten. Die Sachverhaltsvariante in der zweiten Klage, die vorsätzliche und damit sittenwidrige Schädigung anstelle einer nur fahrlässigen Verletzung vertraglicher Pflichten durch den Beklagten annimmt, fällt dagegen nicht so entscheidend ins Gewicht, daß dadurch ein neuer

Lebenssachverhalt beschrieben wird. Auch auf der Grundlage einer materiellrechtlichen Theorie des Streitgegenstandes bliebe das Ergebnis gleich, weil danach der Kläger in beiden Prozessen denselben, nur mehrfach begründeten Anspruch geltend machte, der auch ein Verfügungsobjekt im zessionsrechtlichen Sinne darstellte (RdNr. 126). Folglich kann hier der Theorienstreit über den Streitgegenstandsbegriff dahinstehen, weil alle Auffassungen darin übereinstimmen, daß beide Klagen des K denselben Streitgegenstand betreffen und deshalb die zweite Klage wegen der durch die erste Klage geschaffenen Rechtshängigkeit als unzulässig abgewiesen werden muß.

(31) a) Durch die Erhöhung der Klageforderung (§ 264 Nr. 2) auf einen Betrag über 10.000,– DM wird die Zuständigkeit des Landgerichts begründet (§ 71 Abs. 1 iVm. § 23 Nr. 1 GVG). Das Amtsgericht hat sich deshalb nach § 506 Abs. 1 durch Beschluß für unzuständig zu erklären und den Rechtsstreit an das zuständige Landgericht zu verweisen, wenn dies von einer Partei beantragt wird (RdNr. 112).

b) In diesem Fall bleibt das Landgericht weiterhin zuständig, weil die Rechtshängigkeit bewirkt, daß die einmal gegebene Zuständigkeit des Prozeßgerichts durch eine Veränderung der sie begründenden Umstände nicht berührt wird (§ 261 Abs. 3 Nr. 2) und eine Ausnahmeregelung, wie sie für das amtsgerichtliche Verfahren durch § 506 geschaffen worden ist, hier nicht eingreift (RdNr. 112).

(32) Prozeßhindernisse sind solche Zulässigkeitsvoraussetzungen einer Klage, deren Erfüllung lediglich im Interesse einer Partei liegt und der es deshalb überlassen bleibt, ihr Fehlen zu rügen (RdNr. 118).

(33) Da das Gericht eine abgesonderte Verhandlung über die streitige Sachurteilsvoraussetzung (RdNr. 99) und damit über die Zulässigkeit der Klage (RdNr. 98) nicht angeordnet hat, muß das gefundene Ergebnis auch nicht in einem Zwischenurteil nach § 280 Abs. 2 festgestellt werden. Es steht deshalb im Ermessen des Gerichts, ob es ein solches Zwischenurteil erläßt oder ob im Endurteil die Zulässigkeit der Klage vom Gericht begründet wird (RdNr. 119).

(34) Diese Frage ist streitig. Die hM geht von dem Grundsatz aus, daß ein klageabweisendes Sachurteil nur ergehen darf, wenn die Zulässigkeitsvoraussetzungen erfüllt sind. Allerdings ist eine Ausnahme von diesem Grundsatz dann zuzulassen, wenn es sich um Sachurteilsvoraussetzungen handelt, die eine Entlastung des Gerichts bezwecken, wie beispielsweise das Bestehen eines Rechtsschutzbedürfnisses. In diesen Fällen kann auf eine aufwendige Prüfung solcher Sachurteilsvoraussetzungen verzichtet werden, wenn feststeht, daß die Klage unbegründet ist (RdNr. 123).

(35) Die nicht selten geäußerte Meinung, die Postulationsfähigkeit (zum Begriff RdNr. 141) sei eine Prozeßvoraussetzung, ist nicht richtig. Vielmehr stellt sie eine Prozeßhandlungsvoraussetzung dar (RdNr. 141). Den Unterschied zwischen beiden ergibt die Betrachtung der Rechtsfolgen, die bei ihrem Fehlen eintreten. Fehlt eine Prozeßvoraussetzung, dann darf keine Entscheidung in der Sache ergehen; eine Klage ist dann durch Prozeßurteil als unzulässig abzuweisen (RdNr. 98). Ist dagegen eine Prozeßhandlungsvoraussetzung nicht gegeben, dann wird die betreffende Prozeßhandlung nicht wirksam vorgenommen. Reicht die durch einen Anwalt nicht vertretene Partei Klage beim Landgericht ein, dann ist wegen fehlender Postulationsfähigkeit die Klage nicht dem Beklagten zuzustellen und es kommt überhaupt nicht zu einer Verhandlung.

(36) Die Erteilung einer Prozeßvollmacht ist nach hM eine Prozeßhandlung (RdNr. 141). Prozeßhandlungen können nur nach den Regeln des Prozeßrechts, nicht nach denen des materiellen Rechts beseitigt werden (RdNr. 143 f.). Folglich kann A die Prozeßvollmacht – ohne Rücksicht auf die im materiellen Recht strei-

tige Frage, ob die Vollmacht auch dann noch angefochten werden kann, wenn der Bevollmächtigte bereits ein Rechtsgeschäft geschlossen hat (dazu GK BGB RdNr. 726 f.) – nicht wegen Irrtums nach § 119 BGB anfechten. Es bleibt ihm zwar unbenommen, die Prozeßvollmacht mit Wirkung für die Zukunft zu widerrufen (RdNr. 141), dies ändert aber nichts daran, daß R für ihn mit bindender Wirkung einen Prozeßvergleich geschlossen hat.

(37) K stellt zwei Anträge, will jedoch eine Entscheidung des Gerichts über den zweiten nur für den Fall, daß der erste keinen Erfolg hat. Der zweite Antrag ist also mit einer Bedingung verbunden. Anträge als Erwirkungshandlungen sind grundsätzlich bedingungsfeindlich, weil die mit einer Bedingung verbundene Ungewißheit den Interessen des Gerichts und der Gegenpartei widerspricht. Dies gilt jedoch nicht für eine innerprozessuale Bedingung, deren Eintritt vom weiteren Verlauf des Rechtsstreits abhängt. Deshalb wird es zugelassen, daß der Kläger in ihm gestellte Anträge in ein Eventualverhältnis bringt und dadurch die Reihenfolge ihrer Prüfung durch das Gericht vorgibt. Diese sog. eventuelle Klagenhäufung ist jedoch nur zulässig, wenn Haupt- und Eventualanspruch in einem rechtlichen und wirtschaftlichen Zusammenhang zueinander stehen. Diese Voraussetzung stellt sicher, daß der Kläger den Beklagten nicht mit völlig zusammenhanglosen Sachverhalten konfrontieren kann und ihm dadurch die Verteidigung erschwert. Da offensichtlich der erforderliche Zusammenhang zwischen beiden Anträgen besteht und auch die übrigen Voraussetzungen einer Klagenhäufung erfüllt sind, ist das Vorgehen des K als zulässig anzusehen (RdNr. 142, 170).

(38) Wird das persönliche Erscheinen der Partei nach § 141 Abs. 1 angeordnet, dann kann gegen sie ein Ordnungsgeld in Höhe bis zu 5.000,– DM verhängt werden, wenn sie ohne genügende Entschuldigung nicht erscheint und auch keinen über den aufzuklärenden Sachverhalt unterrichteten und zum Vergleichsabschluß ermächtigten Vertreter entsendet (RdNr. 146). In allen anderen Fällen kann das Erscheinen einer Partei in der mündlichen Verhandlung vom Gericht nicht erzwungen werden.

(39) Nach § 176 GVG obliegt dem Vorsitzenden die Aufrechterhaltung der Ordnung in der Sitzung. Zu diesem Zweck kann er die Maßnahmen ergreifen, die für eine ordnungsgemäße und störungsfreie Durchführung des gerichtlichen Verfahrens innerhalb der mündlichen Verhandlung erforderlich sind. Wird den zur Aufrechterhaltung der Ordnung vom Vorsitzenden getroffenen Anordnungen nicht Folge geleistet, dann können Parteien, Zeugen, Sachverständige oder bei der Verhandlung nicht beteiligte Personen aus dem Sitzungszimmer entfernt sowie zur Ordnungshaft abgeführt und auch während einer bestimmten Zeit festgehalten werden. Allerdings darf der Vorsitzende allein über solche Maßnahmen nur gegenüber Personen entscheiden, die bei der Verhandlung nicht beteiligt sind; in allen anderen Fällen entscheidet das Richterkollegium, dem der Vorsitzende angehört (§ 177 GVG). Die gleiche Zuständigkeitsverteilung besteht nach § 178 Abs. 2 GVG für die Verhängung von Ordnungsmitteln wegen Ungebühr, d. h. wegen eines Verhaltens, das die Ordnung der Gerichtsverhandlung stört und die Aufgaben des Gerichts in einer nach allgemeiner Empfindung grob unangemessenen Weise mißachtet. Ordnungsmittel sind Ordnungsgeld bis zu 2.000,– DM oder Ordnungshaft bis zu einer Woche (§ 178 Abs. 1) (RdNr. 152).

(40) Ein Versäumnisurteil gegen den Beklagten nach § 331 Abs. 3 darf nicht ergehen, da es voraussetzt, daß die Klage schlüssig ist. Zu erwägen ist, ob der Richter die Klage als unschlüssig abzuweisen hat. Denn rechtfertigt der Tatsachenvortrag des Klägers nicht seinen Klageantrag, dann ist regelmäßig auch bei Säumnis des Beklagten die Klage abzuweisen (§ 331 Abs. 2 HS 2; RdNr. 156). Hier muß jedoch berücksichtigt werden, daß sich der Rechtsstreit noch im Stadium des Vorverfahrens

befindet. Die durch § 331 Abs. 3 geschaffene Möglichkeit, bereits in dieser Verfahrensphase den Rechtsstreit durch Urteil zu entscheiden, dient dem Zweck, im Interesse der Verfahrensbeschleunigung und der Entlastung des Gerichts solche Rechtsstreite rasch beenden zu können, in denen der Beklagte der Klage nichts entgegensetzen kann oder will. Wenn jedoch die Klage nicht zulässig oder schlüssig ist, dann muß dem Kläger noch Gelegenheit gegeben werden, Stellung zu nehmen und sein Vorbringen gegebenenfalls zu ergänzen, um seine Klage zulässig und schlüssig zu machen. Tut er dies nicht, dann kann eine unzulässige oder unbegründete Klage bereits im Vorverfahren abgewiesen werden (RdNr. 157).

(41) Das Gericht hat zunächst zu prüfen, ob der Einspruch zulässig ist (§ 341 Abs. 1). Da der Einspruch gegen ein Versäumnisurteil eingelegt wird (§ 338) und es sich auch nicht um einen Fall des § 345 handelt, ist er statthaft. Die Einspruchsfrist beginnt mit der Zustellung des Versäumnisurteils und beträgt zwei Wochen (§ 339 Abs. 1). Im amtsgerichtlichen Verfahren kann der Einspruch auch zu Protokoll der Geschäftsstelle erhoben werden (§ 496). Der von Benno eingelegte Einspruch genügt diesen Anforderungen. Es fragt sich jedoch, ob die fehlende Begründung des Einspruchs ihn unzulässig macht. Bei Beantwortung dieser Frage ist zu berücksichtigen, daß es für den Erfolg eines Einspruchs nicht auf die Mitteilung bestimmter sachlicher Gründe ankommt, z. B. auf eine Erklärung, weshalb die Partei säumig war. Deshalb ist entgegen dem insoweit mißverständlichen Wortlaut des § 340 Abs. 3 keine Begründung des Einspruchs erforderlich, sondern nur entsprechend dem Verhandlungsgrundsatz (RdNr. 91) die rechtzeitige Mitteilung aller Tatsachen, die für die Entscheidung des Rechtsstreits wesentlich sind, damit das Gericht möglichst rasch in der Sache entscheiden kann. Wird dieser Prozeßförderungspflicht zuwidergehandelt, dann macht dies nicht den Einspruch gegen das Versäumnisurteil unzulässig, sondern kann (nur) dazu führen, daß die Partei mit den verspätet vorgetragenen Tatsachen ausgeschlossen ist. § 340 Abs. 3 verweist insoweit auf einzelne Regelungen des § 296. Hat die säumige Partei bereits vorher die erforderlichen Tatsachen dem Gericht schriftlich mitgeteilt, dann bedarf es keiner Wiederholung beim Einspruch. Somit kann also festgestellt werden, daß der Einspruch des Benno allen zu stellenden Anforderungen genügt und deshalb als zulässig anzusehen ist. Durch den zulässigen Einspruch wird der Prozeß in die Lage zurückversetzt, in der er sich vor Eintritt der Versäumnis befand (§ 342). Nimmt man diese Anordnung des Gesetzes wörtlich, dann müßte erneut geprüft werden, ob überhaupt das erste Versäumnisurteil ergehen durfte. Wäre eine solche Prüfung durchzuführen, dann würde sich ergeben, daß die Einlassungsfrist des § 274 Abs. 3 bei Anberaumung des ersten Termins zur mündlichen Verhandlung nicht eingehalten worden war und deshalb das Gericht nach § 335 Abs. 1 Nr. 2 verpflichtet gewesen wäre, den Antrag auf Erlaß eines Versäumnisurteils zurückzuweisen. Nach wohl hM hat jedoch eine derartige Prüfung zu unterbleiben, wenn die Partei, gegen die das Versäumnisurteil ergangen ist, in dem Termin zur mündlichen Verhandlung über den Einspruch wiederum nicht erscheint. Vielmehr ist dann als Sanktion einer erneuten Säumnis der Einspruch ohne jede weitere Prüfung zu verwerfen und durch ein zweites Versäumnisurteil das erste aufrechtzuerhalten (§ 343; RdNr. 164). Folgt man dieser Ansicht, dann hat also das Gericht ein Versäumnisurteil zu erlassen, das das erste Versäumnisurteil bestätigt. Nach der Gegenauffassung ist dagegen das unzulässige erste Versäumnisurteil aufzuheben und aufgrund der Säumnis des Benno auch im zweiten Termin ein (technisch erstes) Versäumnisurteil zu erlassen (RdNr. 162). Der Meinungsstreit wirkt sich also nicht auf die Art der zu erlassenden Entscheidung (in jedem Fall Versäumnisurteil), sondern auf ihren Inhalt aus. Dieser Inhalt ist dann insbesondere für die Frage entscheidend, ob gegen das zu erlassende Versäumnisurteil ein Einspruch statthaft ist oder ob es sich um ein technisch zweites Versäumnisurteil handelt.

(42) Als „technisch zweites Versäumnisurteil" wird das Urteil bezeichnet, durch das der Einspruch gegen ein Versäumnisurteil verworfen wird, weil die Partei, die den Einspruch eingelegt hat, in der mündlichen Verhandlung über den Einspruch oder in derjenigen Sitzung, auf die diese Verhandlung vertagt ist, nicht erscheint oder nicht zur Hauptsache verhandelt (§ 345). Die Unterscheidung von anderen Versäumnisurteilen ist deshalb bedeutsam, weil gegen ein „technisch zweites Versäumnisurteil" ein Einspruch nicht statthaft ist (§ 345). Jedoch kann dagegen Berufung mit der Begründung eingelegt werden, daß ein Fall der Säumnis nicht gegeben war (§ 513 Abs. 2) (RdNr. 162).

(43) Eine Entscheidung nach Lage der Akten kann gemäß § 331a ergehen, wenn eine Partei im Termin zur mündlichen Verhandlung ausbleibt und ihr Gegner statt eines Versäumnisurteils eine Entscheidung nach Lage der Akten beantragt. Dem Antrag ist zu entsprechen, wenn der Sachverhalt für diese Entscheidung hinreichend geklärt ist, der Rechtsstreit somit zur Entscheidung durch Urteil reif ist (§ 300 Abs. 1)(RdNr. 162). Ohne einen Antrag darf das Gericht nach Lage der Akten entscheiden, wenn beide Parteien im Termin nicht erscheinen oder nicht verhandeln (§ 251a Abs. 1). In beiden Fällen muß jedoch bereits eine mündliche Verhandlung stattgefunden haben, wenn ein Urteil nach Lage der Akten ergehen soll (§ 251a Abs. 2 iVm. § 331a S. 2) (RdNr. 167).

(44) K macht mit seiner Klage verschiedene (prozessuale) Ansprüche geltend, denn es handelt sich sowohl nach Antrag als auch nach zugrundeliegendem Tatsachenkomplex um zwei Streitgegenstände (RdNr. 124ff., 128ff.). Eine solche objektive Klagenhäufung ist zulässig, weil ihre Voraussetzungen, die Identität der Parteien, die Zuständigkeit des Gerichts und die Zulässigkeit derselben Prozeßart für sämtliche Ansprüche, schließlich das Fehlen eines Verbindungsverbots (RdNr. 170) erfüllt werden (vgl. § 260). Allerdings muß das Gericht nicht über die beiden Ansprüche auch gemeinsam verhandeln, sondern kann nach § 145 Abs. 1 die Trennung anordnen (RdNr. 170 aE).

(45) Das Gericht ist an den Antrag des Klägers gebunden und darf ihm nichts zusprechen, was er nicht beantragt hat (§ 308 Abs. 1 S. 1). Allerdings kommt es hier darauf an, ob K befugt war, anstelle des bisherigen Herausgabeanspruchs den Feststellungsantrag zu setzen. Beim Übergang von einem Antrag auf Leistung auf einen Antrag auf Feststellung handelt es sich um eine Beschränkung des bisherigen Klageantrages, weil als minus in der Leistungsklage ein entsprechendes Feststellungsbegehren enthalten ist (RdNr. 58, 172). Nach § 264 Nr. 2 stellt es keine Änderung der Klage dar, wenn der Kläger seinen Klageantrag in der Hauptsache beschränkt; eine Einwilligung des Beklagten ist hierzu nach der in §§ 263, 264 getroffenen Regelung nicht erforderlich. Es fragt sich aber, ob nicht zugleich in der Beschränkung des Klageantrages eine teilweise Rücknahme der Klage liegt, die ohne Einwilligung des Beklagten nur bis zum Beginn der mündlichen Verhandlung zulässig ist (§ 269 Abs. 1). Mit der Erwägung, daß der Beklagte durch § 269 das Recht auf Entscheidung über die vom Kläger ursprünglich erhobene Klage erhalten hat und ihm dieses Recht nicht ohne seine Einwilligung entzogen werden dürfte, ließe sich der Standpunkt einnehmen, daß eine in der Beschränkung des Klageantrages liegende teilweise Rücknahme der Klage den Regeln des § 269 unterstellt werden müßte. Dagegen läßt sich jedoch einwenden, daß auch die Regelung über die Klageänderung das Recht des Beklagten auf Entscheidung über den ursprünglich vom Kläger gegen ihn erhobenen prozessualen Anspruch berücksichtigt und dieses Recht durch § 264 eingeschränkt wird. Deshalb ist § 269 Abs. 1 bei einer Beschränkung des Klageantrages nicht anwendbar, sondern wird durch die speziellere Regelung des § 264 Nr. 2 verdrängt. Dies hat hier zur Folge, daß es auf die Einwilligung des B nicht ankommt, und daß K nachträglich auf einen Feststellungsantrag übergehen kann. Das Gericht hat also nur über das Feststellungsbegehren des K zu entscheiden (RdNr. 172).

(46) Der Streit der Parteien über die Zulässigkeit einer Klageänderung betrifft eine Frage, bei der es um den Fortgang des Verfahrens geht und die geklärt werden muß, bevor über den Streitgegenstand selbst entschieden werden kann. Es handelt sich folglich um einen Zwischenstreit iSv. § 303, der durch ein Zwischenurteil entschieden werden kann. Ob von der Möglichkeit eines Zwischenurteils Gebrauch gemacht oder ob in den Gründen des Endurteils dazu Stellung genommen wird, steht jedoch im Ermessen des Gerichts (RdNr. 178). Allerdings kann ein Zwischenurteil nur dann in Betracht kommen, wenn der Rechtsstreit weitergeführt und durch Endurteil entschieden werden muß. Hält das Gericht die Klageänderung für unzulässig, dann kann dies nur im Zwischenurteil festgestellt werden, wenn der Kläger seinen ursprünglichen Antrag aufrechterhält und darüber vom Gericht zu entscheiden ist. Andernfalls ist durch Prozeßurteil das neue und unzulässige Begehren des Klägers abzuweisen (RdNr. 178).

(47) Miez würde zu Recht Klageabweisung verlangen, wenn Eich infolge der Veräußerung des Pkw die Aktivlegitimation (Sachlegitimation) verloren hätte. Dies ist jedoch nach § 265 Abs. 2 S. 1 nicht der Fall, wenn der Kläger – wie dies hier Eich tut – der veränderten Sachlage dadurch Rechnung trägt, daß er nicht mehr an sich, sondern an den Rechtsnachfolger Leistung verlangt. Die darin liegende Klageänderung ist auf jeden Fall sachdienlich (vgl. § 263). Nur wenn das im Rechtsstreit zwischen Eich und Miez ergehende Urteil nicht gegenüber dem Rechtsnachfolger Dieter wirkte, könnte Miez geltend machen, daß Eich nicht mehr zur Erhebung des Herausgabeanspruchs befugt sei (§ 265 Abs. 3). Nach § 325 Abs. 1 gilt jedoch das rechtskräftige Urteil auch gegenüber dem Rechtsnachfolger. Die in § 325 Abs. 2 getroffene Regelung greift nicht ein, weil Dieter vom Berechtigten erworben hat. Es ist also nicht entscheidend, ob Dieter über den Rechtsstreit vor Übereignung des Pkw informiert worden ist (RdNr. 181).

(48) Wenn Kunz nicht mehr Verurteilung der KG, also der bisherigen Beklagten, sondern des Gelb beantragt, will er einen Beklagtenwechsel in der Berufungsinstanz vornehmen. Es muß deshalb dazu Stellung genommen werden, ob ein solcher Parteiwechsel zulässig ist. Die Beantwortung dieser Frage hängt davon ab, als was man den Parteiwechsel begreift. Wertet man ihn als Rücknahme der bisherigen Klage unter Erhebung einer neuen gegen den neu eintretenden Beklagten (sog. Klagerücknahmetheorie), dann muß der Beklagtenwechsel in zweiter Instanz ausgeschlossen werden, weil die Erhebung einer neuen Klage in dieser Instanz ausgeschlossen ist. Wendet man dagegen auf den Parteiwechsel die Regeln über die Klageänderung an (Klageänderungstheorie) oder sieht man in dem gewillkürten Parteiwechsel ein Rechtsinstitut eigener Art (RdNr. 182), dann stehen dogmatische Gründe einem Beklagtenwechsel in zweiter Instanz nicht entgegen. Er ist also danach zuzulassen, wenn der ausscheidende und der neu eintretende Beklagte dem Wechsel zustimmen. Die Klageänderungstheorie kann überdies eine fehlende Einwilligung durch Zulassung des Beklagtenwechsels als sachdienlich ersetzen. Hierbei darf allerdings nicht unberücksichtigt bleiben, daß der neue Beklagte eine Tatsacheninstanz verliert. Dieser Gesichtspunkt erscheint nur dann als nicht bedeutsam, wenn dem Beklagten aufgrund der Besonderheiten des konkreten Falles zugemutet werden kann, den schwebenden Rechtsstreit erst in der Berufungsinstanz zu übernehmen. In der Bewertung dieser Interessen dürfte sich im praktischen Ergebnis kein Unterschied zu der Ansicht ergeben, die nur dann eine Weigerung des neuen Beklagten für nicht bedeutsam hält, wenn sie als rechtsmißbräuchlich anzusehen ist (RdNr. 184). Aufgrund der Meinungen, die einen Beklagtenwechsel auch in der Berufungsinstanz zulassen, wäre die Einwilligung des Gelb entbehrlich, weil ihm zugemutet werden kann, den Rechtsstreit, den er bereits als geschäftsführender Gesellschafter der KG wesentlich beeinflußte, auch persönlich weiterzuführen, ohne daß dadurch seine Interessen unangemessen benachteiligt werden (vgl. auch BGH NJW 1974, 750).

(49) Ehe auf die Frage nach der Zulässigkeit eines Parteiwechsels einzugehen ist, muß zunächst die logisch vorrangige Frage geklärt werden, ob überhaupt die Ansicht des Berufungsgerichts, es handle sich um einen Parteiwechsel, zutreffend ist. Denn keinen Parteiwechsel stellt es dar, wenn lediglich eine unrichtige Parteibezeichnung korrigiert wird, dadurch aber die Person der Partei unverändert bleibt (RdNr. 188). Die Bezeichnung der Partei allein ist für ihre Parteistellung nicht ausschlaggebend. Vielmehr kommt es darauf an, welcher Sinn der von der klagenden Partei in der Klageschrift gewählten Parteibezeichnung bei objektiver Würdigung des Erklärungsinhalts beizulegen ist. Bei unrichtiger äußerer Bezeichnung ist grundsätzlich die Person als Partei anzusprechen, die erkennbar durch die Parteibezeichnung betroffen werden soll (so BGH NJW 1981, 1453, 1454, dessen Entscheidung Vorbild für diesen Fall war). Kläger war ersichtlich die KG, die dem Beklagten die Diskothek verpachtet hatte. Dies war die „Kneipen-Wirtschafts-KG", die auch in zweiter Instanz so bezeichnet wurde. Daß eine völlig andere Gesellschaft die Räumungsklage erheben wollte, konnte insbesondere nicht der Beklagte annehmen. Er wußte, daß Paul Lustig Komplementär der Verpächterin war, und mußte deshalb bei einer Klage der Firma „Walter-Paul-Lustig KG" erkennen, daß die Verpächterin die Klage erhob. Bei dieser Sachlage handelt es sich lediglich um eine Korrektur der Parteibezeichnung in der Berufungsinstanz, nicht um einen Parteiwechsel.

(50) Partei im Zivilprozeß ist derjenige, der für sich vom Gericht Rechtsschutz begehrt oder gegen den dieser Rechtsschutz begehrt wird (formeller Parteibegriff) (RdNr. 190).

(51) Von einer Streitgenossenschaft spricht man, wenn auf der Kläger- oder (und) auf der Beklagtenseite mehrere Personen stehen (RdNr. 193). Man unterscheidet zwischen der einfachen und der notwendigen Streitgenossenschaft. Während die einfache Streitgenossenschaft lediglich aus Zweckmäßigkeitserwägungen zugelassen wird, gibt es für die notwendige Streitgenossenschaft rechtliche Gründe für die einheitliche Verhandlung und Entscheidung. Diese rechtlichen Gründe können sich aus dem Prozeßrecht oder aus dem materiellen Recht ergeben. Dementsprechend wird die prozeßrechtlich notwendige Streitgenossenschaft der materiellrechtlich notwendigen Streitgenossenschaft gegenübergestellt (RdNr. 198). Die Fälle der prozeßrechtlich notwendigen Streitgenossenschaft sind dadurch gekennzeichnet, daß sich in ihnen die Rechtskraft des Urteils bei der selbständigen Klage eines Streitgenossen auch auf die anderen Streitgenossen erstreckt. Die materiellrechtlich notwendige Streitgenossenschaft umfaßt Sachverhalte, in denen die Streitgenossen nur gemeinsam prozeßführungsbefugt sind oder nur gemeinsam die durch die Klage von ihnen begehrte Leistung erbringen können.

(52) Das Gericht hat ein Anerkenntnisurteil zu erlassen (§ 307 Abs. 1), wenn die dafür erforderlichen Voraussetzungen erfüllt sind (RdNr. 208). B hat den Anspruch des K wirksam anerkannt. Insbesondere kann mangels gegenteiliger Hinweise davon ausgegangen werden, daß auch den Prozeßhandlungsvoraussetzungen genügt ist (RdNr. 209). Allerdings hat K keinen Antrag auf Erlaß eines Anerkenntnisurteils gestellt, sondern ein streitiges Urteil verlangt. Welche rechtlichen Folgerungen sich aus diesem Verhalten ergeben, wird nicht einheitlich beurteilt (RdNr. 211). Mit der hM ist jedoch davon auszugehen, daß ein Anerkenntnisurteil auch ohne einen darauf gerichteten Antrag des Klägers vom Gericht zu erlassen ist, wenn der Kläger an seinem bisherigen Sachantrag festhält und die Verurteilung des Beklagten fordert. Dementsprechend wird das Gericht B seinem Anerkenntnis gemäß verurteilen, jedoch die Kosten des Rechtsstreits nach § 93 dem Kläger auferlegen (RdNr. 205).

(53) Durch die Klagerücknahme zieht der Kläger sein Gesuch um Gewährung von Rechtsschutz zurück. Zum Bestand des Rechts, das er mit seiner Klage geltend

gemacht hat, äußert sich der Kläger im Gegensatz zum Klageverzicht nicht (RdNr. 217). Dagegen erklärt der Kläger durch den Verzicht, daß der von ihm gegen den Beklagten geltend gemachte Anspruch nicht bestehe und sein Antrag folglich unberechtigt sei (RdNr. 214). Bei der Klagerücknahme wird der Prozeß ohne Urteil beendet; auf Antrag des Beklagten hat das Gericht lediglich in einem deklaratorisch wirkenden Beschluß die Wirkungslosigkeit eines bisher im Verfahren ergangenen Urteils auszusprechen und festzustellen, daß die Kosten des Rechtsstreits dem Kläger zur Last fallen (§ 269 Abs. 3 S.3). Dagegen erläßt das Gericht beim Klageverzicht ein Verzichtsurteil (§ 306; RdNr. 215).

(54) Der Kläger hat (einseitig) die Erledigung der Hauptsache erklärt. Gründe, die gegen die Wirksamkeit dieser Erklärung (als Parteiprozeßhandlung) sprechen, sind nicht ersichtlich. Insbesondere ist die Erklärung in der mündlichen Verhandlung abgegeben worden. Dies ist bei einer einseitigen Erledigungserklärung im Gegensatz zur beiderseitigen (vgl. § 91 a Abs. 1 S. 1) erforderlich. Bei dieser Rechtslage hat das Gericht zunächst festzustellen, ob die Klage bis zum Eintritt des Erledigungsereignisses zulässig und begründet gewesen ist (RdNr. 241). Die Begründetheit der Klage hängt davon ab, ob die Besorgnis besteht, daß Albert von Bertold in seinem Besitz oder in seinem Eigentum rechtswidrig gestört wird (vgl. § 862 Abs. 1, § 1004 Abs. 1 BGB). Diese Besorgnis wäre zu bejahen, wenn Bertold bereits in der Vergangenheit seinen Fernsehapparat zu laut eingestellt hätte. Hierüber streiten die Parteien und diese Frage muß das Gericht durch Erhebung entsprechender Beweise klären. Gelangt das Gericht zu einem negativen Ergebnis, dann ist die Klage kostenpflichtig abzuweisen; die Erledigungserklärung des Albert ändert daran nichts. Stellt dagegen das Gericht die (ursprüngliche) Zulässigkeit und Begründetheit der Klage fest, dann kommt es auf den Eintritt des Erledigungsereignisses nach Rechtshängigkeit an (RdNr. 242). Dies ist hier unstreitig, da durch den Auszug des Bertold (während des Rechtsstreits) die Besorgnis künftiger Beeinträchtigungen weggefallen ist. Das Gericht hat deshalb durch Endurteil festzustellen, daß sich die Hauptsache erledigt hat. Die Kosten sind dann nach § 91 Bertold aufzuerlegen (RdNr. 243).

(55) Die einseitige Erledigungserklärung durch den Beklagten ist unzulässig, denn er vermag nicht einseitig das Gericht zu veranlassen, anstelle des vom Kläger gestellten Antrags über die Feststellung der Erledigung zu entscheiden (RdNr. 240). Die Erklärung des Beklagten ist vielmehr als Teil einer beiderseitigen Erledigungserklärung der Hauptsache aufzufassen, die der Kläger durch eine entsprechende Erklärung vervollständigen muß. Tut er dies nicht, dann muß die Klage als unbegründet abgewiesen werden, weil eine Wiederholungsgefahr nicht mehr besteht. Die Erklärung des Beklagten wirkt also zugleich als Verteidigungsvorbringen.

(56) Da eine mündliche Verhandlung insbesondere für die Abgabe einer (beiderseitigen) Erledigungserklärung entbehrlich ist, braucht kein Rechtsmittel eingelegt zu werden, sondern können die Parteien dem erstinstanzlichen Gericht durch Schriftsatz oder Erklärung zu Protokoll der Geschäftsstelle mitteilen, daß sich durch den Vergleich der Rechtsstreit in der Hauptsache erledigt hat. Diese Erklärung muß bis zum Ablauf der Rechtsmittelfrist abgegeben werden. Das Urteil wird damit wirkungslos (§ 269 Abs. 3 S. 1 HS 2 analog; RdNr. 232).

(57) a) Durch die wirksame Anfechtung wird rückwirkend (§ 142 Abs. 1 BGB) der Prozeßvergleich nicht nur in seinem materiellrechtlichen Inhalt, sondern auch in seinen prozeßrechtlichen Wirkungen beseitigt (RdNr. 250). Dies bedeutet, daß der Rechtsstreit zwischen K und B nicht beendet worden ist und deshalb fortgesetzt werden muß. Die Partei, die die Unwirksamkeit des Prozeßvergleichs geltend macht, muß einen Antrag auf Terminsanberaumung stellen und die Gründe darlegen, aus denen sie die Unwirksamkeit des Vergleichs ableitet. Das Gericht hat zu-

nächst festzustellen, ob der Vergleich unwirksam ist. Die Feststellung der Unwirksamkeit kann durch ein Zwischenurteil nach § 303 getroffen werden, aber auch in den Gründen des Endurteils, in denen über die ursprüngliche Klage des K entschieden wird (RdNr. 251 f.).

b) Der wirksame Rücktritt vom Vergleich läßt dessen prozeßbeendende Wirkung unberührt. Deshalb ist der Auffassung zuzustimmen, die in einem solchen Fall ein neues Verfahren für erforderlich hält, wenn über den Rücktritt und seine Rechtsfolgen zwischen den Parteien gestritten wird (RdNr. 251). Dieses neue Verfahren muß – wie sonst auch – durch Klageerhebung eingeleitet werden.

(58) Von einem Stillstand des Verfahrens spricht man, wenn es unterbrochen, ausgesetzt oder zum Ruhen gebracht wird. Die Unterbrechung tritt kraft Gesetzes ein, wenn einer der in den §§ 239 bis 245 genannten Gründe zutrifft (RdNr. 256). Die Aussetzung des Verfahrens muß vom Gericht angeordnet werden; die Gründe hierfür sind ebenfalls gesetzlich festgelegt (RdNr. 258). Das Ruhen des Verfahrens ist vom Gericht auf Antrag beider Parteien gemäß § 251 Abs. 1 anzuordnen. Unter den in § 251 a genannten Voraussetzungen kann das Gericht das Ruhen des Verfahrens auch von Amts wegen anordnen (RdNr. 259). Die Wirkungen sind in allen Fällen eines Stillstands des Verfahrens im wesentlichen die gleichen (vgl. dazu RdNr. 260).

(59) Versäumt eine Partei ohne eigenes oder das ihr nach § 85 Abs. 2 zuzurechnende Verschulden ihres Prozeßbevollmächtigten eine Notfrist oder eine andere in § 233 genannte Frist, so ist ihr auf Antrag Wiedereinsetzung in den vorigen Stand zu gewähren, d. h. sie ist so zu stellen, als habe sie die versäumte Prozeßhandlung rechtzeitig vorgenommen. Diese Prozeßhandlung muß innerhalb von vierzehn Tagen nach Behebung des Hindernisses, das der Fristwahrung entgegengestanden hat, nachgeholt werden (§ 236 Abs. 2 S. 2 iVm. § 234) (RdNr. 260).

(60) Die Aufrechnung stellt ein Verteidigungsmittel dar, durch das der Kläger sich darauf beruft, die Klageforderung sei erloschen, soweit sie sich mit der zur Aufrechnung gestellten Gegenforderung deckt (RdNr. 262).

(61) Der Beklagte erklärt die Aufrechnung mit der Darlehensforderung hilfsweise (nur für den Fall, daß das Gericht die Klageforderung für begründet ansieht). Eine derartige hilfsweise vorgetragene Verteidigung ist prozessual zulässig. Über die dogmatische Rechtfertigung wird jedoch gestritten (RdNr. 264). In dem Vorbringen des Beklagten liegt hier eine materiellrechtliche Aufrechnungserklärung, die mit der Bedingung verbunden wird, daß vom Gericht die Klageforderung als bestehend angesehen werde. Hierbei handelt es sich um eine echte Bedingung, der jedoch die Vorschrift des § 388 S. 2 BGB nicht entgegensteht, weil diese Vorschrift im Wege der teleologischen Reduktion einzuschränken und auf die Prozeßaufrechnung nicht anzuwenden ist (RdNr. 265). Das Gericht hat in jedem Fall zunächst zu klären, ob die Voraussetzungen eines Anspruchs auf Schadensersatz erfüllt sind; dazu gehört auch die Entscheidung der Frage, ob Schwarz schuldhaft handelte. Gelangt das Gericht zu einem negativen Ergebnis, dann ist die Klage abzuweisen, ohne daß es auf die Aufrechnung ankommt. Im umgekehrten Fall muß dagegen geklärt werden, ob die Voraussetzungen der Aufrechnung hier gegeben sind, u. a. ob die Gegenforderung fällig ist (vgl. GK BGB RdNr. 196). Ist dies der Fall, dann ist die Klage wegen der Aufrechnung abzuweisen, sonst ist sie zuzusprechen. Allerdings ist das Gericht nicht verpflichtet, über Klageforderung und Gegenforderung in einer einheitlichen Verhandlung zu entscheiden, sondern es kann auch eine getrennte Verhandlung nach § 145 Abs. 3 anordnen, weil beide Forderungen nicht in einem rechtlichen Zusammenhang stehen (RdNr. 271). Auch kann das Gericht (mit oder ohne Trennung des Verfahrens nach § 145 Abs. 3) ein Vorbehaltsurteil nach § 302 erlassen, wenn es die Begründetheit der Klageforderung bejaht (RdNr. 272 f.).

(62) Die Zulässigkeit eines „Austausches" von Forderungen, die der Beklagte zum Gegenstand einer hilfsweise erklärten Aufrechnung macht, hängt in erster Linie davon ab, ob mit Erhebung des Aufrechnungseinwandes die Gegenforderung rechtshängig wird. Ist dies zu bejahen, dann sind die Vorschriften der §§ 263, 269 Abs. 1 auf diese Forderung entsprechend anzuwenden, so daß der Beklagte nicht ohne Zustimmung des Gegners oder Erklärung der Sachdienlichkeit durch das Gericht eine andere an die Stelle der bisher zur Aufrechnung gestellten Forderung stellen darf (RdNr. 267). Mit der hM ist jedoch die Ansicht abzulehnen, daß der Aufrechnungseinwand des Beklagten die Rechtshängigkeit der Gegenforderung bewirkt (RdNr. 268). Geprüft muß dann allerdings noch werden, ob das Verteidigungsmittel, das neu durch den Einwand der Aufrechnung mit der Kaufpreisforderung erhoben wird, nicht wegen Verspätung nach § 296 Abs. 1 oder 2 zurückzuweisen ist.

(63) a) Nach hM muß das Zivilgericht in analoger Anwendung des § 148 den Rechtsstreit aussetzen, wenn eine bestrittene öffentlich-rechtliche Gegenforderung zur Aufrechnung gestellt wird, um dem Beklagten Gelegenheit zu geben, die Entscheidung über die Gegenforderung vor dem Verwaltungsgericht herbeizuführen. Ist dies geschehen oder ist die öffentlich-rechtliche Gegenforderung unstreitig, dann muß das Zivilgericht die Wirkungen der Aufrechnung bei seinem Urteil berücksichtigen.

b) Erklärt der Beklagte die Aufrechnung mit einer Gegenforderung, die in die sachliche Zuständigkeit der Arbeitsgerichte fällt, dann kann ein Gericht der allgemeinen streitigen Zivilgerichtsbarkeit über diese Forderung entscheiden, weil Zivilgerichte und Arbeitsgerichte nicht unterschiedlichen Rechtswegen angehören (RdNr. 275).

(64) Fraglich ist es, ob das Landgericht München für die Widerklage zuständig ist. Nach der Höhe des Streitwertes wäre das Amtsgericht sachlich zuständig. Aus dem Zweck der Widerklage, zusammenhängende Fragen in einem einheitlichen Verfahren entscheiden zu können, ist jedoch zu folgern, daß der Beklagte widerklagend Ansprüche im landgerichtlichen Verfahren geltend machen kann, die eigentlich in die Zuständigkeit des Amtsgerichts fallen (RdNr. 282). Allerdings muß auch die örtliche Zuständigkeit berücksichtigt werden. Für eine Klage aus § 463 BGB ist nicht nur nach §§ 12, 13 sondern auch nach § 29 Abs. 1 regelmäßig das Gericht am Wohnsitz des Verkäufers zuständig (RdNr. 46), weil grundsätzlich die entsprechende Verpflichtung dort zu erfüllen ist (§ 269 Abs. 1 BGB). Etwas anderes kann sich aber aus § 33 Abs. 1 ergeben. Der durch diese Vorschrift begründete Gerichtsstand ist davon abhängig, daß ein rechtlicher Zusammenhang zwischen den mit Klage und Widerklage geltend gemachten Ansprüchen besteht. Der Begriff des rechtlichen Zusammenhangs ist nicht eng auszulegen und dann zu bejahen, wenn es sachdienlich erscheint, über Klage und Widerklage in einem Prozeß zu verhandeln. Da beide Ansprüche aus demselben Vertrag abgeleitet werden, kann nicht zweifelhaft sein, daß die Voraussetzung des rechtlichen Zusammenhanges iSv. § 33 Abs. 1 hier erfüllt ist (RdNr. 284). Die Ausnahme des § 40 Abs. 2 (iVm. § 33 Abs. 2) greift hier nicht ein (RdNr. 286); deshalb ist das Landgericht München auch für die Entscheidung der Widerklage zuständig. Die Zulässigkeit dieser Klage ist folglich zu bejahen.

(65) Nach hM hat die durch § 33 Abs. 1 aufgestellte Voraussetzung des rechtlichen Zusammenhangs nur Bedeutung für den durch diese Vorschrift begründeten Gerichtsstand der Widerklage. Ergibt sich die örtliche Zuständigkeit aus anderen Vorschriften, dann kann der rechtliche Zusammenhang zwischen Ansprüchen der Klage und Widerklage fehlen. Das Gericht ist jedoch nach § 145 Abs. 2 befugt, in einem solchen Fall die Verhandlung von Klage und Widerklage in getrennten Prozes-

sen anzuordnen. Außerdem kann auch nach § 301 Abs. 1 durch Teilurteil über die Klage oder die Widerklage entschieden werden, wenn nur eine von beiden zur End-entscheidung reif ist (RdNr. 285).

(66) Eine parteierweiternde Widerklage ist grundsätzlich zulässig, jedoch wird über die dabei zu erfüllenden Voraussetzungen gestritten. Auf eine Widerklage, die der Beklagte gleichzeitig gegen den Kläger und gegen einen bisher am Rechtsstreit nicht beteiligten Dritten richtet, wendet der BGH die Regeln des § 263 an und ver-langt dementsprechend, daß der Dritte zustimmt oder daß die Widerklage gegen ihn eine prozeßwirtschaftlich sinnvolle Verfahrenserledigung gewährleistet, also als sach-dienlich anzusehen ist. Außerdem müssen der widerbeklagte Kläger und der Dritte Streitgenossen im Sinne des § 59 oder des § 60 sein (RdNr. 288). Die örtliche Zu-ständigkeit des Gerichts für die Widerklage ist jedoch in diesem Fall nicht aus § 33 abzuleiten, denn diese Zuständigkeitsregelung wird dadurch gerechtfertigt, daß der Kläger das Gericht mit seiner Klage befaßt hat und er es deshalb auch hinnehmen muß, daß dasselbe Gericht über eine konnexe Widerklage gegen ihn entscheidet. Dieser Gesichtspunkt entfällt aber bei einem bisher am Prozeß nicht beteiligten Dritten. Folglich muß sich die Zuständigkeit des Gerichts für die Widerklage gegen ihn aus den allgemeinen Zuständigkeitsregeln ableiten lassen (RdNr. 290). Im Schrifttum ist streitig, ob die parteierweiternde Widerklage allein nach den Regeln des Parteibeitritts entschieden werden darf. Wegen der Erschwernisse einer Wider-klage für den Widerbeklagten und den damit verbundenen Erleichterungen für den Widerkläger wird von der wohl überwiegenden Meinung im Schrifttum die partei-erweiternde Widerklage nur dann für gerechtfertigt angesehen, wenn der Dritte von der Rechtskraft des Urteils auch ohne seine Beteiligung am Prozeß erfaßt wird. Nach dieser Auffassung entscheiden die subjektiven Grenzen der Rechtskraft über die Zulässigkeit einer Widerklage gegen Dritte (RdNr. 289).

(67) Von einer Wider-Widerklage wird gesprochen, wenn der Kläger, der nach Erhebung einer Widerklage des Beklagten seine Klage zurückgenommen hat oder über dessen Klage bereits durch Teilurteil nach § 301 Abs. 1 entschieden worden ist, erneut Klage gegen den Beklagten und Widerkläger erhebt. Außerdem wird die Auffassung vertreten, daß der Kläger auch berechtigt sei, während der Rechtshän-gigkeit der Hauptklage eine Wider-Widerklage zu erheben, für die nicht die Vor-schriften über die Klageänderung, sondern über die Widerklage gelten. Vorausset-zung dafür ist es, daß der Kläger nach Erhebung der Widerklage weitere Anträge stellt, die durch die Widerklage veranlaßt sind oder mit ihr im Zusammenhang ste-hen (RdNr. 293).

(68) Die sachlichen Voraussetzungen für die Zulässigkeit einer Nebeninterven-tion sind einmal ein zwischen anderen Personen anhängiger Rechtsstreit, zum an-deren ein rechtliches Interesse des Nebenintervenienten am Sieg der Hauptpartei (RdNr. 296). An dieser zweiten Voraussetzung fehlt es hier offenbar, weil die Ent-scheidung des Rechtsstreits zwischen K und B auch nicht mittelbar auf die Rechts-lage des C einwirken kann. Das Interesse des C ist deshalb nur rein tatsächlicher Na-tur. Dies reicht für eine Nebenintervention nicht aus. Jedoch prüft das Gericht nicht von Amts wegen, ob ein rechtliches Interesse des Nebenintervenienten am Sieg der Hauptpartei, ein sog. Interventionsgrund, besteht. Vielmehr kann ein entsprechender Mangel nach § 295 Abs. 1 geheilt werden. Da keine Partei das Fehlen des Interven-tionsgrundes rügt und auch keine Zweifel bestehen, daß die Prozeßhandlungsvor-aussetzungen von C erfüllt werden, ist sein Beitritt wirksam (RdNr. 297).

(69) Den Wirkungen der Nebenintervention, wie sie in § 68 beschrieben wer-den, steht nicht entgegen, daß die sachlichen Voraussetzungen der Nebeninterven-tion nicht erfüllt gewesen sind (RdNr. 301). Jedoch beschränkt sich die Interven-tionswirkung auf das Verhältnis zwischen dem Nebenintervenienten und der von ihr

unterstützten Hauptpartei, kann also nur gegenüber B Bedeutung erlangen (RdNr. 303). Klagt K gegen C ebenfalls auf Unterlassen nächtlichen Badens, dann ist der Richter bei der Entscheidung über diese Klage weder an den Urteilsspruch noch an die ihn tragenden tatsächlichen und rechtlichen Feststellungen im Prozeß K gegen B gebunden. Die Nebenintervention des C war also sinnlos.

(70) Erstreckt sich die Rechtskraft des Urteils im Hauptprozeß auf ein Rechtsverhältnis, das zwischen dem Nebenintervenienten und dem Gegner der von ihm unterstützten Nebenintervenienten besteht, dann gilt nach § 69 dieser Nebenintervenient als Streitgenosse der (von ihm unterstützten) Partei. Diese besondere Stellung des Nebenintervenienten wird durch die Bezeichnung „streitgenössischer Nebenintervenient" wiedergegeben. Dies bedeutet jedoch nicht, daß er zu einem echten Streitgenossen und damit selbst zu einer Partei im Hauptprozeß wird. Vielmehr stehen ihm nur entsprechende Befugnisse eines Streitgenossen zu. Dies bedeutet, daß er sich mit seinen Erklärungen und Handlungen auch in Widerspruch zu der Hauptpartei setzen darf, insbesondere selbständig Rechtsmittel und Rechtsbehelfe auch gegen den Widerspruch der Hauptpartei einlegen kann (RdNr. 309).

(71) Fleißig wird mit seiner Verteidigung, die Konstruktion der Tür entspreche den Regeln der Technik, nicht gehört, wenn die Interventionswirkung des Urteils im Rechtsstreit zwischen Alt und Reichlich diesen Einwand abschneidet. Da die Interventionswirkung auch die den Urteilsspruch tragenden tatsächlichen und rechtlichen Feststellungen umfaßt (RdNr. 302) und in dem Prozeß gegen Reichlich eine verfehlte Konstruktion der Tür als Unfallursache festgestellt wurde, ist der Richter bei Entscheidung des Rechtsstreits zwischen Reichlich und Fleißig an diese Feststellung gebunden, wenn sich die Interventionswirkung des Urteils gegen Reichlich auf Fleißig erstreckt. Die Interventionswirkung tritt aufgrund einer Streitverkündung ein, wenn sie formgerecht (§ 73) und wirksam, d. h. unter Erfüllung der Prozeßhandlungsvoraussetzungen, vorgenommen wird und wenn sie zulässig ist (§ 72) (RdNr. 313 f.). Hinweise, daß die Streitverkündung nicht formgerecht und wirksam vorgenommen wurde, ergeben sich aus dem Sachverhalt nicht. Neben einem anhängigen Rechtsstreit ist weitere Zulässigkeitsvoraussetzung ein Grund für die Streitverkündung. Nach § 72 besteht dieser Grund darin, daß eine Partei für den Fall des ihr ungünstigen Ausgangs des Rechtsstreits einen Anspruch auf Gewährleistung oder Schadloshaltung gegen einen Dritten erheben zu können glaubt oder den Anspruch eines Dritten besorgt. Da Reichlich wegen eines Konstruktionsmangels an der Tür bei Fleißig Regreß nehmen kann, besteht also ein Grund für die Streitverkündung; sie ist folglich zulässig. Somit hat das Urteil im Prozeß zwischen Alt und Reichlich Interventionswirkung gegenüber Fleißig ohne Rücksicht darauf, daß dieser auf die Streitverkündung nicht reagierte (§ 74). Fleißig wird also nicht mehr mit dem Einwand gehört, daß die Türkonstruktion den Regeln der Technik entspricht (§ 68 iVm. § 74 Abs. 3).

(72) Die Interventionswirkung des § 68 tritt nach hM nur zugunsten, nicht zu Lasten des Streitverkünders ein. Diese Auffassung ist nach der Interessenlage der Beteiligten zutreffend (RdNr. 315). Dementsprechend ist der Richter in dem Rechtsstreit zwischen Reichlich und Fleißig nicht an die Feststellung gebunden, daß die Tür einwandfrei konstruiert sei.

(73) Der Prätendentenstreit (Gläubigerstreit) wird dadurch gekennzeichnet, daß ein Schuldner von mehreren angeblichen Gläubigern wegen einer auf Geld oder hinterlegungsfähige Sachen gerichteten Forderung in Anspruch genommen wird. Einer von ihnen hat bereits Klage auf Leistung erhoben. In diesem Fall kann der (verklagte) Schuldner nach § 75 demjenigen, der ebenfalls behauptet, Gläubiger der Forderung zu sein, den Streit verkünden. Tritt der Dritte dem Streit bei, dann kann der Beklagte den Betrag der Forderung zugunsten der streitenden Gläubiger unter

Verzicht auf das Recht zur Rücknahme hinterlegen und auf seinen Antrag hin aus dem Rechtsstreit entlassen werden. Der Prozeß wird dann zwischen den Prätendenten weitergeführt (RdNr. 321 f.). Tritt der Dritte nicht bei, dann kann der Beklagte den Anspruch des Klägers anerkennen, ohne daß deshalb der Dritte Schadensersatzansprüche gegen den Beklagten erheben kann (§ 68 iVm. § 74 Abs. 3).

(74) Der Begriff der Angriffs- und Verteidigungsmittel wird in verschiedenen Vorschriften der ZPO verwendet (vgl. §§ 67, 146, 282, 296, 296 a, 527, 528) und ist mit dem gesamten Vorbringen gleichzusetzen, das die Parteien zur Begründung ihrer prozessualen Begehren dem Gericht unterbreiten. Hierzu zählen also die Behauptungen der Parteien, die dafür genannten Beweismittel sowie Einwendungen und Einreden. Dagegen sind die Sachanträge, die durch eine Klage oder Widerklage geltend gemacht werden, keine Angriffs- und Verteidigungsmittel (RdNr. 326).

(75) Beide Vorschriften sind nebeneinander anzuwenden. Dies bedeutet, daß die in § 132 genannten Fristen nicht durch die Regelung des § 282 Abs. 2 eingeschränkt werden und daß andererseits auch ein Verstoß gegen § 282 Abs. 2 zu bejahen sein kann, wenn die Fristen des § 132 beachtet worden sind (RdNr. 327).

(76) Für die Zurückweisung verspätet vorgebrachter Angriffs- und Verteidigungsmittel kommt es nach § 296 Abs. 1 und 2 darauf an, ob die Zulassung des verspäteten Vorbringens die Erledigung des Rechtsstreits verzögern würde. Die Theorie vom absoluten Verzögerungsbegriff bejaht eine Verzögerung des Rechtsstreits bereits dann, wenn der Prozeß bei Zulassung des verspäteten Vorbringens länger dauern würde als bei einer Zurückweisung. Diese Theorie lehnt es ab, eine Verzögerung dann zu verneinen, wenn feststeht, daß der Rechtsstreit auch bei rechtzeitigem Vorbringen nicht hätte früher beendet werden können als bei Zulassung des verspäteten Vortrags (sog. hypothetischer oder relativer Verzögerungsbegriff) (RdNr. 330). Für die Theorie vom absoluten Verzögerungsbegriff spricht, daß sie klare Entscheidungen ohne möglicherweise aufwendige Ermittlungen eines mutmaßlichen Geschehensablaufs ermöglicht und die Unsicherheiten vermeidet, die nicht selten bei einer hypothetischen Betrachtung entstehen. Es ist zwar nicht zu verkennen, daß der absolute Verzögerungsbegriff dazu führen kann, daß ein Prozeß früher beendet wird als bei rechtzeitigem Vorbringen, jedoch kann das hingenommen werden, weil sich die „Überbeschleunigung" als Folge eines schuldhaften Parteiverhaltens darstellt (RdNr. 331). Allerdings kann die Theorie vom absoluten Verzögerungsbegriff nicht in jedem Fall schematisch angewendet werden, sondern es sind dort Ausnahmen zuzulassen, wo dies durch den Zweck der Präklusionsvorschriften der ZPO geboten ist. Läßt sich ohne weiteres erkennen, daß dieselbe Verzögerung auch bei rechtzeitigem Vorbringen eingetreten wäre, dann darf der Richter nicht alleine wegen der (dann nicht kausalen) Pflichtwidrigkeit der Partei ihr Vorbringen als verspätet zurückweisen (RdNr. 332). Dies ist auch dann nicht zulässig, wenn für die Verzögerung zumindest auch ein richterliches Fehlverhalten ursächlich war (RdNr. 333). Überdies ist das Gericht verpflichtet, zumutbare vorbereitende Maßnahmen zu ergreifen, um eine Verspätung auszugleichen (RdNr. 334).

(77) Muß eine Partei damit rechnen, daß ihr Vorbringen nach § 296 Abs. 1 oder 2 als verspätet zurückgewiesen wird, dann kann sie gegen sich ein Versäumnisurteil ergehen lassen und rechtzeitig zum Termin zur mündlichen Verhandlung, der nach § 341 a bei einem zulässigen Einspruch gegen das Versäumnisurteil vom Gericht anzusetzen ist, das (vorher verspätete) Angriffs- oder Verteidigungsmittel vorbringen. Kann in diesem Termin über das Vorbringen verhandelt und entschieden werden, ohne daß dadurch eine Verzögerung des Rechtsstreits eintritt, dann ist eine Zurückweisung als verspätet nicht zulässig (RdNr. 340 f.).

(78) Grundsätzlich muß das Bestreiten substantiiert ausfallen, d. h. es müssen auch die Gründe angegeben werden, aus denen die Darstellung eines rechtserheblichen Sachverhalts durch die Gegenpartei als falsch qualifiziert wird (§ 138 Abs. 2). Ein unsubstantiiertes Bestreiten ist unbeachtlich und führt dazu, daß der entsprechende Tatsachenvortrag des Gegners als zugestanden gilt (§ 138 Abs. 3). Nur wenn es sich um Vorgänge handelt, die weder eigene Handlungen der Partei noch Gegenstand ihrer eigenen Wahrnehmung gewesen sind und die Partei deshalb darüber keine Angaben zu machen vermag, ist es zulässig, sich auf ein Bestreiten mit Nichtwissen zu beschränken (§ 138 Abs. 4)(RdNr. 348).

(79) Trägt eine Partei Tatsachen vor, die für den Tatbestand einer Rechtsnorm bedeutsam sind, aus der die Gegenpartei Rechte für sich ableiten kann, dann spricht man von einem „ungünstigen Parteivorbringen". Ein solches Vorbringen wirkt in gleicher Weise gegen die vortragende Partei, als habe der Gegner diese Tatsachen dargelegt (RdNr. 351).

(80) Nach dem Vorbringen des K steht ihm ein Anspruch nach § 823 Abs. 1 BGB zu. Trifft die Sachdarstellung des B zu, dann ist dieser zum Ersatz des Schadens nach § 904 S. 2 BGB verpflichtet. Es handelt sich folglich um einen Fall des gleichwertigen (= äquipollenten) Parteivorbringens, dessen Behandlung im Prozeß sehr streitig ist (RdNr. 353). Nach der im Schrifttum unter den Richtern in einem solchen Fall der Klage ohne Beweisaufnahme mit einer alternativen Sachverhaltsfeststellung stattgeben. Dagegen verlangt die Rechtsprechung, daß sich der Kläger den Vortrag des Beklagten mindestens hilfsweise zueigen machen muß. Allerdings geht die Rechtsprechung davon aus, daß sich eine vernünftige Partei regelmäßig nicht dagegen sperren werde, ihren Anspruch auch hilfsweise auf eine Sachverhaltsdarstellung zu stützen, die zwar von ihrem Tatsachenvortrag abweicht, die aber ihrem Begehren letztlich zum Erfolg verhilft. Bestehen insoweit Zweifel, dann hat der Richter nach § 139 Abs. 1 den Kläger zu fragen, ob er sich hilfsweise den Sachvortrag des Beklagten zueigen machen will. Da nicht angenommen werden kann, daß K eine solche Frage verneint, führen letztlich beide Auffassungen zu dem Ergebnis, daß über die Klage ohne Beweisaufnahme zugunsten des K entschieden werden kann.

(81) Als Geständnis wird die Erklärung einer Partei bezeichnet, daß eine Tatsachenbehauptung der Gegenpartei zutrifft. Zugestanden werden also Tatsachenbehauptungen (RdNr. 354). Dagegen handelt es sich bei dem prozessualen Anerkenntnis um die vom Beklagten gegenüber dem Prozeßgericht abgegebene einseitige Erklärung, daß der vom Kläger geltend gemachte Anspruch bestehe (RdNr. 205); im Gegensatz zum Geständnis bezieht sich also das Anerkenntnis auf den prozessualen Anspruch. Ein wirksames Anerkenntnis führt dazu, daß ein ihm entsprechendes Urteil ohne Prüfung in tatsächlicher und rechtlicher Hinsicht erlassen wird (RdNr. 207).

(82) Wird eine dem Gegner günstige Tatsache zugestanden, bevor er sie behauptet hat, dann spricht man von einem antizipierten Geständnis, das erst bindend wird, wenn sich der Gegner auf diese Tatsache beruft. Wird ein Geständnis mit Zusätzen versehen, die ein selbständiges Angriffs- oder Verteidigungsmittel enthalten (vgl. § 289 Abs.1), dann bezeichnet man es als ein qualifiziertes Geständnis (RdNr. 354).

(83) Bei Geltung des Freibeweises bleibt dem Ermessen des Richters mehr Raum. Er ist nicht an die gesetzlichen Beweismittel und an die Förmlichkeiten des Beweisverfahrens gebunden. Vielmehr kann er von Amts wegen Erkenntnisquellen benutzen, die eine zuverlässige Beantwortung der klärungsbedürftigen Frage ermöglichen. Im Freibeweisverfahren können nach hM insbesondere die allgemeinen Prozeßvoraussetzungen, die Zulässigkeitsvoraussetzungen von Rechtsmitteln sowie das Recht anderer Staaten, Gewohnheitsrecht und Satzungsrecht ermittelt werden (RdNr. 359).

(84) In einem (förmlichen) Beweisbeschluß ist nach § 359 Nr. 3 auch die Partei zu bezeichnen, die sich auf das Beweismittel berufen hat. Der Beweisbeschluß ist also mangelhaft. Jedoch können Mängel des Beweisbeschlusses nur mit dem Rechtsmittel gegen das Urteil geltend gemacht werden, das dem Beweisbeschluß nachfolgt. Eine selbständige Anfechtung des Beweisbeschlusses ist dagegen ausgeschlossen (RdNr. 366).

(85) Die Anordnung eines Sachverständigengutachtens geschieht regelmäßig durch einen (förmlichen) Beweisbeschluß, da für die Beweisaufnahme ein „besonderes Verfahren" erforderlich ist (RdNr. 364). Daß ein Beweisbeschluß nicht anfechtbar ist, wurde bereits oben (84) ausgeführt. Außerdem ist die Entscheidung, ob ein Sachverständigengutachten zu erstatten ist, in das Ermessen des Gerichts gestellt (RdNr. 381). Die Ausführung des Klägers über das Tätigwerden des Kundig in einem früheren Verfahren zwischen den Parteien bilden den Gegenstand eines Ablehnungsantrages iSv. § 406 Abs. 2. Die falsche Bezeichnung als „Beschwerde" ist unschädlich. Nach § 406 Abs. 1 kann ein Sachverständiger aus denselben Gründen (mit Ausnahme des § 41 Nr. 5) abgelehnt werden wie ein Richter. Hier könnte als Ablehnungsgrund die Besorgnis der Befangenheit iSv. § 42 Abs. 2 in Betracht kommen. Jedoch genügt die Tatsache, daß der Sachverständige bereits in einem früheren zwischen den Parteien anhängigen Rechtsstreit als Sachverständiger aufgetreten ist, allein nicht, um ein berechtigtes Mißtrauen der Partei an seiner Unparteilichkeit zu rechtfertigen. Daß das Gutachten für den Kläger nachteilig war, kann insoweit nicht erheblich sein. In einem kontradiktorischen Verfahren wird regelmäßig das Gutachten eines Sachverständigen der einen Partei günstig und der anderen ungünstig sein. Nur wenn eine Partei überzeugend darzulegen vermag, daß der Sachverständige sie in dem früheren Verfahren aus nicht sachgemäßen Gründen benachteiligt habe, läßt sich der Vorwurf einer Besorgnis der Befangenheit zu Recht erheben. Das Gericht wird also hier den Ablehnungsantrag des Klägers durch Beschluß zurückweisen.

(86) Ein sachverständiger Zeuge ist eine Person, die über persönliche Erlebnisse berichtet, zu deren Wahrnehmung eine besondere Sachkunde erforderlich ist (RdNr. 382). Auf sie sind die Vorschriften über den Zeugenbeweis anzuwenden (§ 414).

(87) Das Gesetz hat für den Urkundenbeweis Beweisregeln aufgestellt, die den Richter bei der Beweiswürdigung binden (RdNr. 396). Nach diesen Regeln, die in den §§ 415–418 enthalten sind, muß zwischen öffentlichen und privaten Urkunden unterschieden und darauf gesehen werden, welche Erklärungen die öffentlichen Urkunden verkörpern.

(88) Die Anordnung einer Parteivernehmung durch das Gericht (vgl. § 450 Abs.1) ist zulässig, wenn
- die beweisführungsbelastete Partei, die den ihr obliegenden Beweis mit anderen Beweismitteln nicht vollständig geführt oder andere Beweismittel nicht vorgebracht hat, den Antrag auf Vernehmung der Gegenpartei stellt (§ 445 Abs.1),
- eine Partei dies beantragt und die andere damit einverstanden ist (§ 447) oder
- das Ergebnis der Verhandlungen und einer etwaigen Beweisaufnahme zwar bereits eine gewisse Wahrscheinlichkeit für die zu beweisende Tatsache erbracht hat, jedoch noch nicht der zur richterlichen Feststellung der Tatsache erforderliche Wahrscheinlichkeitsgrad erreicht worden ist (§ 448).

(89) Die Vernehmung einer Partei ist durch das Gericht nicht erzwingbar (RdNr. 392). Erscheint die Partei trotz ordnungsgemäßer Ladung (§ 450 Abs. 1 S. 2) nicht zu dem zu ihrer Vernehmung bestimmten Termin, dann entscheidet das Gericht unter Berücksichtigung aller Umstände nach freiem Ermessen, ob die Aussage als verweigert anzusehen ist (§ 454 Abs. 1). Davon ist auszugehen, wenn dem Gericht keine Gründe bekannt sind, die für eine unverschuldete Verhinderung der Par-

tei sprechen. Es ist dann zur Hauptsache zu verhandeln (§ 454 Abs. 2) und das Gericht hat das Verhalten der nicht erschienenen Partei frei zu würdigen (§ 446 iVm § 453 Abs.2)(RdNr. 392).

(90) Der Hauptbeweis hat Tatsachen zum Inhalt, auf die es für die Verwirklichung eines Tatbestandsmerkmals ankommt, und bezweckt, die Überzeugung des Richters von der Existenz dieser Tatsache herzustellen. Der Gegenbeweis soll dagegen die Überzeugung des Gerichts vom Vorhandensein solcher Tatsachen erschüttern; sein Ziel ist bereits erreicht, wenn dem Richter Zweifel kommen, die eine entsprechende Überzeugungsbildung verhindern. Der Gegenteilsbeweis muß dagegen – wie seine Bezeichnung bereits angibt – die Überzeugung des Gerichts vom Nichtvorhandensein rechtserheblicher Tatsachen schaffen. Er wird gegen vermutete Tatsachen geführt (§ 292 S.1)(RdNr. 416). Bilden die rechtserheblichen Tatsachen den Gegenstand des Beweises selbst, dann handelt es sich um einen unmittelbaren Haupt- oder Gegenbeweis. Werden dagegen Tatsachen bewiesen, aus denen mit Hilfe von Erfahrungssätzen erst das Bestehen oder Nichtbestehen rechtserheblicher Tatsachen erschlossen wird, dann wird ein mittelbarer (Haupt- oder Gegen-) Beweis geführt (RdNr. 390).

(91) Als Beweismaß bezeichnet man die Anforderungen, die an die Feststellung streitiger Tatsachen im Zivilprozeß gestellt werden (RdNr. 399). Das Beweismaß wird durch Rechtsnormen bestimmt. Im Regelfall ist ein hoher Grad von Wahrscheinlichkeit vorgeschrieben, jedoch gibt es auch eine Reihe von Fällen, in denen eine Beweismaßreduzierung zugelassen wird (RdNr. 400).

(92) Bei einem Anscheinsbeweis wird von einem feststehenden Ereignis auf eine bestimmte (rechtserhebliche) Tatsache geschlossen, die typischerweise mit diesem Ereignis verbunden zu sein pflegt. Der „typische Geschehensablauf", der dabei vorausgesetzt wird, erschließt sich aus der Lebenserfahrung (RdNr. 401). Bei einem Anscheinsbeweis der Fahrlässigkeit handelt es sich durchweg um Sachverhalte, die in ihren wesentlichen Merkmalen von einem einzigen Erfahrungssatz umfaßt werden, der für ein fahrlässiges Verhalten spricht (RdNr. 402). Dagegen wendet die Rechtsprechung beim Anscheinsbeweis der Kausalität mehrere, auch gegenläufige Erfahrungssätze an, um die wahrscheinlichste aller in Betracht kommenden Schadensursachen zu ermitteln. Auf diese Weise wird der Anscheinsbeweis auch auf individuelle Fälle anwendbar. Die angenommene Schadensursache wird deshalb als typisch angesehen, weil sie gegenüber den anderen ebenfalls möglichen die wahrscheinlichste ist. Allerdings wird in diesen Fällen nur ein geringerer Wahrscheinlichkeitsgrad erreicht, als er beim Regelbeweismaß verlangt wird. Auf diese Weise werden die Beweisanforderungen bei der haftungsbegründenden Kausalität – verdeckt durch einen Anscheinsbeweis – gesenkt (RdNr. 404). Der Anscheinsbeweis ist jedoch nicht auf den Beweis von Fahrlässigkeit und Kausalität beschränkt, sondern kann überall dort geführt werden, wo Erfahrungssätze mit ausreichender Wahrscheinlichkeit die Schlußfolgerung des Richters auf die Verwirklichung rechtserheblicher Tatsachen zu stützen vermögen (RdNr. 405).

(93) Der Beweis, daß die in das Fahrzeug des K eingebauten Ersatzteile bereits im Zeitpunkt des Einbaus defekt gewesen wären, kann nach Beseitigung dieser Teile nicht mehr geführt werden. Das Verschwinden der Teile ist auf das Verhalten des B, der sich nach dem Ausbau darum nicht mehr gekümmert hatte, zurückzuführen. Aufgrund der Vorgeschichte mußte sich B jedoch sagen, daß diese Teile in einem möglichen Prozeß eine Rolle spielen könnten; es hätte deshalb von ihm erwartet werden können, daß er sorgfältig damit umgeht. Es handelt sich folglich um einen Fall schuldhafter Beweisvereitelung. Die Unaufklärbarkeit würde zu Lasten des B gehen, wenn man sich der Auffassung anschließt, daß eine Beweisvereitelung zur Beweislastumkehr führt. Wenn man es dagegen mit der Gegenauffassung dem Gericht überläßt, aus dem Verhalten des B im Rahmen der Beweiswürdigung Schlüsse

zu ziehen, dann wird man von B die Angaben überzeugender Gründe zu verlangen haben, weshalb er die Ersatzteile nicht aufbewahrt hatte. Gelingt es B nicht – wovon auszugehen ist – solche Gründe zu nennen, dann wird der Richter seiner Entscheidung die Annahme zugrunde legen, daß eine Begutachtung der Ersatzteile die Behauptungen des K bewiesen hätten, weil andernfalls B sich die Teile gesichert hätte, um seinen Vortrag zu belegen (RdNr. 407 ff.).

(94) Dieser Satz beschreibt die Auswirkungen des Grundprinzips der Beweislast auf die Parteien, allerdings nur ungenau. Ungenau ist dieser Satz nicht nur, weil er lediglich die Wirkung, und nicht die Ursache erwähnt, sondern auch deshalb, weil zwischen verschiedenen Erscheinungsformen der Beweislast unterschieden werden muß. Unter dem Begriff der objektiven Beweislast (auch Feststellungslast genannt) werden die Nachteile zusammengefaßt, die sich aus der Nichtanwendung eines der betroffenen Partei günstigen Rechtssatzes und der Anwendung eines ihrem Gegner günstigen Rechtssatzes im Falle des non liquet ergeben. Als subjektive Beweislast (oder Beweisführungslast) bezeichnet man die Notwendigkeit, zur Vermeidung dieser Nachteile den Beweis einer streitigen Tatsache zu führen (RdNr. 415). Diese Wirkungen für die Parteien ergeben sich aus den Beweislastnormen, die im Falle des non liquet ein bestimmtes Beweisergebnis fingieren, und zwar im Regelfall die Feststellung der Nichtverwirklichung eines Tatbestandsmerkmals, dessen tatsächliche Voraussetzungen sich nicht klären lassen (RdNr. 412 f.). In Ausnahme von dieser Regel wird beim Eingreifen einer Sonderregel der Beweislast ein positives Ergebnis der Tatsachenfeststellung fingiert (RdNr. 416).

(95) Vermutungen sind Beweislastregeln, die sich von anderen Beweislastnormen dadurch unterscheiden, daß Voraussetzung für ihre Anwendung nicht nur ein non liquet hinsichtlich der Beweisfrage ist, sondern noch die Verwirklichung des Tatbestandes der Vermutung, der sogenannten Vermutungsbasis, hinzukommt. Entsprechend dem Vermutungsgegenstand wird zwischen Tatsachenvermutungen und Rechtsvermutungen unterschieden (RdNr. 416).

(96) Ein Zivilprozeß kann mit oder ohne Urteil beendet werden. Ein Urteil entfällt bei der Klagerücknahme (§ 269), beim Prozeßvergleich und bei der beiderseitigen Erledigungserklärung (§ 91 a). In jedem dieser Fälle wird die Rechtshängigkeit beseitigt, jedoch ist nur im Falle der Klagerücknahme eine erneute Klage mit demselben Streitgegenstand zulässig (RdNr. 217). Bei der beiderseitigen Erledigungserklärung handelt der Kläger regelmäßig treuwidrig, wenn er die gleiche Klage erneut erhebt. Auf Einrede des Beklagten muß deshalb dann die Klage als unzulässig abgewiesen werden (RdNr. 235). Bei einem Prozeßvergleich kann sich ein Streit über die Wirksamkeit ergeben, der grundsätzlich im Rahmen des wiederaufzunehmenden (alten) Rechtsstreits auszutragen ist. Kommt dabei das Gericht zu dem Ergebnis, daß der Prozeßvergleich wirksam den Prozeß beendete, dann ist das durch Urteil festzustellen (RdNr. 251 f.). Wird ein Rechtsstreit durch Urteil abgeschlossen, dann steht die Rechtskraft dieser Entscheidung einer Klageerneuerung entgegen (RdNr. 469).

(97) Durch ein Endurteil wird der Rechtsstreit abschließend für die Instanz entschieden. Im Gegensatz dazu muß einem Zwischenurteil notwendigerweise ein Endurteil folgen. Regelmäßig wird durch ein Zwischenurteil ein Streit der Parteien über verfahrensrechtliche Fragen entschieden, von deren Erledigung der Fortgang des Verfahrens abhängt; ein solches Zwischenurteil bezeichnet man auch als Zwischenstreiturteil. Von diesen Zwischenstreiturteilen sind andere Zwischenurteile zu unterscheiden, die einen Streit mit einem Dritten, nicht also mit einer Partei, betreffen, oder die über die Zulässigkeit der Klage ergehen. Ein besonderes Zwischenurteil stellt das Grundurteil nach § 304 dar (RdNr. 419).

(98) Versäumnis-, Anerkenntnis- und Verzichtsurteile können ohne Tatbestand und Entscheidungsgründe ergehen, wenn nicht zu erwarten ist, daß das Versäumnis-

urteil oder das Anerkenntnisurteil im Ausland geltend gemacht werden soll (§ 313 b Abs. 1, 3). Darüber hinaus bedürfen auch Urteile, gegen die unzweifelhaft ein Rechtsmittel nicht eingelegt werden kann, keines Tatbestandes und – wenn die Parteien darauf verzichten – auch keiner Entscheidungsgründe (§ 313 a Abs. 1). Von dieser Regelung gibt es jedoch für bestimmte Streitsachen nach § 313 a Abs. 2 Ausnahmen. Schließlich kann auch das Amtsgericht unter den in § 495 a genannten Voraussetzungen von Tatbestand und Entscheidungsgründen absehen (RdNr. 420).

(99) Ein Beschluß muß von dem Richter, der ihn erläßt, unterschrieben werden (RdNr. 418). Es handelt sich dabei um eine Wirksamkeitsvoraussetzung. An die Unterschrift des Richters sind die gleichen Anforderungen zu stellen wie an die Unterschrift unter bestimmenden Schriftsätzen (KG NJW 1988, 2807). Die Rechtsprechung verlangt in beiden Fällen einen die Identität des Unterschreibenden ausreichend kennzeichnenden individuellen Schriftzug, der sich nicht nur als Namenskürzel (Paraphe) darstellt, sondern charakteristische Merkmale einer Unterschrift mit vollem Namen aufweist und die Nachahmung durch einen Dritten zumindest erschwert. Es reicht allerdings aus, daß jemand, der den Namen des Unterzeichnenden und dessen sonstige Unterschrift kennt, den Namen aus dem Schriftbild herauslesen kann (BGH NJW 1988,713). Diesen Anforderungen entspricht die Unterzeichnung des Beschlusses durch Richter Hastig nicht. Der Beschluß ist folglich nicht wirksam zustandegekommen.

(100) Wird das Urteil entgegen § 317 Abs. 1 iVm. § 270 Abs. 1 nicht von Amts wegen zugestellt, dann beginnt die Berufungsfrist von einem Monat zunächst nicht zu laufen, sondern nach § 516 erst nach Ablauf von fünf Monaten. Dies bedeutet, daß in diesem Fall Berufung noch bis Ablauf von insgesamt sechs Monaten nach der Verkündung eingelegt werden kann. Der Beklagte kann also noch bis zum 10.10. (vgl. § 188 Abs. 2 BGB iVm. § 222 Abs. 1 ZPO) Berufung einlegen (RdNr. 426).

(101) Nach Verkündung des Urteils darf Richter Fahrig seine Entscheidung nicht mehr ändern (§ 318); er darf also nicht mehr nachträglich in dem von ihm verkündeten Urteil eine Entscheidung über den offengelassenen Anspruch des Klägers aufnehmen (RdNr. 427). Man könnte allerdings erwägen, das erlassene Urteil als ein Teilurteil iSv. § 301 anzusehen und dementsprechend – die Abgrenzbarkeit seines Gegenstandes vorausgesetzt – durch ein zweites Urteil (Schlußurteil) über den offengelassenen Anspruch zu entscheiden (RdNr. 419). Jedoch verlangt die hM für ein Teilurteil, daß sich das Gericht darüber im klaren ist, ein Teilurteil zu erlassen und einen entsprechenden Willen auch zum Ausdruck bringt (BGH NJW 1984, 1543, 1544). Ist dies nicht der Fall, dann handelt es sich auch nicht um eine Teilentscheidung. Richter Fahrig hat also keine Möglichkeit mehr, seinen Fehler selbständig zu korrigieren. In Betracht zu ziehen ist deshalb nur eine Urteilsergänzung nach § 321, die jedoch nicht von Amts wegen, sondern nur aufgrund eines in der Frist des § 321 Abs. 2 zu stellenden Antrags zulässig ist. Voraussetzung dafür ist allerdings, daß sich die Entscheidungslücke aus dem Tatbestand ergibt. Ist dies nicht der Fall, dann muß zuvor der Tatbestand gemäß § 320 berichtigt werden.

(102) Als Rechtsmittel werden nur solche Rechtsbehelfe angesehen, denen ein Devolutiveffekt und ein Suspensiveffekt zukommt (RdNr. 429). Der Devolutiveffekt fehlt aber dem Einspruch gegen das Versäumnisurteil, weil über ihn dasselbe Gericht zu befinden hat, das das angefochtene Urteil erließ (RdNr. 161 f.). Er ist folglich kein Rechtsmittel.

(103) a) Mit der hM ist diese Frage zu bejahen. Denn der Kläger erlangt durch die Abweisung seiner Klage als unzulässig keine Rechtsposition, auf deren Bestand er vertrauen darf. Das Verschlechterungsverbot steht deshalb einer Abweisung der Klage als unbegründet nicht entgegen (RdNr. 433).

b) Ob das Berufungsgericht die Klage als unzulässig abweisen darf, wenn nur der Kläger gegen das erstinstanzliche Urteil, das seine Klage für teilweise begründet erklärte, ein Rechtsmittel eingelegt hat, ist streitig. Die hM bejaht dies, weil nach ihrer Auffassung die Frage nach der Zulässigkeit vom Gericht unabhängig von entsprechenden Anträgen der Parteien zu entscheiden sei und deshalb das in § 536 zum Ausdruck gebrachte Verschlechterungsverbot insoweit keine Anwendung finden könnte (RdNr. 433).

(104) Zu erwägen ist, ob Beschwerde einzulegen ist, weil dies das richtige Rechtsmittel gegen einen Beschluß wäre (subjektive Theorie) oder ob das Rechtsmittel der Berufung zu wählen ist, weil sie bei der richtigen Form der Entscheidung statthaft wäre (objektive Theorie). Die hM überläßt die Wahl der betroffenen Partei, hält also in diesem Fall beide Rechtsmittel für statthaft (Prinzip der Meistbegünstigung). Dies entspricht dem Interesse der Partei, die nicht mit der Frage belastet wird, ob die gewählte Form falsch ist und welches Rechtsmittel in Betracht kommt (RdNr. 434).

(105) a) K fehlt eine Beschwer, weil er durch das von ihm angefochtene Urteil das erhalten hat, was er beantragte (RdNr. 431). Jedoch handelt es sich hier um eine Anschlußberufung; für sie ist eine Beschwer nicht Voraussetzung. Deshalb ist die Berufung des K zulässig und er kann auch seinen Antrag erweitern (§ 264 Nr. 2 iVm. § 523) (RdNr. 441).

b) Wird jedoch die Hauptberufung zurückgenommen, dann kommt es darauf an, ob es sich um eine unselbständige oder selbständige Anschlußberufung handelt. Die unselbständige Anschlußberufung, die nicht innerhalb der Berufungsfrist erhoben worden ist, verliert ihre Wirkung mit Rücknahme der Hauptberufung. Die selbständige Anschlußberufung wird dagegen dann zur selbständigen Berufung, für die dann sämtliche Zulässigkeitsvoraussetzungen gelten (RdNr. 442). Da jedoch K durch das angefochtene Urteil nicht beschwert ist, müßte seine Berufung auch als selbständige Anschlußberufung als unzulässig verworfen werden, wenn B die Hauptberufung zurücknimmt.

(106) In Rechtsstreitigkeiten über vermögensrechtliche Ansprüche, bei denen der Wert der Beschwer 60.000,– DM übersteigt, kann das Revisionsgericht die Annahme der Revision ablehnen, wenn die Rechtssache keine grundsätzliche Bedeutung hat (§ 554b Abs.1) und wenn eine Vorprüfung der Rechtssache ergibt, daß die Revision keine Aussicht auf Erfolg hat (RdNr. 449). In vermögensrechtlichen Streitigkeiten mit einem Wert von 60.000,– DM oder weniger und bei nicht vermögensrechtlichen Streitigkeiten entscheidet dagegen das OLG über die Zulassung der Revision. An diese Entscheidung ist der BGH gebunden (RdNr. 450).

(107) Nach § 561 Abs. 1 unterliegt der Beurteilung des Revisionsgerichts nur dasjenige Parteivorbringen, das aus dem Tatbestand des Berufungsurteils oder dem Sitzungsprotokoll ersichtlich ist; außerdem können noch die zur Begründung von Verfahrensrügen nach § 554 Abs. 3 Nr. 3b vorgebrachten Tatsachen berücksichtigt werden. Über diese Regelung hinaus muß es aber dem Revisionsgericht gestattet sein, die Prozeßvoraussetzungen in rechtlicher und tatsächlicher Hinsicht zu prüfen und insoweit auch selbst Beweise zu erheben und zu würdigen. Diese Prüfung des Revisionsgerichts, die sich durch das allgemeine Interesse an der Erfüllung der Prozeßvoraussetzungen rechtfertigen läßt, bezieht sich nicht nur auf die Zulässigkeit des Revisionsverfahrens, sondern umschließt auch solche Tatsachen, die die Zulässigkeit des vorangegangenen Verfahrens betreffen, da davon auch die Zulässigkeit des Revisionsverfahrens abhängt. Folglich kann der BGH hinsichtlich der Prozeßfähigkeit einer Partei Beweis erheben (RdNr. 454).

(108) Ist die Revision begründet, das angefochtene Urteil also aufzuheben (§ 564 Abs. 1), dann kann das Revisionsgericht statt einer Zurückverweisung an das Beru-

fungsgericht (§ 565 Abs. 1) in den in § 565 Abs. 3 genannten Fällen in der Sache selbst entscheiden (RdNr. 457).

(109) Eine Verwerfung der Revision durch Versäumnisurteil bei Säumnis des Revisionsklägers setzt voraus, daß die Klage zulässig ist. Fehlt eine Sachurteilsvoraussetzung, dann muß dies vom Revisionsgericht von Amts wegen berücksichtigt werden. Folglich hat das Revisionsgericht dann ohne Rücksicht auf die Säumnis des Revisionsklägers das die Klage zusprechende Urteil des Berufungsgerichts aufzuheben und die Klage als unzulässig abzuweisen (RdNr. 458).

(110) Eine Frist läuft nur für die sofortige Beschwerde, die innerhalb einer Notfrist von zwei Wochen eingelegt werden muß (§ 577 Abs. 2 S. 1).

(111) Die formelle (äußere) Rechtskraft bedeutet die Unanfechtbarkeit einer gerichtlichen Entscheidung (RdNr. 468). Sie bewirkt, daß jeder Rechtsstreit einmal sein Ende findet (RdNr. 469). Die materielle (innere) Rechtskraft enthält das Verbot, einen von der (formell rechtskräftigen) Entscheidung abweichenden Spruch zu fällen, bindet also jedes andere Gericht an die in Rechtskraft erwachsende Entscheidung des ersten Richters (RdNr. 469).

(112) Mit der Verkündung des Urteils oder der sie ersetzenden Zustellung (vgl. § 310 Abs. 3) tritt für das erkennende Gericht ein Aufhebungs- und Änderungsverbot ein sowie das sich hieraus ableitende Gebot, das Urteil im weiteren Verfahren zu beachten und nicht innerhalb derselben Instanz davon abzuweichen, wenn weitere Entscheidungen zu treffen sind. Diese Bindungswirkung ist unabhängig davon, ob das Urteil Rechtskraft erlangt und hat auch nichts mit der Anfechtbarkeit des Urteils zu tun (RdNr. 427 f., 468).

(113) Durch das erste Urteil ist rechtskräftig festgestellt worden, daß Weiß gegen Schwarz keinen Anspruch auf Zahlung des Kaufpreises hat. Die Begründung für diese Entscheidung, daß der Kaufvertrag infolge der von Schwarz erklärten Anfechtung nichtig sei und deshalb keine Grundlage für einen Zahlungsanspruch biete, wird von der Rechtskraft nicht erfaßt. Deshalb ist das Gericht bei Entscheidung des zweiten Prozesses durch das erste Urteil nicht daran gehindert, über die Anfechtung wegen Irrtums anders zu entscheiden als der erste Richter. Wenn jedoch Schwarz im ersten Prozeß die Klageabweisung dadurch erreichte, daß er sich auf eine Anfechtung berief, dann muß er einen triftigen Grund dafür angeben, weshalb er im zweiten Prozeß das Gegenteil behauptet. Da er dies nicht tat, wird der Richter bei Entscheidung über die Schadensersatzklage des Weiß das widersprüchliche Verhalten des Schwarz nicht berücksichtigen, weil es rechtsmißbräuchlich ist. Schwarz wird deshalb ohne Beweiserhebung entsprechend dem Klageantrag verurteilt werden, wenn die Höhe des dem Weiß entstandenen Schadens unstreitig feststeht (RdNr. 471).

(114) Die Zwischenfeststellungsklage ist Folge der Grenzen der Rechtskraft des Urteils. Nur der Ausspruch des Gerichts über den mit der Klage geltend gemachten Anspruch erwächst in Rechtskraft (§ 322 Abs. 1), nicht dagegen die tatsächlichen und rechtlichen Feststellungen, auf die die Entscheidung des Gerichts gestützt wird. Will eine Partei auch die rechtskräftige Feststellung der zugrundeliegenden Rechtsverhältnisse und der tragenden Entscheidungsgründe erreichen, dann muß sie eine darauf gerichtete Zwischenfeststellungsklage erheben (RdNr. 472).

(115) Eine Abänderungsklage nach § 323 kann auch in bezug auf einen Prozeßvergleich erhoben werden (§ 323 Abs. 4). Bei einem Urteil darf eine Abänderung nur für die Zeit nach Erhebung der Klage vorgenommen werden (§ 323 Abs. 3). Wenn diese Vorschrift auch für einen Prozeßvergleich gilt, muß folglich die Klage für die Zeit bis zur Klageerhebung abgewiesen werden. Es ist streitig, ob auch die

Abänderung der in § 323 Abs. 4 genannten Titel der zeitlichen Beschränkung des § 323 Abs. 3 unterliegt. Die hM verneint dies mit der Begründung, daß die im Interesse des Vertrauensschutzes getroffene Regelung des § 323 Abs. 3 auf Urteile beschränkt werden müßte, weil bei anderen Titeln eine vergleichbare Grundlage für den Schutz des Vertrauens nicht gegeben wäre. Folgt man dieser Auffassung, dann kann das Gericht dem Antrag des K entsprechen, wenn die Veränderung seiner wirtschaftlichen Verhältnisse dies rechtfertigt (RdNr. 479).

(116) Das Wiederaufnahmeverfahren beginnt mit der Prüfung, ob die Wiederaufnahme zulässig ist. Ist dies zu verneinen, dann wird die Klage durch Prozeßurteil als unzulässig abgewiesen. Bei einem positiven Ergebnis der Zulässigkeitsprüfung schließt sich in einem zweiten Abschnitt die auf die Begründetheit der Klage gerichtete Untersuchung an. Kommt das Gericht zu dem Ergebnis, daß die Wiederaufnahmeklage nicht begründet ist, dann wird sie abgewiesen; andernfalls muß das angegriffene Urteil aufgehoben werden. In diesem Fall muß durch ein neues Urteil über den Rechtsstreit, in dem das aufgehobene Urteil erging, neu befunden werden (RdNr. 481 ff.).

(117) Der Erfolg einer solchen Klage hängt von der Erfüllung folgender Voraussetzungen ab:
– materielle Unrichtigkeit des Titels; der für vollstreckbar erklärte Anspruch darf nicht oder nicht im titulierten Umfang bestehen;
– der Titelgläubiger muß die Unrichtigkeit des Titels kennen, wobei beim Streit über die Zulässigkeit einer künftigen Vollstreckung genügt, wenn ihm diese Kenntnis durch das zur Entscheidung über den Anspruch aus § 826 BGB berufene Gericht vermittelt wird; besondere Umstände, die noch hinzutreten müssen und aufgrund derer dem Gläubiger zuzumuten ist, die ihm unverdient zugefallene Rechtsposition aufzugeben. Von diesem Erfordernis kann in Extremfällen abgesehen werden, wenn die Unrichtigkeit des Titels eindeutig feststeht und so schwerwiegend erscheint, daß jede Vollstreckung allein schon deswegen das Rechtsgefühl in schlechthin unerträglicher Weise verletzen würde.
Die Unrichtigkeit des Urteils darf nicht lediglich durch Wiederholung desselben Tatsachenvortrages, derselben Beweismittel und derselben Rechtsauffassung dargetan werden, die schon im abgeschlossenen Vorprozeß vorgetragen worden sind (RdNr. 484 f.).

(118) Wird gegen den Mahnbescheid Widerspruch eingelegt und beantragt eine Partei, also entweder der Antragsteller des Mahnverfahrens oder sein Gegner, die Durchführung des streitigen Verfahrens, dann hat das Gericht, d. h. der Rechtspfleger (§ 20 Nr. 1 RPflG), den Rechtsstreit von Amts wegen an das Gericht abzugeben, das in dem Mahnbescheid nach § 692 Abs. 1 Nr. 1 iVm. § 690 Abs. 1 Nr. 5 als zuständig für das streitige Verfahren bezeichnet worden ist oder das von den Parteien übereinstimmend gewählt wird. Mit der Abgabe endet das Mahnverfahren. Der Rechtsstreit wird mit dem Eingang der Akten beim Empfangsgericht dort anhängig (§ 696 Abs. 1 S. 4) (RdNr. 492). Die Geschäftsstelle des Empfangsgerichts hat sodann dem Antragsteller unverzüglich aufzugeben, seinen Anspruch binnen zwei Wochen zu begründen (§ 697 Abs. 1). Bei Eingang der Anspruchsbegründung ist wie beim Eingang einer Klage weiter zu verfahren (§ 697 Abs. 2).

(119) Aufgrund des Aufbaus und der Systematik des 8. Buches der ZPO muß zwischen der Zwangsvollstreckung wegen einer Geldforderung und der Zwangsvollstreckung zur Erwirkung der Herausgabe von Sachen und zur Erwirkung von Handlungen oder Unterlassungen unterschieden werden (RdNr. 501). Bei einer Zwangsvollstreckung wegen Geldforderungen muß darauf gesehen werden, ob sie in das bewegliche oder in das unbewegliche Vermögen vollzogen werden soll, weil sich die insoweit anzuwendenden Vorschriften unterscheiden. Bei einer Zwangs-

vollstreckung in das bewegliche Vermögen muß dann weiter danach differenziert werden, ob körperliche Sachen, Forderungen oder andere Vermögensrechte den Gegenstand der Pfändung bilden (RdNr. 515).

(120) Noch nicht rechtskräftig gewordene Urteile werden für vorläufig vollstreckbar erklärt, um dem Gläubiger bereits vor Abschluß des Verfahrens die Durchsetzung des vom Gericht als bestehend anerkannten Anspruchs zu ermöglichen und dem Schuldner den Anreiz zu nehmen, ein Rechtsmittel nur deshalb einzulegen, um die Zwangsvollstreckung hinauszuschieben. Grundsätzlich ist jedes Urteil, dessen Rechtskraft noch nicht feststeht, für vorläufig vollstreckbar zu erklären. Eine Ausnahme gilt nur nach § 704 Abs. 2 für Urteile in Ehe- und Kindschaftssachen (RdNr. 507). Nach den in §§ 708 bis 713 getroffenen Regelungen richtet sich, ob die vorläufige Vollstreckbarkeit nur gegen Sicherheitsleistung anzuordnen ist oder ob der Schuldner die Vollstreckung aus einem für vorläufig vollstreckbar erklärten Urteil seinerseits durch Sicherheitsleistung abwenden kann (RdNr. 507).

(121) Weiß und Schwarz müssen den Anspruch auf Rückzahlung des Darlehens und seine Modalitäten in einer Urkunde regeln, die von einem deutschen Notar aufgenommen wird. Unterwirft sich Schwarz in dieser Urkunde der sofortigen Zwangsvollstreckung in sein Vermögen, dann stellt diese Urkunde nach § 794 Abs. 1 Nr. 5 einen Vollstreckungstitel dar, aus dem Weiß vollstrecken kann, wenn Schwarz seiner Rückzahlungspflicht nicht nachkommt (RdNr. 509).

(122) Um aus dem Urteil vollstrecken zu können, benötigt Kunz eine vollstreckbare Ausfertigung, d. h. eine mit der Vollstreckungsklausel versehene Ausfertigung des Urteils (§ 724 Abs. 1). Die Vollstreckungsklausel wird auf Antrag vom Urkundsbeamten der Geschäftsstelle des Gerichts erster Instanz erteilt (§ 724 Abs. 2). Grundsätzlich hindert eine vom Gläubiger Zug um Zug zu bewirkende Gegenleistung nicht die Erteilung der Vollstreckungsklausel; etwas anderes gilt nur, wenn der Schuldner zur Abgabe einer Willenserklärung verurteilt wurde ist (§ 726 Abs. 2). In diesem Fall gilt mit Erteilung der Vollstreckungsklausel die Willenserklärung als abgegeben (§ 894 Abs. 1 S. 2) und deshalb muß dann auch die Gegenleistung erbracht sein oder der Schuldner sich in Annahmeverzug befinden (RdNr. 572). Hier schuldet Volz die Einigungserklärung iSv. § 929 S. 1 BGB nur Zug um Zug gegen Zahlung des Kaufpreises. Kunz muß folglich die Zahlung oder das Angebot in einen den Annahmeverzug begründenden Weise durch öffentliche oder öffentlich beglaubigte Urkunden beweisen (§ 726 Abs. 2 iVm. Abs. 1). Kann Kunz diesen Beweis nicht führen, dann muß er Klage nach § 731 erheben; in diesem Rechtsstreit kann er dann den obliegenden Beweis auch mit anderen Beweismitteln erbringen (RdNr. 512). Bei der Herausgabevollstreckung, die nach § 883 Abs. 1 zu vollziehen ist (vgl. § 897 Abs. 1), muß § 756 beachtet werden (RdNr. 518; zur Vollstreckung eines auf Übereignung einer beweglichen Sache lautenden Urteils s. auch u. Fall 132). Wird der von Kunz zu führende Beweis seiner Leistung oder des Annahmeverzugs des Volz durch Urkunden geführt, dann müssen die Urkunden mindestens gleichzeitig mit dem Vollstreckungsbeginn dem Volz zugestellt werden. Ein solcher Beweis und damit auch die Zustellung von Urkunden erübrigt sich jedoch, wenn sich aus den Gründen eines Urteils, das Kunz nach § 731 erstritten hat, die Befriedigung des Schuldners oder sein Annahmeverzug ergeben.

(123) Die sich aus § 758 ergebende Befugnis des Gerichtsvollziehers, Wohnungen zu durchsuchen und verschlossene Haustüren öffnen zu lassen, muß in verfassungskonformer Auslegung dieser Vorschrift (Art. 13 GG) auf Fälle beschränkt bleiben, in denen Gefahr im Verzug ist. Sonst bedarf der Gerichtsvollzieher dafür einer richterlichen Anordnung (RdNr. 518).

(124) Die Pfändung einer nach § 811 Nr. 1, 5 und 6 unpfändbaren Sache kann zugelassen werden, wenn der Gläubiger dem Schuldner vor der Wegnahme dieser Sache ein Ersatzstück zur Verfügung stellt, das dem geschützten Verwendungszweck genügt, oder einen zur Beschaffung eines solchen Ersatzstückes erforderlichen Geldbetrag überläßt (vgl. §§ 811 a, 811 b) (RdNr. 520).

(125) Die Antwort auf diese Frage hängt davon ab, ob man in dem Pfändungspfandrecht die dritte Art eines privatrechtlichen Pfandrechts erblickt, wie dies die sog. gemischte Theorie tut, oder ob man mit der öffentlich-rechtlichen Theorie die Entstehung eines Pfändungspfandrechts ausschließlich nach Regeln des Verfahrensrechts beurteilt. Während die öffentlich-rechtliche Theorie die Anwendung der Vorschriften des BGB auf das Pfändungspfandrecht ablehnt und für seine Entstehung und seinen Bestand lediglich eine wirksame Beschlagnahme (Verstrickung) verlangt, kommt es nach der gemischten Theorie darauf an, ob die für die Entstehung eines rechtsgeschäftlichen oder gesetzlichen Pfandrechts maßgebenden Vorschriften beachtet werden, insbesondere ob die Sache dem Schuldner gehört; außerdem müssen nach dieser Theorie auch alle verfahrensrechtlichen Vorschriften mit Ausnahme bloßer Ordnungsbestimmungen beachtet werden (RdNr. 523).

(126) Am Versteigerungserlös setzen sich die Rechte an der Pfandsache kraft Surrogation fort (RdNr. 527). Dementsprechend ist Eich Eigentümer des Geldes und kann sein Recht mit der Drittwiderspruchsklage (§ 771) geltend machen. Damit die Intervention des Eich nicht zu spät kommt und der Gerichtsvollzieher zwischenzeitlich den Erlös an G abführt, muß Eich eine einstweilige Anordnung gemäß § 771 Abs. 3 iVm. § 769 beantragen (RdNr. 600).

(127) Die im Darlehensvertrag getroffene Vereinbarung über die sofortige Vollstreckbarkeit ist nicht wirksam, weil die in der ZPO enthaltene Regelung über Vollstreckungstitel dem öffentlichen Interesse dient und nicht zur Disposition der Parteien steht. Dagegen können die Parteien vollstreckungsbeschränkende Absprachen treffen, die bestimmte Vermögensteile des Schuldners von der Zwangsvollstreckung ausnehmen (RdNr. 529). Ob jedoch die Unwirksamkeit der Abrede über die Vollstreckbarkeit auch die weitere Vereinbarung über die gegenständliche Beschränkung der Zwangsvollstreckung erfaßt, muß durch Auslegung des Parteiwillens aufgrund des entsprechend anzuwendenden § 139 BGB entschieden werden.

(128) Um eine durch Briefhypothek gesicherte Forderung zu pfänden, ist neben dem Pfändungsbeschluß die Übergabe des Hypothekenbriefes an den Gläubiger erforderlich (§ 829 Abs. 1, § 830 Abs. 1 S. 1). Bei der Buchhypothek muß außer dem Pfändungsbeschluß die Eintragung der Pfändung im Grundbuch vorgenommen werden (§ 830 Abs. 1 S. 3). In beiden Fällen kann die bei der Pfändung anderer Geldforderungen vorgeschriebene Zustellung des Pfändungsbeschlusses unterbleiben; dieser Zustellung kommt nur nach § 830 Abs. 2 insoweit Bedeutung zu, als dadurch die Pfändung schon vor Übergabe des Hypothekenbriefes oder Eintragung der Pfändung im Grundbuch als bewirkt gilt (RdNr. 539). Die Pfändung einer Grundschuld wird gemäß § 857 Abs. 6 nach den Vorschriften vollzogen wie sie für die Zwangsvollstreckung in eine hypothekarisch gesicherte Forderung gelten. Es ist also neben dem Pfändungsbeschluß noch die Übergabe des Grundschuldbriefes bei einer Briefgrundschuld oder die Eintragung der Pfändung im Grundbuch bei einer Buchgrundschuld erforderlich. Die Verwertung wird sowohl bei der Hypothek als auch bei der Grundschuld durch Überweisung entweder an Zahlungs Statt oder zur Einziehung vorgenommen. Bei einem Grundpfandrecht mit sicherer Rangstelle ist die Überweisung an Zahlungs Statt dem Gläubiger durchaus zu empfehlen. Bei einem Briefgrundpfandrecht bedarf es nicht der Zustellung des Überweisungsbeschlusses, sondern es genügt nach § 837 Abs. 1 S. 1 die Aushändigung des Überweisungsbeschlusses an den Gläubiger. Bei Überweisung eines Buchgrundpfandrechts

an Zahlungs Statt ist die Eintragung im Grundbuch erforderlich, weil dadurch der Gläubiger neuer Inhaber des Grundpfandrechts wird (§ 837 Abs. 1 S. 2, § 857 Abs. 6). Dagegen ist bei Überweisung zur Einziehung bei einem Buchgrundpfandrecht lediglich die Aushändigung des Überweisungsbeschlusses an den Gläubiger notwendig (RdNr. 539).

(129) Nach hM wird eine Eigentümergrundschuld nach den Vorschriften über die Zwangsvollstreckung in eine hypothekarisch gesicherte Forderung gepfändet (§ 857 Abs. 6). Dementsprechend ist für die Pfändung einer Briefgrundschuld neben dem Pfändungsbeschluß noch die Übergabe des Briefes erforderlich (§ 830 Abs. 1 S. 1). Der Brief ist jedoch im Besitz des Reich, der sich schon deshalb weigern wird, ihn herauszugeben, weil die zu seinen Gunsten bestellte Briefhypothek die Restforderung aus dem Darlehen sichert. Aufgrund der teilweise bewirkten Rückzahlung der gesicherten Forderung ist jedoch nach § 1163 Abs. 1 S. 2 BGB in Höhe des zurückgezahlten Darlehensbetrages eine Eigentümergrundschuld entstanden. Folglich steht Eich und Reich das Miteigentum am Brief zu (§§ 952, 1008 BGB). Um in die Eigentümergrundschuld vollstrecken zu können, muß deshalb Glaub den Anspruch des Eich gegen Reich auf Aufhebung der Gemeinschaft (§ 749 Abs. 1, § 752 BGB) sowie dessen Anspruch auf Vorlage des Briefes zum Zwecke der Bildung eines Teilbriefs (vgl. § 1145 Abs. 1 BGB) im Wege der sog. Hilfspfändung (zu Einzelheiten vgl. Stöber, Forderungspfändung, 10. Aufl. 1993, RdNr. 705 ff.) pfänden lassen. Danach muß Glaub, wenn Reich diese Ansprüche nicht freiwillig erfüllt, Klage gegen ihn erheben, um die Vorlage des Briefes zwecks Herstellung des Teilbriefes durchzusetzen. Erst mit Herstellung des Teilbriefes und seiner Empfangnahme durch Glaub ist die Pfändung der Eigentümergrundschuld bewirkt.

Wegen dieser Umständlichkeit des Verfahrens wird von einer Gegenauffassung empfohlen, die Pfändung der Eigentümergrundschuld nach § 857 Abs. 2 vorzunehmen, so daß bereits mit der Zustellung des Pfändungsbeschlusses an den Schuldner die Pfändung vollzogen ist. Daß diese Verfahrensweise für den Gläubiger wesentlich einfacher ist, läßt sich nicht bestreiten. Dennoch spricht für die hM die gesetzliche Regelung, nach der die Pfändung von Grundschulden, zu denen auch eine Eigentümergrundschuld zählt, nach den Vorschriften über die Zwangsvollstreckung in eine hypothekarisch gesicherte Forderung durchzuführen ist. Diese gesetzgeberische Entscheidung muß auch dann beachtet werden, wenn sie ein umständliches Verfahren erforderlich macht (RdNr. 548).

(130) F kann sich mit der Vollstreckungserinnerung (§ 766 Abs. 1) mit Erfolg gegen die Pfändung der Truhe wehren, wenn der Gerichtsvollzieher bei der Pfändung Verfahrensvorschriften verletzt hat. Die Eigentumsverhältnisse an der Truhe sind für den Gerichtsvollzieher grundsätzlich gleichgültig. Nur wenn es für den Gerichtsvollzieher offensichtlich ist, daß die Truhe nicht dem Schuldner gehört, hat er eine Pfändung zu unterlassen (RdNr. 519). Von einer derartigen Evidenz kann hier jedoch nicht die Rede sein. In Betracht kommt aber eine Verletzung der Vorschriften der §§ 808, 809, weil sich die Truhe nicht im Alleingewahrsam des Schuldners M befunden haben könnte. Über Möbel, die in der Wohnung der Eheleute M und F stehen, üben beide gemeinsam die tatsächliche Gewalt aus, so daß sie an ihnen Mitbesitz haben. Ist ein Mitbesitzer nicht zur Herausgabe bereit, dann darf die Sache aufgrund eines gegen den anderen Mitbesitzer gerichteten Titels nicht gepfändet werden (arg. § 809). Bei der Zwangsvollstreckung gegen einen Ehegatten ist jedoch § 739 zu beachten. Soweit die Vermutung des § 1362 BGB reicht, wird zugunsten eines die Zwangsvollstreckung betreibenden Gläubigers vermutet, daß Gewahrsamsinhaber und Besitzer allein der Schuldner ist. Nach § 1362 Abs. 1 S. 1 BGB wird zugunsten der Gläubiger eines der Ehegatten vermutet, daß die im Besitz eines Ehegatten oder beider Ehegatten befindlichen beweglichen Sachen allein dem Schuldner gehören. Diese Vermutung gilt nur dann nicht,

wenn die Ehegatten getrennt leben oder wenn es sich um Sachen handelt, die ausschließlich zum persönlichen Gebrauch eines Ehegatten bestimmt sind. Beide Ausnahmen treffen hier nicht zu. Nach hM handelt es sich bei § 739 um eine unwiderlegbare Vermutung, die selbst dann eingreift, wenn die widerlegbare Vermutung des § 1362 Abs. 1 S. 1 BGB entkräftet wird. Der Grund für diese zutreffende Auffassung liegt darin, daß die Eigentumsverhältnisse, an die § 1362 BGB anknüpft, vom Gerichtsvollzieher bei der Pfändung nicht überprüft werden können. Es bleibt deshalb F nur, im Wege der Drittwiderspruchsklage ihr Eigentum an der Truhe geltend zu machen. Sie muß dann die gegen sie sprechende Vermutung des § 1362 BGB durch den Beweis des Gegenteils (§ 292) ausräumen, also nachweisen, daß sie Eigentümerin der Truhe ist. Gelingt ihr dieser Beweis, dann hat ihre Klage Erfolg.

(131) Diese Begriffe haben im Rahmen der Zwangsversteigerung eines Grundstücks Bedeutung. Der Begriff „geringstes Gebot" ist in § 44 Abs. 1 ZVG definiert. Weil im Zwangsversteigerungsverfahren das sog. Deckungsprinzip gilt, dürfen nur solche Gebote zugelassen werden, durch die Rechte, die dem Anspruch des betreibenden Gläubigers vorgehen, sowie die aus dem Versteigerungserlös zu entnehmenden Kosten des Verfahrens gedeckt werden. Als „Bargebot" ist der in bar zu entrichtende Teil des geringsten Gebots zu verstehen, der erforderlich ist, um die Kosten sowie die in § 10 Nr. 1 bis 3 und in § 12 Nr. 1, 2 ZVG bestimmten Ansprüche abzudecken; hinzukommt noch der das geringste Gebot übersteigende Betrag des Meistgebots (§ 49 Abs. 1 ZVG). Daß der auf die vorgehenden Rechte entfallende Betrag des Gebots nicht in bar entrichtet werden muß, ergibt sich aus dem sog. Übernahmeprinzip, nach dem der Ersteher des Grundstücks die dem betreibenden Gläubiger vorgehenden Rechte, sofern sie nicht erlöschen, übernimmt (vgl. § 52 Abs. 1 S. 1 ZVG). Mit dem sog. Mindestgebot wird der Betrag bezeichnet, der nach § 85 a Abs. 1 ZVG erreicht werden muß; dieser Betrag wird auch absolutes Mindestgebot genannt, um ihn von dem nach § 74 a ZVG vorgeschriebenen Betrag zu unterscheiden, dem sog. relativen Mindestgebot (RdNr. 558).

(132) Zur Übereignung einer beweglichen Sache ist die Einigung mit dem Eigentümer und die Übergabe der Sache erforderlich (§ 929 S. 1 BGB). Die vom Schuldner zur Einigung abzugebende Willenserklärung gilt mit Rechtskraft des Urteils als abgegeben, das den Schuldner zur Abgabe der Willenserklärung verurteilt (§ 894 Abs. 1 S. 1). Die auf diese Weise fingierte Offerte des B muß von K angenommen werden; dies kann allerdings auch durch schlüssiges Verhalten geschehen. Die Übergabe der Sache wird dadurch vollzogen, daß der Gerichtsvollzieher B den Ring wegnimmt und dem K aushändigt (§ 883 Abs. 1), sofern er sich im Alleingewahrsam des B befindet (RdNr. 565). Allerdings ist die nach § 929 S. 1 BGB erforderliche Übergabe bereits in dem Zeitpunkt bewirkt, in dem der Gerichtsvollzieher den Ring B wegnimmt. Denn der Gerichtsvollzieher vermittelt K den Besitz; außerdem wird diese Rechtsfolge ausdrücklich in § 897 Abs. 1 festgestellt.

(133) Gegen die Zulässigkeit der Klage könnte sprechen, daß Kurt bereits einen Titel in den Händen hat, aus dem er gegen Benno vollstrecken kann (§ 794 Abs. 1 Nr. 1) und ihm deshalb das Rechtsschutzinteresse für eine Klage mit dem gleichen Ziel fehlte (RdNr. 116). Die Abgabe einer Willenserklärung ist eine unvertretbare Handlung, die gem. § 888 zu erzwingen ist. Das dabei durchzuführende Verfahren ist zeit- und kostenaufwendig, während die Vollstreckung eines Urteils, das auf Abgabe einer Willenserklärung lautet, nach § 894 einfach durch die Fiktion einer Abgabe der Willenserklärung bewirkt wird (RdNr. 570, 572). Um diesen einfachen Weg beschreiten zu können, muß deshalb Kurt das Rechtsschutzinteresse an einer Leistungsklage trotz des Prozeßvergleichs zugebilligt werden (so auch BGH JZ 1986, 1072).

(134) Eine Vollstreckungserinnerung (§ 766) könnte deshalb in Betracht gezogen werden, weil nur Schuld (entgegen § 834) zum Antrag des Glaub gehört worden ist, jedoch nicht Glaub zum Vorbringen des Schuld. Dies aber kann nicht ausschlaggebend sein. Denn Glaub konnte in seinem Antrag alle dafür wesentlichen Punkte vorbringen; ihm ist also das erforderliche rechtliche Gehör gewährt worden. Deshalb ist der richtige Rechtsbehelf die (befristete) Erinnerung nach § 11 Abs. 1 RPflG (RdNr. 579). Glaub wird mit seinem Rechtsbehelf auch Erfolg haben, da – abgesehen von der Verletzung des § 834 – der Einwand des Schuld vom Vollstreckungsgericht beim Erlaß des Pfändungs- und Überweisungsgesuchs nicht zu beachten ist, sondern Schuld seine Einwendung mit der Vollstreckungsabwehrklage (§ 767) geltend machen muß (RdNr. 581).

(135) Es ist zunächst zu klären, ob es sich bei der Vereinbarung, die G und S getroffen haben, um eine materiellrechtliche Stundungsabrede handelt oder um einen vollstreckungsbeschränkenden Vertrag. Wollte man die Absprache der Parteien als Stundungsvereinbarung auffassen, dann hätte für S die Möglichkeit bestanden, Berufung mit der Begründung einzulegen, der Anspruch des G sei noch nicht fällig und die Klage sei deshalb abzuweisen. Daß G dem S eine solche Möglichkeit einräumen wollte, ist nicht anzunehmen. Vielmehr spricht alles dafür, daß der durch Urteil festgestellte Anspruch des G auf Zahlung von 2.000,– DM unverändert bestehen bleibt und lediglich die Vollstreckbarkeit des Urteils zeitlich beschränkt werden sollte. Die Zulässigkeit eines solchen vollstreckungsbeschränkenden Vertrages ist zu bejahen (RdNr. 529). Sehr streitig ist jedoch, mit welchem Rechtsbehelf eine abredewidrige Vollstreckung geltend zu machen ist. In Betracht kommt die Anwendung des § 766 oder des § 767 in direkter oder analoger Anwendung. In Rechtsprechung und Schrifttum finden sich für alle Alternativen Befürworter. Auch wird die Meinung vertreten, daß der Schuldner die Wahl zwischen der Vollstreckungserinnerung und der Vollstreckungsabwehrklage habe. Gegen eine direkte Anwendung des § 766 spricht, daß bei der abredewidrigen Vollstreckung keine das Vollstreckungsverfahren regelnde Norm verletzt wird. Da aber der Schuldner auch keine Einwendungen gegen den durch Urteil festgestellten Anspruch selbst geltend macht, paßt die Vollstreckungsabwehrklage ebenfalls nicht. Es kommt also nur eine analoge Anwendung des § 766 oder des § 767 in Betracht. Eine die Analogie rechtfertigende Lücke im Gesetz ist zu bejahen, weil die Nichtregelung der hier zu entscheidenden Frage als planwidrige Unvollständigkeit des Gesetzes aufgefaßt werden muß. Die Ähnlichkeit des Tatbestandes einer abredewidrigen Vollstreckung ist im Vergleich zwischen § 766 und § 767 eher zur Vollstreckungsabwehrklage herzustellen. Die zeitliche Beschränkung der Zwangsvollstreckung ähnelt der Stundung eines titulierten Anspruchs, der mit der Vollstreckungsabwehrklage geltend zu machen wäre. Zusammenfassend ist also festzustellen, daß S sich gegen die abredewidrige Vollstreckung mit der Klage nach § 767 wehren kann. Daß für ihn noch die Möglichkeit bestanden hat, Berufung einzulegen und dadurch noch eine mündliche Verhandlung herbeizuführen, kann nicht entgegenstehen, weil bei entsprechender Anwendung des § 767 Abs. 2 zu berücksichtigen ist, daß die zwischen den Parteien getroffene Vereinbarung dem S keine Rechte gibt, die er in der Berufungsinstanz hätte geltend machen können.

(136) Ist der Titel unwirksam, dann darf die Vollstreckungsklausel nicht erteilt werden. Die von Klein geltendgemachten Einwendungen betreffen also nicht den Anspruch als solchen, sondern die Zulässigkeit der Erteilung einer Vollstreckungsklausel durch den Notar. Solche Einwendungen sind nach hM (vgl. BGH JZ 1987, 1040; BGH NJW-RR 1990, 246) mit dem Rechtsbehelf des § 732 iVm. §§ 795, 797 Abs. 3 vorzubringen (RdNr. 513). Die Klage des Klein ist folglich als unstatthaft und damit als unzulässig abzuweisen.

(137) Erb wendet sich gegen den durch Vergleich geschaffenen Anspruch. Dafür ist die Vollstreckungsabwehrklage der richtige Rechtsbehelf (§ 767 Abs.1 iVm. § 795). Zu erwägen ist jedoch, daß der von Erb vorgebrachte Einwand durch § 767 Abs.2 ausgeschlossen sein könnte, weil der Kläger sich auf Tatsachen beruft, die vor dem Vergleichsabschluß eingetreten sind. Jedoch ist § 767 Abs.2 auf einen Prozeßvergleich nicht anwendbar. Denn diese Vorschrift soll die Rechtskraft unanfechtbarer Entscheidungen sichern. Dieser Zweck kann jedoch bei einem Prozeßvergleich wegen fehlender Rechtskraft keine Rolle spielen (RdNr.585). Kann Erb die Befriedigung des Glaub beweisen, wird seine Klage Erfolg haben.

(138) Der in § 771 Abs.1 verwendete Begriff „die Veräußerung hinderndes Recht" darf nicht wörtlich verstanden werden, denn ein solches Recht gibt es nicht. Gemeint ist vielmehr, daß es sich um ein Recht handelt, das eine Veräußerung des Vollstreckungsgegenstandes durch den Schuldner zu einem widerrechtlichen Eingriff in den Rechtskreis eines Dritten macht. Es handelt sich also um ein Recht, das der aufgrund eines Titels gegen den Schuldner durchgeführten Zwangsvollstreckung entgegensteht, weil es eine Zuordnung des Vollstreckungsgegenstandes zum Vermögen des Schuldners und damit auch seine Verwertung im Rahmen der Zwangsvollstreckung aufgrund eines solchen Titels verhindert (RdNr. 590).

(139) Wenn F bei Pfändung des Ringes durch G eine Drittwiderspruchsklage unter Berufung auf sein Eigentum erhebt, kann G einwenden, daß das Eigentum von S in anfechtbarer Weise erworben worden ist (§ 3 Abs. 1 Nr. 1, § 5 AnfG). Da die Voraussetzungen der sog. Absichtsanfechtung des § 3 Abs. 1 Nr. 1 AnfG erfüllt sind, wird eine Drittwiderspruchsklage des F keinen Erfolg haben (RdNr. 596). Die von G gestellte Frage ist folglich zu bejahen.

(140) Den mit Besitz verbundenen Pfandrechten kommt eine „veräußerungshindernde" Wirkung iSv. § 771 zu (RdNr. 590). Nur Inhaber besitzloser Pfandrechte sind auf die Klage nach § 805 beschränkt (RdNr. 597).

(141) Auf Antrag des Gläubigers wird vom Richter (§ 4 Abs. 2 Nr. 2, Abs. 3 RPflG) durch Beschluß ein Haftbefehl erlassen (§§ 901, 908) (RdNr. 605).

(142) Der Arrest dient der Sicherung eines Anspruchs, der auf Geld gerichtet ist oder der in eine Geldforderung übergehen kann (§ 916). Seine Anordnung geschieht in einem summarischen Verfahren, im Arrestprozeß, der auf Schnelligkeit ausgerichtet ist und in dem die entscheidungserheblichen Tatsachen lediglich glaubhaft gemacht werden müssen (§ 920 Abs.2). Die Anordnung des Arrestes hängt davon ab, daß neben dem zu sichernden Anspruch ein Arrestgrund besteht (RdNr.609). Arrestgrund ist beim dinglichen Arrest die Besorgnis, daß die Vollstreckung eines (später ergehenden) Urteils – der zu sichernde Anspruch muß noch nicht rechtshängig sein (vgl. § 926) – vereitelt oder erschwert werden könnte (§ 917). Der persönliche Arrest (§ 918) soll verhindern, daß der Schuldner Vermögensgegenstände beiseite schafft oder auf andere Weise der Zwangsvollstreckung entgegenwirkt (RdNr. 609); bei ihm ist also Arrestgrund das Erfordernis, zur Sicherung der Zwangsvollstreckung die persönliche Freiheit des Schuldners zu beschränken.

(143) Es ist zwischen der Sicherungsverfügung, der Regelungsverfügung und der Leistungsverfügung zu unterscheiden. Die Sicherungsverfügung dient dazu, einen nicht auf Geld gerichteten Anspruch zu sichern (§ 935). Der Zweck der Regelungsverfügung besteht darin, einen einstweiligen Zustand in bezug auf ein streitiges Rechtsverhältnis zu regeln (§ 940). Die im Gesetz nicht ausdrücklich geregelte Leistungsverfügung wird dazu verwendet, die Erfüllung solcher Ansprüche zu erreichen, deren Befriedigung zwingend erforderlich ist, um den Verfügungskläger vor besonders schweren Nachteilen zu schützen (RdNr.615).

Lösungsskizze zur 1. Übungsklausur

zu Frage 1:

I. Bei dieser Richterklausur (vgl. o. RdNr. 5) geht es darum, die richtige Reaktion des Gerichts auf die Erklärungen der Parteien zu finden. In Betracht kommt die Aufhebung des Termins (§ 227). Dies setzt einen erheblichen Grund für diese Maßnahme voraus.

Die Aufhebung des Termins wäre vom Richter R zu verfügen, wenn die Hauptsache übereinstimmend für erledigt erklärt worden ist und das Gericht eine Entscheidung nicht mehr zu treffen hat.

a) Wirksamkeit der Erledigungserklärungen (vgl. o. RdNr. 236)

1. Zweifel an der Erfüllung der Prozeßhandlungsvoraussetzungen (vgl. o. RdNr. 141) bestehen nicht.

2. Die Form der Erklärungen durch Schriftsatz ist nicht zu beanstanden (vgl. § 91 a Abs. 1 S. 1).

3. Angabe des Erledigungsgrundes: Es ist auch unerheblich, daß die Erledigung bereits vor Anhängigkeit der Klage eingetreten ist. Das Gericht hat bei übereinstimmenden Erledigungserklärungen nicht den Grund der Erledigung zu prüfen. Dies gilt selbst dann, wenn sich aus dem Vortrag der Parteien – wie hier – ergibt, daß die Klage bereits vor ihrer Erhebung wegen des Erledigungsereignisses unbegründet war (vgl. o. RdNr. 228).

b) Wirksamkeit des Verzichts auf Kostenentscheidung

Der Streit über die Kosten ist nicht mehr anhängig und eine entsprechende Entscheidung des Gerichts entfällt, wenn die Parteien übereinstimmend erklären, daß sie keine Kostenentscheidung des Gerichts wollten (vgl. o. RdNr. 233).

II. Ergebnis: Eine Entscheidung des Gerichts ist weder in der Hauptsache noch im Kostenpunkt zu treffen. Eine mündliche Verhandlung ist deshalb überflüssig. Der Termin ist folglich aufzuheben (§ 227).

zu Frage 2:

I. Die Frage nach der Zulässigkeit einer Beweiserhebung, um über die Kosten entscheiden zu können, wird nicht einheitlich beantwortet. Es wird die Auffassung vertreten, daß der Richter befugt sei, weitere Beweise zu erheben, wenn der bisherige Sach- und Streitstand eine der Billigkeit entsprechende Entscheidung nicht gestattet. Diese Auffassung ist mit der hM abzulehnen. Eine vollständige Sachverhaltsklärung verbietet sich nach dem Sinn der in § 91 a getroffenen Regelung. Folgerichtig muß dann aber auch darauf verzichtet werden, einzelne Teilaspekte noch zusätzlich aufzuklären, weil dann nicht ausgeschlossen ist, daß in dem ungeklärt gebliebenen Teil bedeutsame Gesichtspunkte enthalten sind, die zu einer anderen Entscheidung des Gerichts führten. Außerdem spricht gegen eine weitere Beweisaufnahme auch, daß die Parteien die zu erwartende Kostenentscheidung besser abschätzen können, wenn sie auf den bisher bekannten Tatsachenstoff gestützt wird (vgl. o. RdNr. 233).

II. Die gestellte Frage ist also zu verneinen.

zu Frage 3:

I. Fortsetzung des Rechtsstreits

a) Durch die übereinstimmende Erledigungserklärung wird die Rechtshängigkeit der Hauptsache aufgehoben (vgl. o. RdNr. 232). Nur wenn die Parteien diese Wirkung beseitigen könnten, darf der (bereits beendete) Prozeß fortgesetzt werden.

    1. Wirksamkeit eines Widerrufs
       Die Erledigungserklärung ist eine Bewirkungshandlung, die unwiderruflich wird, soweit der prozessuale Erfolg eingetreten ist, auf den sie zielt (vgl. o. RdNr. 143). Die zuzulassende Ausnahme bei Restitutionsgründen ist hier offensichtlich nicht gegeben.

    2. Prozeßhandlungen sind auch nicht wegen Irrtums anfechtbar (vgl. o. RdNr. 144). Deshalb kann offenbleiben, ob überhaupt die Voraussetzungen einer Irrtumsanfechtung nach materiellem Recht erfüllt sind.

b) Ergebnis: Da der Rechtsstreit beendet war, durfte weder mündlich verhandelt werden noch ein Urteil ergehen. Die Entscheidung ist folglich falsch, jedoch nicht etwa nichtig, sondern (nur) anfechtbar. Wie sich aus dem Wiederaufnahmerecht (§§ 578 ff.) ergibt, stehen selbst schwere Verfahrensfehler nicht der Gültigkeit des Urteils entgegen.

II. Zurückweisung des Einwands verspäteter Rüge

a) Die Zurückweisung als verspätet ist nach § 296 Abs. 2 iVm § 495 nur gerechtfertigt, wenn

    – K sein Verteidigungsmittel entgegen § 282 Abs. 1 oder 2 nicht rechtzeitig mitgeteilt hat,

    – die Zulassung durch das Gericht die Erledigung des Rechtsstreits verzögerte und

    – die Verspätung auf grober Nachlässigkeit beruht.

    1. Nach dem Sachverhalt ist kein Grund erkennbar, der K daran gehindert haben könnte, schon früher auf die Verspätung der Rüge hinzuweisen und dafür Beweismittel zu benennen (Verstoß gegen § 282 Abs. 1; vgl. o. RdNr. 326).

    2. Die Zurückweisung verspäteten Vorbringens kommt auch im frühen ersten Termin in Betracht (vgl. o. RdNr. 335).

    3. Für die Frage, ob der Rechtsstreit durch die Zulassung des von K vorgetragenen Einwands verzögert würde, kommt es nicht auf den Meinungsstreit über den Inhalt des Verzögerungsbegriffs an. Denn dieser Begriff darf nicht schematisch angewendet werden. Steht nach der vom Gericht getroffenen Vorbereitung eindeutig fest, daß im frühen ersten Termin eine Streitentscheidung nicht gewollt ist, dann kann nicht auf den Haupttermin nur deshalb verzichtet werden, weil sich diese Möglichkeit aufgrund einer neuen Prozeßsituation ergibt, die infolge eines verspäteten Vorbringens einer Partei eintritt (vgl. o. RdNr. 335). Die Terminvorbereitung durch Richter R (gleichzeitige Ansetzung des Termins zur mündlichen Verhandlung für zehn Prozesse; Absehen von einer Ladung des Zeugen Z) macht offensichtlich, daß er eine Entscheidung des Rechtsstreits in diesem Termin nicht beabsichtigte.

b) Die Zurückweisung der Rüge des K als verspätet ist folglich nicht gerechtfertigt.

III. Die von R getroffene Entscheidung ist deshalb aus einem doppelten Grund unrichtig:

   – Sie hätte überhaupt nicht ergehen dürfen, weil der Rechtsstreit bereits durch die übereinstimmende Erledigungserklärung der Parteien beendet war.
   – Sie ist auch inhaltlich falsch, weil eine Zurückweisung des Vorbringens des K als verspätet nicht zulässig gewesen ist.

Lösungsskizze zur 2. Übungsklausur

I. Zulässigkeit der Revision

a) Statthaftigkeit
Die Sprungrevision ist gegen erstinstanzliche Endurteile der Landgerichte statthaft (§ 566a Abs. 1). Für die Statthaftigkeit kommt es nur auf die Berufungsfähigkeit des Urteils an. Deshalb ist es – abweichend von § 546 – ohne Bedeutung, ob im vermögensrechtlichen Streitigkeiten die Revisionssumme von 60.000 DM erreicht wird oder ob die Revision zugelassen worden ist. Nur soweit die Revision nach § 545 Abs. 2 ausgeschlossen ist, kommt eine Sprungrevision nicht in Betracht. Gegen die Statthaftigkeit bestehen hier keine Bedenken.

b) Frist und Form
   1. Mangels gegenteiliger Punkte im Sachverhalt ist von der Einhaltung der Frist des § 552, die auch für die Sprungrevision gilt, auszugehen.
   2. Die Anforderungen an die Form der Revisionseinlegung ergeben sich aus § 553. Nach Abs. 2 dieser Vorschrift gelten für die Revisionsschrift die Vorschriften über vorbereitende Schriftsätze, also auch § 130 Nr. 6, wonach die Unterschrift des Prozeßbevollmächtigten erforderlich ist. Bei Telegrammen ist jedoch eine solche Unterschrift nicht möglich; bei ihnen ist nur zu verlangen, daß erkennbar wird, wer die Revision einlegt (vgl. o. RdNr. 62).
   Die Revision wird nicht auf Mängel des Verfahrens gestützt (vgl. § 566a Abs. 3 S. 2). Es kann auch davon ausgegangen werden, daß die von § 554 für die Revisionsbegründung aufgestellten Voraussetzungen erfüllt werden.

c) Einwilligung der Gegenpartei
Die nach § 566 Abs. 2 erforderliche schriftliche Einwilligung ist form- und fristgerecht von H durch seinen Prozeßbevollmächtigten erteilt worden. Die Erklärung muß entgegen dem Wortlaut des Gesetzes nicht der Revisionsschrift beigefügt werden; vielmehr kann sie noch bis zum Ablauf der Revisionsfrist nachgereicht werden (BGHZ 92, 76 m. Nachw.).

d) Beschwer
F ist durch das angefochtene Urteil, das ihn zur Zahlung von 15.000 DM verurteilt hat, beschwert (vgl. o. RdNr. 449).

e) Ablehnung durch das Revisionsgericht
Eine Ablehnung der Revision wegen fehlender grundsätzlicher Bedeutung ist nur zulässig, wenn die Revision keine Erfolgsaussicht hat (vgl. o. RdNr. 449). Ob dies der Fall ist, muß die Prüfung der Begründetheit der Revision ergeben.

f) Ergebnis: Die Revision ist zulässig.

II. Begründetheit

a) Verfahrensmängel
Wenn auch die Sprungrevision nicht auf Verfahrensmängel gestützt werden kann (§ 559 Abs.2 S.2), hat doch das Revisionsgericht von Amts wegen zu prüfen, ob das angefochtene Urteil auf Verfahrensmängeln beruht. Diese Prüfung bezieht sich insbesondere auch auf die Erfüllung der Prozeßvoraussetzungen. In diesem Rahmen muß geklärt werden, ob die Rechtskraft eines über denselben Streitgegenstand bereits ergangenen Urteils der Verhandlung und Entscheidung entgegensteht (vgl. o. RdNr. 455). Auch wenn die Rechtsauffassung des Landgerichts zutrifft, daß die Rechtskraftwirkung des Urteils, das die Feststellungsklage abgewiesen hat, den von H geltend gemachten Rückzahlungsanspruch umfaßt, kann diese Entscheidung nicht die Leistungsklage unzulässig machen. Denn der mit der Leistungsklage erhobene Antrag des Klägers geht über den bei einer Feststellungsklage gestellten hinaus und ist folglich nicht mit ihm identisch. Es handelt sich deshalb auch nicht um denselben Streitgegenstand.

b) Inhaltliche Richtigkeit des angefochtenen Urteils
Das Revisionsgericht hat die inhaltliche Richtigkeit des angefochtenen Urteils zu prüfen. Da das Urteil im ganzen angefochten worden ist, ergeben sich insoweit keine Beschränkungen (vgl. § 559 Abs.1). Bei dieser Prüfung ist das Revisionsgericht nicht an die geltend gemachten Revisionsgründe gebunden (§ 559 Abs.2 S.1). Allerdings hat der Revisionskläger auf die entscheidende Rechtsfrage nach dem Umfang der Rechtskraft des Feststellungsurteils hingewiesen und insoweit eine falsche Rechtsanwendung des Landgerichts gerügt. Dazu ist im folgenden Stellung zu nehmen.
Ausgangspunkt der auf diese Frage gerichteten Untersuchung muß die Feststellung sein, daß grundsätzlich durch die Entscheidung über eine geltend gemachte Rechtsfolge zugleich über das damit unvereinbare Gegenteil mitentschieden wird (vgl. o. RdNr. 471). Durch die Abweisung einer negativen Feststellungsklage, die einen bestimmten Anspruch zum Gegenstand hat, steht somit rechtskräftig fest, daß dieser Anspruch besteht. Fraglich ist jedoch, ob dies ausnahmslos gilt oder ob insbesondere bei einer verfehlten Beweislastentscheidung im Interesse der Gerechtigkeit die Rechtskraftwirkung des negativen Feststellungsurteils eingeschränkt werden muß. Dies wird im Schrifttum mit folgender Begründung angenommen:
Klageziel des Klägers einer negativen Feststellungsklage sei die Feststellung, daß die Forderung bis zur behaupteten Höhe nicht existiere. Deshalb müsse der Richter in gleicher Weise wie bei der Zahlungsklage des Gegners Bestand und Höhe der Forderung abschließend klären. Die inhaltliche Identität beider Urteile rechtfertige deshalb auch die These, daß durch das Urteil, das die negative Feststellungsklage abweist, zugleich deren kontradiktorisches Gegenteil festgestellt werde. Fehle jedoch diese Identität, weil das Gericht, das über die negative Feststellungsklage entscheidet, über das Rechtsverhältnis nach Grund und Höhe – wenn auch zu Unrecht – nicht befinden wolle, dann könne es auch keine Rechtskraftwirkung hinsichtlich des kontradiktorischen Gegenteils geben. Aus dieser Erkenntnis folge notwendigerweise, daß es auf die Gründe des Feststellungsurteils ankomme, wenn seine Rechtskraftwirkung zu ermitteln sei. Eine schematische Anwendung der Regel, daß bei einer negativen Feststellungsklage stets auch das kontradiktorische Gegenteil festgestellt werde, verbiete sich folglich. Nur wenn das Gericht diese Klage mit der Begründung abweise, die Forderung bestehe, dann sei festgestellt, daß sie existiere. Anders sei es jedoch, wenn bei einem non liquet eine Beweislastentscheidung getroffen werde; die Abweisung der Klage geschehe dann le-

diglich aus Gründen der Beweislast. Insbesondere bei einer falschen Beweislastentscheidung könne das Urteil, das die negative Feststellungsklage abweise, nicht das kontradiktorische Gegenteil miteinbeziehen.

Es ist zutreffend, daß zur Vermittlung des Inhalts der in Rechtskraft erwachsenen Erkenntnis des Gerichts immer dann auf die Gründe des Urteils zurückgegriffen werden muß, wenn der Tenor dafür allein nicht ausreicht. In Rechtskraft erwächst nämlich die vom Gericht festgestellte Rechtsfolge, die sich bei Anwendung eines Rechtssatzes auf den der Entscheidung zugrundeliegenden Sachverhalt ergibt. Rechtssatz und Sachverhalt, die in den Gründen des Urteils beschrieben werden, sind deshalb für den Inhalt der gerichtlich festgestellten Rechtsfolge von Bedeutung (vgl. o. RdNr.471).

Den Gründen des gegen H ergangenen Feststellungsurteils ist zu entnehmen, daß die Klageabweisung deshalb ausgesprochen worden ist, weil H nach Auffassung des Gerichts den ihm obliegenden Beweis des Bestehens der Forderung erbracht hatte. Das Gericht wendete deshalb Beweislastnormen an und gelangte zu einer Klageabweisung.

Die Beweislastnormen dienen dazu, die Beweislosigkeit zu überwinden und den Weg zur Anwendung des materiellen Rechts freizumachen, das nur auf einen feststehenden Sachverhalt angewendet werden kann. Die Beweislastnormen fingieren deshalb ein bestimmtes Beweisergebnis (vgl. o. RdNr. 412). In der rechtlichen Qualität dieser durch Fiktion geschaffenen Tatsachenfeststellung gibt es jedoch keinen Unterschied zu dem Fall, in dem die zur Rechtsanwendung erforderlichen Tatsachen vom Richter festgestellt werden können. Eine Beweislastentscheidung ist vielmehr in ihren Wirkungen jedem anderen Urteil gleichwertig.

Ebensowenig wie es zulässig ist, eine rechtskräftige Entscheidung deshalb unberücksichtigt zu lassen, weil die sie tragenden Gründe für falsch gehalten werden (eine entsprechende Prüfung durch den Richter verbietet gerade die materielle Rechtskraft), darf die Rechtskraft eines negativen Feststellungsurteils deshalb in Frage gestellt werden, weil das Gericht die Beweislastnormen falsch angewendet hat. Es kann deshalb überhaupt nicht darauf ankommen, ob das gegen H ergangene Feststellungsurteil auf einer Verkennung der Beweislastregelung beruht. Die Frage zu prüfen, ob dies der Fall ist, verbietet die (materielle) Rechtskraft dieses Urteils.[1]

Aufgrund der rechtskräftigen Entscheidung über die negative Feststellungsklage des F steht somit verbindlich für jeden anderen Richter fest, daß H von F einen Rückzahlungsanspruch in Höhe von 15.000 DM hat. Das Landgericht hat deshalb zutreffend der Leistungsklage des H, die auf diesen Betrag gerichtet ist, stattgegeben. Da sich auch unter anderen rechtlichen Gesichts-

---

[1] Es wäre deshalb verfehlt, in der Klausur auf die Frage der Beweislastregelung näher einzugehen, da nur entscheidungserhebliche Fragen erörtert werden dürfen. Hier soll jedoch auf folgendes hingewiesen werden: Die Entscheidung über die negative Feststellungsklage ist falsch, weil das Gericht die Beweislastregelung verkannte. Der Fehler wurde dadurch hervorgerufen, daß vom Gericht entsprechend der herrschenden Anschauung die Beweislast in Beziehung zu den Parteien gesetzt wurde. Hätte das Gericht dagegen die Frage der Beweislastverteilung zwischen den Parteien – wie richtig – von dem anzuwendenden Rechtssatz aus betrachtet, dann hätte es erkannt, daß die Beweisfrage darauf gerichtet ist, ob die tatsächlichen Voraussetzungen für einen Rückforderungsanspruch aufgrund des § 812 Abs. 1 S. 1 Alt. 1 BGB (condictio indebiti) erfüllt sind. Die negative Antwort, die sich nach der Grundregel der Beweislast auf diese Frage ergibt, hätte dann zum Erfolg der Feststellungsklage führen müssen (vgl. BGH NJW 1993, 1716).

punkten keine Bedenken gegen die Entscheidung des Landgerichts ergeben, ist festzustellen, daß dieses Urteil inhaltlich richtig ist.

III. Entscheidung des Revisionsgerichts

Da die Revision unbegründet ist, ist sie zurückzuweisen. In Betracht kommt allerdings auch eine Ablehnung der Revision durch das Revisionsgericht wegen fehlender grundsätzlicher Bedeutung (§ 566a Abs. 3 S. 1). Die dafür (zusätzlich) zu erfüllende Voraussetzung fehlender Erfolgsaussicht ist – wie ausgeführt – erfüllt.[2]

Lösungsskizze zur 3. Übungsklausur

I. Frage 1

a) Vollstreckungserinnerung (§ 766) wegen Verletzung des § 751 Abs. 2

Zwar kann auch ein Dritter Vollstreckungserinnerung wegen Verletzung von Verfahrensvorschriften einlegen, Voraussetzung ist dafür aber eine Rechtsbeeinträchtigung des Erinnerungsführers, weil sonst sein Rechtsschutzbedürfnis fehlt. Da jedoch die Vorschrift des § 751 Abs. 2 lediglich den Schutz des Schuldners bezweckt, wird durch ihre Verletzung nicht in die Rechte des V eingegriffen.

b) Drittwiderspruchsklage (§ 771)

Vorbehaltseigentum als ein „die Veräußerung hinderndes Recht"[3]

Als „veräußerungshinderndes Recht" ist eine Rechtsstellung anzusehen, die dazu führt, daß der Schuldner widerrechtlich in den Rechtskreis eines Dritten eingreift, wenn er den Vollstreckungsgegenstand selbst veräußerte. Dem Eigentümer kommt diese Rechtsstellung zu.

Streitig ist allerdings, ob etwas anderes für das Vorbehaltseigentum gilt. Es wird im Schrifttum die Auffassung vertreten, daß dem Vorbehaltseigentümer lediglich das Recht auf vorzugsweise Befriedigung nach § 805 einzuräumen sei (vgl. die Nachw. in RdNr. 591). Dieser Meinungsstreit wird wesentlich dadurch beeinflußt, daß über die dogmatische Einordnung der Rechtsposition des Vorbehaltskäufers gestritten wird. Während die ganz hM entsprechend dem Wortlaut des § 455 BGB den Vorbehaltsverkäufer bis zur vollständigen Zahlung des Kaufpreises als Eigentümer des Vorbehaltsguts ansieht, wird von einer Gegenauffassung der Eigentumsvorbehalt als reines Sicherungsrecht begriffen, dem Käufer das Eigentum, und dem Verkäufer zur Sicherung seiner Kaufpreisforderung lediglich ein Pfandrecht eingeräumt. Wiederum eine andere Ansicht will dem Vorbehaltskäufer auflösend bedingtes Eigentum zugestehen, das auf den Verkäufer zurückfalle, wenn der Käufer

---

[2] Der Fall ist der Entscheidung des BGH NJW 1986, 2509, nachgebildet, die zu dem gleichen Ergebnis gelangt, wie es hier gefunden worden ist. Der Entscheidung hat *Habscheid* NJW 1988, 2641, zugestimmt; ihr widersprochen haben *Lepp* NJW 1988, 806; *Tiedtke* JZ 1986, 1031.

[3] Es handelt sich um eine sog. Anwaltsklausur, bei der der Bearbeiter zu rechtlichen Möglichkeiten Stellung zu nehmen hat, die den Beteiligten zustehen. Ein um Beratung gebetener Rechtsanwalt wird die Frage nach der Zulässigkeit der **Drittwiderspruchsklage** zunächst zurückstellen, weil für ihn die Frage nach der Begründetheit der Klage im Vordergrund stehen dürfte. Klageantrag und Zuständigkeit des anzurufenden Gerichts können folglich zunächst offenbleiben (vgl. o. RdNr. 5).

nicht den Kaufpreis zahle. Schließlich wird das Anwartschaftsrecht des Vorbehaltskäufers als eine eigentumsähnliche Rechtsposition aufgefaßt, die im Wege einer Aufspaltung des Eigentums zwischen Vorbehaltsverkäufer und Vorbehaltskäufer entstehe und dem Anwartschaftsrecht die Qualität eines Eigentumsfragments zuweise, das dem Vorbehaltsverkäufer die Berechtigung nehmen soll, bei der Einzelzwangsvollstreckung nach § 771 vorzugehen. Mit der hM ist aber daran festzuhalten, daß der Vorbehaltsverkäufer bis zum Eintritt der Bedingung, der Zahlung des Kaufpreises, volles Eigentum hat. Er kann deshalb auch Klage nach § 771 erheben.

V kann also mit Erfolg gegen die Pfändung des Gerätes klagen. Der Klageantrag ist darauf zu richten, die Zwangsvollstreckung in den Video-Camcorder für unzulässig zu erklären.

Die örtliche Zuständigkeit ergibt sich aus § 771 Abs.2, § 802; die sachliche Zuständigkeit aus § 23 Nr.1 GVG.

II. Frage 2

Es muß geklärt werden, welche Rechtsfolgen es hat, wenn A den restlichen Kaufpreis an V zahlt.

In diesem Fall tritt die Bedingung ein und S wird Eigentümer des Camcorders (§ 158 Abs.1 iVm. § 455 BGB). Daß A diese Leistung bewirken kann, ergibt sich aus § 267 Abs.1 BGB.

Bei mehrfacher Pfändung entstehen an dem gepfändeten Gegenstand auch mehrere Pfandrechte, und zwar in der Reihenfolge ihrer Entstehung (§ 804 Abs.3). Durch einen Eigentümerwechsel werden weder Gültigkeit noch Rang dieser Pfandrechte verändert.[4] Es kommt also nur darauf an, ob das Pfandrecht des G und das des A wirksam entstanden sind.

1. G hat eine schuldnerfremde Sache unter Verstoß gegen § 751 Abs.2 pfänden lassen. Nach der gemischten Theorie (vgl. o. RdNr.523) setzt die wirksame Entstehung eines Pfändungspfandrechts voraus, daß eine gepfändete Sache dem Schuldner gehört und daß auch die verfahrensrechtlichen Regelungen eingehalten werden, sofern es sich dabei nicht lediglich um Ordnungsvorschriften handelt. Da § 751 Abs.2 nur eine Ordnungsvorschrift darstellt, sind beide Voraussetzungen nicht erfüllt, so daß die Pfändung des Camcorders nach dieser Theorie nicht zu einem Pfändungspfandrecht des V geführt hat.

Nach der öffentlich-rechtlichen Theorie (vgl. o. RdNr.523) entsteht ein Pfändungspfandrecht bei einer wirksamen Beschlagnahme (Verstrickung) der Sache. Nach dieser Theorie kommt es folglich nur darauf an, ob die Verletzung des § 751 Abs.2 eine wirksame Verstrickung verhinderte. Die Pfandverstrickung entsteht nur dann nicht, wenn der Pfändungsakt nichtig ist. Dies ist der Fall, wenn eine verletzte Verfahrensvorschrift als so wesentlich bewertet werden muß, daß ihre Verletzung einer wirksamen Beschlagnahme entgegensteht. Auch die Offenkundigkeit des begangenen Fehlers ist hierbei zu berücksichtigen. Ein Verstoß gegen § 751 Abs.2 kann in diesem Sinn nicht als so gravierend aufgefaßt werden, daß eine

---

[4] Dies entspricht allgemeiner Meinung. Da es hier nicht darum geht, wie ein Anwartschaftsrecht am besten zu pfänden wäre, sondern welche Rechtsfolgen die bewirkte Pfändung hat, wäre es verfehlt, sich mit den verschiedenen Theorien über die Pfändung eines Anwartschaftsrechts auseinanderzusetzen (vgl. dazu o. RdNr. 547).

wirksame Beschlagnahme ausgeschlossen werden muß. Nach der öffentlich-rechtlichen Theorie hat folglich G ein Pfändungspfandrecht mit der Pfändung des Camcorders erworben.

2. Zu berücksichtigen ist jedoch, daß G nachträglich die angeordnete Sicherheit geleistet hat. Es fragt sich deshalb, ob dies eine rückwirkende Heilung des begangenen Rechtsverstoßes bewirkte. Nach der gemischten Theorie muß dies verneint werden, da erst mit Heilung des Mangels das Pfändungspfandrecht entsteht. Zwischenzeitlich begründete Pfändungspfandrechte gehen also nach dem Prioritätsprinzip diesem durch Heilung entstandenen Pfändungspfandrecht vor.

Nach der öffentlich-rechtlichen Theorie kann die Heilung nur bewirken, daß die vorher gegebene Anfechtbarkeit wegfällt. An dem Pfändungspfandrecht, das nach dieser Theorie bereits entstanden ist, kann sich nichts ändern. Innerhalb der öffentlich-rechtlichen Theorie wird jedoch die Auffassung vertreten, daß eine solche nachträgliche Heilung von Verfahrensverstößen durchaus Auswirkungen auf die materiellen Rechtsfolgen haben könnte, die im Rahmen des Verteilungsverfahrens berücksichtigt werden müßten. Hierbei könnte darauf gesehen werden, ob nicht verhindert werden müßte, daß ein vollstreckender Gläubiger sich dadurch einen zeitlichen Vorsprung vor anderen verschaffte, daß er die Vollstreckung bereits in einem Zeitpunkt begonnen habe, als er dies noch nicht tun durfte. Innerhalb dieser Auffassung gehen allerdings die Meinungen in der Frage auseinander, ob stets bei Verteilung des Erlöses (wenn er nicht für alle Gläubiger ausreicht) darauf abgestellt werden muß, zu welchem Zeitpunkt ein Mangel beseitigt wurde, oder ob dabei nach Art des Mangels zu differenzieren sei; bei lediglich formellen Mängeln, zu denen auch ein Verstoß gegen § 751 Abs. 2 zähle, sei ein besseres Recht des Gläubigers abzulehnen, der nach einer mangelhaften Pfändung, aber vor deren Heilung ein Pfändungspfandrecht begründet habe.[5]

Es kommt also darauf an, wie dieser Meinungsstreit entschieden wird. Schließt man sich der gemischten Theorie an (zur Begründung vgl. o. RdNr. 527), so erwirbt G erst ein Pfandrecht am Camcorder im Zeitpunkt der Sicherheitsleistung. Dieses Ergebnis wird auch nicht durch die Regelung des § 720a Abs. 1 in Frage gestellt. Danach kann der Gläubiger aus einem nur gegen Sicherheitsleistung vorläufig vollstreckbaren Urteil auch ohne Sicherheitsleistung die sog. Sicherungsvollstreckung durchführen lassen, die dem Gläubiger den Rang sichert. Jedoch ist hieraus nicht zu schließen, daß in jedem Fall von dem Erwerb eines Pfändungspfandrechts zugunsten des vollstreckenden Gläubigers auszugehen ist, wenn dieser vor Sicherheitsleistung die Zwangsvollstreckung begonnen hat. Denn in diesem Zusammenhang muß berücksichtigt werden, daß nach § 750 Abs. 3 eine Wartefrist von zwei Wochen eingehalten werden muß. Aus dem Sachverhalt ergibt sich nicht, daß diese Frist beachtet wurde. Die Verletzung des § 750 Abs. 3 verhindert in gleicher Weise wie bei einer Vollstreckung ohne Sicherheitsleistung die Entstehung eines wirksamen Pfändungspfandrechts.

3. Es kommt deshalb entscheidend darauf an, welche Auswirkungen es auf das Verhältnis der Pfandrechte des G und des A zueinander hat, wenn A den Kaufpreis zahlt und dadurch S zum Eigentümer macht. Nach der hier

---

[5] Zu dieser Frage vgl. *Lüke*, Prüfe Dein Wissen, Zwangsvollstreckungsrecht, 2. Aufl. 1993, S. 39; *Zöller/Stöber* § 878 RdNr. 12; *Stein/Jonas/Münzberg* § 750 RdNr. 13 f.; *Thomas/Putzo* vor § 704 RdNr. 59.

vertretenen gemischten Theorie ist für beide Gläubiger durch die Pfändung zunächst kein Pfändungspfandrecht entstanden, sondern erst in dem Zeitpunkt, in dem S Eigentümer wurde. Mit dem Eigentumserwerb entstanden dann für beide Gläubiger Pfändungspfandrechte in analoger Anwendung des § 185 Abs.2 S.1 Alt.2 BGB. Es fragt sich aber, ob beide Pfändungspfandrechte gleichen Rang erhielten oder ob auch die Vorschrift des § 185 Abs.2 S.2 BGB entsprechend heranzuziehen ist, nach der eine frühere Pfändung den Vorrang beanspruchen könnte.

Wird die Entstehung von Pfändungspfandrechten an schuldnerfremden Sachen auf den Rechtsgedanken des § 185 Abs.2 S.1 BGB gestützt, dann ist es nur folgerichtig, auch Satz 2 dieser Vorschrift heranzuziehen. Deshalb könnte A bei Zahlung des Restkaufpreises den Vorrang für sein Pfandrecht gegenüber dem Pfandrecht des V beanspruchen, da der Verfahrensmangel, der (abgesehen vom fehlenden Eigentum des Schuldners) die Entstehung eines Pfändungspfandrechts des G verhinderte, erst nach Pfändung durch A beseitigt worden ist. Zum gleichen Ergebnis gelangte man, wenn man mit einer im Schrifttum vertretenen Auffassung dem eine schuldnerfremde Sache pfändenden Gläubiger das Recht absprechen würde, sich zur Begründung eines besseren Rechts auf das fehlende Eigentum des Schuldners zu berufen, weil sich diesen Umstand jeder der pfändenden Gläubiger entgegenhalten lassen müßte.

4. Als Ergebnis ist also festzuhalten, daß A zu empfehlen ist, den restlichen Kaufpreis an V zu zahlen.

Paragraphenregister

(Die angegebenen Fundstellen beziehen sich auf die Randnummern; Hauptfundstellen sind im Druck hervorgehoben)

AGBG
§ 19: 586

AktG
§ 35: 104

AnfG
§ 1 ff.: **596**

ArbGG
§ 10: 103

BerHG
§ 1 ff.: **15**

BeurkG
§ 54: 512

BGB
§ 1: 103
§ 7–11: **43**
§ 50: 103, 198
§ 54: 103
§ 95: 553
§ 106: 104, 349
§ 112: 104
§ 113: 104
§ 116: **144,** 349
§ 117: **144,** 349
§ 118: **144**
§ 119: **144,** 212, 250
§ 122: 46
§ 123: **144 f.,** 212, 250
§ 127 a: 248
§ 135: 522
§ 138: 250
§ 140: 253
§ 142: 349
§ 156: 526
§ 164: 541
§ 166: 527
§ 179: 46, 416
§ 209: **37,** 65, 114, 223, 316, 490
§ 215: 316
§ 259: 59, 603

§ 260: 603
§ 262: 170
§ 267: 547
§ 269: **46 f.,** 53
§ 270: **46 f.,** 53
§ 278: 527
§ 281: 174
§ 282: 416
§ 286: 241
§ 291: 114, 223
§ 292: 114, 223
§ 315: 58
§ 319: 58
§ 320: 349
§ 322: 349
§ 325: 174
§ 345: 416
§ 358: 416
§ 362: 226, **228,** 234, 349, 524
§ 388: 264
§ 389: **261–277,** 349
§ 404: 538
§ 407: 537
§ 408: 537
§ 412: 538
§ 421: 196
§ 425: 199
§ 428: 196
§ 478: 316
§ 479: 316
§ 485: 316
§ 542: 416
§ 636: 416
§ 639: 316
§ 666: 59
§ 675: 59
§ 678: 527
§ 681: 527
§ 687: 527
§ 697: 47
§ 705: 196
§ 717: 552
§ 719: 552
§ 725: 552
§ 747: 552

Stichwortverzeichnis

(Die angegebenen Fundstellen beziehen sich auf die Randnummern;
Hauptfundstellen sind im Druck hervorgehoben)